Der Ausfuhrverantwortliche

Der Ausfuhrverantwortliche

Aufgaben und Haftung im exportierenden Unternehmen

von **Dr. Klaus Pottmeyer,**
Rechtsanwalt in Düsseldorf

6. aktualisierte Auflage 2018

Bundesanzeiger Verlag

Bibliografische Information der Deutschen Nationalbibliothek

Die Deutsche Nationalbibliothek verzeichnet diese Publikation in der Deutschen Nationalbibliografie; detaillierte bibliografische Daten sind im Internet über http://dnb.d-nb.de abrufbar.

Bundesanzeiger Verlag GmbH
Amsterdamer Straße 192
50735 Köln
Internet: www.bundesanzeiger-verlag.de

Weitere Informationen finden Sie auch in unserem Themenportal unter
www.aw-portal.de

Beratung und Bestellung:
Gerburg Brandt, Isa Güleryüz
Tel.: +49 221 97668-173/357
Fax: +49 221 97668-232
E-Mail: aussenwirtschaft@bundesanzeiger.de

ISBN (Print): 978-3-8462-0975-2
ISBN (E-Book): 978-3-8462-0976-9

Herstellung: Günter Fabritius
Produktmanagement: Carolin Krause-Börner

Satz: Da-TeX Gerd Blumenstein, Leipzig
Druck und buchbinderische Verarbeitung: Appel & Klinger Druck und Medien GmbH, Schneckenlohe

Printed in Germany

„Es gibt keine Handlung, für die niemand verantwortlich ist."

„Die Scheu vor Verantwortung ist eine Krankheit unserer Zeit."

Otto von Bismarck

„Im Schützengraben der Verantwortlichkeit hat man mehr Verluste als in der Etappe der Opposition."

Gustav Stresemann

*Für **Inès** (* 27.06.2017),*
das jüngste Mitglied unserer Familie

Vorwort zur 6. Auflage

In Abwandlung einer bekannten TV-Serie stellt sich bei einer Neuauflage des vorliegenden Werks immer wieder die Frage: „Ruhige Zeiten – bewegte Zeiten?" Hat es seit der 5. Auflage einschneidende Veränderungen im Außenwirtschaftsrecht gegeben oder ist die Thematik eher stabil geblieben?

Ein Indikator für diese Fragestellung ist die Zahl der Literaturbeiträge, die zu Fragen der Exportkontrolle zwischenzeitlich erschienen sind. Diese war sehr hoch. Das Werk musste um über 160 Beiträge zu Fragen des Außenwirtschaftsrechts ergänzt werden. Damit lag der Ergänzungsbedarf deutlich höher als bei der 5. Auflage.

Trotzdem kann man sagen, dass die Jahre von 2014 bis 2018 eher zu den stabilen Zeiten gehören. Denn näher betrachtet war die Zahl der Themen, um die es in der Literatur ging, eher überschaubar.

Unmittelbar zum Ausfuhrverantwortlichen selbst wurde uns im Juli 2015 die **„Bekanntmachung zu den Grundsätzen der Bundesregierung zur Prüfung der Zuverlässigkeit von Exporteuren von Kriegswaffen und rüstungsrelevanten Gütern"** präsentiert. Es war damit gerechnet worden, dass diese bereits unmittelbar im Anschluss an das **„Gesetz zur Modernisierung des Außenwirtschaftsrechts"** des Jahres 2013 in Kraft gesetzt würde. Die Bekanntmachung behauptet von sich selbst, dass sie die bisherigen Grundsätze nur an die neue Gesetzeslage anpasse. So heißt es im Text der Bekanntmachung: „Die Änderungen betreffen Verweise auf die aktualisierten Normen sowie Klarstellungen in den Formularen." Tatsächlich hat die Bekanntmachung aber den Kreis der betroffenen Unternehmen erweitert. Auch bei Exporten von Dual-use-Gütern in privilegierte Länder ist nunmehr ein Ausfuhrverantwortlicher zu bestellen, sofern die Allgemeine Genehmigung EU 01 nicht genutzt werden kann. Das war in der Vergangenheit anders. Dies ist sicherlich keine signifikante Erweiterung. Sie zeigt aber den Trend auf, dass immer mehr exportorientierte Unternehmen in die Pflicht genommen werden sollen, einen Ausfuhrverantwortlichen zu bestellen.

Eine Vielzahl von Aufsätzen befasst sich mit Internal **Compliance Programmes (ICP)**. Besonders spannend ist hierbei die erörterte Frage, ob sich ein gut funktionierendes ICP im Falle von Verstößen bußgeldmindernd auswirken kann. Die Rechtsprechung des BGH scheint in diese Richtung zu tendieren.

Ein großer Teil der Literaturbeiträge befasst sich mit den **Embargos** insbesondere gegen **Russland** und den **Iran**. Das **Russland-Embargo** wurde im Jahre 2014 geschaffen. Hier ging es in der Literatur erst einmal darum, dessen Umfang näher zu erläutern. Immer wieder wurde die Frage gestellt, wann denn diese Beschränkungen gelockert oder aufgehoben werden. Wenn man insbesondere den Ausführungen eines führenden Vertreters des Auswärtigen Amtes auf dem letzten Exportkontrolltag Glauben schenken darf, sieht es auf absehbare Zeit danach aus, dass uns die Restriktionen gegen Russland erhalten bleiben. Anders war der Trend beim **Iran-Embargo**. Hier standen die Zeichen auf Lockerungen. Wie sich diese Beschränkungen fortentwickeln, bleibt allerdings angesichts der jüngst an den Tag gelegten Haltung der USA abzuwarten.

Eines der Kernthemen, das die Fachwelt in jüngster Zeit bewegte, war die Reform der **EG-Dual-use-Verordnung**. Hierüber ist viel in der Literatur geschrieben worden. Von besonderem Interesse ist die Frage, in welcher Form die sog. „catch-all"-clauses erweitert werden. Bestimmte NGOs haben sich dafür stark gemacht, bei der Gefahr von Menschenrechtsverletzungen auch die Lieferung rein ziviler Güter untersagen zu können. Ob und in welcher Form sich eine solche catch-all-Regelung durchsetzt, bleibt abzuwarten. Derzeit ist auch noch nicht abzusehen, wann die Reform umgesetzt wird. Es kann durchaus sein, dass dies erst nach der Europawahl des Jahres 2019 gelingen wird.

Insgesamt betrachtet kann man sagen, dass die Lage an der Exportkontrollfront in der Zeit seit der letzten Auflage eher stabil geblieben ist.

Wie immer möchte ich mich bei allen recht herzlich bedanken, die zum Gelingen des vorliegenden Werkes beigetragen haben. Dank gilt vor allem meiner Familie, die die Phase der Überarbeitung wie auch bei den Malen davor mit Geduld und Verständnis begleitet hat.

Düsseldorf, im September 2018

Klaus Pottmeyer

Inhaltsverzeichnis

Abkürzungsverzeichnis

aA.	anderer Ansicht
ABC-Waffen	atomare, biologische und chemische Waffen
ABl.	Amtsblatt der Europäischen Union (Teil, Datum, Seite)
Abs.	Absatz
AEO	Authorized Economic Operator, siehe auch ZWB
a.F.	alter Fassung
AG	Aktiengesellschaft, im Zusammenhang mit einem Ortsnamen: Amtsgericht
AGG	Allgemeine Genehmigung
AK	Aktenzeichen in Strafsachen
AL	Ausfuhrliste vom 27.04.2017, BAnz AT 03.05.2017 V1, 2
AO	Abgabenordnung vom 01.10.2002 (BGBl. I S. 3866), zuletzt geändert durch Gesetz vom 18.07.2017 (BGBl. I S. 2745)
APM-Übereinkommen	„Übereinkommen über das Verbot des Einsatzes, der Lagerung und der Weitergabe von Antipersonenminen und deren Vernichtung", ratifiziert durch Gesetz vom 30.04.1998 (BGBl. II S. 778)
ATT	„The Arms Trade Treaty – Vertrag über den Waffenhandel", ratifiziert durch Gesetz vom 19.10.2013 (BGBl. II S. 1426)
AuR	Arbeit und Recht (Jahr und Seite)
AußHG 2005	Außenhandelsgesetz 2005, Österreichisches BGBl. Nr. 50/2005 vom 09.06.2006
AußWG 2011	Außenwirtschaftsgesetz 2011, Österreichisches BGBl. I Nr. 26/2011 vom 28.04.2011, zuletzt geändert durch das Bundesgesetz Österreichisches BGBl. I Nr. 37/2013 vom 25.02.2013
AWG	Außenwirtschaftsgesetz vom 06.06.2013 (BGBl. I S. 1482), zuletzt geändert durch Gesetz vom 20.07.2017 (BGBl. I S. 2789)
AW-Prax	Außenwirtschaftliche Praxis (Jahr und Seite)
AWV	Außenwirtschaftsverordnung vom 02.08.2013 (BGBl. I S. 2865), zuletzt geändert durch Verordnung vom 13.12.2017, BAnz. AT vom 20.12.2017, V 1
BAFA	Bundesamt für Wirtschaft und Ausfuhrkontrolle mit Sitz in Eschborn/Ts.
BAG	Bundesarbeitsgericht
BAnz.	Bundesanzeiger (Printversion: Nr., Datum, Seite; Internetversion unter www.bundesanzeiger-verlag.de > Evidenzzentrale > Bundesanzeiger > Schnellzugriff > zum Amtlichen Teil: AT, Datum. Bezeichnung der Veröffentlichung)

BayObLG	Bayerisches Oberstes Landesgericht (seit dem 30.06.2006 aufgelöst)
BDSG	Oberbegriff für das BDSG (alt) und das BDSG (neu)
BDSG (alt)	Bundesdatenschutzgesetz in der Neufassung vom 14.01.2003 (BGBl. I S. 66), zuletzt geändert durch Gesetz vom 14.08.2009 (BGBl. I S. 2814)
BDSG (neu)	Bundesdatenschutzgesetz vom 30.06.2017 (BGBl. I S. 2097)
BeckRS	Beck Rechtsprechungssammlung (Jahr, Nr.)
Behörden Spiegel	Behörden Spiegel (Monat, Jahr, Seite)
ber.	berichtigt
BetrVG	Betriebsverfassungsgesetz in der Fassung der Bekanntmachung vom 25.09.2001 (BGBl. I S. 2518), zuletzt geändert durch Gesetz vom 17.07.2017 (BGBl. I S. 2509)
BFH	Bundesfinanzhof
BGB	Bürgerliches Gesetzbuch in der Fassung der Bekanntmachung vom 02.01.2002 (BGBl. I S. 42, 2909; 2003 I S. 738), zuletzt geändert durch Gesetz vom 12.07.2018 (BGBl. I S. 1151)
BGBl.	Bundesgesetzblatt (Teil I oder II)
BGH	Bundesgerichtshof
BGHR	BGH-Rechtsprechung in Strafsachen (Gesetz, §/Stichwort)
BGHZ	Amtliche Entscheidungssammlung des Bundesgerichtshofs in Zivilsachen (Band, Seite)
BMVg	Bundesministerium der Verteidigung
BMWi	Bundesministerium für Wirtschaft und Energie
BND	Bundesnachrichtendienst
BR-Drucks.	Bundesratsdrucksache
BT-Drucks.	Bundestagsdrucksache
BVerfG	Bundesverfassungsgericht
BVerwG	Bundesverwaltungsgericht
CCZ	Corporate Compliance Zeitschrift (Jahr, Seite)
Co.	Compagnie
comply.	comply. Das Fachmagazin für Compliance-Verantwortliche (Heft, Jahr, Seite)
Cs	Aktenzeichen in Strafsachen
DB	Der Betrieb (Jahr, Seite)
ders.	derselbe
Der Zoll-Profi!	Der Zoll-Profi! (Heft/Jahr, Seite)
d.h.	das heißt

dies.	dieselbe(n)
Diss. iur.	juristische Dissertation
DM	Deutsche Mark
DSGVO	Verordnung (EU) 2016/679 des Europäischen Parlaments und des Rates vom 27. April 2016 zum Schutz natürlicher Personen bei der Verarbeitung personenbezogener Daten, zum freien Datenverkehr und zur Aufhebung der Richtlinie 95/46/EG (Datenschutz-Grundverordnung), ABl. L 119 vom 04.05.2016, S. 1
DuD	Datenschutz und Datensicherheit (Jahr, Seite)
DVO	Durchführungsverordnung
DWiR	Deutsche Zeitschrift für Wirtschaftsrecht (Jahr, Seite)
DWJ	Deutsches Waffen Journal (Monat, Jahr, Seite)
EG	Europäische Gemeinschaften
EG-Dual-use-VO	Verordnung (EG) Nr. 428/2009 des Rates vom 05.05.2009 über eine Gemeinschaftsregelung für die Kontrolle der Ausfuhr, der Verbringung, der Vermittlung und der Durchfuhr von Gütern mit doppeltem Verwendungszweck, ABl. L 134 vom 29.05.2009, S. 1
EG-VO	Verordnung des Rates der Europäischen Gemeinschaften (Nr./Jahr)
Einl.	Einleitung
Empfehlung	EMPFEHLUNG DER KOMMISSION vom 11.01.2011 betreffend die Zertifizierung von Unternehmen der Verteidigungsindustrie nach Artikel 9 der Richtlinie 2009/43/EG des Europäischen Parlaments und des Rates zur Vereinfachung der Bedingungen für die innergemeinschaftliche Verbringung von Verteidigungsgütern, ABl. L 11 vom 15.01.2011, S. 62 ff.
ES	Europäische Sicherheit (Jahr, Seite)
etc.	et cetera
EU	Europäische Union
EU-Folterverordnung	Verordnung (EG) Nr. 1236/2005 des Rates vom 27.06.2005 betreffend den Handel mit bestimmten Gütern, die zur Vollstreckung der Todesstrafe, zu Folter oder zu anderer grausamer, unmenschlicher oder erniedrigender Behandlung oder Strafe verwendet werden könnten, ABl. L 200 vom 30.07.2005, S. 1, zuletzt geändert durch Verordnung (EG) Nr. 675/2008 der Kommission vom 16.07.2008, ABl. L 189 vom 17.07.2008, S. 14
EuG	Gericht der Europäischen Union, 1. Instanz
EuGH	Europäischer Gerichtshof
EuZW	Europäische Zeitschrift für Wirtschaftsrecht (Jahr, Seite)
e.V.	eingetragener Verein

ExportManager	ExportManager – ausgewählte Informationen für Exportverant-wortliche (Heft, Jahr, Seite)
f.	folgende(r)
FATK	Financial Action Task Force
ff.	fortfolgende
Fn.	Fußnote
GASP	Gemeinsame Außen- und Sicherheitspolitik der Europäischen Union
GewArch.	Gewerbearchiv (Jahr, Seite)
GewO	Gewerbeordnung vom 22.02.1999 (BGBl. I S. 202), zuletzt geändert durch Gesetz vom 17.07.2017 (BGBl. I S. 3562)
GG	Grundgesetz für die Bundesrepublik Deutschland vom 23.05.1949 (BGBl. S. 1), zuletzt geändert durch Gesetz vom 13.07.2017 (BGBl. I S. 2347)
ggf.	gegebenenfalls
GmbH	Gesellschaft mit beschränkter Haftung
GmbHR	GmbH-Rundschau (Jahr, Seite)
Grundsätze	Grundsätze der Bundesregierung zur Prüfung der Zuverlässig-keit von Exporteuren von Kriegswaffen und rüstungsrelevanten Gütern vom 27.07.2015, http://www.bafa.de/SharedDocs/Downloads/DE/Aussenwirtschaft/afk_ausfuhrverantwortlicher_bekanntmachung.pdf?__blob=publicationFile&v=3 (Stand der Abfrage: 01.09.2018) Die Grundsätze vom 25.07.2001, BAnz. Nr. 148 vom 10.08.2001, S. 17117 f. sind mit dieser Bekanntmachung ge-genstandslos geworden.
GVG	Gerichtsverfassungsgesetz in der Fassung der Bekanntmachung vom 09.05.1975 (BGBl. I S. 1077), zuletzt geändert durch Ge-setz vom 12.07.2018 (BGBl. I S. 1151)
HADDEX	Handbuch der deutschen Exportkontrolle (siehe Literaturver-zeichnis)
HFR	Humboldt Forum Recht (Heft, Jahr, Seite)
HGB	Handelsgesetzbuch vom 10.05.1897 in der im BGBl. Teil III, Gliederungsnummer 4100-1, veröffentlichten bereinigten Fas-sung, zuletzt geändert durch Gesetz vom 10.07.2018 (BGBl. I S. 1102)
ICC Magazin	ICC Germany Magazin (Monat, Jahr, Seite)
ICP	Internal Compliance Program
ICT-Richtlinie	Richtlinie 2009/43/EG des Europäischen Parlaments und des Rates vom 06.05.2009 zur Vereinfachung der Bedingungen für die innergemeinschaftliche Verbringung von Verteidigungsgü-tern, ABl. L 146 vom 10.06.2009, S. 1

InsO	Insolvenzordnung vom 05.10.1994 (BGBl. I S. 2866), zuletzt geändert durch Gesetz vom 23.06.2017 (BGBl. I S. 1693)
IRA	Irish Republican Army (irische Terrororganisation)
i.V.m.	in Verbindung mit
Js	Aktenzeichen der Staatsanwaltschaft in Strafsachen
JZ	Juristen-Zeitung (Jahr, Seite)
Kat.	Kategorie
KG	Kommanditgesellschaft
KGaA	Kommanditgesellschaft auf Aktien
KLs	Aktenzeichen in Strafsachen
KrWaffKontrG	siehe KWKG
KSchG	Kündigungsschutzgesetz in der Fassung der Bekanntmachung vom 25.08.1969 (BGBl. I S. 1317), zuletzt geändert durch Gesetz vom 17.07.2017 (BGBl. I S. 2509)
KWG	Kreditwesengesetz vom 09.09.1998 (BGBl. I S. 2776), zuletzt geändert durch Gesetz vom 10.07.2018 (BGBl. I S. 1102)
KWKG	Gesetz über die Kontrolle von Kriegswaffen in der Fassung der Bekanntmachung vom 22.11.1990 (BGBl. I S. 2506), zuletzt geändert durch Gesetz vom 13.04.2017 (BGBl. I S. 872)
LAG	Landesarbeitsgericht
LG	Landgericht
lit.	Buchstabe
Ls	Aktenzeichen in Strafsachen
Ls.	im Zusammenhang mit Urteilen: Leitsatz
M & A	Mergers and Acquistions (Projekt zum Kauf eines Unternehmens oder einer Beteiligung hieran)
M & A Review	Mergers and Acquistions Review (Jahr, Seite)
Merkblatt ICP	Merkblatt des BAFA zum ICP „Firmeninterne Exportkontrolle", Stand: März 2018 http://www.bafa.de/SharedDocs/Downloads/DE/Aussenwirtschaft/afk_merkblatt_icp.html (Stand der Abfrage: 01.09.2018)
NJW	Neue Juristische Wochenschrift (Jahr, Seite)
N	Aktenzeichen in Strafsachen
n.F.	neuer Fassung
NGO	Non Governmental Organization
Nr.	Nummer
Ns	Aktenzeichen in Strafsachen
NStZ	Neue Zeitschrift für Strafrecht (Jahr, Seite)
NStZ-RR	Neue Zeitschrift für Strafrecht Rechtsprechungsreport (Jahr, Seite)

nv.	nicht veröffentlicht
NVwZ	Neue Zeitschrift für Verwaltungsrecht (Jahr, Seite)
NZA	Neue Zeitschrift für Arbeits- und Sozialrecht (ab 01.01.1993 nur noch Neue Zeitschrift für Arbeitsrecht; Jahr und Seite)
NZG	Neue Zeitschrift für Gesellschaftsrecht (Jahr, Seite)
NZWehrr	Neue Zeitschrift für Wehrrecht (Jahr, Seite)
OHG	offene Handelsgesellschaft
OLG	Oberlandesgericht
Oslo-Abkommen	Übereinkommen über Streumunition vom 30.05.2008, ratifiziert durch Gesetz vom 06.06.2009, BGBl. II S. 502
Ottawa-Abkommen	Übereinkommen über das Verbot des Einsatzes, der Lagerung und der Weitergabe von Antipersonenminen und deren Vernichtung ratifiziert durch Gesetz vom 30.04.1998, BGBl. II S. 778
OWiG	Gesetz über Ordnungswidrigkeiten in der Fassung der Bekanntmachung vom 19.02.1987 (BGBl. I S. 602), zuletzt geändert durch Gesetz vom 27.08.2017 (BGBl. I S. 3295)
Qs	Aktenzeichen in Strafsachen
Rn.	Randnummer
RdTW	Recht der Transportwirtschaft (Jahr, Seite)
RDV	Recht der Datenverarbeitung (Jahr, Seite)
RG	Reichsgericht
RGSt	Amtliche Entscheidungssammlung des Reichsgerichts in Strafsachen (Band, Seite)
RGZ	Amtliche Entscheidungssammlung des Reichsgerichts in Zivilsachen (Band, Seite)
RIW	Recht der internationalen Wirtschaft (Jahr, Seite)
RVG	Gesetz über die Vergütung der Rechtsanwältinnen und Rechtsanwälte (Rechtsanwaltsvergütungsgesetz) vom 05.05.2004 (BGBl. I 718, 788), zuletzt geändert durch Gesetz vom 12.07.2018 (BGBl. I S. 1151)
S.	Seite
SAP	deutscher Softwarehersteller („Systemanalyse und Programmentwicklung")
Sicherheitspolitik	Sicherheitspolitik (Jahr und Seite)
sog.	sogenannte(r)
Ss	Aktenzeichen in Strafsachen
StGB	Strafgesetzbuch in der Fassung der Bekanntmachung vom 13.11.1998 (BGBl. I S. 3322), zuletzt geändert durch Gesetz vom 30.10.2017 (BGBl. I S. 3618)

StPO	Strafprozessordnung in der Fassung der Bekanntmachung vom 07.04.1987 (BGBl. I S. 1074, ber. S. 1319), zuletzt geändert durch Gesetz vom 30.10.2017 (BGBl. I S. 3618)
StR	Aktenzeichen in Strafsachen
StV	Strafverteidiger (Jahr, Seite)
u.a.	unter anderem, und andere
v.	von/vom
vgl.	vergleiche
1. VOAGen.	Erste Verordnung über Allgemeine Genehmigungen nach dem Gesetz über die Kontrolle von Kriegswaffen vom 20.04.1961 (BGBl. I S. 444), geändert durch Gesetz vom 06.06.2013 (BGBl. I S. 1482)
VwGO	Verwaltungsgerichtsordnung in der Fassung der Bekanntmachung vom 19.03.1991 (BGBl. I S. 686), zuletzt geändert durch Gesetz vom 12.07.2018 (BGBl. I S. 1151)
VR	Volksrepublik
wistra	Zeitschrift für Wirtschaft Steuer Strafrecht (Jahr, Seite)
Ws	Aktenzeichen in Strafsachen
WT	Wehrtechnik (Jahr, Seite)
z.B.	zum Beispiel
ZChinR	Zeitschrift für chinesisches Recht (Jahr, Seite)
ZD	Zeitschrift für Datenschutz (Jahre, Seite)
ZFdG	Gesetz über das Zollkriminalamt und die Zollfahndungsämter (Zollfahndungsdienstgesetz) vom 16.05.2002 (BGBl. I S. 3202), zuletzt geändert durch Gesetz vom 17.08.2017 (BGBl. I S. 3202)
ZfZ	Zeitschrift für Zölle und Verbrauchsteuern (Jahr, Seite)
ZIP	Zeitschrift für Wirtschaftsrecht (Jahr, Seite)
Zollprofi	siehe Der Zoll-Profi!
ZRP	Zeitschrift für Rechtspolitik (Jahr, Seite)
ZWB	Zugelassener Wirtschaftsbeteiligter, siehe auch AEO

Literaturverzeichnis

Achenbach, Hans: Aus der 1991/1992 veröffentlichten Rechtsprechung zum Wirtschaftsrecht, NStZ 1993, 477 ff.

- Aus der 1993 veröffentlichten Rechtsprechung zum Wirtschaftsstrafrecht, NStZ 1994, 421 ff.
- Aus der 1995/96 veröffentlichten Rechtsprechung zum Wirtschaftsstrafrecht, NStZ 1996, 533 ff.
- Aus der 1996/97 veröffentlichten Rechtsprechung zum Wirtschaftsstrafrecht, NStZ 1997, 536 ff.
- Aus der 1997/98 veröffentlichten Rechtsprechung zum Wirtschaftsstrafrecht, NStZ 1998, 560 ff.
- Aus der 1998/99 veröffentlichten Rechtsprechung zum Wirtschaftsstrafrecht, NStZ 1999, 549 ff.
- Aus der 2000/2001 veröffentlichten Rechtsprechung zum Wirtschaftsstrafrecht, NStZ 2001, 525 ff.

Achenbach, Hans/Ransiek, Andreas: Handbuch Wirtschaftsstrafrecht, 3. Auflage, Heidelberg/München/Landsberg/Frechen/Hamburg 2012 (zitiert: *Bearbeiter in HWSt Teil, Kapitel, Rn. S.)*

Achenbach, Hans/Wannemacher, Wolfgang J.: Beraterhandbuch zum Steuer- und Wirtschaftsrecht, Herne/Berlin, Loseblattsammlung, Stand Januar 1999 (zitiert: *Bearbeiter in: Achenbach/Wannemacher,* Teil Rn.)

Adamowitsch, Georg Wilhelm: Brauchen wir ein Rüstungsexportgesetz?, ZRP 2016, 94.

Ahlbrecht, Heiko: § 34 Abs. 4 AWG – vom Verbrechenstatbestand zum Vergehen, auch rückwirkend, wistra 2007, 85 ff.

Ahmad, Rafik/Hohmann, Harald: Extraterritoriale Wirkungen des deutsch-europäischen Exportrechts, AW-Prax 2009, 229 ff.

- Aktuelle Entwicklungen bei den Embargos der EU und der USA, AW-Prax 2012, 129 ff.
- Neue Medien und Exportkontrolle, AW-Prax 2012, 230 ff.
- Aktuelle Entwicklungen im US-Rüstungsgüterrecht (ITAR), AW-Prax 2012, 266 ff.
- Außenwirtschafts-Compliance für Dienstleister, AW-Prax 2012, 365 ff.
- Exportkontrolle 2.0, AW-Prax 2015, 111 ff.
- Exportkontroll-Compliance: Risikoanalyse und internes Monitoring, AW-Prax 2015, 257 ff.
- Ausblick Iran-Sanktionen für die Automobilindustrie, AW-Prax 2015, 349 ff.

Altmaier, Peter: Sicherheit und Wachstum unter einen Hut bringen, AW-Prax 2016, 181 ff.

Anders, Volker: Bekämpfung unseriöser Waffenvermittlungen, AW-Prax 2004, 27 ff.

Anders, Volker/Beutel, Holger: Völkerrecht und Strafrecht, AW-Prax 2009, 203 f.

Anders, Volker/List, Alexa/Raca, Sandra/Willmann-Lemcke, Juliane: 4. Exportkontrolltag,

AW-Prax 2010, 165 ff.

Angersbach, Reimar: Durchfuhrkontrolle, AW-Prax 2009, 289 ff.

Asgari, Nima: Datenschutz im Arbeitsverhältnis, DB 2017, 1325 ff.

Asseburg, Muriel: „Arabellion" oder die Krisen und Umbrüche in der arabischen Welt, AW-Prax 2015, 149 ff.

Atzpodien, Hans Christoph: Aus Sicht der Rüstungsindustrie, AW-Prax 2015, 161 f.

Bachem-Niedermeier, Ursula: Das US-(Re)Exportkontrollrecht – Zentrale Themen aus deutscher Sicht, AW-Prax 2011, 165 ff.

Bachmann, Ernst-Udo: Begriff und Rechtsgrundlagen des Außenwirtschaftsrechts, AW-Prax 2000, 448 ff., 488 ff.

- Ausfuhrbeschränkungen für Dual-use-Güter, AW-Prax 2003, 115 ff., 154 ff.

- Außenwirtschaftsrechtliche Beschränkungen der Ausfuhr, AW-Prax 2007, 81 ff., 126 ff.

BAFA (Hrsg.): HADDEX: Handbuch der deutschen Exportkontrolle, Loseblattsammlung, Köln, Stand: 93. Ergänzungslieferung Juni 2013 (zitiert: HADDEX, Rn.)

Baenke, Janet/Griebel, Björn/Leidinger, Anika/Sodemann, Kim Svenja: 7. Exportkontrolltag, AW-Prax 2013, 138 ff.

Bamberger, Marianne: Die US-amerikanischen Ausfuhrbestimmungen, AW-Prax 1995, 239 ff.

- Das US-Amerikanische Ausfuhrgesetz, AW-Prax 1996, 191 ff.

- US-„De-minimis"-Regelung, AW-Prax 1996, 271 ff.

- Die US-amerikanischen Ausfuhrbestimmungen, AW-Prax 1998, 379 ff.

- Sanktionen und Embargos der Vereinigten Staaten, AW-Prax 1999, 445 ff., AW-Prax 2000, 23 ff.

- Der Lockheed-Fall, AW-Prax 2000, 393 ff.

- Export Compliance Program, AW-Prax 2001, 133 ff., 180 ff.

Barowski, Thomas: Die nationale Ausfuhrliste als Serviceleistung deutscher Behörden?, AW-Prax 2007, 246 ff.

- Allgemeine Genehmigungen, AW-Prax 2009, 292 ff.

- Die Arbeit der FATF aus Sicht des BAFA, AW-Prax 2010, 185 ff.

- Die Schutzzwecke des Außenwirtschaftsgesetzes (AWG) im Licht der aktuellen Rechtsprechung, AW-Prax 2016, 54 ff.

Basler, Gerhard: EG-Dual-use-VO, AW-Prax 1996, 268 ff.

- Ist Exportkontrolle ein kalkulierbarer Faktor für Unternehmen?, AW-Prax 2008, 259 ff.

Basler, Gerhard/Burkert-Basler, Gabriele/Nawrotzki, Barbara: Güterklassifizierung nach Anhang I der EG-Dual-Use-Verordnung und der Ausfuhrliste, AW-Prax 2017, 284 ff., 327 ff.

Bathelmeß, Martin: Strafbarkeit im Vorfeld des Fördertatbestandes des § 20 Abs. 1 Nr. 2 KWKG, wistra 2001, 14 ff.

Bebermeyer, Hartmut (Hrsg.): Deutsche Ausfuhrkontrolle 1992, Bonn 1992 (zitiert *Bearbeiter* in: Deutsche Ausfuhrkontrolle 1992, S.)

Bender, Tobias: Russland-Embargo der EU, AW-Prax 2017, 228 ff.

Benne, Rainer: Whistleblowing – Wenn Wissen Sensibilität erfordert, CCZ 2014, 189 ff.

Berg, Cai/Simon, Björn: Auswirkungen der Änderungen des Außenwirtschaftsgesetzes auf die M&A-Vertragspraxis, M&A Review 2009, 159 ff.

Berger, Miguel: Internationale Entwicklungen, AW-Prax 2014, 151 ff.

- Iran – das Wiener Atomabkommen, AW-Prax 2017, 145 ff.

Bermbach, Simone: Die gemeinschaftliche Ausfuhrkontrolle für Dual-use-Güter, Baden-Baden 1997 (zitiert *Bermbach*, S.)

Bernstorff, Christoph Graf von (Hrsg.): Praxishandbuch Internationale Geschäfte, Köln, Loseblattsammlung, Stand: 47. Ergänzungslieferung März 2018 (zitiert: *Bearbeiter* in: Praxishandbuch Internationale Geschäfte, Teil, Ziffer, S.)

Beutel, Holger: Compliance in der Exportkontrolle, AW-Prax 2009, 299 ff.

Beutel, Holger/Hötzl, Corinna: Compliance im Außenwirtschaftsverkehr, AW-Prax 2016, 47 ff.

Beutel, Holger/Richter, Anne-Kathrin: Aktuelle Entwicklungen im Bereich der innerbetrieblichen Exportkontrollsysteme (ICP), AW-Prax 2010, 190 ff.

Beutel, Holger/Werder, Eva: Europäische und nationale Entwicklungen – Verwaltungsumsetzung, AW-Prax 2011, 174 ff.

Bieneck, Klaus: System des Außenwirtschaftsstrafrechts, wistra 1994, 173 ff.

- Strafbarkeit von Irak-Kontakten, Urteil des OLG Oldenburg, AW-Prax 1995, 19 ff.

- Anmerkung zu BGH, Urteil vom 21.04.1995, wistra 1995, 227 f.

- Inflation des Außenwirtschaftsstrafrechts, AW-Prax 1995, 159 ff.

- Verurteilungen wegen Vertragsschlüssen mit libyschen Stellen bezüglich einer Chemiewaffenanlage, AW-Prax 1995, 364 f.

- Neue Straftatbestände des Außenwirtschaftsrechts, wistra 1995, 256 ff.

- Der BGH zur Warenherkunft und Durchfuhr bei Embargo-Straftaten, AW-Prax 1996, 134 ff.

- Erneute Verurteilung wegen der Lieferung von Anlageteilen für eine Chemiewaffenfabrik in Libyen, AW-Prax 1997, 62 ff.

- Keine Bagatellgrenze für Embargoverstöße, AW-Prax 1997, 99 ff.

- Keine Umgehung der Ausfuhrliste, AW-Prax 1997, 305 f.

- Strafzumessung bei ungenehmigten Iran-Exporten, AW-Prax 1997, 387 ff.

- Handbuch des Außenwirtschaftsrechts mit Kriegswaffenkontrollrecht, 2. Auflage, Münster 2004 (zitiert: *Bearbeiter* in: Handbuch des Außenwirtschaftsrechts, § Rn. S.)

- Deregulierung im Außenwirtschaftsstrafrecht, AW-Prax 1999, 81 ff.

- Reform der Strafen im Außenwirtschaftsrecht (Teil 1) – Vorschläge zur Änderung der §§ 33, 34 AWG, 70 AWV, AW-Prax 1999, 292 ff.

- Gewinnabschöpfung bei Außenwirtschaftsverstößen, AW-Prax 1999, 336 ff.
- Zur Strafbarkeit der ungenehmigten Warenverbringung nach § 34 Abs. 1 AWG, wistra 2000, 213 ff.
- Gegenwärtige Lage und aktuelle Rechtsprobleme im Außenwirtschaftsrecht, wistra 2000, 441 ff.
- Die Genehmigungspflicht der technischen Unterstützung, AW-Prax 2001, 53 ff.
- Kriegswaffenkontrollstrafrecht weiterentwickelt, AW-Prax 2001, 349 ff.
- Terrorismusbekämpfung im Außenwirtschaftsstrafrecht, AW-Prax 2002, 253 ff., 348 ff.
- Kontensperre gegen Libyen, AW-Prax 2002, 429 ff.
- Irrtum über Embargobeschränkungen, AW-Prax, 233 ff.
- Kriegswaffenliste und Grundrechte, AW-Prax 2003, 309 f.
- Risikomanagement im Exportkontrollrecht, AW-Prax 2003, 460 ff.
- Lange Strafe für Familienhilfe, AW-Prax 2004, 186 ff.
- Lange Strafe für Familienhilfe – Ein Nachbericht, AW-Prax 2005, 126 f.
- Kein Richter für Herrn Ahmed Ali Yusuf und seine Al Barakaat International Foundation, AW-Prax 2006, 113 ff.
- Felix Austria, AW-Prax 2006, 189 ff.
- Mehr oder weniger Strafrecht?, AW-Prax 2006, 323 ff.
- Die Außenwirtschaftsstrafrechts-Novelle, NStZ 2006, 608 ff.
- Untauglicher Auslands-Versuch ist strafbar, AW-Prax 2008, 80 ff.
- Rüstungsgüter im Außenwirtschaftsrecht – Versuch einer Begriffsdefinition, wistra 2008, 451 ff.
- Die Grenzen des Außenwirtschaftsstrafrechts: neu gezogen, AW-Prax 2009, 235 ff.
- Die militärische Konstruktion im Außenwirtschaftsrecht, wistra 2010, 10 ff.
- Konstruiert ist konstruiert, AW-Prax 2010, 236 ff.
- Die Grenzen des Außenwirtschaftsrechts: wieder weit gezogen, AW-Prax 2010, 255 ff.

Billig, Sebastian: Änderung der Iran-Embargo-VO, Der Zoll-Profi! 12/2010, 2 ff.

- Die Novelle des Außenwirtschaftsrechts, Der Zoll-Profi! 4/2013, 2 ff.
- Die Novelle des Außenwirtschaftsrechts – Teil 2, Der Zoll-Profi! 5/2013, 2 ff.

Böer, Jürgen: Internal Compliance in der Unternehmenspraxis, AW-Prax 2010, 196 ff.

Böhm, Ottmar: Der Ausführerbegriff in der Exportkontrolle, AW-Prax 1999, 172 ff.

Brauner, Karl-Ernst: Exportkontrolle in Zeiten der Globalisierung, AW-Prax 2009, 182 ff.

Bröers, Barbara: Auskunftspflichten von Unternehmen zu Zeiten des Terrorismus, RDV 2016, 183 ff.

Brück, Tilman: Kosten des Krieges, AW-Prax 2014, 138 ff.

Bundesamt für Wirtschaft und Ausfuhrkontrolle: Grundlegende Überlegungen zur Überwachung von Waffenvermittlungtätigkeiten („arms brokering"), AW-Prax 2004, 384 ff.

- Zusammenarbeit zwischen Verwaltung und Wirtschaft, AW-Prax 2004, 387 ff.

- Die Antragstellung bei gelisteten Gütern, AW-Prax 2004, 393 ff.

- Ausfuhrliste (AL) und Gütererfassung, AW-Prax 2004, 398 ff.

Burkert-Basler, Gabriela: Die besondere Problematik der Täterschaft und Teilnahme im Bereich der ungenehmigten Ausfuhr gemäß § 34 AWG, Marburg 2007, Diss. iur.

- Die strafrechtlichen Bestimmungen des § 34 AWG, AW-Prax 2008, 105 ff., 158 ff.

- Anwendbarkeit des US-Reexportrechts: De-minimis-Rule, AW-Prax 2008, 338 ff.

- Wer ist Täter eines Ausfuhrverstoßes?, AW-Prax 2008, 457 ff.

- Die neue De-minimis-Berechnung, AW-Prax 2009, 165 f.

- US-Reexportrecht: Was muss ein deutscher Reexporteur zu seinem Schutz beachten? AW-Prax 2009, 13 ff.

- Das neue Iran-Embargo, AW-Prax 2011, 9 ff.

- Strafe wegen Verstoßes gegen US-Bestimmungen, AW-Prax 2015, 386 ff.

- Reexporte nach Hongkong – neue Erschwernisse ab dem 19. April 2017, AW-Prax 2017, 245 ff.

- Verschärfung der US-Embargos gegen Russland und den Iran, AW-Prax 2018, 28 ff.

Burkert-Basler, Gabriela/Dreyer, Tanja: Exportkontrolle und Vertragsgestaltung, AW-Prax 2009, 319 ff., 362 ff.

Burkert-Basler, Gabriela/Nawrotzki, Barbara: Technische Unterstützung und sonstiger Technologietransfer: Aktuelle Entwicklungen und praktische Beispielsfälle, AW-Prax 2015, 311 ff.

- EU-Sanktionslistenprüfung, AW-Prax 2016, 35 ff.

Chardon, Stéphane: EU perspective on dual use control, AW-Prax 2016, 156 ff.

Conteh, Marcus/Klöhn, Gunilla: Praxisforum IV, AW-Prax 2018, 248 ff.

Creydt, Matthias: US-Exportrecht und Satellitenindustrie, AW-Prax 2002, 453 ff.

Dahlhoff, Günther: Der neue § 34 AWG, NJW 1991, 208 ff.

Dahme, Gudrun: Terrorismusbekämpfung durch das Sperren finanzieller Ressourcen, AW-Prax 2005, 474 f.

- Terrorismusbekämpfung durch Wirtschaftssanktionen, Witten 2007, Diss. iur. (zitiert: *Dahme*, S.)

- Terrorismusbekämpfung, AW-Prax 2007, 78 f.

- Terrorismussanktionen, AW-Prax 2007, 451 ff., 498 ff.

- Terrorismusbekämpfung durch das Sperren finanzieller Ressourcen, AW-Prax 2008, 478 f.

Däubler-Gmelin, Herta: AEO-Zertifizierung, Terrorlisten und Mitarbeiterscreening, DuD 2011, 455 ff.

Dahnz, Werner: Manager und ihr Berufsrisiko, München 1997 (zitiert: *Dahnz*, S.)

Damm, Johannes: AGG Nr. 30 zu nicht sensitiven Iran-Geschäften, Der Zoll-Profi! 2/2018, 9 ff.

- CAATSA: Implementierung und Ausweitung von US-Sanktionen, Der Zoll-Profi! 6/2018, 3 ff.
- Sanktionslistenscreening im Lichte der neuen EU-Datenschutzgrundverordnung, Der Zoll-Profi! 6/2018, 9 ff.
- Bundesarbeitsgericht zu Mitarbeiterscreening, Der Zoll-Profi! 08/2018, 11 f.

Dannecker, Gerhard: Strafrechtlicher Schutz gemeinschaftsrechtlicher Embargos, in Tiedemann, *Klaus* (Hrsg.), Wirtschaftsrecht in der Europäischen Union, Köln/Bonn/Berlin/München 2002 (zitiert: *Dannecker*, S.)

Darschewi, Sunita: Die Boykotterklärung im Sinne von § 7 AWV, Der Zoll-Profi! 1/2016, 9 f.

- Änderung von Anhang I der EG-Dual-use-Verordnung, Der Zoll-Profi! 2/2016, 2 ff.

Deinert, Olaf: Exportkontrolle militärisch relevanter Güter und Arbeitsrecht, AuR 2003, 56 ff., 104 ff., 135 ff., 168 ff., 204 ff.

Diedrich, Heide: Zur Verfassungsmäßigkeit von § 34 Abs. 4 AWG, AW-Prax 1997, 315 ff.

Dierberger, Siegfried J.: Einfuhr von Kriegsmunition aus dem Kosovo, AW-Prax 2003, 349 f.

Drude, Norbert: Herausforderungen in der Außenwirtschaftskontrolle, AW-Prax 2018, 235 ff.

Ehlers, Dirk/Wolffgang, Hans-Michael (Hrsg.): Rechtsfragen der Exportkontrolle, Münster 1999 (zitiert: *Bearbeiter* in: Rechtsfragen Exportkontrolle, S.)

Ehlers, Dirk/Wolffgang, Hans-Michael (Hrsg.): Recht der Exportkontrolle Bestandsaufnahme und Perspektiven, Frankfurt am Main 2015 (zitiert: *Bearbeiter* in: *Ehlers/Wolffgang*, S.)

Ehlers, Dirk/Wolffgang, Hans-Michael/Lechleitner, Marc (Hrsg.), Risikomanagement im Exportkontrollrecht, Heidelberg 2004 (zitiert: *Bearbeiter* in: *Ehlers/Wolffgang/Lechleitner*, S.)

Ehrlich, Wolfgang: Das Genehmigungsverfahren für Dual-use-Waren im deutschen Exportkontrollrecht, Witten 2003 (zitiert: *Ehrlich*, S.)

Elbling, Viktor: Sicherheit und Wettbewerb, AW-Prax 2011, 143 ff.

- „Exportkontrollpolitik – Herausforderungen und Umsetzung", AW-Prax 2013, 149 ff.

Epping, Volker: Georg Bock Rüstungsbeschränkung als Mittel der Friedenssicherung, Festschrift für, Bochum 1993, S. 125 ff.

Epping, Volker/Lenz, Sebastian: Entschädigungsansprüche bei behördlicher Versagung von Unternehmensübernahmen am Beispiel des § 52 AWV, NVwZ 2005, 858 ff.

- Entschädigungsoptionen bei Untersagungen nach § 52 Abs. 2 AWV, AW-Prax 2005, 160 f.

Eßer, Jonathan: Aktuelle Entwicklungen im Iran, Der Zoll-Profi! 11/2015, 2 ff.

Eßer, Jonathan/Damm, Johannes: Hinweispflichten im grenzüberschreitenden Geschäftsverkehr mit Dual-use-Gütern und Rüstungsgütern, Der Zoll-Profi! 9/2017, 9 ff.

Europäisches Forum für Außenwirtschaft, Verbrauchssteuern und Zoll e.V. (EFA) (Hrsg.): Hemmnisse und Sanktionen in der EU, Köln 1996 (zitiert: *Bearbeiter* in: Hemmnisse und Sanktionen, S.)

Faßold, Till-J.: Prüfsoftware für Sanktionslisten, AW-Prax 2009, 370 f.

Fehn, Bernd Josef: Nochmals: Geheimdienstliche Außenwirtschaftskontrolle?, ZfZ 1995, 347 ff.

- Neues vom Fördertatbestand des § 20 KWKG, AW-Prax 1997, 278 ff.
- Nochmals: Förderung im Sinne des § 20 KWKG, AW-Prax 1997, 385 f.
- Die erschlichene Ausfuhrgenehmigung, AW-Prax 1998, 16 ff.

Feinäugle, Clemens: Individualrechtsschutz gegen Terroristenlistung?, ZRP 2010, 188 ff.

Felderhoff, Kai Henning: US-Exportkontrollrecht, Der Zoll-Profi! 12/2012, 2 ff.

- Das Gewerbezentralregister, Der Zoll-Profi! 7/2012, 6 f.
- AEO und Mitarbeiterscreening, Der Zoll-Profi! 10/2012, 2 ff.

Fischer, Ernst Peter: Internationale Herausforderungen in der Exportkontrolle, AW-Prax 2017, 172 ff.

Fromm, Heinz: Bekämpfung proliferationsrelevanter Wissensabschöpfung in Deutschland, AW-Prax 2010, 167 f.

Fuhrmann, Lambertus: Internal Investigations: Was dürfen und müssen Organe bei Verdacht von Compliance Verstößen tun?, NZG 2016, 881 ff.

Gericke, Jan: Iran-Embargo – Vorlage an den EuGH, AW-Prax 2012, 213 ff.

Gerth, Hans-Heinrich: Exportkontrolle quo vadis?, AW-Prax 2004, 95 ff.

Geurts, Matthias/Schubert, Leif: Rechtsfragen der Embargo-Maßnahmen durch die EU am Beispiel des Konfliktes mit der Russischen Förderation, RIW 2015, 32 ff.

Giese, Ernst/Pechancová, Marie: Die Ausfuhrkontrolle in der Tschechischen Republik, Der Zoll-Profi! 8/2015, 9 ff.

Glawe, Robert: Der Bundessicherheitsrat als sicherheits- und rüstungspolitisches Koordinationselement, DVBl. 2012, 329 ff.

Gleich, Christian: Terrorlisten-Screening von Mitarbeitern: Notwendigkeit und datenschutzrechtliche Zulässigkeit, DB 2013, 1967 ff.

Gola, Peter/Klug, Christoph: Die Entwicklung des Datenschutzrechts in den Jahren 2009/2010, NJW 2010, 2483 ff.

Greipl, Erich: Exportkontrolle aus der Sicht der IHK, AW-Prax 2012, 213 f.

Griebel, Björn: Arms Trade Treaty, AW-Prax 2016, 67 ff.

Griebel, Björn/Hötzl, Corinna: Praxisforum: Aktuelle Entwicklungen, AW-Prax 2015, 172 ff.

Griebel, Björn/Leidinger, Anika: Politikforum, AW-Prax 2013, 152 ff.

Grützner, Thomas: Unternehmensstrafrecht vs. Ordnungswidrigkeitenrecht, CCZ 2015, 56 ff.

Gusy, Christoph: Vorbeugende Verbrechensbekämpfung nach dem Außenwirtschaftsgesetz, StV 1992, 484 ff.

Haase, Christoph: Wer ist Ausführer?, AW-Prax 1998, 51 ff.

Haellmigk, Philip: Neue Allgemeine Genehmigungen auf EU-Ebene, AW-Prax 2012, 44 ff.

- Compliance beim Export: Innerbetriebliche Exportkontrolle, AW-Prax 2012, 83 ff.
- Neue Sanktionen gegen Syrien, AW-Prax 2012, 121 ff.

- Russland und die EU-Sanktionen, AW-Prax 2014, 165 ff.

- Export Business und Embargo-Compliance, AW-Prax 2016, 53 ff.

- (Cloud-)Datentransfer und Exportkontrolle – Neue Compliance-Herausforderungen für Unternehmen, CCZ 2016, 28 ff.

- Der „human security"-Ansatz der neuen Dual-use-Verordnung: Neue Prüfpflichten für Unternehmen, AW-Prax 2017, 51 ff.

- Die Catch-all-Kontrollen für nichtgelistete Güter in der EU, AW-Prax 2017, 79 ff.

- Der Brexit und seine Auswirkungen auf die europäische Exportkontrolle, AW-Prax 2017, 363 ff.

- Bestandteillieferungen an Rüstungsunternehmen: Immer ein Rüstungsexport?, AW-Prax 2017, 393 ff.

- Der Know-how-Transfer in internationalen Unternehmen, AW-Prax 2017, 428 ff.

- Das aktuelle US-Iran-Embargo und seine Bedeutung für die deutsche Exportwirtschaft: Das US Sanktionsregime der Primary and Secondary Sanctions, CCZ 2018, 33 ff.

- Das Verbot von Boykotterklärungen nach dem deutschen Außenwirtschaftsrecht – Herausforderungen für Unternehmen im Außenhandel, CCZ 2018, 108 ff.

Haellmigk, Philip/Vulin, Danica: Syrien, EU-Sanktionen und die Luftfahrtindustrie, AW-Prax 2013, 79 ff.

- Chancen und Risiken der Selbstanzeige im Außenwirtschaftsrecht, AW-Prax 2013, 176 ff.

- Richtig vorbereitet durch die Außenwirtschaftsprüfung – Was sollten Unternehmen beachten?, AW-Prax 2013, 240 ff.

Hagemann, Dirk: Effiziente Compliancesysteme können Geldbuße gegen ein Unternehmen reduzieren, AW-Prax 2017, 410 ff.

- Effiziente Compliancesysteme zahlen sich aus, ExportManager 2017, 7/2017, 26 f.

Hahn, Volker: Die neue Dual-use-Verordnung der EG, AW-Prax 1995, 5 ff.

- Ein Jahr EG-Dual-use-Verordnung, AW-Prax 1996, 264 ff.

- Quo vadis europäische Exportkontrolle?, AW-Prax 1999, 321 ff.

Hannemann-Kacik, Rima: Die Aufsichtspflichtverletzung in Betrieben und Unternehmen nach § 130 OWiG, Der Zoll-Profi! 9/2011, 2 ff.

- § 30 OWiG, Der Zoll-Profi! 2/2012, 10 ff. und 3/2012, 11 ff.

- Die Begriffe Ausfuhr und Ausführer in der EG-dual-use-VO, Der Zoll-Profi! 10/2016, 4 f., 11/2016, 9 f.

- Drum prüfe, wer sich ewig bindet …" – EU-Sanktionen treffen Russland, Der Zoll-Profi! 9/2014, 2 f.

- EU-Sanktionen gegen Russland gehen in die nächste Runde, Der Zoll-Profi! 11/2014, 2 f.

- Durchsuchung und Beschlagnahme, Der Zoll-Profi! 4/2018, 7 ff.

- „Hilfe, der Prüfer kommt!" – „Na, und?", Der Zoll-Profi! 12/2016, 9 ff.

Hantke, Wolfgang: Die Verschärfung des Außenwirtschaftsrechts, NJW 1992, 2123 ff.

Harder, Marion: Zum Teil-Embargo gegen Libyen, AW-Prax 1998, 163 ff.

Hasselbrink, Hagen: Beteiligungserwerbe an GmbH durch ausländische Investoren, GmbHR 2010, 512 ff.

Hein, Anke: Revision der Exportkontrolle, AW-Prax 1998, 415 ff.

Heiß, Günter: Exportkontrolle – Position des Bundeskanzleramtes, AW-Prax 2012, 200 f.

Herkert, Bernhard: Aus dem Leben eines Exportkontrolleurs, AW-Prax 1999, 415 ff.

- Der Professor im Labyrinth des Außenwirtschaftsrechts, AW-Prax 2000, 175 ff.
- Die Entschlüsselung der „Technischen Unterstützung" für den Hausgebrauch, AW-Prax 2001, 253 ff.
- Wie wird man zur U.S.-Person?, AW-Prax 2002, 213 ff.
- Exportkontrollgesetzgebung in Großbritannien, AW-Prax 2005, 57 ff.
- EAR 99-Güter in den Iran liefern?, AW-Prax 2008, 110 ff.

Herkes, Anne Ruth: Wirtschaftspolitik und Exportkontrolle, AW-Prax 2013, 135 ff.

Herrmann, Christoph/Müller-Ibold, Till: Die Entwicklung des europäischen Außenwirtschaftsrechts, EuZW 2016, 646 ff.

Hermesmeier, Valérie/Beyer, Bengt: Die Novellierung der Dual-use-Verordnung (EG) Nr. 1334/2000, AW-Prax 2008, 151 ff.

Hermesmeier, Valérie/Rautenberg, Anna/Griebel, Björn: Die neuen Endverbleibserklärungen, AW-Prax 2017, 55 ff.

Herzog, Felix: Politische Opportunität und Bestimmtheitsdefizite im Außenwirtschaftsstrafrecht am Beispiel des § 34 Abs. 2 AWG, wistra 2000, 41 ff.

Hetzer, Wolfgang: Geheimdienstliche Außenwirtschaftskontrolle?, ZfZ 1995, 34 ff.

Hinder, Jens-Uwe: Der Ausfuhrverantwortliche im Außenwirtschafts- und Kriegswaffenkontrollrecht, Münster 1999, Diss. iur. (zitiert: *Hinder*, S.)

Hinz, Almut: Die Sanktionen gegen Libyen, Frankfurt a.M. u.a. 2005, Diss. iur. (zitiert: *Hinz*, S.)

Hocke, Ernst/Sachs, Bärbel/Pelz, Christian: Außenwirtschaftsrecht, Heidelberg 2017 (zitiert: *Hocke/Sachs/Pelz/Bearbeiter*, § Rn.)

Höfler, Heiko: Untätigkeitsklage stattgegeben, Behörden Spiegel August 2016, 45

Höfler, Heiko/Glawe, Robert: Fortgesetzte Untätigkeit, AW-Prax 2017, 67 ff.

Höft, Kay: Der Entwurf eines neuen Exportkontrollgesetzes der VR China im Kontext des Außenwirtschaftsrechts der USA, EU und Deutschlands: Praktische Erwartungen für die Lieferkette, ZChinaR 2018, 102 ff.

Höft, Kay/Kreuzer, Olaf: Technische Unterstützung in der Kommunikationsaufklärung, RIW 2015, 587 ff.

- Die Dual-use-Reform 2017 – Rechtssicherheit geht vor, RIW 2017, Heft 3, Die erste Seite

Hölscher, Christoph: Entwicklung des US-Exportkontrollrechts 2001, AW-Prax 2002, 133 ff.

- Deutsche Rechtsberatung im US-Exportkontrollrecht, AW-Prax 2005, 195 ff.

- Die Neufassung der Dual Use-Verordnung, RIW 2009, 524 ff.

Hötzl, Corinna/Griebel, Björn: Grenzen und Ziele der Exportkontrolle, AW-Prax 2014, 131 ff.

- Exportkontrolle 8.0, AW-Prax 2014, 142 ff.

- Rechtsprechungsforum „Information des Parlaments über Rüstungsexporte", AW-Prax 2015, 165 ff.

- Rechtsprechungs- und Praxisforum – Aktuelle Entwicklungen, AW-Prax 2016, 164 ff.

Hötzl, Corinna/Klöhn, Gunilla: Politikforum II, AW-Prax 2018, 240 ff.

Hoffmann, Martin: Rechtsschutz gegen individualgerichtete Embargomaßnahmen im Vorabentscheidungsverfahren, NVwZ 2018, 34 ff.

Hohmann, Harald: Die Neufassung der Dual-Use-Verordnung für die Exportkontrolle, NJW 2000, 3765 f.

- Anwendungsbereich und Reichweite des US-Reexportrechts, AW-Prax 2007, 115 ff.

- Die zentralen Genehmigungspflichten/Verbote des US-Reexportrechts, AW-Prax 2007, 456 ff.

- Die Enforcement-Maßnahmen des US-Commerce, Treasury und State Department, AW-Prax 2008, 505 ff.

- Würdigung und Kritik der neuen Allgemeinen Genehmigungen, AW-Prax 2009, 322 ff.

- Extraterritoriale Wirkungen der US-Embargos: Neue Herausforderungen, AW-Prax 2009, 356 ff.

- Die Bedeutung der EG-Rechtstexte für die Exportkontrolle, AW-Prax 2010, 21 ff.

- Iran-Embargo (EU/USA): Risiken und Steuerungsmöglichkeiten, AW-Prax 2012, 95 ff.

- Neufassung des EU-Iran Embargos, AW-Prax 2012, 227 ff.

- Die AWG-Novelle 2012, AW-Prax 2013, 3 ff.

- Export Control Reform USA (alias ITAR-/EAR-Reform 2013), AW-Prax 2013, 214 ff.

- Neufassung von AWG und AWV, AW-Prax 2013, 312 ff.

- Technologie-Transfer in der Exportkontrolle, AW-Prax 2014, 298 ff.

- Zum baldigen Ende des Iran-Embargos, AW-Prax 2015, 284 ff.

- Neues zum Technologietransfer nach China, AW-Prax 2016, 44 ff.

- Neufassung der Dual-use-Verordnung, AW-Prax 2017, 73 ff.

- Die Außenwirtschaftsfreiheit in Deutschland: Ihre Behandlung durch Gerichte und das BAFA, AW-Prax 2018, 324 ff.

Hohmann, Harald/John, Klaus: Ausfuhrrecht, München 2002 (zitiert: *Bearbeiter* in: *Hohmann/John* Teil, Rn. S.)

Hohmann, Harald/Kirchner, Stefan: Neue Fälle zum US-Daten- und Technologietransfer, AW-Prax 2016, 319 ff.

Holly, Hans G./Friedhofen, Peter: Die Abwälzung von Geldstrafen und Geldbußen auf den Arbeitgeber, NZA 1992, 145 ff.

Holthausen, Dieter: Der Verfassungsauftrag des Art. 26 II GG und die Ausfuhr von Kriegswaffen, JZ 1995, 284 ff.

- Anmerkung zu BGH, Urteil vom 23.11.1995, NStZ 1996, 284 f.

- Enumerative Listen im Kriegswaffenkontrollrecht und ihre „Umgehung" mittels technischer Manipulationen, wistra 1997, 129 ff.

- Das Kriegswaffenexportrecht als Verfassungsauftrag des Art. 26 Abs. 2 GG, RIW 1997, 369 ff.

- Anmerkung zu LG Stuttgart, Urteil vom 1.10.1996, NStZ 1997, 290 ff.

- Nochmals: „Rose"-Urteil des LG Stuttgart, AW-Prax 1998, 97 ff.

- Zum Tatbestand des Entwickelns atomarer, biologischer und chemischer Waffen (§§ 18–20 KWKG), wistra 1998, 209 f.

Holthausen, Dieter/Hucko, Elmar Matthias: Das Kriegswaffenkontrollgesetz und das Außenwirtschaftsrecht in der Rechtsprechung, NStZ-RR 1998, 193 ff., 225 ff.

Hoppe, Christoph: Die Sicherheit und ihr Preis – Die Rolle der Unternehmen bei der Gefahrenabwehr, AW-Prax 2010, 172 ff.

v. Hoyningen-Huene, Gerrick/Linck, Rüdiger: Kündigungsschutzgesetz, 15. Auflage, München 2013 (zitiert: *v. Hoyningen-Huene/Linck*, § KSchG, Rn.)

Huber, Bertold: Effektiver Grundrechtsschutz mit Verfalldatum, NJW 2005, 2260 ff.

Hucko, Elmar Matthias: Was bringt die Dual-use-Verordnung der EG?, DB 1995, 513 ff.

- Zur Strafbarkeit von Verletzungen des Serbien-Embargos, AW-Prax 1997, 92 f.

- Was die Richter leider falsch beurteilt haben, AW-Prax 1997, S. 172 f.

Hucko, Elmar Matthias/Wagner, Jörg: Außenwirtschaftsrecht Kriegswaffenkontrollrecht, 9. Auflage, Köln 2003 (zitiert: *Hucko/Wagner*, S.)

Hund, Horst: Polizeiliches Effektivitätsdenken contra Rechtsstaat, ZRP 1991, 463 ff.

- Überwachungsstaat auf dem Vormarsch – Rechtsstaat auf dem Rückzug?, NJW 1992, 2118 ff.

Ipsen, Knut: Kriegswaffenkontrolle und Auslandsgeschäft, Festschrift für *Rudolf Bernhardt*, Berlin u.a. 1995 (zitiert: *Ipsen*, Festschrift für *Bernhardt*, S.)

Ischinger, Wolfgang: Exportkontrolle – eine Antwort auf globale Sicherheitsherausforderungen, AW-Prax 2013, 145 ff.

Jahnke, Joachim: Mit den Mitteln des Rechtsstaates gegen die Verbreitung von Massenvernichtungs-Technologie, ZRP 1992, 83 ff.

Jacobs, Dietmar/Decker-Schümann, Ralf: Exportkontrolle – Entwicklung und Perspektive, AW-Prax 2008, 245 ff.

Janik, Marianne: Sensitive Waren und Dienstleistungen im Lichte des europäischen Gemeinschaftsrechts, Frankfurt u.a. 1995, Diss. iur. (zitiert: *Janik*, S.)

Jansen, Justus/Oertel, Christoph: Verschärfung des Iran-Embargos, RIW 2010, 695 ff.

Jehke, Christian/Schöppner, Tobias: Die Selbstanzeige im Außenwirtschaftsrecht, AW-Prax 2016, 3 ff.

John, Klaus: Private Kooperationen und Zulieferungen im Rüstungsbereich, AW-Prax 1996, 306 ff.

• Die Frühwarnschreiben der Bundesregierung, AW-Prax 1998, 232 ff.

Jungkind, Vera/Cramer, Philipp: Boykottverbot versus Sanktionslisten-Screening, AW-Prax 2016, 417 ff.

Jüsten, Karl: Ethik und Waffenlieferungen, AW-Prax 2015, 162 ff.

Kapp, Thomas: Dürfen Unternehmen ihren (geschäftsleitenden) Mitarbeitern Geldstrafen bzw. -bußen erstatten?, NJW 1992, 2796 ff.

Karakoc, Ergin: US-Sanktionen gegen Russland und Iran …, AW-Prax 2018, 321 ff.

Karpenstein, Ulrich: Reform der Dual-use-Verordnung, AW-Prax 1998, 267 ff.

• Die Dual-use-Verordnung, EuZW 2000, 677 ff.

Keul, Katja: Brauchen wir ein Rüstungsexportgesetz? ZRP 2018, 141

Kießler, Kai Kristian: Bericht vom 2. Exportkontrolltag, AW-Prax 2008, 237 ff.

• Ist Exportkontrolle ein kalkulierbarer Faktor für Unternehmen?, AW-Prax 2008, 255 ff.

• Die Gewährleistung der Sicherheit: Ist auf Eigenverantwortung Verlass?, AW-Prax 2010, 196 f.

Kirchner, Patrick: Das System der Rüstungsexportkontrolle, DVBl. 2012, 336 ff.

Kirchner, Stefan: ITAR, AW-Prax 2017, 296 ff.

• USA: Neue Sanktionen gegen Russland, AW-Prax 2017, 375 ff.

Kirsch, Marcus: Mitarbeiterscreening zur Terrorbekämpfung zulässig?, ZD 2012, 519 ff.

Kistner, Tanja: Straftaten im Außenwirtschaftsrecht, Witten 2008, Diss. iur.

Klinner, Tilo: Der Nationale Aktionsplan Wirtschaft und Menschenrechte als Rahmen für verantwortungsvolles unternehmerisches Handeln in der Globalisierung, AW-Prax 2018, 229 ff.

Kochendörfer, Mirjam: Kontrolle von Ersatzteilen, AW-Prax 2016, 57 ff.

• Praxisforum III, AW-Prax 2018, 244 ff.

Kochendörfer, Mirjam:/Copei, Denis: Forum II „The Vienna Agreement – A Watershed Moment", AW-Prax 2016, 161 ff.

Kochendörfer, Mirjam:/Luger, Cindy/Pawlowski, Kai: Exportkontrolle im Wandel, AW-Prax 2015, 143 ff.

• Rüstungsexportkontrollpolitik, AW-Prax 2015, 157 ff.

Kollmann, Katharina: Prüfung ausländischer Investitionen in Deutschland, AW-Prax 2009, 205 ff.

• Financial Action Task Force (FATF), AW-Prax 2010, 183 ff.

• Das „Gesetz zur Modernisierung des Außenwirtschaftsrechts", AW-Prax 2013, 267 ff.

• Die Novellierung der Außenwirtschaftsverordnung, AW-Prax 2013, 381 ff.

Korioth, Stefan: Informationsansprüche des Dt. Bundestages bei Rüstungsexportentscheidungen, AW-Prax 2015, 168 ff.

Krach, Torsten: Die Europäisierung des nationalen Außenwirtschaftsstrafrechts, Regensburg 2005, Diss. iur.

Kreuder, Thomas: „Personalscreening" für AEO-Zertifizierung datenschutzrechtlich unzulässig, AW-Prax 2010, 97 ff.

Kreuzer, Olaf: Alles „besonders konstruiert"?!, AW-Prax 1996, 388 ff.

- Anmerkung zu BGH, Urteil vom 23.11.1995, NStZ 1996, 555 f.
- Die Kenntnis bei § 5d AWV, AW-Prax 1997, 29 f.
- Der Fördertatbestand in § 69a AWV, AW-Prax 1997, 134 f.
- Anmerkung zu LG Stuttgart, Urteil vom 01.10.1996, NStZ 1997, 292,
- Strafbarkeitslücken im Außenwirtschaftsrecht beim Transfer von Software, wistra 1998, 47 f.
- Ungenehmigte Ausfuhren nach Pakistan, AW-Prax 1998, 62 f.
- Was haben die Richter falsch beurteilt? – Nichts, AW-Prax 1997, 349 ff.
- Die Supergun-Entscheidung, AW-Prax 1998, 135 ff.
- Verurteilung wegen Bruch des Serbienembargos, AW-Prax 1999, 178 f.
- Verbringung und Ausfuhr im strafrechtlichen Gestrüpp, AW-Prax 2000, 139 ff.
- Lieferstopp für LKW, AW-Prax 2000, 482 f.
- Der Verfall im Außenwirtschaftsrecht, AW-Prax 2001, 192
- Embargo-Verstöße von Bürgern der DDR, AW-Prax 2000, 70
- Schadensersatz und § 5c AWV, AW-Prax 2000, 444 f.
- Irakische Dinare – Güter oder Zahlungsmittel?, AW-Prax 2001, 33 f.
- Die gerichtliche Kontrolle der Geheimdienste, AW-Prax 2001, 34 f.
- Irak-Embargo und Schaden für die deutsche Wirtschaft, AW-Prax 2001, 68 f.
- Vorsicht! Wer hört mit?, AW-Prax 201, 213 f.
- Keine Handfeuerwaffen nach Jemen, AW-Prax 2001, 272 f.
- Es gibt sie noch – die falschen Urteile, AW-Prax 2002, 431 f.
- Ungenehmigte Lieferungen in den Iran, AW-Prax 2002, 470
- Verurteilung wegen Bruch des Irak-Embargos, AW-Prax 2003, 29
- Falsches Urteil zum Libyen-Embargo, AW-Prax 2003, 71 f.
- Die Aufsichtspflichtverletzung (§ 130 OWiG) – Ein Mauerblümchen, AW-Prax 2003, 189 f.
- Die Ausnahmevorschrift des § 7 Absatz 1 Satz 2 AWV, AW-Prax 2012, 301 f.

Kreuzer, Olaf/Bauer, Thomas: Einige Anmerkungen zum Begriff des „Ausführers", AW-Prax 1998, 21 f.

Krolop, Kaspar: Staatliche Einlasskontrolle bei Staatsfonds und anderen ausländischen Investoren im Gefüge von Kapitalmarktregulierung, nationalem und internationalem Wirtschaftsrecht, HFR 1/2008, 1 ff.

Kunze, Rolf: Intime Einblicke – das Waffenregister der Vereinten Nationen für konventionelle Waffen, Sicherheitspolitik 1995, 26 ff.

Leuering, Dieter/Rubner, Daniel: Die AWG-Novelle: Neuer Rahmen für Unternehmenserwerbe, NJW-Spezial 2009, 175 f.

Lindner, Thomas: Freiheit versus Kontrolle, AW-Prax 2014, 134 ff.

Lingemann, Detlef: Proliferationsbekämpfung und Außenwirtschaft, AW-Prax 2010, 171 f.

Lingenthal, Götz: Exportkontrolle – Entwicklung und Perspektive aus Sicht des Auswärtigen Amtes, AW-Prax 2008, 241 f.

Linnemann, Leif: Embargoregelungen, AW-Prax 2016, 69 ff.

• Das Verbot der Abgabe von Boykott-Erklärungen, AW-Prax 2017, 391 ff.

List, Alexa: Technologiekontrolle I, AW-Prax 2009, 187 ff.

• Technologietransfer, AW-Prax 2009, 291 ff.

Löffeler, Peter: Zur strafrechtlichen Bewältigung von Verstößen gegen das Irak-Embargo, wistra 1991, 121 ff.

Lübbig, Thomas: Die Verfolgung illegaler Exporte, Berlin 1996, Diss. iur. (zitiert: *Lübbig*, S.)

• Ausfuhr, Ausfuhrgeschäft und Ausführer bei §§ 33, 34 AWG, AW-Prax 1996, 409 ff.

Lütke, Hans Josef: Verstöße gegen „das Serbien-Embargo" – eine Anmerkung, wistra 1997, 207 ff.

Maaßen, Hans-Georg: Beschaffungsversuche ausgewählter Länder in Deutschland, AW-Prax 2017, 152 ff.

Mätzke, Hans-Joachim: Strafrechtliche Konsequenzen für Handel und deutsche Exportindustrie bei der Ausfuhr sensitiver Güter in EU-Mitgliedstaaten, NStZ 1999, 541 ff.

Makowicz, Bartosz: Integrierte Managementsysteme zur Steuerung der außenwirtschaftsrechtlichen Risiken, Der Zoll-Profi! 3/2016, 2 ff., 4/2016, 2 ff.

Maltzahn, Paul von: Arabische Jahreszeiten: Herbst, AW-Prax 2014, 140 f.

Mankowski, Peter: Deutscher Versicherer und das US-Embargo gegen den Iran – ein kleines Lehrstück zu ausländischen Eingriffsnormen, RIW 2015, 405 f.

Mantz, Martin: Organisationspflichten im Rahmen eines Compliance Managementsystems, comply. 3/2016, 36 ff.

Mehle, Bastian/Mehle, Volkmar: Die notwendige Einhaltung von EU-Embargoregelung durch Unternehmen mit Sitz in Drittstaaten, RIW 2015, 397 ff.

Meine, Hans-Gerd: Die Strafbarkeit von Embargoverstößen nach § 34 Abs. 4 AWG, wistra 1996, 41 ff.

• Reform der Strafen im Außenwirtschaftsrecht (Teil 4) – Erfahrungen mit der Strafzumessung im Außenwirtschaftsrecht, AW-Prax 1999, 414 f.

Meister, Stefan: Aktuelle Lage im Ukraine-Russland-Konflikt, AW-Prax 2015, 147 ff.

• Eine Lösung im Ukraine-Russland-Konflikt ist nicht in Sicht, AW-Prax 2016, 154 ff.

• Russland zum Dritten – Fortschritt/Stagnation/Rückschritt, AW-Prax 2018, 232 ff.

Merz, Matthias: „Whistleblowing", Der Zoll-Profi! 3/2008, 11 f.

- Neue Allgemeingenehmigungen, Der Zoll-Profi! 4/2008, 2 ff.

- AGG 23 – Die kritische Frist, Der Zoll-Profi! 6/2008, 9

- Ausfuhr- und Prozessverantwortliche, Der Zoll-Profi! 2/2009, 2 ff.

- Update US-Exportkontrolle, Der Zoll-Profi! 11/2009, 2 ff.

- Die 109. Änderungsverordnung zur deutschen Ausfuhrliste, Der Zoll-Profi! 6/2010, 5 ff.

- Die deutsche Ausfuhrliste Teil I Abschnitt A, Der Zoll-Profi! 2/2011, 2 ff.

- Grundlagen zu den ITAR und der USML-Güterklassifizierung, Der Zoll-Profi! 4/2011, 7 ff.

- Aufkündigung des JCPOA durch die USA: aktueller Kurzüberblick, Der Zoll-Profi! 6/2018, 2

Merz, Matthias/Felderhoff, Kai Henning: Compliance im Außenwirtschaftsrecht, AW-Prax 2012, 317 ff.

Merz, Matthias/Vischer, Simon: Exportkontrollbeauftragte, Der Zoll-Profi! 4/2009, 2 ff.

Merz, Matthias/Zaremba, Ines: Status des EU-Embargos gegen den Iran, Der Zoll-Profi! 3/2014, 10 ff.

Meyer, Ole: Die Außenwirtschaftsprüfung als Element der Exportkontrolle, AW-Prax 1999, 401 ff.

Michalke, Regina: Die strafrechtlichen und verfahrensrechtlichen Änderungen des Außenwirtschaftsgesetzes, StV 1993, 262 ff.

Möllenhoff, Ulrich M.: Rechtsfragen der Exportkontrolle, AW-Prax 1999, 166 ff.

- Die Exportkontrolle für Güter mit doppeltem Verwendungszweck (Dual-use-Güter) in Großbritannien, Münster 2005, Diss. iur. (zitiert: *Möllenhoff*, S.)

- Beauftragung und Verantwortung, AW-Prax 2013, 307 ff.

- Neues zur Selbstanzeige im Außenwirtschaftsrecht, AW-Prax 2015, 201 ff.

Möllenhoff, Ulrich/Ovie, Talke: Mitarbeiterscreening aufgrund Embargolisten?, AW-Prax 2010, 136 ff.

Monreal, Christoph: Rechtsprobleme der Ausfuhrliste, AW-Prax 2001, 154 ff., 234 ff., 254 ff.

- Technologiekontrolle II, AW-Prax 2009, 190 ff.

Moritz, Hans-Georg: Antiterrorismusmaßnahmen im Außenwirtschaftsrecht, AW-Prax 2004, 63 ff.

- Internes Compliance-Programm im Unternehmen, Der Zoll-Profi! 2/2008, 2 ff.

Morweiser, Stephan: „Hättest du geschwiegen …", AW-Prax 2003, 111 f.

- Unternehmensrisiken im Außenwirtschaftsstrafrecht, AW-Prax 2004, 175 ff.

- Die strafrechtliche Umsetzung des Iranembargos, AW-Prax 2008, 413 ff.

- Aktuelle Rechtsprechung, AW-Prax 2014, 159 ff.

- Aktuelle Rechtsprechung zum Außenwirtschaftsstrafrecht, AW-Prax 2016, 168 ff.

- Gammelfleisch und Waffenembargos, AW-Prax 2017, 63 ff.

Müller, Andreas: Außenwirtschaftsverkehr mit dem El-Kaida-Netzwerk, AW-Prax 2005, 192 ff.

Müller, Hermann/Hempel, Rolf: Änderungen des Außenwirtschaftsrechts zur Kontrolle ausländischer Investoren, NJW 2009, 1638 ff.

Müller, Olaf: Exportkontrolle und Ablauforganisation, AW-Prax 1998, 82 ff.

Müller, Robert: Reform der Strafen im Außenwirtschaftsrecht (Teil 3) – Strafen de lege ferenda, AW-Prax 1999, 370 ff.

Müller-Gugenberger, Christian/Bieneck, Klaus: Wirtschaftsstrafrecht, 5. Auflage, Münster 2011 (zitiert: *Bearbeiter* in: *Müller-Gugenberger/Bieneck,* Wirtschaftsstrafrecht, § Rn. S.)

Münchener Kommentar: Bürgerliches Gesetzbuch, 7. Auflage München 2015 (zitiert: Münchener Kommentar-*Bearbeiter,* § BGB, Rn.)

Nestler, Nina: „Umgehungshandlungen" – Überlegungen zum Umgang mit Verweisungen von Blankettstrafgesetzen auf Unionsrecht am Beispiel des § 34 IV AWG, NStZ 2012, 672 ff.

Niggemeier, Horst: Minenräumpanzer – eine Kriegswaffe, ES 1995, 25 f.

Nippert, Allit/Tinkl, Cristina: Bestechung im internationalen Geschäftsverkehr – straf- und steuerrechtliche Konsequenzen, AW-Prax 2004, 255 ff.

Ordemann, Klaus-Dieter: Endspurt zu einem weltweiten Waffenhandelsvertrag, AW-Prax 2011, 365 f.

- Globale Regulierung des Waffenhandels aufgeschoben, AW-Prax 2012, 371 ff.

  Grundstein für die Regulierung des Waffenhandels gelegt, AW-Prax 2013, 205 f.

Ott, Markus: Die Voranfrage im Außenwirtschaftsrecht, AW-Prax 2002, 194 f.

- Ausfuhrfreiheit und Ausfuhrkontrolle für gelistete Dual-use-Güter, AW-Prax 2003, 353 ff.

Ott, Sarah: Forum III: „Haftungsfragen und interne Exportkontrolle", AW-Prax 2017, 163 ff.

- Politikforum I, AW-Prax 2018, 225 ff.

Pawlowski, Kai: Forum II: Proliferationsbekämpfung in der EU: Die Novelle der EG-Dual-use-VO, AW-Prax 2017, 161 ff.

Pawlowski, Kai/Copei, Denis: Politikforum: Krisen und Herausforderungen, AW-Prax 2016, 151 ff.

Pawlowski, Kai/Trapp-Harlow, Esther: Politikforum I, AW-Prax 2017, 143 ff.

Pelz, Christian/Hofschneider, Yvonne: Die Selbstanzeige im neuen Außenwirtschaftsrecht, AW-Prax 2013, 173 ff.

- Die Selbstanzeige im neuen Außenwirtschaftsrecht – Chance oder Risiko?, wistra 2014, 1 ff.

Peters, Alexander/Schwab, Rouven: Umgang mit den EG-Antiterrorismuslisten im Unternehmen, RDV 2006, 196 ff.

Peuser, Anton: EU-Verordnungen zur Terrorismusbekämpfung in Unternehmen, DuD 2006, 680 ff.

Pietsch, Dietmar: Das Verbot der „Entwicklung" von chemischen Waffen (§§ 18 Nr. 1, 20 I Nr. 1 und 2 KWKG), NStZ 2001, 234 ff.

Pietsch, Georg: Das Frühwarnsystem, AW-Prax 1998, 345 ff.

- Technologiekontrolle III, AW-Prax 2009, 194 ff.

- Europäische und nationale Entwicklungen in der Exportkontrolle, AW-Prax 2010, 176 ff.

Pohl, Sven/Darwichpour, Gela: Meldungen im Außenwirtschaftsverkehr, AW-Prax 2013, 346 ff.

Portatius, Alexander von: Exportkontrolle – Entwicklung und Perspektive aus Sicht des BMWi, AW-Prax 2008, 243 f.

- Die novellierte Dual-use-Verordnung (EG) Nr. 428/2009, AW-Prax 2009, 283 f.

Portatius, Alexander von/Berg, Dirk: Exportkontrollpolitik im Wandel, AW-Prax 2004, 379 ff.

Pottmeyer, Klaus: Kriegswaffenkontrollgesetz, 2. Auflage, Köln/Berlin/Bonn/München 1994 (zitiert: *Pottmeyer*, § KWKG, Rn.)

- Die Strafbarkeit von Auslandstaten nach dem Kriegswaffenkontroll- und dem Außenwirtschaftsrecht, NStZ 1992, 57 ff.

- Novellierung im Außenwirtschaftsrecht, DWiR 1992, 133 ff.

- Die Kriegswaffenmeldeverordnung, AW-Prax 1995, 87 ff.

- Die Strafbarkeit des Ausfuhrverantwortlichen, AW-Prax 1995, 125 f.

- Hohe Freiheitsstrafen für illegale Irak-Geschäfte, AW-Prax 1995, 133 ff.

- Freispruch für Manager, AW-Prax 1995, 174 ff.

- Die Straftaten nach dem Außenwirtschaftsrecht, AW-Prax 1995, 299 ff.

- Buslinienverkehr und Strafbarkeit nach dem AWG, AW-Prax 1995, 323 f.

- Freiheitsstrafen für mittelständische Unternehmer, AW-Prax 1995, 400 ff.

- Der Plutonium-Skandal, AW-Prax 1996, 25 ff.

- Höchstrichterliche Entscheidung zur Bausatztheorie, AW-Prax 1996, 98 ff.

- Die Bausatztheorie im Kriegswaffenkontrollrecht, wistra 1996, 121 ff.

- Die „Hamburger Panzeraffäre", AW-Prax 1996, 207 ff.

- Die Straftaten nach dem Kriegswaffenkontrollgesetz (KWKG), AW-Prax 1996, 215 ff.

- Revision des schweizerischen Kriegsmaterialgesetzes, AW-Prax 1997, 14 f.

- Die Strafen nach dem Außenwirtschaftsrecht im europäischen Vergleich, AW-Prax 1997, 272 f.

- Außenwirtschaft und Aufbauorganisation, AW-Prax 1997, 373 ff.

- Strafen nach KWKG/AWG – reformbedürftig, AW-Prax 1999, 45 ff.

- Antimilitarist verstößt gegen das KWKG, AW-Prax 1999, 420 f.

- Das schweizerische Kriegsmaterialgesetz, AW-Prax 2000, 107 ff.

- Bestechung im internationalen Geschäftsverkehr, AW-Prax 2001, 15 ff.

- Die Militärausgaben im Bereich der Nato in den 90er Jahren, AW-Prax 2001, 58 ff.

- Rechtsprechung zu § 4a KWKG, AW-Prax 2001, 309 ff.
- Die neuen Endverbleibsregelungen, AW-Prax 2002, 185 ff.
- Neues Waffenrecht und Kriegswaffenkontrolle, AW-Prax 2003, 21 ff.
- Arms Brokerage, AW-Prax 2003, 333 ff.
- Das neue Außenwirtschaftsstrafrecht, AW-Prax 2006, 145 ff.
- Waffenhandels- und -vermittlungsgeschäfte nach neuem Recht, AW-Prax 2006, 239 ff.
- Ausfuhrtatbestand und Genehmigungsfreiheit, AW-Prax 2007, 382 f.
- Die Grundzüge des Kriegswaffenkontrollrechts, Der Zoll-Profi! 8/2009, 5 ff.
- Terrorismuslisten und Datenschutz, AW-Prax 2010, 43 ff.
- Personalscreening gegen die Terrorismuslisten, Der Zoll-Profi! 8/2010, 2 ff.
- Noch einmal: Mitarbeiterscreening gegen die Terrorismuslisten, AW-Prax 2011, 279 ff.
- Verteidigungsgüterrichtlinie der EU – Erleichterungen für die Wirtschaft?, AW-Prax 2013, 164 ff.
- AWG-Modernisierungsgesetz und Strafbarkeit nach dem KWKG, AW-Prax 2013, 237 ff.
- Erwerb und Beteiligung an inländischen Unternehmen durch ausländische Investoren, AW-Prax 2016, 107 ff., 271 ff.
- Grundsatzurteil zum Iran-Embargo, AW-Prax 2016, 140 ff.
- Die neuen Endverbleibserklärungen, AW-Prax 2016, 248 ff.

Pottmeyer, Klaus/Sinnwell, Wolfram A.: Der Ausfuhrverantwortliche im Außenwirtschafts- und Kriegswaffenkontrollrecht, DWiR 1991, 133 ff.

Prieß, Hans-Joachim/Arend, Katrin: Absolvo vos, AW-Prax 2013, 71 ff.

Prieß, Hans-Joachim/Thoms, Anahita: Der Ausfuhrverantwortliche im Großunternehmen, AW-Prax 2013, 110 ff.

Prothmann, Andreas: Internationale Initiativen der Nichtverbreitung, AW-Prax 2010, 174 ff.

- Internationale Entwicklungen, AW-Prax 2011, 173 ff.

Puschke, Marcus (Hrsg.): Basiswissen Sanktionslisten, Köln 2008

Quernet-Hahn, Bénédicte/Kettenberger, Karoline: Der Schutz von Whistleblowern in Frankreich, RIW 2017, 557 ff.

Raca, Sandra: Zusammenfassung der Podiumsdiskussion beim Exportkontrolltag 2009, AW-Prax 2009, 198 ff.

Ranau, Jörg: „Arms Trade Treaty" und internationale Entwicklungen, AW-Prax 2013, 154 ff.

Recktenwald, Ulf: Außenprüfungen der Zollverwaltung, Der Zoll-Profi! 9/2008, 6 ff.

Redaktion AW-Prax: „Panzer-Affäre" vor Gericht, AW-Prax 1995, 217

- Urteil des Landgerichts Rottweil zum KWKG rechtskräftig, AW-Prax 1995, 217
- Rüstungsexporte 1994, AW-Prax 1995, 359 ff.
- UN-Waffenregister 1994 und 1995, AW-Prax 1997, 23 f.

- Porsche nach Serbien, AW-Prax 1998, 320 f.
- Das UN-Waffenregister 1997, AW-Prax 1998, 423 ff.
- Anoraks, Tiefbohrmaschinen und die Strenge des § 34 AWG, AW-Prax 1999, 63
- UN-Waffenregister 1998, AW-Prax 2000, 99 ff.
- Das UN-Waffenregister 1999, AW-Prax 2000, 473 f.
- Das UN-Waffenregister 2000, AW-Prax 2002, 105 ff.
- Das UN-Waffenregister 2001, AW-Prax 2002, 421 f.
- Das UN-Waffenregister 2002, AW-Prax 2003, 454 ff.
- Das UN-Waffenregister 2003, AW-Prax 2004, 477 ff.
- Das UN-Waffenregister 2004, AW-Prax 2005, 510 ff.
- Ordnungswidrigkeiten im Außenwirtschaftsrecht, AW-Prax 2006, 431 ff.
- UN-Waffenregister 2005, AW-Prax 2006, 504 ff.
- UN-Waffenregister 2006, AW-Prax 2008, 16 ff.
- UN-Waffenregister 2007, AW-Prax 2008, 520 ff.
- UN-Waffenregister 2008, AW-Prax 2009, 365 ff.
- Die Ordnungswidrigkeiten im Außenwirtschaftsrecht, AW-Prax 2010, 15 ff.
- UN-Waffenregister 2009, AW-Prax 2012, 18 ff.
- Die Ordnungswidrigkeiten im Außenwirtschaftsrecht, AW-Prax 2012, 47 ff.
- UN-Waffenregister 2010, AW-Prax 2012, 134 ff.
- Die Ordnungswidrigkeiten nach dem neuen Außenwirtschaftsrecht, AW-Prax 2013, 317 ff.
- Die Ordnungswidrigkeiten im Außenwirtschaftsrecht, AW-Prax 2015, 53 ff.
- Die Ordnungswidrigkeiten im Außenwirtschaftsrecht, AW-Prax 2015, 336 ff.
- Die Ordnungswidrigkeiten im Außenwirtschaftsrecht, AW-Prax 2017, 86 ff.
- Die Ordnungswidrigkeiten im Außenwirtschaftsrecht, AW-Prax 2018, 150 ff.

Reinhart, Wilhelm/Pelster, Annekatrin: Stärkere Kontrolle von ausländischen Investitionen – Zu den Änderungen von AWG und AWV, NZG 2009, 441 ff.

Rensmann, Thilo: Extraterritoriale Exportkontrolle im Völkerrecht, AW-Prax 2011, 154 ff.

Reuter, Alexander: Außenwirtschafts- und Exportkontrollrecht Deutschland/Europäische Union, München 1995 (zitiert: *Reuter,* Rn. S.)

Richter, Anne-Kathrin: Intra-EU-Rüstungsgüterrichtlinie, AW-Prax 2009, 294 f.

Richter, Anne-Kathrin/Lutz, Martin: Überblick über die neuen Iran-Sanktionen, AW-Prax 2009, 3 ff.

Ricke, Klaus Peter: Präventive Maßnahmen bei der Ausfuhr von Gütern, Witten 2010, Diss. iur. (zitiert: *Ricke,* Diss., S.)

- Waffenhandel, Proliferation und die Rolle des Bundesnachrichtendienstes, Köln 2018 (zitiert: *Ricke,* Waffenhandel., S.)

- Überwachung des Brief-, Post- und Telekommunikationsverkehrs, AW-Prax 2000, 19 ff.

- Proliferation Security Initiative (PSI), AW-Prax 2004, 269 ff.

- Das neue Recht zur präventiven Telekommunikations- und Postüberwachung, AW-Prax 2005, 457 ff.

- Die Bekämpfung des Terrorismus mit Mitteln des Außenwirtschaftsrechts, AW-Prax 2006, 411 ff.

- Novellierung des Zollfahndungsdienstgesetzes (ZFdG), AW-Prax 2007, 288 ff.

- Sicherstellung von Gütern nach dem § 32b ZFdG, AW-Prax 2011, 246 ff.

- Weniger ist manchmal mehr, AW-Prax 2011, 404 ff.

- Anordnung des Verfalls bei einer Außenwirtschaftsstraftat, AW-Prax 2012, 242 ff.

- Ende gut – alles gut?, AW-Prax 2013, 51 ff.

- „Es gibt keinen Grundrechtsschutz nach Kassenlage", AW-Prax 2013, 258 ff.

- Verstoß gegen das Iran-Embargo, AW-Prax 2014, 180 ff.

- Raketentechnologie für den Iran, AW-Prax 2015, 329 ff.

- Trotz Unterrichtung durch das BAFA: Export in den Iran, AW-Prax 2017, 60 ff.

- Verbot des Exports von Luxusgütern nach Nordkorea, AW-Prax 2018, 130 ff.

Rieck, Hasso: Zur Weiterentwicklung der EG-Dual-Use-Verordnung, RIW 1999, 115 ff.

Rieß, Joachim: Wären Antiterrorlisten grundgesetzwidrig?, AW-Prax 2008, 248 ff.

Ritthaler, Martina: Die Straf- und Bußgeldvorschriften des Außenwirtschaftsgesetzes, wistra 1989, 173 ff.

Roggan, Fredrik: Die Novelle des Zollfahndungsdienstgesetzes, NVwZ 2007, 1238 ff.

Roßner, Sebstian: Brauchen wir ein Rüstungsexportgesetz?, ZRP 2016, 94

Runkel, Hartmut: Neuere Rechtsprechung zum Kriegswaffenkontrollgesetz, WT 1981, 52

- Kriegswaffenkontrollgesetz – Der deutsche Waffenhändler im Ausland, WT 1982, 62

- Zweifelsfragen bei der Beurteilung von Kriegswaffen, WT 1986, 58

Rohde, Joachim: Die Entwicklung des deutschen Rüstungsexportes in den 90er Jahren, AW-Prax 2002, 59 ff.

Roth, Thomas: Der Erwerb von Rüstungs- und Kryptounternehmen durch Gebietsfremde, AW-Prax 2004, 431 ff.

Ruschmeier, Knut/Busch, Theodor: Ausführerbegriff bei Unternehmenskooperationen, AW-Prax 1997, 224 ff., 263 ff.

Sachs, Bärbel: Anti-Boykott-Klauseln, ICC-Magazin Dezember 2017, 44 ff.

Sachs, Bärbel/Krebs, David: Quid pro Quo im Außenhandel: Compliance gegen Verfahrensprivilegien, CCZ 2013, 12 ff.

- Anforderungen an ein außenwirtschaftliches Compliance-Programm und seine Ausgestaltung in der Praxis, CCZ 2013, 60 ff.

Sachs, Bärbel/Thoms, Anahita: Interpretatio delectat? AW-Prax 2010, 393 f.

Samson, Erich/Gustafsson, Britta: Zur Straflosigkeit von Verletzungen des Serbien-Embargos, wistra 1996, 201 ff.

- Erneut: Zur Straflosigkeit von Verletzungen des Serbien-Embargos, wistra 1997, 206 f.

Sauer, Heiko: Rechtsschutz gegen völkerrechtsdeterminiertes Gemeinschaftsrecht?, NJW 2008, 3685 ff.

Schaefer, Christoph: Die Umsetzung der Dual-use-Verordnung und § 34 AWG, AW-Prax 2006, 426 ff.

- Außenwirtschaftsrechtliche Beschränkungen und Transportunternehmen, RdTW 2014, 147 ff.

Schäfer, Jürgen: Bestimmtheitsgrundsatz im Strafrecht versus Exportkontrollpolitik, AW-Prax 2012, 204 f.

Schaub, Günter: Arbeitsrechts-Handbuch, 17. Auflage, München 2017 (zitiert: *Schaub-Bearbeiter*, §, Rn., S.)

Scheicht, Katrin/Loy, Daniela: Arbeitsrechtliche Aspekte des Whistleblowings, DB 2015, 803 ff.

Schelzig, Klaus: Reform der Strafen im Außenwirtschaftsrecht (Teil 2) – Erfahrungen eines Ermittlers mit § 34 AWG, AW-Prax 1999, 329 f.

Schiemann, Anja: Der Compliance-Verantwortliche unter Generalverdacht?, NZG 2014, 657 ff.

Schladebach, Marcus: Die Verteidigungsgüterrichtlinie der Europäischen Union, RIW 2010, 127 ff.

Schlagheck, Bernhard: Internationale Entwicklungen, AW-Prax 2015, 176 ff.

- Die weltpolitische Lage ist unübersichtlicher geworden, AW-Prax 2016, 172 ff.

Schlarmann, Hans/Spiegel, Jan-Peter: Terror und kein Ende – Konsequenzen der EG-Verordnungen zur Bekämpfung des internationalen Terrorismus für in Deutschland tätige Unternehmen, NJW 2007, 870 ff.

Schmidt, Christian: Organisation der Exportkontrolle, Der Zoll-Profi! 3/2013, 10 ff. und Der Zoll-Profi! 4/2013, 6 ff.

Schmidt, Susanne: Keine Transithandelsgenehmigung für Ersatzteile eines Flugzeuges in den Iran, AW-Prax 1997, S. 173 f.

Schmitz, Holger: Auswirkungen der Exportkontrollrechts-Reform in den USA auf die deutsche Außenwirtschaft, AW-Prax 2011, 236 ff.

Schneider, Nikolaus: „Exportkontrolle – eine ethische Bewertung", AW-Prax 2012, 196 ff.

Schöning, Falk/Sauro, Helmut: Interne Untersuchungen von Exportkontrollverstößen und der strategische Einsatz von Computer-Forensik und E-Discovery, CCZ 2016, 11 ff.

Schöppner, Tobias: Compliance im Export als Aufgabe der Geschäftsführung, Der Zoll-Profi! 5/2010, 6 ff.

- Verkauf im Sinne der Embargos, Der Zoll-Profi! 1/2015, 2 f.

- Sammelausfuhrgenehmigungen (SAG) als Alternative zu Einzelgenehmigungen? Der Zoll-Profi! 10/2014, 10 ff.

- Auslegungsgrundsätze zum mittelbaren Bereitstellungsverbot, Der Zoll-Profi! 12/2014, 2 ff.

Schöppner, Tobias/Damm, Johannes: Haftung auch von Mitarbeitern bei Verstößen gegen das Außenwirtschaftsrecht, Der Zoll-Profi! 11/2014, 4 ff.

Scholzen, Hans: Internationale Angelegenheiten, DWJ 12/2016, 90 f.

Schröder, Jan: 3. Exportkontrolltag in Münster, AW-Prax 2009, 179 ff.

Schrömbges, Ulrich: Zur Stellung des BAFA im Ordnungswidrigkeitsrecht, AW-Prax 2008, 515 ff.

Schultze, Reiner/Zuleg, Manfred: Europarecht, Baden-Baden 2006

Schuster, Susanne/Linnemann, Leif: 8. Exportkontrolltag 2014 – Praxisforen, AW-Prax 2014, 146 ff.

Schulz, Alexia: Exportkontrolle in Italien, Witten 2005, Diss. iur.

Schwab, Manuel: Der Exportkontrollverantwortliche, Der Zoll-Profi! 3/2016, 9 ff.

Schwarz, Alexandra: Die strafrechtliche Haftung des Compliance-Beauftragten, wistra 2012, 13 ff.

Schwendinger, Gerd: Die neuen Iran-Sanktionen, AW-Prax 2013, 37 ff.

- „Level playing field" beim mittelbaren Bereitstellungsverbot, AW-Prax 2013, 103 ff.

- Iran-Embargo – quo vadis?, AW-Prax 2016, 40 ff.

Schwendinger, Gerd/Trennt, Matthias: Das Russland-Embargo, AW-Prax 2014, 261 ff.

- Verschärfung des Russland-Embargos, AW-Prax 2014, 293 ff.

- Aktuelle Entwicklung der EU-Sanktion in der Ukraine-Krise, AW-Prax 2015, 43 ff.

Seibt, Christoph H./Wollenschläger, Bernward: Unternehmenstransaktionen mit Auslandsbezug nach der Reform des Außenwirtschaftsrechts, ZIP 2009, 833 ff.

Seitz, Claudia: Exportkontrolle in China, AW-Prax 2011, 157 ff.

Siller, Christian: Anmerkung BGH, Beschluss vom 14.02.1996, NStZ 1996, 553 f.

Simonsen, Olaf: Die novellierte EG-Dual-use-Verordnung und ihre Auswirkungen auf die deutsche Exportkontrolle, AW-Prax 2000, 252 ff., 312 ff., 358 ff.

- Außenwirtschaftsrecht, 11. Auflage, Köln 2014 (zitiert: *Simonsen,* Außenwirtschaftsrecht, S.)

Soergel/Siebert: Bürgerliches Gesetzbuch, 13. Auflage, Stuttgart 2005 (zitiert: *Soergel-Bearbeiter,* § BGB, Rn.)

Söhner, Matthias: Sicherheitenstellung und Außenwirtschaftsrecht, RIW 2011, 454 ff.

Sohm, Stefan: Strukturen des deutschen Rüstungsexportrechts, NZWehrR 1994, 99 ff.

Sonder, Nicolas: Außenwirtschaftsrecht nach dem Vertrag von Lissabon, AW-Prax 2010, 389 ff.

Stein, Roland/Bayer, Sarah: Anmerkung zu BGH, Urt. v. 9.12.2014 – 2 StR 62/14, ZfZ 2015, 330 ff.

Steindorf, Joachim: Waffenrecht, 9. Auflage, München 2009 (zitiert: *Steindorf,* Waffenrecht, § Rn.)

- Verbote und behördliche Gestattungen im deutschen Waffenstrafrecht, Festschrift für *Hannskarl Salger* , Köln/Berlin/Bonn/München 1995 (zitiert: *Steindorf,* Festschrift für *Salger*)

Stück, Volker: Anmerkung zu LAG Köln, Urteil vom 5.7.2012 – 6 Sa 71/12, CCZ 2013, 224

Summersberger, Walter: Geplanter Export von Pistolen nach Algerien, AW-Prax 2010, 277 ff.

Tervooren, Michael: Der Ausführerbegriff in der Exportkontrolle, Witten 2007, Diss iur.

Tiedemann, Klaus: Zur Geschichte eines Straftatbestandes des ungenehmigten Rüstungsexportes, Festschrift für *Günter Spendel*, Berlin 1992, S. 591 ff. (zitiert: *Tiedemann,* Festschrift für *Spendel*, S.)

- Europäisches Gemeinschaftsrecht und Strafrecht, NJW 1993, 23 ff.

Thoms, Anahita: Die neuen Sanktionen gegen Libyen, AW-Prax 2011, 121 ff.

- Verschärfte Kontrolle internationaler Unternehmenstransaktionen, AW-Prax 2018, 102 ff., 142 ff.

Thüsing, Gregor/Fütterer, Johannes/Jänsch, Melanie: Petzen ist doof, RDV 2018, 133 ff.

Thumann, Jürgen R.: Ist die Balance zwischen Kontrollumfang und Außenhandelsfreiheit aus dem Lot geraten?, AW-Prax 2009, 185 ff.

Topp, Claudia: 1. Exportkontrolltag in Münster, AW-Prax 2007, 195 ff.

Torwegge, Christoph: Finanzierung des Rechtsschutzes vor Sanktionen, AW-Prax 2015, 24 ff.

Trapp-Harlow, Esther: Forum IV: „Internationale Herausforderungen und aktuelle Entwicklungen", AW-Prax 2017, 168 ff.

Turner, Mike: Der Umgang mit dem behördenübergreifenden U.S.-Ausfuhrkontrollsystem, Der Zoll-Profi! 12/2009, 7 ff.

- Durchsetzung der US-Exportkontrolle durch US-Behörden, Der Zoll-Profi! 1/2010, 4 ff.

Uhrlau, Ernst: Internationale Beschaffungsnetzwerke, AW-Prax 2011, 148 ff.

Urso, Mario/Lachner, Sebastian: Zoll- und exportkontrollrechtliche Implikationen bei M&A-Transaktionen, BB 2018, 195 ff.

Vischer, Simon: Die 85. Änderungsverordnung zur AWV, Der Zoll-Profi! 8/2009, 8

- Haftungsbeschränkung für Mitarbeiter der Zoll- und Exportabteilung, Der Zoll-Profi! 7/2008, 8 ff.

- Die neue EG-Dual-Use-Verordnung, Der Zoll-Profi! 10/2009, 2 f.

Vischer, Simon/Witte, Robert: Aktueller Stand zur Novellierung der EG-dual-use-Verordnung, AW-Prax 2017, 37 ff.

Vögele, Willi: 22. Europäischer Zollrechtstag, AW-Prax 2010, 291 ff., 353 ff.

Voigtländer, René/Haellmigk, Philip: Technologietransfer im Außenwirtschaftsrecht, AW-Prax 2011, 208 ff.

Vogt, Martin: FATF – Erfahrungen der Finanzwirtschaft, AW-Prax 2010, 187 ff.

Voland, Thomas: Freitag, der Dreizehnte – Die Neuregelung des Außenwirtschaftsrechts zur verschärften Kontrolle ausländischer Investitionen, EuZW 2009, 519 ff.

- Rechtsschutz gegen Maßnahmen der Investitionskontrolle im Außenwirtschaftsrecht, EuZW 2010, 132 ff.

Voss, Nikolaus: Wirtschaftssanktionen gegen Russland und Iran, AW-Prax 2015, 194 ff.

- Export-Compliance im Unternehmen, Der Zoll-Profi! Sonderausgabe 2016, 3 ff.

Voss, Nikolaus/Eßer, Jonathan: Intra-Company Technologie-Transfer, AW-Prax 2017, 43 ff.

Wabnitz, Heinz-Bernd/Janovsky, Thomas: Handbuch des Wirtschafts- und Steuerstrafrechts, 2. Auflage, München 2004 (zitiert: *Bearbeiter* in *Wabnitz/Janovsky,* Kap., Rn.)

Wallraff, Arnold: Sicherheit im Spiegel der Exportkontrolle, AW-Prax 2017, 33 ff.

Walter, Konrad: Das neue Iranembargo der Europäischen Union – Neuerungen und Auswirkungen, RIW 2011, 281 ff.

- „Nulla poena sine lege" – Sind Verstöße gegen Embargos der EU in Deutschland straflos?, RIW 2012, 763 ff.

- Das neue Außenwirtschaftsgesetz 2013, RIW 2013, 205 ff.

- Die neue Außenwirtschaftsverordnung 2013, RIW 2013, 847 ff.

- Die neuen Regelungen zu Unternehmenserwerben, RIW 2017, 650 ff.

Weber, Karl: Die schweizerische Güterkontrollverordnung, AW-Prax 1998, 53 ff.

- Die Durchsetzung internationaler nichtmilitärischer Sanktionen in der Schweiz, AW-Prax 2000, 305 ff.

- Das schweizerische Embargogesetz – Kurzkommentar, AW-Prax 2002, 304 ff.

Weerth, Carsten: Meldepflichten für Zahlungen im Außenwirtschaftsverkehr, AW-Prax 2004, 473 ff.

- Verteidigungsgüter-Richtlinie, Der Zoll-Profi! 9/2011, 7 ff.

Weinland, Lothar: Die Exportkontrolle von Dual-use-Gütern, Lohmar/Köln 2002, Diss. iur. (zitiert: *Weinland*, S.)

Weith, Nils: Die nicht verkörperte Weitergabe von Technologie, AW-Prax 2004, 426 ff.

- Die exportkontrollrechtliche Ausfuhrgenehmigung unter Berücksichtigung von Gemeinschaftsverwaltungsrecht und Aspekten der Gefahrenprävention, Witten 2009, Diss. jur.

Weith, Nils/Wegner, Christof/Ehrlich, Wolfgang: Grundzüge der Exportkontrolle, Köln 2006 (zitiert: *Weith/Wegner/Ehrlich*, S.)

Welcker, Carl-Martin: Eigenprüfung und Eigenverantwortung in der Exportkontrolle, AW-Prax 2011, 145 ff.

Wendling, Karl: Exportkontrollpolitische Entwicklungen, AW-Prax 2011, 171 f.

- Neuerungen im Außenwirtschaftsrecht, AW-Prax 2013, 157 ff.

- Bericht aus Berlin – Status quo und Trends, AW-Prax 2014, 154 ff.

- Die Rüstungsexportkontrollpolitik der Bundesregierung, AW-Prax 2015, 159 f.

- Bericht aus Berlin, AW-Prax 2015, 180 ff.

- Außenwirtschaftliche Entwicklungen, AW-Prax 2016, 176 ff.

- „Außenwirtschaftliche Entwicklungen", AW-Prax 2017, 175 ff.

- Außenwirtschaftsrechtliche Entwicklungen, AW-Prax 2018, 252 ff.

Wenzel, Martin/Willmann-Lemcke, Juliane: Zahncreme oder Kampfstoff?, AW-Prax 2005, 158 ff.

Werder, Eva: Fachforum USA, AW-Prax 2011, 158 ff.

- Fachforum aktuelle Entwicklungen, AW-Prax 2011, 170

Werder, Eva/Kießler, Kai Kristian: Brokering-Kontrollen in der novellierten Dual-use-Verordnung, AW-Prax 2009, 285 ff.

Wermelt, Andreas/Tervooren, Michael, Exportkontroll-Compliance, CCZ 2013, 81 ff.

Wessels, Jörg: Rüstungsexport-Politik im Blickpunkt, AW-Prax 2000, 57 ff.

- Die neuen Politischen Grundsätze, AW-Prax 2000, 181 ff.

Wieck, Oliver: Greenbook – Einschätzung der deutschen Industrie, AW-Prax 2012, 208 ff.

- Erwartungen der Wirtschaft an die Exportkontrolle 2016, AW-Prax 2016, 158 ff.

Willems, Heiko: Ist Exportkontrolle ein kalkulierbarer Faktor für Unternehmen?, AW-Prax 2008, 262 f.

- Braucht Deutschland ein Kontrollrecht gegenüber ausländischen Investoren?, AW-Prax 2008, 369 ff.

Wilsing, Hans-Ulrich/Goslar, Sebastian: Die Berücksichtigung von Compliance-Management-Systemen bei der Bußgeldbemessung nach § 30 OWiG, GmbHR 2017, 1202 ff.

Winkler, Viktor: Anmerkung zu VGH Kassel, Beschl. v. 20.10.2014 – 6 B 1583/14, NVwZ 2015, 536

Witte, Christoph: Netzwerke und Exportkontrolle – Politikforum national, AW-Prax 2011, 141 f.

Witte, Peter (Hrsg.): Praxishandbuch Export- und Zollmanagement, Köln Loseblattsammlung, Stand: 55. Ergänzungslieferung Februar 2018 (zitiert: *Bearbeiter* in: Praxishandbuch Zoll, Teil, Ziffer, S.)

Witte, Robert: Mitarbeiterprüfung beim AEO, AW-Prax 2011, 277 ff.

- Sicherheitsüberprüfung beim AEO, AW-Prax 2012, 388 ff.

- Die Selbstanzeige im Außenwirtschaftsrecht, Der Zoll-Profi! 12/2014, 6 ff.

Witte, Robert/Damm, Johannes: Besondere Endverbleibsdokumente im Iran-Geschäft, Der Zoll-Profi! 10/2016, 9 ff.

- End-use-Zertifikate, Der Zoll-Profi! 8/2017, 9 ff.

Wolf, Kevin: US-export control system: Guidelines and recent reform efforts, AW-Prax 2011, 159 ff.

Wolffgang, Hans-Michael: Terrorismusbekämpfung durch Wirtschaftssanktionen, AW-Prax 2008, 251 ff.

- Die Verzahnung von Exportkontroll- und Zollrecht, AW-Prax 2010, 180 ff.

- Brauchen wir ein Rüstungsexportgesetz? ZRP 2018, 141

Wolffgang, Hans-Michael/Simonsen, Olaf/Tietje, Christian: AWR-Kommentar, Köln, Loseblattsammlung, Stand: 55. Ergänzungslieferung April 2018 (zitiert: *Bearbeiter* in AWR-Kommentar, § Gesetz/Verordnung Rn.)

Yakimov, Sergey f.: Die Exportkontrolle in Russland, AW-Prax 2007, 407 ff.

Zaremba, Ines: Verschärfung der restriktiven Maßnahmen gegen den Iran, Der Zoll-Profi! 2/2013, 2 ff.

- Allgemeine Genehmigungen der Europäischen Union, Der Zoll-Profi! 1/2015, 4 ff.

- Die nationalen Allgemeinen Genehmigungen, Der Zoll-Profi! 2/2015, 6 f., 3/2015, 11 f.

Zaremba, Ines/Merz, Matthias: Ausweitung des EU-Embargos gegen Iran in Kraft getreten, Der Zoll-Profi! 2/2013, 7 f.

- Allgemeine Genehmigungen, Der Zoll-Profi! 6/2014, 2 ff.

- EU veröffentlicht Angaben zu umgesetzten Dual-use-Maßnahmen der Mitgliedstaaten, Der Zoll-Profi! 5/2015, 7 ff.

- Die nationalen Allgemeinen Genehmigungen, Der Zoll-Profi! 2/2015, 6 ff., 3/2015, 11 ff., 6/2015, 10 ff., 7/2015, 10 ff., 9/2015, 10 ff.

Ziercke, Jörg: „Terrorismus, Massenvernichtungswaffen und Geldwäsche", AW-Prax 2010, 169 f.

1. Die Institution des Ausfuhrverantwortlichen – Werdegang und Zwecksetzung

1.1 Die Hintergründe für die Schaffung des Ausfuhrverantwortlichen

Die Institution des Ausfuhrverantwortlichen[1] besteht seit nunmehr fast 30 Jahren. Die Bundesregierung hat sie Ende 1990 geschaffen.[2] Dass der Ausfuhrverantwortliche seinerzeit ins Leben gerufen wurde, hat einen besonderen historischen Grund. Die Schaffung dieser Institution war eine von vielen Maßnahmen, mit denen die Bundesregierung seinerzeit den Vorgängen um deutsche Zulieferungen für die Giftgasfabrik in Rabta /Libyen und in den Irak begegnet ist.[3]

Die Bundesregierung wollte Folgendes bewirken: Bis zum Jahre 1990 hat es wiederholt Fälle gegeben, in denen sich Unternehmensleitungen mit dem Hinweis auf die Verantwortlichkeit unterer hierarchischer Chargen freizeichnen konnten. Vorstände und Geschäftsführer haben sich in Ermittlungsverfahren dahingehend eingelassen, von Missständen in ihren Unternehmen auf dem Exportsektor nichts gewusst zu haben und demgemäß für Verstöße gegen außenwirtschaftsrechtliche Bestimmungen nicht verantwortlich zu sein. Diese Praxis hat dazu geführt, dass in den allermeisten Fällen nur rangniedere Mitarbeiter strafrechtlich zur Verantwortung gezogen werden konnten.[4]

Beispiel

 Die Unternehmensspitze konnte sich entlasten
Das Urteil des LG Rottweil vom 20.06.1994[5], das sich auf Vorgänge aus den Jahren 1986 bis 1989 bezieht, zeigt die dargelegte Tendenz sehr deutlich. Angeklagt war hier ein Geschäftsführer eines Unternehmens der wehrtechnischen Industrie. Ihm war ein vermeintlicher Verstoß gegen das KWKG (ungenehmigte Ausfuhr von Kriegswaffen in Bausätzen) zur Last gelegt worden. Das Verfahren endete im Wesentlichen deswegen mit einem Freispruch, weil der Angeklagte darlegen konnte, dass der gesamte Export nicht seinem Geschäftsführungsressort, sondern demjenigen eines Kollegen zugewiesen war. Dieser Geschäftsführer konnte nach Abschluss des Strafverfahrens nicht mehr belangt werden, weil zwischenzeitlich Verfolgungsverjährung eingetreten war.

---

1   Bis vor nicht allzu langer Zeit war die Position des Ausfuhrverantwortlichen eine reine Männerdomäne. Das hat sich gewandelt. In namhaften deutschen Unternehmen nehmen nunmehr auch Frauen diese Funktion wahr. Wenn in diesem Buch gleichwohl von „dem Ausfuhrverantwortlichen" die Rede ist, so erfolgt dies ausschließlich im Interesse einer besseren Lesbarkeit. Die Bezeichnung „Der Ausfuhrverantwortliche" meint jeweils sowohl männliche als auch weibliche Träger dieser Funktion.

2   Siehe hierzu die „Grundsätze der Bundesregierung zur Prüfung der Zuverlässigkeit von Exporteuren von Kriegswaffen und rüstungsrelevanten Gütern" vom 29.11.1990, BAnz. Nr. 225 vom 05.12.1990, S. 6406, ergänzt durch Bekanntmachung vom 30.01.1991, BAnz. Nr. 23 vom 02.02.1991, S. 545, geändert durch Bekanntmachung vom 13.06.1995, BAnz. Nr. 122 vom 04.07.1995, S. 7153 f.

3   Siehe hierzu auch Ricke, Diss., S. 43 ff.; Simonsen, Außenwirtschaftsrecht, S. 17.

4   Vgl. zu diesen Motiven für die Schaffung des Ausfuhrverantwortlichen: Pottmeyer, KWKG, Einl., Rn. 239; vgl. auch Billig in: Ehlers/Wolffgang, S. 419 (420).

5   KLs 2/93 nv.; vgl. hierzu: Pottmeyer, AW-Prax 1995, 174 ff.

Die Institution des Ausfuhrverantwortlichen will Verweise auf die Zuständigkeiten anderer Personen im Unternehmen verhindern. Insbesondere soll es nicht mehr möglich sein, Ermittlungsbehörden entgegenzuhalten, dass nachgeordnete Stellen Verstöße gegen das Außenwirtschaftsrecht zu verantworten haben. Dementsprechend muss der Ausfuhrverantwortliche der höchsten hierarchischen Ebene eines Unternehmens angehören. Mit der Einrichtung des Ausfuhrverantwortlichen hat die Bundesregierung den Satz geprägt, der das Außenwirtschaftsrecht in seiner heutigen Ausgestaltung prägnant kennzeichnet: **„Exportkontrolle ist Chefsache"**[6]. Diese mittlerweile zum geflügelten Wort avancierte Aussage zieht sich gleichsam wie ein roter Faden durch die gesamte Materie der Exportkontrolle.[7]

1.2 Der Ausfuhrverantwortliche – einzigartig in der Welt!?

Der Ausfuhrverantwortliche ist – derzeit immer noch – einzigartig in Europa und der Welt. In keinem anderen Land gibt es diese Institution in ihrer konkreten Ausprägung so wie in Deutschland. Allerdings sind Tendenzen erkennbar, dass der Ausfuhrverantwortliche möglicherweise zu einem Exportartikel werden wird und andere Länder der Welt diese Institution übernehmen.

1.2.1 Die Entwicklung in Österreich

Österreich hat eine ähnliche Funktion im Unternehmen geschaffen, nämlich den sog. verantwortlichen Beauftragten. Dieser wurde durch § 26 AußHG 2005[8] eingeführt. Dessen Aufgaben waren zwar von Anbeginn im Wesentlichen dieselben wie die des Ausfuhrverantwortlichen. Unter der Ägide des AußHG 2005 war die Stellung des verantwortlichen Beauftragten jedoch mit der des Ausfuhrverantwortlichen deutscher Prägung nicht vergleichbar.[9] Der „verantwortliche Beauftragte" musste nämlich insbesondere nicht dem vertretungsberechtigten Organ der Gesellschaft angehören. Auch ein Sachbearbeiter konnte mit der Funktion des verantwortlichen Beauftragten betraut werden. Dies hat sich zwischenzeitlich geändert. Nach § 50 Abs. 2 Nr. 3 AußWG 2011[10] muss der verantwortliche Beauftragte einer bestimmten hierarchischen Ebene angehören. Er muss „ein Mitglied des Vorstandes, ein Geschäftsführer oder ein vertretungsbefugter Gesellschafter" sein. Weiterhin heißt es dann aber in § 50 Abs. 2 Nr. 3 AußWG 2012, dass die Position auch mit „einer anderen leitenden Funktion im Unternehmen" besetzt werden kann. Damit ist die Institution des verantwortlichen Beauftragten nicht auf die höchste vertretungsberechtigte Ebene des Unternehmens beschränkt. Hierin unterscheidet sie sich vom Ausfuhrverantwortlichen deutscher Prägung.

---

6 Siehe hierzu auch: Simonsen, Außenwirtschaftsrecht, S. 17, 37.
7 Wie das Leben eines Exportkontrolleurs aussieht, beschreibt in anschaulicher Weise: Herkert, AW-Prax 1999, 415 ff.; zur Unübersichtlichkeit des Außenwirtschaftsrechts siehe ders., AW-Prax 2000, 175 ff.; zur Standortbestimmung der Exportkontrolle vgl. Gerth, AW-Prax 2004, 95 ff.; von Portatius/Berg, AW-Prax 2004, 379 ff.; siehe insbesondere zu den betriebswirtschaftlichen Aspekten der Exportkontrolle die Dissertation von „Weinland, Die Exportkontrolle von Dual-use-Gütern, Lohmar/Köln 2002".
8 Außenhandelsgesetz 2005 (AußHG 2005), Österreichisches BGBl. Nr. 50/2005 vom 09.06.2006.
9 Vgl. Bieneck, AW-Prax 2006, 189 ff.
10 Außenwirtschaftsgesetz 2011 (AußWG 2011), Österreichisches BGBl. I Nr. 26/2011 vom 28.04.2011, zuletzt geändert durch das Bundesgesetz Österreichisches BGBl. I Nr. 37/2013 vom 25.02.2013.

Auch in anderen Staaten kennt man eine derartige Institution nicht. Nicht einmal im Exportrecht der USA, das als besonders streng gilt, gibt es eine Verantwortlichkeit innerhalb des Leitungsorgans eines Unternehmens, die sich speziell auf Ausfuhrfragen bezieht.

1.2.2 Die Anpassungen aufgrund der ICT-Richtlinie

Es ist nicht auszuschließen, dass im Zuge der Umsetzung der sog. ICT-Richtlinie[11] andere Mitgliedstaaten der EU die Institution des Ausfuhrverantwortlichen übernehmen. Dies hängt mit Folgendem zusammen:

Die ICT-Richtlinie soll den innergemeinschaftlichen Verkehr mit Verteidigungsgütern vereinfachen.[12] Zwischenzeitlich hat der deutsche Gesetzgeber die Richtlinie in innerstaatliches Recht umgesetzt.[13] Das wesentliche Bestreben der ICT-Richtlinie besteht darin, dass der innergemeinschaftliche Verkehr mit Rüstungsgütern weitestgehend über Allgemeine Genehmigungen abgewickelt wird. Hier wie auch in anderen Bereichen der Exportkontrolle wird auf mehr Eigenprüfung und Eigenverantwortung der exportierenden Unternehmen gesetzt.[14] Nach Art. 5 Abs. 2 ICT-Richtlinie soll das insbesondere gelten, „wenn

- der Empfänger den Streitkräften eines Mitgliedstaats angehört oder als Auftraggeber im Bereich der Verteidigung handelt, der einen Erwerb für die ausschließliche Verwendung durch die Streitkräfte eines Mitgliedstaats tätigt,[15]

- der Empfänger ein Unternehmen ist, das gemäß Artikel 9 zertifiziert wurde,[16]

- die Güter zum Zwecke von Vorführungen, Gutachten und Ausstellungen verbracht werden,[17]

- die Güter zwecks Wartung und Reparatur verbracht werden und es sich bei dem Empfänger um den ursprünglichen Lieferanten der Verteidigungsgüter handelt.[18]"

---

11 Richtlinie 2009/43/EG des Europäischen Parlaments und des Rates vom 06.05.2009 zur Vereinfachung der Bedingungen für die innergemeinschaftliche Verbringung von Verteidigungsgütern, ABl. L 146 vom 10.06.2009, S. 1; siehe hierzu auch: Baenke/Griebel/Leidinger/Sodemann, AW-Prax 2013, 138 (144); Beutel/Hötzl, AW-Prax 2016, 47 f.; Beutel/Werder, AW-Prax 2013, 174 (175 f.); *Hocke/Sachs/Pelz/Pelz*, Anhang 2 zu § 22 AWG, Rn. 2; Pottmeyer, AW-Prax 2013, 164 ff.; Richter, AW-Prax 2009, 294 ff.; Schladebach, RIW 2010, 127 ff.; Weerth, Der Zoll-Profi! 9/2011, 7 ff.; Wendling, AW-Prax 2011, 171 f.; Werder, AW-Prax 2011, 170; wie sich der Lissabon-Vertrag auf das Außenwirtschaftsrecht auswirkt, schildert: Sonder, AW-Prax 2009, 389 ff.

12 Zu der Frage, ob die ICT-Richtlinie und speziell ihre konkrete Umsetzung in Deutschland Erleichterungen für die Wirtschaft mit sich bringt, kritisch: Pottmeyer, AW-Prax 2013, 164 ff.

13 Gesetz zur Umsetzung der Richtlinie 2009/43/EG des Europäischen Parlaments und des Rates vom 06.05.2009 zur Vereinfachung der Bedingungen für die innergemeinschaftliche Verbringung von Verteidigungsgütern, vom 27.7.2011, BGBl. I S. 1595; zur bundesdeutschen Umsetzung der Richtlinie kritisch: Pottmeyer, AW-Prax 2013, 164 ff.

14 Siehe zu dieser Thematik: Welcker, AW-Prax 2011, 145 ff.

15 Siehe hierzu die deutsche Umsetzung durch § 3 Abs. 4 Nr. 2 KWKG, 1a 1. VOAGen. AGG Nr. 26 (Streitkräfte) vom 12.08.2013, BAnz. AT vom 29.08.2013, B 14.

16 Siehe hierzu die deutsche Umsetzung durch §§ 3 Abs. 4 Nr. 3 und 4 KWKG, 1b und 1c 1. VOAGen, AGG Nr. 27 (Zertifizierte Empfänger) vom 12.08.2013, BAnz. AT vom 29.08.2013, B 15.

17 Siehe hierzu die deutsche Umsetzung durch AGG Nr. 24 (Vorübergehende Ausfuhren und Verbringungen) vom 12.08.2013, BAnz. AT vom 29.08.2013, B 12.

18 Siehe hierzu die deutsche Umsetzung durch AGG Nr. 24 (Vorübergehende Ausfuhren und Verbringungen) vom 12.08.2013, BAnz. AT vom 29.08.2013, B 12.

Innerhalb dieses Systems kommt den sog. zertifizierten Unternehmen[19] eine besondere Bedeutung zu. Die Anforderungen, die an solche besonders zuverlässigen Teilnehmer am Wirtschaftsverkehr zu stellen sind, ergeben sich aus Art. 9 Abs. 2 ICT-Richtlinie.[20] In diesem Zusammenhang wird insbesondere die **„Ernennung eines leitenden Mitarbeiters zum persönlich Verantwortlichen für Verbringungen und Ausfuhren**" gefordert, Art. 9 Abs. 2 c) ICT-Richtlinie.[21] In allen Staaten der EU werden folglich künftig derartige leitende Mitarbeiter zu persönlichen Verantwortlichen für Ausfuhren ernannt werden müssen, wenn das entsprechende Unternehmen ein Zertifikat nach der ICT-Richtlinie erhalten möchte. Es bleibt abzuwarten, wie die anderen Staaten der EU Art. 9 Abs. 2 c) ICT-Richtlinie umsetzen werden.[22] Eine Empfehlung der EU-Kommission geht dahin, dass der leitende Mitarbeiter „Mitglied des Verwaltungsgremiums des Unternehmens" sein soll.[23] Danach soll dem deutschen Modell gefolgt werden, nach dem der Ausfuhrverantwortliche Organmitglied sein muss. Die meisten Mitgliedstaaten werden gleichwohl aller Voraussicht nach dem Beispiel Österreichs folgen und auch leitende Mitarbeiter außerhalb des Kreises der vertretungsberechtigten Organe zulassen. Es ist aber nicht auszuschließen, dass andere EU-Staaten – der Empfehlung der Kommission folgend – dem deutschen Vorbild des Ausfuhrverantwortlichen folgen, der letztlich für den Art. 9 Abs. 2 c) ICT-Richtlinie Pate gestanden hat. Bisher ist allerdings – von Österreich einmal abgesehen – nicht bekannt, wie andere Staaten der EU die genannte Bestimmung der Richtlinie in ihr innerstaatliches Recht transformiert haben. Der entsprechende Bericht der Kommission vom 19.06.2012[24] trifft zu dieser Frage keine Feststellungen. Eine Umsetzung wird auch zunächst einmal nur diejenigen Unternehmen treffen, die mit Verteidigungsgütern umgehen. Es ist allerdings schon seit Langem ein Trend erkennbar, dass Neuerungen im Bereich der Rüstungsgüter zunächst auf den Bereich der Dual-use-Güter und dann sogar auf rein zivile Produkte ausgedehnt wurden. Von daher ist nicht auszuschließen, dass irgendwann einmal der Ausfuhrverantwortliche deutscher Prägung auch in anderen Ländern der EU Einzug hält. Die entsprechende Entwicklung bleibt abzuwarten.

---

19 Welche Unternehmen sich haben zertifizieren lassen, wird im Internet unter http://ec.europa.eu/growth/tools-databases/certider/index.cfm?fuseaction=undertakings.countries (Stand der Abfrage: 01.09.2018) veröffentlicht. Bisher war der Zuspruch nicht allzu groß. Stand 01.09.2018 haben sich europaweit lediglich 58 Unternehmen in insgesamt 17 Staaten zertifizieren lassen. In 11 Staaten der EU gibt es keine zertifizierten Unternehmen. Deutschland liegt mit 15 zertifizierten Unternehmen an der Spitze, dicht gefolgt von Frankreich mit 13 Unternehmen. Die restlichen EU-Staaten rangieren unter „ferner liefen".

20 Siehe hierzu die deutsche Umsetzung durch §§ 9 AWG, 2, 28 AWV.

21 Siehe hierzu die deutsche Umsetzung durch § 2 Abs. 2 Nr. 3 AWV; vgl. auch: *Hocke/Sachs/Pelz/Pelz*, Anhang 2 zu § 22 AWG, Rn. 2.

22 Zur Umsetzung der ICT-Richtlinie generell siehe den Bericht der Kommission an das Europäische Parlament und den Rat über die Umsetzung der Richtlinie 2009/43/EG zur Vereinfachung der Bedingungen für die Verbringung von Verteidigungsgütern innerhalb der EU vom 19.6.2012, COM (2012) 359 final; zur Umsetzung des Zertifizierungsverfahrens durch die Mitgliedstaaten siehe die Empfehlung der Kommission vom 11.01.2011, ABl. L 11 vom 15.01.2011, S. 62.

23 Siehe hierzu die Empfehlung der Kommission vom 11.01.2011, ABl. L 11 vom 15.01.2011, S. 62 (63), Ziffer 1.3.

24 COM (2012) 359 final.

1.2.3 Eine Anpassung aufgrund des Arms Trade Treaty (ATT)?

Nicht auszuschließen ist, dass durch den sog. Vertrag über den Waffenhandel (Arms Trade Treaty – ATT)[25] vom 02.04.2013 auf internationaler Ebene Bewegung in das gesamte Thema der Exportkontrolle gelangt und in diesem Zuge auch andere Staaten der Welt eine Institution wie den Ausfuhrverantwortlichen schaffen werden.

Mit dem ATT wurden erstmals rechtlich verbindliche, weltweit einheitliche Mindeststandards für den Handel mit konventionellen Rüstungsgütern geschaffen.[26] Nach langjähriger Diskussion hat die Generalversammlung der Vereinten Nationen den Vertrag mit großer Mehrheit[27] angenommen. Unterschrieben haben den ATT am 03.06.2013 84 Staaten der Welt. Der Vertrag trat am 24.12.2014 in Kraft, nachdem 50 UN-Mitgliedstaaten ihn ratifiziert hatten.[28] Zu den Ersten, die dies getan haben,[29] gehört die Bundesrepublik Deutschland.

Der ATT (Art. 1) bezweckt,

- höchstmögliche Standards zur Regelung des internationalen Waffenhandels zu schaffen bzw. zu verbessern;

- den illegalen Handel mit konventionellen Waffen zu verhindern und ihm das Handwerk zu legen;

- die Umleitung von konventionellen Waffen zu verhindern.

- Durch entsprechende Regelungen sollen

- Beiträge zu internationalem und regionalem Frieden, Sicherheit und Stabilität geleistet;

- menschliche Leiden gemindert;

- die Zusammenarbeit, Transparenz und das verantwortliche Handeln der Staaten auf dem Gebiet des internationalen Waffenhandels gefördert und vertrauensbildende Maßnahmen geschaffen werden.

Der ATT bezieht sich nur auf einen kleinen Kreis von konventionellen Rüstungsgütern, nämlich diejenigen, die auch zum UN-Waffenregister zu melden sind (Kampfpanzer, be-

---

25 Unterzeichnet am 03.06.2013, in Deutschland ratifiziert durch Gesetz vom 19.10.2013 (BGBl. I S. 1426); vgl. zunächst die Parlamentsmaterialien zum Ratifizierungsgesetz: BR-Drucks. 430/13; BT-Drucks. 17/13708; BT-Drucks. 17/13834; BR-Drucks. 644/13; BT-Drucks. 17/14163; Plenarprotokoll über die 243. Sitzung des Bundestages vom 06.06.2013; S. 30733; Plenarprotokoll über die 910. Sitzung des Bundestages vom 07.06.2013; S. 307, 330; Plenarprotokoll über die 250. Sitzung des Bundestages vom 27.06.2013; S. 32061 ff.; Plenarprotokoll über die 914. Sitzung des Bundesrates vom 20.09.2013; S. 467, 489; siehe hierzu auch: Baenke/Griebel/Leidinger/Sodemann, AW-Prax 2013, 138 (141 f.); Griebel, AW-Prax 2016, 67 ff.; Ordemann, AW-Prax 2011, 365 f.; ders., AW-Prax 2012, 371 f.; ders., AW-Prax 2013, 205 f.; Ranau, AW-Prax 2013, 154 ff.; Simonsen, Außenwirtschaftsrecht, S. 25.

26 Vgl. Ordemann, AW-Prax 2013, 205.

27 154 Staaten der Weltgemeinschaft stimmten für den ATT, drei dagegen (Syrien, Nordkorea und Iran), und 23 Staaten enthielten sich, darunter auch China und Russland; vgl. auch Simonsen, Außenwirtschaftsrecht, S. 25.

28 Die Zahl der Unterzeichnerstaaten und der Staaten, die den ATT ratifiziert haben, findet sich auf folgender Internetseite: Einzelheiten hierzu sind aufgeführt unter: http://disarmament.un.org/treaties/t/att (Stand der Abfrage: 01.09.2018). Stand 01.09.2018 haben 130 Staaten den Vertrag unterzeichnet. 97 haben ihn auch bereits ratifiziert.

29 Durch Gesetz vom 19.10.2013 (BGBl. II S. 1426).

waffnete kampfunterstützende Fahrzeuge, großkalibrige Artilleriesysteme, Kampfflugzeuge, Kampfhubschrauber, Kriegsschiffe, Raketen), sowie die Small Arms and Light Weapons (kleine und leichte Waffen).

Der ATT verpflichtet die Vertragsstaaten dazu, ein nationales Kontrollsystem zu begründen und zu unterhalten,

- das den Export von konventionellen Waffen und der zugehörigen Munition regelt (Art. 3) und

- das den Export von Teilen und Komponenten konventioneller Waffen regelt, sofern hierdurch die Fähigkeit zum Zusammenbau begründet wird (Art. 4).

Im Rahmen des Kontrollsystems müssen nationale Kontrolllisten geschaffen werden (Art. 5, 2. ATT). Diese sollen mindestens die Definitionen enthalten, die für das UN-Waffenregister bestehen. Die Kontrolllisten sollen veröffentlicht und den anderen Vertragsstaaten zugänglich gemacht werden (Art. 5, 3. ATT). Durch die Behördenzuständigkeiten soll ein effektives und transparentes Kontrollsystem gewährleistet sein (Art. 5, 5. ATT). Nationale Stellen zum Austausch von Informationen sollen geschaffen werden (Art. 5, 5. ATT).

Art. 6 ATT enthält bestimmte Verbote. Der Transfer von konventionellen Waffen, zugehöriger Munition und von Teilen/Komponenten darf nicht genehmigt werden, wenn

- dieser gegen ein UN-Waffenembargo verstieße (Art. 6, 1. ATT);

- internationale Verpflichtungen verletzt würden (Art. 6, 2. ATT) oder

- die Güter zu Völkermord, Verbrechen gegen die Menschlichkeit, schweren Verstößen gegen die Genfer Konvention oder gezielten Einsätzen gegen die Zivilbevölkerung verwandt werden (Art. 6, 3. ATT).

Art. 7 ATT regelt, unter welchen Voraussetzungen Exporte genehmigt werden dürfen. In diesem Rahmen hat der jeweilige Vertragsstaat zu bewerten, ob der Transfer dazu beitragen würde,

- Frieden und Sicherheit zu gefährden;

- ernsthafte Verletzungen des humanitären Völkerrechts und der Menschenrechte vorzunehmen oder zu fördern;

- Verstöße gegen Konventionen zur Verhinderung terroristischer Akte oder der internationalen organisierten Kriminalität vorzunehmen oder zu fördern (Art. 7, 1. (a) und (b)).

Der ATT ist, wie erwähnt, auf konventionelle Rüstungsgüter beschränkt. Deswegen meinen die meisten Unternehmen, die ausschließlich mit Dual-use- oder auch rein zivilen Gütern zu tun haben, der Vertrag sei für sie völlig irrelevant. Dem ist jedoch Folgendes entgegenzuhalten: Im Bereich der Exportkontrolle haben Verschärfungen immer erst im Bereich der Rüstungsgüter angefangen. Zeitversetzt sind dann diese Verschärfungen auf den Bereich der Dual-use- und der zivilen Güter übertragen worden. Wer also die Entwicklungen auf dem Gebiet der Rüstungsgüter verfolgt hat, konnte abschätzen, wie die Welt im Bereich der Dual-use- und der zivilen Güter wenige Jahre später aussah. Ein gutes Beispiel ist in diesem Zusammenhang die ICT-Richtlinie. Die Empfehlung der Kommission, die ausschließlich für Unternehmen gilt, die sich nach dieser Richtlinie zertifizieren lassen wollen, hat schon heute Maßstäbe für das Exportkontrollsystem aller Unternehmen gleich welcher Branche gesetzt. Von daher ist nicht auszuschließen, dass vom ATT eine Sogwirkung für den Bereich der Dual-use- und der zivilen Güter ausgeht. Möglicherweise haben wir in einiger Zeit auf internationaler Ebene für diesen Bereich dieselben Standards, wie sie heute nur für – bestimmte – konventionelle Rüstungsgüter gelten.

Ob allerdings der ATT eine mögliche Fortentwicklung auf dem Dual-use- und dem zivilen Sektor bewirken wird, dass andere Staaten dieser Welt den Ausfuhrverantwortlichen deutscher Prägung einführen, ist äußerst fraglich. Auszuschließen ist es für die Zukunft allerdings nicht, dass der Vertrag entsprechende Maßstäbe für die gesamte Exportkontrolle setzen wird.

Die weitere Entwicklung bleibt abzuwarten. Stand heute kann man jedenfalls sagen: Der Ausfuhrverantwortliche deutscher Prägung ist nach wie vor einzigartig in der Welt.

1.3 Die Schaffung des Ausfuhrverantwortlichen – ein „Schuss ins Schwarze"?

Ohne die Einzelheiten vorwegzunehmen, kann man bereits an dieser Stelle ausführen: Der Ausfuhrverantwortliche trägt ein hohes persönliches Risiko. Ihm drohen im Einzelfall erhebliche strafrechtliche Konsequenzen, wenn es in seinem Unternehmen zu Verstößen gegen das Außenwirtschaftsrecht kommt. Darüber hinaus können gegen ihn auch außerstrafrechtliche Konsequenzen gezogen werden. Im schlechtesten Fall droht ihm die Entfernung aus der Leitungsebene des Unternehmens. Bei einer solchen worst-case-Betrachtung gehen mithin die sich ergebenden Risiken bis hin zur persönlichen Existenzvernichtung.

Zur Einrichtung des Ausfuhrverantwortlichen mag man stehen wie man will. Gewiss lässt sich gegen die Ausgestaltung und auch die praktische Durchführung der einzelnen rechtlichen Regeln Kritik anmelden. Mit bestimmten Regelungen ist die Bundesregierung sicherlich über das Ziel hinausgegangen. Eines hat die Institution jedoch in jedem Falle erreicht: Seit der Schaffung des Ausfuhrverantwortlichen kümmern sich die betroffenen Unternehmen wesentlich intensiver um die Belange der Exportkontrolle. Die Mitarbeiter, die mit Aufgaben der Ausfuhrkontrolle befasst sind, werden mit ihren Anliegen seither wesentlich ernster genommen. In allen Bereichen der exportorientierten Unternehmen geht man seit der Schaffung des Ausfuhrverantwortlichen erheblich problembewusster mit der Thematik des Außenwirtschaftsrechts um. Die Bundesregierung hat sich bei der Schaffung des Ausfuhrverantwortlichen von folgender Erwägung leiten lassen: Wenn ein Mitglied des obersten Leitungsorgans des Unternehmens bei Verstößen persönlich zur Verantwortung gezogen werden kann, so wird es den Exportbereich so organisieren, dass ebendiese Regelwidrigkeiten vermieden werden. Diese Rechnung ist aufgegangen. Insoweit hat die Bundesregierung mit der Schaffung des Ausfuhrverantwortlichen „ins Schwarze getroffen".

1.4 Die rechtlichen Grundlagen

Die rechtlichen Regeln, die die Bundesregierung zur Institution des Ausfuhrverantwortlichen entwickelt hat, bewegen sich im grundrechtsrelevanten Bereich. Das gilt sowohl für Unternehmen, die Ausfuhrverantwortliche benennen müssen, als auch für die betroffenen Personen selbst. Insbesondere geht es hierbei um das Grundrecht der Freiheit der Berufsausübung (Art. 12 GG). Das hohe persönliche Risiko, das der einzelne Ausfuhrverantwortliche trägt, unterstreicht dies. Von daher könnte man meinen, dass nach dem fundamentalen verfassungsrechtlichen Grundsatz des Gesetzesvorbehaltes die Einrichtung des Ausfuhrverantwortlichen nur durch ein Gesetz oder aufgrund eines Gesetzes durch Verordnung hätte geschaffen werden können.

Wer sich allerdings in AWG oder AWV umsieht, wird dort vergeblich nach spezifischen Regeln zum Ausfuhrverantwortlichen suchen. Maßgebende Rechtsquelle für diese Institution sind vielmehr die „Grundsätze der Bundesregierung zur Prüfung der Zuverlässigkeit von Exporteuren von Kriegswaffen und rüstungsrelevanten Gütern"[30] (im Folgenden: „die Grundsätze"). Diese basieren auf § 8 Abs. 2 AWG. Danach dürfen die Genehmigungsbehörden die Erteilung einer Genehmigung von sachlichen und persönlichen Verhältnissen des Antragstellers abhängig machen, insbesondere von seiner Zuverlässigkeit.[31]

Bei den Grundsätzen handelt es sich weder um ein Gesetz noch um eine Verordnung, sondern um eine verhaltenslenkende Verwaltungsvorschrift in der Form einer Ermessensrichtlinie[32]. Diese Bestimmungen haben keinen Normcharakter. Sie richten sich in erster Linie an die Verwaltung, also die Bundesregierung selbst und die ihr nachgeordneten Behörden. Lediglich mittelbar entfalten sie Wirkungen nach außen zu den betroffenen Unternehmen und Einzelpersonen.[33]

Dass es keine gesetzliche Regelung des Ausfuhrverantwortlichen gibt, wird zu Recht kritisiert.[34] Angesichts der besonderen Bedeutung dieser Institution hätte man eine Regelung zumindest durch eine Verordnung („aufgrund eines Gesetzes") erwarten können. Wegen der weitreichenden Auswirkungen für die Betroffenen, die sich im grundrechtsrelevanten Bereich bewegen, erscheint eine „Normierung" lediglich auf dem Erlasswege der Sache nicht angemessen.[35]

1.5 Die Änderungen der Grundsätze

Die Grundsätze wurden am 29.11.1990 geschaffen.[36] Sie galten nahezu unverändert bis zum 30.09.2001. Lediglich eine Änderung hat es im Jahre 1995 gegeben, als die EG-

---

30 Vom 27.07.2015, nicht im BAnz veröffentlicht, sondern lediglich unter
http://www.bafa.de/SharedDocs/Downloads/DE/Aussenwirtschaft/afk_ausfuhrverantwortlicher_bekanntmachung.pdf?__blob=publicationFile&v=3 (Stand der Abfrage: 01.09.2018)
bekannt gemacht. Die Grundsätze der Jahre 1990 und 2001 sind mit dieser Bekanntmachung gegenstandslos geworden.
31 Siehe hierzu das Merkblatt „Exportkontrolle und das BAFA" (Stand November 2017), S. 12 f. unter http://www.bafa.de/SharedDocs/Kurzmeldungen/DE/Aussenwirtschaft/Exportkontrolle_Aktuell/2016_01_exportkontrolle_aktuell.html (Stand der Abfrage: 01.09.2018)
32 Vgl. hierzu: Hinder, S. 18, 28 f.; Pottmeyer, KWKG, Einl., Rn. 240; Pottmeyer/Sinnwell, DWiR 1991, 133.
33 Siehe hierzu: Hinder, S. 28 ff.
34 Vgl. Bieneck, AW-Prax 2006, 189 (193).
35 So zutreffend: Bieneck, AW-Prax 2006, 189 (193).
36 BAnz. Nr. 225 vom 05.12.1990, S. 6406, ergänzt durch Bekanntmachung vom 30.01.1991, BAnz. Nr. 23 vom 02.02.1991, S. 545.

Dual-use-VO[37] in Kraft getreten ist.[38] Die ursprünglichen Grundsätze nahmen auf eine Länderliste H (Anlage zur AWV) Bezug, die zum 01.07.1995 aufgehoben wurde. Insoweit mussten die Grundsätze redaktionell angepasst werden. Dies geschah in der Weise, dass die Grundsätze nicht mehr auf die Länderliste H verwiesen, sondern die Länder, die dort enthalten waren, namentlich aufgeführt wurden. Inhaltlich hat sich durch diese Anpassung aus dem Jahre 1995 gegenüber der ursprünglichen Fassung der Grundsätze nichts verändert.

Nach dem Inkrafttreten der EG-Dual-use-VO wurde immer wieder die Forderung erhoben, die Grundsätze an die veränderten Gegebenheiten, insbesondere den europäischen Harmonisierungsprozess, anzupassen. Sechs Jahre hat es gedauert, bis die Bundesregierung insoweit tätig geworden ist. Durch Bekanntmachung vom 25.07.2001[39] hat sie die Grundsätze in vollständig neuer Fassung herausgegeben. Diese sind zum 01.10.2001 in Kraft getreten.

Die wesentliche Änderung bestand darin, dass sich der Kreis der Unternehmen, die einen Ausfuhrverantwortlichen bestellen müssen, erheblich erweitert hat. Nahezu alle Unternehmen, die gelistete Güter exportieren wollen, sind von den neuen Grundsätzen betroffen. Während bis zum 30.09.2001 nur diejenigen Unternehmen einen Ausfuhrverantwortlichen bestellen mussten, die entweder rüstungsrelevante Waren exportieren oder Dual-use-Produkte in besonders sensible Länder ausführen wollten, verlangen die Grundsätze ab dem 01.10.2001 auch für die allermeisten Exporte im Bereich der Güter mit doppeltem Verwendungszweck (Gemeinsame Warenliste, Anhang I zur EG-Dual-use-VO, Teil I Abschnitt C der AL[40]) eine derartige Institution. Eine Vielzahl gerade kleinerer und mittelständischer

---

37 Zur EG-Dual-use-Verordnung vgl. insbesondere die folgende Literatur: Bachmann, AW-Prax 2000, 448 ff., 488 ff.; ders., AW-Prax 2003, 115 ff., 154 ff.; Bermbach, S. 96 ff.; Basler, AW-Prax 1996, 268 ff.; Böhm, AW-Prax 1999, 172 ff.; Chardon, AW-Prax 2016, 156 ff.; Darschewi, Der Zoll-Profi! 2/2016, 2 ff.; Eßer/Damm, Der Zoll-Profi! 9/2017, 9 ff.; Haellmigk, AW-Prax 2017, 51 ff.; ders., AW-Prax 2017, 79 ff.; Hahn in: Rechtsfragen Exportkontrolle, S. 33 ff.; ders., AW-Prax 1995, 5 ff.; ders., AW-Prax 1996, 264 ff.; ders., AW-Prax 1999, 321 ff.; Hannemann-Kacik, Der Zoll-Profi! 6/2016, 5 ff., 8/2016, 7 ff., 10/2016, 4 ff., 11/2016, 9 ff.; Harder in: Wabnitz/Janovsky, Kap. 21, Rn. 17 ff. (S. 1480 ff.); Hermesmeier/Beyer, AW-Prax 2008, 151 ff.; Hinder, S. 12 ff.; Hocke/Sachs/Pelz/Rekkenbeil u.a., Teil III Dual Use-VO); Höft/Kreuzer, RIW 3/2017, Die erste Seite; Hölscher, RIW 2009, 524 ff.; Hohmann, NJW 2000, 3765; ders. AW-Prax 2010, 21 ff.; ders., AW-Prax 2017, 73 ff.; Hucko, DB 2005, 513 ff.; Karpenstein, AW-Prax 1998, 267 ff.; ders., EuZW 2000, 677 ff.; Karpenstein/Sack in Hohmann/John, Teil 2, Rn. 1 ff. (S. 49 ff.); Klinner, AW-Prax 2018, 229 ff.; Kochendörfer, AW-Prax 2018, 244 ff.; List, AW-Prax 2009, 291 ff.; Ott, AW-Prax 2018, 225 ff.; Pawlowski, AW-Prax 2017, 161 ff.; Pietsch, AW-Prax 2010, 176 ff.; von Portatius, AW-Prax 2009, 283 ff.; Schaefer, AW-Prax 2006, 426 ff.; Simonsen, AW-Prax 2000, 252 ff., 312 ff., 263 ff.; Tervooren, S. 35 ff.; Weith/Wegner/Ehrlich, Grundzüge der Exportkontrolle, D., Rn. 58 ff. (S. 118 ff.); Vischer, Der Zoll-Profi! 10/2009, 2 ff.; Vischer/Witte, AW-Prax 2017, 37 ff.; Wendling, AW-Prax 2018, 252 ff.; Wieck, AW-Prax 2012, 208 f.; ders., AW-Prax 2016, 158 ff.; Werder/Kießler, AW-Prax 2009, 285 ff.; Zaremba, Der Zoll-Profi! 5/2015, 7 ff.; rechtsvergleichend zu den Exportkontrollsystemen der anderen europäischen Staaten siehe Janik, S. 90 ff.; zum Exportkontrollsystem Hongkongs siehe Rieck, AW-Prax 1999, 244; zum Genehmigungsverfahren bezüglich der Dual-use-Güter siehe die Dissertationen von, Ehrlich „Das Genehmigungsverfahren für Dual-use-Waren im deutschen Exportkontrollrecht", Witten 2003, und Weith, „Die exportkontrollrechtliche Ausfuhrgenehmigung unter Berücksichtigung von Gemeinschaftsverwaltungsrecht und Aspekten der Gefahrenprävention", Witten 2009.

38 Vgl. Bekanntmachung vom 13.06.1995, BAnz. Nr. 122 vom 04.07.1995, S. 7153 f.

39 BAnz. Nr. 148 vom 10.08.2001, S. 17177 f.; siehe auch die Bekanntmachung des BMWi vom 01.08.2001, BAnz. Nr. 149 vom 11.08.2001, S. 17281 sowie die zugehörige Bekanntmachung des BAFA vom 06.08.2001, BAnz. Nr. 149 vom 11.08.2001, S. 17295.

40 Mit den Rechtsproblemen der Ausfuhrliste setzt sich eingehend auseinander: Monreal, AW-Prax 2001, 154 ff., 234 ff.; Merz, Der Zoll-Profi! 6/2010, 5 ff.; speziell zum Teil I Abschnitt A der Ausfuhrliste siehe Merz, Der Zoll-Profi! 2/2011, 2 ff.

Unternehmen, die bisher keinen Ausfuhrverantwortlichen benötigten, mussten nunmehr die Position einem Mitglied ihres vertretungsberechtigten Organs anvertrauen.

Seit der Anpassung der Grundsätze aus dem Jahre 2001 hat es immer wieder Vorstöße gegeben, den Kreis der betroffenen Unternehmen in noch größerem Maße zu erweitern. So wurde darüber diskutiert, es künftig unabhängig von der Art der zu exportierenden Güter allen Teilnehmern am Außenwirtschaftsverkehr zur Auflage zu machen, einen Ausfuhrverantwortlichen zu benennen. Derartige Forderungen haben sich bisher nicht durchgesetzt.

Im Zuge der Umsetzung des Gesetzes zur Modernisierung des Außenwirtschaftsrechts vom 06.06.2013[41] sind die Grundsätze unter dem 27.07.2015[42] angepasst worden. Die Anlagen AV 1 (Benennung des Ausfuhrverantwortlichen) und AV 2 (Erklärung zur Verantwortungsübernahme) wurden entsprechend geändert. An sich wäre eine grundlegende Neufassung der Grundsätze nach der Gesetzesnovelle sachgerecht gewesen. Denn es haben sich einzelne Bezeichnungen geändert, auf die die Grundsätze Bezug nehmen. Teil I Abschnitt B der Ausfuhrliste, der in Ziffer 1. a) der Grundsätze genannt ist, hatte im Jahre 2001 eine ganz andere Bedeutung als nach der Novelle. Auf der Grundlage der Außenwirtschaftsverordnung vom 02.08.2013[43] sind hier nunmehr die national kontrollierten Dual-use-Güter aufgeführt. Den Teil I Abschnitt C der Ausfuhrliste, auf den sich Ziffer 1. c) der Grundsätze bezieht, gibt es in dieser Form seit der Neufassung der AWV nicht mehr. Trotz dieser Änderungen konnte sich die Bundesregierung aus welchen Gründen auch immer nicht dazu entschließen, ihre – politischen – Grundsätze an die geänderte Rechtslage redaktionell anzupassen. Es besteht allerdings die Aussage, dass gegenüber dem Stand, der vor dem 01.09.2013 bestand, in Bezug auf den Ausfuhrverantwortlichen keine Änderungen eintreten sollten. Das BAFA hat diese Rechtslage lediglich in einer nicht einmal im BAnz. veröffentlichten, sondern nur auf der Homepage abgedruckten Bekanntmachung unter dem 27.07.2015 bestätigt,[44] also fast zwei Jahre nach der genannten Gesetzesnovelle.

1.6 Die zu behandelnden Fragestellungen

Unmittelbar aus den Grundsätzen beantworten sich viele Fragen, die sich im Zusammenhang mit dem Ausfuhrverantwortlichen stellen. Genauso viele Probleme sind indes offengeblieben. Trotz der hohen Bedeutung, die die vorliegende Thematik für die betroffenen Unternehmen und insbesondere die jeweiligen Amtsinhaber hat, fand man bis vor nicht allzu langer Zeit im juristischen Schrifttum nur relativ wenige Stellungnahmen zur Problematik des Ausfuhrverantwortlichen. In der Zwischenzeit hat sich die Zahl der literarischen

---

41 BGBl. I S. 1482.
42 Nicht im BAnz veröffentlicht, sondern lediglich durch
    http://www.bafa.de/SharedDocs/Downloads/DE/Aussenwirtschaft/afk_ausfuhrverantwortlicher_bekanntmachung.pdf?__blob=publicationFile&v=3 (Stand der Abfrage: 01.09.2018)
    bekannt gemacht.
43 BGBl. I S. 2865.
44 Siehe
    http://www.bafa.de/SharedDocs/Downloads/DE/Aussenwirtschaft/afk_ausfuhrverantwortlicher_bekanntmachung.pdf?__blob=publicationFile&v=3 (Stand der Abfrage: 01.09.2018)

Beiträge zu diesem Thema etwas erhöht.[45] Das vorliegende Werk verfolgt das Ziel, sich mit den wesentlichen Fragestellungen zu befassen, die sich im Zusammenhang mit dem Ausfuhrverantwortlichen stellen. Für einen immer größeren Kreis von Unternehmen wird es immer wichtiger, sich mit diesen Problematiken vertraut zu machen und sie in der Praxis entsprechend umzusetzen.

Zunächst einmal wird erörtert, welche Unternehmen überhaupt einen Ausfuhrverantwortlichen bestellen müssen (siehe hierzu 2.). Es schließt sich die Frage an, welche Personen als Ausfuhrverantwortliche in Betracht kommen und wie sie zu bestellen sind (vgl. 3.1 und 3.2). Weiterhin fragt es sich, in welcher Weise der Ausfuhrverantwortliche bei Anträgen nach dem Außenwirtschaftsrecht mitzuwirken hat (siehe 3.3). Hiernach wird beschrieben, welcher Kreis von Aufgaben den Ausfuhrverantwortlichen trifft (vgl. 4.).

Breiter Raum wird im Anschluss hieran der Risikoanalyse gewidmet. Erörtert wird hierbei im Detail, unter welchen genauen Voraussetzungen dem Ausfuhrverantwortlichen welche persönlichen strafrechtlichen und außerstrafrechtlichen Konsequenzen drohen (siehe 5.). Im letzten Teil geht es darum, den Ausfuhrverantwortlichen praktische Hinweise an die Hand zu geben, wie sie sich absichern und ihr hohes Risiko deutlich minimieren können (vgl. hierzu 6.).

---

45 Soweit ersichtlich, setzen sich nur folgende Beiträge mit der Problematik des Ausfuhrverantwortlichen auseinander: Billig in: Ehlers/Wolffgang, S. 419 ff.; Epping, Festschrift für Bock, S. 125 (144 f.); HADDEX, Rn. 344 ff.; Hantke in: Deutsche Ausfuhrkontrolle 1992, S. 77 (84 f.); *Hocke/Sachs/Pelz/Pelz*, Anhang 2 zu § 22 AWG, Rn. 4, 13); Hinder, Der Ausfuhrverantwortliche, Münster 1999, Diss. iur.; Hucko/Wagner, S. 21 f.; Möllenhoff, AW-Prax 2013, 307 ff.; Pottmeyer, KWKG, Einl., Rn. 239–247; ders., AW-Prax 1995, S. 125 f.; ders., Praxishandbuch Internationale Geschäfte, Teil 4 B; ders., Praxishandbuch Zoll, Teil V, A, S. 1 ff.; Pottmeyer/Sinnwell, DWiR 1991, 133 ff.; Prieß/Thomas, AW-Prax 2013, 110 ff.; Reuter, Rn. 748–752 (S. 302–305); Schwab, Der Zoll-Profi! 3/2016, 9 ff.; Sinnwell in: Deutsche Ausfuhrkontrolle 1992, S. 121 ff.; Tiedemann, Festschrift für Spendel, S. 599 (607).

2. Die betroffenen Unternehmen

2.1 Die Bestellung des Ausfuhrverantwortlichen – ein „Muss", um bestimmte Genehmigungen zu erhalten

Zunächst fragt es sich, welche Unternehmen Ausfuhrverantwortliche bestellen müssen. Wenn im vorliegenden Zusammenhang von „müssen" die Rede ist, so bedeutet dies nicht, dass Unternehmen rechtlich verpflichtet werden können, einen Ausfuhrverantwortlichen zu bestellen. Die zuständigen Behörden können keinen Verwaltungsakt erlassen, durch den einem Unternehmen aufgegeben wird, einen Ausfuhrverantwortlichen zu benennen. Ebenso wenig ist eine derartige Bestellung mit Mitteln des Verwaltungszwangs durchsetzbar. Denn für einen entsprechenden Verwaltungsakt wäre eine Ermächtigungsgrundlage in einem Gesetz oder einer Verordnung notwendig. Hieran fehlt es. Wie bereits ausgeführt, befinden sich weder im AWG noch in der AWV rechtliche Regeln zum Ausfuhrverantwortlichen. Die Grundsätze haben lediglich den Charakter einer Verwaltungsvorschrift. Sie sind damit als Ermächtigungsgrundlage für einen Verwaltungsakt nicht geeignet. Sanktionen in Form von Bußgeldern oder Strafen im Sinne des OWiG oder des StGB gibt es ebenso wenig, wenn man keinen Ausfuhrverantwortlichen bestellt hat, obwohl man es nach den Grundsätzen „musste".

„Müssen" bedeutet im vorliegenden Zusammenhang: Die Behörden weigern sich rein faktisch, bestimmte Genehmigungen nach AWG/AWV und KWKG zu erteilen, wenn kein Ausfuhrverantwortlicher bestellt ist. Hierdurch wird mittelbar der Zwang auf die exportorientierten Unternehmen ausgeübt, einen Ausfuhrverantwortlichen zu benennen.

Beispiel

 Konsequenzen, wenn entgegen den Grundsätzen kein Ausfuhrverantwortlicher bestellt ist

Die A-GmbH möchte Rüstungsgüter des Teils I Abschnitt A der AL in die Schweiz ausführen. Einen Ausfuhrverantwortlichen hat das Unternehmen nicht. Was geschieht? Das BAFA als zuständige Genehmigungsbehörde wird darauf hinweisen, dass der Antrag erst dann bearbeitet und beschieden wird, wenn ein Ausfuhrverantwortlicher benannt ist. Durch dieses Verfahren kann es zu Verzögerungen kommen. Denn es ist – je nach Arbeitsbelastung innerhalb der Behörde – durchaus möglich, dass der Hinweis des BAFA erst einige Wochen nach Antragstellung bei der A-GmbH eingeht.

Der Beispielsfall zeigt: Die A-GmbH ist rechtlich nicht verpflichtet, einen Ausfuhrverantwortlichen zu bestellen. Sie „muss" in diesem Zusammenhang gar nichts. Sanktionen in Form von Bußgeldern oder Strafen drohen ihr nicht. „Will" sie aber die notwendige Ausfuhrgenehmigung erhalten, dann „muss" sie einen Ausfuhrverantwortlichen benennen.

2.2 Die Bestellung von Ausfuhrverantwortlichen innerhalb eines Konzernverbundes

Die Bestellung des Ausfuhrverantwortlichen erfolgt unternehmens-, nicht konzernbezogen und auch nicht betriebsbezogen. Gehören daher zu einem Konzern mehrere rechtlich selbstständige juristische Personen, so hat jede dieser Gesellschaften einen Ausfuhrverantwortlichen zu bestellen. Dies gilt zumindest, sofern das konzernangehörige Unternehmen die nachstehend unter 2.3.2 aufgeführten Voraussetzungen erfüllt. Es ist nicht ausreichend, einen Ausfuhrverantwortlichen lediglich bei der Obergesellschaft, der Konzernmutter, zu bestellen.[46] Dieselben Grundsätze gelten auch für Konzerne, die in mehrere Unterkonzerne gegliedert sind. Hier reicht es ebenfalls nicht aus, nur bei der Unterkonzernmutter einen Ausfuhrverantwortlichen zu bestellen. Vielmehr besteht die Notwendigkeit bei jeder einzelnen (unter-)konzernangehörigen Gesellschaft. Auf der anderen Seite benötigt die Führungsgesellschaft eines Konzerns oder Unterkonzerns, die sich auf die Funktion einer Holding beschränkt und kein eigenes operatives Ausfuhrgeschäft betreibt, keinen Ausfuhrverantwortlichen. Verfügt ein Unternehmen über mehrere Betriebe, so braucht es nicht für jeden dieser Betriebe einen Ausfuhrverantwortlichen zu bestellen. Es reicht eine Bestellung auf der Ebene des Unternehmens aus.

Merke

Insgesamt gilt der Grundsatz: pro juristische Person mit operativem Ausfuhrgeschäft qein Ausfuhrverantwortlicher.

Beispiel

 Die betroffenen Unternehmen – dargestellt am Beispiel des ABC-Konzerns
Innerhalb des ABC-Konzerns gibt es eine nicht operativ tätige Holding, die ABC-AG. Der Konzern gliedert sich in die drei Unternehmensbereiche A, B und C. Diese stellen Konzerne im Konzern (sog. Unterkonzerne) dar. An deren Spitze stehen die ebenfalls nicht operativ tätigen Führungsgesellschaften A-AG, B-AG und C-AG. In jedem Unternehmensbereich = Unterkonzern existiert eine Vielzahl operativ tätiger Gesellschaften. So gibt es z.B. im Unternehmensbereich A die A-GmbH, die die Kriterien für die Bestellung eines Ausfuhrverantwortlichen erfüllt. Die A-GmbH hat ihren Sitz und ihre Hauptverwaltung in Hamburg. Darüber hinaus verfügt sie über Niederlassungen (= Betriebe im arbeitsrechtlichen Sinne) in Frankfurt, Berlin, München und Köln.

In dem Beispielsfall müssen lediglich die A-GmbH und die anderen operativ tätigen Gesellschaften der drei Unternehmensbereiche einen Ausfuhrverantwortlichen bestellen.

---

46 So zutreffend: HADDEX, Rn. 351.

Keinen Ausfuhrverantwortlichen benötigen:

- die ABC-AG als nicht operativ tätige Konzernmutter;
- die A-AG, die B-AG und die C-AG als nicht operativ tätige Unterkonzernmütter;
- die Niederlassungen/Betriebe der A-GmbH in Frankfurt, Berlin, München und Köln.

Allerdings ist es jederzeit möglich, auch für die Konzern- oder Unterkonzernmütter auf freiwilliger Basis einen Ausfuhrverantwortlichen zu benennen. Dies mag in größeren Konzernen sinnvoll sein. Denn bei einer Vielzahl von Tochtergesellschaften mit eigenem Ausfuhrgeschäft besteht erfahrungsgemäß ein Koordinierungsbedarf. Dieser kann am besten dadurch gedeckt werden, dass ein Vorstandsmitglied der Muttergesellschaft zum Ausfuhrverantwortlichen bestellt wird. Von zumindest einem großen deutschen Konzern auf dem Gebiet der Telekommunikation ist bekannt, dass er in den nicht operativen Führungsgesellschaften seiner Unternehmensbereiche auf freiwilliger Basis Ausfuhrverantwortliche benannt hat. Dies ist als Zeichen der besonderen Verantwortung auf dem Sektor des so sensiblen Exportgeschäftes zu werten. Eine unmittelbare oder mittelbare Verpflichtung, einen Ausfuhrverantwortlichen auf der Ebene nicht operativ tätiger Konzernmütter zu bestellen, besteht jedoch nicht.

Immer mehr deutsche Unternehmen haben sich eine sog. **Matrixorganisation** gegeben. Hierbei handelt es sich um eine reine Managementstruktur, der gegenüber allerdings die legal entities in den Hintergrund treten. Das Sagen haben in dieser Organisation nicht mehr die Geschäftsführer der Einzelgesellschaften, sondern eine gesellschaftsübergreifende Institution, etwa ein Geschäftsbereichsleiter. Dieser ist gegenüber den Geschäftsführern der Einzelgesellschaften weisungsberechtigt.

Beispiel

 Die Matrixorganisation – dargestellt am Beispiel des XYZ-Konzerns
Der XYZ-Konzern hat drei große Unternehmensbereiche, nämlich Automobiltechnik (UBA), Elektronik (UBE) und Maschinenbau (UBM). Der UBM ist in verschiedene Geschäftsbereiche unterteilt. Einer von diesen ist der Geschäftsbereich Druck-, Papier- und Verpackungsmaschinen (GBDPV). Der Geschäftsbereich hat ein sehr reges Exportgeschäft, auch in vielen Ländern außerhalb der Europäischen Union. Unterhalb des Geschäftsbereichs sind die operativen Gesellschaften D GmbH (Druckmaschinen) mit Sitz in Hamburg, P GmbH (Papiermaschinen) mit Sitz in Frankfurt am Main und V GmbH (Verpackungsmaschinen) mit Sitz in München tätig. Leiter des Geschäftsbereichs ist Herr G. Dieser ist den Geschäftsführern der D GmbH, P GmbH und V GmbH gegenüber weisungsbefugt.

Es stellt sich die Frage, ob Herr G Ausfuhrverantwortlicher sein kann. Angesichts seiner überragenden Weisungsbefugnis wäre es durchaus sinnvoll, ihm die Position des Ausfuhrverantwortlichen für die drei operativen Gesellschaften anzuvertrauen. Dies ist jedoch nicht möglich. Die Regularien zum Ausfuhrverantwortlichen stellen allein auf die Organe der operativen Gesellschaften ab, nicht auf die dahinter stehende Managementstruktur.

Deswegen können nur die Geschäftsführer der D GmbH, P GmbH und V GmbH Ausfuhr-verantwortliche jeweils der von ihnen vertretenen Gesellschaft sein, nicht aber Herr G. Dieser kann bei keiner der genannten operativen Gesellschaften diese Position einnehmen.

Etwas anderes gilt nur dann, wenn Herr G in Personalunion zugleich Geschäftsführer der D GmbH wäre. In diesem Falle dürfte er in dieser Gesellschaft als Ausfuhrverantwortlicher fungieren, nicht aber bei der P GmbH und bei der V GmbH. Ausfuhrverantwortlicher der D GmbH wäre er im Übrigen auch nur in seiner Eigenschaft als deren Geschäftsführer, nicht jedoch als Geschäftsbereichsleiter.

2.3 Der Kreis der betroffenen Unternehmen

Die Grundsätze befinden sich derzeit auf dem Stand vom 27.07.2015.[47] Diese sind mit denen des Jahres 1990 nicht identisch. Die ursprünglichen Grundsätze wurden bereits nach dem 25.07.2001 verändert. Der Kreis der betroffenen Unternehmen hat sich schon hierdurch erheblich erweitert. Auf der Grundlage der Grundsätze vom 27.07.2015 müssen dann noch einmal mehr Unternehmen einen Ausfuhrverantwortlichen bestellen, als dies nach denen des Jahres 2001 der Fall war. Um ermessen zu können, in welchem Umfang sich jeweils Veränderungen ergeben haben, soll zunächst einmal die Rechtslage dargestellt werden, die bis 2001 galt. Hiernach wird erläutert, welche Unternehmen zwischen 2001 und 2015 betroffen waren. Das heutige, ab dem 27.07.2015 geltende Recht ist auf dieser Basis besser verständlich.

2.3.1 Die Rechtslage bis zum 30.09.2001

Bis zum 30.09.2001 wurde nicht für alle Vorgänge mit Auslandsbeziehung ein Ausfuhrver-antwortlicher benötigt. Für welche Fälle ein solcher nach alter Rechtslage zu bestellen war, ergab sich abschließend aus Nr. 1. der Grundsätze vom 29.11.1990 in der Ausgestaltung, die diese durch die Bekanntmachung vom 13.06.1995[48] erhalten haben. Danach musste zunächst ein Ausfuhrverantwortlicher bestellt werden, wenn Kriegswaffen ausgeführt und entsprechende Beförderungsgenehmigungen gemäß § 3 Abs. 1, 3 KWKG beantragt werden sollen.[49] Das Gleiche galt für alle Anträge auf Ausfuhr[50] von Waren des Teils I Abschnitt A der AL (Waffen, Munition, Rüstungsmaterial), insbesondere wenn das Unternehmen Sammelausfuhrgenehmigungen[51] erhalten wollte.[52] Für die Rechtslage, die vor dem 01.07.1995 galt, sah Nr. 1. der Grundsätze vor, dass für Anträge auf Ausfuhren von Kernenergieanlagen (vormals Teil I Abschnitt B der AL), von Chemieanlagen (vormals Teil

---

47 Veröffentlicht lediglich auf der Homepage des BAFA unter
    http://www.bafa.de/SharedDocs/Downloads/DE/Aussenwirtschaft/afk_ausfuhrverantwortlicher_bekannt-machung.pdf?__blob=publicationFile&v=3 (Stand der Abfrage: 01.09.2018).
48 BAnz. Nr. 122 vom 04.07.1995, S. 7153 f.
49 Vgl. speziell hierzu: Pottmeyer KWKG, Einl., Rn. 241.
50 Zum Begriff des Ausführers siehe: Böhm, AW-Prax 1999, 172; Haase,, AW-Prax 1998, 51 ff.; Kreuzer/Bauer, AW-Prax 1998, 21 f.; Ruschmeier/Busch, AW-Prax 1997, 224 ff., 263 f.
51 Siehe hierzu auch *Hocke/Sachs/Pelz/Schwab*, § 4 AWV, Rn. 1 bis 10; Schöppner, Der Zoll-Profi! 10/2014, 10 ff.
52 Vgl. hierzu: Runderlass Außenwirtschaft Nr. 7/97 vom 25.04.1997, BAnz. Nr. 92 vom 22.05.1997, S. 6225 f., dort II. 2.

I Abschnitt B der AL) und von Anlagen zur Erzeugung biologischer Stoffe (vormals Teil I Abschnitt B der AL) ein Ausfuhrverantwortlicher benötigt wird. Der Sache nach war es bei dieser Regelung auch nach dem Inkrafttreten der EG-Dual-use-Verordnung verblieben. Die ehemaligen Abschnitte B, D und E waren seinerzeit in den neuen Abschnitt C (gemeinsame Warenliste) integriert worden.[53] Die Bekanntmachung vom 13.06.1995[54] hat lediglich diese Waren mit ihrer Benennung, die sie durch die neue Systematik der AL erhalten haben, aufgelistet. Nach dieser Regelung wurde ein Ausfuhrverantwortlicher benötigt, wenn es um die Ausfuhr folgender Waren ging:[55]

- Kategorie O (bisher Abschnitt B, Kernenergieanlagen);

- Nummern 1C 350, 2B 350 und 2B 351 (bisher Abschnitt D, Chemieanlagen);

- Nummer 2B 352 (bisher Abschnitt D, Anlagen zur Erzeugung biologischer Stoffe).

Des Weiteren sah die Bekanntmachung vom 13.06.1995[56] vor, dass ein Ausfuhrverantwortlicher für Ausfuhren der Waren des neuen Abschnitts B erforderlich war. Dieser umfasste seit der 88. Änderungsverordnung zur AL[57] militärische Ausrüstung für das ehemalige Jugoslawien. Durch die 91. Änderungsverordnung[58] sind diese Waren aus der AL herausgenommen worden. Der Abschnitt B (Position 0101) war von da an mit „Elektroschlagstöcken, Elektroschockgeräten, Daumenschrauben und Fußfesseln" besetzt.[59] Die vormals dort aufgeführten Güter sind jetzt im Wesentlichen in der EU-Folterverordnung genannt. Lange Zeit war der Abschnitt B des AL-Teils I unbesetzt. Seit dem 01.09.2013 sind im Zuge der Neufassung der AWV[60] nunmehr die ausschließlich national kontrollierten Dual-use-Güter außerhalb des Kreises der Gemeinsamen Warenliste der EU (Anhang I zur EG-Dual-use-VO) aufgeführt.

Schließlich sah Nr. 1. der Grundsätze vom 29.11.1990 vor, dass ein Ausfuhrverantwortlicher zu bestellen war, wenn Waren des ehemaligen Abschnitts C (sonstige Waren und Technologien von strategischer Bedeutung) in ein Land der Länderliste H exportiert werden sollten. Die Länderliste H gibt es seit dem 01.07.1995 nicht mehr.[61] Gleichwohl ist es – wie bereits erwähnt – der Sache nach bei der bisherigen Regelung verblieben. Die Bekanntmachung vom 13.06.1995[62] führte nunmehr namentlich alle diejenigen Länder auf, die vormals in der Länderliste H enthalten waren.

---

53 Vgl. hierzu 88. Änderungsverordnung der AL vom 17.02.1995, BAnz. Nr. 104 vom 03.06.1995, S. 6453.
54 Siehe BAnz. Nr. 122 vom 04.07.1995, S. 7153 f., dort Nr. 3 c).
55 Vgl. zum Anwendungsbereich die Zusammenfassung in: HADDEX, Rn. 346.
56 Siehe BAnz. Nr. 122 vom 04.07.1995, S. 7153 f., dort Nr. 3. b).
57 Verordnung vom 17.02.1995, BAnz. Nr. 104 vom 03.06.1995, S. 6453.
58 Verordnung vom 18.12.1996, BAnz. Nr. 32 vom 15.02.1997, S. 1545.
59 Vgl. hierzu die 92. Änderungsverordnung zur AL vom 18.04.1997, BAnz. Nr. 79 vom 26.04.1997, S. 5393.
60 Vom 02.08.2013, BGBl. I S. 2865.
61 Vgl. hierzu: 36. Änderungsverordnung zur AWV vom 17.02.1995, BAnz. Nr. 104 vom 03.06.1995, S. 6165 ff., dort Nr. 29.
62 Siehe BAnz. Nr. 122 vom 04.07.1995, S. 7153 f., dort Nr. 3. d).

Praxishinweis

 *Die ehemalige **Liste H** umfasste folgende Länder: Ägypten, Afghanistan, Albanien, Algerien, Angola, Bulgarien, China, Indien, Irak, Iran, Israel, Jemen, Jordanien, das Gebiet Jugoslawiens nach dem Stand vom 22.12.1991, Kambodscha, Katar, Kuba, Kuwait, Libanon, Libyen, Mauretanien, Mosambik, Myanmar, Nordkorea, Pakistan, Rumänien, Saudi-Arabien, Somalia, Südafrika, Syrien, Taiwan, Vietnam.*

Zu den Fällen, in denen ein Ausfuhrverantwortlicher nach alter Rechtslage benötigt wurde, siehe zusammenfassend die **Schaubilder 1 und 2**.

Die betroffenen Unternehmen

(Rechtslage vor dem 01.10.2001)

 Ausfuhr von Kriegswaffen nach dem KWKG

 Ausfuhr von Waffen, Munition,
Rüstungsmaterial (AL-Teil I Abschnitt A)

 Ausfuhr von Waren des AL-Teils I Abschnitt B
(bis 1996 militärische Ausrüstung für Jugoslawien,
danach Folterinstrumente)

Schaubild 1: *Rechtslage vor dem 01.10.2001: Notwendigkeit zur Bestellung eines Ausfuhrverantwortlichen*

Die betroffenen Unternehmen

(Rechtslage vor dem 01.10.2001)

 Ausfuhr von Waren der Kategorie
- 0 (Kernenergie),
- 1C 350, 2B 351 (Chemieanlagen) und
- 2B 353 (Bioanlagen)

 Ausfuhr von sonstigen Waren des AL-Teils I
Abschnitt C in ein Land der ehemaligen
Länderliste H

Schaubild 2: *Rechtslage vor dem 01.10.2001: Notwendigkeit zur Bestellung eines Ausfuhrverantwortlichen*

Nach alter Rechtslage war für maßgebende Ausfuhrvorgänge kein Ausfuhrverantwortlicher zu bestellen.[63] Zunächst bezogen sich die Grundsätze bisheriger Fassung nur auf Waren. Dies bedeutete, dass der gesamte Bereich von Technologie, insbesondere Fertigungsunterlagen, Know-how und Software, ausgeklammert war.[64] Verständlich ist dies nur vor dem Hintergrund, dass im Jahre 1990 der Kontrolle von Technologie noch nicht ein so hoher Stellenwert beigemessen wurde wie zur heutigen Zeit. Zwischenzeitlich hat man erkannt, dass es wesentlich wichtiger ist, den Abfluss von Technologie und Know-how zu kontrollieren als den Export von Hardware. Denn bei der Ausfuhr von Waren wird immer nur eine begrenzte Stückzahl genehmigt. Mit Technologie und Know-how dagegen wird der Empfänger in die Lage versetzt, eine unbestimmte Anzahl der gewünschten Ware selbst zu produzieren.

Weiterhin wurden nach den alten Grundsätzen Ausfuhren auf der Grundlage der EG-Dual-use-VO nicht erfasst. Auch soweit es um die besonders sensiblen Exporte nach Art. 4 EG-Dual-use-VO (Ausfuhr nicht gelisteter Güter in bestimmte Länder, sog. „catch-all"-clauses) ging, musste kein Ausfuhrverantwortlicher bestellt werden. Dieser Wertungswiderspruch ist nur damit zu erklären, dass die EG-Dual-use-VO später als die Grundsätze alter Fassung in Kraft getreten ist und im Jahre 1995 eine entsprechende Anpassung an die neue Rechtslage ausgeblieben ist.

2.3.2 Die Rechtslage zwischen dem 01.10.2001 und dem 26.07.2015

Eines der Anliegen der Grundsätze vom 29.07.2001 war es, die Lücken, die in der alten Fassung aufgrund der geänderten Sach- und Rechtslage bestanden, zu eliminieren. Im Folgenden werden die Fälle beschrieben, in denen ein Ausfuhrverantwortlicher ab dem 01.10.2001 benötigt wurde. Unter 2.3.3 ist dann dargelegt, wie sich die Rechtslage ab dem 01.09.2013, dem Inkrafttreten des Gesetzes zur Modernisierung des Außenwirtschaftsrechts[65] und der entsprechend geänderten Außenwirtschaftsverordnung[66], darstellt.

2.3.2.1 Die Ausfuhr und Verbringung von Kriegswaffen und sonstigen Rüstungsgütern

Verblieben ist es dabei, dass ein Ausfuhrverantwortlicher stets für Genehmigungen nach § 3 Abs. 1, 3 KWKG zur Ausfuhr von Kriegswaffen in ein Land außerhalb der EU[67] und

---

63 Für welche Fälle nach alter Rechtslage im Einzelnen kein Ausfuhrverantwortlicher zu bestellen war, siehe 1. Auflage, S. 22 ff., insbesondere Schaubild 2.

64 Die Ausfuhr von Technologie durch die neuen elektronischen Medien stellt eine besondere Herausforderung für die Exportkontrolle dar. Vgl. hierzu speziell: Ahmad, AW-Prax 2012, 230 ff.; zum Technologie-Transfer allgemein siehe Ehrlich in: *Ehlers/Wolffgang*, S. 491 ff.; Haellmig in: *Ehlers/Wolffgang*, S. 507 ff.; Hohmann, AW-Prax 2014, 298 ff.; Nawrotzki in: *Ehlers/Wolffgang*, S. 517 ff.; Voigtländer/ Haellmig, AW-Prax 2011, 208 ff.; zum Know-how-Transfer in internationalen Unternehmen: Haellmig, AW-Prax 2017, 428 ff.; Voss/Eßer, AW-Prax 2017, 43 ff.; dies., Der Zoll-Profi! 4/2017, 8 ff., 5/2017, 9 ff., 6/2017, 10 ff.; zum Cloud-Datentransfer Haellmig, CCZ 2016, 28 ff.; zum Technologie-Transfer nach China siehe Hohmann, AW-Prax 2016, 44 ff.; zum US-Daten- und Technologie-Transfer vgl. Hohmann/ Kirchner, AW-Prax 2016, 319 ff.; zu Cyberwar, Überwachung und Menschenrechten: Hötzl/Griebel, AW-Prax 2014, 142 ff.; Pietsch in: *Ehlers/Wolffgang*, S. 527 ff.

65 Vom 06.06.2013, BGBl. I S. 1482.

66 Vom 02.08.2013, BGBl. I S. 2865.

67 So Nr. 1. a) der Grundsätze vom 25.07.2001.

zur Verbringung innerhalb der EU[68] benötigt wird. Dasselbe gilt für Güter des Teils I Abschnitt A der AL (Waffen, Munition, Rüstungsmaterial).[69] Hier ist Folgendes zu beachten: Die Grundsätze beziehen sich nicht mehr nur auf Waren. Mit dem nunmehr verwandten Begriff der Güter sind auch die Technologie- und Softwarepositionen des Teils I Abschnitt A der AL erfasst.

2.3.2.2 Die Ausfuhren nach Art. 3 EG-Dual-use-VO

Seit dem 01.10.2001 ist neu, dass auch nahezu alle Ausfuhren von Dual-use-Gütern den Grundsätzen unterfallen und damit einen Ausfuhrverantwortlichen erforderlich machen. Die Grundsätze bezogen sich vor dem 01.10.2001 – wie bereits erwähnt – nur auf Exporte von Dual-use-Waren (vormals Teil I Abschnitt C der AL) in Länder der ehemaligen Länderliste H.

Notwendig ist ein Ausfuhrverantwortlicher, wenn es um eine Ausfuhr von Gütern der Gemeinsamen Warenliste (Anhang I zur EG-Dual-use-VO) geht.[70] Genannt sind hier zwei Vorschriften, nämlich Art. 3 und 4 EG-Dual-use-VO. Erfasst sind hier nur die Exporte in Drittländer, nicht Verbringungen innerhalb der EU, die nach der EG-Dual-use-VO ohnehin nicht genehmigungspflichtig sind. Der Güterbegriff erfasst auch sämtliche Technologie- und Softwarepositionen, die in der Gemeinsamen Warenliste enthalten sind. Für Ausfuhren nach Art. 3 EG-Dual-use-VO lassen die neuen Grundsätze nur eine Ausnahme zu: Kein Ausfuhrverantwortlicher wird benötigt, wenn es um Ausfuhren in Länder geht, die nach Anhang II Teil 3 der EG-Dual-use-VO privilegiert sind. Es handelt sich hierbei derzeit um folgenden Länderkreis (Natostaaten außerhalb der EU mit Ausnahme der Türkei und der neuen, seit 2009 beigetretenen Mitglieder; Nato-gleichgestellte Staaten):

Praxishinweis

 Die privilegierten Länder außerhalb der EU sind: Australien, Japan, Kanada, Neuseeland, Norwegen, Schweiz, USA.

2.3.2.3 Die Ausfuhren von Gütern des Teils I Abschnitt B

In den Grundsätzen waren weiterhin auch Ausfuhren von Gütern des Teils I Abschnitt B der AL aufgeführt.[71] Wie bereits erwähnt, war der Abschnitt B zunächst mit militärischer Ausrüstung für Jugoslawien, dann mit bestimmten Folterinstrumenten gefüllt. Bis zum 01.09.2013 war dieser Abschnitt des AL-Teils I unbesetzt. Er stellte gleichsam eine leere Menge dar. Nach gegenwärtiger Rechtslage sind dort die national kontrollierten Dual-use-Güter außerhalb des Kreises der Gemeinsamen Warenliste der EU aufgeführt. Diese befanden sich vorher im Abschnitt C des AL-Teils I (Kennungen 901 bis 999).

---

68 So Nr. 1. d) der Grundsätze vom 25.07.2001; der Begriff der Ausfuhr in § 3 Abs. 3 KWKG erfasst auch das Verbringen von Kriegswaffen innerhalb der EU.

69 So Nr. 1. a) und d) der Grundsätze vom 25.07.2001.

70 So Nr. 1. b) der Grundsätze vom 25.07.2001; noch zur alten Rechtslage siehe im vorliegenden Zusammenhang Hinder, S. 23 ff.

71 So Nr. 1. a) der Grundsätze vom 25.07.2001.

Die nachfolgenden **Schaubilder 3 und 4** fassen grafisch die Fälle zusammen, in denen zwischen dem 01.10.2001 und dem 26.07.2015 ein Ausfuhrverantwortlicher benötigt wurde.

Die betroffenen Unternehmen

(Rechtslage zwischen dem 01.10.2001
und dem 26.07.2015)

 Ausfuhr von Kriegswaffen nach dem KWKG
(Extra-EU)

 Ausfuhr von Gütern des AL-Teils I Abschnitt A
(Waffen, Munition, Rüstungsmaterial)
(Extra-EU)

 Ausfuhr von Gütern des AL-Teils I Abschnitt B
(Extra-EU)

Schaubild 3: Rechtslage 01.10.2001 bis 26.07.2015: Notwendigkeit zur Bestellung eines Ausfuhrverantwortlichen

---

Die betroffenen Unternehmen

(Rechtslage zwischen dem 01.10.2001
und dem 26.07.2015)

 Ausfuhr von Gütern des AL-Teils I Abschnitt C
in ein Land außerhalb des Kreises der
privilegierten Staaten
(Anhang 2 Teil 3 EG-Dual-use-VO)

 Ausfuhren von Gütern des Anhangs I der
EG-Dual-use-VO in ein Land außerhalb des
Kreises der privilegierten Staaten

Schaubild 4: Rechtslage 01.10.2001 bis 26.07.2015: Notwendigkeit zur Bestellung eines Ausfuhrverantwortlichen

---

Die betroffenen Unternehmen

(Rechtslage zwischen dem 01.10.2001
und dem 26.07.2015)

 Verbringen von Kriegswaffen nach dem
KWKG innerhalb der EU

 Verbringen von Waffen, Munition,
Rüstungsmaterial (AL-Teil I Abschnitt A)
innerhalb der EU

Schaubild 5: Rechtslage 01.10.2001 bis 26.07.2015: Notwendigkeit zur Bestellung eines Ausfuhrverantwortlichen

2.3.2.4 Die Fälle, in denen kein Ausfuhrverantwortlicher benötigt wurde

Die Auflistung Nr. 1. a) bis d) der Grundsätze ist enumerativ.[72] Hieraus folgt, dass es für alle anderen Vorgänge im Außenwirtschaftsverkehr **keiner Bestellung** eines Ausfuhrverantwortlichen bedarf. Dies galt bereits für die Grundsätze in ihrer ursprünglichen Fassung. Hieraus ergibt sich Folgendes:

Seit der Änderung der Grundsätze, die zum 01.10.2001 in Kraft getreten sind, war zunächst kein Ausfuhrverantwortlicher erforderlich, wenn ein Antrag auf Erteilung einer Genehmigung nach § 4 KWKG gestellt wird (Beförderung von Kriegswaffen außerhalb des Hoheitsgebietes der Bundesrepublik durch deutsche Schiffe oder Luftfahrzeuge). Dasselbe galt für die Vermittlung von Auslandsgeschäften über Kriegswaffen gemäß § 4a KWKG.[73] Im Bereich des KWKG wurde somit ausschließlich für die Ausfuhr von Kriegswaffen einschließlich ihrer Verbringung in Staaten der EU ein Ausfuhrverantwortlicher benötigt. Insoweit haben die Grundsätze vom 25.07.2001 keine Veränderung mit sich gebracht. Dass ein Ausfuhrverantwortlicher ausschließlich für Genehmigungen nach § 3 Abs. 1, 3 KWKG zu bestellen war und für alle anderen Tatbestände dieses Gesetzes nicht, galt bereits unter der Ägide der Grundsätze in ihrer ursprünglichen Fassung.[74]

Für Genehmigungen nach den „catch-all"-Klauseln des Art. 4 EG-Dual-use-VO war ebenfalls kein Ausfuhrverantwortlicher erforderlich. Denn Ziffer 1. b) der Grundsätze bezieht sich nur auf Ausfuhren von Gütern des Anhangs I der EG-Dual-use-VO (Gemeinsame Warenliste). Für die neu in die EG-Dual-use-VO eingefügten Art. 5 (Handels- und Vermittlungs-

---

72 Vgl. hierzu: Pottmeyer/Sinnwell, DWiR 1992, 133 (134); für das KWKG siehe auch: Pottmeyer, KWKG, Einl., Rn. 241.

73 Vgl. speziell zu den Genehmigungen nach §§ 4, 4a KWKG: Pottmeyer, KWKG, Einl., Rn. 241; ders., AW-Prax 2001, 309 ff.

74 Siehe hierzu die 1. Auflage, S. 22 ff.

geschäfte in Bezug auf Dual-use-Güter) und 6 (Durchfuhrkontrolle[75]) wurde ebenfalls kein Ausfuhrverantwortlicher benötigt. Ziffer 1. b) der Grundsätze verlangt nur für „Ausfuhren" nach der EG-Dual-use-VO einen Ausfuhrverantwortlichen. In deren Art. 5 und 6 geht es nicht um Ausfuhren.

Die Verbringung von Gütern der Gemeinsamen Warenliste in ein Land der EU ist genehmigungsfrei. Von daher war und ist für diese Vorgänge kein Ausfuhrverantwortlicher zu benennen. Art. 22 Abs. 1 Satz 1 EG-Dual-use-VO ordnet eine Genehmigungspflicht für die innergemeinschaftliche Verbringung von Gütern des Anhangs IV der Verordnung an. Da dieser Tatbestand in den neuen Grundsätzen nicht erwähnt ist, wurde für derartige Genehmigungen kein Ausfuhrverantwortlicher benötigt.

Weiterhin erfassen die Grundsätze nicht die in der AWV aufgeführten Fälle von „catch-all"-clauses (vormals Ausfuhr nicht gelisteter Waren im Militär- oder Kernenergiebereich in bestimmte Länder, §§ 5c und 5d AWV a.F.)[76]. Obwohl derartige Ausfuhren deutlich sensibler sein können als so mancher Dual-use-Export, wurde für entsprechende Genehmigungen kein Ausfuhrverantwortlicher benötigt. Auch die Tatbestände der technischen Unterstützung (§§ 45 bis 45c AWV a.F., jetzt §§ 49 bis 52b AWV)[77] erforderten keinen Ausfuhrverantwortlichen. Auch soweit es um Ausfuhren geht, die nach der EU-Folterverordnung genehmigungspflichtig sind, wurde kein Ausfuhrverantwortlicher benötigt.[78]

Durch die 75. Änderungsverordnung zur AWV[79] wurde eine Genehmigungspflicht für Handels- und Vermittlungsgeschäfte in Bezug auf Rüstungsgüter und Güter des Anhangs IV der EG-Dual-use-VO eingeführt.[80] Der Verordnungsgeber hat hiermit Vorgaben der EU[81] umgesetzt. Die §§ 40 bis 42 AWV a.F. ersetzten die bisherige Regelung über die Transithandelsgenehmigung.[82] Genehmigungspflichtig sind Handels- und Vermittlungsgeschäfte, wenn Güter des Teils I Abschnitt A der AL oder solche des Anhangs IV der EG-Dual-use-VO von einem Drittland außerhalb der Europäischen Union in ein anderes Drittland geliefert werden.[83] Zu den §§ 40 bis 42 a.F. hat die AWV eine Allgemeine Ge-

---

75 Vgl. hierzu: Angersbach, AW-Prax 2009, 289 ff.; *Hocke/Sachs/Pelz/Höft,* §§ 44, 45 AWV; Werder/Krickow in: *Ehlers/Wolffgang,* S. 377 ff.

76 Vgl. hierzu u.a. Bachmann, AW-Prax 2003, 115 ff., 154 ff.; Kreuzer, AW-Prax 2000, 444.

77 Vgl. hierzu: Bieneck, AW-Prax 2001, 53 ff.; Herkert, AW-Prax 2001, 253 ff.; *Hocke/Sachs/Pelz/Pelz,* §§ 49 bis 52 AWV; List, AW-Prax 2009, 187 ff.; zur technischen Unterstützung in der Kommunikationsaufklärung siehe Esselborn in: *Ehlers/Wolffgang,* S. 499 ff.; *Hocke/Sachs/Pelz/Höft,* §§ 52a, 52b AWV; Höft/Kreuzer, RIW, 587 ff.

78 Siehe hierzu auch: Bachmann, AW-Prax 2007, 81 (83 f.).

79 Vom 22.05.2006, BAnz. Nr. 99 vom 27.05.2006, S. 3901 ff.

80 Vgl. hierzu: Anders, AW-Prax 2004, 27 ff.; Bundesamt für Wirtschaft und Ausfuhrkontrolle, AW-Prax 2004, 384 ff.; Pottmeyer in AWR-Kommentar, §§ 40 bis 42 AWV; ders., AW-Prax 2003, 333 ff.; ders., AW-Prax 2006, 239 ff.; Weith/Wegner/Ehrlich, Grundzüge der Exportkontrolle, D., Rn 125 ff. (S. 140 ff.).

81 Gemeinsamer Standpunkt 2003/468/GASP des Rates vom 23.06.2003 betreffend die Überwachung von Waffenvermittlungstätigkeiten, ABl. L 156 vom 25.06.2003, S. 79 f.

82 Zur Transithandelsgenehmigung alter Prägung vgl. VG Frankfurt a.M., Urteil vom 10.10.1996, 1 E 251/94 nv.; Schmidt, AW-Prax 1997, 173 f.

83 Zu den Einzelheiten siehe: *Hocke/Sachs/Pelz/Höft,* §§ 46 bis 48 AWV; Pottmeyer, AWR-Kommentar, §§ 46 bis 47 AWV; ders. AW-Prax 2006, 239 ff.; Weith/Wegner/Ehrlich, Grundzüge der Exportkontrolle, D., Rn 125 ff. (S. 140 ff.).

nehmigung[84] erlassen. Danach sind Handels- und Vermittlungsgeschäfte in Bezug auf Rüstungsgüter ohne Einzelgenehmigung möglich, wenn Endbestimmungsziel eines der privilegierten Länder ist. Um an der AGG Nr. 20 teilnehmen zu können, muss sich das Unternehmen lediglich beim BAFA anmelden.[85] Anders als bei den übrigen Allgemeinen Genehmigungen muss die Ausnutzung nicht im Nachhinein gemeldet werden. Weiterhin erteilt das BAFA für Länder außerhalb des privilegierten Kreises individualisierte Pauschalgenehmigungen.[86]

Bei den Handels- und Vermittlungsgenehmigungen nach den §§ 40 bis 42 AWV a.F. (jetzt §§ 46 bis 48 AWV) wurde differenziert: Für die Einzelgenehmigung und für die individualisierten Pauschalgenehmigungen wird kein Ausfuhrverantwortlicher benötigt. Nimmt ein Unternehmen aber an der AGG Nr. 20 teil, so muss ein Ausfuhrverantwortlicher bestellt sein.[87] Für Genehmigungen zu Ausfuhren in den Iran auf der Grundlage des Art. 3 der Verordnung (EU) Nr. 267/2012 des Rates vom 23.03.2012 „über restriktive Maßnahmen gegen Iran und zur Aufhebung der Verordnung (EU) Nr. 961/2010"[88] ist per se kein Ausfuhrverantwortlicher erforderlich. Unterfällt allerdings das in Anhang III dieser Verordnung auszuführende Gut zugleich dem AL-Teil I Abschnitt A oder B oder der Gemeinsamen Warenliste der EG-Dual-use-VO, so muss aus diesem Grunde ein Ausfuhrverantwortlicher bestellt sein.

Es mag systemwidrig erscheinen, dass sich die Grundsätze ausschließlich auf die Ausfuhr bestimmter gelisteter Waren konzentrieren. Andere Vorgänge im Außenwirtschaftsverkehr sind möglicherweise noch sensibler. Diese bleiben jedoch von der Einrichtung des Ausfuhrverantwortlichen unberührt. Bei der Formulierung der Grundsätze vom 25.07.2001 war der Bundesregierung dieser Sachverhalt bekannt. Hieraus ist zu folgern, dass die Bundesregierung bewusst darauf verzichtet hat, die Grundsätze auch auf die vorstehend genannten Fälle zu erstrecken.

---

84 AGG Nr. 20 vom 23.05.2006, BAnz. Nr. 99 vom 27.05.2006, S. 3906, neueste Fassung vom 16.03.2018, BAnz AT vom 29.03.2018, B11; zu Allgemeinen Genehmigungen generell siehe: Barowski, AW-Prax 2009, 292 ff.; Beutel/Werder, AW-Prax 2011, 174 ff.; Haellmigk, AW-Prax 2012, 44 ff.; Hohmann, AW-Prax 2009, 322 ff.; Kochendörfer, AW-Prax 2016, 57 ff.; Merz Der Zoll-Profi! 4/2008, 2 ff.; ders., Der Zoll-Profi! 6/2008, 9 ff.; Wendling, AW-Prax 2011, 171 (172); Zaremba, Der Zoll-Profi! 1/2015, 4 ff.; dies., Der Zoll-Profi! 2/2015, 6 ff., 3/2015, 11 ff., 6/2015, 10 ff., 7/2015, 10 ff., 9/2015, 10 ff.; Zaremba/Merz, Der Zoll-Profi! 6/2014, 2 ff..

85 Zum Registrier- und Meldeverfahren bei Allgemeinen Genehmigungen hat das BAFA entsprechende Merkblätter herausgegeben:
http://www.bafa.de/SharedDocs/Downloads/DE/Aussenwirtschaft/afk_agg_merkblatt_teil1.pdf?__blob=publicationFile&v=3
http://www.bafa.de/SharedDocs/Downloads/DE/Aussenwirtschaft/afk_agg_merkblatt_teil2.pdf?__blob=publicationFile&v=3
http://www.bafa.de/SharedDocs/Downloads/DE/Aussenwirtschaft/afk_agg_merkblatt_teil3.pdf?__blob=publicationFile&v=3 (Stand der Abfragen: 01.09.2018).

86 Vgl. Merkblatt des BAFA zu Handels- und Vermittlungsgeschäften (Stand 01.03.2007), S. 10 http://www.bafa.de/SharedDocs/Downloads/DE/Aussenwirtschaft/afk_genehmigungsarten_hvg_merkblatt. html (Stand der Abfrage: 01.09.2018).

87 Vgl. AGG Nr. 20 vom 12.08.2013, BAnz. AT vom 29.08.2013, B 8, Ziffer 3.2.

88 ABl. L 88 vom 24.03.2012, 1 ff.

2.3.3 Die Rechtslage seit dem 27.07.2015

Durch die Bekanntmachung vom 27.07.2015[89] wurde der Kreis der Betroffenen noch einmal erweitert. Dort heißt es:

„Der Anwendungsbereich für derlei Anträge umfasst die Ausfuhr und Verbringung allerer-fasster Güter gemäß

– Anhang I der Verordnung (EG) Nr. 428/2009 (EG-Dual-use-VO),

– Anlage 1 (Ausfuhrliste AL) der Außenwirtschaftsverordnung (AWV) und

– Anlage Kriegswaffenliste des Gesetzes über die Kontrolle von Kriegswaffen (KrWaff-KontrG).

Für Verbringungen von Dual-use-Gütern innerhalb der Europäischen Union gelten die Grundsätze nicht."

Danach müssen solche Unternehmen einen Ausfuhrverantwortlichen bestellen, die Kriegs-waffen und sonstige Rüstungsgüter[90] innerhalb oder außerhalb der EU exportieren. Wei-terhin sind solche Antragsteller betroffen, die Dual-use-Güter der Gemeinsamen Warenliste oder des Teils I Abschnitt B der Ausfuhrliste in ein Land außerhalb der EU exportieren möchten.

In den **Schaubildern 6 und 7** wird dargestellt, in welchen Fällen nach dem Recht, das seit dem 27.07.2015 gilt, ein Ausfuhrverantwortlicher benötigt wird.

Die betroffenen Unternehmen
(Rechtslage ab dem 27.07.2015)

 Ausfuhr und Verbringung von Kriegswaffen nach dem KWKG
(Extra- und Intra-EU)

 Ausfuhr und Verbringung von Gütern des AL-Teils I Abschnitt A (Waffen, Munition, Rüstungs-material)
(Extra- und Intra-EU)

Schaubild 6: Rechtslage ab dem 27.07.2015: Neue Rechtslage: Notwendigkeit zur Bestel-lung eines Ausfuhrverantwortlichen

---

89 Veröffentlicht lediglich auf der Homepage des BAFA unter
    http://www.bafa.de/SharedDocs/Downloads/DE/Aussenwirtschaft/afk_ausfuhrverantwortlicher_bekannt-machung.pdf?__blob=publicationFile&v=3 (Stand der Abfrage: 01.09.2018)
90 Zum Merkmal „besonders konstruiert für militärische Zwecke" siehe Haellmigk, AW-Prax 2017, 393 ff.

Die betroffenen Unternehmen

(Rechtslage ab dem 27.07.2015)

 Ausfuhr von Gütern des Anhangs I der EG-Dual-use-VO (Gemeinsame Warenliste) in ein Land außerhalb des Kreises der privilegierten Staaten (Anhang 2 Teil 3 EG-Dual-use-VO)

 Ausfuhr von Gütern des AL-Teils I Abschnitt B (national kontrollierte Dual-use-Güter) in ein Land außerhalb des Kreises der privilegierten Staaten

Schaubild 7: Rechtslage ab dem 27.07.2015: Neue Rechtslage: Notwendigkeit zur Bestellung eines Ausfuhrverantwortlichen

Mit der Bekanntmachung vom 27.07.2015 ist die Vergünstigung für die privilegierten Länder entfallen. Sofern Dual-use-Güter auf der Grundlage einer Einzelgenehmigung in diese Staaten ausgeführt werden, ist nach neuer Rechtslage durchaus ein Ausfuhrverantwortlicher vonnöten. Für die allermeisten Dual-use-Güter können die privilegierten Länder allerdings die Allgemeine Genehmigung EU 01 nutzen. Soweit sie von dieser Gebrauch machen können, braucht kein Ausfuhrverantwortlicher bestellt zu werden. Allerdings sind einige Güter von der Anwendung der EU 01 ausgenommen. Es handelt sich um alle Güter

- des Anhangs IV der EG-Dual-use-VO (Genehmigungspflicht auch innerhalb der EU!)
- aus dem Bereich Uran, spaltbares Material: Güter der Positionen 0C001, 0C002, 0D001, 0E001:
- aus dem Bereich Raketen: Güter der Positionen 1A102, 7E104, 9A009 a), 9A117
- aus dem Bereich Toxine: Güter der Positionen 1C351, 1C352, 1C353, 1C354, 1C450a) 1., 1C450a) 2.

Soweit es um den Export dieser Güter in privilegierte Länder geht, ist nach der neuen Rechtslage ein Ausfuhrverantwortlicher zu bestellen.

Bezüglich der Fälle, in denen kein Ausfuhrverantwortlicher notwendig ist, hat sich seit dem 27.07.2015 nichts verändert. Die **Schaubilder 8 bis 10** enthalten eine graphische Übersicht auf neuestem Stand.

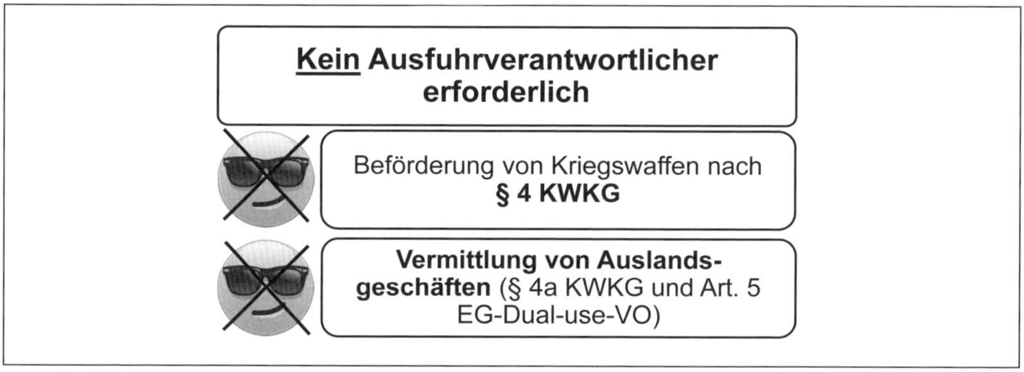

Kein Ausfuhrverantwortlicher erforderlich

 Beförderung von Kriegswaffen nach **§ 4 KWKG**

 **Vermittlung von Auslands-geschäften** (§ 4a KWKG und Art. 5 EG-Dual-use-VO)

Schaubild 8: Keine Notwendigkeit, einen Ausfuhrverantwortlichen zu bestellen

Kein Ausfuhrverantwortlicher erforderlich

 Verbringungen nach **Art. 22 EG-Dual-use-VO** (Güter Anhang IV)

 Ausfuhren aufgrund der catch-all-Klauseln des **Art. 4 EG-Dual-use-VO** und des **§ 9 AWV**

 **Dienstleistungsverkehr** nach §§ 49-53 AWV

Schaubild 9: Keine Notwendigkeit, einen Ausfuhrverantwortlichen zu bestellen

Kein Ausfuhrverantwortlicher erforderlich

 **Waffen-Vermittlungsgeschäfte** §§ 46 ff. AWV (aber bei Allgemeiner Genehmigung!)

 Ausfuhren von Gütern des Anhangs III der **EU-Folterverordnung**

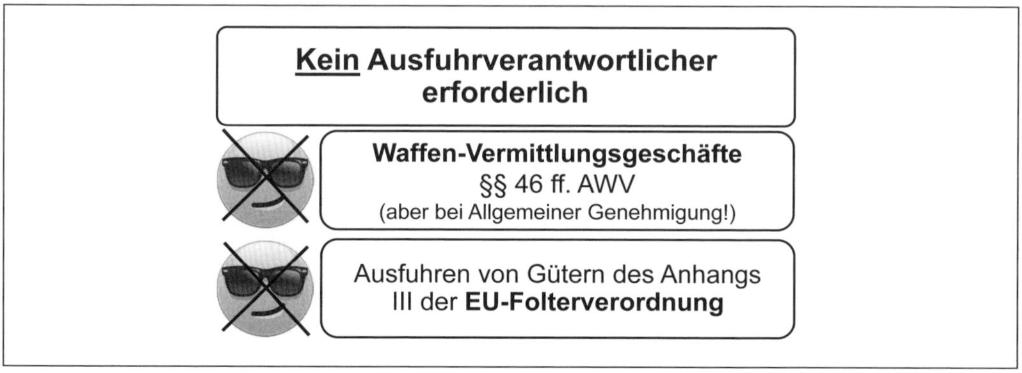

Schaubild 10: Keine Notwendigkeit, einen Ausfuhrverantwortlichen zu bestellen

3. Die Stellung des Ausfuhrverantwortlichen im Unternehmen

Was die Stellung des Ausfuhrverantwortlichen im Unternehmen angeht, so sind im Wesentlichen drei Fragen zu erörtern:

- Welcher Personenkreis kommt überhaupt für die Position eines Ausfuhrverantwortlichen infrage (siehe hierzu 3.1)?
- Wie wird der Ausfuhrverantwortliche bestellt (siehe hierzu 3.2)?
- In welcher Weise muss der Ausfuhrverantwortliche bei Genehmigungsanträgen mitwirken (siehe hierzu 3.3)?

3.1 Der infrage kommende Personenkreis

3.1.1 Der Ausfuhrverantwortliche – ein Mitglied des vertretungsberechtigten Unternehmensorgans!

Welcher Personenkreis für das Amt des Ausfuhrverantwortlichen in Betracht kommt, ist nunmehr in Ziffer 1. Absatz 1 der Grundsätze vom 27.07.2015[91] geregelt. Bei den diesbezüglichen Regelungen in den Grundsätzen vom 29.11.1990 ist es verblieben. Hierdurch ist festgelegt, dass der Ausfuhrverantwortliche ausschließlich ein Mitglied des vertretungsberechtigten Organs eines Unternehmens sein kann.[92] Die Bundesregierung hat damit angeordnet, dass der Ausfuhrverantwortliche nicht nur dem Top-Management eines Unternehmens angehören muss. In diesen Kreis wären wohl auch die Generalbevollmächtigten und Direktoren mit einzubeziehen. Die Position ist vielmehr einem Mitglied des höchsten vertretungsberechtigten Unternehmensorgans vorbehalten.

Welche Staatsangehörigkeit der Ausfuhrverantwortliche hat, ist unerheblich. Dasselbe gilt für die Frage, ob er seinen Wohnsitz im In- oder im Ausland hat. Maßgebend kommt es nur darauf an, ob die zu benennende Person im Handelsregister als Mitglied des vertretungsberechtigten Organs aufgeführt ist. Akzeptiert werden auch Personen, die eine andere Staatsangehörigkeit als die deutsche haben, und solche, die nicht im Bundesgebiet ansässig sind.

Praxistipp

 Grundsätzlich wird zwar als Ausfuhrverantwortlicher auch ein Organmitglied akzeptiert, das nicht die deutsche Staatsangehörigkeit hat und/oder im Ausland ansässig ist. Es besteht in diesem Zusammenhang aber eine andere Problematik. Es stellt sich nämlich die Frage, ob dieses Organmitglied seine Funktion als Ausfuhrverantwortlicher sachgerecht ausüben kann. Es ist eine gewisse örtliche Präsenz bei der deutschen Gesellschaft vor Ort erforderlich. Ein Ausfuhrverantwortlicher, der nur zweimal jährlich in Deutschland anwesend ist, kann seine Aufgabe sicherlich nicht sachgerecht erfüllen.

---

91 http://www.bafa.de/SharedDocs/Downloads/DE/Aussenwirtschaft/afk_ausfuhrverantwortlicher_bekanntmachung.pdf?__blob=publicationFile&v=3 (Stand der Abfrage: 01.09.2018).
92 Siehe hierzu: HADDEX, Rn. 350; Pottmeyer, KWKG, Einl., Rn. 242; Pottmeyer/Sinnwell, DWiR 1991, 133 (134 f.); vgl. auch Billig in: *Ehlers/Wolffgang*, S. 419 (422).

> *Auch bei einem noch so effizienten Einsatz moderner Kommunikationsmittel ist eine regelmäßige Präsenz vor Ort erforderlich. Wie häufig diese sein muss, hängt von der Art und dem Umfang des konkreten Ausfuhrgeschäftes ab.*

Das BAFA prüft im Einzelnen nicht, ob der ausländische Staatsangehörige mit Wohnsitz im Ausland wegen der örtlichen Trennung seine Funktion sachgerecht ausüben kann. Kommt es allerdings zu Verstößen, so wird die Frage näher durchleuchtet werden. Wird hierbei festgestellt, dass der Ausfuhrverantwortliche wegen der örtlichen Trennung seine Funktion nicht sachgerecht ausüben konnte, so liegt ein Fall des Organisationsverschuldens vor. Für den Verstoß wären dann alle Organmitglieder verantwortlich.

Die Fassung der Ziffer 1. Absatz 1 der Grundsätze schließt eine Delegation aus. Anders als bei den zahlreichen Beauftragten, die Unternehmerpflichten wahrnehmen (z.B. Gefahrgutbeauftragter, Sicherheitsbeauftragter im Arbeitsschutz, Datenschutzbeauftragter, Strahlenschutzbeauftragter, Störfallbeauftragter), ist es nicht möglich, die Position des Ausfuhrverantwortlichen auf eine Person außerhalb des höchsten Organs des Unternehmens zu übertragen. Selbst eine Delegation auf die darunter liegende Hierarchieebene (Direktoren mit Generalvollmacht, Bereichsleiter etc.) ist ausgeschlossen.[93] Das bereits genannte Motto „**Exportkontrolle ist Chefsache**" hat sich auf diese Weise in den Grundsätzen konkretisiert.

Je nach Gesellschaftsform muss der Ausfuhrverantwortliche angehören:[94]

- bei der Aktiengesellschaft und der Genossenschaft : dem **Vorstand**;
- bei Gesellschaften mit beschränkter Haftung (GmbH): der **Geschäftsführung**;
- bei GmbH & Co. KG : der **Geschäftsführung der Komplementär-GmbH**;
- bei der offenen Handelsgesellschaft (oHG), der Kommanditgesellschaft (KG) und der Kommanditgesellschaft auf Aktien (KGaA): dem Kreis der **vertretungsberechtigten, persönlich haftenden Gesellschafter**;
- beim eingetragenen Verein (e.V.) und bei der privatwirtschaftlichen Stiftung: dem **Vorstand**.

Praxishinweis

 Den Vorstand eines eingetragenen Vereins hier zu erwähnen, mag praxisfremd erscheinen. Man assoziiert mit dieser Rechtsform nur allzu sehr den Kaninchenzüchter-, den Sport-, den Heimatverein oder den schulischen oder kirchlichen Förderverein. Es gibt aber auch eingetragene Vereine, die wirtschaftlich tätig sind und Ausfuhren vornehmen. Als Beispiel ist hier das Fraunhofer-Institut zu nennen. Dieses wird in der Rechtsform des eingetragenen Vereins betrieben. Gleiches gilt für die Stiftung. Auch hier gibt es durchaus nicht wenige Unternehmen, die in dieser Rechtsform am Außenwirtschaftsverkehr teilnehmen.

---

93   Vgl. hierzu bereits: Pottmeyer/Sinnwell, DWiR 1991, 133 (135).
94   Siehe hierzu auch: HADDEX, Rn. 350.

Nicht erwähnt ist in Ziffer 1. Absatz 1 der Grundsätze das einzelkaufmännisch geführte Unternehmen. Hierbei versteht es sich von selbst, dass der alleinige Unternehmensträger, der Einzelkaufmann, für alle Ausfuhren verantwortlich ist. Ihm kommt gleichsam die Rolle eines „geborenen" (im Gegensatz zum „gekorenen", d.h. durch Beschluss bestellten) Ausfuhrverantwortlichen zu.[95] Da es sich bei einem einzelkaufmännisch geführten Unternehmen von selbst versteht, dass der Einzelkaufmann die Verantwortung für alle Exporte trägt, ist es an sich nicht erforderlich, diesen ausdrücklich als Ausfuhrverantwortlichen gegenüber den Genehmigungsbehörden zu benennen. Der Klarstellung halber empfiehlt sich jedoch eine derartige Bestellung. Hierdurch werden Rückfragen der Behörden vermieden, die das Genehmigungsverfahren verzögern könnten.[96]

Praxishinweis

 Einzelkaufmännisch geführte Unternehmen sind in unserer Industrielandschaft selten geworden. Dennoch gibt es sie. Sogar ein deutsches Unternehmen mit mehr als 2.000 Mitarbeitern wird einzelkaufmännisch geführt. Diese Rechtsform wurde gewählt, um eine paritätische Mitbestimmung zu vermeiden. Dem Einzelkaufmann steht ein Team hoch qualifizierter Manager zur Seite, die sog. Geschäftsleitung. Trotzdem: Ausfuhrverantwortlicher kann nur der Einzelkaufmann selbst sein. Den anderen Mitgliedern der Geschäftsleitung ist diese Position verwehrt.

Ziffer 1. Absatz 1 der Grundsätze geht von einem mehrköpfigen vertretungsberechtigten Unternehmensorgan aus. Dies dürfte insbesondere bei mittleren und größeren Unternehmen die Regel sein. Für Gesellschaften, bei denen das vertretungsberechtigte Organ nur aus einer Person besteht (AG, Genossenschaft oder e.V. mit Alleinvorstand, GmbH mit alleinvertretungsberechtigtem Geschäftsführer, oHG, KG, KGaA mit nur einem persönlich haftenden Gesellschafter), gilt das entsprechend, was zum Einzelkaufmann ausgeführt wurde: Das Alleinorgan ist der „geborene" Ausfuhrverantwortliche. Eine Bestellung gegenüber den Behörden ist nicht erforderlich, zumal sich die Stellung als Alleinorgan aus dem Geschäftsbogen ergibt. Aus Gründen der Klarstellung und zur Vermeidung verzögernder Rückfragen ist jedoch die Benennung gegenüber den Genehmigungsbehörden empfehlenswert.[97]

Es kommt vor, dass ausländische Gesellschaften Zweigniederlassungen im Inland unterhalten (vgl. §§ 13d, e und h HGB). Diese haben keine eigene Rechtspersönlichkeit. Tätigt diese Zweigniederlassung entsprechende Ausfuhren von Deutschland aus, so kann nicht der im Inland ansässige Niederlassungsleiter Ausfuhrverantwortlicher sein. Vielmehr ist ein Mitglied des vertretungsberechtigten Organs der ausländischen Gesellschaft als Ausfuhrverantwortlicher zu benennen.

---

95 Vgl. hierzu bereits: Pottmeyer, KWKG, Einl., Rn. 242; Pottmeyer/Sinnwell,DWiR 1991, 133 (135).
96 Vgl. hierzu bereits: Pottmeyer, KWKG, Einl., Rn. 242; Pottmeyer/Sinnwell, DWiR 1991, 133 (135); demgegenüber sieht HADDEX, Rn. 350, 352, eine Benennung des Ausfuhrverantwortlichen auch bei einer Ein-Mann-Unternehmensleitung immer als zwingend erforderlich an.
97 Vgl. hierzu bereits: Pottmeyer, KWKG, Einl., Rn. 242; Pottmeyer/Sinnwell,DWiR 1991, 133 (135) sowie HADDEX, Rn. 350.

Praxistipp

 Allerdings soll das BAFA in der Vergangenheit im Einzelfall den deutschen Niederlassungsleiter als Ausfuhrverantwortlichen akzeptiert haben. Das ist sicherlich wegen der örtlichen Nähe zur Niederlassung sachgerecht. Es empfiehlt sich, im vorliegenden Fall der deutschen Zweigniederlassung einer ausländischen Gesellschaft, die Frage des Ausfuhrverantwortlichen mit dem BAFA abzustimmen.

Es fragt sich, wer für die Position des Ausfuhrverantwortlichen eines Unternehmens in Betracht kommt, das sich im **Insolvenzverfahren** (vormals: Konkurs- oder Vergleichsverfahren) befindet. Diese Fragestellung ist keineswegs theoretischer Natur. Sie wird vielmehr dann akut, wenn ein derartiges Unternehmen im Rahmen seiner Abwicklung noch Ausfuhraktivitäten entwickeln muss, was häufig der Fall ist. Man könnte der Auffassung sein, dass der Insolvenzverwalter die Funktion des Ausfuhrverantwortlichen wahrnimmt. Denn gemäß § 80 Abs. 1 InsO geht durch die Eröffnung des Insolvenzverfahrens das Recht des Schuldners, das zur Insolvenzmasse gehörende Vermögen zu verwalten und über es zu verfügen, auf den Insolvenzverwalter über. Die Organe einer Gesellschaft bleiben zwar als solche bestehen, haben aber im eigenen Hause, was die Vermögensangelegenheiten angeht, nichts mehr zu sagen. Trotzdem kommen ausweislich des klaren und eindeutigen Wortlautes von Ziffer 1. Absatz 1 der Grundsätze nur Mitglieder der vertretungsberechtigten Organe der Gesellschaft in Betracht. Dies erscheint auch sinnvoll. Denn nur diese waren bisher mit den Ausfuhrvorgängen befasst. Der Insolvenzverwalter kennt demgegenüber die Hintergründe der Ausfuhrgeschäfte als Externer naturgemäß nicht. Es wäre folglich nicht sachgerecht, ihn mit der vollen, auch das Strafrecht betreffenden Verantwortung zu belasten. Auf der anderen Seite lassen sich die Ausfuhrgeschäfte im Regelfall nicht ohne Mitwirkung des Insolvenzverwalters abwickeln, da diese mit einer vermögensmäßigen Verfügung einhergehen. Im Rahmen dieser Mitwirkung ist auch der Insolvenzverwalter in die Pflicht genommen. Als Ausfuhrverantwortlicher kann er dagegen nicht fungieren.

Kein Ausfuhrverantwortlicher ist zu bestellen, wenn lediglich eine natürliche Person um eine Ausfuhrgenehmigung nachsucht, die kein Unternehmen mit mehreren Mitarbeitern betreibt, sondern nur gelegentlich Ausfuhren vornimmt.[98]

3.1.2 Der Ausfuhrverantwortliche – eine mögliche Position für jedes Organmitglied?

Es stellt sich die Frage, ob jedes Mitglied des vertretungsberechtigten Organs als Ausfuhrverantwortlicher in Betracht kommt. Zunächst einmal ist erforderlich, dass das Mitglied, das zum Ausfuhrverantwortlichen bestellt werden soll, über bestimmte persönliche Voraussetzungen verfügt, nämlich über die notwendige Zuverlässigkeit, Fach- und Sachkunde sowie die Geschäftsfähigkeit.[99]

Darüber hinaus fragt es sich aber, ob sich jedes Ressort innerhalb der Geschäftsführung dafür eignet, dass der Ausfuhrverantwortliche dort angesiedelt wird. Ist beispielsweise der

---

98 So zutreffend: HADDEX, Rn. 352.
99 So zutreffend: Hinder, S. 87 ff.

reine Personal- oder der reine Finanzvorstand, der keinerlei Beziehung zum Exportgeschäft hat und dem jegliche Einwirkungsmöglichkeit auf diesen Bereich fehlt, ein möglicher Kandidat für die Position des Ausfuhrverantwortlichen?

Eine Regelung des Problems enthält Ziffer 1. Absatz 1 der Grundsätze. Diese Bestimmung schreibt vor, dass „ein für die Durchführung der Ausfuhr verantwortliches Mitglied" des jeweiligen Organs zu benennen ist. Diese Formulierung schränkt den Kreis der möglichen Ausfuhrverantwortlichen ein. Ein Mitglied des vertretungsberechtigten Organs, in dessen Ressort keinerlei Exportaktivitäten entfaltet werden, kann demzufolge nicht als Ausfuhrverantwortlicher benannt werden. Denn ein derartiges Organmitglied ist für die Durchführung der Ausfuhr nicht verantwortlich. Ihm fehlt die Sachnähe zum Exportbereich und insbesondere die unmittelbare Organisations- und Weisungsbefugnis. Einem Ausfuhrverantwortlichen fehlt nach gewerberechtlichen Grundsätzen zudem die erforderliche Zuverlässigkeit, wenn er „nicht willens oder in der Lage" ist, „den ihm obliegenden kriegswaffen- oder außenwirtschaftsrechtlichen Verpflichtungen nachzukommen". Ein nicht unmittelbar weisungsberechtigtes Organmitglied ist nicht dazu in der Lage, dafür zu sorgen, dass diese Vorschriften innerbetrieblich eingehalten werden. Daher ist es erforderlich, dass dem Ausfuhrverantwortlichen die Disziplinargewalt und die Organisationsbefugnis auf Abteilungen zustehen, die mit Export befasst sind. Auch im Hinblick auf die strafrechtliche Verantwortlichkeit, die den Ausfuhrverantwortlichen insbesondere bei Organisationsverschulden trifft, ist dessen unmittelbare Weisungsbefugnis im Exportbereich zwingend erforderlich.[100]

Als Ausfuhrverantwortlicher kommt damit sicherlich das Organmitglied in Betracht, dem der Vertrieb oder der Versand zugeordnet ist. Darüber hinaus sind jedoch auch alle anderen Mitglieder des vertretungsberechtigten Organs mögliche Ausfuhrverantwortliche, in deren Verantwortungsbereich sich zumindest ein Teil der Ausfuhraktivitäten abspielt. Der Vorsitzende des jeweiligen Organs ist immer ein geeigneter Ausfuhrverantwortlicher. Denn ihm steht ein umfassendes Weisungsrecht in Bezug auf alle Bereiche des Unternehmens zu. Demgegenüber kommen der Personal- oder der Finanzvorstand als Ausfuhrverantwortlicher nicht in Betracht, soweit sich in ihrem Geschäftsressort nicht zumindest auch Exportaktivitäten abspielen.

Um hier einem Missverständnis vorzubeugen: Selbstverständlich können auch Personal- oder Finanzvorstände die Funktion des Ausfuhrverantwortlichen ausüben, nämlich dann, wenn zu ihrem Verantwortungsbereich auch Teile des Exportgeschäftes gehören. Nur der reine Personal- bzw. der reine Finanzvorstand, der außer für das Personal bzw. die Finanzen keine weiteren Verantwortlichkeiten hat, sollte mit dieser Aufgabe nicht betraut werden.

Die Genehmigungsbehörden kontrollieren allerdings bei der Bestellung eines Ausfuhrverantwortlichen nicht, ob dieser die vorstehend genannte persönliche Voraussetzung (Zuordnung zumindest eines Teils der Exportaktivitäten) erfüllt. Hierzu wären sie aufgrund der Vielzahl der Unternehmen, die Ausfuhrverantwortliche benennen müssen, auch nicht in der

---

100 Zu Argumentation und Ergebnis siehe: Pottmeyer, KWKG, Einl., Rn. 242; Pottmeyer/Sinnwell, DWiR 1991, 133 (135); ebenso jetzt auch HADDEX, Rn. 350; aA. Prieß/Thoms, AW-Prax 2013, 110 (112).

Lage. Kommt es allerdings zu Verstößen gegen das Außenwirtschaftsrecht, so begründet die Zuweisung der Position an ein Organmitglied, das zu dem Bereich des Exports keinerlei Berührungspunkte hat, ein Organisationsverschulden. Bei einer derartigen, nicht sachgerechten Zuweisung der Funktion des Ausfuhrverantwortlichen können dann alle Mitglieder des vertretungsberechtigten Organs zur Verantwortung gezogen werden.

3.1.3 Der Ausfuhrverantwortliche – eine Position für mehrere Personen?

Weiterhin stellt sich die Frage, ob mehrere Personen des vertretungsberechtigten Organs mit der Aufgabe des Ausfuhrverantwortlichen betraut werden können. Dies ist zu bejahen.[101]

Der Wortlaut der Ziffer 1 Absatz 1 der Grundsätze spricht nicht gegen die Möglichkeit, mehrere Ausfuhrverantwortliche zu benennen. Die dort gewählte Formulierung „ein Mitglied" kann im Sinne von „jedenfalls ein Mitglied" interpretiert werden. Der Sinn und Zweck der Grundsätze sowie Praktikabilitätserwägungen sprechen dafür, einen Ausfuhrverantwortlichen für jeweils einen genau definierten Bereich zuzulassen. Die Grundsätze wollen sicherstellen, dass jeweils ein Mitglied eines vertretungsberechtigten Organs zur Verantwortung gezogen werden kann, wenn es im Zusammenhang mit der Teilnahme am Außenwirtschaftsverkehr zu Gesetzesverstößen kommt. Vermieden werden soll, dass sich die Leitungsebene eines Unternehmens unter Hinweis auf vorgenommene Delegationen von ihrer Verantwortlichkeit entlasten kann. Diese Gefahr besteht nicht, wenn der jeweilige Verantwortungsbereich der einzelnen Ausfuhrverantwortlichen klar abgegrenzt ist.

Bei stark diversifizierten Großunternehmen, die in verschiedene, voneinander weitestgehend unabhängige Geschäftsbereiche aufgegliedert sind, ist es nicht anders praktikabel, als die Möglichkeit mehrerer Ausfuhrverantwortlicher zuzulassen. Denn bei einer solchen Organisationsstruktur kann es vorkommen, dass ein Organmitglied nur unzureichenden Einblick in die Exportaktivitäten der Geschäftsbereiche der anderen hat. Bei einer solchen Sachlage wäre es nicht angemessen, diesem die Verantwortung für den ihm nicht ausreichend bekannten und von ihm nur unzureichend beeinflussbaren Bereich zuzuweisen.

Erforderlich ist allerdings stets, dass die einzelnen Verantwortungsbereiche für die zuständigen Behörden erkennbar klar und unzweideutig voneinander abgegrenzt sind. Für jeden Ausfuhrverantwortlichen ist eine gesonderte Benennung gegenüber den Behörden abzugeben. Aus verwaltungstechnischen Gründen muss für jeden Bereich eine eigene Zollnummer vorhanden sein. Anhand dieser Zollnummer lässt sich dann zweifelsfrei und für die Behörden nachvollziehbar der Bereich des jeweiligen Ausfuhrverantwortlichen ermitteln.[102]

Praxistipp

 Bisher ist kein Fall eines deutschen Unternehmens bekannt, in dem mehrere Ausfuhrverantwortliche benannt sind. Selbst bei Gesellschaften mit mehr als 100.000 Arbeitnehmern hat man von dieser Möglichkeit, die Verantwortung innerhalb des vertretungsberechtigten Organs zu teilen, abgesehen.

---

101 Vgl. hierzu bereits: Pottmeyer, KWKG, Einl., Rn. 242; Pottmeyer/Sinnwell, DWiR 1991, 133 (135); ebenso: HADDEX, Rn. 351; aA. Hinder, S. 84 ff.
102 Vgl. Pottmeyer, KWKG, Einl., Rn. 242; Pottmeyer/Sinnwell, DWiR 1991, 133 (135); ebenso: HADDEX, Rn. 351.

3.2 Die Bestellung des Ausfuhrverantwortlichen

Es fragt sich nunmehr, in welcher Weise der Ausfuhrverantwortliche zu bestellen ist.[103] Hier ist zu differenzieren zwischen einem internen Bestellungsakt und der Benennung nach außen hin gegenüber den zuständigen Genehmigungsbehörden.

3.2.1 Die unternehmensinterne Beschlussfassung

Intern ist ein Beschluss des jeweils zuständigen Unternehmensorgans erforderlich, dass eine bestimmte Person zum Ausfuhrverantwortlichen bestellt wird.[104] In der Regel reicht es aus, wenn das vertretungsberechtigte Organ selbst diesen Beschluss fasst. Die diesbezügliche Beschlussfassung sollte in einem Protokoll über die Sitzung des vertretungsberechtigten Organs dokumentiert werden. Satzung oder Gesellschaftsvertrag können allerdings vorsehen, dass der Ausfuhrverantwortliche durch Aufsichtsrat, Beirat oder Gesellschafterversammlung zu bestellen ist. In diesem Fall, der jedoch die Ausnahme darstellen dürfte, ist ein Beschluss dieses Gesellschaftsorgans herbeizuführen, der schriftlich festzuhalten ist.

Der Ausfuhrverantwortliche muss mit seiner Bestellung einverstanden sein. Dass das entsprechende Organmitglied sein Einverständnis zu seiner Bestellung erklärt hat, sollte in dem zu fassenden internen Beschluss ebenfalls ausgewiesen sein.

Dem Betriebsrat steht unabhängig von der Frage, welches Organ für die Bestellung zuständig ist, kein Mitbestimmungsrecht bezüglich der Bestellung des Ausfuhrverantwortlichen zu.[105] Er ist aber im Rahmen der vertrauensvollen Zusammenarbeit entsprechend zu informieren.[106]

3.2.2 Die externen Bestellungen

Welche Formalien **extern** bei der Bestellung einzuhalten sind, hängt davon ab, ob es um Genehmigungen nach AWG/AWV oder um solche nach dem KWKG geht. Die zu beachtenden Regularien sind für den Bereich von AWG/AWV in der Bekanntmachung vom 06.08.2001[107] niedergelegt. Für das KWKG gilt nach wie vor ein Merkblatt des BMWi.[108] Das Verfahren für Genehmigungen nach AWG/AWV ist stärker formalisiert. Dafür lässt es größere Freiräume, was die Unterschrift des Ausfuhrverantwortlichen unter Genehmigungsanträge angeht. Die Benennung gegenüber den Genehmigungsbehörden nach dem KWKG ist formlos möglich. Dort gelten jedoch strengere Regularien bei der Zeichnung des einzelnen Genehmigungsantrages.

---

103 Siehe hierzu bereits: Pottmeyer/Sinnwell, DWiR 1991, 133 (135 f.); siehe auch Billig in: *Ehlers/Wolffgang*, S. 419 (422); zum theoretischen Ansatz siehe: Hinder, S. 49 ff.

104 Vgl. HADDEX, Rn. 353; Hinder, S. 57 ff.; Pottmeyer, KWKG, Einl., Rn. 243; Pottmeyer/Sinnwell, DWiR 1991, 133 (135).

105 So zutreffend: Hinder, S. 60.

106 Hinder, S. 60.

107 BAnz. Nr. 149 vom 11.08.2001, S. 17295 f.; diese löst die Vorgänger-Bekanntmachung vom 30.01.1991, BAnz. Nr. 27 vom 08.02.1991, S. 653 ff. ab.

108 Vom 17.12.1990 (IV C 6 – 10 17 02; nachfolgend: Merkblatt BMWi).

3.2.2.1 Die Bestellung gegenüber dem BAFA

Was die Genehmigungen nach AWG/AWV angeht, so hat die Benennung des Ausfuhrverantwortlichen gegenüber dem BAFA zu erfolgen. Es ist das Formblatt „Benennung des Ausfuhrverantwortlichen" zu verwenden.[109] Der Text, der im Bundesanzeiger veröffentlicht ist, muss zwingend verwandt werden. Abweichende Formulierungen akzeptiert das BAFA nicht. Unterzeichnen muss das Formblatt neben dem Ausfuhrverantwortlichen (Unterschriftenzeile rechts) mindestens ein weiteres Mitglied des vertretungsberechtigten Organs des Unternehmens.[110]

Die Benennung eines Vertreters des Ausfuhrverantwortlichen ist im Bereich AWG/AWV nicht vorgesehen.

Die Benennung bleibt so lange wirksam, wie sie nicht widerrufen wird. Eine zeitliche Befristung besteht – anders als bei der sog. Erklärung des Ausfuhrverantwortlichen zur Verantwortungsübernahme[111]– insoweit nicht.

3.2.2.2 Die Bestellung gegenüber den Genehmigungsbehörden nach dem KWKG

Gegenüber den Behörden, die für die Erteilung von Genehmigungen nach dem KWKG zuständig sind (siehe §§ 11 Abs. 2 Nr. 1 bis 4 KWKG, 1 der 1. DVO zum KWKG), kann der Ausfuhrverantwortliche durch ein formloses Schreiben benannt werden. Unterzeichnen können diese Erklärung alle Personen, die über eine entsprechende Vertretungsmacht des Unternehmens verfügen (z.B. zwei Organvertreter, zwei Prokuristen, zwei Handlungsbevollmächtigte, ein Organvertreter mit einem Prokuristen oder einem Handlungsbevollmächtigten, ein Prokurist mit einem Handlungsbevollmächtigten, je nach interner Ausgestaltung der Vertretungsmacht). Von ihrem Inhalt her braucht die Erklärung nichts weiter zu umfassen, als dass eine bestimmte Person als Ausfuhrverantwortlicher benannt wird. Die Stellung als Mitglied des vertretungsberechtigten Organs sollte zum Ausdruck gebracht werden. In dem entsprechenden Schreiben hat der Ausfuhrverantwortliche eine Unterschriftenprobe einzureichen.[112]

Werden Anträge auf Beförderungen zum Zwecke der Ausfuhr bei mehreren Behörden eingeholt (z.B. beim BMWi und beim BMVg), so muss die Benennung gegenüber allen diesen Genehmigungsbehörden erfolgen. Eine Benennung nur gegenüber dem für Fragen von AWG und KWKG federführenden Bundesministerium, dem BMWi, reicht nicht aus.

Das Merkblatt BMWi[113] eröffnet die Möglichkeit, dass ein Vertreter des Ausfuhrverantwortlichen benannt wird. Hierbei sind dieselben Formalien zu beachten wie bei der Benennung

---

109 Siehe zur Rechtslage ab dem 01.10.2001 den Text der Bekanntmachung vom 06.08.2001, BAnz. Nr. 149 vom 11.08.2001, S. 17295 f., Anlage AV 1. Zur bisherigen Rechtslage siehe Bekanntmachung vom 30.01.1991, BAnz. Nr. 27 vom 08.02.1991, S. 653 ff., Anlage 1. Das derzeit gültige Formblatt ist auf der BAFA-Homepage veröffentlicht: http://www.bafa.de/DE/Aussenwirtschaft/Ausfuhrkontrolle/Antragsstellung/Ausfuhrverantwortlicher/ausfuhrverantwortlicher_node.html (Stand der Abfrage: 01.09.2018); vgl. auch: Schwab, Der Zoll-Profi! 3/2016, 9 ff.
110 Vgl. hierzu auch: HADDEX, Rn. 353.
111 Siehe hierzu unten 3.3.1.1.
112 Vgl. hierzu: Merkblatt des BMWi, Nr. 2 (siehe oben Fn. 108); siehe ferner: Pottmeyer, KWKG, Einl., Rn. 243; Pottmeyer/Sinnwell, DWiR 1991, 133 (136).
113 Vgl. Merkblatt des BMWi, Nr. 3. (siehe oben Fn. 108).

des Ausfuhrverantwortlichen selbst. Dieser hat ebenfalls eine Unterschriftenprobe zu hinterlegen. Der Vertreter braucht dem obersten Organ des Unternehmens nicht notwendig anzugehören.[114]

Praxistipp

 In der Praxis hat es sich als unzweckmäßig erwiesen, einen Vertreter des Ausfuhrverantwortlichen zu bestellen. Denn dessen Möglichkeiten bei der Vertretung sind sehr begrenzt. Außerdem scheuen es viele Unternehmen, mit dem Vertreter eine weitere Persönlichkeit des Leitungskreises den nicht unbeträchtlichen Risiken auszusetzen.

Auch die Benennung gegenüber den Genehmigungsbehörden nach dem KWKG bleibt ohne zeitliche Befristung bis zu einem Widerruf wirksam.

3.3 Die Mitwirkung des Ausfuhrverantwortlichen bei der Antragstellung

Es stellt sich nunmehr die Frage, in welcher Weise der Ausfuhrverantwortliche bei Anträgen auf Genehmigungen mitzuwirken hat.[115] Auch hier muss zwischen den Formalien nach AWG/AWV einerseits und denjenigen nach dem KWKG andererseits differenziert werden.

3.3.1 Die Mitwirkung bei Anträgen nach AWG/AWV

Der Ausfuhrverantwortliche kann sich durchaus vorbehalten, jeden Antrag für Genehmigungen nach AWG/AWV selbst zu unterzeichnen. Einige Unternehmen verfahren in dieser Weise. Sie wollen mit der Anweisung, dass ausschließlich der Ausfuhrverantwortliche selbst derartige Anträge unterschreiben darf, die hohe Bedeutung zum Ausdruck bringen, die den Vorgängen des Außenwirtschaftsverkehrs beikommt. Ein Zwang, dass der Ausfuhrverantwortliche jeden Antrag nach AWG/AWV eigenhändig unterzeichnet, besteht jedoch nicht. Er kann die Aufgabe delegieren. Hierbei muss er indes die nachstehenden Grundsätze beachten.

3.3.1.1 Die Erklärung zur Verantwortungsübernahme

Macht der Ausfuhrverantwortliche von der Delegationsmöglichkeit Gebrauch, so muss er zunächst auf entsprechendem Formblatt die „Erklärung zur Verantwortungsübernahme" abgeben.[116] Den Text der Erklärung hat das BAFA durch Bekanntmachung im Bundesanzei-

---

114 Zur Frage des Vertreters des Ausfuhrverantwortlichen vgl. Pottmeyer, KWKG, Einl., Rn. 243; Pottmeyer/Sinnwell, DWiR 1991, 133 (136).

115 Siehe hierzu auch: Hinder, S. 69 ff.; zur Antragstellung im AWG allgemein: AW-Prax 2004, 393 ff.; zur Gütererfassung siehe: AW-Prax 2004, 398 ff. Bundesamt für Wirtschaft und Ausfuhrkontrolle,

116 Vgl. zur Erklärung zur Verantwortungsübernahme die Einzelheiten bei: HADDEX, Rn. 354 f.; Pottmeyer/Sinnwell, DWiR 1991, 133 (136). Siehe zur Rechtslage ab dem 01.10.2001 den Text der Bekanntmachung vom 06.08.2001, BAnz. Nr. 149 vom 11.08.2001, S. 17295 f., Anlage AV 2. Das Formblatt kann von der Internetseite des BAFA
http://www.bafa.de/DE/Aussenwirtschaft/Ausfuhrkontrolle/Antragsstellung/Ausfuhrverantwortlicher/ausfuhrverantwortlicher_node.html (Stand der Abfrage: 01.09.2018)
heruntergeladen werden. Zur bisherigen Rechtslage siehe Bekanntmachung vom 30.01.1991, BAnz. Nr. 27 vom 08.02.1991, S. 653 ff., Anlage 2; das bisher gültige Formblatt ist u.a. als Schaubild 3 in der 1. Auflage, S. 34 veröffentlicht.

ger vorgegeben.[117] Mit Abgabe der Erklärung übernimmt der Ausfuhrverantwortliche die Verantwortung für die Richtigkeit aller Anträge auf Ausfuhrgenehmigungen nach AWG/AWV, die für das Unternehmen in seinem Namen gestellt werden.

Die Erklärung zur Verantwortungsübernahme ist für die Dauer eines Jahres, beginnend mit dem Zugang beim BAFA, gültig. Hiernach muss sie erneuert werden.

Praxishinweis

 Die zuständige Stelle innerhalb des Unternehmens (Exportkontrolle, Genehmigungsabteilung etc.) muss durch ein Wiedervorlagesystem sicherstellen, dass die Erklärung zur Verantwortungsübernahme rechtzeitig vor ihrem Auslaufen erneuert wird. Andernfalls ist mit Verzögerungen bei der Erteilung von Ausfuhrgenehmigungen zu rechnen. Denn das BAFA kontrolliert sehr sorgfältig bei jedem Antrag, den der Ausfuhrverantwortliche nicht selbst unterzeichnet, ob noch eine gültige Erklärung zur Verantwortungsübernahme vorliegt. Ist dies nicht der Fall, so bescheidet es den Ausfuhrantrag einstweilen nicht. Es fordert das Unternehmen vielmehr auf, die Erklärung beizubringen.

Im Außenverhältnis zum BAFA erfolgt die Delegation nicht an einen bestimmten Personenkreis. Vielmehr übernimmt der Ausfuhrverantwortliche die Verantwortung für alle Ausfuhranträge, die namens des Unternehmens gestellt werden. Das BAFA kann und will nicht überprüfen, ob die Personen, die den Antrag unterzeichnet haben, nach den internen Regularien des Unternehmens hierzu berechtigt waren. Insbesondere erfolgt keine Prüfung, ob Vertretungsmacht der Unterzeichner besteht. Das BAFA könnte insoweit nur dann eine Kontrolle ausüben, wenn Unterschriftenproben aller Unterschriftsberechtigten des Unternehmens hinterlegt würden. Mit einer Überprüfung der Unterschriften anhand hinterlegter Proben wäre das BAFA überfordert.

3.3.1.2 Die Erklärung zur Zeichnungsberechtigung

Die Bekanntmachung vom 30.01.1991[118] sah ursprünglich vor, dass diejenigen, die den Antrag nach AWG/AWV unterzeichneten, erklären mussten, zur Zeichnung berechtigt zu sein. Die Erklärung war auf gesondertem Formblatt abzugeben.[119] Unterschrieb der Ausfuhrverantwortliche den Antrag selbst, so musste er ebenfalls die Erklärung zur Zeichnungsberechtigung ausfüllen lassen und unterzeichnen.[120]

Die Erklärung zur Zeichnungsberechtigung ist nunmehr in das Antragsformular integriert. Ziffer 37. des Formblattes AG/E1 (Ergänzungsblatt zum Antrag auf Ausfuhr-/Verbringungsgenehmigung) enthält einen entsprechenden Passus.[121]

---

117 BAnz. Nr. 27 vom 08.02.1991, S. 653 ff.

118 BAnz. Nr. 27 vom 08.02.1991, S. 653 ff.

119 „Erklärung über die Zeichnungsberechtigung im Rahmen der Verantwortungsübernahme des ‚Ausfuhrverantwortlichen' gemäß den Grundsätzen der Bundesregierung vom 29.11.1990, ergänzt am 30.01.1991", siehe Bekanntmachung von 30.01.1991, BAnz. Nr. 27 vom 08.02.1991, S. 653 ff., Anlage 3.

120 Zur Erklärung zur Zeichnungsberechtigung nach alter Art vgl. Pottmeyer/Sinnwell, DWiR 1991, 133 (136).

121 Vgl. hierzu: Bekanntmachung vom 29.01.2001, BAnz. Nr. 40 vom 27.02.2001, 3058 ff.; siehe weiterhin: HADDEX, Rn. 356.

Anträge auf Ausfuhrgenehmigungen werden seit geraumer Zeit elektronisch im E-LAN K 2[122] abgegeben. Diese lässt die Frage der Zeichnungsberechtigung keineswegs entfallen. Durch eine entsprechende organisatorische Anweisung ist sicherzustellen, dass der Genehmigungssachbearbeiter, der das E-LAN K 2 bedient, nur dann den Antrag elektronisch versenden darf, wenn die entsprechenden zeichnungsberechtigten Personen den Entwurf des Antrages unterschrieben haben. Auch im Zeitalter der elektronischen Antragstellung sind die Regularien zur Zeichnungsberechtigung weiterhin einzuhalten.

Ist keine unternehmensinterne Regelung der Zeichnungsbefugnis getroffen, so gelten die allgemeinen Vertretungsregeln. Üblicherweise wird ein Unternehmen nach dem Vier-Augen-Prinzip von zwei Personen vertreten (z.B. bei der GmbH zwei Geschäftsführer, zwei Prokuristen, zwei Handlungsbevollmächtigte, ein Geschäftsführer mit je einem Prokuristen oder einem Handlungsbevollmächtigten, ein Prokurist mit einem Handlungsbevollmächtigten). Fehlt es an einer abweichenden Regelung, so können nur diese Personen rechtswirksam einen Antrag auf Ausfuhrgenehmigung unterzeichnen.

Praxishinweis

 Der Ausfuhrverantwortliche kann aber speziell für die Zeichnung von Genehmigungsanträgen Regelungen treffen, die von denen der gesetzlichen Vertretungsbefugnis abweichen. Er kann einerseits festlegen, dass bestimmte vertretungsberechtigte Personen keine Ausfuhrgenehmigungsanträge zeichnen dürfen (z.B. wegen möglicher Interessenkollisionen alle Prokuristen des Vertriebes). Andererseits kann der Ausfuhrverantwortliche den Kreis der Zeichnungsberechtigten erweitern. So kann er z.B. anordnen, dass die Sachbearbeiter der Exportkontrolle Anträge auf Ausfuhrgenehmigungen auch dann zeichnen dürfen, wenn ihnen keine Prokura oder Handlungsvollmacht erteilt ist.

Eine Festlegung, die von der gesetzlichen Vertretungsregelung abweicht, veröffentlicht der Ausfuhrverantwortliche zweckmäßigerweise durch eine unternehmensinterne Bekanntmachung.

3.3.2 Die Mitwirkung bei Anträgen nach dem KWKG

Bei Anträgen auf Beförderungsgenehmigungen zum Zwecke der Ausfuhr nach dem KWKG ist die Mitwirkung des Ausfuhrverantwortlichen anders ausgestaltet als bei solchen nach AWG/AWV. Einerseits wird im Bereich des KWKG auf Formblätter verzichtet. Auf der anderen Seite gibt es hier die Erleichterungen, die mit der Erklärung zur Verantwortungsübernahme verbunden sind, nicht.[123]

Anträge zum Zwecke der Ausfuhr nach dem KWKG muss der Ausfuhrverantwortliche grundsätzlich selbst unterschreiben.[124] Die Genehmigungsbehörden überprüfen dann an-

---

122 Vgl. hierzu: Beutel/Werder, AW-Prax 2011, 174 (176).

123 Zu den Regularien, die für das KWKG gelten, siehe im Einzelnen: Pottmeyer, KWKG, Einl., Rn. 244; Pottmeyer/Sinnwell, DWiR 1991, 133 (136).

124 Vgl. hierzu: Merkblatt des BMWi, Nr. 3. (siehe oben Fn. 108); siehe ferner: HADDEX, Rn. 355; Pottmeyer, KWKG, Einl., Rn. 244; Pottmeyer/Sinnwell, DWiR 1991, 133 (136).

hand der hinterlegten Unterschriftenproben, ob tatsächlich der Ausfuhrverantwortliche den Antrag unterzeichnet hat. Ist dies nicht der Fall, so wird der Antrag so lange nicht beschieden, bis eine authentische Unterschrift vorliegt. Wird diese trotz entsprechender Aufforderung nicht beigebracht, so ist der Antrag zurückzuweisen.

Persönlich zu unterzeichnen sind alle Erstanträge und nach der Praxis der Genehmigungsbehörden auch Erweiterungsanträge. Demgegenüber braucht der Ausfuhrverantwortliche bloße Verlängerungsanträge nicht zu unterschreiben.[125]

Praxishinweis

 Das Erfordernis der eigenhändigen Unterschrift bereitet in der Praxis nicht unbeträchtliche Schwierigkeiten. Bekanntermaßen sind Mitglieder der Top-Ebene eines Unternehmens sehr oft auf Reisen. Auch aus anderen dienstlichen Gründen lassen sich Unterschriften von dieser Ebene des Unternehmens oftmals nur mit erheblichem zeitlichen Vorlauf beschaffen. Besonders problematisch ist es, an Unterschriften solcher Ausfuhrverantwortlicher zu gelangen, die gleichzeitig unmittelbare Verantwortung für den Vertrieb tragen. Denn bei diesem Personenkreis gehört es zu den wesentlichen Aufgaben, sich auf Reisen, vorwiegend im Ausland, zu befinden. Um zeitnah Unterschriften des Ausfuhrverantwortlichen zu erhalten, ist das Organisationstalent der zuständigen Stelle des Unternehmens (Exportkontrolle, Genehmigungsabteilung etc.) gefordert. Diese ist gut beraten, sich ständig zu informieren, ob und für welchen Zeitraum der Ausfuhrverantwortliche ortsabwesend ist. Zumindest in solchen Zeiten, in denen Eilanträge anfallen könnten, ist ein Abwesenheitsplan zweckmäßig. Auch in derartigen Eilfällen muss die Stelle in der Lage sein, dem Ausfuhrverantwortlichen ohne zeitliche Verzögerung durch Einsatz von Kurieren oder unter Einsatz moderner Kommunikationsmittel einen Antrag zur Unterschrift zuzuleiten.

Insbesondere längere Abwesenheiten des Ausfuhrverantwortlichen erfordern entsprechende organisatorische Vorkehrungen. Das Merkblatt des BMWi[126] gibt bestimmte Hinweise, wie in derartigen Fällen verfahren werden kann. Diese sind jedoch für die Praxis nicht ausreichend und bedürfen der Ergänzung.

Das Merkblatt des BMWi lässt es zu, dass in Fällen längerer Abwesenheit ein Vertreter den Antrag nach dem KWKG unterzeichnet. Dieser muss den Genehmigungsbehörden ebenfalls unter Hinterlegung einer Unterschriftenprobe benannt worden sein.[127] Unterzeichnet der Vertreter, so ist es zusätzlich erforderlich, dass eine schriftliche Erklärung des Ausfuhrverantwortlichen beigefügt wird, nach der dieser die Verantwortung für den Antrag übernimmt. Der Vertreter hat somit keine eigenständige Funktion. Von daher ist es wenig sinnvoll, für den Ausfuhrverantwortlichen einen Vertreter zu benennen. Denn praktisch bedeutsam sind vor allem die Fälle, in denen der Ausfuhrverantwortliche ungeplant daran gehindert ist, seine Unterschrift zu leisten. Derartigen Fallgestaltungen ist mit der Bestellung

---

125 Vgl. hierzu: Pottmeyer, KWKG, Einl., Rn. 244.
126 Siehe oben Fn. 108; vgl. weiterhin: Pottmeyer, KWKG, Einl. Rn. 244.
127 Vgl. hierzu: Merkblatt des BMWi, Nr. 3. (siehe oben Fn. 108).

eines Vertreters nicht beizukommen. Immerhin lässt das Merkblatt des BMWi[128] es zu, dass bei einem „plötzlich eintretenden Ereignis" ein sonstiges Mitglied des vertretungsberechtigten Organs des Unternehmens den Antrag unterzeichnen kann. Mit der Unterschrift muss die Erklärung verbunden sein, dass dieses Mitglied persönlich die Verantwortung für den Antrag übernimmt. Auch diese Möglichkeit ist praxisfern. Denn nur in Ausnahmefällen werden andere Mitglieder des vertretungsberechtigten Organs des Unternehmens bereit sein, eine derartige Erklärung abzugeben. Oftmals sind sie kraft eigener Sachkunde nicht dazu in der Lage, die Reichweite dieser Erklärung zu überblicken. Was die Einzelheiten angeht, so sind ihnen die Details des Einzelfalles – im Gegensatz zum Ausfuhrverantwortlichen – vielfach nicht bekannt.

In der Praxis haben sich Lösungswege herauskristallisiert, wie dem Problem der längeren Abwesenheit des Ausfuhrverantwortlichen begegnet werden kann. Hier muss differenziert werden zwischen einer geplanten und einer ungeplanten Abwesenheit des Ausfuhrverantwortlichen.

Praxistipp

 Ist der Ausfuhrverantwortliche geplant längere Zeit abwesend (z.B. längerer Auslandsaufenthalt, Urlaub), so empfiehlt es sich, dass er sich vor dieser Abwesenheit mit der zuständigen Stelle des Unternehmens (Exportkontrolle, Genehmigungsabteilung etc.) bespricht. Ist abzusehen, dass während der fraglichen Zeit Anträge auf Ausfuhren nach dem KWKG gestellt werden müssen, so kann der Ausfuhrverantwortliche eine Voraberklärung abgeben. Hierdurch muss er unter genauer Projektbezeichnung die näheren Details des künftigen Antrags erläutern (Art der Kriegswaffe, Stückzahl, Empfänger im Ausland etc.). Sodann muss er schriftlich erklären, dass er für einen derartigen Antrag, der während seiner Abwesenheit gestellt wird, die Verantwortung übernimmt.[129] Eine weitere Möglichkeit besteht darin, dass die zuständige Stelle den Antrag bereits ausfüllt, soweit die Details bekannt sind. Der Ausfuhrverantwortliche kann dann den noch unvollständigen Antrag unterzeichnen und es der zuständigen Stelle zur Auflage machen, die später noch bekannt werdenden weiteren Details nach bestem Wissen und Gewissen zu vervollständigen.

Von der zuletzt genannten Verfahrensweise einer Blankounterschrift sollte der Ausfuhrverantwortliche nur in begrenzten Ausnahmefällen und nur bei absolutem Vertrauen in die Verfahrensweise der zuständigen Stelle im Unternehmen Gebrauch machen.

Problematischer gestaltet sich die ungeplante Abwesenheit (z.B. längere Krankheit, längere Zeit, in der der Ausfuhrverantwortliche daran gehindert ist, seine Unterschrift zu leisten). Ähnliches gilt, wenn der Ausfuhrverantwortliche längere Zeit geplant abwesend ist, aber während dieses Zeitraums „ungeplante" Anträge auf Ausfuhren nach dem KWKG gestellt werden müssen.

---

128 Nr. 4. (siehe oben Fn. 108).
129 Vgl. Pottmeyer, KWKG, Einl., Rn 244; Pottmeyer/Sinnwell, DWiR 1991, 133 (136).

Praxistipp

 Bei ungeplanter längerer Abwesenheit oder anderweitiger Verhinderung an der Unterschrift besteht die Möglichkeit, dass der Antrag schon einmal bei der Genehmigungsbehörde eingereicht wird. Die Behörde kann dann die Genehmigung vollständig vorbereiten. Sie übersendet diese dem Unternehmen aber erst dann, wenn die Unterschrift des Ausfuhrverantwortlichen nachgereicht wird. Durch diese Vorgehensweise wird immerhin die Zeit gespart, die für die behördeninterne Bearbeitung des Genehmigungsvorgangs benötigt wird.

Dauert die Abwesenheit so lange an, dass bei einzelnen Projekten Gefahr im Verzug droht, so besteht die Möglichkeit, für den Zeitraum der Verhinderung des Ausfuhrverantwortlichen einem anderen Mitglied des vertretungsberechtigten Organs diese Funktion zeitlich beschränkt zuzuweisen. Erforderlich ist hier eine Benennung gegenüber den betroffenen Behörden unter Angabe der Gründe der Verhinderung. Während des angegebenen Zeitraums kann dann das benannte andere Mitglied des vertretungsberechtigten Organs die Anträge auf Ausfuhren nach dem KWKG unterzeichnen. Einer nachträglichen Bestätigung des eigentlichen Ausfuhrverantwortlichen bedarf es dann nicht mehr. Das andere Mitglied des vertretungsberechtigten Organs trägt für die Anträge, die es kraft der eigenen Benennung unterschrieben hat, die volle persönliche Verantwortung.

Beispiel

 Das Leben liefert manchmal skurrilere Beispielsfälle, als sich noch so fantasievolle Autoren ausdenken können. So trug es sich zu, dass sich der Ausfuhrverantwortliche und Vorstandsvorsitzende eines bekannten deutschen Unternehmens bei Glatteis den rechten Arm brach. Für einen Zeitraum von sechs Wochen war er folglich daran gehindert, Genehmigungsanträge zu unterschreiben. Die Empfehlung, es doch einmal mit der linken Hand zu versuchen, empfand er zu Recht als Zumutung. Die Lösung des Problems: Es wurde temporär ein anderes Mitglied des Vorstands zum Ausfuhrverantwortlichen bestellt. Während der Zeit, in der der eigentliche Ausfuhrverantwortliche gehindert war zu unterschreiben, leistete der temporär Bestellte die Unterschriften. Nach Genesung des Vorstandsvorsitzenden wurde dieser wieder als Ausfuhrverantwortlicher benannt.

Der temporär benannte Ausfuhrverantwortliche hatte diese Funktion keineswegs nur der Form nach inne. Während des Zeitraums, in dem er bestellt war, trug er die volle Verantwortung für das gesamte Ausfuhrgeschäft des Unternehmens. Hätten sich in dieser Zeitspanne Verstöße zugetragen, so hätte der temporär bestellte und nicht der temporär an der Unterschrift verhinderte Ausfuhrverantwortliche die Konsequenzen zu tragen gehabt.

4. Die Aufgaben des Ausfuhrverantwortlichen

Der Ausfuhrverantwortliche hat die Aufgabe, dafür zu sorgen, dass das Unternehmen bei seiner Teilnahme am Außenwirtschaftsverkehr sämtliche gesetzlichen Vorgaben, insbesondere diejenigen nach EG-Dual-use-VO, AWG/AWV und KWKG, einhält. Er ist der Garant dafür, dass alle Vorgänge mit Auslandsbeziehung nach Recht und Gesetz abgewickelt werden. In diesem Rahmen treffen den Ausfuhrverantwortlichen im Wesentlichen folgende vier Pflichten.[130]

- Personalauswahlpflicht (siehe hierzu 4.1);
- Organisationspflicht (siehe hierzu 4.2);
- Überwachungspflicht (siehe hierzu 4.3);
- Weiterbildungspflicht (siehe hierzu 4.4).

Diese vier Pflichten hatte der Ausfuhrverantwortliche immer schon zu erfüllen. In Nr. 2. Satz 2 der Grundsätze vom 25.07.2001[131] wird dies nur noch einmal ausdrücklich bestätigt. Neuerdings findet sich in der Literatur[132] der Begriff des „Innerbetrieblichen Exportkontrollsystems" oder „Internal Compliance Program", das gerade in Zeiten der Globalisierung immer wichtiger wird.[133] Hierbei geht es um nichts Anderes als darum, die genannten vier Pflichten des Ausfuhrverantwortlichen in einen innerbetrieblichen Prozess umzusetzen.

Das BAFA hat zum innerbetrieblichen Exportkontrollsystem das Merkblatt ICP herausgegeben.[134] Dieses kann als Orientierungshilfe dienen, wie der Ausfuhrverantwortliche seinen genannten Pflichten gerecht wird. Das Merkblatt ICP richtet sich an den Anforderungen aus, die für die Unternehmen geschaffen wurden, die sich nach der ICT-Richtlinie zertifi-

---

130 Vgl. hierzu: Billig in: *Ehlers/Wolffgang*, S. 419 (422 ff.); Merz, Der Zoll-Profi! 2/2009, 2 ff.; Pottmeyer, KWKG, Einl., Rn. 245; ders., AW-Prax 1995, S. 125 f.; Prieß/Thoms, AW-Prax 2013, 110 ff.; Sinnwell, in: Deutsche Ausfuhrkontrolle 1992, S. 121 (125 f.); zur Organisationspflicht im Allgemeinen siehe HADDEX, Rn. 345; vgl. auch Basler, AW-Prax 2008, 259 ff.; Willems, AW-Prax 2008, 262 ff.

131 BAnz. Nr. 148 vom 10.08.2001, S. 17117 f.

132 Vgl. Ahmad, AW-Prax 2015, 111 ff.; ders., AW-Prax 2015, 257 ff.; Anders/List/Raca/Willmann-Lemcke, AW-Prax 2010, 165 (166 f.); Beutel, AW-Prax 2009, 299; Beutel/Anders/Hötzl in: *Ehlers/Wolffgang*, S. 399 ff.; Beutel/Hötzl, AW-Prax 2016, 47 ff.; Beutel/Richter, AW-Prax 2010, 190 ff.; Böer AW-Prax 2010, 196 ff.; Haellmigk, AW-Prax 2012, 83 ff.; ders., AW-Prax 2016, 53 ff.; Hagemann, AW-Prax 2017, 410 ff.; ders., Exportmanager 7/2017, 26 f.; *Hocke/Sachs/Pelz/Sosic,* § 2 AWV, Rn. 14 ff.); Hoppe, AW-Prax 2010, 172 ff.; Pietsch, AW-Prax 2010, 176 ff.; zu Entwicklung und Perspektive der Exportkontrolle vgl. Jacobs/Schümann, AW-Prax 2008, 245 ff.; Kießler, AW-Prax 2008, 237 ff.; Lingenthal, AW-Prax 2008, 241 ff.; Makowicz, Der Zoll-Profi! 3/2016, 2 f., 4/2016, 2 ff.; Mantz. comply 3/2016, 36 ff.; Merz/Felderhoff, AW-Prax 2012, 317 ff.; Merz/Robert Witte in: *Ehlers/Wolffgang*, S. 431 ff.; Moritz, Der Zoll-Profi! 2/2008, 2 ff.; Ott, AW-Prax 2017, 163 ff.; von Portatius, AW-Prax 2008, 243 ff.; Sachs/Krebs, CCZ 2013, 12 ff.; dies., CCZ 2013, 60 ff.; Schöppner, Der Zoll-Profi! 5/2010, 6 ff.; Voss, Der Zoll-Profi! Sonderausgabe 2016, 3 ff.; zur Verzahnung der Exportkontrolle mit dem Zollrecht siehe Wolffgang, AW-Prax 2010, 180 ff.; zur strafrechtlichen Haftung des Compliance-Beauftragten siehe Schwarz, wistra 2012, 13 ff. Wie im Rahmen interner Exportkontrollprogramme Sicherheit und Wachstum unter einen Hut zu bringen sind, befasst sich der Beitrag von Altmaier, AW-Prax 2016, 181 ff.

133 Zur Frage Exportkontrolle und Globalisierung siehe: Brauner, AW-Prax 2009, 182 ff.; zu den internationalen Entwicklungen der Exportkontrolle siehe auch: Ahmad, AW-Prax 2015, 111 ff.; Griebel/Hötzl; AW-Prax 2015, 172 ff.; Prothmann, AW-Prax 2011, 173 f.; zur Extraterritorialität der Exportkontrolle siehe Rensmann, AW-Prax 2011, 154 ff.; zu den internationalen Beschaffungsnetzwerken siehe Uhrlau, AW-Prax 2011, 148 ff.

134 Merkblatt des BAFA zum ICP „Firmeninterne Exportkontrolle", Stand: März 2018 (nachfolgend: Merkblatt ICP) http://www.bafa.de/SharedDocs/Downloads/DE/Aussenwirtschaft/afk_merkblatt_icp.html (Stand der Abfrage: 01.09.2018); siehe hierzu auch: Wermelt/Tervooren, CCZ 2013, 81 ff.

zieren lassen wollen.[135] Es hat diese sogar noch weiterentwickelt.[136] Zur Organisation von Unternehmen, die sich nach der ICT-Richtlinie zertifizieren lassen wollen, hat die Kommission eine Empfehlung ausgesprochen.[137] Diese gilt zwar unmittelbar nur für Unternehmen, die mit Verteidigungsgütern umgehen. Gerade wegen der Bezugnahme im Merkblatt ICP sind aber auch die Ausführer von Dual-use-Produkten[138] gut beraten, die organisatorischen Vorgaben der Empfehlung entsprechend umzusetzen. In Bezug auf die Erfüllung der Aufgaben des Ausfuhrverantwortlichen sind sie zumindest dann auf der sicheren Seite.

4.1 Die Personalauswahlpflicht

Die Pflichten des Ausfuhrverantwortlichen beginnen bereits mit der Einstellung von Mitarbeitern.[139] Er hat dafür zu sorgen, dass in allen Bereichen des Unternehmens, die mit Außenwirtschaftsverkehr zu tun haben, ausschließlich persönlich zuverlässige Mitarbeiter beschäftigt werden, die darüber hinaus über die notwendige Sach- und Fachkunde verfügen. Dies gilt ganz besonders für die Mitarbeiter, die in der Exportkontrolle[140] beschäftigt werden.

In diesem Zusammenhang sind zwei Szenarien zu unterscheiden: die Neueinstellung externer Bewerber auf eine Position in der Exportkontrolle auf der einen und die Umsetzung bereits im Unternehmen Beschäftigter auf der anderen Seite.

Praxistipp

 Bei der Neueinstellung von Personal hat der Ausfuhrverantwortliche sich sorgfältig zu informieren, ob Anhaltspunkte vorliegen, die gegen die persönliche Zuverlässigkeit sprechen. Hat der Kandidat z.B. in einer vorherigen Position seine arbeitsvertraglichen Pflichten erheblich vernachlässigt, so hat der Ausfuhrverantwortliche davon abzusehen, ihn im Exportkontrollbereich einzusetzen. Insbesondere wenn der Bewerber wegen einer schwer wiegenden Straftat rechtskräftig verurteilt wurde oder gegen ihn ein entsprechendes Ermittlungsverfahren schwebt, sollte die Stellenbesetzung nicht vorgenommen werden. Bei besonders sensiblen Positionen kann es geboten sein, dass sich der Ausfuhrverantwortliche ein polizeiliches Führungszeugnis vorweisen lässt. Allerdings ist auch hier keine absolute Sicherheit gegeben. Eintragungen in dem Führungszeugnis werden nämlich nur dann vorgenommen, wenn der Betroffene zu 90 Tagessätzen oder mehr verurteilt worden ist. Verurteilungen unterhalb dieses Levels, die durchaus Zweifel an der Zuverlässigkeit aufkommen lassen können, werden im Führungszeugnis nicht erfasst.

---

135 Siehe Merkblatt ICP, S. 12.
136 Siehe Merkblatt ICP, S. 12.
137 EMPFEHLUNG DER KOMMISSION vom 11.01.2011 betreffend die Zertifizierung von Unternehmen der Verteidigungsindustrie nach Artikel 9 der Richtlinie 2009/43/EG des Europäischen Parlaments und des Rates zur Vereinfachung der Bedingungen für die innergemeinschaftliche Verbringung von Verteidigungsgütern, ABl. L 11 vom 15.01.2011, S. 62 ff. (nachfolgend: „Empfehlung").
138 Zum Ausführerbegriff siehe *Hocke/Sachs/Pelz/Sachs*, § 2 AWG, Rn. 4 bis 14); Hannemann-Kacik, Der Zoll-Profi! 6/2016, 5 ff., 8/2016, 7 ff., 10/2016, 4 ff., 11/2016, 9 ff.
139 Zur Personalauswahlpflicht des Ausfuhrverantwortlichen vgl. Bundesamt für Wirtschaft und Ausfuhrkontrolle, AW-Prax 2004, 387 (388); Merkblatt ICP, S. 14, 20 ff.; Prieß/Thoms, AW-Prax 2013, 110.
140 Zur Stellung des sog. Exportkontrollbeauftragten vgl. Merz, Der Zoll-Profi! 4/2009, 2 ff.; zu dessen Risiken siehe, Möllenhoff AW-Prax 2013, 307 (308 ff.).

Die Sach- und Fachkunde umfasst:

- Kenntnisse im Außenwirtschaftsrecht;

- Kenntnisse über das Antragsverfahren;

- Produktions- und Organisationskenntnisse.[141]

Der Ausfuhrverantwortliche muss sich die Sach- und Fachkunde durch Vorlage entsprechender Zeugnisse (Zertifikate über einschlägige Fortbildungsmaßnahmen, Bescheinigungen über vergleichbare berufliche Positionen) nachweisen lassen.[142]

Oftmals kommt es vor, dass Mitarbeiter in der Exportkontrolle nicht von außen akquiriert werden, sondern durch interne Umsetzungen. Derartige „Hausbesetzungen" haben einen großen Vorteil. War ein Mitarbeiter bereits längere Zeit im Unternehmen tätig, so kann der Ausfuhrverantwortliche umso besser beurteilen, ob der Umzusetzende das notwendige Maß an persönlicher Integrität und Zuverlässigkeit mitbringt. Der umzusetzende Mitarbeiter kennt das Unternehmen. Er kann die persönlichen Netzwerke, die er im Laufe seiner Tätigkeit im Unternehmen erworben hat, nunmehr für die Exportkontrolle nutzen. Ein externer Bewerber muss derartige Beziehungen erst in mühevoller Kleinarbeit aufbauen.

Interne Bewerber auf Positionen im Exportkontrollbereich haben aber meistens ein Problem: Sie bringen nicht unbedingt aus ihrer bisherigen Tätigkeit die notwendige Sach- und Fachkunde mit.

Praxistipp

 Der Ausfuhrverantwortliche hat dafür zu sorgen, dass sich der interne Bewerber innerhalb angemessener Frist die notwendigen Kenntnisse und Fertigkeiten aneignet. Der Idealfall ist derjenige, dass im Rahmen einer Nachfolgeregelung der bisherige Stelleninhaber und der umzusetzende Mitarbeiter zeitlich parallel tätig sind. Durch eine derartige Einarbeitung „on the job" kann sehr viel Know-how auf den neuen Stelleninhaber übertragen werden. In den Köpfen altgedienter Exportkontrolleure befindet sich nämlich mehr Detailwissen, als jemals durch ein Lehrbuch vermittelt werden könnte. Weiterhin muss ein dezidierter Einarbeitungsplan erstellt werden. Darüber hinaus ist es erforderlich, den Mitarbeiter durch aushäusige Seminare entsprechend zu qualifizieren. Z.B. bietet die Außenwirtschaftsakademie (AWA) in Münster vielfältige Seminare im Zoll- und Außenwirtschaftsrecht an. Der relevante Stoff wird gerade dem Einsteiger in diese so komplizierte Materie fachkompetent nahe gebracht. Bei alledem ist zu berücksichtigen: Ein Mitarbeiter, der bisher nicht in der Exportkontrolle tätig war, benötigt je nach Komplexität der zu bearbeitenden Vorgänge sechs bis zwölf Monate, um sich die notwendige Sach- und Fachkunde anzueignen. Dies hat der Ausfuhrverantwortliche gerade bei Nachfolgeplanungen zu berücksichtigen.

---

141 Siehe Merkblatt ICP, S. 23; vgl. hierzu auch: Wermelt/Tervooren, CCZ 2013, 81 (82).
142 Vgl. Merkblatt ICP, S. 23.

Bei der Personalauswahl für Positionen in der Exportkontrolle hat der Ausfuhrverantwortliche ein Weiteres zu beachten, nämlich die Persönlichkeit des externen oder internen Bewerbers.

Praxistipp

 Zwei Kategorien von Mitarbeitern sind für die Exportkontrolle untauglich: die Ja-Sager, aber vor allem auch die Nein-Sager. Wie später noch auszuführen sein wird, ist die „Stopp-Funktion" eine der wesentlichen Aufgaben der Exportkontrolle. Um diese sachgerecht wahrnehmen zu können, müssen die Mitarbeiter in der Exportkontrolle durchsetzungskräftig und konfliktfähig sein. Wer bereits bei der ersten kleineren Auseinandersetzung nachgibt und die Beachtung gesetzlicher Vorschriften hintanstellt, ist für die Exportkontrolle untauglich. Noch viel gefährlicher jedoch sind die Nein-Sager. Diese zeichnen sich dadurch aus, Anfragen – sind sie kaum ausgesprochen – kategorisch mit der Antwort: „Das geht nicht!", zu quittieren. Diese Mitarbeiter werden nach kurzer Zeit nicht mehr ernst genommen. Die hausinternen „Kunden" versuchen, sie möglichst nicht mehr zu beteiligen. Denn „von denen bekommt man ja doch nur dumme Antworten". Die Spezies der Nein-Sager ist deswegen so gefährlich, weil sie das Vorurteil bestätigt, Exportkontrolleure seien „Umsatzverhinderer" und Bürokraten. Ein guter Mitarbeiter der Exportkontrolle ist teamfähig, kooperativ, engagiert, unbürokratisch und dem Dienstleistungsgedanken verpflichtet. Von ihm wird erwartet, dass er alle legalen Mittel einsetzt, um Exportvorhaben zu ermöglichen. Lässt sich aber eine Ausfuhr nicht auf rechtlich zulässigem Wege erreichen, so muss er mit umso größerer Durchsetzungskraft die „Stopp-Funktion" wahrnehmen. Ein Exportkontrolleur, der über eine derartige Persönlichkeitsstruktur verfügt (kooperativ auf der einen, durchsetzungskräftig auf der anderen Seite), ist ein Gewinn für das Unternehmen. Er ist nicht der „Umsatzverhinderer", sondern der „Ertragsermöglicher".

4.2 Die Organisationspflicht

4.2.1 Die Aufbauorganisation

4.2.1.1 Die Bedeutung einer richtigen Einbindung der Exportkontrolle in die Aufbauorganisation

Zunächst stellt sich die Frage, warum es überhaupt wichtig ist, die Exportkontrolle ihrer Funktion angemessen in die Organisation des Unternehmens einzubinden.[143] Man könnte der Auffassung sein, dass es völlig unerheblich ist, in welchem Bereich des Unternehmens und auf welcher Hierarchiestufe die Exportkontrolle angesiedelt ist. Weiterhin könnte man die Notwendigkeit infrage stellen, die Exportkontrolle im Organigramm des Unternehmens überhaupt auszuweisen. Denn – so könnte man argumentieren – die Exportkontrolle als spezielle Funktion innerhalb eines Unternehmens ist weder durch AWG oder AWV noch durch eine andere rechtliche Vorschrift bindend vorgeschrieben. Demnach – so der Schluss,

---

143 Mit Fragen der richtigen Aufbauorganisation setzt sich Pottmeyer, AW-Prax 1997, 373 ff. eingehend auseinander. Vgl. hierzu auch: Bundesamt für Wirtschaft und Ausfuhrkontrolle, AW-Prax 2004, 387 f.; Prieß/ Thoms, AW-Prax 2013, 110 (111).

den einige Unternehmen im Interesse von Kosteneinsparung und Vereinfachung in der Tat ziehen – kann auch keine Notwendigkeit bestehen, irgendeine besondere Anbindung in der Aufbauorganisation vorzusehen.

Eine derartige Argumentation übersieht Folgendes: Kommt es innerhalb eines Unternehmens zu Verstößen gegen außenwirtschaftsrechtliche Bestimmungen, so lassen sich Staatsanwaltschaft oder andere ermittelnde Behörden (Betriebsprüfer der OFD/des Hauptzollamtes für Prüfungen im Rahmen einer Außenwirtschaftsprüfung, Zollkriminalamt, Zollfahndungsamt etc.) zunächst einmal den Organisationsplan des Unternehmens vorlegen. Findet sich hier die Exportkontrolle entweder überhaupt nicht wieder oder nur in einer unzureichenden organisatorischen Anbindung, so wirkt sich dies ggf. ungünstig auf das laufende Verfahren aus. Der Ermittelnde gewinnt den ersten Eindruck, dass die Fragen des Außenwirtschaftsrechts in dem betroffenen Unternehmen offensichtlich nicht sehr ernst genommen werden. Der Beweis des ersten Anscheins spricht gegen die Zuverlässigkeit der Verantwortlichen des Unternehmens. Im Zuge des weiteren Verfahrens wird es schwer fallen, den ersten negativen Eindruck, der sich in den Köpfen der Ermittler festsetzt, wieder zu korrigieren.

Nachteilig wirkt sich eine unzureichende Einbindung der Exportkontrolle insbesondere auf die Person des Ausfuhrverantwortlichen aus. Zu dessen primären Pflichten gehört es, das Unternehmen so zu organisieren, dass Verstöße gegen das Außenwirtschaftsrecht ausgeschlossen sind. In diesem Rahmen ist es die persönliche Verpflichtung des Ausfuhrverantwortlichen, für eine angemessene Stellung der Exportkontrolle in der Aufbauorganisation zu sorgen. Verletzt er diese Pflicht und ist dies ursächlich einen Verstoß gegen das Außenwirtschaftsrecht, so kann der Ausfuhrverantwortliche im Einzelfall persönlich straf- oder ordnungswidrigkeitenrechtlich zur Verantwortung gezogen werden. Um diese persönlichen Nachteile abzuwenden, ist der Ausfuhrverantwortliche gut beraten, der Exportkontrolle eine der Funktion angemessene Stellung in der Aufbauorganisation des Unternehmens zu verschaffen.

4.2.1.2 Die Grundsätze zur Einbindung der Exportkontrolle in die Aufbauorganisation

Was die konkrete Einbindung der Exportkontrolle in die Unternehmensorganisation angeht, so gibt es keine vorgeschriebenen Muster oder gar Patentrezepte. Es existiert nicht nur **eine** richtige Lösung, um Exportkontrolle sachgerecht zu organisieren. Wie die Aufbauorganisation zu gestalten ist, hängt von den jeweiligen Gegebenheiten und den spezifischen Gesetzmäßigkeiten innerhalb des Unternehmens ab. Wegen der bestehenden Unterschiede kann eine Organisationsform, die einem bestimmten Unternehmen durchaus angemessen ist, für ein anderes nicht sachgerecht sein. Innerhalb eines gewissen Rahmens steht den Unternehmen Gestaltungsfreiheit zu.

Für eine sachgerechte Einbindung der Exportkontrolle muss mindestens Folgendes erfüllt sein:

- ausdrückliche Ausweisung der Exportkontrolle im Organigramm des Unternehmens;
- hinreichende Unabhängigkeit (Vermeidung von Interessenkollisionen)[144];
- hinreichende Durchsetzungskraft gegenüber den anderen Bereichen des Unternehmens (Stoppfunktion);

---

144 Siehe hierzu vor allem: Merkblatt ICP, S. 17.

- unmittelbares Berichtsrecht an und ausschließliches fachliches Weisungsrecht durch Vorstand/Geschäftsführung.

4.2.1.2.1 Nennung der Exportkontrolle im Organigramm

Zunächst einmal ist zu empfehlen, dass sich die Funktion „Exportkontrolle" ausdrücklich im Organigramm des Unternehmens wiederfindet.[145] Hierdurch wird schon von der optischen Seite her verdeutlicht, dass es dem Unternehmen mit den Bestimmungen des Außenwirtschaftsrechts ernst ist. Betriebsprüfer und insbesondere Ermittlungsbehörden nehmen es positiv zur Kenntnis, wenn die Exportkontrolle ihrer Funktion nach im Organigramm erwähnt ist. Dabei ist es nicht erforderlich, dass das Unternehmen die entsprechende Stelle des Hauses „Zentrale Exportkontrolle" benennt. Andere Namen, aus denen die Funktion eindeutig hervorgeht, sind ebenfalls zulässig (z.B. Genehmigungsabteilung, Kontrollstelle AWG/KWKG, Koordination Export oder neuerdings auch auf gut Englisch Export Control etc.).

Manchen Unternehmen mag es als eine Selbstverständlichkeit erscheinen, ihre Exportkontrolle als solche im Organigramm auszuweisen. Die Erfahrung zeigt jedoch, dass sich eine Vielzahl von insbesondere kleineren oder mittelständischen Unternehmen bisher zu diesem Schritt nicht entschließen konnte. Manche lassen sich von dem Gedanken leiten, dass sich die Mitarbeiter in der Exportkontrolle zu wichtig nehmen oder gar mehr Geld verlangen, wenn sie im Organigramm aufgeführt sind. Diese Erwägungen sind – um es in dieser Deutlichkeit zu sagen – abwegig. Ein Grund, warum die Exportkontrolle nicht im Organigramm erwähnt wird, mag aber auch darin liegen, dass in kleineren Unternehmen oftmals ein Sachbearbeiter die Funktion der Exportkontrolle wahrnimmt, der mit dieser Aufgabe nicht ausgelastet wäre und darüber hinaus noch weitere Funktionen im Unternehmen zu erfüllen hat. Auch bei dieser Fallkonstellation sollte die Exportkontrolle im Organigramm genannt werden.

Praxistipp

 Bei einer derartigen Konstellation sollte man den Sachbearbeiter in seiner Funktion als Exportkontrolle im Organigramm ausweisen. Gleichzeitig sollte klargestellt sein, dass er in dieser Funktion ausschließlich den Weisungen des Ausfuhrverantwortlichen unterworfen ist und ihm ein fachliches Weisungsrecht gegenüber den anderen Stellen im Hause zusteht. Bezüglich der anderen Tätigkeiten im Unternehmen würde der Sachbearbeiter wie gewohnt seinem unmittelbaren Disziplinarvorgesetzten unterstehen. Obwohl diese Lösung sehr einfach und vor allem kostenneutral ist, haben viele kleinere und mittelständische Unternehmen davon abgesehen, sich entsprechend zu organisieren – ein Versäumnis, das schwerwiegende Konsequenzen nach sich ziehen kann.

Die Zuständigkeit für die Fragen der Exportkontrolle sollte zudem schriftlich festgelegt werden.[146] Dabei ist des Weiteren darauf zu achten, dass mindestens zwei Personen benannt sind, die sich bei Urlaub oder Krankheit vertreten.[147]

---

145 Vgl. hierzu auch Merkblatt ICP, S. 17; Anhang I, Ziffer 2. der Empfehlung.
146 Vgl. hierzu Merkblatt ICP, S. 15 f.; Anhang I, Ziffer 2., Reihe 1 der Empfehlung.
147 Vgl. hierzu Anhang I, Ziffer 1., Reihe 2 der Empfehlung.

4.2.1.2.2 Vermeidung von Interessenkollisionen

Die Exportkontrolle sollte in einem Bereich angesiedelt sein, wo sie weitestgehend unabhängig agieren kann und sie keinen Interessenkollisionen ausgesetzt ist.[148]

Praxistipp

 So kann es im Einzelfall nicht sachgerecht sein, die Exportkontrolle als eine nachgeordnete Stelle des Vertriebs (zumindest, soweit dieser akquisitorisch tätig ist) oder des Versands auszugestalten. Konflikte sind hier vorprogrammiert. Der Exportkontrolleur, der sich gleichzeitig als Akquisitions- oder Versandmann fühlt und insbesondere seine Anweisungen aus diesen Bereichen erhält, wird oftmals einem „schnellen Export" den Vorrang vor der Beachtung gesetzlicher Vorschriften einräumen.

Es ist schwierig festzustellen, welche Stelle im Unternehmen weitestgehend frei von Interessenkollisionen ist. Jeder Mitarbeiter muss daran interessiert sein, dass sein Unternehmen Umsatz generiert und auch Ertrag erwirtschaftet. Es gibt aber Abteilungen in den Unternehmen, in denen das Streben nach lukrativen Ausfuhrgeschäften stärker ausgeprägt ist als in anderen. In letzterem Bereich sollte die Exportkontrolle angesiedelt sein. Ideal wäre es, die Exportkontrolle als eigene Stabsstelle unterhalb des Ausfuhrverantwortlichen zu führen.[149] Weniger sachgerecht ist es, die Exportkontrolle in einer Akquisitionsabteilung des Vertriebs anzusiedeln. Dagegen kommt der Vertriebsinnendienst, die Vertriebsunterstützung oder die Auftragsabwicklung durchaus als „Standort der Exportkontrolle" in Betracht.

4.2.1.2.3 Hinreichende Durchsetzungskraft

Wichtigster Grundsatz ist, dass die Exportkontrolle in der Aufbauorganisation des Unternehmens hinreichend durchsetzungskräftig sein muss. Die Exportkontrolle muss im Einzelfall die uneingeschränkte Befugnis haben, einen Vorgang mit Außenbeziehung zu stoppen, wenn dieser nicht im Einklang mit den Vorgaben des Außenwirtschaftsrechts steht (sog. **Stoppfunktion**).[150] Hinreichende Durchsetzungskraft ist zum einen sicherlich eine Frage der Persönlichkeit der agierenden Kontrolleure. Überwiegend ist sie jedoch eine Folge der hierarchischen Ansiedlung. In der Unternehmenshierarchie muss die Exportkontrolle so eingebunden sein, dass sie die Stoppfunktion gegenüber allen Bereichen des Unternehmens, insbesondere Vertrieb und Versand, wirksam wahrnehmen kann.

4.2.1.2.4 Unmittelbares Berichtsrecht, fachliches Weisungsrecht

Schließlich ist zu verlangen, dass der Exportkontrolle ein unmittelbares Berichtsrecht an das vertretungsberechtigte Organ des Unternehmens (Vorstand/Geschäftsführung etc.) zusteht. Die Exportkontrolle muss sich jederzeit an dieses Organ, insbesondere den Ausfuhrverantwortlichen, wenden können, um mögliche Missstände im Hinblick auf die Beachtung außenwirtschaftsrechtlicher Bestimmungen darzulegen. Nur bei einem derartigen unmittelba-

---

148 Vgl. hierzu auch Anhang I, Ziffer 2., Reihe 4 der Empfehlung.
149 Hierfür plädiert auch: Simonsen, Außenwirtschaftsrecht, S. 37.
150 Siehe hierzu auch Anhang I, Ziffer 2., Reihen 4 und 5 der Empfehlung.

ren Berichtsrecht ist die Exportkontrolle in der Lage, durchsetzungskräftige Entscheidungen zu treffen. Mit dem unmittelbaren Berichtsrecht korrespondiert es, dass die Exportkontrolle – unbeschadet möglicher anderweitiger disziplinarischer Zuordnung – in fachlicher Hinsicht ausschließlich den Weisungen des vertretungsberechtigten Organs unterworfen sein darf.

4.2.1.2.5 Beispiele für unzureichende und für sachgerechte Organisationsformen

Sofern das Unternehmen die vorstehend genannten Grundsätze beachtet, ist es bei der näheren Ausgestaltung seiner Aufbauorganisation frei. Wie bereits erwähnt, gibt es viele sachgerechte Lösungsmöglichkeiten. Im Folgenden geht es daher nur darum, Beispiele aufzuzeigen, wie eine Exportkontrolle organisatorisch angebunden sein **kann** bzw. nicht ausgestaltet sein darf. Weitere Organisationsformen sind möglich und durchaus denkbar. Sofern die vier erwähnten Grundsätze beachtet sind, sind der unternehmerischen Gestaltungsfreiheit und Kreativität keine Grenzen gesetzt.

Allen folgenden Beispielen gemeinsam ist die geradezu klassische Einteilung einer mittleren GmbH in ein kaufmännisches und ein technisches Geschäftsführungsressort. Unterhalb der Geschäftsführung sind jeweils u.a. die Hauptabteilungen Vertrieb, Entwicklung und Produktion angesiedelt. Diese wiederum sind in einzelne Abteilungen gegliedert.

4.2.1.2.5.1 Ein Beispiel, wie Exportkontrolle nicht organisiert sein darf

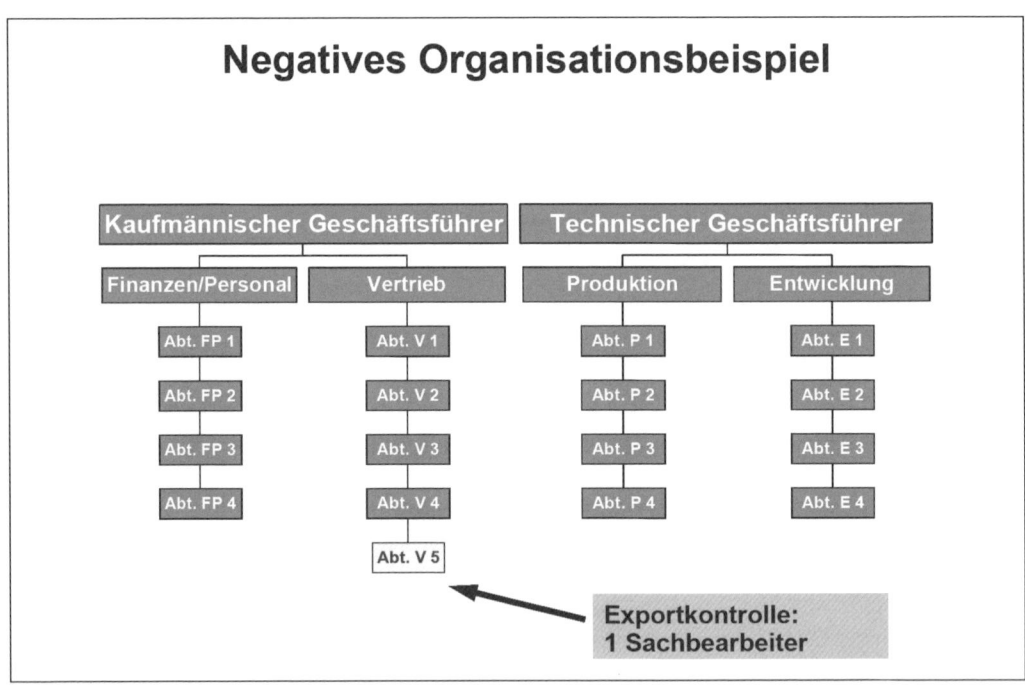

Schaubild 11: Negativbeispiel: So sollte die Exportkontrolle nicht in die Organisation eingebunden sein.

Das **Schaubild 11** führt ein Negativbeispiel auf. Hier nimmt auf der alleruntersten Hierarchieebene ein Mitarbeiter im Vertrieb die Aufgaben der Exportkontrolle wahr. Es fällt schon negativ auf, dass die Funktion nicht als solche im Organigramm erwähnt ist. Wegen der Anbindung an den Vertrieb besteht darüber hinaus Interessenkollision. Dies gilt zumindest, soweit es um reine Akquisitionsabteilungen geht. Wir unterstellen einmal, dass die Abteilung V 5 in unserem Beispiel eine solche ist. Andere Bereiche des Vertriebs, z.B. der Vertriebsinnendienst, sind weniger problematisch. Die Zuweisung an eine untere Ebene lässt die erforderliche Durchsetzungskraft gegenüber dem eigenen Hauptabteilungsleiter Vertrieb und auch allen anderen Bereichen vermissen. Darüber hinaus fehlt das unmittelbare Berichtsrecht zur Geschäftsführung.

Trotz anders lautenden Empfehlungen, insbesondere seitens des BAFA, gibt es nach wie vor nicht wenige Unternehmen, die Exportkontrolle wie in diesem Beispielsfall dargelegt organisieren.

4.2.1.2.5.2 Beispiele sachgerechter Aufbauorganisation

Demgegenüber zeigen die **Schaubilder 12 bis 14** sachgerechte Organisationsformen auf.

Im **Schaubild 12** ist die Exportkontrolle als Stabsstelle unmittelbar unterhalb der Geschäftsführung angesiedelt. Die hinreichende Unabhängigkeit im Verhältnis zu anderen Bereichen ist gerade durch diese Organisationsform verwirklicht. Die Stabsstelle wird sich auch mit den Belangen des Außenwirtschaftsrechts gegenüber den Hauptabteilungen Vertrieb, Produktion und Entwicklung durchsetzen können.

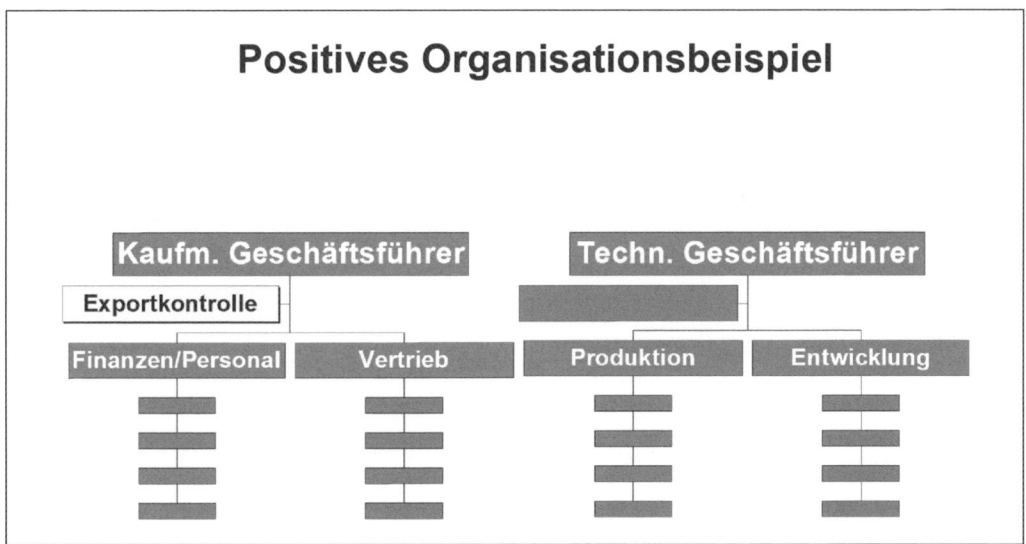

Schaubild 12: Beispiel für eine sachgerechte Organisation

Ebenso ist es möglich, die Exportkontrolle „in die Linie" einzubinden, wie **Schaubild 13** zeigt. Diese Organisationsform ist insbesondere bei größeren Unternehmen empfehlenswert. Die hinreichende Durchsetzungskraft ist gewährleistet, weil die Exportkontrolle hierarchisch mit Vertrieb, Produktion und Entwicklung auf einer Stufe steht. Das unmittelbare Berichtsrecht ist durch die Ansiedlung direkt unterhalb der Geschäftsführung (ohne Zwischenstufe!) gegeben.

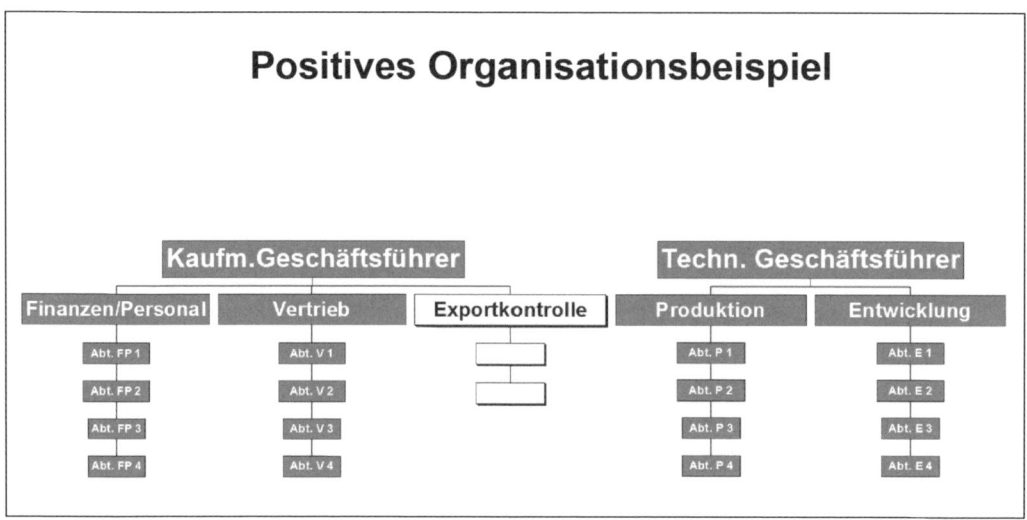

Schaubild 13: Beispiel für eine sachgerechte Organisation

Eine Mischform ist aus dem **Schaubild 14** ersichtlich. Hier verbleibt es grundsätzlich bei der Linienanbindung. Das Thema „Exportkontrolle" ist hierbei ebenfalls auf der Ebene unmittelbar unterhalb der Geschäftsführung angesiedelt. Der einzige Unterschied besteht darin, dass das operative Geschäft (Einholung von Genehmigungen, Buchführung, Auflagenüberwachung etc.) von einer eigens hierfür geschaffenen Abteilung (im Beispielsfall Abt. FP 2) abgewickelt wird.

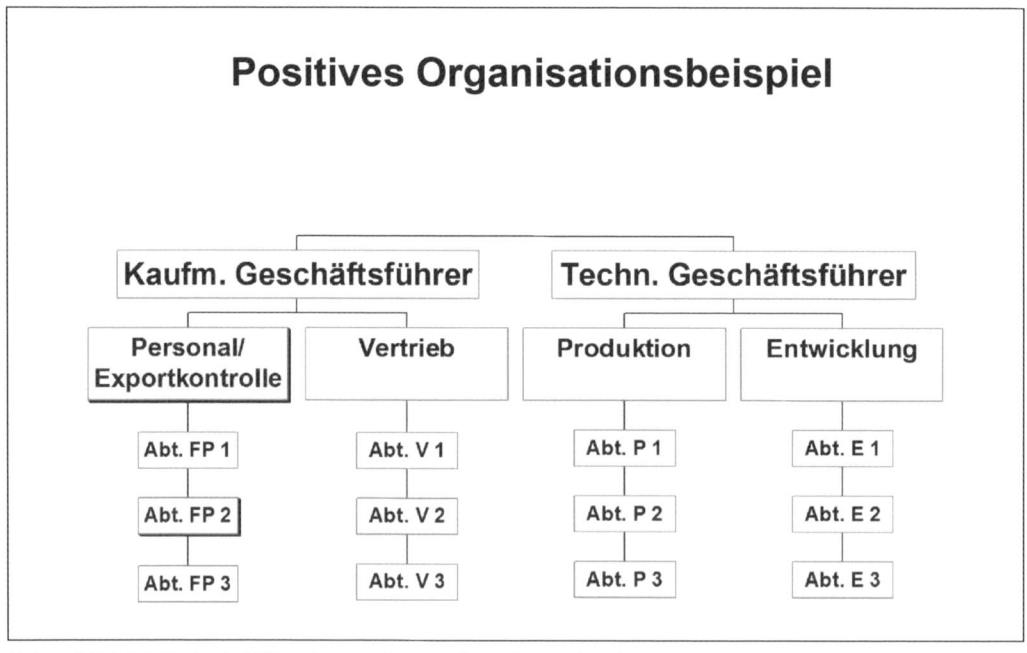

Schaubild 14: Beispiel für eine sachgerechte Organisation

4.2.2 Die Ablauforganisation

Der Ausfuhrverantwortliche hat die Arbeitsabläufe innerhalb des Unternehmens so zu organisieren, dass Verstöße gegen die einschlägigen Gesetze, die im Außenwirtschaftsverkehr beachtet werden müssen, ausgeschlossen sind.[151] Dieser Forderung gerecht zu werden, ist nicht ganz einfach. Denn die Gesetze sind komplex. Ihr Inhalt erschließt sich insbesondere dem juristischen Laien nicht unbedingt. Hinzu kommt, dass gerade das Außenwirtschaftsrecht durch ein hohes Maß an Dynamik und Unbeständigkeit geprägt ist.[152] Dementsprechend hoch ist der Pflegeaufwand, der im Hinblick auf diese Gesetzeslage betrieben werden muss.[153] Trotz der undurchsichtigen Lage kann sich der Ausfuhrverantwortliche nicht darauf berufen, die entsprechenden Gesetzesvorschriften nicht gekannt zu haben.[154] Ihn und seine Mitarbeiter trifft die Pflicht, sich ständig über die aktuelle Rechtslage zu informieren.[155] Das BVerfG[156] formuliert hierzu plastisch:

Beispiel

 Das BVerfG zur Informationspflicht von Unternehmen:
„Den am Außenwirtschaftsverkehr teilnehmenden Personen ist es auch zumutbar, sich über den jeweiligen Stand der Ausfuhrliste zu informieren."

Dasselbe gilt für die einschlägigen Gesetze, Verordnungen und Richtlinien. Gerade kleine und mittlere Unternehmen sind in diesem Zusammenhang gezwungen, auf die Beratungskapazität Dritter zurückzugreifen.[157] Unwissenheit schützt auch und gerade im Außenwirtschaftsrecht nicht vor Strafe.[158]

Nach den Grundsätzen ist der Ausfuhrverantwortliche nur gehalten, Verstöße gegen Rechtsvorschriften zu unterbinden, die in der Bundesrepublik Deutschland unmittelbar geltendes Recht darstellen. Dies sind insbesondere AWG/AWV und KWKG, aber auch die EG-Dual-use-Verordnung und andere unmittelbar geltende europäische Vorschriften des Außenwirtschaftsrechts. In diesem Zusammenhang trifft ihn eine besondere Verantwortung, sofern Handel mit bestimmten Embargostaaten betrieben wird.[159] Das gilt ins-

---

151 Mit der Thematik „Exportkontrolle und Ablauforganisation" setzt sich eingehend auseinander: Olaf Müller, AW-Prax 1998, 82 ff.; vgl. auch: Bundesamt für Wirtschaft und Ausfuhrkontrolle, AW-Prax 2004, 387 f.; siehe zur innerbetrieblichen Organisation der Exportkontrolle auch: Schmidt, Der Zoll-Profi! 3/2013, 10 ff.; ders.,Der Zoll-Profi! 4/2013, 6 ff.; was im Rahmen von M&A-Projekten an Arbeitsabläufen zu beachten ist, schildern detailliert: Urso/Lachner, BB 2018, 195 (198 ff.).
152 So treffend: Simonsen, Außenwirtschaftsrecht, S. 19 f.
153 Simonsen, Außenwirtschaftsrecht, S. 19.
154 Simonsen, Außenwirtschaftsrecht, S. 37.
155 Simonsen, Außenwirtschaftsrecht, S. 37.
156 Beschluss vom 25.10.1991, NJW 1992, 2624.
157 So zutreffend: Simonsen, Außenwirtschaftsrecht, S. 37.
158 Simonsen, Außenwirtschaftsrecht, S. 37
159 Siehe hierzu: Anhang I, Ziffer 4.1.1. a) der Empfehlung. Vgl. zur Embargothematik auch: Elbling, AW-Prax 2011, 143 ff.; ders., AW-Prax 2013, 149 ff.; Haellmigk, AW-Prax 2016, 53 ff.; Heiß, AW-Prax 2012, 200 f.; *Hocke/Sachs/Pelz/Sachs*, IV Sanktionen und Embargos der EU, Rn. 1 bis 278; Linnemann, AW-Prax 2016, 69 ff.; Maaßen, AW-Prax 2017, 152 ff.; Mehle/Mehle, RIW 2015, 397 ff.; Merz, Der Zoll-Profi! 2/2011, 2 (5); Schöppner, Der Zoll-Profi! 1/2015, 2 ff.; ders., Der Zoll-Profi! 12/2014, 2 ff.Vögele, Der

besondere für Lieferungen in den Iran.[160] Des Weiteren muss er auch verhindern, dass namens seines Unternehmens nach § 7 AWV unzulässige Boykotterklärungen abgegeben werden.[161] Schließlich ergeben sich unter bestimmten Voraussetzungen Handlungspflichten für den Ausfuhrverantwortlichen, wenn intern Verstöße gegen Exportbestimmungen festgestellt wurden. Hier sind ggf. Untersuchungen einzuleiten (internal investigations).[162] Demgegenüber verpflichten ihn die Grundsätze nicht, sich z.B. um das Waffen-[163] oder das Sprengstoffrecht zu sorgen. Dasselbe gilt für das US-Reexportrecht[164] oder das rein

---

Zoll-Profi! 4/2009, 7 ff.; Walter, RIW 2012, 763 ff.; speziell zum **Libyen-Embargo** siehe: Thoms, AW-Prax 2011, 121 ff.; speziell zum Embargo gegen **Nordkorea** siehe LG Chemnitz, Urt. v. 21.04.2016 – 4 Ns 910 Js 11214/13 nv., Ricke, AW-Prax 2018, 130 ff.; zum **Russland-Embargo** siehe: EuGH, Urteil vom 28.03.2017 – C 72/15 nv.; Ahmad, AW-Prax 2012, 129 ff.; ders, AW-Prax 2012, 230 ff.; ders., AW-Prax 2015, 111 (113); Bender, AW-Prax 2017, 228 ff.; Burkert-Basler, AW-Prax 2018, 28 ff.; Damm, Der Zoll-Profi! 6/2018, 3 ff.; Geurts/Schubert, RIW 2015, 32 ff.; Haellmigk, AW-Prax 2014, 165 ff.; Hanne-mann-Kacik, Der Zoll-Profi! 9/2014, 2 ff.; dies., Der Zoll-Profi! 11/2014, 2 ff.; Kirchner, AW-Prax 2017, 375 ff.; Meister, AW-Prax 2015, 147 ff.; ders., AW-Prax 2016, 154 ff.; ders., AW-Prax 2018, 232 ff.; Schwendinger/Trennt, AW-Prax 2014, 261 ff.; dies., AW-Prax 2014, 293 ff.; dies., AW-Prax 2015, 43 ff.; zum **Syrien-Embargo** vgl. Haellmigk, AW-Prax 2012, 121 ff.; Haellmigk/Vulin, AW-Prax 2013, 79 ff.; Ischinger, AW-Prax 2013, 145 ff.; Karakoc, AW-Prax 2018, 321 ff.; zum Entwurf eines Exportkontrollge-setzes der VR China vgl. Höft, ZChinR 2018, 102 ff.; zu den internationalen Entwicklungen, insbesondere zu **Krisen und Umbrüchen in der arabischen Welt** siehe auch Asseburg, AW-Prax 2015, 149 ff.; Ber-ger AW-Prax 2014, 151 ff.; Conteh/Klöhn, AW-Prax 2018, 248 ff.; Drude, AW-Prax 2018, 235 ff.; Fischer, AW-Prax 2017, 172 ff.; Hötzl/Griebel, AW-Prax 2014, 131 ff.; dies., AW-Prax 2016, 164 ff.; Kochendörfer/Luger/Pawlowski, AW-Prax 2015, 143 ff.; Lindner, AW-Prax 2014, 134 ff.; Maltzahn, AW-Prax 2014, 140 f.; Pawlowski/Copei, AW-Prax 2016, 151 ff.; Schindler, AW-Prax 2015, 153 ff.; Schlagheck, AW-Prax 2015, 176 ff.; ders., AW-Prax 2016, 172 ff.; Schuster/Linnemann, AW-Prax 2014, 146 ff.; Trapp-Harlow, AW-Prax 2017, 168 ff.; Wallraff, AW-Prax 2017, 33 ff.; zur Möglichkeit, Ausfuhrgenehmigungen zu widerrufen, wenn gegen bestimmte Staaten ein Embargo verfügt wird: Barowski, AW-Prax 2016, 64 ff.; Winkler, NVwZ 2015, 536 ff.; zum Rechtsschutz gegen individualgerichtete Embargomaßnahmen siehe Hoffmann, NVwZ 2018, 34 ff.; zur Anwendbarkeit außenwirtschaftlicher Beschränkungen auf Transport-unternehmen: Schaefer in: *Ehlers/Wolffgang*, S. 307 ff.; ders., RdTW 2014, 147 ff.

160 Zum **Iran-Embargo** siehe: Ahmad, AW-Prax 2015, 349 ff. (spezielle Auswirkungen für die Automobilin-dustrie); Berger, AW-Prax 2017, 145 ff.; Billig, Der Zoll-Profi! 12/2010, 2 ff.; Burkert-Basler, AW-Prax 2011, 9 ff.; dies., AW-Prax 2018, 28 ff.; Damm, Der Zoll-Profi! 2/2018, 9 ff.; ders., Der Zoll-Profi! 6/2018, 3 ff.; Eßer, Der Zoll-Profi! 11/2015, 2 ff.; Gericke, AW-Prax 2012, 213 ff.; Haellmigk, CCZ 2018, 33 ff.; Heiß, AW-Prax 2012, 200 (201); Herkes, AW-Prax 2013, 135 (136); Hohmann, AW-Prax 2012, 95 ff.; ders. AW-Prax 2012, 227 ff.; ders., AW-Prax 2015, 284 ff.; ders., AW-Prax 2018, 324 ff.; Karakoc, AW-Prax 2018, 321 ff.; Kochendörfer/Copei, AW-Prax 2016, 161 ff.; Mankowski, RIW 2015, 405 ff.; Merz, Der Zoll-Profi! 6/2018, 2; Merz/Zaremba, Der Zoll-Profi! 3/2014, 10 ff.; Pawlowski/Trapp-Harlow, AW-Prax 2017, 143 ff.; Pottmeyer, AW-Prax 2016, 140 ff.; Ricke, AW-Prax 2014, 180 ff.; ders., AW-Prax 2015, 329 ff.; ders., AW-Prax 2017, 60 ff.; Schwendinger, AW-Prax 2013, 37 ff.; ders., AW-Prax 2016, 40 ff.; Stein/Beyer, ZfZ 2015, 333 f.; Vögele, Der Zoll-Profi! 4/2009, 7 ff.; Voss, AW-Prax 2015, 194 ff.; Walter, RIW 2011, 281 ff.; Zaremba, Der Zoll-Profi! 1/2013, 2 ff.; Zaremba/Merz, Der Zoll-Profi! 2/2013, 7 f.

161 Vgl. hierzu: Darschewi, Der Zoll-Profi! 1/2016, 9 ff.; Haellmigk, CCZ 2018, 108 ff.; Jungkind/Cramer, AW-Prax 2016, 417 ff.; Linnemann, AW-Prax 2017, 391 ff.; Sachs, ICC Germany Magazin, 12/2017, 44 ff.; Streit in: *Ehlers/Wolffgang*, S. 361 ff.

162 Vgl. hierzu speziell: Fuhrmann, NZG 2016, 881 ff.; siehe auch Schöning/Sauro CCZ 2016, 11 ff.

163 Zu einer besonderen Problematik im Abgrenzungsbereich von Waffen- und Außenwirtschaftsrecht siehe Kreuzer AW-Prax 2012, 301 ff.

164 Zum **US-Reexportrecht und US-Sanktionen** vgl., Ahmad AW-Prax 2012, 129 ff.; ders., AW-Prax 2012, 230 ff.; ders., AW-Prax 2012, 266 ff.; ders., AW-Prax 2012, 365 ff.; ders., AW-Prax 2015, 111 ff.; ders., AW-Prax 2017, 245 ff.; ders., AW-Prax 2018, 28 ff.; Bachem-Niedermeier, AW-Prax 2011, 165 ff.; Bam-berger, AW-Prax 1995, 239 ff.; dies., AW-Prax 1996, 191 ff.; dies., AW-Prax 1996, 271 ff.; dies., AW-Prax 1998, 379 ff.; dies., AW-Prax 1999, 445 ff.; dies., AW-Prax 2000, 23 ff.; dies., AW-Prax 2000, 393 ff.; dies., AW-Prax 2001, 133 ff.; dies., AW-Prax 2001, 180 ff.; Burkert-Basler, AW-Prax 2008, 338 ff.; dies. AW-Prax 2009 13 ff., 165 ff.; dies., AW-Prax 2015, 386 ff.; Creydt, AW-Prax 2002, 453 ff.; Damm, Der Zoll-Profi! 6/2018, 3 ff.; Felderhoff, Der Zoll-Profi! 12/2012, S. 2 ff.; Herkert, AW-Prax 2002, 213 ff.; ders., AW-Prax 2008, 110 ff.; *Hocke/Sachs/Pelz/Barker*, V US-Exportkontroll- und Sanktionsrecht, Rn. 1 bis 233;

nationale Recht anderer Staaten.[165] Der Ausfuhrverantwortliche ist jedoch gut beraten, sich auch um diese Fragestellungen zu kümmern. Oftmals können Verstöße gegen das Recht anderer Staaten, allen voran der USA, noch wesentlich einschneidender sein als eine Missachtung des bundesdeutschen Rechts.

Gemäß AWV sind außer dem Bereich der klassischen Exportkontrolle noch weitere Pflichten zu erfüllen, z.B. Meldungen im Kapital- und Zahlungsverkehr an die Deutsche Bundesbank, §§ 63 ff. AWV (= §§ 51, 56 ff. AWV a.F.)[166], Meldungen des Erwerbs von Beteiligungen an sicherheitsrelevanten inländischen Unternehmen durch Ausländer (sog. sektorspezifische Prüfung nach den §§ 60 bis 62 AWV = § 52 AWV a.F.)[167], Mitwirkung im Zusammenhang mit dem Erwerb von Beteiligungen an bestimmten anderen inländischen Unternehmen durch Unionsfremde (sog. sektorübergreifende Überprüfung nach den §§ 55 bis 59 AWV = § 53 AWV a.F.)[168]. Außerdem hat das Unternehmen sicherzustellen, dass im internationalen Geschäftsverkehr Bestechungen unterbleiben.[169] Darüber hinaus wirft die Exportkontrolle Fragen bezüglich der Gestaltung von Verträgen auf.[170] Alle diese Problemstellungen gehören nicht originär zum Zuständigkeitsbereich des Ausfuhrverantwortlichen. Das vertretungsberechtigte Organ kann ihm diese Aufgaben übertragen, muss es aber nicht

Hölscher, AW-Prax 2002, 133 ff.; ders., AW-Prax 2005, 195 ff.; Hohmann, AW-Prax 2007, 115 ff.; ders., AW-Prax 2007, 456 ff.; ders., AW-Prax 2009, 505 ff.; ders., AW-Prax 2009, 356 ff.; ders. AW-Prax 2013, 214 ff.; Hohmann/Kirchner, AW-Prax 2016, 319 ff.; Kirchner, AW-Prax 2017, 296 ff.; Merz, Der Zoll-Profi! 11/2009, 2 ff.; ders., Der Zoll-Profi! 4/2011, 7 ff.; Niedermeier in: Ehlers/Wolffgang/Lechleitner, 201 ff.; Schmitz, AW-Prax 2011, 236 ff.; Turner, Der Zoll-Profi! 12/2009, 7 ff.; Der Zoll-Profi! 1/2010, 4 ff; Werder, AW-Prax 2011, 158 f.; Wolf, AW-Prax 2011, 159 ff.

165 Siehe z.B. zum **Recht Großbritanniens** zunächst einmal die grundlegende Dissertation von Möllenhoff, „Die Exportkontrolle für Güter mit doppeltem Verwendungszweck (Dual-use-Güter) in Großbritannien", Münster 2004; vgl. zum britischen Exportkontrollrecht weiterhin: Herkert, AW-Prax 2005, 57 ff., hier speziell zum BREXIT und seinem Einfluss auf die Exportkontrolle: Haellmigk, AW-Prax 2017, 363 ff.; zur Exportkontrolle in Italien siehe die Dissertation von Schulz „Exportkontrolle in Italien", Witten 2005; zur Exportkontrolle in Russland siehe Yakimov, AW-Prax 2007, 407 ff.; zur **Exportkontrolle in China** siehe Seitz, AW-Prax 2011, 157; Höft, ZChinR 2018, 102 ff.; zur **Exportkontrolle der Tschechischen Republik** siehe Giese/Pechancová, Der Zoll-Profi! 8/2015, 9 ff.

166 Vgl. hierzu: Gramlich in Hohmann/John, Teil 4, Rn. 1 ff. (S. 1496 ff.); ders. in: *Ehlers/Wolffgang*, S. 559 ff.; Kollmann, AW-Prax 2013, 381 (384 f.); Pohl/Darwichpour, AW-Prax 2013, 346 ff.; Weerth, AW-Prax 2004, 473 ff.

167 Siehe hierzu zunächst die Kommentierung der neuen Vorschriften bei Pottmeyer in AWR-Kommentar, §§ 55 bis 59 AWV; vgl. weiterhin: Epping/Lenz, NVwZ 2005, 858 ff.; dies., AW-Prax 2005, 160 ff.; *Hocke/Sachs/Pelz/Mausch-Liotta*, §§ 55 bis 59 AWV; Kollmann, AW-Prax 2013, 381 (384); Pottmeyer, AW-Prax 2016, 107 ff.; ders., AW-Prax 2016, 271 ff.; Roth, AW-Prax 2004, 431 ff.; Simonsen, Außenwirtschaftsrecht, S. 30 f., 46 f.; Thoms, AW-Prax 2018, 102 ff., 142 ff.; Topp, AW-Prax 2007, 195 (198); Walter, RIW 2013, 847 (849 f.); ders., RIW 2017, 650 ff.; Weith/Wegner/Ehrlich, Grundzüge der Exportkontrolle, D., Rn. 156 ff., S. 150 ff.; zur EU-Investitionsschutzpolitik siehe Herrmann/Müller-Ibold, EuZW 2016, 646 ff.

168 Siehe hierzu zunächst die Kommentierung der neuen Vorschriften bei Pottmeyer in AWR-Kommentar, §§ 60 bis 62 AWV; vgl. weiterhin:, Berg/Simon, M & A Review 2009, 159 ff.; Hasselbrink, GmbHR 2010, 512 ff.; Kollmann, AW-Prax 2009, 205 ff.; dies., AW-Prax 2013, 381 (384); *Hocke/Sachs/Pelz/Mausch-Liotta*, §§ 60 bis 62 AWV; Krolop, HFR 1/2008, 1. ff.; Leuering/Rubner, NJW Spezial 2009, 175 f.; Müller-Hempel, NJW 2009, 1638 ff.; Pottmeyer, AW-Prax 2016, 107 ff.; ders., AW-Prax 2016, 271 ff.; Reinhardt/Pelster, NZG 2009, 441 ff.; Seibt/Wollenschläger, ZIP 2009, 833 ff.; Simonsen, Außenwirtschaftsrecht, S. 30 f., 46 f.; Söhner, RIW 2011, 454 ff.; Thoms, AW-Prax 2018, 102 ff., 142 ff.; Walter, RIW 2013, 847 (848 f.); ders., RIW 2017, 650 ff.; Voland, EuZW 2009, 519 ff.; ders., EuZW 2010, 132 ff.; Willems, AW-Prax 2008, 367 ff.

169 Vgl. hierzu:, Nippert/Tinkl, AW-Prax 2004, 255 ff.; Pottmeyer, AW-Prax 2001, 15 ff.; Schubert in: Wabnitz/Janovsky, Kap. 10, Rn. 1 ff. (S. 693 ff.); Blessing in Wirtschaftsstrafrecht, § 53, Rn. 1 ff. (S. 1374 ff.).

170 Siehe hierzu:, Burkert-Basler/Dreyer, AW-Prax 2009, 319 ff., 362 ff.

notwendig. So kann z.B. der Leiter des Finanz- und Rechnungswesens dafür zuständig gemacht werden, die Meldungen bei Auslandszahlungen zu überwachen. Wurde keine Zuständigkeitszuweisung vorgenommen, besteht eine Gesamtverantwortung des vertretungsberechtigten Organs.

In welcher Weise der Ausfuhrverantwortliche seinen diesbezüglichen Pflichten nachkommen muss, ist Frage des Einzelfalls. Die notwendigen ablauforganisatorischen Maßnahmen sind von Unternehmen zu Unternehmen verschieden.

Praxistipp

 In alle Unternehmen gleich welcher Größe gehört zunächst einmal eine geeignete Materialklassifizierung.[171] Das bedeutet, dass jedes Gut, das ausgeführt werden soll, anhand der gemeinsamen Warenliste der EG-Dual-use-VO und der Ausfuhrliste (Teil I Abschnitte A und B) einzustufen ist. Es muss eine Feststellung getroffen werden, ob das Gut einer Listenposition unterfällt und ggf. welcher.

Die Materialklassifizierung im Unternehmen kann nur in Teamarbeit erfolgen. Mitarbeiter aus der Exportkontrolle, die die Systematik der entsprechenden Listen kennen, müssen mit denjenigen zusammenarbeiten, die das einzelne Gut von der technischen Seite her beurteilen können. Der Ausfuhrverantwortliche hat zu organisieren, dass die jeweiligen Mitarbeiter ihren spezifischen Sachverstand einbringen, um die einzelnen Güter korrekt einzustufen.

Ansonsten sollte die Ablauforganisation in jedem Falle schriftlich fixiert sein. Dies gilt auch für kleine und mittelständische Unternehmen. Kommt es zu Verstößen, so kann eine sachgerechte Ablauforganisation besser und überzeugender begründet werden. Es hat Fälle gegeben, in denen sich Unternehmen hinsichtlich ihrer Arbeitsabläufe im Außenwirtschaftsverkehr durchaus zutreffend organisiert haben. Die Abläufe wurden im Unternehmen „gelebt", ohne dass sie jedoch in irgendeiner Form schriftlich niedergelegt waren. Kommt es in derartigen Unternehmen zu einem Ermittlungsverfahren, so wirkt es sich möglicherweise nachteilig aus, wenn die Arbeitsabläufe im Außenwirtschaftsverkehr nicht in dokumentierter Form vorgelegt werden können.

In größeren Unternehmen empfiehlt es sich, die Arbeitsabläufe in umfangreicheren Organisationsanweisungen oder Prozesshandbüchern[172] niederzulegen. Alle Mitarbeiter, die auch nur im Entferntesten mit Außenwirtschaft zu tun haben, sollten ein Exemplar dieser Anweisung erhalten. Nach Möglichkeit sollten sie verpflichtet werden, deren Empfang schriftlich zu bestätigen und gleichzeitig zu erklären, dass sie sich genauestens an die Vorgaben der Organisationsanweisung halten werden. Dies gilt vor allem, wenn das Unternehmen mit besonders sensiblen Gütern umgeht.

---

171 Instruktiv für das Vorgehen bei einer Güterklassifizierung: Basler/Burkert-Basler/Nawrotzki, AW-Prax 2017, 284 ff., 327 ff.; *Hocke/Sachs/Pelz/Pelz*, Anhang 2 zu § 22 AWG, Rn. 23 ff.

172 Was in einem solchen enthalten sein soll, führt das Merkblatt ICP, S. 18, im Einzelnen auf.

Praxistipp

 Organisationsanweisungen größeren Umfangs sind manchmal benutzerunfreundlich. Erfahrungsgemäß wird eine größere Anzahl von Seiten vom Anwender nicht gelesen. Deswegen sollten derartige Anweisungen übersichtlich gestaltet sein. Der Anwender muss ggf. durch eine Kurzfassung, grafische Darstellungen und ein Stichwortverzeichnis in kurzer Zeit die Textpassagen finden, die für ihn relevant sind.

In Unternehmen mittleren oder kleineren Zuschnitts sind erheblich geringere Anforderungen zu stellen. Dies gilt insbesondere für überschaubare Unternehmen, in denen sich diejenigen, die mit Außenwirtschaft befasst sind, untereinander persönlich gut kennen und einander vertrauen. Hier kann es im Einzelfall ausreichend sein, wenn den einzelnen Mitarbeitern durch konkrete Arbeitsanweisungen aufgegeben wird, welche Abläufe sie zu beachten haben. Auch ein Flussdiagramm, auf dem stichwortartig die Abläufe bei Vorgängen mit Außenbeziehungen festgehalten werden, kann angemessen sein. Möglich ist es auch, die Arbeitsabläufe der Exportkontrolle in die Prozessanweisungen einzugliedern, die für das Qualitätsmanagement ohnehin zu erstellen sind.

Praxistipp

 Entscheidet man sich für ein Flussdiagramm, so sollten hier zumindest drei Bausteine zur Exportkontrolle integriert werden:

- *Geht aus einem kritischen Land eine **Anfrage** ein, so ist die Exportkontrolle damit zu beauftragen, die Genehmigungsfähigkeit der Ausfuhr zu prüfen.*

- *Ist ein **Vertrag** geschlossen, so ist die Exportkontrolle zu beauftragen, die erforderlichen Genehmigungen einzuholen. Dies setzt eine eingehende Prüfung voraus, für welche Güter im Einzelnen Genehmigungen notwendig sind (Waren, Technologie, Software, Ersatzteilbedarf etc.).*

- *Vor **Auslieferung der zu exportierenden Güter** ist zu kontrollieren, ob die erforderlichen Genehmigungen vorliegen. Hierfür kann auch ein **Freigabesystem** vorgesehen werden.*

Ideal ist es, eine elektronische Freigabe durch die Exportkontrolle im Unternehmen zu installieren. Diese sollte so ausgestaltet werden, dass es elektronisch nicht einmal möglich ist, die Lieferdokumente auszudrucken, solange die Exportkontrolle die Ausfuhr nicht durch eine elektronische Bestätigung freigegeben hat. Ein solches System setzt allerdings voraus, dass gepflegte Materialstammdaten für jedes einzelne Produkt vorliegen und diese auch elektronisch hinterlegt sind. In kleineren und mittleren Unternehmen reicht es aber auch aus, eine Freigabe der Exportkontrolle etwa durch einen entsprechenden Stempel auf den Lieferpapieren vorzusehen.

Für Unternehmen, die Handel mit Embargostaaten betreiben, gelten gesonderte Anforderungen.[173]

Praxistipp

 *Was für die betroffenen Exportkontrolleure eine Selbstverständlichkeit darstellt, ist noch nicht hinlänglich in den Unternehmen bekannt oder wird – insbesondere von dynamischen Vertriebsmitarbeitern – nicht zur Kenntnis genommen: Die Einholung von Genehmigungen nimmt **Zeit** in Anspruch. Man kann nicht erwarten, dass Ausfuhrgenehmigungen innerhalb weniger Tage erteilt werden. So kooperativ und unternehmensorientiert die Genehmigungssachbearbeiter im BAFA auch sind: Durch die Vielfalt ihrer Aufgaben und bestehender personeller Engpässe sind die Bearbeitungszeiten teilweise beträchtlich. In Zeiten besonderer Arbeitsbelastung ist es keine Seltenheit, dass selbst in einfachen Fällen, in denen das BAFA ohne vorherige Zustimmung der betroffenen Ministerien entscheiden kann, Genehmigungen erst nach zwei bis drei Monaten beschieden werden.[174] Mit weitaus längeren Zeiten ist zu rechnen, wenn das BAFA den Fall in Berlin vorlegen muss. Kommt dann noch dazu, dass der Bundessicherheitsrat[175] über den Exportfall entscheiden muss, ist man oftmals bei Bearbeitungszeiten von sechs bis neun Monaten. Wie sich diese Zeiten erhöhen, wenn der erhobenen Forderung nach einer Beteiligung des Parlaments[176] bei bestimmten Exportentscheidungen nachgekommen wird, ist nicht abzusehen.*

Für die Organisation folgt hieraus: Der Ausfuhrverantwortliche muss anweisen, dass alle Informationen, die für die Genehmigungsbeantragung von Belang sind, unverzüglich an die Exportkontrolle weitergegeben werden. Ansonsten wird weitere Zeit verschenkt, die bei den allermeisten Exportvorhaben nicht zur Verfügung steht.

Die Organisationspflicht umfasst auch, die ausfuhrrelevanten Unterlagen aufzubewahren und entsprechende Aufzeichnungen zu tätigen.[177] In diesem Zusammenhang ist vor allem § 22 AWV (= § 17a AWV a.F.) zu beachten.[178] Die Aufzeichnungen müssen den zuständigen Behörden zugänglich gemacht werden.[179] Es sollte möglich sein, Aufzeichnungen elektronisch bereitzustellen.[180] Aufzeichnungen können auch in Papierform bereitgestellt werden, ggf. auch in eingescannter Form.[181] In sämtlichen Stadien der Abwicklung eines Vorhabens sollen die einzelnen Prüfschritte genau dokumentiert werden. Besonders sorg-

---

173 Vgl. hierzu Anhang I, Ziffer 4.1.1. a) der Empfehlung.
174 Die Industrie beklagt das seit Langem und fordert eine Optimierung des Verwaltungsablaufes; siehe hierzu: Greipl, AW-Prax 2012, 202 f.; zu den üblichen Bearbeitungszeiten bei Ausfuhren von Rüstungsgütern siehe die Antwort der Bundesregierung in BT-Drucks. 19/2896 vom 19.06.2018.
175 Zum Bundessicherheitsrat und dem dort einzuhaltenden Verfahren siehe Glawe, DVBl. 2012, 329 ff.; Kirchner, DVBl. 2012, 336 (337)
176 Vgl. hierzu: Griebel/Leidinger, AW-Prax 2013, 152 (153).
177 Vgl. Merkblatt ICP, S. 24; siehe auch Wermelt/Tervooren, CCZ 2013, 81 (84).
178 Siehe Merkblatt ICP, S. 24.
179 Vgl. Merkblatt ICP, S. 24.
180 Siehe Merkblatt ICP, S. 24.
181 Vgl. Merkblatt ICP, S. 24.

fältig soll dokumentiert werden, wenn die Exportkontrollstelle zu dem Ergebnis kommt, dass kein Antrag beim BAFA gestellt werden muss.[182]

4.2.3 Die Organisationspflichten aufgrund der Terrorismuslisten

Der 11.09.2001 hat die Welt verändert. Die Ereignisse dieses Tages haben einen großen Einfluss auf unser Außenwirtschaftsrecht gehabt. Initiiert durch den Sicherheitsrat der Vereinten Nationen, wurden sog. Terrorismuslisten geschaffen. Dort sind Personen, Gruppen und Organisationen aufgeführt, mit denen praktisch jeder wirtschaftliche Kontakt verboten ist. Die Exportkontrolle war zu früheren Zeiten ausschließlich produktbezogen. Später wurde dann auch für bestimmte Güter und Bestimmungszwecke destinationsbezogen kontrolliert. Mit den Terrorismuslisten wurde die einzelpersonenbezogene Exportkontrolle geschaffen.[183] Erklärtes Ziel der Terrorismuslisten ist es, „die Finanzquellen der Terroristen auszutrocknen"[184]. Zur Bekämpfung u.a. der Terrorismusfinanzierung hat sich eine Expertengruppe gebildet, die Financial Action Task Force (FATF[185]).

Die Inputs für die Terrorismuslisten kommen im Wesentlichen vom UN-Sanktionenausschuss und werden dann in EG-Verordnungen umgesetzt. Zwischenzeitlich hat der EuGH[186] anerkannt, dass Betroffenen effektiver Rechtsschutz gegen die Aufnahme in die Listen zu gewähren ist. Vor der entsprechenden Entscheidung war einhellige Meinung, dass ein derartiger Rechtsschutz nicht besteht.[187] Diesen Rechtsschutz hat der EuGH sogar im Weiteren noch verfeinert. In seinem Urteil vom 29.06.2010[188] hat der Gerichtshof festgestellt, dass die fehlende Wirksamkeit einer Aufnahme in eine der Terrorismuslisten von Dritten geltend gemacht werden kann. In einem Strafverfahren können sich Angeklagte darauf berufen, dass die Aufnahme der Personen, Gruppe oder Organisation, an die sie geleistet haben, zu Unrecht erfolgte. Wird die Rechtsunwirksamkeit festgestellt, so entfällt hierdurch automatisch der strafrechtliche Vorwurf, einen Embargobruch begangen zu haben. Das Urteil des EuGH vom 18.07.2013[189] geht sogar noch einen Schritt weiter. Es statuiert

---

182 Siehe Merkblatt ICP, S. 24.
183 Zur Terrorismusbekämpfung im Außenwirtschaftsrecht siehe Basler, AW-Prax 2008, 259 (260); Bieneck, AW-Prax 2002, 253 ff.; ders., AW-Prax 2002, 348 ff.; Burkert-Basler/Nawrotzki, AW-Prax 2016, 35 ff.; Dahme, Diss., S. 1 ff.; dies., AW-Prax 2007, 78 f.; dies., AW-Prax 2007, 451 ff., 498 ff.; dies., AW-Prax 2008, 478 ff.; Faßold, AW-Prax 2009, 370 f.; *Hocke/Sachs/Pelz/Ziervogel*, Vor §§ 74 ff. AWV, Rn. 10; Gramlich, in Ehlers/Wolffgang/Lechleitner, S. 135 ff.; Kießler, AW-Prax 2008, 255 ff.; Moritz, AW-Prax 2004, 63 ff.; ders. in Ehlers/Wolffgang/Lechleitner, S. 187 ff.; Andreas Müller, AW-Prax 2005, 192 ff.; Ricke, AW-Prax 2006, 411 ff.; Rieß, AW-Prax 2008, 248 ff.; Sauer, NJW 2008, 3685 ff.; Simonsen, Außenwirtschaftsrecht, S. 17, 26; Schlarmann/Spiegel, NJW 2007, 870 ff.; Wolffgang, AW-Prax 2008, 251 ff.; Ziercke, AW-Prax 2010, 169 f.
184 Vgl. Dahme, Diss., S. 528.
185 Vgl. hierzu: Barowski, AW-Prax 2010, 185 ff.; Kollmann, AW-Prax 2010, 183 ff.; Vogt, AW-Prax 2010, 187 ff.
186 EuGH, Urteil vom 03.09.2008 – C-402/05 P und C-415/05 P, NJW 2008, 3697 (Ls.); siehe auch EuGH, Urteil vom 29.06.2010 – C-550/09 nv.; Urteil vom 18.07.2013 – 0-584/10 P, C-593/10 P und C-595/10 P nv.; Urteil vom 18.02.2016 – C176/13 P; Urteil vom 14.06.2018 – C-458/17 P; EuG, Urteil vom 30.09.2010 – T-85/09 nv.; Urteil vom 03.07.2014 – T-2013/12; Dahme, AW-Prax 2007, 78 f.; dies., AW-Prax 2008, 478 ff.; Hoffmann, NVwZ 2018, 34 ff.; Sauer, NJW 2008, 3685 ff.; Torwegge, AW-Prax 2015, 24 ff.
187 Vgl. hierzu Bieneck, AW-Prax 2006, 113 ff.; Dahme, AW-Prax 2005, 474 f.; vgl. auch Rieß, AW-Prax 2008, 248 ff., der sich mit der Frage der Grundrechtswidrigkeit der Terrorismuslisten auseinandersetzt.
188 C-550/09 nv.
189 C-584/10 P, C-593/10 P und C-595/10 P nv.

konkrete Anforderungen an die Begründung und deren Stichhaltigkeit. Zunächst einmal hat der Betroffene einen Anspruch darauf, dass ihm die Gründe genannt werden, die den UN-Sanktionenausschuss dazu bewogen haben, ihn auf die Liste zu setzen.[190] Dem Betroffenen ist hierzu rechtliches Gehör zu gewähren.[191] Die Behörde der EU, die die Maßnahme des UN-Sanktionenausschusses umsetzt, muss sodann die Gründe auf ihre Stichhaltigkeit prüfen.[192] Im Streitfall ist es Sache der EU-Behörde, die Stichhaltigkeit der Gründe nachzuweisen, die gegen den Betroffenen vorliegen, nicht umgekehrt.[193] Legt sie bei streitigem Sachverhalt keine weiteren Informationen oder Beweise vor, ist die EU-Verordnung in Bezug auf den Betroffenen für nichtig zu erklären.[194]

Schließlich ist im Zusammenhang mit Fragen des Rechtsschutzes die UN-Resolution 1904 (2009) zu nennen. Durch diese wurde die Institution einer sog. Ombudsperson geschaffen. An diese kann sich jeder wenden, der meint, zu Unrecht in einer der Listen aufgeführt zu sein.[195] Ob diese Institution allerdings dazu beiträgt, den Rechtsschutz effektiver zu gestalten, muss bezweifelt werden.[196]

Im Folgenden soll zunächst einmal der Inhalt der Terrorismuslisten skizziert werden (siehe hierzu 4.2.3.1). Viele Unternehmen meinen, sie seien von den Terrorismuslisten nicht betroffen. Unter 4.2.3.2 wird dargestellt, dass dies ein Irrglaube ist. Jedes Unternehmen, ganz gleich welcher Branche, ja sogar jede natürliche Person kann mit den Terrorismuslisten in Konflikt geraten. Verstöße gegen die Terrorismuslisten sind mit empfindlichen Strafsanktionen verbunden (siehe 4.2.3.3). Deswegen sind alle Unternehmen gehalten, einen bestimmten Umfang an Organisation vorzuhalten, um Verstöße zu vermeiden (4.2.3.4). Hier ist wiederum der Ausfuhrverantwortliche des Unternehmens gefordert. Schließlich soll auf das Thema des Einsatzes elektronischer Hilfsmittel bei Überprüfungen anhand der Terrorismuslisten sowie deren rechtliche Zulässigkeit und Notwendigkeit eingegangen werden (4.2.3.5).

4.2.3.1 Der Inhalt der Terrorismuslisten

4.2.3.1.1 Die EG-VO 2580/2001

Etwas über drei Monate nach „9/11" fasste der Rat der Europäischen Union am 27.12.2001 den Gemeinsamen Standpunkt 2001/931/GASP „über die Anwendung besonderer Maßnahmen zur Bekämpfung des Terrorismus". Hierauf basiert die Verordnung (EG) Nr. 2580/2001 über spezifische, gegen bestimmte Personen und Organisationen gerichtete restriktive Maßnahmen zur Bekämpfung des Terrorismus.[197] Diese Verordnung richtet sich nicht speziell gegen islamistische Terroristen. Auch Personen, Gruppen und Organisationen anderer terroristischer Gruppierungen sind dort aufgenommen.

---

190 EuGH, Urteil vom 18.07.2013 – C-584/10 P, C-593/10 P und C-595/10 P nv., Rn. 100 ff.
191 EuGH, Urteil vom 18.07.2013 – C-584/10 P, C-593/10 P und C-595/10 P nv., Rn. 112 f.
192 EuGH, Urteil vom 18.07.2013 – C-584/10 P, C-593/10 P und C-595/10 P nv., Rn. 113 ff.
193 EuGH, Urteil vom 18.07.2013 – C-584/10 P, C-593/10 P und C-595/10 P nv., Rn. 121.
194 EuGH, Urteil vom 18.07.2013 – C-584/10 P, C-593/10 P und C-595/10 P nv., Rn. 130.
195 Vgl. hierzu: Feinäugle, ZRP 2010, 188 ff.
196 So auch: Feinäugle, ZRP 2010, 188 ff.
197 Vom 27.12.2001, Abl. L 344 vom 28.12.2001, S. 70, zuletzt ergänzt durch die Durchführungsverordnung (EU) Nr. 2018/468 des Rates vom 21.03.2018, ABl. L 79 vom 22.03.2018, S. 7 ff.

Gegenüber denjenigen, die in der EG-VO 2580/2001 genannt sind, gelten folgende Maßnahmen:[198]

- Alle Gelder, andere finanzielle Vermögenswerte und wirtschaftliche Ressourcen werden eingefroren, Art. 2 Abs. (1) a) EG-VO 2580/2001. Das bedeutet, dass Bewegungen, Transfers u.Ä. untersagt sind.

- Für die oder zugunsten der gelisteten Personen, Gruppen und Organisationen dürfen weder direkt noch indirekt Gelder, andere finanzielle Vermögenswerte und wirtschaftliche Ressourcen bereitgestellt werden, Art. 2 Abs. (1) b) EG-VO 2580/2001.

- Die Erbringung von Finanzdienstleitungen ist bezüglich des gelisteten Kreises bis auf wenige Ausnahmen untersagt, Art. 2 Abs. (2) EG-VO 2580/2001.

Der Begriff der „Gelder, anderen finanziellen Vermögenswerte und wirtschaftlichen Ressourcen" ist sehr weit reichend (siehe Art. 1 Nr. 1 EG-VO 2580/2001). Faktisch ist jede unmittelbare oder mittelbare Zuwendung von Finanzmitteln untersagt.

4.2.3.1.2 Die EG-VO 881/2002

Am 16.01.2002 fasste der Sicherheitsrat der Vereinten Nationen die Resolution 1390/2002. Durch diese sollte den terroristischen Aktivitäten speziell von Osama bin Laden, der Al-Qaida und der Taliban Einhalt geboten werden. Die EU setzte diese UN-Resolution durch die EG-VO 881/2002[199] um. Die Definitionen und Maßnahmen sind in Nuancen anders als in der EG-VO 2580/2001. Faktisch läuft die Verordnung auf dasselbe hinaus. Im Einzelnen gilt:

- Alle Gelder und wirtschaftlichen Ressourcen werden eingefroren, Art. 2 Abs. (1) EG-VO 881/2002.

- Gelder dürfen den gelisteten Personen, Gruppen und Organisationen weder direkt noch indirekt zur Verfügung gestellt werden, Art. 2 Abs. (2) EG-VO 881/2002.

- Diesem Kreis dürfen weder direkt noch indirekt wirtschaftliche Ressourcen zur Verfügung gestellt werden oder zugutekommen, wodurch diese Gelder, Waren oder Dienstleistungen erwerben können, Art. 2 Abs. (3) EG-VO 881/2002.

In der EG-VO 881/2002 wurde zu einem späteren Zeitpunkt ein Art. 2a eingefügt. Dieser sieht Ausnahmen von den genannten Maßnahmen vor. So macht Art. 2a Abs. (1) a) i) EG-VO 881/2002 z.B. für „Grundausgaben, namentlich zur Bezahlung von Nahrungsmitteln …" eine Ausnahme. Die Anforderungen, um diese Ausnahme in Anspruch zu nehmen, sind hoch. Es muss ein Antrag an die jeweils zuständige nationale Behörde (in Deutschland: die Deutsche Bundesbank) gestellt werden. Gibt sie dem Antrag statt, so muss hiervon

---

198 Zu den Kontrollinhalten der EG-VO: Moritz, AW-Prax 2004, 63 (64).

199 Voller Titel: Verordnung (EG) Nr. 881/2002 des Rates vom 27.05.2002 über die Anwendung bestimmter spezifischer restriktiver Maßnahmen gegen bestimmte Personen und Organisationen, die mit Osama bin Laden, dem Al-Qaida-Netzwerk und den Taliban in Verbindung stehen, und zur Aufhebung der Verordnung (EG) Nr. 467/2001 des Rates über das Verbot der Ausfuhr bestimmter Waren und Dienstleistungen nach Afghanistan, über die Ausweitung des Flugverbots und des Einfrierens von Geldern und anderen Finanzmitteln betreffend die Taliban von Afghanistan, ABl. L 139 vom 29.05.2002, S. 9, zuletzt ergänzt durch die Durchführungsverordnung (EU) 2018/1138 der Kommission vom 13.08.2018 zur 289. Änderung der Verordnung (EG) Nr. 881/2002 des Rates, ABl. L 205I vom 14.08.2018, S. 1 ff.

der UN-Sanktionenausschuss in Kenntnis gesetzt werden. Dieser wiederum hat das Recht, innerhalb von 48 Stunden gegen diese Entscheidung Einspruch zu erheben, Art. 2a Abs. (1) c) ii) EG-VO 881/2002. Faktisch werden durch dieses Verfahren jegliche Ausnahmen unterlaufen.

4.2.3.2 Die Terrorismuslisten – ein Thema für alle!

Eine Vielzahl von Unternehmen meint, mit den Terrorismuslisten nichts zu tun zu haben. Sie tragen vor, dass sich in ihrem Mitarbeiter-, Lieferanten- und Kundenkreis keine gelisteten Personen, Gruppen und Organisationen befinden. Deswegen – so meinen sie – seien organisatorische Maßnahmen im vorliegenden Zusammenhang überflüssig.

Die nachfolgenden Beispiele zeigen, dass nicht nur Banken und Finanzdienstleister von den Terrorismuslisten betroffen sein können. Zweifelsohne trifft diese Branche ein erhöhtes Risiko. Sie unterliegt bei den Terrorismuslisten wie auch bei der Exportkontrolle im Allgemeinen besonderen Compliance-Anforderungen[200]. Von den Terrorismuslisten kann – wie sich im Folgenden zeigen wird – vielmehr jedes Unternehmen, ja sogar jede Einzelperson betroffen sein.

Beispiel

 Der Taxifahrer-Fall
Manager M, Direktor des Unternehmens A, befindet sich auf einer Dienstreise in München. Am Flughafen steigt er in ein Taxi ein. Neben dem Taxometer ist der Name des Taxifahrers angebracht. Dieser lautet: „Mustafa Mohamed Fadhil". Nach Ende der Taxifahrt verlangt dieser einen Fahrpreis von 20 €. Kann M ohne Bedenken zahlen?

Das Problem besteht darin, dass eine Person des genannten Namens auf der Terrorismusliste der EG-VO 881/2002 aufgeführt ist. M kann nicht wissen, ob es sich um diese Person handelt oder ob ein Fall von Namensgleichheit vorliegt. Zahlt er den Fahrpreis, so begibt er sich in Gefahr. Stellt sich im Nachhinein heraus, dass es sich bei dem Taxifahrer um den gesuchten Terroristen handelt, so treffen M die einschneidenden Sanktionen, von denen unter 4.2.3.1 noch die Rede sein wird. Denn mit der Zahlung des Fahrpreises wird *Mustafa Mohamed Fadhil* sicherlich Geld zur Verfügung gestellt, und dies sogar in direkter Form. Der Tatbestand des Art. 2 Abs. (1) EG-VO wäre erfüllt. Auch das Unternehmen wäre betroffen. Dieses erstattet M die Taxifahrt über die Dienstreiseabrechnung. Hiermit stellt es indirekt Geld zur Verfügung. Auch dies würde der genannten Vorschrift unterfallen.

Zahlt M wirklich an einen gelisteten Terroristen, so wird er einwenden, von diesem Sachverhalt nichts gewusst zu haben. Ebenso werden sich die Verantwortlichen des Unternehmens A einlassen. Ob sie mit einem derartigen Einwand eines unvermeidbaren Verbotsirrtums Erfolg haben werden, ist zweifelhaft. Präjudizien hierzu gibt es noch nicht.

---

200 Siehe hierzu im Einzelnen: Ahmad, AW-Prax 2012, 265 ff.

Beispiel

 Der Discounter-Fall

Das Unternehmen B ist ein weltweit agierender Lebensmitteldiscounter. Außer Nahrungsmitteln werden hier dann und wann in Sonderaktionen Computer verkauft. Ein Kunde namens Mustafa Mohamed Fadhil kauft einen derartigen Computer.

Handelt es sich bei dem Käufer um den gelisteten Terroristen, so hat das Unternehmen B ein Problem. Bei dem Computer handelt es sich um eine „wirtschaftliche Ressource" (= Vermögenswert jeder Art), die dem Terroristen zur Verfügung gestellt wurde. Damit hat der Lebensmitteldiscounter gegen die EG-VO 881/2002 verstoßen. Um den hierauf stehenden Sanktionen zu entgehen, müsste das Unternehmen B an sich ein Kontrollsystem entwickeln, durch das derartige Verstöße verhindert werden. Sicherheit kann in diesem Zusammenhang nur erlangt werden, wenn zumindest stichprobenartig überprüft wird, ob nicht bestimmte Kunden zum gelisteten Personenkreis gehören.

Was für den Lebensmitteldiscounter gilt, ist auf alle Unternehmen anzuwenden, die Verbrauchsgüter verkaufen. Es mag weltfremd erscheinen, für diese Anbieter ein Kontrollsystem zu verlangen, das Überprüfungen anhand der Terrorismuslisten vornimmt. In der weitaus überwiegenden Zahl der Fälle haben diese Unternehmen nichts zu befürchten. Realisiert sich aber einmal der Fall der Fälle und kauft ein gelisteter Terrorist dort ein, dann haben diese Unternehmen die einschneidenden Sanktionen zu erwarten, die bei Verstößen gegen die Terrorismuslisten eintreten. Auf einen unvermeidbaren Verbotsirrtum werden sie sich wohl kaum berufen können. Denn durch ein geeignetes Kontrollsystem hätte man durchaus den Verstoß vermeiden können.

Beispiel

 Der Lebensversicherungsfall

Frau X hatte zugunsten ihres Ehemannes eine Lebensversicherung beim Versicherer C abgeschlossen. Sie verstirbt. C möchte die Lebensversicherung an Herrn X überweisen. Die Hausbank weist den Versicherer C darauf hin, dass X in der EG-VO 881/2002 gelistet ist.

Hierbei handelt es sich um einen Originalfall. Die Versicherung hat nicht gewusst, dass Herr X in der Terrorismusliste aufgeführt war. Durch ein geeignetes Kontrollsystem hätte sie das aber erkennen können. Die Hausbank verfügte offensichtlich über ein derartiges System. Nur aufgrund dieser Tatsache ist es bei dem „Beinaheunfall" geblieben. Hätte die Hausbank die Überweisung durchgeführt, hätten sowohl der Versicherer C als auch die Bank selbst mit empfindlichen Strafen zu rechnen gehabt.

Beispiel

 Der Überweisungsfall

Das Finanz- und Rechnungswesen des Unternehmens D erhält eine Rechnung eines Lieferanten, auf der ein Konto bei „EUROPÄISCH-IRANISCHE HANDELSBANK AG, Depenau 2, Hamburg" angegeben ist.

Was im Unternehmen nicht bekannt war, ist die Tatsache, dass die genannte Handelsbank gelistet ist.[201] Die Überweisung an diese Bank wäre ein Verstoß. Dem Kreditinstitut werden Gelder zur Verfügung gestellt. Dass diese dem Konto des Lieferanten gutgeschrieben werden, spielt im vorliegenden Zusammenhang keine Rolle.[202]

Der Fall zeigt: Nicht nur Personen mit arabisch klingenden Namen und Wohnsitz im Nahen oder Mittleren Osten sind auf den Terrorismuslisten aufgeführt, sondern auch Kreditinstitute mit Sitz in der Stadt der seriösen hanseatischen Kaufleute.

Beispiel

 Der Hotelfall

Hauptabteilungsleiter H des Unternehmens E unternahm vor einiger Zeit eine Dienstreise nach Mailand. Er übernachtete im „Hotel Nasco, Corso Sempione 69, 20149 Mailand".

Was im Unternehmen unbekannt war: Das Hotel war zu dem Zeitpunkt, als H die Reise unternahm, in den Terrorismuslisten aufgeführt. Durch die Zahlung des Übernachtungspreises hat H objektiv einen Embargobruch begangen. Die Erstattung der Hotelkosten durch das Unternehmen E verwirklichte denselben Tatbestand. Ob und inwieweit sich H und das Unternehmen E auf einen unvermeidbaren Verbotsirrtum hätten berufen können, ist zweifelhaft. Denn durch ein geeignetes Kontrollsystem hätte aufgedeckt werden können, dass das Hotel zum Zeitpunkt der Reise gelistet war. In einschlägigen Seminaren zum Exportkontrollrecht wurde seinerzeit genau hierauf hingewiesen. Zwischenzeitlich ist das genannte Hotel aus den Terrorismuslisten herausgenommen worden. Es sind aber noch verschiedene andere Hotels dort aufgeführt.

Beispiel

 Der Reinigungsdienst-Fall

Das Unternehmen F hat die Gebäudereinigung outgesourct. Die diesbezüglichen Arbeiten führt der Reinigungsdienst G. Dieser beschäftigt als Reinigungskraft einen Ahmed Mohammed Hamed Ali und setzt diesen im Betrieb des Unternehmens F ein.

201 Siehe hierzu auch EuG, Urteil vom 06.09.2013 – T-434/11 nv. Danach steht fest, dass die Bank zur Proliferation für das iranische Nuklearprogramm beigetragen hat. Anders als im Falle von sieben anderen Gesellschaften mit Bezug zum Iran hat das EuG die entsprechenden Rechtsakte des Rates, die Gelder der Bank einzufrieren, aufrechterhalten.
202 Mit der Frage, ob ein Girokonto automatisch gekündigt werden kann, weil der Kontoinhaber in einer Embargo-Verordnung aufgeführt ist, befasst sich das Hanseatische OLG, Urteil vom 30.05.2012, RIW 2012, 370 f. Das Gericht verneint ein derartiges Kündigungsrecht.

In den Terrorismuslisten ist ein *Ahmed Mohammed Hamed Ali* aufgeführt. Handelt es sich bei der Reinigungskraft um einen gelisteten Terroristen, begehen sowohl F als auch G einen Embargobruch. Auf Verbotsirrtum könnten sie sich sicherlich nicht berufen. Gerade Unternehmen, die Personen mit Namen beschäftigen, die denen in den Terrorismuslisten ähneln, sind zu besonders strengen Kontrollen verpflichtet.

Praxistipp

 Unternehmen, die einen externen Reinigungsdienst beauftragen, sollten sich vertraglich zusichern lassen, dass dieser sein Personal auf Übereinstimmungen mit den Terrorismuslisten überprüft. Bei sicherheitsrelevanten Unternehmen empfiehlt sich sogar, die Vorlage eines polizeilichen Führungszeugnisses zu verlangen.

Zu welch extremen Konsequenzen die Anwendung der Terrorismuslisten in der Praxis führen kann, zeigt auch der nachstehende, verkürzt wiedergegebene Fall, über den der EuGH[203] zu richten hatte.

Beispiel

 Der Grundstücksübertragungsfall
Im Jahre 2000 veräußerten Verkäuferinnen ein bebautes Grundstück an eine Gesellschaft bürgerlichen Rechts zu einem Kaufpreis von 2,7 Mio. DM. Der Kaufvertrag enthielt bereits die Auflassungserklärung und die Einigung über die Eigentumsumschreibung im Grundbuch. Weiterhin bestimmte der Vertrag, dass der Kaufpreis auf einem Notaranderkonto zu hinterlegen und mit Eintragung der Auflassungsvormerkung an die Verkäuferinnen auszuzahlen war. Dies erfolgte dann im Jahre 2001. Im Folgenden kam es aus nicht näher nachvollziehbaren Gründen zu erheblichen Verzögerungen bei der Eigentumsumschreibung. Im Jahre 2005 stellte sich heraus, dass einer der Käufer auf der Liste der Verordnung Nr. 881/2002 aufgeführt war. Das Grundbuchamt verweigerte deswegen die Eigentumsumschreibung.

Der EuGH hat diese Entscheidung für rechtens erklärt. Würde das Eigentum umgeschrieben, so würde einer gelisteten Person eine wirtschaftliche Ressource zugewandt. Die skurrile Konsequenz aus dem Urteil: Die Verkäuferinnen dürfen den bereits geleisteten Kaufpreis nicht zurückerstatten. Denn dies wäre ja ebenfalls die Zuwendung einer wirtschaftlichen Ressource an eine gelistete Person. An der anderweitigen Veräußerung sind die Verkäuferinnen ebenfalls gehindert.

Schließlich hatte der EuGH[204] über folgenden Fall zu urteilen:

---

203 Urteil vom 11.10.2007 – C-117-06 nv.
204 Urteil vom 29.06.2010 – C-550/09 nv.

Beispiel

 Der Spendensammler-Fall
Zwei Mitglieder der Devrimci Halk Kurtulus Partisi-Cephesi (DHKP-C), einer türkisch-re-volutionären Volksbefreiungsfront-Partei, sammelten Gelder für diese Organisation. Sie hatten die alljährlich stattfindende Spendenkampagne organisiert und die ge-sammelten Gelder an die Führungsspitze der Gruppierung weitergeleitet. Auch am Verkauf von Publikationen waren sie beteiligt. Die DHKP-C ist von der Verordnung (EG) Nr. 2580/2001 erfasst. Die beiden Mitglieder selbst waren nicht in einer der Ter-rorismuslisten aufgeführt.

Hier hatte der EuGH die Frage zu beantworten, ob sich auch Mitglieder einer gelisteten Organisation strafbar machen können, wenn sie an diese Gelder weiterleiten. Dies hat der Gerichtshof bejaht.

Allerdings ging es in dem Verfahren um die weitere Frage, ob die DHKP-C wirksam in die Terrorismusliste der EG-Verordnung 2580/2001 aufgenommen worden war und wie sich eine Unwirksamkeit der Aufnahme auf das durchzuführende Strafverfahren auswirkt. Hier-zu stellte der EuGH fest, dass die DHKP-C zu Unrecht in die Liste aufgenommen worden war. Allerdings hatte die Organisation sich hiergegen nicht gerichtlich gewehrt. Die beiden Mitglieder der DHKP-C hätten kein Klagerecht gehabt, um die EG-Verordnung insoweit für unwirksam erklären zu lassen. Gleichwohl führt der EuGH aus, dass die Wirksamkeit der Aufnahme der Organisation in die Terrorismusliste im Strafverfahren inzidenter geprüft werden müsse. Werde diese festgestellt, so entfalle der Strafvorwurf.

Das Urteil hat weitreichende Bedeutung für alle künftigen Strafrechtsfälle, in denen es um Verstöße im Zusammenhang mit den Terrorismuslisten geht. Angeklagte in entsprechenden Verfahren können sich darauf berufen, dass die Aufnahme von Personen, Gruppen oder Organisationen in die Terrorismusliste unwirksam war. Wird die fehlende Rechtswirksamkeit festgestellt, sind die Angeklagten schon aus diesem Grunde freizusprechen.

4.2.3.3 Sanktionen bei Verstößen gegen die Terrorismuslisten

Die Sanktionen für Verstöße sind nicht in den beiden EG-VO selbst geregelt.[205] Das hängt damit zusammen, dass die EU keine Kompetenz für strafrechtliche Regelungen besitzt. Es ist dem jeweiligen nationalen Gesetzgeber vorbehalten, Sanktionen zu normieren. In Art. 9 EG-VO 2580/2001 und Art. 10 Abs. 1 EG-VO 881/2002 heißt es deswegen lediglich, dass jeder Mitgliedstaat die Sanktionen selbst festlegt. Diese müssen „wirksam, verhältnismäßig und abschreckend" sein.

Nach dem Recht, das bis zum 31.08.2013 galt, stellte ein Verstoß gegen eine der beiden EG-VO stets einen Straftatbestand nach § 34 Abs. 4 Nr. 2 AWG a.F. dar.[206] Dem Täter drohte eine Strafe von sechs Monaten bis zu fünf Jahren. Dies galt auch dann, wenn der Verstoß nicht dazu geführt hat, dass eines der Schutzgüter des AWG (äußere Sicherheit,

---

205 Zu den Sanktionen siehe Moritz, AW-Prax 2004, 63.
206 Vgl. zu den Sanktionen auch: Peuser, DuD 2006, 680 (681 f.); Schlarmann/Spiegel, NJW 2007, 870 (873).

friedliches Zusammenleben der Völker, auswärtige Beziehungen) gefährdet war. Kam hinzu, dass die Handlung geeignet war, eines dieser Schutzgüter zu gefährden bzw. erheblich zu gefährden, so griff § 34 Abs. 6 Nr. 4 AWG a.F. ein. Derartige Handlungen stellen Verbrechen dar. Der Strafrahmen betrug seiner Zeit zwischen zwei Jahren und endete bei der höchsten zeitigen Freiheitsstrafe von 15 Jahren.

Bestand der Verstoß darin, dass Rüstungsgüter des Teils I Abschnitt A der AL an gelistete Personen, Gruppen oder Organisationen verkauft oder ausgeführt werden, so griff der Spezialtatbestand der §§ 70a Abs. 1 Nr. 1, 69d AWV a.F. Dies galt zumindest, wenn der Verkauf oder die Ausfuhr vom Wirtschaftsgebiet der Bundesrepublik Deutschland oder einem deutschen Schiff bzw. Luftfahrzeug aus erfolgt, § 69d Abs. 1 AWV a.F. Auch die Auslandstaten Deutscher waren nach § 69d AWV erfasst. Die Rechtsfolgen waren dieselben wie bei anderen Verstößen gegen die genannten EG-VO: Ohne Gefährdung eines der Schutzgüter lag der Straftatbestand des § 34 Abs. 4 Nr. 1 AWG a.F. vor. Auf diesen verwies § 70a AWV a.F. Bei Gefährdung eines der Schutzgüter griff über die Verweisung in § 70a AWV der Straftatbestand des § 34 Abs. 6 Nr. 4 AWG a.F. ein.

Die Rechtslage, die seit dem 01.09.2013 gilt, ist ähnlich streng, gestaltet sich aber grundlegend anders. Strafbar ist nur der vorsätzliche Verstoß. Dieser unterfällt § 18 Abs. 1 Nr. 1 b) AWG. Es handelt sich um eine Zuwiderhandlung gegen ein Verfügungsverbot über wirtschaftliche Ressourcen. Dieses geht auf einen im Amtsblatt der EU veröffentlichten unmittelbar geltenden Rechtsakt zurück, der der Durchführung einer wirtschaftlichen Sanktionsmaßnahme im Bereich der Außen- und Sicherheitspolitik dient. Der Strafrahmen beträgt im Grunddelikt zwischen drei Monaten und fünf Jahren. Er deckt sich damit in etwa mit demjenigen des bisherigen Rechts. Der Verstoß stellt ein Vergehen, kein Verbrechen dar. Wesentlich schärfer ist der Strafrahmen, wenn eines der Merkmale des § 18 Abs. 7 AWG vorliegt. Diese sind:

- Handeln für den Geheimdienst einer fremden Macht (§ 18 Abs. 7 Nr. 1 AWG);

- gewerbsmäßiges Handeln (§ 18 Abs. 7 Nr. 2, 1. Alt. AWG);

- Handeln als Mitglied einer Bande, die sich zur fortgesetzten Begehung von Verstößen nach dem Außenwirtschaftsrecht verbunden hat (§ 18 Abs. 1 Nr. 2, 2. Alt. AWG).

Das Merkmal des § 18 Abs. 7 Nr. 3 AWG (Handlung, die sich auf die Entwicklung, Herstellung, Wartung oder Lagerung von Flugkörpern für chemische, biologische oder atomare Waffen bezieht) ist im vorliegenden Zusammenhang nicht einschlägig.

Der Strafrahmen beträgt zwischen einem und 15 Jahren, wenn eines der Merkmale des § 18 Abs. 7 Nr. 1 oder 2 AWG verwirklicht ist. Damit bewegt sich der Verstoßende im Verbrechensbereich. Eine Freiheitsstrafe zwischen zwei und 15 Jahren droht sogar dann, wenn jemand als Mitglied einer entsprechenden Bande handelt und hierbei gewerbsmäßig vorgeht.

Verstößt jemand nur fahrlässig gegen eine der genannten Terrorismusverordnungen, so liegt weder ein Straftatbestand vor noch eine Ordnungswidrigkeit. In § 19 AWG ist ein derartiger Bußgeldtatbestand nicht vorgesehen. Er fehlt auch in den §§ 81, 82 AWV.

Für den Vorwurf des vorsätzlichen Handelns reicht es aber aus, dass der Täter den Verstoß billigend in Kauf genommen hat. Dann ist der sog. bedingte Vorsatz gegeben. Im Einzelfall ist es schwierig, diesen von der sog. bewussten Fahrlässigkeit abzugrenzen. Im vorliegenden Zusammenhang wird die Staatsanwalt im Zweifel immer erst einmal von einem bedingten Vorsatz ausgehen, wenn ein Unternehmen keinerlei organisatorische Maßnahmen ergriffen hat, um Verstöße gegen die Terrorismusverordnungen zu verhindern.[207]

4.2.3.4 Die Organisationspflichten im Einzelnen

Um der vorstehend geschilderten Problematik zu entgehen, sind alle Unternehmen – gleich welcher Branche sie angehören – gut beraten, entsprechende organisatorische Vorkehrungen zu treffen.[208]

4.2.3.4.1 Zuständigkeit innerhalb des vertretungsberechtigten Organs

Da es sich bei Zuwiderhandlungen um Straftatbestände nach dem AWG handelt, ist innerhalb des Unternehmens der Ausfuhrverantwortliche dafür zuständig, entsprechende Maßnahmen zu ergreifen. Bei Unternehmen, die keinen Ausfuhrverantwortlichen besitzen, ist es Aufgabe der Geschäftsführung, die Zuständigkeit innerhalb des Organs für die Beachtung der Terrorismuslisten festzulegen. Erfolgt insoweit keine Delegation auf ein einzelnes Organmitglied, besteht eine Gesamtverantwortung aller Mitglieder.

4.2.3.4.2 Zuständigkeit, aktuelle Listen zu beschaffen

Der Ausfuhrverantwortliche oder das ansonsten zuständige Organmitglied muss festlegen, wer innerhalb des Unternehmens dafür zu sorgen hat, dass jeweils aktuelle Terrorismuslisten vorliegen. Das kann die Exportkontrolle sein. Es ist aber ebenso gut möglich, andere Stellen des Unternehmens damit zu beauftragen. Da die einschlägigen EG-VO vor allem verhindern wollen, dass Terroristen finanzielle Mittel zugewandt werden, ist es durchaus sinnvoll, die Zuständigkeit im Finanz- und Rechnungswesen anzusiedeln.

Praxistipp

 Die Beschaffung der aktuellen Listen erfolgt am einfachsten über das Internet. Die Ergänzungen der einschlägigen EG-VO werden im EU-Amtsblatt veröffentlicht. Darüber hinaus gibt das britische HM Treasury (vormals die Bank of England) in regelmäßigen Abständen eine Sanktionenliste heraus. Diese umfasst neben den Personen, Gruppen und Organisationen, die nach den EG-VO gelistet sind, auch diejenigen mit speziell britischem Hintergrund (z.B. einige zusätzliche Terroristen der IRA). Wer etwas mehr Suchkomfort wünscht, kann auf einige später noch darzustellende elektronische Hilfen zurückgreifen.

---

207 Vgl. hierzu: Walter, RIW 2013, 205 (208).
208 Handlungsempfehlungen gibt in Bezug auf die Organisation: Anhang I, Ziffer 4.1.1 b) der Empfehlung; Moritz, AW-Prax 2004, 63 (65 ff.); Peters/Schwab, RDV 2006, 196 ff.; Peuser, DuD 2006, 680 ff.; Puschke, S. 69 ff.

Gleichzeitig mit der Zuständigkeit für die Beschaffung aktueller Terrorismuslisten ist festzulegen, an wen innerhalb des Unternehmens diese Listen verteilt werden.

4.2.3.4.3 Festlegung der Prüfungszuständigkeit

Sodann muss festgelegt werden, welche Stelle im Unternehmen unter welchen Voraussetzungen Überprüfungen anhand der Terrorismuslisten vorzunehmen hat. Das kann die Exportkontrolle sein, muss es aber nicht unbedingt.

4.2.3.4.4 Festlegung des Prüfungsumfangs

Der Ausfuhrverantwortliche oder das ansonsten zuständige Organmitglied muss sodann bestimmen, in welchen Fällen eine Prüfung gegen die Terrorismuslisten stattzufinden hat. Das kann eine 100%-Prüfung sein. Hier wird jeder einzelne Geschäftsvorgang darauf überprüft, ob gelistete Personen, Gruppen oder Organisationen beteiligt sind. Eine derartige Kontrolle mag in Unternehmen notwendig sein, die weltweit ein anonymes Massengeschäft betreiben und sich dazu noch in Abhängigkeiten zu US-Personen befinden. Es gibt aber auch Unternehmen mit einem im Wesentlichen festen Kundenstamm in einem überschaubaren Markt. Hier ist eine 100%-Prüfung nicht geboten. Es reicht in einem derartigen Fall aus, wenn eine Überprüfung der Terrorismuslisten stattfindet, wenn Neukunden insbesondere aus einem sensiblen Länderkreis hinzukommen. Es muss in diesem Rahmen festgelegt werden, wann welcher Mitarbeiter bei der Stelle im Unternehmen, die die Überprüfung vornimmt, anzufragen hat, ob eine Übereinstimmung mit den Terrorismuslisten gegeben ist.

Weiterhin empfiehlt es sich, eine Überprüfung für alle Neueinstellungen im Unternehmen anzuordnen. Dies gilt insbesondere bei sicherheitsrelevanten Unternehmen. Dass die Beschäftigung von Reinigungskräften eines externen Dienstleisters im vorliegenden Zusammenhang gewisse Risiken in sich birgt, wurde bereits erwähnt. Reinigungsunternehmen sollten daher vertraglich verpflichtet werden, ihr Personal anhand der Terrorismuslisten zu überprüfen und hierüber auch eine entsprechende Dokumentation vorzulegen.

Praxistipp

 In jedem Falle sollte im Unternehmen eine „Erstbestandsüberprüfung" vorgenommen werden. Das bedeutet, dass alle Personal-, Kunden- und Lieferantenlisten sowie alle Stammdaten, die im Finanz- und Rechnungswesen hinterlegt sind, auf Übereinstimmungen mit den Terrorismuslisten kontrolliert werden.

4.2.3.4.5 Verbot jeglichen Kontakts mit gelisteten Personen, Gruppen und Organisationen

Des Weiteren muss durch Organisationsanweisung allen Mitarbeitern des Unternehmens untersagt werden, Kontakte mit Personen, Gruppen und Organisationen zu pflegen, die in den Terrorismuslisten aufgeführt sind.

4.2.3.4.6 Revisionen, Audits, Schulungen

Als Teil der Überwachungspflicht (siehe im Einzelnen unter 4.3) sind Revisionen und Audits durchzuführen, in welchem Umfang die Mitarbeiter den angeordneten organisatorischen Maßnahmen nachgekommen sind.

Schließlich muss der Ausfuhrverantwortliche bzw. das ansonsten zuständige Organmitglied veranlassen, dass die Mitarbeiter speziell zu den Terrorismuslisten geschult werden. Die entsprechenden Inhalte können auch im Rahmen der Schulungen vermittelt werden, die in Erfüllung der Weiterbildungspflicht des Ausfuhrverantwortlichen durchgeführt werden (siehe hierzu unter 4.4).

4.2.3.5 Der Einsatz elektronischer Hilfsmittel bei Überprüfungen gegen die Terrorismuslisten

Viele Unternehmen sind dazu übergegangen, Kunden, Besucher, aber auch Bewerber und das eigene Personal mittels elektronischer Hilfsmittel gegen die Terrorismuslisten zu prüfen.[209] Im Folgenden soll zunächst einmal dargestellt werden, welche Arten von Hilfsmitteln am Markt verfügbar sind (siehe 4.2.3.5.1). Hiernach stellt sich die Frage, ob und inwieweit derartige Überprüfungen nach unserem Datenschutzrecht überhaupt zulässig sind (4.2.3.5.2). Schließlich stellt sich die Frage, ob Unternehmen gezwungen werden können, derartige elektronische Hilfsmittel einzusetzen (4.2.3.5.3).

4.2.3.5.1 Die Arten elektronischer Hilfsmittel

Insbesondere bei kleinen und mittelständischen Unternehmen kann es völlig ausreichend und sachgerecht sein, auf die Papierversion der Listen zurückzugreifen. Will man zumindest ein wenig Elektronik verwenden, so ist die preisgünstigste Variante, auf die Sanktionenliste von HM Treasury zurückzugreifen. Diese kann kostenlos im Internet[210] heruntergeladen werden.

Die wohl teuerste elektronische Lösung[211] besteht in einer Komplett-Implementierung der Terrorismuslisten in das SAP-System des Unternehmens. Hier wird bei jeder Bearbeitung angezeigt, ob eine Übereinstimmung mit diesen Listen besteht. Es können in dieses System auch noch weitere relevante Listen eingepflegt werden wie z.B. die Denied Persons List der USA. Das Hilfsmittel kann von allen Mitarbeitern des Unternehmens genutzt werden, die im SAP-System arbeiten. Manche Systeme verfügen über eine erweiterte Funktion, mit der auch fonetische Ähnlichkeiten festgestellt werden können.

Neben dieser kostspieligen Komplettlösung gibt es Programme, die weniger komfortabel, dafür kostengünstiger sind. Hier ist z.B. das ZERBERUS-System zu nennen, das ein betroffenes Industrieunternehmen entwickelt hat.

Eine deutlich preiswertere Alternative (ca. 200 € im Jahr) bildet eine CD, die der Bundesanzeiger Verlag anbietet. Hierin sind außer den Terrorismuslisten der beiden EG-VO auch

---

209 Bezüglich der entsprechenden Prüfsoftware vgl. Faßold, AW-Prax 2009, 370 ff.; siehe auch: Puschke, S. 85 ff.

210 Herunterzuladen unter: https://www.gov.uk/government/publications/current-list-of-designated-persons-al-qaida (Stand der Abfrage: 01.09.2018).

211 Zu den elektronischen Lösungen insgesamt siehe Faßold, AW-Prax 2009, 370 ff.

die maßgebenden US-Listen abgebildet. Das Programm verfügt über eine komfortable Suchfunktion. Updates zu den Listen erfolgen tagesaktuell über das Internet. Die CD empfiehlt sich vor allem für Unternehmen, die keine 100%-Überprüfung vornehmen müssen, sondern nur vereinzelt auf Übereinstimmung mit den Terrorismuslisten zu kontrollieren brauchen. Die CD gibt es als Einzel-, aber auch als Netzwerklizenz für mehrere Nutzer.

4.2.3.5.2 Die Zulässigkeit elektronischer Überprüfungen

4.2.3.5.2.1 Die Zulässigkeit unter dem Gesichtspunkt des Boykottverbots

Deutschen Unternehmen ist es verboten, sich an Boykotts zu beteiligen, § 7 AWV.[212] Für sich betrachtet verstößt das Screening von Mitarbeitern, Kunden und Lieferanten nicht gegen dieses Boykottverbot. Allerdings können in bestimmter Weise ausgestaltete Erklärungen gegen § 7 AWV verstoßen, die im Zusammenhang mit dem Abgleich gegen außereuropäische Sanktionslisten abgegeben werden. Nicht zulässig sind in diesem Zusammenhang folgende Erklärungen:

- Verpflichtung, keine Geschäftsbeziehungen mit außereuropäisch gelisteten Personen zu unterhalten;
- Verpflichtung, vor der Begründung einer neuen Geschäftsbeziehung zu verifizieren, dass der Geschäftspartner nicht auf der außereuropäischen Sanktionsliste aufgeführt ist;
- Verpflichtung, sich dem außereuropäischen Handelssanktionsrecht/dem Screening gegen außereuropäische Sanktionslisten zu unterwerfen.[213]

4.2.3.5.2.2 Die datenschutzrechtliche Zulässigkeit elektronischer Überprüfungen

Gegen die Praxis vieler Unternehmen, Überstimmungen mit den Terrorismuslisten elektronisch zu überprüfen, haben sich am 23./24.4.2009 die obersten Aufsichtsbehörden für den Datenschutz im nicht öffentlichen Bereich mit einem Beschluss gewandt. In diesem Beschluss mit dem Titel „Datenschutzrechtliche Aspekte des Mitarbeiter-Screenings in international tätigen Unternehmen" heißt es:

Beispiel

 Der Beschluss der obersten Datenschutzbehörden

„Gemäß § 4 Abs. 1 des Bundesdatenschutzgesetzes (BDSG) sind die Erhebung, Verarbeitung und Nutzung personenbezogener Daten nur zulässig, soweit dieses Gesetz oder eine andere Rechtsvorschrift dies erlaubt oder anordnet oder der Betroffene eingewilligt hat. Zwar kann § 28 Abs. 1 BDSG eine Rechtsgrundlage im Sinne des BDSG sein, diese Vorschrift kann jedoch für ein Screening nicht herangezogen werden. Der Abgleich mit den Listen dient nicht dem Vertragsverhältnis. Eine Abwägung der Unternehmens- und Betroffeneninteressen führt zu überwiegenden schutzwürdi-

---

212 Vgl. hierzu Darschewi, Der Zoll-Profi! 1/2016, 9 ff.; Haellmigk, CCZ 2018, 108 ff.; Jungkind/Cramer, AW-Prax 2016, 417 ff.; Linnemann, AW-Prax 2017, 391 ff.; Sachs, ICC Germany Magazin, 12/2017, 44 ff.; Streit in: *Ehlers/Wolffgang*, S. 361 ff.
213 Jungkind/Cramer, AW-Prax 2016, 417 (420).

> *gen Interessen der Betroffenen. Dies gilt insbesondere vor dem Hintergrund, dass die Rechtsstaatlichkeit des Zustandekommens der Listen nachvollziehbar und gesichert sein muss sowie Rechtsschutzmöglichkeiten bestehen müssen. Angesichts der fehlenden Freiwilligkeit einer solchen Erklärung im Arbeitsverhältnis kann auch das Vorliegen einer Einwilligung eine konkrete Rechtsgrundlage nicht ersetzen."*

Damit stellt sich die Frage, ob und inwieweit elektronische Überprüfungen auf Übereinstimmungen mit den Terrorismuslisten datenschutzrechtlich zulässig sind.[214]

Bis auf zwei Beiträge[215] bezieht sich die Literatur auf die Zeit vor der DSGVO, die in allen Staaten der EU bis zum 25.05.2018 vollständig umzusetzen war. Durch diese europäische Datenschutzrichtlinie hat sich in der Sache nichts geändert. Es sind lediglich andere Vorschriften anwendbar. Statt des § 28 BDSG (alt) gilt nunmehr Art. 6 Abs. 1 lit. b) und f) DSGVO. § 32 BDSG (alt) wurde durch § 26 BDSG (neu) ersetzt.[216]

Die Überprüfung mit elektronischen Hilfsmitteln zieht immer die Verarbeitung personenbezogener Daten nach sich. In unserer Rechtsordnung besteht insoweit ein Verbot mit Erlaubnisvorbehalt. Nur wenn eine Rechtsnorm die Datenverarbeitung ausdrücklich zulässt, darf diese vorgenommen werden.

4.2.3.5.2.2.1 Keine Ermächtigungsgrundlage in den Terrorismuslisten selbst

Als Rechtsgrundlage für eine elektronische Überprüfung kommen zunächst einmal die EG-Verordnungen 2580/2001 und 881/2002 selbst in Betracht. Hier mag man meinen, dass die Vorschriften des Europarechts als höherrangige Normen über dem deutschen Datenschutzecht stehen und die Rechtfertigung für eine Datenverarbeitung gleichsam in sich tragen. Dem ist nicht zu folgen. In den EG-Verordnungen gibt es keine Vorschrift, die die Verarbeitung personenbezogener Daten im Zusammenhang mit den dort erwähnten Personen, Gruppen und Organisationen ausdrücklich gestattet. Von daher fehlt es an einer Erlaubnisnorm in den EG-Verordnungen selbst.[217]

4.2.3.5.2.2.2 Keine Ermächtigung durch Einwilligung

Vereinzelt wird die Auffassung vertreten, dass eine elektronische Überprüfung zumindest dann zulässig ist, wenn die Betroffenen ihre schriftliche Einwilligung hierzu erklärt haben.[218] Diese Ansicht übersieht, dass eine Einwilligung im Datenschutzrecht nur dann rechtfertigenden Charakter hat, wenn sie freiwillig erfolgt ist.[219] Beim Screening von Bewerbern jedenfalls fehlt es an diesem Merkmal. Denn verweigert der Bewerber seine Einwilligung, so würde dies zwangsläufig zur Folge haben, dass er bei der zu besetzenden Stelle mit

---

214 Zu dieser Problematik insgesamt vgl. Ansgari DB 2017, 1324 (1326 f.); Broers, RDV 2016, 183 ff.; Däubler-Gmelin, DuD 2011, 455 (458 ff.); Gleich, DB 2013, 1967 (1969 ff.); Puschke, S. 109 ff.; Möllenhoff/Ovie, AW-Prax 2010, 136 ff.; Pottmeyer, AW-Prax 2010, 43 ff.
215 Ansgari, DB 2017, 1324 ff.; Damm, Der Zoll-Profi! 6/2018, 9 ff.
216 Siehe speziell hierzu für den vorliegenden Zusammenhang: Damm, Der Zoll-Profi! 6/2018, 9 ff.
217 Siehe hierzu: Pottmeyer, AW-Prax 2010, 43 ff.; ders., Der Zoll-Profi! 8/2010, 2.
218 So wohl: Möllenhoff/Ovie, AW-Prax 2010, 136 (138).
219 So: Pottmeyer, Der Zoll-Profi! 8/2010, 2 (3); vgl. auch: Kreuder, AW-Prax 2010, 97 (99).

an Sicherheit grenzender Wahrscheinlichkeit nicht berücksichtigt wird. Ähnliches gilt für das bereits bestehende Personal, aber auch für Kunden, Lieferanten und Besucher. Die Einwilligung der Betroffenen ist daher als Mittel zur Rechtfertigung der elektronischen Überprüfung gegen die Terrorismuslisten untauglich.

Allerdings können die Ermächtigungsgrundlagen, die in der DSGVO und im BDSG selbst aufgeführt sind, eine entsprechende Erlaubnis enthalten. In Betracht kommen hier Art. 6 Abs. 1 lit. b) und f) DSGVO, § 26 Abs. 1 Satz 1 BDSG (neu) (= §§ 28 Abs. 1 Nr. 1 und 2, 32 Abs. 1 Satz 1 BDSG (alt)). Zu differenzieren ist hier zwischen dem elektronischen Screening von Bewerbern und Personal im weitesten Sinne (siehe hierzu 4.2.3.5.3 und 4.2.3.5.4). Hier ist die Erlaubnisnorm des § 26 Abs. 1 Satz 1 BDSG (neu) (= § 32 Abs. 1 Satz 1 BDSG (alt)) zu prüfen. Bei Kunden, Lieferanten und Besuchern geht es um eine Rechtsfertigung durch Art. 6 Abs. 1 lit. f) DSGVO (= § 28 Abs. 1 Nr. 1 oder 2 BDSG (alt)).

4.2.3.5.2.2.3 Das Screening von Bewerbern

Nach § 26 Abs. 1 Satz 1 BDSG (neu) (= § 32 Abs. 1 Satz 1 BDSG (alt)) dürfen personenbezogene Daten eines Beschäftigten „für Zwecke des Beschäftigungsverhältnisses erhoben, verarbeitet oder genutzt werden, wenn dies für die Entscheidung über die Begründung eines Beschäftigungsverhältnisses oder nach Begründung des Beschäftigungsverhältnisses für dessen Durchführung oder Beendigung erforderlich ist".

Bewerber auf eine Übereinstimmung mit den Terrorismuslisten zu überprüfen, ist nach dieser Vorschrift zulässig, wenn dies für die Entscheidung über die Begründung des Beschäftigungsverhältnisses erforderlich ist.

Wie bereits erwähnt, untersagen die EG-Verordnungen, einer dort aufgeführten Person Geld oder andere wirtschaftliche Ressourcen direkt oder indirekt zur Verfügung zu stellen. Verstöße verwirklichen den Tatbestand des Embargobruchs. Dieser ist nach § 18 Abs. 1 b), Abs. 7 AWG mit hohen Freiheitsstrafen bedroht.

Kommt ein Beschäftigungsverhältnis zustande, so ist das Unternehmen hieraus verpflichtet, dem Beschäftigten die vertraglich vereinbarten Geldleistungen zu gewähren. Dies aber würde die genannten strafrechtlichen Sanktionen auslösen, wenn der einzustellende Bewerber in der Terrorismusliste aufgeführt wäre. Der abzuschließende Vertrag könnte und dürfte folglich nicht erfüllt werden. Vor der Einstellung muss sich das Unternehmen Klarheit darüber verschaffen dürfen, ob es nach Einstellung des Bewerbers überhaupt zur Vertragserfüllung berechtigt wäre. Für die Entscheidung, den Bewerber einzustellen oder nicht, ist folglich die Überprüfung zwingend notwendig, ob dieser in einer der Terrorismuslisten genannt ist. Die Verarbeitung personenbezogener Daten, die dieser Zwecksetzung dient, ist folglich nach § 26 Abs. 1 Satz 1 BDSG (neu) (= § 32 Abs. 1 Satz 1 BDSG (alt)) erlaubt.[220]

---

220 Siehe hierzu: Pottmeyer, AW-Prax 2010, 43 (45); ders., Der Zoll-Profi! 8/2010, 2 (3); ders., AW-Prax 2011, 279 f.; Vögele, AW-Prax 2010, 353 (357); so wohl auch: Ansgari, DB 2017, 1324 (1327); Däubler-Gmelin, DuD 2011, 455 (458 f.); Gola/Klug, NJW 2010, 2483 (2486); Kreuder, AW-Prax 2010, 97 (98); aA. Gleich, DB 2013, 1967 (1969), der ein Screening aber zur Wahrung berechtigter Interessen für zulässig hält; aA. wohl Möllenhoff/Ovie, AW-Prax 2010, 136 (137 f.); zweifelnd: Kirsch, ZD 2012, 519 (521); unklar: Broers, RDV 2016, 183 ff.

Diesem Ergebnis kann § 26 Abs. 1 Satz 2 BDSG (neu) (= § 32 Abs. 1 Satz 2 BDSG (alt)) nicht entgegengehalten werden.[221] Nach dieser Bestimmung dürfen personenbezogene Daten „zur Aufdeckung einer Straftat" nur unter besonderen weiteren Voraussetzungen erhoben, verarbeitet und genutzt werden. U.a. ist ein konkreter Anfangsverdacht erforderlich. Um die Aufdeckung von Straftaten geht es im vorliegenden Zusammenhang nicht. Durch die Datenabfrage will das Unternehmen nicht überprüfen, ob sich ein Bewerber strafbar gemacht hat. Das Gros der Personen, die sich auf den Terrorismuslisten befinden, ist wohl strafrechtlich noch nicht in Erscheinung getreten. Es sind hier gerade auch Betroffene aufgeführt, denen trotz einer gewissen Nähe zum Terrorismus eine konkrete Straftat gerade nicht nachgewiesen werden konnte. Mit dem Personalscreening will das Unternehmen ausschließlich sicherstellen, dass keine verbotenen finanziellen Zuwendungen in Erfüllung des späteren Vertragsverhältnisses getätigt werden. Straftaten aufzudecken, ist demgegenüber nicht die Intention des Unternehmens. Damit ist § 26 Abs. 1 Satz 2 BDSG (neu) (= § 32 Abs. 1 Satz 2 BDSG (alt)) im vorliegenden Zusammenhang nicht einschlägig.[222]

An dieser Stelle wird allerdings vereinzelt ein Erst-recht-Schluss gezogen: Wenn ist § 26 Abs. 1 Satz 2 BDSG (neu) (= § 32 Abs. 1 Satz 2 BDSG (alt)) schon ein Screening zum Zwecke der Aufdeckung von Straftaten nur unter besonderen weiteren Voraussetzungen gestattet, dann muss dies erst recht für ein Screening zum Abgleich gegen die Terrorismuslisten gelten. Diese Argumentation ist nicht stichhaltig. § 26 Abs. 1 Satz 2 BDSG (neu) (= § 32 Abs. 1 Satz 2 BDSG (alt)) ist vor einem konkreten Hintergrund entstanden. Bestimmte Unternehmen wollten durch ein Screening aufdecken, ob sich einzelne Mitarbeiter, insbesondere solche aus dem Einkauf, der Korruption schuldig gemacht haben. Dieses Screening ist weder zur Begründung noch zur Durchführung oder Beendigung des Beschäftigungsverhältnisses erforderlich. Anders ist dies – wie dargelegt – bei dem Screening gegen die Terrorismuslisten. § 26 Abs. 1 Satz 2 BDSG (neu) (= § 32 Abs. 1 Satz 2 BDSG (alt)) entfaltet keine Sperrwirkung gegenüber Satz 1 der Vorschrift. Sofern die Voraussetzungen des ist § 26 Abs. 1 Satz 1 BDSG (neu) (= § 32 Abs. 1 Satz 1 BDSG (alt)) erfüllt sind, schließt Satz 2 ein Screening nur insoweit aus, als es um die Aufdeckung von Straftaten geht. Zu anderen, durch Satz 1 legitimierten Zwecksetzungen darf ist § 26 Abs. 1 Satz 1 BDSG (neu) (= § 32 Abs. 1 Satz 1 BDSG (alt)) durchaus herangezogen werden.[223]

Der vorstehend dargestellten Auffassung ist der BFH[224] beigetreten. Das Gericht ist im Gegensatz zur Vorinstanz[225] ebenfalls der Ansicht, dass der Abgleich der personenbezogenen Daten von Bediensteten mit den Terrorismuslisten durch ist § 26 Abs. 1 Satz 1 BDSG (neu) (= § 32 Abs. 1 Satz 1 BDSG (alt)) gedeckt ist. Das Erfordernis, dass diese Daten unmittelbar für Zwecke des Beschäftigungsverhältnisses genutzt würden, sei erfüllt.[226]

---

221 So aber wohl: Möllenhoff/Ovie, AW-Prax 2010, 136 (137 f.); siehe hierzu auch: Däubler-Gmelin, DuD 2011, 455 (459).

222 Vgl. hierzu auch: Pottmeyer, Der Zoll-Profi! 8/2010, 2 (3); ders., AW-Prax 2011, 279 f.

223 Ebd.

224 Urteil vom 19.06.2012 – VII R 43/11 nv., Rn. 12; siehe hierzu auch: Felderhoff, Der Zoll-Profi! 10/2012, 2 ff.; Peter Witte, AW-Prax 2011, 276 ff. ders., AW-Prax 2012, 388 ff.

225 FG Düsseldorf, Urteil vom 01.06.2011 – 4 K 3063/10 Z nv., Rn. 19 ff.

226 Insoweit noch aA. FG Düsseldorf, Urteil vom 01.06.2011 – 4 K 3063/10 Z nv., Rn. 19; siehe hierzu auch: Felderhoff, Der Zoll-Profi! 10/2012, 2 (3 f.); Peter Witte, AW-Prax 2011, 276 ff.; ders., AW-Prax 2012, 388 ff.

4.2.3.5.2.2.4 Das Screening von Personal im weitesten Sinne

Für die Mitarbeiter, die bereits im Unternehmen tätig sind, gelten dieselben Grundsätze. Hierbei kommt es nicht darauf an, ob es sich um Arbeitnehmer des Stammpersonals, um zeitlich befristete Mitarbeiter, um freie Mitarbeiter, um Leiharbeitnehmer, um Praktikanten/Diplomanden oder um Beschäftigte handelt, die aufgrund eines Werkvertrages mit einem Dritten im Unternehmen tätig sind.[227] Allen diesen Beschäftigten ist gemeinsam, dass sie Anspruch auf eine Vergütung haben. Bevor diese ausgezahlt wird, muss sich das Unternehmen zur Vermeidung der genannten strafrechtlichen Sanktionen Klarheit darüber verschaffen, ob diese Geldzuwendung zulässig ist. Damit ist das Screening gegen die Terrorismuslisten „zur Durchführung des Beschäftigungsverhältnisses" notwendig und somit datenschutzrechtlich zulässig.

An der genannten Zwecksetzung orientiert sich auch die Frage, ob und in welchem Turnus Personalscreenings wiederholt werden dürfen. Da die Vergütung für die Beschäftigten üblicherweise monatlich entrichtet wird, besteht ein Bedürfnis dafür, jeden Monat einen entsprechenden Abgleich vorzunehmen. Die Terrorismuslisten werden ständig überarbeitet. So wurde die EG-Verordnung 881/2002 in den nunmehr über zehn Jahren ihres Bestehens fast 300-mal geändert. Es ist daher nicht auszuschließen, dass ein Betroffener erst nachträglich in eine Terrorismusliste aufgenommen wird. Um sicherzugehen, dass kein Verstoß begangen wird, muss das Unternehmen die Möglichkeit erhalten, vor jeder Zahlung von Lohn, Gehalt oder einer anderen Vergütung eine Überprüfung vorzunehmen. Neben einem Erstscreening sind daher regelmäßige Wiederholungsüberprüfungen von § 26 Abs. 1 Satz 1 BDSG (neu) (= § 32 Abs. 1 Satz 1 BDSG (alt)) gedeckt.[228]

4.2.3.5.2.2.5 Das Screening von Kunden und Lieferanten

Nach Art. 6 Abs. 1 lit. b) DSGVO ist die Verarbeitung personenbezogener Daten rechtmäßig, wenn diese „für die Erfüllung eines Vertrages oder zur Durchführung vorvertraglicher Maßnahmen erforderlich" ist. Angesichts dieser genannten einschneidenden Sanktionen ist es für ein Unternehmen zwingend erforderlich, bei seinen bestehenden oder potenziellen Kunden und Lieferanten elektronisch gestützte Überprüfungen gegen die Terrorismuslisten vorzunehmen.

Bahnt sich eine Kunden- oder Lieferantenbeziehung erst an, so muss das Unternehmen wissen, ob der potenzielle Vertragspartner auf einer der Listen verzeichnet ist. Sofern dies nämlich der Fall ist, wären jedwede Zuwendungen von Finanzmitteln in Erfüllung des Vertrages unzulässig und strafbewehrt. Der Vertrag dürfte somit erst gar nicht geschlossen werden. Das Unternehmen muss im Vorfeld wissen, ob es den Vertrag abschließen darf oder nicht. Um dies sicherzustellen, ist es notwendig, den potenziellen Kunden oder Lieferanten anhand der Terrorismuslisten zu überprüfen. Die elektronische Kontrolle ist somit im Sinne von Art. 6 Abs. 1 lit. b) DSGVO „zur Durchführung vorvertraglicher Maßnahmen erforderlich".[229]

---

227 Vgl. Pottmeyer, AW-Prax 2010, 43 (45); ders., Der Zoll-Profi! 8/2010, 2 (3 f.); Vögele, AW-Prax 2010, 353 (357).
228 Vgl. Pottmeyer, AW-Prax 2010, 43 (45); ders., Der Zoll-Profi! 8/2010, 2 (3 f.).
229 Vgl. Pottmeyer, AW-Prax 2010, 43 (44 f.); ders., AW-Prax 2011, 279 f.

Dasselbe gilt für eine bestehende Kunden- oder Lieferantenbeziehung. Befindet sich der Kunde oder Lieferant auf einer der Terrorismuslisten, so dürfen finanzielle Zuwendungen in Erfüllung des geschlossenen Vertrages nicht getätigt werden. Ansonsten würden sich die Verantwortlichen des Unternehmens strafbar machen. Vor der Vertragserfüllung muss sich folglich das Unternehmen vergewissern, dass keine unzulässigen, strafbewehrten Leistungen erfolgen. Die elektronische Abfrage ist somit „für die Erfüllung eines Vertrages erforderlich".[230]

Eine elektronische Überprüfung von Kunden und Lieferanten ist somit von Art. 6 Abs. 1 lit. b) DSGVO gedeckt. Eines Rückgriffs auf Art. 6 Abs. 1 lit. f) DSGVO bedarf es nicht einmal. Nach dieser Bestimmung wäre eine Datenverarbeitung auch dann zulässig, wenn sie „zur Wahrung berechtigter Interessen erforderlich" ist.[231]

4.2.3.5.2.2.6 Das Screening von Besuchern

Schließlich fragt es sich, ob Unternehmen auch ihre Besucher einer Kontrolle gegen die Terrorismuslisten unterziehen dürfen.[232]

Hier ist danach zu differenzieren, welchem Zweck der Besuch dient.

Handelt es sich um einen solchen im Rahmen einer sich anbahnenden oder bestehenden Geschäftsbeziehung, so gilt das unter 4.2.3.5.2.2.5 Gesagte entsprechend. Die Überprüfung ist von Art. 6 Abs. 1 lit. b) DSGVO gedeckt. Bei Besuchen, um Vorstellungsgespräche wahrzunehmen, stellt § 26 Abs. 1 Satz BDSG (neu) (= § 32 Abs. 1 Satz 1 BDSG (alt)) die entsprechende Rechtsgrundlage dar. Somit dürfen alle Besucher überprüft werden, bei denen es nicht von vornherein auszuschließen ist, dass es zu einem späteren Zeitpunkt zu finanziellen Zuwendungen gleich welcher Art kommen wird. Dies dürfte den weitaus größten Teil aller Besucher eines Unternehmens abdecken.

Es mag allerdings auch Besuche geben, bei denen finanzielle Zuwendungen von vornherein ausgeschlossen sind. Man denke etwa an Werksführungen im Rahmen der Öffentlichkeitsarbeit, insbesondere für Schüler und Studenten. Allein in derartigen Fällen wäre die elektronische Überprüfung gegen die Terrorismuslisten durch die genannten Vorschriften der DSGVO und des BDSG nicht abgedeckt.

4.2.3.5.2.2.7 Weitere Rechtsfragen im Zusammenhang mit dem Screening

Des Weiteren fragt es sich, ob die Einführung elektronischer Hilfsmittel zur Überprüfung von gegenwärtigem und potenziell künftigem Personal gegen die Terrorismuslisten der Mitbestimmung des Betriebsrates unterliegt. Dies ist zu verneinen.[233] Im vorliegenden Zusammenhang könnte allein der Tatbestand des § 87 Abs. 1 Nr. 6 BetrVG einschlägig sein. Danach hat der Betriebsrat bei der „Einführung und Anwendung von technischen Einrichtungen, die dazu bestimmt sind, das Verhalten oder die Leistung der Arbeitnehmer

---

230 Ebd.
231 Vgl. zu letzterem Aspekt: Gleich, DB 2013, 1967 (1969 f.); Pottmeyer, AW-Prax 2010, 43 (44 f.).
232 Siehe hierzu: Pottmeyer, AW-Prax 2010, 43 (45 f.).
233 So zutreffend: BAG, Beschluss vom 19.12.2017, NZA 2018, 673 ff.; siehe auch: Peters/Schwab, RDV 2006, 196 ff.; Peuser, DuD 2006, 680 (684); Pottmeyer, Der Zoll-Profi! 8/2010, 2 (4); Puschke, S. 107 f.; aA. wohl: Möllenhoff/Ovie, AW-Prax 2010, 136 (138).

zu überwachen" ein Mitbestimmungsrecht. Bei der Überprüfung anhand der Terrorismuslisten geht es nicht um ein Verhalten von Personen und auch nicht um deren Leistungen.[234] Es handelt sich vielmehr um die Abfrage reiner Statusdaten.[235] Deren Erhebung und Verarbeitung ist nach § 87 Abs. 1 Nr. 6 BetrVG mitbestimmungsfrei. § 75 Abs. 2 Satz 1 BetrVG führt ebenfalls nicht zu einem Mitbestimmungsrecht des Betriebsrates.[236] Nach dieser Bestimmung muss das Unternehmen die freie Entfaltung der Persönlichkeit der Arbeitnehmer schützen und fördern. Es handelt sich um eine reine Zielnorm, aus der sich keine Mitbestimmungsrechte ableiten lassen.[237] Allerdings besteht eine Informationspflicht nach § 80 Abs. 2 BetrVG.[238]

Unabhängig von der bestehenden Rechtslage erscheint es im Interesse einer vertrauensvollen Zusammenarbeit durchaus sinnvoll, die Frage des Personalscreenings – auf freiwilliger Basis – mit dem Betriebsrat zu erörtern. In diesem Zusammenhang erscheint der Abschluss einer freiwilligen Betriebsvereinbarung sehr wohl erwägenswert.[239]

Weiterhin fragt es sich, ob auch ein Screening gegen andere Listen, z.B. die US Denied Persons Lists, zulässig ist.[240] Hier muss jeweils anhand des Einzelfalles geprüft werden, welche Sanktionen bei geschäftlichen Kontakten mit gelisteten Personen bestehen. Sind diese genauso streng ausgestaltet wie die Terrorismuslisten, so ist ein Screening zulässig. Üblicherweise ist dies jedoch nicht der Fall. Im Bereich von Kunden und Lieferanten kann es allerdings im Einzelfall durchaus angezeigt sein, diese auch auf diese Listen zu überprüfen. Bei bestehendem oder künftigem Personal dürfte es im Regelfall nicht zulässig sein, eine entsprechende Überprüfung vorzunehmen. Hier kann sich aber eine Rechtfertigung aus den Besonderheiten des jeweiligen Einzelfalles ergeben.[241]

Schließlich stellt sich die Frage, ob Krankenhäuser oder Arztpraxen ihre Patientendateien gegen die Terrorismuslisten überprüfen dürfen. Üblicherweise ist das Patientenverhältnis nicht dadurch ausgezeichnet, dass das Krankenhaus oder der behandelnde Arzt wirtschaftliche Ressourcen zur Verfügung stellen. Im Gegenteil. Sie erhalten Geld für ihre Behandlungsleistung. Diese stellt selbst zwar einen geldwerten Vorteil dar, ist aber nicht als wirtschaftliche Ressource im Sinne der Terrorismusverordnungen zu werten. Deswegen ist es im Regelfall unzulässig, Patientendaten gegen die Terrorismuslisten elektronisch zu überprüfen. Im Einzelfall kann es allerdings durchaus Gründe geben, die eine derartige Überprüfung rechtfertigen.

---

234 BAG, Beschluss vom 19.12.2017, NZA 2018, 673 (675); Pottmeyer, Der Zoll-Profi! 8/2010, 2 (4).
235 Pottmeyer, Der Zoll-Profi! 8/2010, 2 (4); in diesem Sinne wohl auch: BAG, Beschluss vom 19.12.2017, NZA 2018, 673 (675).; Damm, Der Zoll-Profi! 8/2018, 11 f.
236 Das nehmen Peters/Schwab, RDV 2006, 196 (197), die auf diese Bestimmung verweisen, ebenfalls nicht an.
237 Vgl. hierzu: Peters/Schwab,, RDV 2006, 196 (197 f.); aA. wohl Däubler-Gmelin, DuD 2011, 455 (458 ff.).
238 So zutreffend: Puschke, S. 108.
239 Insoweit ist Möllenhoff/Ovie, AW-Prax 2010, 136 (138) zuzustimmen; vgl. auch: Kreuder, AW-Prax 2010, 97 (99); die Zulässigkeit von Betriebsvereinbarungen zum Mitarbeiterscreening stellt Däubler-Gmelin, DuD 2011, 455 (458 ff.) infrage.
240 Vgl. hierzu auch: Peuser, DuD 2006, 680 (684).
241 Zu ähnlichen Ergebnissen gelangt: Peuser, DuD 2006, 680 (684).

4.2.3.5.3 Kein rechtlicher Zwang zum Einsatz elektronischer Hilfsmittel

Abschließend stellt sich die Frage, ob Unternehmen rechtlich gezwungen werden können, elektronische Überprüfungen anhand der Terrorismuslisten vorzunehmen.[242] Einzelne Hauptzollämter verlangen derartige elektronische Screenings, sofern das Unternehmen den Status eines „Zugelassenen Wirtschaftsbeteiligten" (ZWB/AEO) erlangen möchte.

Zu Recht hat sich hiergegen der Bundesbeauftragte für den Datenschutz und die Informationsfreiheit in einem Schreiben vom 02.11.2009 gewandt. Für eine derartige Verpflichtung gibt es nämlich keine Rechtsgrundlage.[243]

Welche Kriterien für eine Bewilligung des „zugelassenen Wirtschaftsbeteiligten" erfüllt sein müssen, ergibt sich aus Art. 5a ZK, 14a ff. ZK-DVO. Art. 5a ZK verlangt u.a. „angemessene Sicherheitsstandards". Was als angemessen anzusehen ist, wird im Hinblick auf unser Thema in Art. 14k Abs. 1f) ZK-DVO präzisiert. Gefordert wird hier, dass der Antragsteller im Rahmen des gesetzlich Zulässigen seine Bediensteten einer Sicherheitsüberprüfung unterzieht und regelmäßig Hintergrundüberprüfungen vornimmt. In den Leitlinien der Europäischen Kommission „Zugelassene Wirtschaftsbeteiligte" vom 20.06.2007 (TAXUD 2006/1450) heißt es unter 1.2.5.12 (S. 80):

Auszug aus den Leitlinien

„Bei der Einstellung neuer Mitarbeiter sollte das Unternehmen den Sicherheitsanforderungen besondere Aufmerksamkeit beimessen. Wenn die nationalen Rechtsvorschriften dies zulassen, sollte der Antragsteller die in sicherheitsrelevanten Bereichen tätigen neuen Mitarbeiter einer Hintergrundüberprüfung unterziehen. Bereits im Unternehmen beschäftigte Mitarbeiter, die aus anderen, nicht sicherheitsrelevanten Abteilungen kommen und eine Tätigkeit in einem sensiblen Bereich übernehmen sollen, sollten ebenfalls überprüft werden. ... Für den Einsatz von Mitarbeitern mit befristeten Arbeitsverträgen sollten besondere Sicherheitsanforderungen gelten."

Schließlich wird in den Leitlinien noch eine besondere Gruppe von Arbeitnehmern erwähnt. Dort heißt es weiter:

Weiterer Auszug aus den Leitlinien

„Wenn Leistungen wie Beförderung, Sicherheitsdienste, Reinigungs- oder Wartungsarbeiten ausgelagert werden, sollten die Sicherheitsanforderungen in die vertraglichen Vereinbarungen mit den externen Anbietern aufgenommen werden."

Schließlich findet sich in dem „Fragebogen zur Selbstbewertung" vom 26.08.2008 (Anlage zum Antrag auf Erteilung des AEO-Zertifikats) unter 5.12.1:

---

242 Vgl. zu dieser Fragestellung insgesamt: Pottmeyer, Der Zoll-Profi! 8/2010, 2 (4 ff.); Vögele, AW-Prax 2010, 353 (357).
243 So auch: Kreuder, AW-Prax 2010, 97 ff.

Auszug aus dem Fragebogen zur Selbstbewertung

„Nehmen Sie Sicherheitsüberprüfungen für Bewerber/-innen vor (z.B. anhand der Terrorlisten)? Wenn ja, welcher Art, und wie werden diese dokumentiert?"

Zunächst einmal fällt auf, dass die Anforderungen an die Überprüfung sehr allgemein gehalten sind. Es werden an einigen Stellen unbestimmte Rechtsbegriffe wie „angemessen" und „besondere Aufmerksamkeit" verwandt. An keiner Stelle wird explizit verlangt, dass das eigene Personal und Bewerber anhand der Terrorismuslisten elektronisch zu überprüfen sind. Dasselbe gilt für Kunden und Lieferanten. In dem Bogen zur Selbstbewertung wird nicht einmal nach einer elektronischen Überprüfung gefragt. Eine ausdrückliche Vorgabe, das AEO-Zertifikat von einem elektronisch unterstützten Personalscreening abhängig zu machen, gibt es also nicht.[244]

Dem Unternehmen muss es überlassen bleiben zu entscheiden, welche der genannten Möglichkeiten in Anbetracht seiner spezifischen Gegebenheiten die angemessene Lösung darstellen.[245] Sicherlich kann es im Einzelfall zwingend erforderlich sein, dass Unternehmen auf elektronische Hilfsmittel der zuletzt genannten Art zurückgreifen. Einem Hersteller von Halbleitern, der international tätig ist, überwiegend an ihm persönlich nicht bekannte Kunden liefert, über eine hohe Personalfluktuation im In- und Ausland verfügt und auch noch US-amerikanische Anteilseigner hat, wird gar nichts anderes übrig bleiben, als auf solche ausgefeilten Systeme der Luxusklasse zurückzugreifen. Auf der anderen Seite kann es kleinen und mittleren Unternehmen nicht ohne Notwendigkeit zugemutet werden, die hohen Kosten für ein so ausgestaltetes elektronisches Hilfsmittel zu investieren. Bei diesen Unternehmen, insbesondere wenn die Arbeitnehmerzahl überschaubar und die Personalfluktuation gering ist, kann es im Einzelfall sogar ausreichen, auf elektronische Hilfsmittel gänzlich zu verzichten und das bestehende Personal sowie künftige Bewerber „händisch" zu überprüfen.

Die Zollbehörden können verlangen, dass alle Unternehmen, die den AEO-Status beantragen, im Zusammenhang mit den Terrorismuslisten bestimmte organisatorische Mindestanforderungen erfüllen.[246] Das Unternehmen kann allerdings bei anderweitiger Erfüllung dieser Mindestanforderungen nicht dazu verpflichtet werden, elektronische Hilfsmittel anzuschaffen und zu verwenden.[247] Nach dem Inkrafttreten der Terrorismuslisten haben unseriöse IT-Vertreiber unbedarften Unternehmen zu suggerieren versucht, dass eine gesetzliche Pflicht bestehe, bestimmte EDV-Systeme einzusetzen. Das trifft nicht zu. Nicht einmal um den Status des ZWB/AEO zu erlangen, sind diese elektronischen Hilfsmittel notwendig.

An der vorstehenden Ansicht wird festgehalten, obwohl der BFH[248] in dieser Fragestellung zwischenzeitlich eine andere Meinung vertritt. Das Gericht ist der Auffassung, dass die Hauptzollämter die Zuerkennung des AEO-Zertifikates F sehr wohl von einem elek-

---

244 Pottmeyer, Der Zoll-Profi! 8/2010, 2 (5); ders., AW-Prax 2011, 279 f.
245 Ebd.
246 Pottmeyer, Der Zoll-Profi! 8/2010, 2 (5 f.); ders., AW-Prax 2011, 279 f.
247 Ebd.
248 Urteil vom 19.06.2012 – VII R 43/11 nv., Rn. 18 ff.; siehe hierzu auch: Felderhoff, Der Zoll-Profi! 10/2012, 2 ff.; Peter Witte, AW-Prax 2011, 276 ff.; ders., AW-Prax 2012, 388 ff.

tronischen Screening gegen die Terrorismuslisten abhängig machen dürfen. Im Rahmen seines Urteils hat der BFH einer weiteren Möglichkeit, aufwendige elektronische Hilfsmittel zu vermeiden, eine Absage erteilt. Einzelne Unternehmen hatten argumentiert und durch entsprechende Bescheinigungen belegt, dass ihre Hausbank bei jedem einzelnen Zahlungsvorgang eine Überprüfung gegen die Terrorismuslisten vornimmt.[249] Die Banken sind hierzu sogar gesetzlich verpflichtet. Das ergibt sich aus § 25c KWG. Da die Gehälter an Mitarbeiter heute nicht mehr in bar ausgezahlt werden, sondern ausschließlich durch Überweisungen auf Bankkonten, werde – so die Argumentation der betroffenen Unternehmen – bezüglich aller Beschäftigten ein entsprechendes Screening gegen die Terrorismuslisten vorgenommen. Ob das Unternehmen selbst oder ein Dritter – hier die Hausbank – eine entsprechende Überprüfung vornehme, sei unerheblich.[250] Einzelne Hauptzollämter hatten sich dieser Begründung angeschlossen und das AEO-Zertifikat F auf der Grundlage einer entsprechenden Bankbescheinigung erteilt. Das Gros der Zollbehörden jedoch bestand auf elektronischen Hilfsprogrammen. Der BFH ist der Auffassung, dass eine solche Forderung der Hauptzollämter nicht sachwidrig sei.[251]

4.3 Die Überwachungspflicht

Eine noch so gute Organisation ist wertlos, wenn die Einhaltung der festgelegten Arbeitsabläufe nicht kontrolliert wird. Demgemäß gehört zu den Aufgaben des Ausfuhrverantwortlichen, für eine Überwachung zu sorgen.[252] Verletzungen der Überwachungspflicht sind zudem nach § 130 OWiG bußgeldbewehrt.[253]

In welcher Form der Ausfuhrverantwortliche seiner Überwachungspflicht nachkommen muss, ist Frage des Einzelfalles. Auch hier sind die spezifischen Gegebenheiten innerhalb des Unternehmens zu berücksichtigen.

Der Ausfuhrverantwortliche muss die Überwachung nicht in vollem Umfang in eigener Person wahrnehmen. Gerade bei größeren Unternehmen empfiehlt es sich, z.B. die Innenrevision[254] zumindest teilweise mit der Kontrolle im Außenwirtschaftsbereich zu betrauen. Auch ist es möglich, die Wirtschaftsprüfungsgesellschaft, die den Unternehmensabschluss testiert, ganz oder teilweise mit Überwachungsmaßnahmen zu beauftragen. Jedoch sollte es sich der Ausfuhrverantwortliche auch bei einer noch so guten anderweitigen Überwachung nicht nehmen lassen, einen Rest an Kontrolle sich selbst vorzubehalten. Zumindest durch Stichproben sollte er sich davon überzeugen, dass die angewiesenen Arbeitsabläufe auch tatsächlich eingehalten werden.

---

249 Zur Rolle der Banken bei der Verhinderung der Terrorismusfinanzierung Auerbach/Spies in: *Ehlers/Wolff-gang*, S. 543 ff.
250 Vgl. hierzu: Pottmeyer, AW-Prax 2011, 279 (280).
251 BFH, Urteil vom 19.06.2012 – VII R 43/11 nv., Rn. 21; siehe hierzu auch: Felderhoff, Der Zoll-Profi! 10/2012, 2 (4).
252 Vgl. hierzu auch: Bundesamt für Wirtschaft und Ausfuhrkontrolle, AW-Prax 2004, 387 (388); Prieß/Thoms, AW-Prax 2013, 110 (111).
253 Vgl. BayObLG, Beschluss vom 10.08.2001, wistra 2001, 478 ff. = NJW 2002, 766 f.; Kreuzer, AW-Prax 2003, 189 f.
254 Zur Revision der Exportkontrolle siehe Hein, AW-Prax 1998, 415 ff.

Kann der Ausfuhrverantwortliche auf ein gut eingearbeitetes Team zurückgreifen, das über langjährige Erfahrung mit dem Außenwirtschaftsrecht verfügt, so kann sich die Überwachung auf ein Minimum beschränken. Dies gilt insbesondere, wenn sich niemals Verstöße gegen die gesetzlichen Bestimmungen zugetragen haben und behördliche Prüfungen (Betriebsprüfungen nach dem KWKG, Außenwirtschaftsprüfungen[255]) stets ohne Beanstandungen vonstatten gingen. Auch in diesem günstigsten Fall ist der Ausfuhrverantwortliche schlecht beraten, wenn er auf Überwachung gänzlich verzichtet. In unregelmäßigen Abständen sollte er sich auch bei einer derartigen Sachlage Ausfuhrakten vorlegen lassen und sich zumindest einzelne Fälle im Hinblick auf die Erhaltung der außenwirtschaftsrechtlichen Ablaufregeln erläutern lassen.

Weitaus intensiver muss der Ausfuhrverantwortliche überwachen, wenn es bei Prüfungen Beanstandungen gegeben hat oder das Team, das die Vorgänge im Außenwirtschaftsverkehr abwickelt, relativ unerfahren ist. Im Einzelfall kann es hier geboten sein, dass er sich jeden einzelnen Ausfuhrantrag erläutern lässt und seine Mitarbeiter befragt, welche Vorkehrungen zur Einhaltung der Gesetze getroffen sind. In manchen Unternehmen geht die vorsorgende Überwachung sogar so weit, dass das vertretungsberechtigte Organ sich alle Auslandsaktivitäten vorlegen lässt. Der Vertrieb ist hierbei angewiesen, erst dann akquisitorisch tätig zu werden, wenn die zuständige Stelle des Unternehmens (Exportkontrolle, Genehmigungsabteilung) die Genehmigungsfähigkeit der Aktivität geprüft und das vertretungsberechtigte Organ sie genehmigt hat.

Praxistipp

 Um seiner Überwachungspflicht zu genügen, ist es empfehlenswert, dass der Ausfuhrverantwortliche in regelmäßigen Abständen mit denjenigen Mitarbeitern zusammentrifft, die im Unternehmen die Funktion der Exportkontrolle wahrnehmen.[256] Anlässlich derartiger Treffen sollten die wesentlichen Exportvorgänge besprochen werden. Weiterhin sollten die Mitarbeiter Gelegenheit erhalten, vorzutragen, mit welchen Arbeitsabläufen es ggf. Schwierigkeiten gegeben hat. Es ist darüber hinaus anzuraten, die wesentlichen Ergebnisse dieser regelmäßigen Besprechungen schriftlich zu dokumentieren.

Das Merkblatt ICP und die Empfehlung der Kommission geben zudem einige Hinweise, wie der Ausfuhrverantwortliche seiner Überwachungspflicht in geeigneter Weise nachkommen kann.[257] Obwohl die Empfehlung sich nur an Unternehmer der Verteidigungsgüterindustrie richtet, die sich zertifizieren lassen wollen, lassen sich die Ausführungen generell auf alle Unternehmen anwenden, die am Außenwirtschaftsverkehr teilnehmen.

---

255 Mit Fragen der Außenwirtschaftsprüfung setzen sich Haellmigk/Vulin, AW-Prax 2013, 240 ff.; Hannemann-Kacik, Der Zoll-Profi! 12/2016, 9 ff.; Ole Meyer, AW-Prax 1999, 401 ff.; Recktenwald, Der Zoll-Profi! 9/2008, 6 ff. eingehend auseinander.

256 Zu regelmäßig durchzuführenden Audits siehe auch Möllenhoff, AW-Prax 2013, 307 (311).

257 Siehe hierzu: Merkblatt ICP, S. 21 ff.; Anhang I, Ziffer 3. der Empfehlung.

Nach der Empfehlung sollen die Einhaltung des Ausfuhrkontrollverfahrens und die täglichen Betriebsabläufe angekündigt stichprobenartig überprüft werden.[258] Dies soll idealerweise einmal im Jahr erfolgen, mindestens aber alle drei Jahre.[259] Vom Volumen her soll eine Stichprobe mindestens 1 % der erfolgten Ausfuhren/Verbringungen betragen. Den erwarteten Höchstwert veranschlagt die Empfehlung mit 20 %.[260] Dabei ist darauf zu achten, dass pro Kunde, Bestimmungsort und Projekt jeweils eine Lieferung überprüft werden sollte.[261] Im Rahmen eines internen Revisionsprogramms ist sicherzustellen, dass eine repräsentative Anzahl von Lieferungen geprüft wird.[262]

Sodann setzt sich die Empfehlung damit auseinander, welche Stellen im Unternehmen die Stichproben durchführen sollen. Insoweit werden genannt:

- ein höherrangiger Mitarbeiter der Zuständigkeitshierarchie für die Ausfuhrkontrolle; dies könnte z.B. auch der Ausfuhrverantwortliche in Person sein;

- das Qualitätsmanagement;

- das Finanzmanagement oder die Buchhaltung;

- eine andere Person des mittleren Managements oder in höherer Position, die nicht unmittelbar mit der Routinearbeit bei Ausfuhren/Verbringungen zu tun hat.[263]

Weiterhin legt die Empfehlung dar, welche Fragen im Rahmen der Prüfungen gestellt werden sollen, nämlich:

- Werden die geltenden Ausfuhrbestimmungen eingehalten?

- Gibt es aktualisierte Verfahren, die sicherstellen, dass alle Ausfuhr- und Verbringungsvorschriften eingehalten werden?

- Finden regelmäßige Sensibilisierungsmaßnahmen statt?

- Sind Aufzeichnungen leicht zugänglich?

- Sind die Aufzeichnungen vollständig?

- Erfassen die Aufzeichnungen alle relevanten Aspekte von Einfuhr, Ausfuhr und Verbringung?

- Liegen Informationen über den Lebenszyklus einschlägiger Produkte von der Quelle bis zum Bestimmungsort vor?[264]

Das Unternehmen ist zudem gehalten, klare Aufzeichnungen über alle vermuteten Nichteinhaltungen anzufertigen sowie hierzu Korrekturmaßnahmen anzuordnen. Die Wirksamkeit der Korrekturmaßnahme ist zu bewerten. Die Aufzeichnungen sind entsprechend aufzubewahren.[265]

---

258 Siehe Anhang I, Ziffer 3. a) der Empfehlung.
259 Siehe Anhang I, Ziffer 3. b), 1. Reihe der Empfehlung.
260 Siehe Anhang I, Ziffer 3. b), 2. Reihe der Empfehlung.
261 Siehe Anhang I, Ziffer 3. c), 1. Reihe der Empfehlung.
262 Siehe Anhang I, Ziffer 3. c), 2. Reihe der Empfehlung.
263 Vgl. Merkblatt ICP, S. 21 ff.; Anhang I, Ziffer 3. b). 3. Reihe der Empfehlung; siehe auch Wermelt/Tervooren, CCZ 2013, 81 (83).
264 Siehe Merkblatt ICP, S. 20; Anhang I, Ziffer 3. b), 4. Reihe der Empfehlung.
265 Siehe Merkblatt ICP, S. 22; Anhang I, Ziffer 3. c), 3. Reihe der Empfehlung.

4.4 Die Weiterbildungspflicht

Schließlich muss der Ausfuhrverantwortliche dafür sorgen, dass seine Mitarbeiter im Exportbereich sich ständig in Fragen des Außenwirtschaftsrechts weiterbilden. Auch er selbst muss sich fortbilden.[266] Es ist zwingend erforderlich, dass der Ausfuhrverantwortliche zumindest in groben Zügen über die neuesten Entwicklungen im Außenwirtschaftsrecht unterrichtet ist.

Das Außenwirtschaftsrecht ist eine sehr schnelllebige Materie. Sie ist davon gekennzeichnet, dass sich stetig Änderungen größeren Ausmaßes einstellen. Anfang der 90er-Jahre war die Entwicklung – bedingt durch die Vorgänge um Rabta und durch den Überfall auf Kuwait – so rasant, dass Mitarbeiter, die länger als einen Monat die Bekanntmachungen des Bundesanzeigers nicht studiert hatten, sich nicht mehr auf dem aktuellen Stand des geltenden Rechts befanden. Durch das europäische Recht werden die außenwirtschaftlichen Vorgänge immer stärker geprägt und beeinflusst. Die Gewähr dafür, dass die einschlägigen Gesetze beachtet werden, kann nur derjenige geben, der sich ständig im Außenwirtschaftsrecht auf dem Laufenden hält.

In diesem Rahmen hat der Ausfuhrverantwortliche dafür zu sorgen, dass seine Mitarbeiter, die im Exportbereich tätig sind, regelmäßig Fachseminare besuchen. Die Teilnahme hieran ist zu dokumentieren. Empfehlenswert ist es hierbei, an Veranstaltungen namhafter Einrichtungen teilzunehmen und sich entsprechende Zertifikate hierüber aushändigen zu lassen. Dabei ist es zwingend notwendig, die Teilnahmebescheinigung zur Personalakte zu nehmen.[267] Mitarbeitern, die bisher nur geringe Erfahrungen im Außenwirtschaftsverkehr mitbringen, ist es zu empfehlen, z.B. Seminare der Außenwirtschaftsakademie (AWA), Münster, zu besuchen. Auch steht es dem Ausfuhrverantwortlichen gut zu Gesicht, wenn er selbst gelegentlich eines der vielen Seminare besucht, die gerade für die Top-Ebene angeboten werden und die Inhalte in komprimierter, verständlicher Form darbringen.

Es fragt sich, in welchen Zeitabständen Mitarbeiter der Exportkontrolle Fortbildungsveranstaltungen zu besuchen haben. Die Empfehlung der Kommission trifft hierzu eine klare Aussage. Dort heißt es: „Immer, wenn die nationalen und die EU-Vorschriften und Verfahren zur Ausfuhrkontrolle geändert werden, *mindestens jedoch einmal im Jahr.*"[268] Bei aller Einsicht in die Notwendigkeit ständiger Fortbildungsmaßnahmen halte ich diese Empfehlung für überzogen. Im Außenwirtschaftsrecht gibt es bewegte Zeiten, in denen sich viel verändert. Zu nennen sind in diesem Zusammenhang vor allem die Jahre 2009 (Änderung der EG-Dual-use-VO) und 2012/2013 (Gesetz zur Modernisierung des Außenwirtschaftsrechts). In diesen Zeiten sind Besuche von Fortbildungsveranstaltungen ein Muss. In weniger bewegten Zeiten dagegen reicht aus meiner Sicht ein Turnus von zwei bis drei Jahren für Updates auf dem Gebiet der Exportkontrolle völlig aus.

---

266 Vgl. hierzu auch: Bundesamt für Wirtschaft und Ausfuhrkontrolle, AW-Prax 2004, 387 (388); Prieß/Thoms, AW-Prax 2013, 110.

267 So jetzt ausdrücklich: Merkblatt ICP, S. 20.

268 Merkblatt ICP, S. 20; Anhang I, Ziffer 4.2, 2. Reihe der Empfehlung (Hervorhebung des Verfassers).

Als Fortbildungsveranstaltungen werden anerkannt:

- externe Seminare renommierter Veranstalter auf dem Gebiet des Außenwirtschaftsrechts;

- Informationsveranstaltungen der zuständigen Behörden, insbesondere des BAFA;

- Fortbildungsmaßnahmen extern oder online wie z.B. ein Fernlehrgang zur Exportkontrolle.[269]

Je nach Sensibilität der Materie, mit der das Unternehmen umgeht, ist es empfehlenswert, regelmäßig interne Mitarbeiterschulungen[270] zu veranstalten. Insbesondere für den Vertrieb, die Entwicklung, den Wareneingang und den Versand, aber auch für die Produktionsbereiche sind derartige Informationsgespräche sinnvoll. Sie wecken bei den betroffenen Mitarbeitern das Verständnis für die Belange des Außenwirtschaftsrechts. Darüber hinaus bewirken derartige Veranstaltungen, dass die betroffenen Mitarbeiter problembewusster mit der so sensiblen Materie umgehen.

Weiterhin muss der Ausfuhrverantwortliche dafür sorgen, dass seine Mitarbeiter stets mit den aktuellen Gesetzestexten versorgt sind. Neben den reinen Rechtstexten sollte er der Exportkontrolle auch einschlägige Kommentare zur Verfügung stellen, wie z.B. den AWR-Kommentar[271]. Darüber hinaus muss jedes Unternehmen, das exportorientiert ist, Zugang zum Bundesanzeiger und zum Amtsblatt der EG haben. Hier ist es zwar wünschenswert, aber nicht unbedingt erforderlich, diese umfänglichen Blätter zu abonnieren. Nur der jederzeitige Zugriff, z.B. über eine nahegelegene Bibliothek oder über das Internet,[272] muss sichergestellt sein. Einzelne Mitarbeiter müssen verpflichtet werden, diese Blätter oder die entsprechenden Fundstellen im Internet regelmäßig durchzusehen und zu überprüfen, ob die Neuerungen im Außenwirtschaftsrecht für das Unternehmen von Bedeutung sind. Empfehlenswert ist es des Weiteren, mindestens eine Fachzeitschrift[273] zu abonnieren, die den aktuellen Stand des Außenwirtschaftsrechts wiedergibt, z.B. die AW-Prax.

Uneingeschränkt empfehlenswert ist es, in den Exportkontrollabteilungen mit dem HADDEX zu arbeiten. Dieser steht als Print- und Onlineversion zur Verfügung.

---

269 Vgl. Anhang I, Ziffer 4.2, 3. Reihe der Empfehlung.
270 Merkblatt ICP, S. 21.
271 Siehe hierzu Anhang I, Ziffer 4.2, 2. Reihe.
272 Zwischenzeitlich können alle Veröffentlichungen im Amtlichen Teil des Bundesanzeigers auf der Internetseite http://www.bundesanzeiger.de (Stand der Abfrage: 01.09.2018) eingesehen und als PDF-Dokument heruntergeladen werden. Dort ist auch eine Leseversion des Bundesgesetzblattes Teil I verfügbar. Das Amtsblatt der Europäischen Gemeinschaften kann über http://eur-lex.europa.eu/oj/direct-access.html (Stand der Abfrage: 01.09.2018) abgerufen werden. Wertvolle Hinweise zu aktuellen Gesetzes- und Verordnungstexten finden sich auch auf der Website des BAFA: http://www.bafa.de/ausfuhrkontrolle/de/index.html (Stand der Abfrage: 01.09.2018).
273 Siehe hierzu: Anhang I, Ziffer 4.2, 3. Reihe der Empfehlung.

5. Die Risiken des Ausfuhrverantwortlichen

Nachdem nun die Aufgaben des Ausfuhrverantwortlichen hinlänglich beschrieben sind, wird dargelegt, welche Risiken ihn treffen. Zunächst wird in diesem Zusammenhang erörtert, unter welchen Voraussetzungen sich der Ausfuhrverantwortliche einer Ordnungswidrigkeit oder gar einer Straftat nach AWG oder KWKG schuldig machen kann (hierzu 5.1). Um dieses straf- und ordnungswidrigkeitenrechtliche Risiko in seiner vollen Bandbreite ermessen zu können, ist es erforderlich, die einschlägigen Straf- und Bußgeldtatbestände im Außenwirtschaftsrecht und die sich hieraus ergebenden Rechtsfolgen näher darzustellen (siehe 5.1.1 für das AWG und 5.1.2 für das KWKG). Hieran schließt sich die Frage an, mit welchen außerstrafrechtlichen Konsequenzen der Ausfuhrverantwortliche schlimmstenfalls rechnen muss (hierzu 5.2).

5.1 Das straf- und ordnungswidrigkeitenrechtliche Risiko des Ausfuhrverantwortlichen

5.1.1 Die Tatbestände des AWG

Das Außenwirtschaftsstrafrecht hat sich im Laufe der Jahrzehnte sehr stark verändert. Bis zum Jahre 1992 war es relativ liberal. Die allermeisten Verstöße im Außenwirtschaftsrecht hatten lediglich den Charakter einer Ordnungswidrigkeit. Ihnen kam damit nur die Qualität von Verwaltungsunrecht zu. Der Bußgeldrahmen war zwar auch schon vor der Novelle des Jahres 1992 sehr hoch. Jedoch konnte derjenige, der den Bestimmungen des Außenwirtschaftsrechts zuwiderhandelte, nur im Ausnahmefall mit einer Freiheits- oder einer Geldstrafe belegt werden. Dies hat sich durch die Novelle des AWG vom 28.02.1992[274] grundlegend geändert. Die Gesetzesneuerung hat zu einer Kriminalisierung des Außenwirtschaftsrechts geführt. Der Regelfall war danach, dass ein Verstoß gegen außenwirtschaftsrechtliche Bestimmungen eine Straftat, also kriminelles Unrecht, darstellte.

Die Gesetzesnovelle des Jahres 1992 ist vor dem Hintergrund der schwerwiegenden Verstöße einzelner deutscher Unternehmen zustande gekommen. Schon recht bald erkannte man, dass die getroffenen Regelungen bei Weitem über das Ziel hinausgegangen waren.[275] Korrigiert wurden diese Auswirkungen allerdings erst im Jahre 2006 durch die 12. AWG-Novelle.[276]

Die Kritik an der Rechtslage, die durch die 1992er Novelle entstanden war, richtete sich vor allem gegen den damaligen Embargotatbestand des § 34 Abs. 4 AWG a.F. Dieser erlaubte es nicht, in Bagatellfällen eine sachgerechte Beendigung des Verfahrens durch Einstellung wegen Geringfügigkeit (§§ 153, 153a StPO) zu erzielen. Ohne jede Ausnahmemöglichkeit

---

274 BGBl. I S. 372; zu dieser Gesetzesnovelle siehe: Hantke, NJW 1992, 2123 ff.; Michalke, StV 1993, 262 ff.; Pottmeyer, DWiR 1992, 133 ff.

275 Siehe hierzu die Kritik bei: Bieneck, AW-Prax 1999, 81 ff.; ders., AW-Prax 1999, 292 ff.; Schelzig, AW-Prax 1999, 329 f.; Robert Müller, AW-Prax 1999, 370 ff.; Meine, AW-Prax 1999, 414 f.; Pottmeyer, AW-Prax 1999, 45 ff.; Ricke, AW-Prax 2011, 404 ff.; Schäfer, AW-Prax 2012, 204 ff.; zur Kritik an Blankettstrafgesetzen am Beispiel des § 34 AWG a.F. siehe auch Nestler, NStZ 2012, 672 ff.

276 Zwölftes Gesetz zur Änderung des Außenwirtschaftsgesetzes und der Außenwirtschaftsverordnung vom 28.03.2006, BGBl. I S. 574; vgl. hierzu auch: Bieneck, AW-Prax 2006, 189 ff.; Pottmeyer, AW-Prax 2006, 145 ff.

handelte es sich beim Embargobruch um ein Verbrechen, auch in minder schweren Fällen. Diese sind einer Einstellung des Strafverfahrens wegen Geringfügigkeit nicht zugänglich.

Beispiel

 Der Caritas-Fall

Der Mitarbeiter einer mildtätigen Organisation, möglicherweise der Caritas, versandte in ein UN-Schutzgebiet in Kroatien, das seinerzeit dem Jugoslawien-Embargo unterlag, Werkzeuge, fünf Kartons getragene Schuhe, 15 Säcke gebrauchte Kleidung, 17,5 kg Medikamente.

Das Verfahren vor dem Amtsgericht Stuttgart endete mit einem Freispruch. Die Revisionsinstanz hob diesen Freispruch – nach damals geltendem Recht völlig zu Recht – auf. Nach Zurückverweisung wurde der Caritas-Mitarbeiter „eines Verbrechens nach § 34 Abs. 4 Satz 2 AWG in einem minder schweren Fall" schuldig gesprochen. Es wurde eine Verwarnung unter Strafvorbehalt ausgesprochen.

Dieses Urteil, das dem damals geltenden Recht entsprochen haben mag, ist – vom gesunden Menschenverstand her gesehen – der Sache nach verfehlt. Eine Einstellung wegen Geringfügigkeit, und zwar ohne Auflagen (Geldbuße), wäre in diesem Fall angemessen gewesen. Gegen den Mitarbeiter wurde zwar die mildeste aller Strafen verhängt. Er hatte jedoch die nicht unbeträchtlichen Kosten des Verfahrens zu tragen. Zudem hätte die Verwarnung widerrufen werden und in eine Strafe umgewandelt werden können, wenn der Mitarbeiter innerhalb eines bestimmten Zeitraums eine weitere Straftat begangen hätte. Dabei hätte es sich durchaus um eine Straftat handeln können, die mit derjenigen nach dem AWG in keinerlei Zusammenhang steht (z.B. eine Beleidigung im Straßenverkehr). Alle diese Konsequenzen sind für einen Menschen, der in einer Krisenregion dieser Welt helfend tätig werden wollte, alles andere als sachgerecht. Die Richter hatten jedoch keine Wahl. Sie waren an die verfehlte Ausgestaltung des § 34 Abs. 4 AWG a.F. gebunden.

Beispiel

 Der Porsche-Fall

Ein in Bayern ansässiger Playboy verlieh aus reiner Gefälligkeit ohne jegliche Gegenleistung für einen Zeitraum von vier Wochen seinen Porsche an einen Kollegen in Belgrad.

Hierbei handelte es sich ebenfalls um einen UN-Embargobruch.[277] Die Unentgeltlichkeit der Leistung (Leihe des Porsche) stand dem Straftatbestand des § 34 Abs. 4 AWG nicht

---

277 Zu Embargobrüchen vgl. u.a. Bieneck, AW-Prax 2002, 429 ff.; ders., AW-Prax 2003, 233 ff.; Dannecker, S. 383 ff.; Kreuzer, AW-Prax 2000, 70; ders, AW-Prax 2001, 33 f.; ders., AW-Prax 2001, 68 f.; ders.,
AW-Prax 2002, 431 f.; ders., AW-Prax 2003, 29; ders., AW-Prax 2003, 71 f.; speziell zum Iran-Embargo:
Jansen/Oertel, RIW 2010, 695 ff.; Richter/Lutz, AW-Prax 2009, 3 ff.; Sachs/Thomas, AW-Prax 2010, 393 f.;
speziell zum Libyen-Embargo siehe die grundlegende Dissertation von Hinz, „Die Sanktionen gegen
Libyen", Frankfurt am Main u.a., 2004; speziell zum Embargo gegen Nordkorea: LG Chemnitz, Urt. v.
21.04.2016 – 4 Ns 910 Js 11214/13 nv., Ricke, AW-Prax 2018, 130 ff.

entgegen. Das zuständige Amtsgericht verurteilte den Playboy zu 150 Tagessätzen. Das BayObLG[278] bestätigte dieses Urteil. Auch diese Entscheidung ist vom gesunden Menschenverstand her der Sache nicht angemessen. Wenn man bedenkt, dass man bei Alkoholdelikten im Straßenverkehr schon zum Wiederholungstäter geworden sein muss, um zu 50 Tagessätzen verurteilt zu werden, steht die vorliegend verhängte Strafe völlig außer Verhältnis. Derjenige, der seinen Porsche nach Serbien verleiht, soll dreimal so gefährlich sein wie der Alkoholsünder. Dieser Wertungswiderspruch ist nur schwerlich zu vermitteln.

Fälle der vorliegenden Art werden sich nun nicht mehr wiederholen. Mit der 12. AWG-Novelle hat der Gesetzgeber ein flexibleres System der Strafen im Außenwirtschaftsrecht geschaffen. Liberaler ist das neue AWG-Strafrecht nicht geworden. Personen, die erhebliche kriminelle Energie aufwenden, können mindestens ebenso hart wie bisher bestraft werden. Bei Fällen der Bagatellkriminalität erlaubt das neue Recht dagegen durchaus sachgerechte Lösungen.

Durch eine dritte Novelle wurde das Außenwirtschaftsstrafrecht grundlegend reformiert, nämlich durch das Gesetz zur Modernisierung des Außenwirtschaftsrechts.[279] Auch durch diese Gesetzesneuerung ist keine Liberalisierung eingetreten. Der Strafrahmen ist mehr oder weniger der gleiche geblieben. Allerdings hat sich der Gesetzgeber zu einer klareren Regelung durchgerungen. Kompliziert war das bis zum 31.08.2013 geltende Recht vor allem durch den § 34 Abs. 2 AWG a.F. Dieser machte eine ungenehmigte Handlung dann zum Straftatbestand, wenn eines der dort genannten Merkmale verwirklicht war (Gefahr für das friedliche Zusammenleben der Völker; Gefahr für die äußere Sicherheit; erhebliche Gefahr für die auswärtigen Beziehungen). Insbesondere der zuletzt genannte Tatbestand war nicht klar genug umrissen. Deswegen hat der Gesetzgeber ein komplett neues System der Strafbarkeit eingeführt. Vom Grundsatz her sind ab dem 01.09.2013 die vorsätzlich begangenen Verstöße Straftaten. Demgegenüber sind Fahrlässigkeitstaten bis auf wenige Ausnahmen als Ordnungswidrigkeiten ausgestaltet.

Die Rechtslage, die vor dem 01.09.2013 gegolten hat, spielt nach wie vor eine Rolle, nämlich für die sog. Altfälle.[280] Hier ist jeweils zu prüfen, ob im Einzelfall das alte oder das neue Recht das mildere war. Nach § 2 Abs. 3 StGB darf der Täter nur nach dem mildesten Gesetz bestraft werden. Aus diesem Grunde wird unter 5.1.1.1 die Rechtslage dargestellt, die vor dem 01.09.2013 gegolten hat. Das neue, zu diesem Zeitpunkt in Kraft getretene Recht wird unter 5.1.1.2 dargestellt.

---

278 Beschluss vom 10.11.1997, wistra 1998, 119 f.
279 Vom 06.06.2013, BGBl. I S. 1482; zur Modernisierungsnovelle siehe auch Billig, Der Zoll-Profi! 4/2013, 2 ff.; ders., Der Zoll-Profi! 5/2013, 2 ff.; Herkes, AW-Prax 2013, 135 (137): Hohmann, AW-Prax 2013, 3 ff.; ders., AW-Prax 2013, 312 ff.; Kollmann, AW-Prax 2013, 267 ff.; dies., AW-Prax 2013, 381 ff.; dies. in: *Ehlers/Wolffgang*, S. 35 ff.; Simonsen, Außenwirtschaftsrecht, S. 18 f.; Walter, RIW 2013, 205 ff.; ders., RIW 2013, 847 ff.; Wendling, AW-Prax 2011, 171; AW-Prax 2013, 157 ff.
280 Eine Gegenüberstellung des alten und des neuen Außenwirtschaftsstrafrechts findet sich bei Kollmann, AW-Prax 2013, 267 (276 f.).

5.1.1.1 Die Rechtslage bis zum 31.08.2013

5.1.1.1.1 Die Ordnungswidrigkeiten nach AWG/AWV a.F.

Gesetzlich waren die Ordnungswidrigkeiten des Außenwirtschaftsrechts in § 33 AWG a.F. niedergelegt. Diese Vorschrift war nicht zuletzt wegen der dort praktizierten Verweisungstechnik sehr unübersichtlich ausgestaltet. Die allermeisten Ordnungswidrigkeitentatbestände ergaben sich nämlich nicht aus der Vorschrift selbst, sondern erst durch einen Verweis auf eine „Rechtsverordnung nach § 2 Abs. 1 in Verbindung mit § 5 oder § 7 Abs. 1 oder 3 Satz 1 AWG, soweit die Rechtsverordnung für einen bestimmten Tatbestand auf diese Bußgeldvorschrift verweist". Die Rechtsverordnung, die in § 33 AWG a.F. erwähnt wird, ist die AWV. Die Tatbestände, die auf den § 33 AWG a.F verwiesen, waren in § 70 AWV a.F. aufgeführt.

Der Übersichtlichkeit halber sind nachstehend sämtliche Ordnungswidrigkeitentatbestände im Außenwirtschaftsrecht unter Angabe der Rechtsgrundlage und des vorgesehenen Bußgeldrahmens tabellarisch aufgeführt.[281] Bei einzelnen Ordnungswidrigkeiten konnte auch der Versuch mit einer Geldbuße geahndet werden (vgl. § 33 Abs. 7 AWG a.F.). Auch hierauf befindet sich jeweils ein Hinweis in der tabellarischen Übersicht. Wiedergegeben ist der letzte Stand der Ordnungswidrigkeiten, der vor dem 01.09.2013 gegolten hat.[282]

Ordnungswidrigkeiten nach AWG/AWV

OWi-Vorschrift	Handlung	Zuwiderhandlung gegen	Höchst-satz Geldbuße
Verstöße gegen Beschränkungen bei Warenausfuhr, Handels- und Vermittlungsgeschäften, aktivem Dienstleistungs- sowie Kapital- und Zahlungsverkehr aufgrund des § 7 AWG und des § 5 AWG			
§§ 33 Abs. 1 AWG, 70 Abs. 1 Nr. 1 AWV	Abgabe einer Boykotterklärung	§ 4 a AWV	500.000 EUR
Versuch ahndbar!			
§§ 33 Abs. 1 AWG, 70 Abs. 1 Nr. 2 AWV	Ungenehmigte Ausfuhr von Gütern entgegen einer der nebenstehenden Vorschriften	§§ 5 Abs. 2, 5 c Abs. 1 Satz 1, 5 d Abs. 1 Satz 1 AWV	500.000 EUR
Versuch ahndbar!			
§§ 33 Abs. 1 AWG, 70 Abs. 1 Nr. 3 AWV	Ungenehmigte Ausfuhr von Gütern entgegen einer der nebenstehenden Vorschriften	§§ 5 c Abs. 2 Satz 2, 5 d Abs. 2 Satz 2 AWV	500.000 EUR
Versuch ahndbar!			

---

281 Eine entsprechende Tabelle wurde bereits in AW-Prax 1996, 139 ff., AW-Prax 2006, 431 ff.; AW-Prax 2010, 15 ff. und AW-Prax 2012, 47 ff. veröffentlicht. Die vorliegende Übersicht gibt den Stand wieder, der vor der Gesetzesnovelle des Jahres 2013 bestanden hat. Zu den Ordnungswidrigkeiten nach AWG/AWV siehe auch Schrömbges, AW-Prax 2008, 515 ff.

282 96. Änderungsverordnung zur AWV vom 15.04.2013, BAnz. AT vom 16.04.2013, V 1.

OWi-Vorschrift	Handlung	Zuwiderhandlung gegen	Höchst-satz Geldbuße
§§ 33 Abs. 1 AWG, 70 Abs. 1 Nr. 3a AWV **Versuch ahndbar!**	Ungenehmigte Ausfuhr von Waren entgegen einer der nebenstehenden Vorschriften	§ 6a Abs. 1 Satz 1 oder Abs. 2 Satz 1 AWV	500.000 EUR
§§ 33 Abs. 1 AWG, 70 Abs. 1 Nr. 4 AWV **Versuch ahndbar!**	Ungenehmigtes Verbringen von Gütern innerhalb der EU entgegen einer der nebenstehenden Vorschriften	§ 7 Abs. 2 Satz 1, Abs. 3 Satz 1, Abs. 4 Satz 1, AWV	500.000 EUR
§§ 33 Abs. 1 AWG, 70 Abs. 1 Nr. 5 AWV **Versuch ahndbar!**	Ungenehmigtes Verbringen von Gütern innerhalb der EU entgegen einer der nebenstehenden Vorschriften	§ 7 Abs. 3 Satz 3, Abs. 4 Satz 3 AWV	500.000 EUR
§§ 33 Abs. 1 AWG, 70 Abs. 1 Nr. 5a AWV **Versuch ahndbar!**	Zuwiderhandlung gegen eine vollziehbare Auflage	§ 38 Abs. 5 AWV	500.000 EUR
§§ 33 Abs. 1 AWG, 70 Abs. 1 Nr. 6 AWV **Versuch ahndbar!**	Vornahme eines Handels- oder Vermittlungsgeschäftes	§ 40 Abs. 1, auch i.V.m. § 42 AWV	500.000 EUR
§§ 33 Abs. 1 AWG, 70 Abs. 1 Nr. 6a AWV **Versuch ahndbar!**	Vornahme eines Handels- oder Vermittlungsgeschäftes	§§ 41 Abs. 1, 41a Abs. 1, 42 Abs. 2 AWV	500.000 EUR
§§ 33 Abs. 1 AWG, 70 Abs. 1 Nr. 6b AWV **Versuch ahndbar!**	Vornahme eines Handels- oder Vermittlungsgeschäftes	§§ 41 Abs. 2 Satz 2, 41a Abs. 2 Satz 2, 42 Abs. 3 Satz 2 AWV	500.000 EUR
§§ 33 Abs. 1 AWG, 70 Abs. 1 Nr. 6c AWV **Versuch ahndbar!**	Ungenehmigtes Erbringen technischer Unterstützung entgegen der nebenstehenden Vorschrift	§ 45 Abs. 1 AWV, auch i.V.m. § 45d AWV	500.000 EUR
§§ 33 Abs. 1 AWG, 70 Abs. 1 Nr. 6d AWV **Versuch ahndbar!**	Ungenehmigtes Erbringen technischer Unterstützung entgegen der nebenstehenden Vorschrift	§ 45 Abs. 2 Satz 2 AWV, auch i.V.m. § 45d AWV	500.000 EUR
§§ 33 Abs. 1 AWG, 70 Abs. 1 Nr. 7 AWV **Versuch ahndbar!**	Ungenehmigtes Erbringen technischer Unterstützung entgegen einer der nebenstehenden Vorschriften	§§ 45a Abs. 1, 45b Abs. 1, 2, 45c Abs. 1 AWV, jeweils auch i.V.m. § 45d AWV	500.000 EUR

OWi-Vorschrift	Handlung	Zuwiderhandlung gegen	Höchstsatz Geldbuße
§§ 33 Abs. 1 AWG, 70 Abs. 1 Nr. 8 AWV **Versuch ahndbar!**	Ungenehmigtes Erbringen technischer Unterstützung entgegen einer der nebenstehenden Vorschriften	§§ 45a Abs. 2 Satz 2, 45b Abs. 3 Satz 2, 45c Abs. 2 Satz 2 AWV, jeweils auch i.V.m. § 45d AWV	500.000 EUR
§§ 33 Abs. 1 AWG, 70 Abs. 1 Nr. 9 AWV **Versuch ahndbar!**	Bewirken von Zahlungen oder sonstigen Leistungen entgegen der nebenstehenden Vorschrift (Abkommen deutsche Auslandsschulden)	§ 51 AWV	500.000 EUR
§§ 33 Abs. 1 AWG, 70 Abs. 1 Nr. 10 AWV **Versuch ahndbar!**	Fehlende, unrichtige, unvollständige oder nicht rechtzeitige Meldung entgegen der nebenstehenden Vorschrift (Erwerb von Anteilen an sicherheitsrelevanten Unternehmen durch Ausländer)	§ 52 Abs. 1 Satz 1 AWV	500.000 EUR
§§ 33 Abs. 1 AWG, 70 Abs. 1 Nr. 11 AWV **Versuch ahndbar!**	Zuwiderhandlung gegen eine vollziehbare Auflage nach der nebenstehenden Vorschrift (Erwerb von Anteilen an sicherheitsrelevanten Unternehmen durch Gebiets- bzw. Gemeinschaftsfremde)	§ 53 Abs. 2 Satz 1 AWV	500.000 EUR
§§ 33 Abs. 1 AWG, 70 Abs. 1 Nr. 11a AWV **Versuch ahndbar!**	Unrichtige oder unvollständige Meldung entgegen der nebenstehenden Vorschrift (Erwerb von Anteilen an Unternehmen durch Gemeinschaftsfremde)	§§ 52 Abs. 2, 53 Abs. 2 Satz 4 AWV	500.000 EUR
§§ 33 Abs. 1 AWG, 70 Abs. 1 Nr. 12 AWV **Versuch ahndbar!**	Fehlende, unrichtige, unvollständige oder nicht rechtzeitige Meldung entgegen der nebenstehenden Vorschrift (betr. Elfenbeinküste)	§ 69j Abs. 5 Satz 2 AWV, auch i.V.m. § 69 Abs. 6 AWV	500.000 EUR
Verstöße gegen Beschränkungen bei der Einfuhr von Waren			
§ 33 Abs. 2 Nr. 1 AWG	Zuwiderhandlung gegen vollziehbare Auflage nach der nebenstehenden Vorschrift	§ 2 Abs. 2 Satz 1 AWG	500.000 EUR
§ 33 Abs. 2 Nr. 1a. AWG **Versuch ahndbar!**	Ungenehmigte Einfuhr von Waren entgegen der nebenstehenden Vorschrift	§ 10 Abs. 1 Satz 2 AWG	500.000 EUR
§ 33 Abs. 2 Nr. 2 AWG	Nichtmitteilung einer Verwendungsbeschränkung mit der Wirkung, dass die eingeführte Ware entgegen der Beschränkung verwendet wird	§ 13 Satz 1 AWG	500.000 EUR

OWi-Vorschrift	Handlung	Zuwiderhandlung gegen	Höchst-satz Geldbuße
§ 33 Abs. 2 Nr. 3 AWG	Verwendung einer eingeführten Ware durch Einführer oder Erwerber entgegen einer Verwendungsbeschränkung	§ 13 Satz 2 AWG	500.000 EUR
Verstöße gegen Beschränkungen aufgrund des EG-Zollkodex			
§§ 33 Abs. 4 Satz 1 AWG, 70 Abs. 4 Nr. 1 AWV **Versuch ahndbar!**	Fehlende oder nicht richtige Abgabe einer Ausfuhranmeldung durch Ausführer oder Anmelder mit der Wirkung, dass eine zur Ausfuhr bestimmte Gemeinschaftsware nicht ordnungsgemäß in das Ausfuhrverfahren überführt wird	Art. 161 Abs. 5 Satz 1 EG-ZK	500.000 EUR
§§ 33 Abs. 4 Satz 1 AWG, 70 Abs. 4 Nr. 2 AWV **Versuch ahndbar!**	Fehlende oder nicht richtige Abgabe einer Zollanmeldung durch Ausführer oder Anmelder	Art. 182 Abs. 3 Satz 3 EG-ZK, auch i.V.m. § 16b Satz 2 AWV	500.000 EUR
§§ 33 Abs. 4 Satz 1 AWG, 70 Abs. 5 Nr. 1 AWV **Versuch ahndbar!**	Nicht richtige Abgabe einer unvollständigen Ausfuhranmeldung	Art. 280 Abs. 1, auch i.V.m. Art. 278 Abs. 1 oder 3 EG-VO Nr. 2454/93	500.000 EUR
§§ 33 Abs. 4 Satz 1 AWG, 70 Abs. 5 Nr. 1 AWV **Versuch ahndbar!**	Fehlende Abgabe oder nicht richtige Vervollständigung einer unvollständigen Ausfuhranmeldung oder fehlende Ersetzung durch eine ordnungsgemäß erstellte Anmeldung	Art. 280 Abs. 4 i.V.m. Art. 259 Satz 1, auch i.V.m. Art. 278 Abs. 1 oder 3 EG-VO Nr. 2454/93	500.000 EUR
§§ 33 Abs. 4 Satz 1 AWG, 70 Abs. 5 Nr. 2 AWV **Versuch ahndbar!**	Zuwiderhandlung gegen vollziehbare Anordnung nach einer der nebenstehenden Vorschriften über – Form oder Inhalt der vereinfachten Anmeldung – Form, Inhalt oder Frist der ergänzenden Anmeldung – Inhalt des Exemplars Nr. 3 – Vorlage der ergänzenden Zollanmeldung oder Frist für ihre Abgabe	Art. 282 Abs. 1 i.V.m. Art. 262 Abs. 1 Satz 1 2. Anstrich, 262 Abs. 1 Satz 2; Art. 283 i.V.m. Art. 287 Abs. 1 Satz 1 Buchstabe d oder e, jeweils auch i.V.m. Art. 278 Abs. 1 oder 2 EG-VO Nr. 2454/93	500.000 EUR
§§ 33 Abs. 4 Satz 1 AWG, 70 Abs. 5 Nr. 3 AWV **Versuch ahndbar!**	Fehlende, unrichtige, unvollständige, nicht in der vorgeschriebenen Weise vorgenommene oder nicht rechtzeitige Benachrichtigung der Ausfuhrzollstelle	Art. 285 Abs. 1 lit. a, 253 Abs. 3, 283, 282 EG-VO Nr. 2454/93	500.000 EUR
§§ 33 Abs. 4 Satz 1 AWG, 70 Abs. 5 Nr. 4 AWV **Versuch ahndbar!**	Fehlende Mitteilung gegenüber den zuständigen Zollstellen über den Abgang von Waren durch den Ausführer	Art. 285 Abs. 1 lit. a, 253 Abs. 3, 283, auch i.V.m. Art. 278 Abs. 1 oder 3 EG-VO Nr. 2454/93	500.000 EUR

OWi-Vorschrift	Handlung	Zuwiderhandlung gegen	Höchst-satz Geldbuße
§§ 33 Abs. 4 Satz 1 AWG, 70 Abs. 5 Nr. 4 AWV **Versuch ahndbar!**	Zuwiderhandlung gegen vollziehbare Anordnung des Anschreibeverfahrens über Form und Modalität der Mitteilung durch den Ausführer	Art. 286a Abs. 1 Satz 2 Buchstabe a, 253 Abs. 3 oder 283, auch i.V.m. Art. 278 Abs. 1 oder 3 EG-VO Nr. 2454/93	500.000 EUR
§§ 33 Abs. 4 Satz 1 AWG, 70 Abs. 5 Nr. 5 AWV **Versuch ahndbar!**	Fehlende oder nicht richtige Anschreibung durch den Ausführer von Waren vor deren Abgang	Art. 285a Abs. 1 Satz 2 Buchstabe c, 253 Abs. 3 oder 283, auch i.V.m. Art. 278 Abs. 1 oder 3 EG-VO Nr. 2454/93	500.000 EUR
§§ 33 Abs. 4 Satz 1 AWG, 70 Abs. 5 Nr. 6 AWV **Versuch ahndbar!**	Fehlende Vorlage des Exemplars Nr. 3 des Einheitspapiers bei der Ausgangszollstelle durch den Anmelder, fehlende oder unrichtige Gestellung	Art. 793 Abs. 1, auch i.V.m. Art. 841 Abs. 1, ausgenommen Art. 792 Abs. 3, Art. 796c Uabs. 1 Satz 2 EG-VO Nr. 2454/93	500.000 EUR
§§ 33 Abs. 4 Satz 1 AWG, 70 Abs. 5 Nr. 6 AWV **Versuch ahndbar!**	Fehlende Gestellung der zur Ausfuhr überlassenen Waren gegenüber der Ausgangszollstelle durch den Anmelder	Art. 793 Abs. 1, auch i.V.m. Art. 841 EG-VO Nr. 2454/93	500.000 EUR
§§ 33 Abs. 4 Satz 1 AWG, 70 Abs. 5 Nr. 7 AWV **Versuch ahndbar!**	Fehlende Vorlage des Kontrollpapieres T5 gegenüber der Ausgangszollstelle	Art. 843 Abs. 3 EG-VO Nr. 2454/93	500.000 EUR
§§ 33 Abs. 4 Satz 1 AWG, 70 Abs. 5 Nr. 8 AWV **Versuch ahndbar!**	Fehlende, unrichtige oder nicht rechtzeitige Unterrichtung der Ausfuhrzollstelle	Art.792a Abs. 1 Satz 1 EG-VO Nr. 2454/93	500.000 EUR
§§ 33 Abs. 4 Satz 1 AWG, 70 Abs. 5 Nr. 9 AWV **Versuch ahndbar!**	Erfüllung des geänderten Beförderungsvertrags ohne Zustimmung	Art. 792a Abs. 2 Satz 1, Art. 793 Abs. 2 Uabs. 2 Buchstabe b EG-VO Nr. 2454/93	500.000 EUR
§§ 33 Abs. 4 Satz 1 AWG, 70 Abs. 5 Nr. 10 AWV **Versuch ahndbar!**	Zuwiderhandlung gegen eine vollziehbare Anordnung	Art. 792b Abs. 1 EG-VO Nr. 2454/93	500.000 EUR

OWi-Vorschrift	Handlung	Zuwiderhandlung gegen	Höchst- satz Geldbuße
Verstöße gegen Beschränkungen aufgrund der EG-VO 428/2009 (EG-Dual-use-VO)			
§§ 33 Abs. 4 Satz 1 AWG, 70 Abs. 5a Nr. 1 AWV **Versuch ahndbar!**	Ungenehmigte Ausfuhr von Gütern mit doppeltem Verwendungszweck	Art. 3 Abs. 1 EG-VO Nr. 428/2009	500.000 EUR
§§ 33 Abs. 4 Satz 1 AWG, 70 Abs. 5a Nr. 2 AWV **Versuch ahndbar!**	Ungenehmigte Ausfuhr von Gütern mit doppeltem Verwendungszweck trotz Unterrichtung durch die zustän- dige Behörde	Art. 4 Abs. 1, Abs. 2 Satz 1, Abs. 3 EG-VO Nr. 428/2009	500.000 EUR
§§ 33 Abs. 4 Satz 1 AWG, 70 Abs. 5a Nr. 3 AWV **Versuch ahndbar!**	Fehlende Unterrichtung der zuständi- gen Behörden	Art. 4 Abs. 4 2. Halbsatz EG-VO Nr. 428/2009	500.000 EUR
§§ 33 Abs. 4 Satz 1 AWG, 70 Abs. 5a Nr. 4 AWV **Versuch ahndbar!**	Vermittlungstätigkeit ohne Genehmi- gung, obwohl Unterrichtung durch Behörde vorlag	Art. 5 Abs. 1 Satz 1 EG-VO Nr. 428/2009	500.000 EUR
§§ 33 Abs. 4 Satz 1 AWG, 70 Abs. 5a Nr. 5 AWV **Versuch ahndbar!**	Vermittlungstätigkeit ohne Entschei- dung oder ohne Genehmigung der zuständigen Behörde	Art. 5 Abs. 1 Satz 2 EG-VO Nr. 428/2009	500.000 EUR
§§ 33 Abs. 4 Satz 1 AWG, 70 Abs. 5a Nr. 6 AWV **Versuch ahndbar!**	Zuwiderhandlung gegen ein vollzieh- bares Durchfuhrverbot	Art. 6 Abs. 1 Satz 1 EG-VO Nr. 428/2009	500.000 EUR
§§ 33 Abs. 4 Satz 1 AWG, 70 Abs. 5a Nr. 7 AWV **Versuch ahndbar!**	Ungenehmigtes Verbringen von Gü- tern ohne Genehmigung	Art. 212 Abs. 1 Satz 1 EG-VO Nr. 428/2009	500.000 EUR
Verstoß gegen EG-VO Nr. 3541/92 (Verbot der Erfüllung irakischer Ansprüche)			
§§ 33 Abs. 4 Satz 1 AWG, 70 Abs. 5b AWV **Versuch ahndbar!**	Erfüllung eines Anspruchs oder Tref- fen einer Maßnahme im Hinblick auf dessen Erfüllung	Art. 3 Abs. 1 EG-VO Nr. 3541/92	500.000 EUR

OWi-Vorschrift	Handlung	Zuwiderhandlung gegen	Höchst-satz Geldbuße
Verstöße gegen EG-VO Nr. 3275/93 **(Verbot der Erfüllung libyscher Ansprüche)**			
§§ 33 Abs. 4 Satz 1 AWG, 70 Abs. 5c AWV **Versuch ahndbar!**	Erfüllung eines Anspruchs oder Treffen einer Maßnahme im Hinblick auf dessen Erfüllung	Art. 2 Satz 1 EG-VO Nr. 3275/93	500.000 EUR
Verstöße gegen EG-VO Nr. 1264/94 **(Verbot der Erfüllung haitianischer Ansprüche)**			
§§ 33 Abs. 4 Satz 1 AWG, 70 Abs. 5d AWV **Versuch ahndbar!**	Erfüllung eines Anspruchs oder Treffen einer Maßnahme im Hinblick auf dessen Erfüllung	Art. 2 Abs. 1 EG-VO Nr. 1264/94	500.000 EUR
Verstöße gegen EG-VO Nr. 1733/94 **(Verbot der Erfüllung von Ansprüchen aus Serbien/Montenegro)**			
§§ 33 Abs. 4 Satz 1 AWG, 70 Abs. 5e AWV **Versuch ahndbar!**	Erfüllung eines Anspruchs oder Treffen einer Maßnahme im Hinblick auf dessen Erfüllung	Art. 2 Abs. 1 EG-VO Nr. 1733/94	500.000 EUR
Verstöße gegen EG-VO Nr. 2271/96 **(extraterritoriale Anwendung von Rechtsakten von Drittländern)**			
§§ 33 Abs. 4 Satz 1 AWG, 70 Abs. 5f AWV **Versuch ahndbar!**	Nichtnachkommen einer Forderung oder eines Verbotes aus Art. 5 Abs. 1 der EG-VO Nr. 2771/96 (Schutz vor den Auswirkungen der extraterritorialen Anwendung von einem Drittland erlassener Rechtsakte sowie hierauf beruhender oder sich daraus ergebender Maßnahmen)	Art. 5 Abs. 1 EG-VO Nr. 2771/96	500.000 EUR
Verstöße gegen EG-VO Nr. 2488/200 **(Sanktionen gegen Milosevic u.a.)**			
§§ 33 Abs. 4 Satz 1 AWG, 70 Abs. 5g AWV **Versuch ahndbar!**	Fehlende, nicht richtige, nicht vollständige oder nicht rechtzeitig übermittelte Information	Art. 3 Abs. 1 Buchstabe a EG-VO 2488/2000	500.000 EUR
Verstöße gegen EG-Nr. 2580/2001, 881/2002 **(Terrorismusbekämpfung)**			
§§ 33 Abs. 4 Satz 1 AWG, 70 Abs. 5h AWV **Versuch ahndbar!**	Fehlende, nicht richtige, nicht vollständige oder nicht rechtzeitig übermittelte Angabe	Art. 4 Abs. 1 Spiegelstrich 1 EG-VO 2580/2001	500.000 EUR

OWi-Vorschrift	Handlung	Zuwiderhandlung gegen	Höchst-satz Geldbuße
§§ 33 Abs. 4 Satz 1 AWG, 70 Abs. 5i AWV **Versuch ahndbar!**	Fehlende, nicht richtige, nicht vollständige oder nicht rechtzeitig übermittelte Information	Art. 5 Abs. 1 Buchsta-be a EG-VO 881/2002	500.000 EUR
Verstöße gegen EG-VO Nr. 2368/2002 (Internationaler Handel mit Rohdiamanten)			
§§ 33 Abs. 4 Satz 1 AWG, 70 Abs. 5j Nr. 1 AWV **Versuch ahndbar!**	Einfuhr von Rohdiamanten aus einem Drittland	Art. 3 EG-VO Nr. 2368/2002	500.000 EUR
§§ 33 Abs. 4 Satz 1 AWG, 70 Abs. 5j Nr. 2 AWV **Versuch ahndbar!**	Fehlende oder nicht rechtzeitige Vorlage der Behältnisse und der zu-gehörigen Zertifikate an die Gemein-schaftsbehörde	Art. 4 Abs. 1 EG-VO Nr. 2368/2002	500.000 EUR
§§ 33 Abs. 4 Satz 1 AWG, 70 Abs. 5j Nr. 3 AWV **Versuch ahndbar!**	Ausfuhr von Rohdiamanten in ein Drittland	Art. 11 EG-VO Nr. 2368/2002	500.000 EUR
§§ 33 Abs. 4 Satz 1 AWG, 70 Abs. 5j Nr. 4 AWV **Versuch ahndbar!**	Teilnahme an einer Umgehungsakti-vität	Art. 24 Abs. 2 EG-VO Nr. 2368/2002	500.000 EUR
Verstöße gegen EG-VO Nr. 1210/2003 (Beschränkungen Irak)			
§§ 33 Abs. 4 Satz 1 AWG, 70 Abs. 5k AWV **Versuch ahndbar!**	Fehlende, nicht richtige, nicht vollständige oder nicht rechtzeitig übermittelte Information	Art. 8 Abs. 1 Buch-stabe a EG-VO 1210/2003	500.000 EUR
Verstöße gegen EG-VO Nr. 314/2004 (Beschränkungen Simbabwe)			
§§ 33 Abs. 4 Satz 1 AWG, 70 Abs. 5l AWV **Versuch ahndbar!**	Fehlende, nicht richtige, nicht vollständige oder nicht rechtzeitig übermittelte Information	Art. 8 Abs. 1 Buchsta-be a EG-VO 314/2004	500.000 EUR
Verstöße gegen EG-VO Nr. 798/2004 (Beschränkungen Birma/Myanmar)			
§§ 33 Abs. 4 Satz 1 AWG, 70 Abs. 5m AWV **Versuch ahndbar!**	Fehlende, nicht richtige, nicht voll-ständige oder nicht rechtzeitig gelie-ferte oder übermittelte Information	Art.16 Abs. 1 Buchsta-be a EG-VO 194/2008	500.000 EUR

OWi-Vorschrift	Handlung	Zuwiderhandlung gegen	Höchst-satz Geldbuße
Verstöße gegen EG-VO Nr. 872/2004 (Beschränkungen Liberia)			
§§ 33 Abs. 4 Satz 1 AWG, 70 Abs. 5n AWV **Versuch ahndbar!**	Fehlende, nicht richtige, nicht vollständige oder nicht rechtzeitig übermittelte Information	Art. 8 Abs. 1 Buchsta-be a EG-VO 872/2004	500.000 EUR
Verstöße gegen EG-VO Nr. 1183/2005 (Beschränkungen Demokratische Republik Kongo)			
§§ 33 Abs. 4 Satz 1 AWG, 70 Abs. 5p AWV **Versuch ahndbar!**	Fehlende, nicht richtige, nicht vollständige oder nicht rechtzeitig übermittelte Information	Art. 6 Abs. 1 Buch-stabe a EG-VO 1183/2005	500.000 EUR
Verstöße gegen EG-VO Nr. 1236/2005 (Verstöße gegen die Anti-Folter-Verordnung)			
§§ 33 Abs. 4 Satz 1 AWG, 70 Abs. 5q Nr. 1 AWV	Ausfuhr von Gütern der EG-VO 1236/2005	Art. 3 Abs. 1 Satz 1 EG-VO 1236/2005	500.000 EUR
§§ 33 Abs. 4 Satz 1 AWG, 70 Abs. 5q Nr. 2 AWV	Technische Hilfe im Zusammenhang mit Gütern der EG-VO 1236/2005	Art. 3 Abs. 1 Satz 2 EG-VO 1236/2005	500.000 EUR
§§ 33 Abs. 4 Satz 1 AWG, 70 Abs. 5q Nr. 3 AWV	Einfuhr von Gütern der EG-VO 1236/2005	Art. 4 Abs. 1 Satz 1 EG-VO 1236/2005	500.000 EUR
§§ 33 Abs. 4 Satz 1 AWG, 70 Abs. 5q Nr. 4 AWV	Annahme technischer Hilfe im Zusammenhang mit Gütern der EG-VO 1236/2005	Art. 4 Abs. 1 Satz 2 EG-VO 1236/2005	500.000 EUR
§§ 33 Abs. 4 Satz 1 AWG, 70 Abs. 5q Nr. 4 AWV	Ausfuhr der in Art. 5 Abs. 1 Satz 1 EG-VO 1236/2005 genannten Güter ohne Genehmigung	Art. 5 Abs. 1 Satz 1 EG-VO 1236/2005	500.000 EUR
Verstöße gegen EG-VO Nr. 560/2005 (Beschränkungen Cote d'Ivoire – Elfenbeinküste)			
§§ 33 Abs. 4 Satz 1 AWG, 70 Abs. 5r Nr. 1 AWV **Versuch ahndbar!**	Fehlende, nicht richtige, nicht vollständige oder nicht rechtzeitig übermittelte Information	Art. 8 Abs. 1 Buchsta-be a EG-VO 560/2005	500.000 EUR
§§ 33 Abs. 4 Satz 1 AWG, 70 Abs. 5r Nr. 2 AWV **Versuch ahndbar!**	Erwerb, Vermittlung oder Mitwirkung an der Ausgabe einer Schuldverschreibung oder eines Wertpapiers	Art. 9a Buchsta-be a Satz 1 EG-VO Nr. 560/2005	500.000 EUR

OWi-Vorschrift	Handlung	Zuwiderhandlung gegen	Höchst-satz Geldbuße
Verstöße gegen EG-VO Nr. 765/2006 **(Beschränkungen Lukaschenko und verschiedene belarussische Amtsträger)**			
§§ 33 Abs. 4 Satz 1 AWG, 70 Abs. 5s AWV **Versuch ahndbar!**	Fehlende, nicht richtige, nicht vollständige oder nicht rechtzeitig übermittelte Information	Art. 5 Abs. 1 Buchstabe a EG-VO 765/2006	500.000 EUR
Verstöße gegen EG-VO Nr. 239/2007 **(Beschränkungen Demokratische Volksrepublik Korea)**			
§§ 33 Abs. 4 Satz 1 AWG, 70 Abs. 5t Nr. 1 AWV **Versuch ahndbar!**	Fehlende, nicht richtige, nicht vollständige, nicht in richtiger Weise vorgenommene oder nicht rechtzeitige Übermittlung einer Vorabanmeldung	Art. 3a Abs. 1 Unterabsatz 1 i.V.m. Unterabsatz 2 EG-VO Nr. 329/2007 i.V.m Vorschriften des Zollkodex	500.000 EUR
§§ 33 Abs. 4 Satz 1 AWG, 70 Abs. 5t Nr. 2 AWV **Versuch ahndbar!**	Fehlende, nicht richtige, nicht vollständige oder nicht rechtzeitig übermittelte Information	Art. 10 Abs. 1 Buchstabe a EG-VO 329/2007	500.000 EUR
§§ 33 Abs. 4 Satz 1 AWG, 70 Abs. 5t Nr. 3 AWV **Versuch ahndbar!**	Nichtablehnung einer Transaktion	Art. 11a Abs. 1 Buchstabe b EG-VO Nr. 329/2007	500.000 EUR
§§ 33 Abs. 4 Satz 1 AWG, 70 Abs. 5t Nr. 4 AWV **Versuch ahndbar!**	Fehlende Aufzeichnung einer Transaktion, Aufzeichnung einer Transaktion über einen Zeitraum von weniger als fünf Jahren, keine oder nicht rechtzeitige Zurverfügungstellung einer Aufzeichnung an die zuständige Behörde	Art. 11a Abs. 1 Buchstabe c EG-VO Nr. 329/2007	500.000 EUR
§§ 33 Abs. 4 Satz 1 AWG, 70 Abs. 5t Nr. 5 AWV **Versuch ahndbar!**	Fehlende oder nicht rechtzeitige Unterrichtung der zentralen Meldestelle oder einer in der VO genannten Behörde	Art. 11a Abs. 1 Buchstabe d Satz 1 EG-VO Nr. 329/2007	500.000 EUR
Verstöße gegen EG-VO Nr. 267/2012 **(Beschränkungen Iran)**			
§§ 33 Abs. 4 Satz 1 AWG, 70 Abs. 5u Nr. 1 AWV **Versuch ahndbar!**	Gewährung eines Darlehns, eines Kredits, Genehmigung oder Akzeptierung einer Beteiligung oder eines Joint Venture	Art. 22 Buchstabe a EG-VO Nr. 267/2012	500.000 EUR

OWi-Vorschrift	Handlung	Zuwiderhandlung gegen	Höchstsatz Geldbuße
§§ 33 Abs. 4 Satz 1 AWG, 70 Abs. 5u Nr. 2 AWV **Versuch ahndbar!**	Fehlende, nicht richtige, nicht vollständige, nicht in der vorgeschriebenen Weise getätigte, nicht rechtzeitige Meldung	Art. 30 Abs. 3 Buchstabe a Satz 2 oder Abs. 6 Buchstabe d Satz 1, 30a Abs. 1 Buchstabe a Satz 2 oder Buchstabe b Satz 2, 31 Abs. 1, EG-VO Nr. 267/2012	500.000 EUR
§§ 33 Abs. 4 Satz 1 AWG, 70 Abs. 5u Nr. 3 AWV **Versuch ahndbar!**	Geldtransfer ohne Genehmigung	Art. 30 Abs. 3 Buchstabe b Satz 1 oder Buchstabe c, 30a Abs. 1 Buchstabe c EG-VO Nr. 267/2012	500.000 EUR
§§ 33 Abs. 4 Satz 1 AWG, 70 Abs. 5u Nr. 4 AWV **Versuch ahndbar!**	Nichtablehnung einer Transaktion	Art. 30 Abs. 6 Buchstabe b EG-VO Nr. 267/2012	500.000 EUR
§§ 33 Abs. 4 Satz 1 AWG, 70 Abs. 5u Nr. 5 AWV **Versuch ahndbar!**	Fehlende Aufbewahrung einer Aufzeichnung einer Transaktion, Aufbewahrung einer Aufzeichnung einer Transaktion für weniger als fünf Jahre nach Anfertigung, fehlende oder nicht rechtzeitige Zurverfügungstellung der Aufzeichnung an die zuständige Behörde	Art. 30 Abs. 6 Buchstabe c EG-VO Nr. 267/2012	500.000 EUR
§§ 33 Abs. 4 Satz 1 AWG, 70 Abs. 5u Nr. 6 AWV **Versuch ahndbar!**	Eröffnung eines neuen Bankkontos	Art. 33 Abs. 1 Buchstabe a EG-VO Nr. 267/2012	500.000 EUR
§§ 33 Abs. 4 Satz 1 AWG, 70 Abs. 5u Nr. 7 AWV **Versuch ahndbar!**	Aufnahme einer Korrespondenzbankbeziehung	Art. 32 Abs. 1 Buchstabe b EG-VO Nr. 267/2012	500.000 EUR
§§ 33 Abs. 4 Satz 1 AWG, 70 Abs. 5u Nr. 8 AWV **Versuch ahndbar!**	Eröffnung einer neuen Repräsentanz, Gründung einer Zweigniederlassung oder Tochtergesellschaft	Art. 33 Abs. 1 EG-Buchstabe c EG-VO Nr. 267/2012	500.000 EUR
§§ 33 Abs. 4 Satz 1 AWG, 70 Abs. 5u Nr. 9 AWV **Versuch ahndbar!**	Abschluss einer Vereinbarung, die die Eröffnung einer Repräsentanz oder die Gründung einer Zweigniederlassung oder Tochtergesellschaft betrifft	Art. 33 Abs. 2 Buchstabe b EG-VO Nr. 267/2012	500.000 EUR

OWi-Vorschrift	Handlung	Zuwiderhandlung gegen	Höchst- satz Geldbuße
§§ 33 Abs. 4 Satz 1 AWG, 70 Abs. 5u Nr. 10 AWV **Versuch ahndbar!**	Kauf einer staatlichen oder staatlich garantierten Anleihe, Vermittlungs- dienste im Zusammenhang mit einem derartigen Kauf	Art. 34 Buchstabe a oder b EG-VO Nr. 267/2012	500.000 EUR
§§ 33 Abs. 4 Satz 1 AWG, 70 Abs. 5u Nr. 11 AWV **Versuch ahndbar!**	Fehlende, nicht richtige, nicht vollständige, nicht in der vorgeschrie- benen Weise getätigte, nicht bis zur Zollanmeldung erfolgte Abgabe einer Erklärung	Art. 36 EG-VO Nr. 267/2012	500.000 EUR
§§ 33 Abs. 4 Satz 1 AWG, 70 Abs. 5u Nr. 12 AWV **Versuch ahndbar!**	Erfüllung eines Anspruchs	Art. 38 Abs. 1 EG-VO Nr. 267/2012	500.000 EUR
§§ 33 Abs. 4 Satz 1 AWG, 70 Abs. 5u Nr. 13 AWV **Versuch ahndbar!**	Fehlende, nicht richtige, nicht vollständige oder nicht rechtzeitige Übermittlung einer Information	Art. 40 Abs. 1 Buchstabe a EG-VO Nr. 267/2012	500.000 EUR
§§ 33 Abs. 4 Satz 1 AWG, 70 Abs. 5u AWV **Versuch ahndbar!**	Fehlende, nicht richtige, nicht vollständige oder nicht rechtzeitige Übermittlung einer Information	Art. 9 Abs. 1 Buch- stabe a EG-VO Nr. 359/2011	500.000 EUR
Verstöße gegen EG-VO Nr. 1184/2005 (Beschränkungen Sudan)			
§§ 33 Abs. 4 Satz 1 AWG, 70 Abs. 5v AWV **Versuch ahndbar!**	Fehlende, nicht richtige, nicht vollständige oder nicht rechtzeitig übermittelte Information	Art. 6 Abs. 1 Buch- stabe a EG-VO 1184/2005	500.000 EUR
Verstöße gegen EG-VO Nr. 1284/2009 (Beschränkung Guinea)			
§§ 33 Abs. 4 Satz 1 AWG, 70 Abs. 5w AWV **Versuch ahndbar!**	Fehlende, nicht richtige, nicht vollständige oder nicht rechtzeitig übermittelte Information	Art. 12 Abs. 1 Buchstabe a EG-VO 1284/2009	500.000 EUR
Verstöße gegen EG-VO Nr. 356/2010 (Beschränkung Somalia)			
§§ 33 Abs. 4 Satz 1 AWG, 70 Abs. 5x Nr. 1 AWV **Versuch ahndbar!**	Fehlende, nicht richtige, nicht voll- ständige, nicht in richtiger Weise vor- genommene oder nicht rechtzeitige Übermittlung einer Voranmeldung	Art. 3a Abs. 1, 2 EG- VO 147/2003 i.V.m. Zollkodex	500.000 EUR

OWi-Vorschrift	Handlung	Zuwiderhandlung gegen	Höchst-satz Geldbuße
§§ 33 Abs. 4 Satz 1 AWG, 70 Abs. 5x Nr. 2 AWV **Versuch ahndbar!**	Fehlende, nicht richtige, nicht vollständige oder nicht rechtzeitige Übermittlung einer Information	Art. 9 Abs. 1 Buchstabe a EG-VO 356/2010	500.000 EUR
Verstöße gegen EG-VO Nr. 667/2010 (Beschränkung Eritrea)			
§§ 33 Abs. 4 Satz 1 AWG, 70 Abs. 5y Nr. 1 AWV **Versuch ahndbar!**	Fehlende, nicht richtige, nicht vollständige, nicht in richtiger Weise vorgenommene oder nicht rechtzeitige Übermittlung einer Vorabanmeldung	Art. 3 Abs. 1, 2 EG-VO 667/2010 i.V.m. Zollkodex	500.000 EUR
§§ 33 Abs. 4 Satz 1 AWG, 70 Abs. 5y Nr. 2 AWV **Versuch ahndbar!**	Fehlende, nicht richtige, nicht vollständige oder nicht rechtzeitige Übermittlung einer Information	Art. 10 Abs. 1 Buchstabe a EG-VO 667/2010	500.000 EUR
Verstöße gegen EG-VO Nr. 101/2011 (Beschränkung Tunesien)			
§§ 33 Abs. 4 Satz 1 AWG, 70 Abs. 5z AWV **Versuch ahndbar!**	Fehlende, nicht richtige, nicht vollständige oder nicht rechtzeitige Übermittlung einer Information	Art. 9 Abs. 1 Buchstabe a EG-VO 101/2011	500.000 EUR
Verstöße gegen EG-VO Nr. 204/2011 (Beschränkung Libyen)			
§§ 33 Abs. 4 Satz 1 AWG, 70 Abs. 7 Nr. 1 a) AWV **Versuch ahndbar!**	Fehlende, nicht richtige, nicht vollständige, nicht in der vorgeschriebenen Weise erfolgte oder nicht rechtzeitige Übermittlung einer Vorabanmeldung	Art. 4 EG-VO Nr. 204/2011 i.V.m. Artikel 36a Abs. 2 Unterabs. 1, Artikel 36b Absatz 3, Artikel 182c Absatz 1 oder Artikel 182d Absatz 3 EU-Zollkodex	500.000 EUR
§§ 33 Abs. 4 Satz 1 AWG, 70 Abs. 7 Nr. 1 b) AWV **Versuch ahndbar!**	Fehlende, nicht richtige, nicht vollständige, nicht in der vorgeschriebenen Weise erfolgte oder nicht rechtzeitige Übermittlung einer Vorabanmeldung	Art. 4 EG-VO Nr. 204/2011 i.V.m. Artikel 183 Absatz 1 Unterabsatz 1 oder Unterabsatz 2, Artikel 184a Absatz 1, 2, 5 oder Absatz 6, Artikel 184c Satz 1, Artikel 842b Absatz 1 oder Abs. 3 Satz 2, Artikel 842c oder Artikel 842d Abs. 1 Unterabs. 1 oder Absatz 3 Unterabs. 1 DVO EU-Zollkodex	500.000 EUR

OWi-Vorschrift	Handlung	Zuwiderhandlung gegen	Höchst-satz Geldbuße
§§ 33 Abs. 4 Satz 1 AWG, 70 Abs. 7 Nr. 2 AWV **Versuch ahndbar!**	Erfüllung eines Anspruchs	Art. 12 EG-VO 204/2011	500.000 EUR
§§ 33 Abs. 4 Satz 1 AWG, 70 Abs. 7 Nr. 3 AWV **Versuch ahndbar!**	Fehlende, nicht richtige, nicht vollständige oder nicht rechtzeitige Übermittlung einer Information	Art. 13 Abs. 1 Buchstabe a EG-VO 204/2011	500.000 EUR
Verstöße gegen EG-VO Nr. 270/2011 (Beschränkung Ägypten)			
§§ 33 Abs. 4 Satz 1 AWG, 70 Abs. 8 AWV **Versuch ahndbar!**	Fehlende, nicht richtige, nicht vollständige oder nicht rechtzeitige Übermittlung einer Information	Art. 9 Abs. 1 Buchstabe a EG-VO 270/2011	500.000 EUR
Verstöße gegen EG-VO Nr. 36/2012 (Beschränkung Syrien)			
§§ 33 Abs. 4 Satz 1 AWG, 70 Abs. 9 Nr. 1 a) AWV **Versuch ahndbar!**	Fehlende, nicht richtige, nicht vollständige, nicht in der vorge-schriebenen Weise erfolgte oder nicht rechtzeitige Übermittlung einer Vorabanmeldung	Artikel 2c Abs. 1 EG-VO Nr. 36/2012 i.V.m 36a Abs. 2 Unterabs. 1, Artikel 36b Absatz 3, Artikel 182c Absatz 1 oder Artikel 182d Absatz 3 EU-Zollkodex	500.000 EUR
§§ 33 Abs. 4 Satz 1 AWG, 70 Abs. 9 Nr. 1 b) AWV **Versuch ahndbar!**	Fehlende, nicht richtige, nicht vollständige, nicht in der vorge-schriebenen Weise erfolgte oder nicht rechtzeitige Übermittlung einer Vorabanmeldung	Artikel 2c Abs. 1 EG-VO Nr. 36/2012 i.V.m. Artikel 183 Absatz 1 Unterabsatz 1 oder Unterabsatz 2, Artikel 184a Absatz 1, 2, 5 oder Absatz 6, Artikel 184c Satz 1, Artikel 842b Absatz 1 oder Abs. 3 Satz 2, Artikel 842c oder Artikel 842d Abs. 1 Unterabs. 1 oder Absatz 3 Unterabs. 1 DVO EU-Zollkodex	500.000 EUR
§§ 33 Abs. 4 Satz 1 AWG, 70 Abs. 9 Nr. 2 AWV **Versuch ahndbar!**	Kauf einer staatlichen oder staatlich garantierten Anleihe, Vermittlungs-dienste im Zusammenhang mit einem derartigen Kauf	Art. 24 Buchstabe a oder b EG-VO 36/2012	500.000 EUR

OWi-Vorschrift	Handlung	Zuwiderhandlung gegen	Höchst-satz Geldbuße
§§ 33 Abs. 4 Satz 1 AWG, 70 Abs. 9 Nr. 3 AWV **Versuch ahndbar!**	Eröffnung eines neuen Bankkontos, Aufnahme einer Korrespondenzbank-beziehung, Eröffnung einer neuen Repräsentanz, Gründung einer Zwei-gniederlassung, einer Tochtergesell-schaft oder eines neuen Joint Venture	Art. 25 Abs. 1 EG-VO 36/2012	500.000 EUR
§§ 33 Abs. 4 Satz 1 AWG, 70 Abs. 9 Nr. 4 AWV **Versuch ahndbar!**	Abschluss einer Vereinbarung, die die Eröffnung einer Repräsentanz oder die Gründung einer Zweigniederlas-sung oder Tochtergesellschaft betrifft	Art. 25 Abs. 2 Buchstabe b EG-VO 36/2012	500.000 EUR
§§ 33 Abs. 4 Satz 1 AWG, 70 Abs. 9 Nr. 4 AWV **Versuch ahndbar!**	Fehlende, nicht richtige, nicht vollständige oder nicht rechtzeitige Übermittlung einer Information	Art. 29 Abs. 1 Buch-stabe a oder b EG-VO 36/2012	500.000 EUR
Verstöße gegen EG-VO Nr. 753/2011 (Beschränkung Afghanistan)			
§§ 33 Abs. 4 Satz 1 AWG, 70 Abs. 10 AWV **Versuch ahndbar!**	Fehlende, nicht richtige, nicht vollständige oder nicht rechtzeitige Übermittlung einer Information	Art. 8 Abs. 1 Buchsta-be a EG-VO 753/2011	500.000 EUR
Verstöße gegen EG-VO Nr. 377/2012 (Beschränkung Guinea-Bissau)			
§§ 33 Abs. 4 Satz 1 AWG, 70 Abs. 11 AWV **Versuch ahndbar!**	Fehlende, nicht richtige, nicht vollständige oder nicht rechtzeitige Übermittlung einer Information	Art. 8 Abs. 1 Buchsta-be a EG-VO377/2012	500.000 EUR
Verstöße gegen die Verfahrens- und Meldevorschriften aufgrund der §§ 26, 26a AWV			
§§ 33 Abs. 5 Nr. 2 AWG, 70 Abs. 6 Nr. 1 AWV	Fehlende oder nicht rechtzeitige Rück-gabe eines Genehmigungsbescheides an die Genehmigungsstelle	§ 3 AWV	25.000 EUR
§§ 33 Abs. 5 Nr. 2 AWG, 70 Abs. 6 Nr. 1 AWV	Fehlende Aufbewahrung eines Geneh-migungsbescheides oder Aufbewahrung nicht für die vorgeschriebene Dauer	§ 3a AWV	25.000 EUR
§§ 33 Abs. 5 Nr. 2 AWG, 70 Abs. 6 Nr. 2 AWV	Fehlende Stellung einer Ausfuhrsen-dung oder Stellung nicht in der vor-geschriebenen Weise bei der Ausfuhr-zollstelle durch den Anmelder	§ 9 Abs. 1 Satz 1, auch i.V.m. § 16b AWV	25.000 EUR
§§ 33 Abs. 5 Nr. 2 AWG, 70 Abs. 6 Nr. 3 AWV	Fehlende, nicht richtige oder nicht rechtzeitige Einreichung eines La-dungsverzeichnisses durch Verfrachter, Frachtführer oder Besitzer der Ladung	§ 9 Abs. 6 Satz 1 bis 3 oder 5 AWV	25.000 EUR

OWi-Vorschrift	Handlung	Zuwiderhandlung gegen	Höchst-satz Geldbuße
§§ 33 Abs. 5 Nr. 2 AWG, 70 Abs. 6 Nr. 4 AWV	Fehlende Abgabe einer Erklärung durch den Schiffsführer	§ 9 Abs. 6 Satz 4 AWV	25.000 EUR
§§ 33 Abs. 5 Nr. 2 AWG, 70 Abs. 6 Nr. 5 AWV	Fehlende Abgabe der vorgeschriebe-nen schriftlichen Erklärung durch den Anmelder	§ 9 Abs. 8 AWV	25.000 EUR
§§ 33 Abs. 5 Nr. 2 AWG, 70 Abs. 6 Nr. 6 AWV	Entfernung einer Ausfuhrsendung von dem angegebenen Ort	§ 10 Abs. 3, auch i.V.m. § 16b AWV	25.000 EUR
§§ 33 Abs. 5 Nr. 2 AWG, 70 Abs. 6 Nr. 6a AWV	Entfernung/Verladung von Waren vor Abschluss der Prüfung durch die Aus-gangszollstelle vom Ort der Gestel-lung oder vom zugelassenen Ort	§ 10 Abs. 4 AWV	25.000 EUR
§§ 33 Abs. 5 Nr. 2 AWG, 70 Abs. 6 Nr. 7 AWV	Fehlende oder nicht richtige Abgabe einer elektronischen Ausfuhranmel-dung durch den Ausführer	§ 13 Abs. 2 Nr. 3, auch i.V.m. § 16b AWV	25.000 EUR
§§ 33 Abs. 5 Nr. 2 AWG, 70 Abs. 6 Nr. 9 AWV	Fehlende oder nicht richtige Abgabe einer ergänzenden elektronischen Ausfuhranmeldung durch den Aus-führer	§ 13 Abs. 2 Nr. 6, auch i.V.m. § 16b AWV	25.000 EUR
§§ 33 Abs. 5 Nr. 2 AWG, 70 Abs. 6 Nr. 10 AWV	Fehlende Sicherstellung, dass die Ausfuhrgenehmigung vorhanden und gültig ist	§ 18 Abs. 2 Satz 3 AWV	25.000 EUR
§§ 33 Abs. 5 Nr. 2 AWG, 70 Abs. 6 Nr. 10a. AWV	Fehlende, nicht vollständige oder unrichtige Angabe	§ 18 Abs. 2 Satz 4 oder Satz 6 AWV	25.000 EUR
§§ 33 Abs. 5 Nr. 2 AWG, 70 Abs. 6 Nr. 10b. AWV	Nichtvorliegen oder nicht rechtzeitiges Vorliegen der Ausfuhrgenehmigung	§ 18 Abs. 2 Satz 8 oder Abs. 4 AWV	25.000 EUR
§§ 33 Abs. 5 Nr. 2 AWG, 70 Abs. 6 Nr. 10c. AWV	Nichtvorliegen, nicht richtiges, nicht vollständiges oder nicht rechtzeitiges Vorliegen der Ausfuhrgenehmigung oder eines anderen genannten Doku-ments	§ 18 Abs. 3 Satz 1 AWV	25.000 EUR
§§ 33 Abs. 5 Nr. 2 AWG, 70 Abs. 6 Nr. 11 AWV	Fehlendes, nicht richtiges oder nicht vollständiges Führen eines Registers	§ 18 Abs. 5 Satz 1 AWV	25.000 EUR
§§ 33 Abs. 5 Nr. 2 AWG, 70 Abs. 6 Nr. 12 AWV	Fehlende oder nicht richtige Übermitt-lung der Ausfuhrgenehmigung	§ 18 Abs. 7 AWV	25.000 EUR
§§ 33 Abs. 5 Nr. 2 AWG, 70 Abs. 6 Nr. 13 a) AWV	Fehlende oder nicht richtige Angaben durch Einführer oder Transithändler	§ 22a Abs. 2, auch i.V.m. § 43a Satz 2 AWV	25.000 EUR

OWi-Vorschrift	Handlung	Zuwiderhandlung gegen	Höchst- satz Geldbuße
§§ 33 Abs. 5 Nr. 2 AWG, 70 Abs. 6 Nr. 13 b) AWV	Fehlender oder nicht rechtzeitiger Nachweis der Einfuhr; fehlende oder nicht rechtzeitige Erstattung einer Anzeige; fehlende oder nicht rechtzeitige Rückgabe einer Beschei- nigung; Unterlassung oder nicht rechtzeitige Erstattung einer Mel- dung; fehlende oder nicht rechtzei- tige Erwirkung einer Bescheinigung, jeweils durch den Einführer oder Transithändler	§ 22a Abs. 3, auch i.V.m. § 43a Satz 2 AWV	25.000 EUR
§§ 33 Abs. 5 Nr. 2 AWG, 70 Abs. 6 Nr. 14 AWV	Fehlende oder nicht rechtzeitige Vor- lage eines Ursprungszeugnisses oder Vorlage mit nicht richtigem Inhalt durch den Einführer	§ 27 Abs. 2 Nr. 2 oder Satz 3, jeweils auch i.V.m. § 31 Abs. 1 AWV	25.000 EUR
§§ 33 Abs. 5 Nr. 2 AWG, 70 Abs. 6 Nr. 14a AWV	Fehlende Sicherstellung, dass ein genanntes Dokument vorhanden oder gültig ist	§ 27 Abs. 2 Satz 2 Nr. 2, auch i.V.m. § 31 Abs. 1 AWV	25.000 EUR
§§ 33 Abs. 5 Nr. 2 AWG, 70 Abs. 6 Nr. 15 AWV	Fehlende, nicht richtige oder nicht rechtzeitige Vorlage einer Einfuhrkon- trollmeldung durch den Einführer	§ 27 Abs. 2 Satz 1 Nr. 3 i.V.m. § 27a Abs. 1, 3, oder 4 AWV	25.000 EUR
§§ 33 Abs. 5 Nr. 2 AWG, 70 Abs. 6 Nr. 15 AWV	Fehlende, nicht richtige oder nicht rechtzeitige Abgabe einer Meldung durch den Einführer	§ 27a Abs. 5 AWV	25.000 EUR
§§ 33 Abs. 5 Nr. 2 AWG, 70 Abs. 6 Nr. 16 a) AWV	Fehlende Sicherstellung, dass das Überwachungsdokument vorhanden oder gültig ist	§ 28a Abs. 1, 3, auch i.V.m. Abs. 7 Satz 1 AWV	25.000 EUR
§§ 33 Abs. 5 Nr. 2 AWG, 70 Abs. 6 Nr. 16 a) AWV	Fehlende Vorlage einer Unterlage oder Unterlassen einer zusätzlichen Angabe durch den Einführer	§ 28a Abs. 5 Satz 4 AWV	25.000 EUR
§§ 33 Abs. 5 Nr. 2 AWG, 70 Abs. 6 Nr. 16 b) AWV	Fehlende oder nicht rechtzeitige Vorlage der Einfuhrerklärung durch den Einführer	§ 28a Abs. 5 Satz 1, auch i.V.m. Abs. 7 Satz 1 AWV	25.000 EUR
§§ 33 Abs. 5 Nr. 2 AWG, 70 Abs. 6 Nr. 17 AWV	Fehlende oder nicht rechtzeitige Vor- lage einer Einfuhrgenehmigung durch den Einführer	§ 31 Abs. 1 Satz 1 AWV	25.000 EUR
§§ 33 Abs. 5 Nr. 2 AWG, 70 Abs. 6 Nr. 18 AWV	Fehlende Sicherstellung, dass die Einfuhrgenehmigung vorhanden oder gültig ist	§ 31 Abs. 1 Satz 3 AWV	25.000 EUR

OWi-Vorschrift	Handlung	Zuwiderhandlung gegen	Höchst- satz Geldbuße
§§ 33 Abs. 5 Nr. 2 AWG, 70 Abs. 6 Nr. 19 AWV	Fehlende, nicht richtige, nicht vollständige oder nicht rechtzeitige Abgabe einer Meldung	§ 56a Abs. 1 i.V.m. § 56b Abs. 1 Satz 1, Abs. 3 oder Abs. 4 AWV; § 58a Abs. 1 i.V.m. § 58b Abs. 1 Satz 1, Abs. 2 oder Abs. 3 AWV; § 59 Abs. 1 i.V.m. § 61 oder § 63 AWV; § 62 Abs. 1, 2 oder Abs. 3, jeweils i.V.m. § 63 Abs. 1 AWV; § 66 Abs. 1 oder Abs. 2, § 67 oder § 69 Abs. 2, 5 oder Abs. 6 AWV	25.000 EUR
§§ 33 Abs. 5 Nr. 2 AWG, 70 Abs. 6 Nr. 20 AWV	Fehlende Information des Empfängers über Beschränkungen, die in der Aus- fuhrgenehmigung enthalten sind	§ 17a Abs. 1 AWV	25.000 EUR
§§ 33 Abs. 5 Nr. 2 AWG, 70 Abs. 6 Nr. 21 AWV	Fehlendes, unrichtiges oder unvoll- ständiges Führen eines Registers oder einer Aufzeichnung	§ 17a Abs. 2 AWV	25.000 EUR
Sonstige Verstöße			
§ 33 Abs. 2 Nr. 4 AWG	Zuwiderhandlung gegen vollziehbare Auflage	§ 30 Abs. 1 Satz 1 AWG	500.000 EUR
§ 33 Abs. 5 Nr. 1 AWG	Unterbreiten oder Benutzen unrichti- ger oder unvollständiger Angaben tat- sächlicher Art, um eine erforderliche Genehmigung oder Bescheinigung zu erschleichen	– – –	500.000 EUR
§ 33 Abs. 5 Nr. 3 AWG	Fehlende, unrichtige oder unvoll- ständige Erteilung von Auskünften; Nichtdulden einer Prüfung	§ 44 AWG	25.000 EUR
§ 33 Abs. 5 Nr. 3 AWG	Fehlende Darlegung von Sachen, fehlende Duldung einer Untersuchung oder Prüfung	§ 46 Abs. 1 AWG	25.000 EUR
§ 33 Abs. 5 Nr. 3 AWG	Fehlende Abgabe einer Erklärung	§ 46 Abs. 2 AWG	25.000 EUR
§ 33 Abs. 5 Nr. 3 AWG	Fehlende Gestellung einer Sendung	§ 46 Abs. 3 AWG	25.000 EUR
§ 33 Abs. 5 Nr. 4 AWG	Verhinderung oder Erschwerung der Nachprüfung von Umständen durch fehlende oder nicht ordentliche Füh- rung, fehlende Aufbewahrung oder Verheimlichung bestimmter Bücher oder Aufzeichnungen	§ 44 AWG	25.000 EUR

Weitere Hinweise zur Tabelle Ordnungswidrigkeiten AWG/AWV:

- In den Fällen, die in den schattierten Feldern aufgeführt sind, macht sich nur derjenige einer Ordnungswidrigkeit schuldig, der **vorsätzlich** handelt. Ansonsten reicht **fahrlässige Begehung** aus.

- In den mit dem Hinweis „**Versuch ahndbar!**" gekennzeichneten Fällen wird auch die lediglich versuchte, aber nicht vollendete Ordnungswidrigkeit mit einer Geldbuße geahndet.

- Die **Verjährungsfrist** beträgt in allen Fällen drei Jahre (§ 31 Abs. 2 Nr. 1 OWiG). Sie beginnt mit Beendigung der zu ahndenden Handlung. Die Verjährung kann durch zahlreiche Handlungen unterbrochen werden (z.B. Anordnung der ersten Vernehmung des Betroffenen, Zustellung des Bußgeldbescheides). Die Frist beginnt dann in vollem Umfang neu zu laufen. Die Grenze bildet jedoch hier das Doppelte der regulären Verjährungsfrist. Ordnungswidrigkeiten nach AWG/AWV können demgemäß in jedem Falle nach sechs Jahren seit Beendigung der Handlung nicht mehr verfolgt werden.

- Das Bußgeld wird in der Regel gegen diejenige **natürliche Person** festgesetzt, die den Verstoß in eigener Person vorgenommen hat (siehe § 9 OWiG). Nur unter bestimmten weiteren Voraussetzungen kann es gegen das **Unternehmen** festgesetzt werden (siehe § 30 OWiG[283]).

- Unter den Voraussetzungen des § 29a OWiG kann neben dem Bußgeld der **Bruttoerlös** (Umsatz) abgeschöpft werden, der durch den Verstoß erzielt wurde (§ 29a OWiG).

Gemäß § 33 Abs. 6 AWG a.F. konnten Ordnungswidrigkeiten nach dem Außenwirtschaftsrecht mit einer Geldbuße bis zu 500.000 € geahndet werden.[284] In den Fällen von weniger großer Bedeutung sah die Vorschrift immerhin noch eine Geldbuße bis zu 25.000 € vor. Dieser Bußgeldrahmen bewegte sich auf relativ hohem Niveau. § 17 Abs. 1 OWiG geht davon aus, dass im Regelfall, d.h., wenn das jeweils einschlägige Gesetz nichts anderes bestimmt, das Höchstmaß einer Geldbuße lediglich 1.000 € beträgt. Über diesen Regelsatz ist § 33 Abs. 6 AWG um das 500-Fache hinausgegangen. Hieraus kann man – wie sich auch im Folgenden noch zeigen wird – die Bedeutung ersehen, die der Gesetzgeber Verstößen gegen das AWG schon im Bereich der Ordnungswidrigkeiten beimisst. Gleichzeitig wird anhand des relativ hohen Bußgeldrahmens auch das entsprechende Risiko erkennbar, das die Teilnehmer am Außenwirtschaftsverkehr, insbesondere der Ausfuhrverantwortliche, tragen.

5.1.1.1.2 Die Straftatbestände

Bis zum Ende der 80er-Jahre haben die Straftatbestände des AWG ein Schattendasein geführt. Das juristische Schrifttum schenkte ihnen kaum Beachtung.[285] Dies hat sich seit

---

283 Vgl. hierzu: Hannemann-Kacik, Der Zoll-Profi! 2/2012, 10 ff.; dies., Der Zoll-Profi! 3/2012, 11 f.

284 Bis zur Mitte des Jahres 1990 sah § 33 AWG lediglich eine Geldbuße bis zu 500.000 DM vor. Durch das Gesetz vom 20.07.1990, BGBl. I S. 1460, ist der Bußgeldrahmen auf die nun geltenden, lediglich auf Euro umgerechneten Sätze angehoben worden.

285 Vgl. hierzu die wenigen Beiträge in Rechtsprechung und Literatur, die aus der Zeit vor 1990 stammen: OLG Hamm, Beschluss vom 18.05.1989, 1 Ws 140/89 nv.; OLG Karlsruhe, Beschluss vom 18.10.1989, 2 Ss 121/89 nv. (lediglich Bußgeldsache!); LG Mannheim, Beschluss vom 30.06.1989, 24 Qs 2/89 nv.; AG Freiburg, Urteil vom 11.03.1985, 20 AK 46/82 41 Ls 103/82 nv.; Ritthaler, wistra 1989, 173 ff.

den Vorgängen um deutsche Zulieferungen für die Giftgasfabrik in Rabta/Libyen und in den Irak erheblich geändert. Rechtsprechung[286] und Literatur[287] widmen sich seitdem in-

---

[286] Siehe demgegenüber die neueren Entscheidungen, die sich mit der Strafbarkeit nach dem AWG auseinandersetzen: BGH, Urteil vom 20.08.1992, NJW 1992, 3114 f.; Urteil vom 12.04.1995, NStZ 1995, 550 f.; Urteil vom 21.04.1995, wistra 1995, 224 ff. = NJW 1995, 2174 ff.; Urteil vom 21.04.1995, 1 StR 699/94 nv.; Urteil vom 28.09.1995, wistra 1996, 62 ff. = NJW 1996, 602 ff.; Urteil vom 23.11.1995, wistra 1996, 145 ff. = NStZ 1996, 137 ff. = NJW 1996, 1355 ff. = BGHR KWKG § 1 Kriegswaffe 1 Bausätze; Beschluss vom 14.07.1998, wistra 1998, 306 f.; Urteil vom 25.03.1999, NJW 199, 2129 f. = wistra 1999, 304 ff.; Urteil vom 19.12.2001, wistra 2002, 151 ff.; Urteil vom 11.09.2002, wistra 2003, 65 ff.; Urteil vom 18.02.2004 – 1 StR 296/03 nv.; Urteil vom 06.07.2004, NStZ-RR 2004, 342 f.; Beschluss vom 28.03.2007, NJW 2007, 1893 ff. = 645 f. = wistra 2007, 267; Beschluss vom 13.01.2009, NJW 2009, 1681 ff = NStZ 2009, 335 ff. = wistra 2009, 191 ff.; Beschluss vom 19.03.2009 – 6 St 10/08 nv.; Beschluss vom 19.01.2010 – StB 27/09 nv.; Beschluss vom 28.01.2010 – 3 StR 274/09 nv.; Beschluss vom 23.04.2010, NJW 2010, 2370 ff.; BayObLG, Beschluss vom 10.11.1997, NStZ 1998, 468 f.; Beschluss vom 08.02.2001, wistra 2001, 231 ff.; KG, Beschluss vom 22.07.2008, 4 Ws 131/07, 2 AR 139/05 nv.; OLG Düsseldorf, Beschluss vom 08.09.1993, wistra 1994, 37 f. = NJW 1994, 1079 f.; Beschluss vom 13.03.1997, 2 Ws 47-48/97 nv.; OLG Hamburg, Beschluss vom 03.05.1995, 1 Ws 74/95 nv.; OLG Hamm, Beschluss vom 12.05.1992, 3 Ws 212/92 nv.; OLG Stuttgart, Beschluss vom 13.07.1994, 1 Ws 121/94 nv.; Beschluss vom 17.10.1995, wistra 1996, 155 f. = NStZ 1997, 288; Urteil vom 06.12.1996, 1 Ss 589/96 nv.; LG Berlin, Urteil vom 25.10.2000, ZfZ 2001, 282; LG Bochum, Urteil vom 21.09.1992, 12 KLs 35 Js 365/90 nv.; LG Braunschweig, Urteil vom 18.11.1996, wistra 1997, 234 f.; LG Darmstadt, Urteil vom 31.01.1994, 13 KLs 21 Js 35285/87; LG Hamburg, Beschluss vom 01.07.1996, wistra 1996, 278 f.; LG Mannheim, Urteil vom 23.04.2001, 25 KLs 626 Js 2222/00; Urteil vom 26.10.2001 – 25 KLs 626 Js 511/95 nv.; LG München II, Urteil vom 11.09.1992, W 5 KLs 66 Js 33440/89 nv.; LG Münster, Urteil vom 24.06.1994, 11 KLs 12/93 6 Js 157/91 nv.; LG Stuttgart, Urteil vom 30.03.1995, 8 KLs 100/93 nv.; Urteil vom 01.10.1996, NStZ 1997, 288 ff.; Urteil vom 19.06.2001, 8 KLs 144 Js 43314/94 nv.; Urteil vom 26.03.2002, 6 KLs 140 Js 84959/01 (AL 7/01) nv.; LG Würzburg, Urteil vom 21.10.1996, 3 Ns 102 Cs 156 Js 249/95 nv.; AG Weiden i.d.OPf., Urteil vom 04.05.2000, 3 Ls 508 Js 1721/99 nv. Verwaltungsgerichtliche Entscheidungen sind selten, siehe hierzu: VG Frankfurt a.M., Urteil vom 10.10.1996, 1 E 251/94 nv.; Urteil vom 23.09.1999, 1 E 2005/97 nv. mit Anmerkung Kreuzer, AW-Prax 2001, 272 f.; Urteil vom 01.11.2001, 1 E 6167/00 (1) nv. mit Anmerkung Ott, AW-Prax 2002, 194 f.; Urteil vom 08.05.2003, 1 E 3273/02 (1) nv. mit Anmerkung Ott, AW-Prax 2003, 353 ff.; VG Frankfurt a.M., Urteil vom 23.06.2016, 5 K 3718/15.F nv.; VG Köln, Urteil vom 11.11.1999, 1 K 6937/96 nv. mit Anmerkung hierzu: Kreuzer, AW-Prax 2000, 481 f.; zum Recht, das ab dem 01.09.2013 gilt, siehe: BGH, Urteil vom 24.07.2014, BeckRS 2014, 16099 = NJW 2014, 3047 f.

[287] Folgende neuere Literaturbeiträge setzen sich mit der Strafbarkeit nach dem AWG auseinander: Achenbach, NStZ 1993, 427 (428); ders., NStZ 1999, 549 (551); ders., NStZ 2001, 525 ff.; Ahlbrecht, wistra 2007, 85 ff.; Anders/Beutel, AW-Prax 2009, 203 f.; Barowski, AW-Prax 2007, 246 ff.; Bieneck in: Handbuch des Außenwirtschaftsrechts, §§ 26 bis 32 S. 567 ff.; ders. in:, Müller-Gugenberger/Bieneck, Wirtschaftsstrafrecht, § 62 Rn. 1 ff., S. 2087 ff.; ders. in: Rechtsfragen Exportkontrolle, S. 77 ff.; ders. in AWR-Kommentar § 34 Abs, 1 bis Abs. 3, Abs, 7, § 35 AWG; ders., wistra 1994, 173 ff.; ders., wistra 1995, 256 ff.; ders., wistra 1995, 227 f.; ders., AW-Prax 1995, 19 ff.; ders., AW-Prax 1995, 159 ff.; ders., AW-Prax 1995, 364 f.; ders. AW-Prax 1996, 134 ff.; ders., AW-Prax 1997, 62 ff.; ders,, AW-Prax 1997, 99 ff.; ders., AW-Prax 1997, 305 f.; ders., AW-Prax 1997, 387; ders. ,AW-Prax 1999, 81 ff.; ders., AW-Prax 1999, 292 ff.; ders., AW-Prax 1999, 336 ff.; wistra 2000, 213 ff.; ders., wistra 2000, 441 ff.; ders., AW-Prax 2002, 429 ff.; ders., AW-Prax 2003, 233 ff.; ders., AW-Prax 2004, 186 ff.; ders., AW-Prax 2005, 126 ff.; ders., NStZ 2006, 608 ff.; ders., AW-Prax 2008, 80 ff.; ders., wistra 2008, 451 ff.; ders., AW-Prax 2009, 235 ff.; ders., NStZ 2010, 10 ff.; ders., AW-Prax 2010, 236 ff.; ders., AW-Prax 2010, 255 ff.; Burkert-Basler, Diss., S. 1 ff.; dies., AW-Prax 2008, 105 ff., 158 ff.; dies., AW-Prax 2008, 457 ff.; Boysen/Oeter in, Schultze/Zuleg Kap. 32, Rn. 99 ff., S. 1465 f.; Dahlhoff, NJW 1991, 208 ff.; Diedrich, AW-Prax 1997, 315 ff.; Dannecker, S. 383 ff.; Fehn, AW-Prax 1998, 16 ff.; Harder in: Wabnitz/Janovsky, Kap. 21, Rn. 21 ff. (S. 1484 ff.); dies., AW-Prax 1998, 163 ff.; Herzog, wistra 2000, 41 ff.; *Hocke/Sachs/Pelz/Pelz*, §§ 17 bis 18 AWG; Holthausen, NStZ 1996, 284 (285); Holthausen/Hucko, NStZ-RR 1998, 225 ff.; Hucko, AW-Prax 1997, 92 f.; ders., AW-Prax 1997, 92 f.; John, AW-Prax 1998, 232 ff.; ders. in Hohmann/John, Teil 3, Rn. 1 ff. (S. 685 ff.); Kistner, Diss., S. 1 ff.; Kreuzer, AW-Prax 1996, 388 ff.; ders., NStZ 1996, 555 f.; ders., AW-Prax 1997, 29 f.; ders., AW-Prax 1997, 134 f.; ders., AW-Prax 1998, 27 f.; ders., wistra 1998, 47 f.; ders., AW-Prax 1998, 62 f.; ders., AW-Prax 1999, 178 f.; ders., AW-Prax 2000, 139 ff.; ders., AW-Prax 2001, 33; ders., AW-Prax 2001, 192; ders., AW-Prax 2002, 431 f.; ders., AW-Prax 2002, 470; ders., AW-Prax 2003, 29; ders., AW-Prax 2003, 71; Löffeler, wistra 1991, 121 ff.; Lübbig, S. 1 ff.; AW-Prax 1996, 409 ff.; Lütke, wistra 1997, 207 ff.; Mätzke, NStZ 1999, 541 ff.; Meine in: Achenbach/Wannemacher, § 22 II, Rn. 1 ff.; Morweiser, AW-Prax 2003, 111 f.; ders. in AWR-Kom-

tensiver den Strafvorschriften nach dem Außenwirtschaftsrecht. Eine besondere Bedeutung hat die Materie durch die AWG-Novelle des Jahres 1992 erhalten.[288] Vor dieser Gesetzesneuerung hatten die allermeisten Verstöße gegen das Außenwirtschaftsrecht lediglich den Charakter einer Ordnungswidrigkeit. Lediglich wenn besondere Tatbestandsmerkmale hinzutraten (Schutzgüter des § 7 Abs. 1 Nr. 1 bis 3 AWG: Gefahr für die äußere Sicherheit der Bundesrepublik Deutschland, Gefahr für das friedliche Zusammenleben der Völker, erhebliche Gefahr für die auswärtigen Beziehungen der Bundesrepublik Deutschland, siehe § 34 Abs. 2 AWG a.F.), war eine Straftat gegeben. Durch die Novelle des Jahres 1992 ist dieses Regel-Ausnahme-Verhältnis wie bereits erwähnt umgekehrt worden. Im Regelfall liegt nunmehr eine Straftat vor. Auf diesem Wege ist die Materie des Außenwirtschaftsrechts kriminalisiert worden.

Die 12. AWG-Novelle, von der eingangs bereits die Rede war, hat neben einer Flexibilisierung im Bereich der Bagatellkriminalität einzelne bisher streitige Fragen geklärt und § 34 AWG an das europäische Recht angepasst. Auf der Basis dieser Gesetzesneuerung stellte sich die Rechtslage, die vor dem 01.09.2013 gegolten hat, wie folgt dar:

5.1.1.1.2.1 Die Tatbestände des § 34 Abs. 1 AWG

In § 34 Abs. 1 AWG a.F. hat sich nichts Wesentliches verändert. Die dort enthaltenen Tatbestände setzen nicht voraus, dass eines der Schutzgüter des AWG betroffen ist.

Nach § 34 Abs. 1 Satz 1 AWG macht sich strafbar, wer ohne Genehmigung eines der Güter der folgenden AL-Positionen ausführt:

- AL-Teil I Abschnitt A (Waffen, Munition, Rüstungsgüter);
- AL-Teil I Abschnitt C Kategorie 0 (Kerntechnische Materialien, Anlagen und Ausrüstung);
- AL-Teil I Abschnitt C Kategorie 1 Nr. 1C350–1C354 (Ausgangsprodukte für biologische oder chemische Waffen);
- AL-Teil I Abschnitt C Kategorie 2 Nr. 2B350–2B352 (Einrichtungen, Ausrüstung u.a. für Produktion biologischer oder chemischer Waffen).

§ 34 Abs. 1 Satz 1 AWG a.F. stellte allerdings nicht mehr wie die Vorgängervorschrift auf „Waren" ab, sondern auf „Güter". Das hatte zur Konsequenz, dass die gelisteten Technologien und Softwarepositionen von dieser Vorschrift miterfasst waren.

---

mentar, § 34 Abs. 4 bis Abs. 6 AWG; ders. in Ehlers/Wolffgang/Lechleitner, S. 113 ff.; ders., AW-Prax 2008, 413 ff.; ders., AW-Prax 2014, 159; ders., AW-Prax 2016, 168 ff.; ders., AW-Prax 2017, 63 ff.; Robert Müller, AW-Prax 1999, 370 ff.; Nelles in: Rechtsfragen Exportkontrolle, S. 99 ff.; ders., wistra 1996, 41 ff.; ders., AW-Prax 1999, 414 f.; Möllenhoff, AW-Prax 1999, 166 ff.; Nestler, NStZ 2012, 672 ff.; G. Pietsch,, AW-Prax 1998, 345 ff.; Pottmeyer, in: Deutsche Ausfuhrkontrolle 1992, S. 129 ff.; ders., AW-Prax 1995, 299 ff.; ders., AW-Prax 1995, 323 f.; ders., AW-Prax 1995, 400 ff.; ders., AW-Prax 1996, 98 ff.; ders. in: Hemmnisse und Sanktionen in der EU, S. 100 ff.; ders., AW-Prax 1997, 272 f.; ders., AW-Prax 1999, 45 ff; ders., AW-Prax 2007, 382 f.; Raca, AW-Prax 1998, 198 ff.; Redaktion AW-Prax, 320 f.; dies., AW-Prax 1999, 63; Röhrig in HWSt, 4. Teil, 3. Kapitel, Rn. 1 ff., S. 444 ff.; Samson/Gustafsson, wistra 1996, 201 ff.; dies., wistra 1997, 206 f.; Schaefer, AW-Prax 2006, 426 ff.; Schröder, AW-Prax 2009, 179 ff.; Schelzig, AW-Prax 1999, 329 ff.; Weith/Wegner/Ehrlich, Grundzüge der Exportkontrolle, H., Rn. 1 ff. (S. 235 ff.); rechtsvergleichend zum schweizerischen Recht: Weber, AW-Prax 1998, 53 ff.; zu den europarechtlichen Bezügen siehe die Dissertation von Krach, „Die Europäisierung des nationalen Außenwirtschaftsstrafrechts", Regensburg 2005.

288 Vgl. Gesetz vom 28.02.1992, BGBl. I S. 372.

Durch die 12. AWG-Novelle wurde eingeführt, dass auch das ungenehmigte Verbringen von Rüstungsgütern (AL-Teil I Abschnitt A) innerhalb der EU unter Strafe steht. Nach § 34 Abs. 1 AWG in der davor geltenden Fassung wurde wohl überwiegend angenommen, dass diese Vorschrift nicht für Verbringungen innerhalb der EU galt.[289] Dass auch solche erfasst sind, wurde durch die Novelle klargestellt.

Aufgrund des geänderten EU-Rechts war eine weitere Anpassung notwendig geworden. Seit Inkrafttreten der EG-Dual-use-VO im Jahre 1995 war die Verbringung der Güter Kategorie 0, 1C350–1C354 sowie 2B350–2B352 innerhalb der EU nicht mehr genehmigungspflichtig. § 34 Abs. 1 Satz 2 AWG a.F. stellte klar, dass die Strafbarkeit einsetzt, wenn diese Güter aus einem anderen Mitgliedstaat der EU ausgeführt werden und der Ausführer im Wirtschaftsgebiet der Bundesrepublik Deutschland niedergelassen ist.

§ 34 Abs. 1 Satz 2 AWG der Vorgängerversion (Verstoß gegen ein Ausfuhrverbot) wurde ersatzlos gestrichen. Diese Bestimmung hatte gegenüber dem UN-Embargoverstoß ohnehin nur einen sehr beschränkten Anwendungsbereich. Nach der 12. AWG-Novelle wurden Verstöße gegen Ausfuhrverbote komplett von § 34 Abs. 4 AWG a.F. erfasst.

Das Strafmaß betrug fünf Jahre Freiheitsstrafe oder Geldstrafe. § 34 Abs. 1 AWG a.F. setzte vorsätzliches Handeln voraus (Handeln mit Wissen und Wollen in Kenntnis der Tatumstände, vgl. § 15 StGB).

Eine grafische Darstellung der Tatbestände des § 34 Abs. 1 AWG ist in den **Schaubildern 15 und 16** dargestellt.

Die Strafvorschriften nach dem AWG
(Rechtslage bis zum 31.08.2013)

Vorschrift	Strafbare Handlung	Art der Straftat	Mindest-strafe	Höchst-strafe	Verjährung
§ 34 Abs.1 Satz 1 Nr. 1 AWG	Ungenehmigte Ausfuhr/Verbringung von Gütern AL-Teil I A	Vergehen	----	5 Jahre oder Geldstrafe	5 Jahre max. 10 Jahre
§ 34 Abs.1 Satz 1 Nr. 2 AWG	Ungenehmigte Ausfuhr von Gütern AL-Teil I C • Kat 0, • Kat 1 Nr. 1C350–1C354 • Kat 2 Nr. 2B350–2B352	Vergehen	----	5 Jahre oder Geldstrafe	5 Jahre max. 10 Jahre

Schaubild 15: Die Straftatbestände des § 34 Abs. 1 AWG

---

289 So zutreffend: Bieneck, wistra 2000, 213 ff.; Kreuzer,, AW-Prax 2000, 139 ff.; vgl. auch AW-Prax 2001, 163; aA. Mätzke, NStZ 1999, 541 ff.

Die Strafvorschriften nach dem AWG

(Rechtslage bis zum 31.08.2013)

Vorschrift	Strafbare Handlung	Art der Straftat	Mindest-strafe	Höchst-strafe	Verjährung
§ 34 Abs.1 Satz 2 AWG	Ungenehmigte Ausfuhr von Gütern AL-Teil I C Kat. O, Kat. 1 Nr. 1C350–1C354, Kat. 2 Nr. 2B350–2B352 aus einem anderen EU-Mitgliedstaat, wenn Ausführer im Wirtschaftsgebiet niedergelassen	Vergehen	----	5 Jahre oder Geldstrafe	5 Jahre max. 10 Jahre

Schaubild 16: Die Straftatbestände des § 34 Abs. 1 AWG

5.1.1.1.2.2 Der Tatbestand des § 34 Abs. 2 AWG a.F.

Anders als bei § 34 Abs. 1 AWG a.F. kam es bei Absatz 2 der Vorschrift sehr wohl darauf an, ob eines der Schutzgüter des § 7 Abs. Nr. 1 bis 3 AWG a.F. betroffen ist. Voraussetzung ist hier, dass einer der Ordnungswidrigkeitentatbestände des § 33 Abs. 1, 4 oder 5 AWG a.F.[290] verwirklicht ist. Insbesondere kam § 34 Abs. 2 AWG a.F. in Betracht, wenn eine Handlung ohne Genehmigung ausgeführt wurde, die nach der AWV genehmigungspflichtig war (z.B. ungenehmigte Ausfuhr nicht gelisteter Güter in den Fällen der §§ 5c, 5d AWV a.F., ungenehmigte Handels- und Vermittlungsgeschäfte gemäß §§ 40 ff. AWV a.F.,[291] ungenehmigte technische Unterstützung gemäß §§ 45 bis 45c AWV a.F. (jetzt: §§ 49 bis 52b (AWV)[292]).[293] Damit § 34 Abs. 2 AWG a.F. eine Strafbarkeit begründet, müssen die Handlungen der vorbeschriebenen Art geeignet sein,

- die äußere Sicherheit der Bundesrepublik Deutschland zu gefährden;

- das friedliche Zusammenleben der Völker zu gefährden oder

- die auswärtigen Beziehungen der Bundesrepublik Deutschland erheblich zu gefährden.

---

290 Siehe oben Tabelle S. 134 ff.
291 Vgl. hierzu: Anders, AW-Prax 2004, 27 ff.; Bundesamt für Wirtschaft und Ausfuhrkontrolle, AW-Prax 2004, 384 ff.; Pottmeyer in AWR-Kommentar, §§ 40 bis 42 AWV; ders., AW-Prax 2003, 333 ff.; ders., AW-Prax 2006, 239 ff.; Weith/Wegner/Ehrlich, Grundzüge der Exportkontrolle, D., Rn. 125 ff. (S. 140 ff.).
292 Vgl. hierzu: Herkert, AW-Prax 2001, 253 ff.; Wenzel/Willmann-Lemcke, AW-Prax 2005, 158 ff.; zur nicht verkörperten Weitergabe von Technologie siehe auch: Burkert-Basler/Nawrotzki, AW-Prax 2015, 311 ff.; Weith, AW-Prax 2004, 426 ff.
293 Eine vollständige Übersicht aller Genehmigungspflichten auf derzeit neuestem Stand findet sich auf dem Poster, das der AW-Prax 9/2013 beigefügt war.

Beispiel

 Gefährdung der äußeren Sicherheit
Der erste Fall spielte vor der Wende in den Ost-West-Beziehungen eine größere Rolle. Erfasst waren hierdurch z.B. Lieferungen strategisch bedeutsamen Materials an militärische Gegner. Hierdurch wäre die äußere Sicherheit der Bundesrepublik Deutschland gefährdet gewesen.

Nach dem Wegfall des Ost-West-Konfliktes ist dieser Tatbestand in den Hintergrund getreten. Er hätte jedoch durchaus unter der gegenwärtigen geopolitischen Lage wieder an Bedeutung gewinnen können. *Saddam Hussein* wäre BND-Berichten zufolge wohl spätestens im Jahre 2008 in der Lage gewesen, Städte wie München, Berlin oder Hamburg mit Mittelstreckenraketen zu bedrohen. Hätte sich dieses Bedrohungsszenario realisiert, so wäre durch einschlägige Lieferungen in den Irak unsere äußere Sicherheit gefährdet gewesen.

Beispiel

 Gefährdung des friedlichen Zusammenlebens
Das friedliche Zusammenleben der Völker ist z.B. gefährdet, wenn Güter in Kriegs- oder Krisenregionen exportiert werden, die geeignet sind, die dort bestehenden Auseinandersetzungen zu verschärfen.

Am wenigsten greifbar war der dritte Fall. Hier hatte sich das BVerfG[294] mit der Frage auseinanderzusetzen, ob diese Vorschrift überhaupt so hinreichend bestimmt ist, dass strafrechtliche Sanktionen hieran angeknüpft werden können. Dies hat das Gericht im Ergebnis bejaht. Durch weitere Entscheidungen[295] war dann im Nachgang etwas mehr präzisiert worden, unter welchen Voraussetzungen eine Eignung der Handlung zur erheblichen Gefährdung der auswärtigen Beziehungen anzunehmen ist. Eine solche lag dann vor, wenn die Bundesrepublik Deutschland in eine Lage gebracht wird, die es ihr unmöglich macht, ihren eigenen Interessen zu anderen Staaten oder auch internationalen Organisationen gerecht zu werden.[296] Hierbei kam es wesentlich darauf an, inwieweit die Bundesrepublik

---

294 Beschluss vom 25.10.1991, NJW 1992, 2624; ebenso: OLG Hamm, Beschluss vom 12.05.1992, 3 Ws 212/92 nv.
295 BVerfG, Beschluss vom 25.10.1991, NJW 1992, 2624; BGH, Beschluss vom 19.01.2010, StB 27/09 nv.; Beschluss vom 13.01.2009, NJW 2009, 1681 ff. = wistra 2009, 191 ff.; OLG Hamm, Beschluss vom 12.05.1992, 3 Ws 212/92 nv.; OLG München, Beschluss vom 19.03.2009, 6 St 10/08 nv., S. 74 ff.; LG Augsburg, Urteil vom 19.07.1994, 1 KLs 501 Js 20894/90 nv.; LG Bochum, Urteil vom 21.09.1992, 12 KLs 35 Js 365/90 nv.; LG Mannheim, Beschluss vom 30.06.1992, 24 Qs 2/89 nv.; LG München II, Urteil vom 11.09.1992, W 5 KLs 66 Js 33440/89 nv.; AG Freiburg, Urteil vom 11.03.1985, 20 AK 46/82 41 Ls 103/82 nv.; vgl. auch Dahlhoff, NJW 1991, 208 (211).
296 So: BGH, Beschluss vom 19.01.2010, StB 27/09 nv., S. 35 f.; Beschluss vom 13.01.2009, NJW 2009, 1681 (1683); OLG Hamm, Beschluss vom 12.05.1992, 3 Ws 212/92 nv., S. 6; OLG München, Beschluss vom 19.03.2009, 6 St 10/08 nv., S. 74 ff.; LG Bochum, Urteil vom 21.09.1992, 12 KLs 35 Js 365/90 nv., S. 73; LG Mannheim, Beschluss vom 30.06.1992, 24 Qs 2/89 nv., S. 9; ähnlich: AG Freiburg, Urteil vom 11.03.1985, 20 AK 46/82 41 Ls 103/82 nv., S. 17 ff.; Dahlhoff, NJW 1991, 208 (211).

Deutschland von anderen Staaten oder internationalen Organisationen als verlässlicher und glaubwürdiger Partner angesehen wurde. Der Verlust an Glaubwürdigkeit im Ausland konnte die auswärtigen Beziehungen erheblich gefährden.[297] Indizien für eine erhebliche Gefährdung konnten sein: Akte starker diplomatischer Missbilligung, Abbruch der diplomatischen Beziehungen eines anderen Staates, Rückruf von Botschaftern, je nach Land und Qualität auch Proteste anderer Staaten, Verurteilung der Bundesrepublik in internationalen Gremien, feindselige Kampagne der führenden Medien eines wichtigen Landes.[298] Demgegenüber reichten einzelne kritische Presseberichte oder diplomatische Nachfragen bzw. eine diplomatische Verstimmung nicht aus.[299]

Beispiel

 Erhebliche Gefährdung der auswärtigen Beziehungen

Ein Musterbeispiel der erheblichen Gefährdung der auswärtigen Beziehungen liegt dem Urteil des LG Augsburg vom 19.07.1994[300] zugrunde. Hier hatte der Angeklagte u.a. Zünder für die Scud-B/Al Hussein-Raketen in den Irak geliefert. Der Staat Israel sah sich dadurch im Golfkrieg in seiner Existenz bedroht. Hier waren erhebliche diplomatische Anstrengungen erforderlich, um den massiven Protesten Israels und auch der USA entgegenzutreten und Glaubwürdigkeit zurückzugewinnen.

Die Strafbarkeit nach § 34 Abs. 2 AWG a.F. hatte letztlich Bewertungen zur Voraussetzung, die auf politischen Vorgaben beruhen. Damit hat die Vorschrift politisches Strafrecht zum Gegenstand. *Felix Herzog*[301] kritisiert dies. Er meint, es wäre ehrlicher, § 34 Abs. 2 AWG a.F. jeweils an die politische Großwetterlage anzupassen. So unterbreitet er – scherzeshalber, aber mit ernstem Hintergrund – den Vorschlag, die Vorschrift folgendermaßen zu fassen:

„Mit Freiheitsstrafe bis zu fünf Jahren wird bestraft, wer in einer der aktuellen politischen Großwetterlage widersprechenden Weise ohne Genehmigung Außenhandel betreibt. Näheres regelt der Verordnungsgeber durch Verordnungen und Erläuterungen zu seinen Verordnungen, die kurzfristig den jeweiligen Änderungen der politischen Großwetterlage angepasst werden können."[302]

---

297 Vgl. BGH, Beschluss vom 19.01.2010, StB 27/09 nv., S. 35 f.; Beschluss vom 13.01.2009, NJW 2009, 1681 (1683); OLG München, Beschluss vom 19.03.2009, 6 St 10/08 nv, S. 74 ff.; LG Mannheim, Beschluss vom 30.06.1992, 24 Qs 2/89 nv., S. 9; LG München II, Urteil vom 11.09.1992, W 5 KLs 66 Js 33440/89 nv., S. 17.

298 Vgl. hierzu: BGH, Beschluss vom 19.01.2010, StB 27/09 nv., S. 35 f.; Beschluss vom 13.01.2009, NJW 2009, 1681 (1683); OLG Hamm, Beschluss vom 12.05.1992, 3 Ws 212/92 nv., S. 6; OLG München, Beschluss vom 19.03.2009, 6 St 10/08 nv. S. 74 ff.; LG Bochum, Urteil vom 21.09.1992, 12 KLs 35 Js 365/90 nv., S. 72 f.; LG Mannheim, Beschluss vom 30.06.1992, 24 Qs 2/89 nv., S. 9; LG München II, Urteil vom 11.09.1992, W 5 KLs 66 Js 33440/89 nv., S. 18; Dahlhoff, NJW 1991, 208 (211).

299 So zutreffend: OLG München, Beschluss vom 19.03.2009, 6 St 10/08 nv., S. 75.

300 1 KLs501 Js 20894/90 nv.; siehe auch: Pottmeyer, AW-Prax 1995, 133 ff.

301 Wistra 2000, 41 ff.

302 So ironischerweise: Herzog, wistra 2000, 41 (42).

Beispiel

 Änderung der Großwetterlage am Beispiel Irak
Wie schnell sich die politische Großwetterlage ändern kann, hat sich im Jahre 1990 am Beispiel des Irak gezeigt. Bis zum Einmarsch Saddam Husseins in Kuwait war dieser das Bollwerk gegenüber dem Iran. Die Bundesregierung wollte den Irak als Gegengewicht gegenüber dem islamistischen Regime des Ayatollah Chomeini stärken. Sie forderte die deutsche Industrie gleichsam auf, im Irak im zivilen Bereich zu investieren. Mit dem Einmarsch in Kuwait änderte sich die politische Lage über Nacht. Bis dahin von westlichen Politikern hofiert, war Saddam Hussein zur Persona non grata geworden. Deutsche Unternehmen, die dem Aufruf der Bundesregierung gefolgt waren, standen am Pranger.

Die Kritik, die insbesondere an § 34 Abs. 2 AWG a.F. und speziell zum Merkmal der erheblichen Gefährdung der auswärtigen Beziehungen geübt wurde, hat letztlich dazu geführt, dass der Gesetzgeber im Modernisierungsgesetz zum Außenwirtschaftsrecht[303] einen Paradigmenwechsel vorgenommen hat.

Das Strafmaß war dasselbe wie in § 34 Abs. 1 AWG a.F. Auch § 34 Abs. 2 AWG a.F. setzte Vorsatz des Handelnden voraus.

Eine grafische Darstellung des § 34 Abs. 2 AWG findet sich im **Schaubild 17**.

Die Strafvorschriften nach dem AWG
(Rechtslage bis zum 31.08.2013)

Vorschrift	Strafbare Handlung	Art der Straftat	Mindest-strafe	Höchst-strafe	Verjährung
§ 34 Abs.2 AWG	Ungenehmigte Handlungen nach AWV oder EG-Recht, die geeignet sind, • die äußere Sicherheit • das friedliche Zusammenleben der Völker • die auswärtigen Beziehungen erheblich zu gefährden	Vergehen	----	5 Jahre oder Geldstrafe	5 Jahre max. 10 Jahre

Schaubild 17: Der Straftatbestand des § 34 Abs. 2 AWG

---

303 Vom 06.06.2013, BGBl. I S. 1482.

5.1.1.1.2.3 Förderung ungenehmigter Ausfuhren durch innerstaatliche Zulieferungen (§ 34 Abs. 3 AWG a.F.)

Dasselbe Strafmaß bestand im Rahmen der Strafnorm des § 34 Abs. 3 AWG a.F. Hierbei handelte es sich um ein Kuriosum im Außenwirtschaftsrecht. Erforderlich war hierbei nämlich nicht, dass der Täter am Außenwirtschaftsverkehr teilnimmt. Es reichte aus, wenn er eine Ware oder Fertigungsunterlagen oder wesentliche Bestandteile davon innerstaatlich zulieferte. Strafbarkeit trat ein, wenn ein Dritter die Ware, die Fertigungsunterlagen oder die Bestandteile, ggf. nach Weiterverarbeitung oder Integration in ein Gesamtsystem, ungenehmigterweise ausführte und der Zulieferer diesen Umstand kannte. § 34 Abs. 3 AWG a.F. griff nur bei einem vorsätzlichen Fördern der ungenehmigten Ausfuhr eines Dritten ein.

Der Tatbestand des § 34 Abs. 3 AWG ist im **Schaubild 18** grafisch dargestellt.

Die Strafvorschriften nach dem AWG
(Rechtslage bis zum 31.08.2013)

Vorschrift	Strafbare Handlung	Art der Straftat	Mindest-strafe	Höchst-strafe	Verjährung
§ 34 Abs. 3 AWG	Förderung einer ungenehmigten Ausfuhr/Verbringung dadurch, dass Güter zur Verfügung gestellt werden.	Vergehen	----	5 Jahre oder Geldstrafe	5 Jahre max. 10 Jahre

Schaubild 18: Der Straftatbestand des § 34 Abs. 3 AWG

5.1.1.1.2.4 Die Strafbarkeit nach § 34 Abs. 4 AWG a.F.

Maßgebend verändert haben sich Struktur und Strafmaß des § 34 Abs. 4 AWG a.F.

Nach dem bis 2006 geltenden Recht konnten Verstöße gegen ein EU-Embargo nur dann bestraft werden, wenn dieses auf eine Resolution des UN-Sicherheitsrates zurückging. § 34 Abs. 4 AWG in der Fassung des Jahres 2006 erfasste alle UN- und EU-Embargos, also auch solche Sanktionen der EU, die isoliert vom UN-Sicherheitsrat angeordnet werden. Tatbestandsmäßig waren alle im Bundesanzeiger veröffentlichten, unmittelbar geltenden Rechtsakte der Europäischen Gemeinschaften, durch die wirtschaftliche Sanktionsmaßnahmen, beschlossen vom Rat der EU im Bereich der Gemeinsamen Sicherheits- und Außenpolitik (GASP), durchgeführt werden. Bei diesen Maßnahmen mag es sich um Ausfuhr-, Verkaufs-, Liefer-, Bereitstellungs-[304], Weitergabe-, Dienstleistungs-, Investitions-, Unterstützungs- oder Umgehungsverbote der EU handeln.

---

304 Zum Bereitstellungsverbot siehe *Hocke/Sachs/Pelz/Pelz*, § 18 AWV, Rn. 15; Hohmann in: *Ehlers/Wolffgang*, S. 217 ff.; Schwendinger in: *Ehlers/Wolffgang*, S. 333 ff.; ders., AW-Prax 2013, 103 ff.; vgl. auch BGH, Beschluss vom 14.10.2014, 3 StR 167/14 nv.; vgl. hierzu und zur Rolle der Banken in der Exportkontrolle generell Hügle in: *Ehlers/Wolffgang*, S. 577 ff.

Weiterhin erfasste § 34 Abs. 4 AWG in der 2006er Fassung nur noch den einfachen Fall eines Embargoverstoßes. Die schweren Fälle waren ab dieser Gesetzesnovelle in § 34 Abs. 6 Nr. 2 bis 4 AWG a.F. geregelt. Verstöße gegen Waffenembargos der UN oder der EU waren niemals als einfache Embargoverstöße zu werten. Hier galt stets der Straftatbestand des § 34 Abs. 6 Nr. 3 AWG a.F.

Für den einfachen Verstoß betrug der Strafrahmen mindestens sechs Monate, höchstens fünf Jahre Freiheitsstrafe. Der einfache Fall hatte damit lediglich die Qualität eines Vergehens. Dies bedeutete im Klartext: Bei den weniger schwerwiegenden Embargo-Verstößen war ab 2006 die Möglichkeit der Einstellung wegen Geringfügigkeit gegeben.

Die Straftatbestände des § 34 Abs. 4 AWG a.F. sind in den **Schaubildern 19 und 20** dargestellt.

Die Strafvorschriften nach dem AWG
(Rechtslage bis zum 31.08.2013)

Vorschrift	Strafbare Handlung	Art der Straftat	Mindest-strafe	Höchst-strafe	Verjährung
§ 34 Abs. 4 Nr. 1 AWG	Verstoß gegen nationale Rechts-verordnung, die eine wirtschaftliche Sanktionsmaßnahme der UN oder der EU/GASP durchführt (soweit nicht §34 Abs. 6 Nr. 3 AWG einschlägig)	Vergehen	6 Monate	5 Jahre oder Geldstrafe	5 Jahre max. 10 Jahre

Schaubild 19: Die Straftatbestände des § 34 Abs. 4 AWG

Die Strafvorschriften nach dem AWG
(Rechtslage bis zum 31.08.2013)

Vorschrift	Strafbare Handlung	Art der Straftat	Mindest-strafe	Höchst-strafe	Verjährung
§ 34 Abs. 4 Nr. 2 AWG	Verstoß gegen eine unmittelbar geltende Vorschrift der EU, die eine wirtschaftliche Sanktionsmaßnahme durchführt	Vergehen	6 Monate	5 Jahre oder Geldstrafe	5 Jahre max. 10 Jahre

Schaubild 20: Die Straftatbestände des § 34 Abs. 4 AWG

5.1.1.1.2.5 Die Straftatbestände des § 34 Abs. 6 AWG a.F.

Diese Bestimmung wurde durch die Novelle des Jahres 2006 als selbstständiger Straftatbestand ausgestaltet, nicht mehr lediglich als Strafschärfungsgrund zu § 34 Abs. 1 und 2 AWG a.F. Mit einer Freiheitsstrafe von zwei bis zu 15 Jahren handelte es sich um einen Verbrechenstatbestand.

Der Verstoß stellte damit eine besonders schwerwiegende Straftat, nämlich ein Verbrechen, dar, § 12 Abs. 1 StGB. Praktische Konsequenz hieraus war, dass die Einstellung eines Strafverfahrens wegen Geringfügigkeit gemäß §§ 153, 153a StPO nicht in Betracht kam. Weitere Konsequenz war, dass eine Erledigung eines derartigen Falles im schriftlichen Strafbefehlsverfahren nicht möglich war. Denn erforderlich ist hierbei, dass es sich bei dem zu ahndenden Delikt um ein Vergehen handelt, vgl. § 407 Abs. 1 Satz 1 StPO. § 34 Abs. 6 AWG a.F. normierte dagegen ein Verbrechen. Das bedeutete, dass es bei Verstößen gegen diese Vorschrift stets eine – sehr zeit- und kostenintensive – Hauptverhandlung für derartige Fälle geben musste. Diese konnte aufgrund des § 25 GVG (Zuständigkeit nur für Vergehen) auch nicht vor dem Strafrichter (Einzelrichter) stattfinden, sondern mindestens vor einem Amtsgericht als Schöffengericht, in der Regel aber vor einer (Großen) Strafkammer des Landgerichts.

Die Mindeststrafe von zwei Jahren war im Hinblick auf § 56 Abs. 2 StGB bewusst gewählt. Eine Strafaussetzung zur Bewährung kommt nämlich bei Freiheitsstrafen, die zwei Jahre überschreiten, nicht mehr in Betracht. Bei den 15 Jahren handelt es sich um die höchste zeitige Freiheitsstrafe, die unsere Rechtsordnung zulässt (siehe § 38 Abs. 2 StGB). Mit diesem Rahmen geht das AWG sogar über das Höchstmaß hinaus, das das als besonders streng geltende KWKG zulässt.[305] Der Strafrahmen des § 34 Abs. 6 AWG a.F. brachte die Wertung des Gesetzgebers zum Ausdruck, dass er Verstöße im Außenwirtschaftsrecht, insbesondere bei einem UN-Embargo, als ein sehr schwer wiegendes kriminelles Unrecht ansieht.

§ 34 Abs. 6 AWG a.F. unterschied vier verschiedene schwere Fälle von Verstößen.

§ 34 Abs. 6 Nr. 1 AWG a.F. normierte Fälle mit einem erhöhten Unrechtsgehalt. Notwendig ist hier, dass durch eine Handlung nach § 34 Abs. 1 oder 2

- die Gefahr eines schweren Nachteils für die Sicherheit der Bundesrepublik Deutschland herbeigeführt wurde;

- eine Störung des friedlichen Zusammenlebens der Völker oder

- eine erhebliche Störung der auswärtigen Beziehungen der Bundesrepublik Deutschland eingetreten ist.

§ 34 Abs. 6 Nr. 2 AWG a.F. erfasste die Fälle der früheren Strafschärfung, nämlich gewerbsmäßiges Handeln und Bandenkriminalität. Nach früherem Recht betrug die Verjährung für diese Delikte fünf Jahre. Nunmehr sind es 20 Jahre, vgl. § 78 Abs. 3 Nr. 2 und 4 StGB.

---

305 Deswegen hatte Pottmeyer, AW-Prax 1996, 207 (208 f.) die rechtspolitische Forderung erhoben, die Strafrahmen von KWKG einerseits und AWG andererseits aneinander anzupassen.

§ 34 Abs. 6 Nr. 3 AWG a.F. betraf die Fälle von Verstößen gegen Waffenembargos der UN oder der EU. Erforderlich war in diesem Zusammenhang, dass das entsprechende Verbot zur Ausfuhr von Rüstungsgütern des Teils I Abschnitt A der Ausfuhrliste im Bundesanzeiger veröffentlicht war. Basieren musste das Verbot auf einer Resolution des UN-Sicherheitsrates oder einem Rechtsakt der EU im GASP-Bereich.

Bei § 34 Abs. 6 Nr. 4 AWG a.F. handelte es sich um ein sog. abstrakt-konkretes Gefährdungsdelikt. Erfasst waren hier die UN- bzw. EU-Embargos, die keine Waffenembargos darstellen. Damit der erhöhte Strafrahmen des § 34 Abs. 6 AWG a.F. eintrat, musste dieser Embargoverstoß geeignet sein,

- die äußere Sicherheit der Bundesrepublik Deutschland,
- das friedliche Zusammenleben der Völker oder
- die auswärtigen Beziehungen der Bundesrepublik Deutschland erheblich

zu gefährden.

Eine Übersicht über die Straftatbestände des § 34 Abs. 6 AWG a.F. findet sich in den **Schaubildern 21 bis 24**.

Die Strafvorschriften nach dem AWG
(Rechtslage bis zum 31.08.2013)

Vorschrift	Strafbare Handlung	Art der Straftat	Mindest-strafe	Höchst-strafe	Verjährung
§ 34 Abs. 6 Nr. 1 AWG	Handlung nach § 34 Abs. 1 oder 2 AWG und: • Gefahr eines schweren Nachteils für die äußere Sicherheit • Störung des friedlichen Zusammenlebens der Völker • erhebliche Störung der auswärtigen Beziehungen	Verbrechen	2 Jahre	15 Jahre	20 Jahre max. 40 Jahre

Schaubild 21: Die Straftatbestände des § 34 Abs. 6 AWG

Die Strafvorschriften nach dem AWG
(Rechtslage bis zum 31.08.2013)

Vorschrift	Strafbare Handlung	Art der Straftat	Mindest-strafe	Höchst-strafe	Verjährung
§ 34 Abs. 6 Nr. 2 AWG	Handlung nach § 34 Abs. 1, 2 oder 4 AWG und: • gewerbsmäßiges Handeln • Handeln als Mitglied einer Bande	Verbrechen	2 Jahre	15 Jahre	20 Jahre max. 40 Jahre

Schaubild 22: Die Straftatbestände des § 34 Abs. 6 AWG

Die Strafvorschriften nach dem AWG
(Rechtslage bis zum 31.08.2013)

Vorschrift	Strafbare Handlung	Art der Straftat	Mindest-strafe	Höchst-strafe	Verjährung
§ 34 Abs. 6 Nr. 3 AWG	Handlung nach § 34 Abs. 1, Satz 1 Nr. 1 AWG und dadurch Verstoß gegen ein Ausfuhrverbot der UN oder der EU/GASP = Verstoß gegen Waffenembargo	Verbrechen	2 Jahre	15 Jahre	20 Jahre max. 40 Jahre

Schaubild 23: Die Straftatbestände des § 34 Abs. 6 AWG

Die Strafvorschriften nach dem AWG
(Rechtslage bis zum 31.08.2013)

Vorschrift	Strafbare Handlung	Art der Straftat	Mindest- strafe	Höchst- strafe	Verjährung
§ 34 Abs. 6 Nr. 4 AWG	Handlung nach § 34 Abs. 4 AWG, die geeignet ist, • die äußere Sicherheit • das friedliche Zusammenleben der Völker • die auswärtigen Beziehungen erheblich zu gefährden	Verbrechen	2 Jahre	15 Jahre	20 Jahre max. 40 Jahre

Schaubild 24: Die Straftatbestände des § 34 Abs. 6 AWG

5.1.1.1.2.6 Das Fahrlässigkeitsdelikt, § 34 Abs. 7 AWG a.F.

§ 34 Abs. 7 AWG stellt auch das fahrlässige Verhalten in den Fällen des § 34 Abs. 1, 2 und 4 AWG unter Strafe. Hier kann auf Freiheitsstrafe von bis zu drei Jahren oder auf Geldstrafe erkannt werden (siehe hierzu **Schaubild 25**).

Die Strafvorschriften nach dem AWG
(Rechtslage bis zum 31.08.2013)

Vorschrift	Strafbare Handlung	Art der Straftat	Mindest- strafe	Höchst- strafe	Verjährung
§ 34 Abs. 7 AWG	Fahrlässiger Verstoß	Vergehen	----	5 Jahre oder Geldstrafe	5 Jahre max. 10 Jahre

Schaubild 25: Der Straftatbestand des § 34 Abs. 7 AWG

5.1.1.1.2.7 Die Strafbarkeit des Versuchs

In den Fällen des § 34 Abs. 1, 2 und 4 AWG a.F. war auch der Versuch strafbar. Dies ergab sich aus § 34 Abs. 5 AWG a.F. Für die Straftatbestände des § 34 Abs. 6 AWG a.F. folgte dies wegen des Verbrechenscharakters dieser Taten bereits aus § 23 Abs. 1 StGB.

5.1.1.1.2.8 Handeln ohne Genehmigung nach § 34 Abs. 8 AWG a.F.

Der § 34 Abs. 8 AWG, der bis zum Jahre 2006 gegolten hatte, bezog sich nur auf das Erschleichen von Genehmigungen. Eine solche Regelung, die den Ordnungswidrigkeiten-Tatbestand des § 33 Abs. 5 Nr. 1 AWG a.F. überlagerte, war aus Gründen der Verwaltungsakzessorietät der Straftatbestände des § 34 AWG a.F. erforderlich gewesen.[306] Nach der Gesetzesnovelle des Jahres 2006 wurde nicht nur derjenige, der Genehmigungen durch unrichtige oder unvollständige Angaben erschleicht, so behandelt, als läge keine Genehmigung vor. Der erweiterte § 34 Abs. 8 AWG a.F. stellt auch folgende Verhaltensweisen einem Handeln ohne Genehmigung gleich:

- Erwirken durch Drohung;
- Erwirken durch Bestechung;
- Erwirken durch kollusives Zusammenwirken von Amtsträgern und Antragsteller.

5.1.1.1.2.9 Die Regelung in § 70a AWV a.F.

Der mit „Straftaten" überschriebene § 70a AWV wurde durch die 12. AWG-Novelle in die Verordnung eingefügt.[307] Die Vorschrift hat die Funktion, die Verbindung zwischen § 34 Abs. 4 Nr. 1, 5 bis 7 AWG a.F. und den Embargobestimmungen herzustellen. In den §§ 69a bis 69m AWV fanden sich verschiedenste Beschränkungen, die auf Beschlüssen des UN-Sicherheitsrates oder der EU beruhen. Die Verstöße gegen diejenigen Beschränkungen, die in § 70a AWV a.F. aufgeführt sind, wurden zur Straftat nach § 34 Abs. 4 Nr. 1 AWG a.F. und – sofern die weitergehenden Voraussetzungen erfüllt sind – nach § 34 Abs. 6 AWG a.F. Der Versuch derartiger Verstöße war ebenfalls strafbar, §§ 70a AWV, 34 Abs. 5 AWG a.F. Auch die fahrlässige Begehung war gemäß §§ 70a AWV, 34 Abs. 7 AWG a.F. unter Strafe gestellt.

5.1.1.1.2.10 Die Auslandstaten Deutscher

Gemäß § 35 AWG a.F. wurden auch die Auslandstaten Deutscher unter Strafe gestellt.[308] Nach § 34 AWG a.F. konnten danach auch deutsche Staatsangehörige belangt werden, die seit geraumer Zeit ihren Lebensmittelpunkt im Ausland gewählt haben.[309]

5.1.1.1.2.11 Die Bruttoerlösabschöpfung

Seit der Novelle des Jahres 1992 ist die Möglichkeit eröffnet, nach dem sog. Bruttoerlösprinzip den gesamten Umsatz abzuschöpfen, der durch eine illegale Handlung erlangt wurde, § 73

---

306 Vgl. hierzu für das KWKG: Pottmeyer, § 22a KWKG, Rn. 12 bis 25; vgl. auch Scholzen, DWJ 12/2016, 90 f.
307 Art. 2 des Gesetzes vom 28.03.2006, BGBl. I S. 574.
308 Zur extraterritorialen Wirkung des deutsch-europäischen Exportrechts siehe: Ahmad/Hohmann, AW-Prax 2009, 229 ff.; Niestedt in: *Ehlers/Wolffgang*, S. 243 ff.
309 Zu den verfassungsrechtlichen Bedenken gegen § 35 AWG vgl. Pottmeyer, NStZ 1992, 57 ff.; ders., §§ 19 bis 22 KWKG, Rn. 20 ff. mit umfangreichen weiteren Nachweisen auch zur Gegenansicht.

StGB.[310] Bis zu dieser Novelle war lediglich eine Gewinnabschöpfung möglich. Der BGH[311] hat die Regelung des Prinzips der Bruttoerlösabschöpfung mit folgenden Erwägungen für rechtens erklärt:

Beispiel

 Begründung des BGH zur Bruttoerlösabschöpfung

„Die Abschöpfung des über den Nettogewinn hinaus Erlangten verfolgt primär einen Prä-
ventionszweck. Die vom Gesetz angestrebte Folge, dass auch die Aufwendungen nutzlos
waren, soll zur Verhinderung gewinnorientierter Straftaten beitragen. Würde lediglich der
aus der Straftat gezogene Gewinn abgeschöpft, so würden sich die bewusst aus finanzi-
ellen Interessen begangenen Straftaten im Ergebnis als wirtschaftlich risikolos darstellen.
Eine derartige Rechtsfolge würde den mit dem Bruttoprinzip verfolgten Präventionszweck
verfehlen; sie müsste geradezu als Tatanreiz für ähnliche Straftaten wirken."

Durch die §§ 73 ff. StGB soll dem Wirtschaftskriminellen der finanzielle Anreiz seines illegalen Handelns genommen werden. Wer sich von Freiheitsstrafen nicht beeindrucken lässt, wird sich – so die Erwägung des Gesetzgebers – von diesen pekuniären Konsequenzen möglicherweise abschrecken lassen. Denn die Triebfeder des Handelns von Wirtschaftskriminellen ist der zu erzielende wirtschaftliche Vorteil.

Die §§ 73 ff. StGB gelten im Übrigen nicht nur für Taten nach dem AWG, sondern für alle Straftaten in gleicher Weise, also z.B. auch für die Einkünfte eines Drogendealers aus Verstößen gegen das Betäubungsmittelgesetz.

Zwischenzeitlich hat es einige Fälle gegeben, in denen Gerichte von der Möglichkeit der Bruttoerlösabschöpfung Gebrauch gemacht haben.[312] Das Instrumentarium hat in erheblichem Umfang an Bedeutung gewonnen.

Mit einer im vorliegenden Zusammenhang interessanten Problematik setzt sich der BGH[313] auseinander. Ein Täter hatte ungenehmigt Rüstungsgüter ausgeführt und hierdurch Verkaufserlöse in Höhe von über 1 Mio. € erzielt. Allerdings wurde im Laufe des Verfahrens festgestellt, dass die Genehmigung für die Ausfuhr erteilt worden wäre, wenn der Täter einen entsprechenden Antrag gestellt hätte. In einem derartigen Fall – so der BGH – darf nicht der Verkaufserlös für verfallen erklärt werden. Das im Sinne von § 73 Abs. 1 Satz 1 StGB durch die Tat Erlangte seien vielmehr lediglich die Aufwendungen, die der Täter durch das Unterbleiben des Genehmigungsverfahrens erspart habe. Die Vorinstanz[314] war anderer Auffassung gewesen.

---

310 Vgl. hierzu: Bieneck,, AW-Prax 1999, 336 ff.; Hantke, NJW 1992, 2123 (2125); Kreuzer, AW-Prax 2001, 192; Morweiser, AW-Prax 2004, 175 ff.; Pottmeyer, § 22a KWKG, Rn. 160; ders., DWiR 1992, 133 (138); Weith/Wegner/Ehrlich, Grundzüge der Exportkontrolle, H., Rn. 53 ff. (S. 248 f.).

311 Urteil vom 21.08.2002, NStZ 2003, 37 f.; siehe speziell für das Außenwirtschaftsrecht: BGH, Urteil vom 19.01.2012, BGHSt 57, 79 ff. = NJW 2012, 1159 f.

312 So u.a. in dem sog. Zigarettenpapierfall LG Mannheim, Urteile vom 23.04.2001, 25 KLs 626 Js 2222/00 nv. und vom 26.10.2001, 25 KLs 26 Js 511/95 AK 2/00 nv. (Verfall von zunächst 7,9 Mio. DM, vom BGH auf 8,4 Mio. DM heraufgesetzt).

313 Urteil vom 19.01.2012, BGHSt 57, 79 ff. = NJW 2012, 1159 f.; kritisch hierzu Ricke, AW-Prax 2012, 242 ff.

314 LG Hamburg, Urteil vom 08.06.2011, 618 KLs 2/2011 nv.; siehe hierzu auch Ricke, AW-Prax 2012, 242 ff.

5.1.1.1.2.12 Die Überwachung des Post- und Fernmeldeverkehrs

Schließlich ist im vorliegenden Zusammenhang erwähnenswert, dass im Vorfeld einer Straftat aus Gründen der Prävention eine Beschränkung des Post- und Fernmeldeverkehrs möglich ist.[315] Dies ergab sich früher aus den §§ 39 ff. AWG. Das BVerfG[316] hat diese Bestimmungen für verfassungswidrig erklärt. Geregelt war und ist diese Materie nunmehr in den §§ 23a ff. ZFdG.[317]

5.1.1.2 Die Rechtslage seit dem 01.09.2013

5.1.1.2.1 Die Systematik des neuen Außenwirtschaftsstrafrechts

Durch das Gesetz zur Modernisierung des Außenwirtschaftsrechts vom 06.06.2013[318] wurde das Außenwirtschaftsstrafrecht völlig neu gestaltet.[319] Die entsprechenden Bestimmungen sind zum 01.09.2013 in Kraft getreten.[320]

Das Modernisierungsvorhaben geht zurück auf den Koalitionsvertrag der konservativ-liberalen Regierung für die 17. Wahlperiode des Deutschen Bundestags vom 26.09.2009.[321] Zielsetzung war es, das Außenwirtschaftsrecht zu entschlacken und übersichtlicher zu gestalten.[322] Dabei sollten allerdings die bewährten Grundstrukturen beibehalten werden.[323] Dieser Zielsetzung ist die Gesetzesnovelle gerecht geworden. Beim Außenwirtschaftsstrafrecht kann allerdings nicht davon die Rede sein, dass die Grundstrukturen erhalten geblieben sind. Hier hat der Gesetzgeber etwas völlig Neues geschaffen.

Die Strafvorschriften sind nunmehr in den §§ 17 und 18 AWG geregelt. Sie bilden gleichsam das Herzstück des AWG-Modernisierungsgesetzes.[324] Die Bußgeldvorschriften finden sich in den §§ 19 AWG, 81, 82 AWV. Der Unterschied zum bisherigen Außenwirtschaftsstrafrecht besteht in Folgendem: In § 34 Abs. 1 AWG a.F. waren Sachverhalte geregelt, bei denen stets eine Straftat und keine Ordnungswidrigkeit vorlag. Namentlich ist hier die ungenehmigte Ausfuhr von Rüstungsgütern (Teil I Abschnitt A der Ausfuhrliste) zu nennen. Hier kam es nicht darauf an, ob der Täter vorsätzlich oder fahrlässig

---

315 Siehe hierzu die Einzelheiten bei: Fehn, ZfZ 1995, 347 ff.; Gusy, StV 1992, 484 ff.; Hantke, NJW 1992, 2123 (2125); Hetzer, ZfZ 1995, 34 ff.; Hund, ZRP 1991, 463 ff.; ders., NJW 1992, 2118 ff.; Jahnke, ZRP 1992, 83 ff.; Pottmeyer, DWiR 1992, 133 (137 f.); Ricke, Diss., S. 203 ff.; ders. in: Deutsche Ausfuhrkontrolle 1992, S. 143 (150 f.); ders., AW-Prax 2000, 19 ff.; zum neuen Recht siehe: Huber, NJW 2005, 2260 ff.; vgl. weiterhin Kreuzer, AW-Prax 2001, 34 f. zu Abhörungen durch den BND und ders., AW-Prax 2001, 213 zu solchen im Rahmen von Wirtschaftsspionage.

316 Beschluss vom 03.03.2004, NJW 2004, 2213 ff.

317 Vgl. hierzu: OLG Köln, Beschluss vom 22.03.2013, 16 Wx 16/12 nv.; Huber, NJW 2005, 2260 ff.; Ricke, AW-Prax 2005, 457 ff.; ders., AW-Prax 2007, 288 ff.; ders., AW-Prax 2013, 258 ff.; Roggan, NVwZ 2007, 1238 ff.; zur Sicherstellung von Gütern nach dem ZFdG siehe Ricke, AW-Prax 2011, 246 ff.; Wamers, AW-Prax 2011, 151 (153).

318 BGBl. I S. 1482.

319 Zu den neuen Straf- und Bußgeldvorschriften im AWG siehe: Billig, Der Zoll-Profi! 5/2013, 2 f.; Hockel/Sachs/Pelz/Pelz, §§ 17, 18 AWG; Hohmann, AW-Prax 2013, 312 (314 f.); Kollmann, AW-Prax 2013, 267 (275 ff.); Morweise in: Ehlers/Wolffgang, S. 231 ff.; Walter, RIW 2013, 205 (208 ff.).

320 Siehe Art. 4 des Gesetzes vom 06.06.2013, BGBl. I S. 1482.

321 Siehe dort die Randnummern 2371 bis 2377.

322 Siehe Koalitionsvertrag vom 26.09.2009, Rn. 2371 ff.

323 Vgl. BT-Drucks. 17/11127, S. 1, 50.

324 Kollmann, AW-Prax 2013, 267 (275).

handelte. Alle anderen ungenehmigten Handlungen im Außenwirtschaftsverkehr stellten lediglich eine Ordnungswidrigkeit nach den §§ 33 AWG a.F., 70 AWV a.F. dar. Hieran änderte sich nur dann etwas, wenn eines der Merkmale des § 34 Abs. 2 AWG a.F. verwirklicht war (Gefahr für die äußere Sicherheit, Gefahr für das friedliche Zusammenleben der Völker, erhebliche Gefahr für die auswärtigen Beziehungen der Bundesrepublik Deutschland). Dann und nur dann wurde die ungenehmigte Handlung zu einer Straftat. In diesem Zusammenhang wurde insbesondere das Merkmal der erheblichen Gefährdung der auswärtigen Beziehungen unter rechtsstaatlichen Gesichtspunkten als problematisch angesehen.[325]

Mit dieser Systematik hat das neue Recht gebrochen. Es wird nur noch differenziert, ob der Täter vorsätzlich oder fahrlässig gehandelt hat. Bei Vorsatz liegt ein Straftatbestand nach den §§ 17, 18 AWG vor. Im Falle fahrlässigen Verhaltens ist dagegen – wenn man von einer Ausnahme im Bereich der Waffenembargos einmal absieht – lediglich eine Ordnungswidrigkeit nach den §§ 19 AWG, 81, 82 AWV gegeben.

Der Grund für diese Differenzierung liegt in Folgendem: Der Gesetzgeber wollte über die Straftatbestände eine wirkungsvolle Prävention von Verstößen betreiben, die bewusst und mit hoher krimineller Energie ausgeführt werden.[326] Aus diesem Grundsatz sollen Vorsatztaten nach wie vor als kriminelles Unrecht strafbar sein. Andererseits hat der Gesetzgeber eingesehen, dass bei der Abwicklung von außenwirtschaftsrechtlich relevanten Vorgängen Arbeitsfehler unterlaufen können. Dies ist selbst dann möglich, wenn die Handelnden grundsätzlich rechtstreu sind und Vorkehrungen zur Vermeidung von Verstößen getroffen haben. Diese Fälle will man nicht kriminalisieren. Sie sollen lediglich als Verwaltungsunrecht angesehen und als Ordnungswidrigkeiten behandelt werden.[327]

Praxistipp

 Der Unterschied zwischen dem bisherigen und dem neuen Recht wird deutlich, wenn man die fahrlässigerweise erfolgte ungenehmigte Ausfuhr von Rüstungsgütern und den vorsätzlichen Verstoß bei Dual-use-Gütern einmal miteinander vergleicht. Nach § 34 Abs. 1 AWG a.F. war der fahrlässige Verstoß in Bezug auf Rüstungsgüter stets und ausnahmslos Straftat. Insoweit ist eine Liberalisierung eingetreten, sofern der Verstoß auf einem Arbeitsfehler beruht. Andererseits war die vorsätzliche ungenehmigte Ausfuhr von Dual-use-Gütern in der Regel nur eine Ordnungswidrigkeit, es sei denn, dass eines der Merkmale des § 34 Abs. 2 AWG verwirklicht war. Nach neuem Recht liegt insoweit nunmehr eine Straftat vor. Beide Änderungen – Liberalisierung bei Arbeitsfehlern in Bezug auf Rüstungsgüter; Schärfung bei vorsätzlichen Dual-use-Verstößen – sind der Sache angemessen.

---

325 Vgl. Kollmann, AW-Prax 2013, 267 (275).
326 Siehe BT-Drucks. 17/11127, S. 69.
327 Ebd.

Mit der neuen Systematik des Außenwirtschaftsrechts ist allerdings ein Abgrenzungsproblem verbunden, nämlich dasjenige zwischen bedingtem Vorsatz und bewusster Fahrlässigkeit. Dies kann im Einzelfall zu Schwierigkeiten führen. Denn die Grenze ist fließend. (Bedingt) vorsätzlich handelt nämlich derjenige, der den Eintritt einer Tat billigend in Kauf nimmt. Fehlt es z.B. in einem Unternehmen gänzlich an einer internen Ausfuhrkontrolle, so werden Verstöße gegen das Außenwirtschaftsrecht billigend in Kauf genommen.[328] In diesem Falle würde die Staatsanwaltschaft wegen einer vorsätzlichen Straftat nach den §§ 17, 18 AWG ermitteln.

5.1.1.2.2 Die Ordnungswidrigkeiten nach AWG/AWV n.F.

Die Ordnungswidrigkeiten nach AWG/AWV sind nunmehr deutlich übersichtlicher gestaltet als bisher. Sie sind nunmehr in § 19 AWG und in den §§ 81, 82 AWV geregelt.[329] Bei dem bisherigen Höchstrahmen von 500.000 € ist es geblieben. Allerdings ist festzustellen, dass in vielen Fällen der deutlich geringere Höchstsatz von 30.000 € einschlägig ist.

Ein Bußgeld zahlen zu müssen, mag für ein Unternehmen schon rein vom Finanziellen her nachteilig sein. Es kann sich hieraus aber noch eine weit einschneidendere Konsequenz ergeben. Bußgelder, die einen Betrag von 200 € überschreiten, werden in das sog. Gewerbezentralregister eingetragen.[330] Das ergibt sich aus § 149 Abs. 2 Nr. 3 GewO. Bei einer Eintragung in das Gewerbezentralregister hat das Unternehmen erhebliche Schwierigkeiten bei der Vergabe öffentlicher Aufträge. Die Eintragung erfolgt nicht nur, wenn gegen das Unternehmen selbst ein Bußgeld nach § 30 OWiG[331] festgesetzt wird oder gegen ein Organmitglied nach § 130 OWiG[332]. Vielmehr ergibt sich diese Konsequenz auch dann, wenn gegen einen Beauftragten im Sinne von § 9 OWiG ein Bußgeldbescheid ergeht, der mit der betrieblichen Tätigkeit im Zusammenhang steht, § 149 Abs. 2 Nr. 3 b) GewO. Merkwürdigerweise erfolgt keine Eintragung in das Gewerbezentralregister, wenn ein Strafverfahren gemäß § 153a StPO gegen eine Geldbuße eingestellt wird. Die Eintragungen werden nach einer bestimmten Zeit getilgt, und zwar nach drei Jahren, wenn das Bußgeld nicht mehr als 300 € betrug, ansonsten nach fünf Jahren, § 153 GewO. Im Bereich des Außenwirtschaftsrechts ist es unwahrscheinlich, dass Bußgelder unterhalb der Schwelle des § 149 Abs. 2 Nr. 3 GewO verbleiben. Einige Hauptzollämter verlangen bei Verstößen ca. 10 % des betroffenen Warenwertes.

Wegen der weiteren Einheiten wird auf die nachstehende tabellarische Übersicht[333] verwiesen.

---

328 Siehe hierzu Walter, RIW 2013, 205 (208).

329 Vgl. hierzu: Kollmann, AW-Prax 2013, 267 (281); siehe auch die tabellarische Übersicht in AW-Prax 2013, 317 ff.

330 Siehe hierzu, Felderhoff, Der Zoll-Profi! 7/2012, 6 ff.

331 Vgl. hierzu: Hannemann-Kacik, Der Zoll-Profi! 2/2012, 10 ff.; dies., Der Zoll-Profi! 3/2012, 11 f.; zu einem einzuführenden Unternehmensstrafrecht anstelle des § 30 OWiG siehe Grützner, CCZ 2015, 56 ff.

332 Vgl. hierzu: Hannemann-Kacik, Der Zoll-Profi! 9/2011, 2 ff.; zu einem einzuführenden Unternehmensstrafrecht anstelle des § 130 OWiG siehe Grützner, CCZ 2015, 56 ff.

333 Die vorliegende Tabelle gibt den aktuellen Stand per 01.09.2018 wieder. Siehe zu den tabellarischen Übersichten, die sich auf die Zeit nach der Gesetzesnovelle 2013 beziehen: AW-Prax 2015, 53 ff., AW-Prax 2015, 336 ff., AW-Prax 2017, 86 ff. und AW-Prax 2018, 150 ff.

OWi-Vorschrift	Handlung	Zuwiderhandlung gegen	Höchstsatz Geldbuße
Fahrlässige Zuwiderhandlungen gegen § 18 Abs. 1 – 5 AWG			
§ 19 Abs. 1 AWG	Zuwiderhandlung gegen ein Ausfuhr-, Einfuhr-, Durchfuhr-, Verbringungs-, Verkaufs-, Erwerbs-, Liefer-, Bereitstellungs-, Weitergabe-, Dienstleistungs- oder Investitionsverbot aufgrund eines unmittelbar geltenden, im EG-Amtsblatt veröffentlichten Rechtsaktes der EG oder EU im Bereich der Gemeinsamen Außen- und Sicherheitspolitik	§ 18 Abs. 1 Nr. 1 a) AWG	500.000 EUR
§ 19 Abs. 1 AWG	Zuwiderhandlung gegen ein Verfügungsverbot über eingefrorene Gelder und wirtschaftliche Ressourcen aufgrund eines unmittelbar geltenden, im EG-Amtsblatt veröffentlichten Rechtsaktes	§ 18 Abs. 1 Nr. 1 b) AWG	500.000 EUR
§ 19 Abs. 1 AWG	Zuwiderhandlung gegen eine Genehmigungspflicht für Ausfuhr, Einfuhr, Durchfuhr, Verbringung, Verkauf, Erwerb, Lieferung, Bereitstellung, Weitergabe, Dienstleistung oder Investition aufgrund eines unmittelbar geltenden, im EG-Amtsblatt veröffentlichten Rechtsaktes der EG oder EU im Bereich der Gemeinsamen Außen- und Sicherheitspolitik	§ 18 Abs. 1 Nr. 2 a) AWG	500.000 EUR
§ 19 Abs. 1 AWG	Zuwiderhandlung gegen eine Genehmigungspflicht für die Verfügung über eingefrorene Gelder oder wirtschaftliche Ressourcen aufgrund eines unmittelbar geltenden, im EG-Amtsblatt veröffentlichten Rechtsaktes	§ 18 Abs. 1 Nr. 2 b) AWG	500.000 EUR
§ 19 Abs. 1 AWG	Ungenehmigte Ausfuhr von Gütern nach § 8 Abs. 1 AWV (Güter des AL-Teils I Abschnitt A oder B), § 9 Abs. 1 AWV (nicht gelistete Güter für kerntechnische Zwecke) oder § 78 AWV (Ausrüstung für die Herstellung von Banknoten etc. für Nordkorea)	§ 18 Abs. 2 Nr. 1 AWG	500.000 EUR
§ 19 Abs. 1 AWG	Ungenehmigte Ausfuhr von Gütern entgegen § 9 Abs. 2 Satz 2 AWV (nicht gelistete Güter für kerntechnische Zwecke)	§ 18 Abs. 1 Nr. 2 AWG	500.000 EUR

OWi-Vorschrift	Handlung	Zuwiderhandlung gegen	Höchstsatz Geldbuße
§ 19 Abs. 1 AWG	Ungenehmigte Verbringung von Gütern nach § 11 Abs. 1 Satz 1 AWV (Güter des AL-Teils I Abschnitt A innerhalb der EU)	§ 18 Abs. 1 Nr. 3 AWG	500.000 EUR
§ 19 Abs. 1 AWG	Ungenehmigte Vornahme eines Handels- oder Vermittlungsgeschäftes nach §§ 46 Abs. 1, 47 Abs. 1, 47 Abs. 2 AWV	§ 18 Abs. 1 Nr. 4 AWG	500.000 EUR
§ 19 Abs. 1 AWG	Vornahme eines Handels- oder Vermittlungsgeschäftes entgegen § 47 Abs. 3 Satz 3 AWV	§ 18 Abs. 1 Nr. 5 AWG	500.000 EUR
§ 19 Abs. 1 AWG	Ungenehmigte Erbringung einer technischen Unterstützung nach §§ 49 Abs. 1, 50 Abs. 1, 51 Abs. 1 oder 2, 52 Abs. 1 AWV	§ 18 Abs. 1 Nr. 6 AWG	500.000 EUR
§ 19 Abs. 1 AWG	Erbringung einer technischen Unterstützung entgegen §§ 49 Abs. 2 Satz 3, 50 Abs. 2 Satz 3, 51 Abs. 3 Satz 3, 52 Abs. 2 Satz 3 AWV	§ 18 Abs. 1 Nr. 7 AWG	500.000 EUR
§ 19 Abs. 1 AWG	Einfuhr von Rohdiamanten entgegen Art. 3 VO (EG) Nr. 2368/2002 (Kimberley-Prozess)	§ 18 Abs. 3 Nr. 1 AWG	500.000 EUR
§ 19 Abs. 1 AWG	Ausfuhr von Rohdiamanten entgegen Art. 11 VO (EG) Nr. 2368/2002 (Kimberley-Prozess)	§ 18 Abs. 3 Nr. 2 AWG	500.000 EUR
§ 19 Abs. 1 AWG	Ausfuhr von Gütern entgegen Art. 3 Abs. 1 Satz 1 VO (EG) 1236/2005 (EG-Folterverordnung)	§ 18 Abs. 4 Nr. 1 AWG	500.000 EUR
§ 19 Abs. 1 AWG	Leisten von technischer Hilfe im Zusammenhang mit Gütern entgegen Art. 3 Abs. 1 Satz 2 VO (EG) 1236/2005 (EG-Folterverordnung)	§ 18 Abs. 4 Nr. 2 AWG	500.000 EUR
§ 19 Abs. 1 AWG	Einfuhr von Gütern entgegen Art. 4 Abs. 1 Satz 1 VO (EG) 1236/2005 (EG-Folterverordnung)	§ 18 Abs. 4 Nr. 3 AWG	500.000 EUR
§ 19 Abs. 1 AWG	Leisten von technischer Hilfe im Zusammenhang mit Gütern entgegen Art. 4 Abs. 1 Satz 2 VO (EG) 1236/2005 (EG-Folterverordnung)	§ 18 Abs. 4 Nr. 4 AWG	500.000 EUR
§ 19 Abs. 1 AWG	Ausfuhr von Gütern entgegen Art. 5 VO (EG) 1236/2005 (EG-Folterverordnung)	§ 18 Abs. 4 Nr. 5 AWG	500.000 EUR

OWi-Vorschrift	Handlung	Zuwiderhandlung gegen	Höchstsatz Geldbuße
§ 19 Abs. 1 AWG	Ungenehmigte Ausfuhr von Gütern entgegen Art. 3 Abs. 1, 4 Abs. 1, 2 Satz 1 oder Abs. 3 VO (EG) Nr. 428/2009 (EG-Dual-use-VO)	§ 18 Abs. 5 Nr. 1 AWG	500.000 EUR
§ 19 Abs. 1 AWG	Ungenehmigte Ausfuhr von Gütern entgegen Art. 4 Abs. 4, 2. Halbsatz (EG) Nr. 428/2009 (EG-Dual-use-VO)	§ 18 Abs. 5 Nr. 2 AWG	500.000 EUR
§ 19 Abs. 1 AWG	Ungenehmigtes Erbringen einer Vermittlungstätigkeit nach Art. 5 Abs. 1 Satz 1 (EG) Nr. 428/2009 (EG-Dual-use-VO)	§ 18 Abs. 5 Nr. 3 AWG	500.000 EUR
§ 19 Abs. 1 AWG	Erbringen einer Vermittlungstätigkeit entgegen Art. 5 Abs. 1 Satz 2, 2. Halbsatz oder Abs. 3 VO (EG) Nr. 428/2009 (EG-Dual-use-VO)	§ 18 Abs. 5 Nr. 4 AWG	500.000 EUR
Verstöße gegen Verfahrensvorschriften			
§ 19 Abs. 2 AWG	Nicht richtiges oder nicht vollständiges Machen oder Benutzen einer Angabe	§ 8 Abs. 5, auch i.V.m. § 9 Satz 2 AWG	30.000 EUR
§ 19 Abs. 3 Nr. 1 a) AWG	Zuwiderhandlung gegen eine vollziehbare Anordnung in gesonderter Rechtsverordnung, sofern nicht strafbar	§ 4 Abs. 1 AWG	500.000 EUR
§ 19 Abs. 3 Nr. 1 b) AWG	Zuwiderhandlung gegen eine vollziehbare Anordnung in gesonderter Rechtsverordnung, sofern nicht strafbar	§§ 11 Abs. 1 bis 4 AWG	30.000 EUR
§ 19 Abs. 3 Nr. 2 AWG	Zuwiderhandlung gegen eine vollziehbare Anordnung	§§ 7 Abs. 1, 3 oder 4, 23 Abs. 1 oder Abs. 4 Satz 2 AWG	30.000 EUR
§ 19 Abs. 3 Nr. 3 AWG	Fehlendes, nicht richtiges, nicht vollständiges oder nicht rechtzeitiges Vorzeigen von Waren	§ 27 Abs. 1 Satz 1 AWG	30.000 EUR
§ 19 Abs. 3 Nr. 4 AWG	Fehlende, nicht richtige, nicht vollständige oder nicht rechtzeitige Abgabe einer Erklärung	§ 27 Abs. 3 AWG	30.000 EUR
§ 19 Abs. 3 Nr. 5 AWG	Fehlendes, nicht richtiges, nicht vollständiges oder nicht rechtzeitiges Gestellen einer Ware	§ 27 Abs. 4 Satz 1 AWG	30.000 EUR
§ 19 Abs. 4 AWG	Zuwiderhandlung gegen einen unmittelbaren Rechtsakt der EG oder EU, der inhaltlich § 4 Abs. 1 AWG entspricht, sofern nicht strafbar	nähere Bezeichnung durch Rechtsverordnung	500.000 EUR

OWi-Vorschrift	Handlung	Zuwiderhandlung gegen	Höchstsatz Geldbuße
§ 19 Abs. 4 AWG	Zuwiderhandlung gegen einen unmittelbaren Rechtsakt der EG oder EU, der inhaltlich § 11 Abs. 1 bis 3 oder Abs. 4 AWG entspricht, sofern nicht strafbar	nähere Bezeichnung durch Rechtsverordnung	30.000 EUR
§ 19 Abs. 5 Nr. 1 AWG	Fehlende, nicht richtige, nicht vollständige oder nicht rechtzeitige Übermittlung einer Information	unmittelbaren, im EWG-Amtsblatt veröffentlichten Rechtsakt der EG oder EU, der der Durchführung im Bereich der Gemeinsamen Außen- und Sicherheitspolitik dient	30.000 EUR
§ 19 Abs. 5 Nr. 2 AWG	Fehlende, nicht richtige, nicht vollständige oder nicht rechtzeitige Abgabe einer Voranmeldung	unmittelbaren, im EWG-Amtsblatt veröffentlichten Rechtsakt der EG oder EU, der der Durchführung im Bereich der Gemeinsamen Außen- und Sicherheitspolitik dient	30.000 EUR
§ 19 Abs. 5 Nr. 3 1. Alt. AWG	Fehlende oder nicht für die vorgeschriebene Dauer erfolgte Aufbewahrung einer Aufzeichnung über Transaktionen	unmittelbaren, im EWG-Amtsblatt veröffentlichten Rechtsakt der EG oder EU, der der Durchführung im Bereich der Gemeinsamen Außen- und Sicherheitspolitik dient	30.000 EUR
§ 19 Abs. 5 Nr. 3 2. Alt. AWG	Fehlendes oder nicht rechtzeitiges zur Verfügung stellen einer Aufzeichnung von Transaktionen	unmittelbaren, im EWG-Amtsblatt veröffentlichten Rechtsakt der EG oder EU, der der Durchführung im Bereich der Gemeinsamen Außen- und Sicherheitspolitik dient	30.000 EUR

OWi-Vorschrift	Handlung	Zuwiderhandlung gegen	Höchstsatz Geldbuße
§ 19 Abs. 5 Nr. 4 AWG	Fehlende oder nicht rechtzeitige Unterrichtung einer zuständigen Stelle oder Behörde	unmittelbaren, im EWG-Amtsblatt veröffentlichten Rechtsakt der EG oder EU, der der Durchführung im Bereich der Gemeinsamen Außen- und Sicherheitspolitik dient	30.000 EUR
Verstöße gegen Bestimmungen der AWV			
§ 81 Abs. 1 Nr. 1 AWV i.V.m. § 19 Abs. 3 Nr. 1 a) AWG	Abgabe einer Boykott-Erklärung	§ 7 AWV	500.000 EUR
§ 81 Abs. 1 Nr. 2 AWV i.V.m. § 19 Abs. 3 Nr. 1 a) AWG	Ungenehmigte Ausfuhr einer Ware	§ 10 Satz 1 AWV	500.000 EUR
§ 81 Abs. 1 Nr. 3 AWV i.V.m. § 19 Abs. 3 Nr. 1 a) AWG	Ungenehmigte Verbringung von Gütern	§ 11 Abs. 2 oder Abs. 4 Satz 1 AWV	500.000 EUR
§ 81 Abs. 1 Nr. 4 AWV i.V.m. § 19 Abs. 3 Nr. 1 a) AWG	Ungenehmigte Verbringung von Gütern	§ 11 Abs. 4 Satz 3 AWV	500.000 EUR
§ 81 Abs. 1 Nr. 5 AWV i.V.m. § 19 Abs. 3 Nr. 1 a) AWG	Ungenehmigte Verwendung einer Ware	§ 29 Satz 2 AWV	500.000 EUR
§ 81 Abs. 1 Nr. 6 AWV i.V.m. § 19 Abs. 3 Nr. 1 a) AWG	Zuwiderhandlung gegen eine vollziehbare Anordnung	§§ 44 Abs. 3, 59 Abs. 1 Satz 1 oder 2, 62 AWV	500.000 EUR
§ 81 Abs. 1 Nr. 7 AWV i.V.m. § 19 Abs. 3 Nr. 1 a) AWG	Ungenehmigte Erbringung einer technischen Unterstützung	§§ 52a Abs. 1 oder 52b Abs. 1 AWV	500.000 EUR
§ 81 Abs. 1 Nr. 8 AWV i.V.m. § 19 Abs. 3 Nr. 1 a) AWG	Ungenehmigte Erbringung einer technischen Unterstützung	§§ 52a Abs. 2 Satz 3 oder 52b Abs. 2 Satz 3 AWV	500.000 EUR

OWi-Vorschrift	Handlung	Zuwiderhandlung gegen	Höchstsatz Geldbuße
§ 81 Abs. 1 Nr. 9 AWV i.V.m. § 19 Abs. 3 Nr. 1 a) AWG	Bewirken einer Zahlung oder sonstigen Leistung	§ 54 Abs. 1 AWV	500.000 EUR
§ 81 Abs. 2 Nr. 1 AWV i.V.m. § 19 Abs. 3 Nr. 1 b) AWG	Fehlende oder nicht rechtzeitige Rückgabe einer Urkunde	§ 5 Abs. 1 Satz 1 AWV	30.000 EUR
§ 81 Abs. 2 Nr. 2 AWV i.V.m. § 19 Abs. 3 Nr. 1 b) AWG	Fehlende oder nicht für die Dauer von fünf Jahren erfolgte Aufbewahrung einer Urkunde	§ 6 Abs. 1 AWV	30.000 EUR
§ 81 Abs. 2 Nr. 3 AWV i.V.m. § 19 Abs. 3 Nr. 1 b) AWG	Fehlende, nicht richtige oder nicht rechtzeitige Gestellung einer Ausfuhrsendung	§ 12 Abs. 1. auch i.V.m. § 20 AWV	30.000 EUR
§ 81 Abs. 2 Nr. 4 AWV i.V.m. § 19 Abs. 3 Nr. 1 b) AWG	Fehlendes, nicht richtiges oder nicht rechtzeitiges Einreichen eines Ladungsverzeichnisses	§ 13 Abs. 1 AWV	30.000 EUR
§ 81 Abs. 2 Nr. 5 AWV i.V.m. § 19 Abs. 3 Nr. 1 b) AWG	Fehlende, nicht richtige, nicht in in der vorgeschriebenen Weise erfolgte oder nicht rechtzeitige Abgabe einer Erklärung	§ 13 Abs. 5 AWV	30.000 EUR
§ 81 Abs. 2 Nr. 6 1. Alt AWV i.V.m. § 19 Abs. 3 Nr. 1 b) AWG	Entfernen, entfernen lassen, verladen oder verladen lassen von Waren	§ 14 Abs. 3, auch i.V.m. § 20 AWV	30.000 EUR
§ 81 Abs. 2 Nr. 6 2. Alt AWV i.V.m. § 19 Abs. 3 Nr. 1 b) AWG	Entfernen, entfernen lassen, verladen oder verladen lassen von Waren	§ 14 Abs. 4, auch i.V.m. §§ 20, 20a Abs. 3 oder 20b Abs. 2 AWV	30.000 EUR
§ 81 Abs. 2 Nr. 7 AWV i.V.m. § 19 Abs. 3 Nr. 1 b) AWG	Fehlende, nicht richtige, nicht vollständige oder nicht rechtzeitige Angabe	§§ 15 Abs. 1, 17 Abs. 4, auch i.V.m. § 20 AWV	30.000 EUR
§ 81 Abs. 2 Nr. 8 AWV i.V.m. § 19 Abs. 3 Nr. 1 b) AWG	Fehlende, nicht richtige, nicht vollständige oder nicht rechtzeitige Abgabe einer summarischen Ausgangsanmeldung	§ 20a Abs. 1 Satz 1 AWV	30.000 EUR
§ 81 Abs. 2 Nr. 9 AWV i.V.m. § 19 Abs. 3 Nr. 1 b) AWG	Fehlende, nicht richtige, nicht vollständige oder nicht rechtzeitige Information an einen Empfänger	§ 22 Abs. 1 AWV	30.000 EUR

OWi-Vorschrift	Handlung	Zuwiderhandlung gegen	Höchstsatz Geldbuße
§ 81 Abs. 2 Nr. 10 AWV i.V.m. § 19 Abs. 3 Nr. 1 b) AWG	Fehlendes, nicht richtiges, nicht vollständiges oder nicht rechtzeitiges Führen eines Registers oder einer Aufzeichnung	§ 22 Abs. 2 Satz 1, oder § 26 Abs. 1 Satz 1 AWV	30.000 EUR
§ 81 Abs. 2 Nr. 11 AWV i.V.m. § 19 Abs. 3 Nr. 1 b) AWG	Fehlende Sicherstellung, dass eine Ausfuhrgenehmigung vorhanden ist	§ 23 Abs. 1 Satz 2 AWV	30.000 EUR
§ 81 Abs. 2 Nr. 12 AWV i.V.m. § 19 Abs. 3 Nr. 1 b) AWG	Fehlende oder nicht rechtzeitige Über-mittlung einer Ausfuhrgenehmigung	§ 23 Abs. 1 Satz 3 AWV	30.000 EUR
§ 81 Abs. 2 Nr. 13 AWV i.V.m. § 19 Abs. 3 Nr. 1 b) AWG	Fehlende oder nicht rechtzeitige Vor-lage einer Ausfuhrgenehmigung oder eines anderen Dokuments	§ 23 Abs. 5 Satz 2, oder § 25 Abs. 1 AWV	30.000 EUR
§ 81 Abs. 2 Nr. 14 AWV i.V.m. § 19 Abs. 3 Nr. 1 b) AWG	Fehlende, nicht richtige, nicht vollstän-dige oder nicht rechtzeitige Mitteilung	§ 29 Satz 1 AWV	30.000 EUR
§ 81 Abs. 2 Nr. 15 AWV i.V.m. § 19 Abs. 3 Nr. 1 b) AWG	Fehlendes, nicht richtiges, nicht vollständiges oder nicht rechtzeitiges Erbringen eines Nachweises	§ 30 Abs. 3 Satz 1, auch i.V.m. § 48 Satz 2 AWV	30.000 EUR
§ 81 Abs. 2 Nr. 16 a) AWV i.V.m. § 19 Abs. 3 Nr. 1 b) AWG	Fehlende, nicht richtige, nicht vollstän-dige oder nicht rechtzeitige Erstattung einer Anzeige	§ 30 Abs. 3 Satz 2, auch i.V.m. § 48 Satz 2 AWV	30.000 EUR
§ 81 Abs. 2 Nr. 16 b) AWV i.V.m. § 19 Abs. 3 Nr. 1 b) AWG	Fehlende oder nicht rechtzeitige Rück-gabe einer Bescheinigung, fehlende, nicht richtige, nicht vollständige oder nicht rechtzeitige Mitteilung	§ 30 Abs. 3 Satz 2, auch i.V.m. § 48 Satz 2 AWV	30.000 EUR
§ 81 Abs. 2 Nr. 17 AWV i.V.m. § 19 Abs. 3 Nr. 1 b) AWG	Fehlendes Sicherstellen, dass ein Doku-ment vorhanden ist	§ 32 Abs. 1 Satz 1 AWV	30.000 EUR
§ 81 Abs. 2 Nr. 18 AWV i.V.m. § 19 Abs. 3 Nr. 1 b) AWG	Fehlende, nicht richtige, nicht vollstän-dige oder nicht rechtzeitige Vorlage eines Dokuments	§ 32 Abs. 3 AWV	30.000 EUR
§ 81 Abs. 2 Nr. 19 AWV i.V.m. § 19 Abs. 3 Nr. 1 b) AWG	Fehlende, nicht richtige, nicht vollstän-dige oder nicht rechtzeitige Meldung	§§ 64 Abs. 1, 65 Abs. 1, 66 Abs. 1 oder Abs. 4 Satz 1, 67 Abs. 1, 68 Abs. 1, 69, 70 Abs. 1 AWV	30.000 EUR

OWi-Vorschrift	Handlung	Zuwiderhandlung gegen	Höchstsatz Geldbuße
§ 81 Abs. 2 Nr. 20 AWV i.V.m. § 19 Abs. 3 Nr. 1 b) AWG	Fehlendes, nicht richtiges, nicht vollständiges oder nicht rechtzeitiges Erstatten einer Anzeige	§ 68 Abs. 2 AWV	30.000 EUR
Verstöße gegen Rechtsakte der Europäischen Union			
§ 82 Abs. 1 Nr. 1 AWV i.V.m. § 19 Abs. 4 Satz 1 Nr. 1 AWG	Erfüllung eines Anspruchs/Stattgeben einer Forderung	Art. 2 Abs. 1 VO (EWG) Nr. 3541/92 (Irak)	500.000 EUR
§ 82 Abs. 1 Nr. 2 AWV i.V.m. § 19 Abs. 4 Satz 1 Nr. 1 AWG	Erfüllung eines Anspruchs/Stattgeben einer Forderung	Art. 2 Abs. 1 VO (EG) Nr. 3275/93	500.000 EUR
§ 82 Abs. 1 Nr. 3 AWV i.V.m. § 19 Abs. 4 Satz 1 Nr. 1 AWG	Erfüllung eines Anspruchs/Stattgeben einer Forderung	Art. 2 Abs. 1 VO (EG) Nr. 1264/94	500.000 EUR
§ 82 Abs. 1 Nr. 4 AWV i.V.m. § 19 Abs. 4 Satz 1 Nr. 1 AWG	Erfüllung eines Anspruchs/Stattgeben einer Forderung	Art. 2 Abs. 1 VO (EG) Nr. 1733/94	500.000 EUR
§ 82 Abs. 1 Nr. 4a AWV i.V.m. § 19 Abs. 4 Satz 1 Nr. 1 AWG	Erfüllung eines Anspruchs/Stattgeben einer Forderung	Art. 7a Abs. 1 VO (EG) Nr. 1183/2005 (Kongo)	500.000 EUR
§ 82 Abs. 1 Nr. 4b AWV i.V.m. § 19 Abs. 4 Satz 1 Nr. 1 AWG	Erfüllung eines Anspruchs/Stattgeben einer Forderung	Art. 9c Abs. 1 VO (EG) Nr. 329/2007 (Nordkorea)	500.000 EUR
§ 82 Abs. 1 Nr. 4c AWV i.V.m. § 19 Abs. 4 Satz 1 Nr. 1 AWG	Erfüllung eines Anspruchs/Stattgeben einer Forderung	Art. 27 Abs. 1 VO (EU) 36/2012 (Syrien)	500.000 EUR
§ 82 Abs. 1 Nr. 5 AWV i.V.m. § 19 Abs. 4 Satz 1 Nr. 1 AWG	Erfüllung eines Anspruchs/Stattgeben einer Forderung	Artr. 38 Abs. 1 VO (EU) Nr. 267/2012 (Iran)	500.000 EUR
§ 82 Abs. 1 Nr. 6 AWV i.V.m. § 19 Abs. 4 Satz 1 Nr. 1 AWG	Erfüllung eines Anspruchs/Stattgeben einer Forderung	Art. 14 Abs. 1 VO (EU) 224/2014 (Zentralafrika)	500.000 EUR

OWi-Vorschrift	Handlung	Zuwiderhandlung gegen	Höchstsatz Geldbuße
§ 82 Abs. 1 Nr. 7 AWV i.V.m. § 19 Abs. 4 Satz 1 Nr. 1 AWG	Erfüllung eines Anspruchs/Stattgeben einer Forderung	Art. 6 Abs. 1 VO (EU) 692/2014 (Russland)	500.000 EUR
§ 82 Abs. 1 Nr. 8 AWV i.V.m. § 19 Abs. 4 Satz 1 Nr. 1 AWG	Erfüllung eines Anspruchs/Stattgeben einer Forderung	Art. 12 Abs. 1 VO (EU) 747/2014 (Sudan)	500.000 EUR
§ 82 Abs. 1 Nr. 10 AWV i.V.m. § 19 Abs. 4 Satz 1 Nr. 1 AWG	Erfüllung eines Anspruchs/Stattgeben einer Forderung	Art. 11 Abs. 1 VO (EU) Nr. 833/2014 (Russland)	500.000 EUR
§ 82 Abs. 1 Nr. 11 AWV i.V.m. § 19 Abs. 4 Satz 1 Nr. 1 AWG	Erfüllung eines Anspruchs/Stattgeben einer Forderung	Art. 12 Abs. 1 VO (EU) Nr. 1352/2014	500.000 EUR
§ 82 Abs. 1 Nr. 12 AWV i.V.m. § 19 Abs. 4 Satz 1 Nr. 1 AWG	Erfüllung eines Anspruchs/Stattgeben einer Forderung	Art. 17 Abs. 1 VO (EU) Nr. 2015/735 (Südsudan)	500.000 EUR
§ 82 Abs. 1 Nr. 13 AWV i.V.m. § 19 Abs. 4 Satz 1 Nr. 1 AWG	Erfüllung eines Anspruchs/Stattgeben einer Forderung	Art. 53 Abs. 1 VO (EU) Nr. 2017/1509 (Nordkorea)	500.000 EUR
§ 82 Abs. 1 Nr. 14 AWV i.V.m. § 19 Abs. 4 Satz 1 Nr. 1 AWG	Erfüllung eines Anspruchs/Stattgeben einer Forderung	Art. 15 Abs. 1 VO (EU) Nr. 2017/2063 (Venezuela)	500.000 EUR
§ 82 Abs. 3 AWV i.V.m. § 19 Abs. 4 Satz 1 Nr. 2 AWG	Fehlende oder nicht rechtzeitige Vorlage eines Behältnisses oder ein dazu gehöriges Zertifikat zur Prüfung im Zusammenhang mit dem Kimberley-Prozess (Handel mit Rohdiamanten)	Art. 4 Abs. 1 VO (EG) Nr. 2368/2002	30.000 EUR
§ 82 Abs. 4 Nr. 1 AWV i.V.m. § 19 Abs. 3 Satz 1 Nr. 1 AWG	Zuwiderhandlung gegen eine vollziehbare Anordnung im Zusammenhang mit der EG-Dual-use-VO	Art. 6 Abs 1 Satz 1 VO (EG) Nr. 428/2009	500.000 EUR
§ 82 Abs. 4 Nr. 2 AWV i.V.m. § 19 Abs. 3 Satz 1 Nr. 1 AWG	Ungenehmigtes innergemeinschaftliches Verbringen bestimmter Güter mit doppeltem Verwendungszweck	Art. 22 Abs 1 Satz 1 VO (EG) Nr. 428/2009	500.000 EUR
§ 82 Abs. 5 Nr. 1 AWV i.V.m. § 19 Abs. 4 Satz 1 Nr. 1 AWG	Kauf einer staatlichen oder staatlich garantierten Anleihe, Vermittlungsdienste hierüber	Art. 24 lit. a oder b VO (EG) 36/2012	500.000 EUR

OWi-Vorschrift	Handlung	Zuwiderhandlung gegen	Höchstsatz Geldbuße
§ 82 Abs. 5 Nr. 2 AWV i.V.m. § 19 Abs. 4 Satz 1 Nr. 1 AWG	Eröffnung eines neuen Kontos, Aufnahme einer Korrespondenzbank-beziehung, Eröffnen einer neuen Repräsentanz, Gründung einer Zweig-niederlassung oder Tochtergesellschaft oder eines neuen Joint Venture	Art. 25 Abs. 1 VO (EG) 36/2012	500.000 EUR
§ 82 Abs. 5 Nr. 3 AWV i.V.m. § 19 Abs. 4 Satz 1 Nr. 1 AWG	Abschluss einer Vereinbarung, die die Eröffnung einer Repräsentanz oder die Gründung einer Zweigniederlassung oder Tochtergesellschaft zum Gegen-stand hat	Art. 25 Abs. 2 lit. b VO (EG) 36/2012	500.000 EUR
§ 82 Abs. 6 Nr. 1 AWV i.V.m. § 19 Abs. 4 Satz 1 Nr. 1 AWG	Ungenehmigter Abschluss einer Ver-einbarung	Art. 2a Abs. 1 lit. d Satzteil vor Satz 2 Ziffer i, auch i.V.m. Satz 2 oder Art 3a Abs. 1 lit. d VO (EU) 267/2012	500.000 EUR
§ 82 Abs. 6 Nr. 2 AWV i.V.m. § 19 Abs. 4 Satz 1 Nr. 1 AWG	Abschluss einer Vereinbarung	Art. 4 b lit. c VO (EU) 267/2012	500.000 EUR
§ 82 Abs. 7 Nr. 1 AWV i.V.m. § 19 Abs. 4 Satz 1 Nr. 1 AWG	Erwerb oder Ausweitung einer Betei-ligung	Art. 2a Abs. 1a oder b VO (EU) 692/2014	500.000 EUR
§ 82 Abs. 7 Nr. 2 AWV i.V.m. § 19 Abs. 4 Satz 1 Nr. 1 AWG	Abschluss einer Vereinbarung	Art. 2a Abs. 1 c) VO (EU) 692/2014	500.000 EUR
§ 82 Abs. 7 Nr. 3 AWV i.V.m. § 19 Abs. 4 Satz 1 Nr. 2 AWG	Gründung eines neuen Gemeinschafts-unternehmens	Art. 2a Abs. 1 d) VO (EU) 692/2014	500.000 EUR
§ 82 Abs. 7 Nr. 4 AWV i.V.m. § 19 Abs. 4 Satz 1 Nr. 1 AWG	Erbringen einer Wertpapierdienstleis-tung	Art. 2a Abs. 1 e) 692/2014	500.000 EUR
§ 82 Abs. 8 Nr. 1 AWV i.V.m. § 19 Abs. 4 Satz 1 Nr. 1 AWG	Kauf eines Wertpapiers oder eines Geldmarktinstruments	Art. 5 Abs. 1 oder 2 VO (EU) 833/2014	500.000 EUR
§ 82 Abs. 8 Nr. 2 AWV i.V.m. § 19 Abs. 4 Satz 1 Nr. 1 AWG	Abschluss einer Vereinbarung	Art. 5 Abs. 3 1. Halbsatz VO (EU) 833/2014	500.000 EUR

OWi-Vorschrift	Handlung	Zuwiderhandlung gegen	Höchstsatz Geldbuße
§ 82 Abs. 9 AWV i.V.m. § 19 Abs. 4 Satz 1 Nr. 2 AWG	Ungenehmigte Einfuhr von Textilwaren aus bestimmten Drittländern in den freien Verkehr der EU	Art. 3 Abs. 2 Satz 1 VO (EU) 2015/936	500.000 EUR
§ 82 Abs. 10 Nr. 1 AWV i.V.m. § 19 Abs. 4 Satz 1 Nr. 2 AWG	Fehlendes, nicht richtiges, nicht vollständiges oder nicht rechtzeitiges Bereithalten einer Unterlage	Art. 224 DVO (EU) 2015/2447 i.V.m. Art. 166, 267 Abs. 3 lit a, b oder c VO (EU) 952/2013	30.000 EUR
§ 82 Abs. 10 Nr. 2 AWV i.V.m. § 19 Abs. 4 Satz 1 Nr. 2 AWG	Zuwiderhandlung im Ausfuhrverfahren gegen eine mit einer Bewilligung verbundenen vollziehbaren Auflage	Art. 234 Abs. 1 lit b, c, e oder g DVO (EU) 2015/2447	30.000 EUR
§ 82 Abs. 10 Nr. 3 AWV i.V.m. § 19 Abs. 4 Satz 1 Nr. 2 AWG	Fehlende, nicht richtige, nicht vollständige oder nicht rechtzeitige Angabe	Art. 331 Abs. 1 lit a oder b DVO (EU) 2015/2447	30.000 EUR
§ 82 Abs. 10 Nr. 4 AWV i.V.m. § 19 Abs. 4 Satz 1 Nr. 1 AWG	Fehlendes, nicht richtiges oder nicht rechtzeitiges Inkenntnissetzen der Ausfuhrzollstelle	Art. 340 Abs. 1 DVO (EU) 2015/2447	30.000 EUR
§ 82 Abs. 10 Nr. 5 AWV i.V.m. § 19 Abs. 4 Satz 1 Nr. 2 AWG	Fehlende oder nicht richtige Information der Ausgangszollstelle oder nicht unverzügliche Information nach dem Entfernen der Ware von der Ausgangszollstelle	Art. 340 Abs. 2 DVO (EU) 2015/2447	30.000 EUR
§ 82 Abs. 10 Nr. 6 AWV i.V.m. § 19 Abs. 4 Satz 1 Nr. 2 AWG	Erfüllung des geänderten Beförderungsvertrages ohne Zustimmung	Art. 340 Abs. 3 DVO (EU) 2015/2447	30.000 EUR
§ 82 Abs. 11 Nr. 1 AWV i.V.m. § 19 Abs. 4 Satz 1 Nr. 1 AWG	Zulassen einer Investition	Art. 17 Abs. 1 VO (EU) Nr. 2017/1509	500.000 EUR
§ 82 Abs. 11 Nr. 2 AWV i.V.m. § 19 Abs. 4 Satz 1 Nr. 1 AWG	Gründung, Unterhaltung oder Betreiben eines Gemeinschaftsunternehmens oder einer Kooperativeinrichtung	Art. 17 Abs. 2 lit a VO (EU) Nr. 2017/1509	500.000 EUR
§ 82 Abs. 11 Nr. 3 AWV i.V.m. § 19 Abs. 4 Satz 1 Nr. 1 AWG	Bereitstellen eines Finanzmittels oder einer Finanzhilfe	Art. 17 Abs. 2 lit b VO (EU) Nr. 2017/1509	500.000 EUR
§ 82 Abs. 11 Nr. 4 AWV i.V.m. § 19 Abs. 4 Satz 1 Nr. 1 AWG	Erbringen einer Wertpapierdienstleistung	Art. 17 Abs. 2 lit. c VO (EU) Nr. 2017/1509	500.000 EUR

OWi-Vorschrift	Handlung	Zuwiderhandlung gegen	Höchstsatz Geldbuße
§ 82 Abs. 11 Nr. 5 AWV i.V.m. § 19 Abs. 4 Satz 1 Nr. 1 AWG	Beteiligung an einem Gemeinschafts-unternehmen oder einer anderen Geschäftsvereinbarung	Art. 17 Abs. 2 lit. d VO (EU) Nr. 2017/1509	500.000 EUR
§ 82 Abs. 11 Nr. 6 AWV i.V.m. § 19 Abs. 4 Satz 1 Nr. 1 AWG	Verpachten, Vermieten oder in anderer Weise zur Verfügung stellen einer Immobilie	Art. 20 Abs. 1 lit. aVO (EU) Nr. 2017/1509	500.000 EUR
§ 82 Abs. 11 Nr. 7 AWV i.V.m. § 19 Abs. 4 Satz 1 Nr. 1 AWG	Pachten oder Mieten einer Immobilie	Art. 20 Abs. 1 lit. bVO (EU) Nr. 2017/1509	500.000 EUR
§ 82 Abs. 11 Nr. 8 AWV i.V.m. § 19 Abs. 4 Satz 1 Nr. 1 AWG	Durchführung eines Geldtransfers	Art. 21 Abs. 1 VO (EU) Nr. 2017/1509	500.000 EUR
§ 82 Abs. 11 Nr. 9 AWV i.V.m. § 19 Abs. 4 Satz 1 Nr. 1 AWG	Eingehen einer Transaktion oder Betei-ligung hieran	Art. 21 Abs. 2 VO (EU) Nr. 2017/1509	500.000 EUR
§ 82 Abs. 11 Nr. 10 AWV i.V.m. § 19 Abs. 4 Satz 1 Nr. 1 AWG	Fehlende Ablehnung einer Transaktion	Art. 23 Abs. 1 lit. c VO (EU) Nr. 2017/1509	500.000 EUR
§ 82 Abs. 11 Nr. 11 AWV i.V.m. § 19 Abs. 4 Satz 1 Nr. 1 AWG	Eröffnen eines Bankkontos bei einem dort genannten Kredit- oder Finanzin-stitut	Art. 24 lit. a VO (EU) Nr. 2017/1509	500.000 EUR
§ 82 Abs. 11 Nr. 12 AWV i.V.m. § 19 Abs. 4 Satz 1 Nr. 1 AWG	Aufnahme einer Korrespondenzbank-beziehung zu einem dort genannten Kredit- oder Finanzinstitut	Art. 24 lit. b VO (EU) Nr. 2017/1509	500.000 EUR
§ 82 Abs. 11 Nr. 13 AWV i.V.m. § 19 Abs. 4 Satz 1 Nr. 1 AWG	Eröffnen einer Repräsentanz, neuen Zweigniederlassung oder Tochterge-sellschaft	Art. 24 lit. c VO (EU) Nr. 2017/1509	500.000 EUR
§ 82 Abs. 11 Nr. 14 AWV i.V.m. § 19 Abs. 4 Satz 1 Nr. 1 AWG	Gründung eines Gemeinschaftsunter-nehmens mit einem dort genannten Kredit- oder Finanzinstitut	Art. 24 lit. d VO (EU) Nr. 2017/1509	500.000 EUR
§ 82 Abs. 11 Nr. 15 AWV i.V.m. § 19 Abs. 4 Satz 1 Nr. 1 AWG	Nicht-Schließen oder nicht rechtzei-tiges Schließen eines Bankkontos bei einem dort genannten Kredit- oder Finanzinstitut	Art. 26 lit. a VO (EU) Nr. 2017/1509	500.000 EUR

OWi-Vorschrift	Handlung	Zuwiderhandlung gegen	Höchstsatz Geldbuße
§ 82 Abs. 11 Nr. 16 AWV i.V.m. § 19 Abs. 4 Satz 1 Nr. 1 AWG	Fehlende oder nicht rechtzeitige Beendigung einer Korrespondenzbank-beziehung zu einem dort genannten Kredit- oder Finanzinstitut	Art. 26 lit. b VO (EU) Nr. 2017/1509	500.000 EUR
§ 82 Abs. 11 Nr. 17 AWV i.V.m. § 19 Abs. 4 Satz 1 Nr. 1 AWG	Fehlende oder nicht rechtzeitige Schließung einer Repräsentanz, Zweig-niederlassung oder Tochtergesellschaft	Art. 26 lit. c VO (EU) Nr. 2017/1509	500.000 EUR
§ 82 Abs. 11 Nr. 18 AWV i.V.m. § 19 Abs. 4 Satz 1 Nr. 1 AWG	Fehlende oder nicht rechtzeitige Beendigung eines Gemeinschaftsun-ternehmens mit einem dort genannten Kredit- oder Finanzinstitut	Art. 26 lit. d VO (EU) Nr. 2017/1509	500.000 EUR
§ 82 Abs. 11 Nr. 19 AWV i.V.m. § 19 Abs. 4 Satz 1 Nr. 1 AWG	Fehlende oder nicht rechtzeitige Aufgabe eines Eigentumsrechts an einem dort genannten Kredit- oder Finanzinstitut	Art. 26 lit. a VO (EU) Nr. 2017/1509	500.000 EUR
§ 82 Abs. 11 Nr. 20 AWV i.V.m. § 19 Abs. 4 Satz 1 Nr. 1 AWG	Eröffnung eines Kontos	Art. 28 Abs. 1 VO (EU) Nr. 2017/1509	500.000 EUR
§ 82 Abs. 11 Nr. 21 AWV i.V.m. § 19 Abs. 4 Satz 1 Nr. 2 AWG	Nicht-Schließen oder nicht rechtzei-tiges Schließen eines Bankkontos	Art. 28 Abs. 2 VO (EU) Nr. 2017/1509	500.000 EUR
§ 82 Abs. 11 Nr. 22 AWV i.V.m. § 19 Abs. 4 Satz 1 Nr. 1 AWG	Abschluss einer Vereinbarung für oder im Namen eines dort genannten Kredit- oder Finanzinstituts	Art. 30 lit. bVO (EU) Nr. 2017/1509	500.000 EUR
§ 82 Abs. 11 Nr. 23 AWV i.V.m. § 19 Abs. 4 Satz 1 Nr. 1 AWG	Betreiben einer Repräsentanz, Zweig-niederlassung oder Tochtergesellschaft eines dort genannten Kredit- oder Finanzinstituts	Art. 30 lit. e VO (EU) Nr. 2017/1509	500.000 EUR
§ 82 Abs. 11 Nr. 24 AWV i.V.m. § 19 Abs. 4 Satz 1 Nr. 1 AWG	Kauf einer Anleihe oder Vermittlungs-dienst im Zusammenhang mit dem Kauf einer Anleihe	Art. 31 lit. a oder b VO (EU) Nr. 2017/1509	500.000 EUR

Weitere Hinweise zur Tabelle Ordnungswidrigkeiten AWG/AWV:

- In den Fällen, die in den schattierten Feldern aufgeführt sind, macht sich nur derjenige einer Ordnungswidrigkeit schuldig, der **fahrlässig** handelt. Der **vorsätzliche Verstoß** stellt eine Straftat dar. Ansonsten sind **sowohl die vorsätzliche als auch die fahrlässi-ge** Begehungsweise ahndbar.

- Ahndbar ist ausschließlich die vollendete Begehung. Der Versuch ist dagegen nicht ahndbar, vgl. § 13 Abs. 2 OWiG.

- Das Bußgeld wird in der Regel gegen diejenige natürliche Person festgesetzt, die den Verstoß in eigener Person vorgenommen hat (siehe § 9 OWiG). Nur unter bestimmten weiteren Voraussetzungen kann es gegen das Unternehmen festgesetzt werden (siehe § 30 OWiG).

- Unter den Voraussetzungen des § 29a OWiG kann neben dem Bußgeld der Bruttoerlös (Umsatz) abgeschöpft werden, der durch den Verstoß erzielt wurde (§ 29a OWiG).

5.1.1.2.3. Die Straftatbestände des § 17 AWG

§ 17 AWG regelt die Strafbarkeit bei Verstößen gegen ein Waffenembargo der Vereinten Nationen oder der EU.[334] Dieses Waffenembargo muss in einer deutschen Rechtsverordnung umgesetzt sein, die auf die Strafvorschrift des § 17 AWG verweist. Diese Verweisung befindet sich in § 80 AWV. Danach macht sich strafbar, wer

- entgegen § 74 AWV Güter des Teils I Abschnitt A der Ausfuhrliste verkauft, ausführt, durchführt oder befördert, § 80 Nr. 1 AWV;

- entgegen § 75 AWV ein Handels- oder Vermittlungsgeschäft in Bezug auf diese Güter vornimmt, § 80 Nr. 2 AWV;

- entgegen § 77 AWV die Güter einführt, erwirbt oder befördert.

Die jeweiligen Länder, auf die sich das Waffenembargo bezieht, sind in den §§ 74 Abs. 1, 75 Abs. 1 und 2, 77 Abs. 1 AWV genannt.

Das Grunddelikt ist in § 17 Abs. 1 AWG aufgeführt. Hiernach macht sich strafbar, wer eine dieser Handlungen vorsätzlich vornimmt. Das Grunddelikt ist mit einer Freiheitstrafe von mindestens einem Jahr und höchstens zehn Jahren bedroht. Es stellt damit ein Verbrechen dar.

§ 17 Abs. 2 und 3 AWG enthalten Verschärfungen des genannten Strafrahmens. Dieser beträgt im Falle des § 17 Abs. 2 AWG zwischen einem und 15 Jahren, wenn der Täter

- für den Geheimdienst einer fremden Macht (auch möglicherweise einer befreundeten) handelt, § 17 Abs. 2 Nr. 1 AWG;

- gewerbsmäßig handelt, d.h., sich aus fortgesetzten Verstößen eine fortlaufende Einnahmequelle verschaffen will, § 17 Abs. 2 Nr. 2, 1. Alt. AWG;

- als Mitglied einer Bande handelt, die sich zur fortgesetzten Begehung solcher Taten verbunden hat, § 17 Abs. 2 Nr. 2, 2. Alt. AWG.

Ein noch höherer Strafrahmen, nämlich mindestens zwei und höchstens 15 Jahre, sieht § 17 Abs. 3 AWG vor, wenn der Täter gewerbsmäßig und zugleich auch als Mitglied einer Bande handelt.

In minder schweren Fällen beträgt der Strafrahmen bis zu drei Jahren oder Geldstrafe, § 17 Abs. 4 AWG. Die Tat bleibt allerdings ein Verbrechen mit allen Konsequenzen, die sich hieraus ergeben (keine Einstellung wegen Geringfügigkeit, keine Möglichkeit eines Strafbefehlsverfahrens, keine Anklage vor dem Einzelrichter).[335]

---

334 Vgl. hierzu: *Hocke/Sachs/Pelz/Pelz*, § 17 AWG; Kollmann, AW-Prax 2013, 267 (278 f.).
335 Siehe hierzu oben S. 161 f.

§ 17 Abs. 5 AWG normiert eine Ausnahme zu dem oben skizzierten Grundsatz „Vorsatz = Straftat; Fahrlässigkeit = Ordnungswidrigkeit". Im Bereich des Waffenembargos macht sich auch derjenige strafbar, der leichtfertig, also grob fahrlässig handelt. Dies ist dann der Fall, wenn der Handelnde alles das außer Acht lässt, was jedem hätte einleuchten müssen. Der Strafrahmen bei leichtfertigem Handeln beträgt ebenso wie beim minderschweren Fall Freiheitsstrafe bis zu drei Jahren oder Geldstrafe.

Wie zuvor § 34 Abs. 8 AWG stellt nunmehr § 17 Abs. 6 AWG klar, dass derjenige, der eine Genehmigung durch

- Drohung,
- Bestechung,
- Kollusion oder
- durch unrichtige oder unvollständige Angaben

erwirkt bzw. erschleicht, behandelt wird, als handele er ohne entsprechende Genehmigung.

Schließlich stellt § 17 Abs. 7 AWG auch die Auslandstaten Deutscher unter Strafe. Dies entspricht der Regelung des § 35 AWG a.F.

Der Versuch einer – vorsätzlichen – Tat nach § 17 Abs. 1 bis 4 AWG ist strafbar. Das folgt aus dem Verbrechenscharakter dieser Delikte, § 23 Abs. 1 StGB.

Die Strafbarkeit nach § 17 AWG ist in den nachfolgenden **Schaubildern 26 bis 29** grafisch dargestellt.

Strafvorschriften nach dem AWG: Waffenembargos

Vorschrift	Strafbare Handlung	Art der Straftat	Mindeststrafe	Höchststrafe	Verjährung
§ 17 Abs. 1 AWG i. V. m. § 80 Nr. 1 und 2 AWV	Vorsätzlicher Verstoß gegen ein Waffenembargo der UN oder EU: ▪ Verkauf, Ausfuhr, Durchfuhr von Gütern nach § 74 AWV; ▪ Handels- oder Vermittlungsgeschäft nach § 75 AWV	Verbrechen	1 Jahr	10 Jahre	10 Jahre max. 20 Jahre

Schaubild 26: Strafbarkeit nach § 17 AWG – Waffenembargos

185

Strafvorschriften nach dem AWG: Waffenembargos

Vorschrift	Strafbare Handlung	Art der Straftat	Mindest- strafe	Höchst- strafe	Verjährung
§ 17 Abs. 1 AWG i.V.m. § 80 Nr. 3 AWV	Vorsätzlicher Verstoß gegen ein Waffen- embargo der UN oder EU: • Einfuhr, Erwerb, Beförderung nach § 77 AWV	Verbrechen	1 Jahr	10 Jahre	10 Jahre max. 20 Jahre

Schaubild 27: Strafbarkeit nach § 17 AWG – Waffenembargos

Strafvorschriften nach dem AWG: Waffenembargos

Vorschrift	Strafbare Handlung	Art der Straftat	Mindest- strafe	Höchst- strafe	Verjährung
§ 17 Abs. 2 AWG	Verstoß nach Absatz 1 und • Handeln für den Geheim- dienst einer fremden Macht, • Gewerbs- mäßiges Handeln, • Handeln als Mitglied einer Bande	Verbrechen	1 Jahr	15 Jahre	20 Jahre max. 40 Jahre

Schaubild 28: Strafbarkeit nach § 17 AWG – Waffenembargos

Strafvorschriften nach dem AWG: Waffenembargos

Vorschrift	Strafbare Handlung	Art der Straftat	Mindest-strafe	Höchst-strafe	Verjährung
§ 17 Abs. 3 AWG	Verstoß nach Abs. 1 und gewerbsmäßiges Handeln als Mit-glied einer Bande	Verbrechen	2 Jahre	15 Jahre	20 Jahre max. 40 Jahre
§ 17 Abs. 4 AWG	Minder schwerer Fall eines Verstoßes nach Absatz 1	Verbrechen	3 Monate	5 Jahre	10 Jahre max. 20 Jahre
§ 17 Abs. 5 AWG	Leichtfertiger Verstoß gegen ein Waffen-embargo der UN oder EU	Vergehen	- - - -	3 Jahre oder Geld-strafe	5 Jahre max. 10 Jahre

Schaubild 29: Strafbarkeit nach § 17 AWG – Waffenembargos

5.1.1.2.4 Die Straftatbestände des § 18 AWG

§ 18 Abs. 1 AWG normiert die Strafbarkeit von Verstößen gegen EG- oder EU-Verordnungen auf dem Gebiet der Gemeinsamen Außen- und Sicherheitspolitik.[336] Diese können Verbote oder Genehmigungspflichten für folgende Sachverhalte vorsehen:

- Ausfuhr,
- Einfuhr,
- Durchfuhr,
- Verbringung,
- Erwerb,
- Lieferung,
- Bereitstellung,
- Weitergabe,
- Dienstleistung,
- Investition,
- eingefrorene Gelder,
- wirtschaftliche Ressourcen.

---

336 Vgl. hierzu: *Hocke/Sachs/Pelz/Pelz*, § 18 AWG; Kollmann, AW-Prax 2013, 267 (279 f.).

Die Strafbarkeit tritt ein, wenn vorsätzlich gegen eines dieser Verbote verstoßen bzw. ungenehmigt gehandelt wird. Der Strafrahmen beträgt mindestens drei Monate und höchstens fünf Jahre. Es handelt sich somit um ein Vergehen.

§ 18 Abs. 1 AWG knüpft an die Veröffentlichung bestimmter EU-Verordnungen an. Erst mit dem Tag, an dem diese im Amtsblatt der EU veröffentlicht werden, kann die Strafbarkeit beginnen. Da nicht von jedem erwartet werden kann, dass jeder täglich das EU-Amtsblatt studiert, sieht § 18 Abs. 11 AWG eine Art Schonfrist vor. Wird die strafbare Handlung bis zum Ablauf des zweiten Werktages vorgenommen, der auf die Veröffentlichung folgt, so geht der Handelnde straffrei aus. Dies setzt allerdings voraus, dass er von der Veröffentlichung der entsprechenden Verbote bzw. Genehmigungsvorbehalte keine Kenntnis hatte.

§ 18 Abs. 2 AWG normiert die Strafbarkeit bestimmter vorsätzlicher Verstöße gegen die nationalen Bestimmungen der AWV. Vorgesehen ist hier eine Freiheitsstrafe bis zu fünf Jahren oder Geldstrafe ohne eine Mindeststrafe. Im Einzelnen macht sich nach dieser Bestimmung strafbar, wer ohne Genehmigung

- Güter nach den §§ 8 Abs. 1 (AL-Teil I Abschnitt A oder B), 9 Abs. 1 (nicht gelistete Güter für kerntechnische Verwendung) oder 78 AWV (Ausrüstung für die Herstellung von Banknoten etc. in Nordkorea) ausführt (§ 18 Abs. 2 Nr. 1 AWG);
- Güter nach § 9 Abs. 2 Satz 2 AWV (nicht gelistete Güter für kerntechnische Verwendung) ausführt (§ 18 Abs. 2 Nr. 2 AWG);
- Güter nach § 11 Abs. 1 Satz 1 AWV (AL-Teil I Abschnitt A) verbringt (§ 18 Abs. 2 Nr. 3 AWG);
- ein Handels- oder Vermittlungsgeschäft nach den §§ 46 Abs. 1 oder 47 Abs. 2 AWV vornimmt (§ 18 Abs. 2 Nr. 4 AWG);
- eine technische Unterstützung nach den §§ 49 Abs. 1, 50 Abs. 1, 51 Abs. 1 oder 2, 52 Abs. 1 AWV erbringt (§ 18 Abs. 2 Nr. 6 AWG).

Ferner macht sich strafbar, wer entgegen

- § 47 Abs. 3 Satz 3 ein Handels- oder Vermittlungsgeschäft vornimmt (§ 18 Abs. 2 Nr. 5 AWG);
- den §§ 49 Abs. 2 Satz 3, 50 Abs. 2 Satz 3, 51 Abs. 3 Satz 3 oder 52 Abs. 2 Satz 3 eine technische Unterstützung erbringt (§ 18 Abs. 2 Nr. 7 AWG).

§ 18 Abs. 3 AWG stellt die Ein- oder Ausfuhr von Rohdiamanten unter Strafe, die unter Verstoß gegen die entsprechende Verordnung zum sog. Kimberley-Prozess erfolgt. Hier ist ebenfalls eine Freiheitsstrafe bis zu fünf Jahren oder eine Geldstrafe vorgesehen.

Dasselbe Strafmaß findet nach § 18 Abs. 4 AWG Anwendung auf Verstöße gegen die EU-Folterverordnung.

Schließlich stellt § 18 Abs. 5 AWG bestimmte Verstöße gegen die EG-Dual-use-Verordnung unter Strafe, nämlich diejenigen gegen die Bestimmungen der Art. 3 bis 5 (ungenehmigte Ausfuhr von Gütern der gemeinsamen Warenliste, Art. 3; ungenehmigte Ausfuhr von nicht gelisteten Gütern im Rahmen des Art. 4; Vornahme von Handels- oder Vermittlungsgeschäften entgegen Art. 5).

Nach § 18 Abs. 6 AWG ist auch der Versuch einer – vorsätzlichen – Tat nach den Absätzen 1 bis 5 strafbar.

§ 18 Abs. 7 und 8 AWG enthalten dann – parallel zu § 17 Abs. 2 und 3 AWG – höhere Strafrahmen für das Handeln für den Geheimdienst einer fremden Macht, das gewerbsmäßige Handeln und die Bandenkriminalität. Beide Taten sind als Verbrechen ausgestaltet.[337] Die Strafbarkeit des Versuchs ergibt sich hierbei aus § 23 Abs. 1 StGB. Bei § 18 Abs. 7 AWG beträgt der Strafrahmen ein Jahr bis zu 15 Jahren. § 18 Abs. 8 AWG sieht dieselbe Höchststrafe vor. Die Mindeststrafe beträgt allerdings zwei Jahre.

§ 18 Abs. 9 AWG entspricht der Regelung in § 17 Abs. 6 AWG (Handeln aufgrund erschlichener oder in anderer Weise unredlich erwirkter Genehmigung). Dass auch im Rahmen des § 18 AWG die Auslandstaten Deutscher bestraft werden, ergibt sich aus Abs. 10 der Vorschrift.

Die Strafbarkeit nach § 18 AWG ist in den nachfolgenden **Schaubildern 30 bis 35** grafisch dargestellt.

Strafvorschriften nach dem AWG: EU-Akte

Vorschrift	Strafbare Handlung	Art der Straftat	Mindest-strafe	Höchst-strafe	Verjährung
§ 18 Abs. 1 Nr. 1 AWG	Vorsätzliche Zuwiderhandlung gegen ein Verbot*), das in einem unmittelbaren Rechtsakt der EU/EG enthalten ist	Vergehen	3 Monate	5 Jahre	5 Jahre max. 10 Jahre
§ 18 Abs. 1 Nr. 2 AWG	Vorsätzlicher Verstoß gegen eine Genehmigungs-pflicht *), die in einem unmittelbaren Rechtsakt der EU/EG enthalten ist	Vergehen	3 Monate	5 Jahre	5 Jahre max. 10 Jahre

*) Verbot bzw. Genehmigungspflicht können sich beziehen auf Ausfuhr, Einfuhr, Durchfuhr, Verbringung, Verkauf. Lieferung, Bereitstellung, Weitergabe, Dienstleistung, Investition oder Verfügung über eingefrorene Gelder und wirtschaftliche Ressourcen

Schaubild 30: Die Strafbarkeit nach § 18 AWG – Rechtsakte der EU

---

337 Zu den neuen Qualifikationstatbeständen siehe Kollmann, AW-Prax 2013, 267 (280 f.).

Strafvorschriften nach dem AWG: Nationale Bestimmungen

Vorschrift	Strafbare Handlung	Art der Straftat	Mindest-strafe	Höchst-strafe	Verjährung
§ 18 Abs. 2 Nr. 1, 1. Alt AWG	Vorsätzliche ungenehmigte Ausfuhr von Gütern des AL-Teils I, A oder B	Vergehen	- - - -	5 Jahre	5 Jahre max. 10 Jahre
§ 18 Abs. 2 Nr. 1, 2. Alt, Nr. 2 AWG	Vorsätzliche ungenehmigte Ausfuhr von nicht gelisteten Gütern, die kern-technischen Zwecken dienen, in bestimmte Länder *)	Vergehen	- - - -	5 Jahre	5 Jahre max. 10 Jahre

*) Diese Länder sind:
   Algerien, Irak, Iran, Israel, Jordanien, Libyen, Nordkorea, Pakistan und Syrien

Schaubild 31: Die Strafbarkeit nach § 18 AWG – Nationale Bestimmungen

Strafvorschriften nach dem AWG: Nationale Bestimmungen

Vorschrift	Strafbare Handlung	Art der Straftat	Mindest-strafe	Höchst-strafe	Verjährung
§ 18 Abs. 2 Nr. 3 AWG	Vorsätzliche ungenehmigte Ausfuhr von Gütern des AL-Teils I, A oder B	Vergehen	- - - -	5 Jahre	5 Jahre max. 10 Jahre
§ 18 Abs. 2 Nr. 4 und 5 AWG	Vorsätzliche ungenehmigte Vornahme eines Handels- oder Vermittlungs-geschäftes	Vergehen	- - - -	5 Jahre	5 Jahre max. 10 Jahre
§ 18 Abs. 2 Nr. 6 und 7 AWG	Vorsätzliche ungenehmigte technische Unterstützung	Vergehen	- - - -	5 Jahre	5 Jahre max. 10 Jahre

Schaubild 32: Die Strafbarkeit nach § 18 AWG – Nationale Bestimmungen

Strafvorschriften nach dem AWG:
Kimberley-/Anti-Folter-VO

Vorschrift	Strafbare Handlung	Art der Straftat	Mindest- strafe	Höchst- strafe	Verjährung
§ 18 Abs. 3 Nr. 1 und 2 AWG	Vorsätzliche ungenehmigte Ein- oder Ausfuhr von Rohdiamanten (Kimberley- Prozess)	Vergehen	- - - -	5 Jahre	5 Jahre max. 10 Jahre
§ 18 Abs. 4 Nr. 1 - 10 AWG	Vorsätzlicher schwerer Verstoß gegen die EU- Folterverordnung *)	Vergehen	- - - - -	5 Jahre	5 Jahre max. 10 Jahre
§ 18 Abs. 5a Nr. 1 und 2 AWG	Vorsätzlicher weniger schwerer Verstoß gegen die EU-Folterverord- nung **)	Vergehen	- - - - -	1 Jahr	3 Jahre max. 6 Jahre

*)   Verbotene oder ungenehmigte Ausfuhr, technische Hilfe, Einfuhr, Durchfuhr, Vermittlung oder
     Ausbildungsmaßnahme in Bezug auf Güter der EU-Folterverordnung
**) Ausstellen, zum Verkauf Anbieten, Verkauf oder Erwerb von Werbeflächen oder Werbezeiten in Bezug auf
     Güter der EU-Folterverordnung

Schaubild 33: Die Strafbarkeit nach § 18 AWG – Kimberley/EU-Folterverordnung

Strafvorschriften nach dem AWG:
EG-Dual-use-VO

Vorschrift	Strafbare Handlung	Art der Straftat	Mindest- strafe	Höchst- strafe	Verjährung
§ 18 Abs. 5 Nr. 1 und 2 AWG	Vorsätzliche ungenehmigte Ausfuhr von Gütern nach Art. 3, 4 EG-Dual-use-VO	Vergehen	- - - -	5 Jahre	5 Jahre max. 10 Jahre
§ 18 Abs. 5 Nr. 3 und AWG	Vorsätzliche ungenehmigte Handels- oder Vermittlungs- tätigkeit nach Art. 5 EG-Dual-use-VO	Vergehen	- - - -	5 Jahre	5 Jahre max. 10 Jahre

Schaubild 34: Die Strafbarkeit nach § 18 AWG – EG-Dual-use-VO

Strafvorschriften nach dem AWG: Strafschärfungen

Vorschrift	Strafbare Handlung	Art der Straftat	Mindest-strafe	Höchst-strafe	Verjährung
§ 18 Abs. 7 Nr. 1 AWG	Verstoß nach Absatz 1 und Handeln für den Geheimdienst einer fremden Macht	Verbrechen	1 Jahr	15 Jahre	20 Jahre max. 40 Jahre
§ 18 Abs. 7 Nr. 2 AWG	Verstoß nach Absatz 1 und gewerbsmäßiges Handeln oder Handeln als Mitglied einer Bande	Verbrechen	1 Jahr	15 Jahre	20 Jahre max. 40 Jahre
§ 18 Abs. 7 Nr. 3 AWG	Verstoß nach Absatz 1 und Handeln für Entwicklung, Herstellung etc. von Flugkörpern für ABC-Waffen	Verbrechen	1 Jahr	15 Jahre	20 Jahre max. 40 Jahre

Schaubild 35: Die Strafbarkeit nach § 18 AWG – Strafschärfungen

5.1.1.2.4 Die Nebenfolgen

Bezüglich der Nebenfolgen (Bruttoerlösabschöpfung, Überwachung der Telekommunikation) hat sich gegenüber dem bisherigen Recht nichts geändert. Insofern kann auf die dortigen Ausführungen verwiesen werden.[338] Für Unternehmen können nicht nur diese Maßnahmen, die mit einer strafrechtlichen Verurteilung einhergehen bzw. dieser vorgelagert sind, schädlich sein. Bereits die Einleitung eines Strafverfahrens kann sich negativ auf dessen Reputation auswirken. Dies gilt insbesondere, wenn es im Rahmen des Verfahrens zu Durchsuchungen und Beschlagnahmen kommt.[339] Denn meist bleiben Durchsuchungen größeren Ausmaßes der Öffentlichkeit nicht verborgen.

5.1.1.2.5 Die Selbstanzeige

Nach § 371 AO tritt in bestimmten Fällen der Steuerhinterziehung Straffreiheit ein, wenn der Täter diesen Sachverhalt freiwillig den Behörden anzeigt. Im Bereich des Außenwirtschaftsrechts hat es eine derartige Möglichkeit bis zur Gesetzesnovelle des Jahres 2013 nicht gegeben. Rein faktisch waren zwar Unternehmen, die Verstöße selbst entdeckt hatten, in den meisten Fällen gut beraten, diese anzuzeigen. Der Verstoß wurde dann im Regelfall milder beurteilt, als wenn dieser etwa im Rahmen einer Außenwirtschaftsprüfung

---

338 Siehe oben S. 166 f.
339 Was bei Durchsuchung und Beschlagnahme zu beachten ist, wird in dem Beitrag von Hannemann-Kacik, Der Zoll-Profi! 4/2018, 7 ff. näher ausgeführt; vgl. hierzu: Schiemann, NZG 2014, 657 ff.

aufgedeckt worden wäre. Eine automatisch eintretende Straffreiheit wie bei § 371 AO gab es jedoch nicht.

Mit dem Gesetz zur Modernisierung des Außenwirtschaftsrechts[340] hat sich dies geändert. § 22 Abs. 4 AWG sieht nunmehr – wenn auch in beschränkterem Umfang als bei § 371 AO – vor, dass bestimmte Verstöße sanktionslos bleiben.[341] Mit dieser Vorschrift wollte der Gesetzgeber den Unternehmen Anreize schaffen, ihr Compliance-System zu verbessern und sich freiwillig an die Bußgeldbehörden zu wenden, wenn durch eigene Kontrollen Verstöße aufgedeckt wurden.[342] Unter Eigenkontrolle sind im vorliegenden Zusammenhang alle Maßnahmen des Unternehmens selbst zu verstehen, durch die ein Verstoß entdeckt wird. Weiterhin sind hierunter aber auch Überprüfungen durch externe Berater des Unternehmens, durch Zollagenten oder ähnliche Personen zu verstehen.[343]

Die Vorschrift bezieht sich ausschließlich auf fahrlässig begangene Ordnungswidrigkeiten nach § 19 Abs. 2 bis 5 AWG. Die meisten Verstöße in diesen Bestimmungen sind auch vorsätzlich begehbar. Sobald Vorsatz im Spiel ist, hat die Selbstanzeige keine befreiende Wirkung.[344]

In diesem Zusammenhang gilt aber eine weitere Einschränkung: § 22 Abs. 4 AWG bezieht sich nicht auf § 19 Abs. 1 AWG. Damit gibt es keine befreiende Selbstanzeige für alle Sachverhalte, die in § 18 Abs. 1 bis 5 AWG genannt sind, mögen diese auch nur fahrlässig begangen sein. Von daher ist die befreiende Wirkung einer Selbstanzeige ohnehin nur auf Verstöße von minderer Qualität beschränkt. Im Schrifttum wurde dieser Umstand zu Recht mit dem Etikett „Mogelpackung" versehen.[345]

Weiterhin setzt die befreiende Selbstanzeige voraus, dass

- der Verstoß im Wege der Eigenkontrolle aufgedeckt wurde;

- er der zuständigen Behörde freiwillig[346] angezeigt wurde und

- Maßnahmen zur Verhinderung eines Verstoßen gleicher Art getroffen werden.[347]

---

340 Vom 06.06.2013, BGBl. I S. 1482.
341 Zur Selbstanzeige siehe Jehke/Schöppner, AW-Prax 2016, 3 ff.; Haellmigk/Vulin, AW-Prax 2013, 176 ff.; *Hocke/Sachs/Pelz/Pelz*, § 22 AWG, Rn. 9 ff.; Hohmann, AW-Prax 2013, 312 (314 f.); Kollmann, AW-Prax 2013, 267 (281 f.); Möllenhoff, AW-Prax 2015, 201 ff.; Pelz/Hofschneider, AW-Prax 2013, 173 ff.; dies., wistra 2014, 1 ff.; Prieß/Arend, AW-Prax 2013, 71 ff.; Walter, RIW 2013, 847 (850 f.); Robert Witte, Der Zoll-Profi! 12/2014, 6 ff.; zur Selbstanzeige im österreichischen Recht siehe Schrömbges/Gesinn in: *Ehlers/Wolffgang*, S. 115 ff.
342 So: Kollmann, AW-Prax 2013, 267 (281).
343 So: Pelz/Hofschneider, AW-Prax 2013, 173 (174); dies., wistra 2014, 1 (2); Walter, RIW 2013, 847 (851).
344 Zu den Fällen, die von § 22 Abs. 4 AWG erfasst sind, vgl. Haellmigk/Vulin, AW-Prax 2013, 176 (177); Möllenhoff, AW-Prax 2015, 201; Pelz/Hofschneider, AW-Prax 2013, 173 f.; dies., wistra 2014, 1 (2); Prieß/Arend, AW-Prax 2013, 71 ff.; Robert Witte, Der Zoll-Profi! 12/2014, 6 (7).
345 Vgl. hierzu: Pelz/Hofschneider, AW-Prax 2013, 173 (6); dies., wistra 2014, 1 (6).
346 Siehe hierzu: Haellmigk/Vulin, AW-Prax 2013, 176 (178); *Hocke/Sachs/Pelz/Pelz*, § 22 AWG, Rn. 24 ff.; Jehke/Schöppner, AW-Prax 2016, 3 (5); Kollmann, AW-Prax 2013, 267 (281); Pelz/Hofschneider, AW-Prax 2013, 173 (174); dies., wistra 2014, 1 (3); Robert Witte, Der Zoll-Profi! 12/2014, 6 (7 f.).
347 Siehe hierzu: Haellmigk/Vulin, AW-Prax 2013, 176 (178); *Hocke/Sachs/Pelz/Pelz*, § 22 AWG, Rn. 30 f.; Jehke/Schöppner, AW-Prax 2016, 3 (4); Kollmann, AW-Prax 2013, 267 (281); Pelz/Hofschneider, AW-Prax 2013, 173 (174 f.); dies., wistra 2014, 1 (3 f.); Robert Witte, Der Zoll-Profi! 12/2014, 6 (8).

Keine Freiwilligkeit ist gegeben, wenn zum Zeitpunkt der Anzeige die zuständige Behörde bereits Ermittlungen aufgenommen hat. Dies ergibt sich aus § 22 Abs. 4 Satz 2 AWG.[348]

Soweit die Voraussetzungen des § 22 Abs. 4 AWG verwirklicht sind, führt die Selbstanzeige zu einem Verfolgungshindernis.[349] Diese führt dazu, dass die Ordnungswidrigkeit nach § 19 AWG nicht verfolgt werden kann. In der Literatur wird problematisiert, ob ein Verfolgungshindernis auch in Bezug auf die Ordnungswidrigkeiten nach den §§ 30, 130 OWiG besteht, die auf einem entsprechenden Verstoß beruhen.[350] Wenn § 22 Abs. 4 AWG noch irgendeinen Sinn haben soll und nicht vollends zur Mogelpackung verkommen soll, wird man dies bejahen müssen.

§ 22 Abs. 4 AWG gilt nicht nur für Sachverhalte, die nach dem Inkrafttreten des Gesetzes zum Außenwirtschaftsrecht[351] stattgefunden haben, sondern auch für Altfälle.[352]

Ob es im Einzelfall Sinn macht, eine Selbstanzeige zu erstatten, muss sorgfältig erwogen werden. Dies gilt insbesondere in den Fällen, in denen keine befreiende Wirkung nach § 22 Abs. 4 AWG eintritt.[353] Meistens jedoch hat der Betroffene eine günstigere Ausgangsposition, wenn er von sich aus auf die zuständigen Behörden zugeht, statt auf deren Einschreiten zu warten.[354] Dies gilt insbesondere angesichts der Tatsache, dass Verstöße gegen das Außenwirtschaftsrecht nur selten unentdeckt bleiben.[355]

---

348 Siehe hierzu auch: *Jehde/Schöppner*, AW-Prax 2016, 3 (5); *Pelz/Hofschneider*, AW-Prax 2013, 173 (175); dies., wistra 2014, 1 (2 f.).

349 *Hocke/Sachs/Pelz/Pelz*, § 22 AWG, Rn. 13; *Jehde/Schöppner*, AW-Prax 2016, 3 (6); *Pelz/Hofschneider*, AW-Prax 2013, 173 (175); dies., wistra 2014, 1 (5); *Walter*, RIW 2013, 847 (851).

350 Vgl. *Walter*, RIW 2013, 847 (851).

351 Vom 06.06.2013 (BGBl. I S. 1482); in Kraft seit dem 01.09.2013.

352 So zutreffend: *Hocke/Sachs/Pelz/Pelz*, § 22 AWG, Rn. 18; *Prieß/Arend*, AW-Prax 2013, 71 (72).

353 Vgl. hierzu: *Haellmigk/Vulin*, AW-Prax 2013, 176 (177 f.).

354 So wohl auch: *Haellmigk/Vulin*, AW-Prax 2013, 176 (177).

355 Siehe hierzu S. 207 ff.

5.1.2 Die Tatbestände des KWKG

Ebenfalls Ende der 80er-/Anfang der 90er-Jahre ist auch das KWKG aus seinem Schattenda-sein herausgetreten. Rechtsprechung[356] und Literatur[357] beschäftigen sich seit dieser Zeit wesentlich intensiver mit dieser bedeutsamen und risikobehafteten Materie. Im Deutschen Bundestag wird seit geraumer Zeit darüber diskutiert, neben dem KWKG und dem AWG/

---

356 Vgl. hierzu zunächst die bei Pottmeyer, KWKG zitierte Rechtsprechung; seit Vollendung der 2. Auf-lage (Ende 1993) sind folgende Entscheidungen gefällt worden: BGH, Urteil vom 27.06.1993, BGHR KWKG § 22a Abs. 1 Vertragsschluss 1 Vollendung; Urteil vom 22.07.1993, NStZ 1993, 594 f.; Beschluss vom 19.08.1993, BGHR KWKG § 22a Abs. 1 Nr. 7 Vermitteln 1 Einfuhr = StV 1994, 21 f.; Urteil vom 28.04.1994, NJW 1994, 2162 f. = BGHR KWKG § 19 Atomwaffen 1 Uran 235; Urteil vom 23.11.1995, NStZ 1996, 137 ff. = wistra 1996, 145 ff. = NJW 1996, 1355 ff.; Beschluss vom 14.02.1996, NStZ 1996, 553 f. = NJW 1996, 1483 f.; Urteil vom 19.02.2003, NStZ 2004, 459 f. (Ls.); Beschluss vom 26.08.2008, wistra 2008, 432 ff.; Beschluss 26.03.2009, NJW 2010, 385 ff.; OLG Düsseldorf, Beschluss vom 29.01.1993, wistra 1993, 195 f.; Beschluss vom 13.03.1997, 2 Ws 47-48/97 nv.; Beschluss vom 23.02.2000, NStZ 2000, 378 f.; OLG Stuttgart, Beschluss vom 17.01.1995, wistra 1996, 155 f. = NStZ 1997, 288; LG Augsburg, Urteil vom 19.07.1994, 1 KLs 501 Js 20894/90 nv.; LG Bielefeld, Urteil vom 08.06.1994, 2 KLs 6 Js 173/91 – N 1/93 II – nv.; LG Darmstadt, Urteil vom 15.05.2002, 15 KLs 8 Js 42.018/99 nv.; LG Frankfurt a.M., Urteil vom 25.11.2003, 5/6 KLs 63/80 Js 14486.0/99 (3/2003) nv.; LG Hamburg, Urteil vom 14.04.1993, 614 KLs 11/93 141 Js 614/92 nv.; Urteil vom 11.07.1995, 632 KLS 7/94 141 Js 630/91 nv.; LG Konstanz, Urteil vom 23.11.1995, KLs 26/95 (I 1/95) nv.; LG Mannheim, Urteil vom 19.09.2003, 22 KLs 626 Js 7671/02; LG München I, Urteil vom 17.07.1995, 9 KLs 112 Js 4685/94 nv.; LG Rottweil, Urteil vom 20.06.1994, KLs 2/93 nv.; LG Stuttgart, Urteil vom 01.10.1996, NStZ 1997, 288 ff.; Urteil vom 19.06.2001, 8 KLs 144 Js 43314/94 nv.; AG Marburg, Urteil vom 06.11.2007, 51 Ls 2 Js 7693/06 nv.; AG Waldshut-Tiengen, Urteil vom 14.12.2006, 1 Ls 20 Js 10502/04 nv.; zu einem Verstoß gegen das schweizerische Kriegsmaterialgesetz vgl. Bundesstrafgericht, Urteil vom 25.09.2012, SK. 2011.29 nv.; siehe hierzu auch die Anmerkung von Ricke, AW-Prax 2013, 51 ff.

357 Vgl. zunächst die Literaturübersicht bei Pottmeyer, KWKG (vor Einl.); seit der Vollendung der 2. Auflage (Ende 1993) sind folgende Literaturbeiträge zum KWKG und zur Frage von Rüstungsexporten erschienen bzw. sind dort nicht aufgeführt: Achenbach, NStZ 1996, 533 ff.; ders., NStZ 1994, 421 (423 f.); ders., NStZ 1997, 536 (538); ders., NStZ 1998, 560 (561); Barthelmeß, wistra 2001, 14 ff.; Beckemper, in HWSt, 4. Teil, 4. Kapitel, Rn. 1 ff., S. 485 ff.; Bieneck, in: Müller-Gugenberger/Bieneck, Wirtschaftsstrafrecht, § 73 Rn. 1 ff., S. 2323 ff.; ders., AW-Prax 1995, 364 f.; ders., AW-Prax 1997, 62 ff.; ders., AW-Prax 2001, 349 ff.; ders., AW-Prax 2003, 309 f.; Boysen/Oeter in Schulze/Zuleg, Kap. 32, Rn.103 ff., S. 1466.; Dierber-ger, AW-Prax 2003, 349 f.; Fehn, AW-Prax 1997, 278; ders. in: Achenbach/Wannemacher, § 22 III, Rn. 1 ff.; HADDEX, Rn. 344 ff.; Harder in: Wabnitz/Janovsky, Kap. 21, Rn. 46 ff. (1503 ff.); Holthausen, NStZ 1996, 284 f.; ders., JZ 1995, 284 ff., wistra 1997, 129 ff.; ders., RIW 1997, 369 ff.; NStZ 1997, 290 ff.; ders., wistra 1998, 209 f.; Holthausen/Hucko, NStZ-RR 1998, 193 ff.; Hucko, AW-Prax 1997, 172 f.; Ipsen, Festschrift für Bernhardt, 1995; AW-Prax 1996, 306 ff.; Kirchner, DVBl. 2012, 336 ff.; Kreuzer, NStZ 1997, 292; ders., AW-Prax 1997, 349 ff.; ders., AW-Prax 1998, 135 ff.; Kunze, Sicherheitspolitik 1995, 26 ff.; Niggemeier, ES 1995, 25 f.; Pathe/Wagner in: Handbuch des Außenwirtschaftsrechts, §§ 33 bis 37, S. 851 ff.; D. Pietsch, NStZ 2001, 234 f.; ders. in Hohmann/John, Teil 5, Rn. 1 ff. (S. 2033 ff.); Pottmeyer in: AWR-Kommentar §§ 1 bis 27 KWKG; ders., AW-Prax 1995, 87 ff.; ders., AW-Prax 1995, 133 ff.; ders., AW-Prax 1996, 25 ff.; ders., wistra 1996, 121 ff.; ders., AW-Prax 1996, 207 ff.; ders., AW-Prax 1997, 215 ff.; ders., AW-Prax 1997, 14 f.; ders., AW-Prax 1999, 45 ff.; ders., AW-Prax, 1999, 420 f.; ders., AW-Prax 2001, 58 ff.; ders., AW-Prax 2001, 309 ff.; ders., AW-Prax 2003, 21 ff.; ders., Der Zoll-Profi 8/2009, 5 ff.; Redaktion AW-Prax, AW-Prax 1995, 217; dies., AW-Prax 1995, 359 ff., dies., AW-Prax 1997, 23 f.; dies., AW-Prax 1998, 423 ff.; dies., AW-Prax 2000, 99 ff.; dies., AW-Prax 2000, 473 f.; AW-Prax 2002, 105 ff.; AW-Prax 2002, 421 f.; AW-Prax 2003, 454 ff.; dies., AW-Prax 2004, 477 ff.; dies., AW-Prax 2005, 510 ff.; dies., AW-Prax 2006, 504 ff.; dies., AW-Prax 2008, 16 ff.; dies., AW-Prax 2008, 520 ff.; dies., AW-Prax 2009, 365 ff.; dies., AW-Prax 2012, 18 ff.; dies., AW-Prax 2012, 134 ff.; Rohde, AW-Prax 2002, 59 ff.; Runkel, WT 1982, 62;, WT 1981, 52; ders., WT 1986, 58; AW-Prax 2012, 196 ff.; Siller, NStZ 1996, 553 f.; Sohm, NZWehr 1994, 99 ff.; Steindorf, Festschrift für Salger, 1995; Waffenrecht 1995; Weith/Wegner/ Ehrlich, Grundzüge der Exportkontrolle, C., Rn. 30 ff. (S. 88 ff.), D., Rn. 42 ff. (S. 115 ff.); Wessels, AW-Prax 2000, 57 ff.; AW-Prax 2000, 181 ff.; rechtsvergleichend zum schweizerischen Recht: Pottmeyer, AW-Prax 2000, 107 ff.; zur Schweiz siehe auch: Weber, AW-Prax 2000, 305 ff.; AW-Prax 2002, 304 ff.; zum österrei-chischen Kriegsmaterialgesetz siehe Summersberger, AW-Prax 2010, 277 ff.

der AWV ein eigenes Rüstungsexportgesetz einzuführen.[358] Entsprechende Bestrebungen haben sich bisher nicht durchgesetzt. Für die Zukunft ist allerdings nicht gänzlich auszuschließen, dass ein solches Gesetz verabschiedet werden wird.

5.1.2.1 Die Ordnungswidrigkeiten im KWKG

Im Bereich des KWKG sind die Ordnungswidrigkeiten von weniger großer Bedeutung als im AWG. Dies hängt damit zusammen, dass sich nahezu sämtliche Verstöße im KWKG, auch vermeintliche Bagatellverstöße, im Bereich des kriminellen Unrechts, also der Straftat, bewegen. In § 22b Abs. 1 KWKG, der maßgebenden Bußgeldvorschrift, sind nur die Verstöße von sehr geringer Bedeutung ausgewiesen. So erklärt es sich auch, dass das Höchstmaß für ein Bußgeld „lediglich" 5.000 € beträgt. Der Höchstsatz im AWG liegt – wie bereits ausgeführt – bei 500.000 €.

Von der Bußgeldvorschrift des § 22b KWKG sind u.a.[359] erfasst:

- Nichterfüllen, nicht rechtzeitiges oder nicht vollständiges Erfüllen von Auflagen;

- fehlendes, unrichtiges oder unvollständiges Führen des Kriegswaffenbuches;

- fehlende, unrichtige, nicht rechtzeitige oder nicht vollständige Abgabe von Meldungen oder Anzeigen;

- fehlendes, unrichtiges, nicht rechtzeitiges oder nicht vollständiges Erteilen von Auskünften.

Nach § 22b Abs. 3 KWKG macht sich ferner einer Ordnungswidrigkeit schuldig, wer bei der Übergabe zur Beförderung von Kriegswaffen eine Ausfertigung der Genehmigungsurkunde nicht übergibt oder bei der Beförderung eine Ausfertigung der Genehmigungsurkunde (das sog. B-Blatt) nicht mitführt. Der Bußgeldrahmen ist in diesen Fällen allerdings seit dem Inkrafttreten des Gesetzes zur Modernisierung des Außenwirtschaftsrechts[360] am 01.09.2013 auf 1.000 € beschränkt. Vorher waren für Verstöße dieser Art lediglich 500 € als Höchstrahmen vorgesehen.

---

358 In der 18. Legislaturperiode hat das BMWi die Initiative „Zukunft der Rüstungsexportkontrolle" gestartet. In deren Rahmen wurden Experten aus den verschiedensten Disziplinen angehört. Die Stellungnahmen sind unter
https://www.bmwi.de/SiteGlobals/BMWI/Forms/Suche/DE/Servicesuche_Formular.html?resourceId=180050&input_=180004&pageLocale=de&sortOrder=score+desc&templateQueryString=zukunft+-der+R%C3%BCstungsexportkontrolle (Stand der Abfrage 01.09.2018); vgl. hierzu auch Wendling, AW-Prax 2018, 252 ff.
zu finden. Die Fraktion BÜNDNIS 90/DIE GRÜNEN hat einen Antrag im Deutschen Bundestag gestellt (BT-Drucksache 19/1849 vom 25.04.2018), die Bundesregierung aufzufordern, ein Rüstungsexportgesetz vorzulegen. Zur Information des Deutschen Bundestages zu Rüstungsexporten, zur Rüstungsexportkontrollpolitik und zur Einführung eines Rüstungsexportgesetzes vgl. ansonsten auch: BVerfG, Urteil vom 21.10.2014, BVerfGE 137, 185 ff.; Adamowitsch, ZRP 2016, 94; Atzpodien, AW-Prax 2015, 161 f.; Brück, AW-Prax 2014, 138 ff.; Hötzl/Griebel, AW-Prax 2015, 165 ff.; Keul, ZRP 2018, 141; Kochendörfer/Luger/Pawlowski, AW-Prax 2015, 157 ff.; Korioth, AW-Prax 2015, 168 ff.; Roßner, ZRP 2016, 94; Wendling, AW-Prax 2014, 154 ff.; ders., AW-Prax 2015, 159 ff.; ders., AW-Prax 2015, 180 ff.; ders., AW-Prax 2016, 176 ff.; ders., AW-Prax 2017, 175 ff.; Wolfgang in: *Ehlers/Wolffgang*, S. 55 ff.; ders., ZRP 2018, 141; zu ethischen Fragen im Zusammenhang mit Rüstungsexporten siehe: Jüsten, AW-Prax 2015, 162 ff.
359 Zu den Einzelheiten siehe: Pottmeyer, § 22b KWKG, Rn. 3 bis 12.
360 Vom 06.06.2013, BGBl. I S. 1482.

Mit Gesetz vom 27.07.2011[361] war als § 22b Abs. 2 KWKG folgender Passus in das Gesetz aufgenommen worden:

„Ordnungswidrig handelt ferner, wer fahrlässig Kriegswaffen einführt, ausführt, durch das Bundesgebiet durchführt, aus dem Bundesgebiet oder innerhalb des Bundesgebietes verbringt, ohne dass die hierzu erforderliche Beförderung genehmigt ist."

In Kraft getreten ist diese Bestimmung am 04.08.2011.

Der Gesetzgeber wollte die fahrlässige ungenehmigte Beförderung von Kriegswaffen zum Zwecke der Einfuhr, Ausfuhr, Durchfuhr, Verbringung aus dem Bundesgebiet oder innerhalb des Bundesgebietes entkriminalisieren. Diese Handlungen sollten keine Straftat nach § 22a Abs. 1 Nr. 3 KWKG mehr darstellen. Zugrunde lag die Überlegung, dass alle diesbezüglichen Straftaten, die lediglich auf einem Arbeitsfehler beruhten, von den Staatsanwaltschaften ausnahmslos eingestellt worden sind.[362] Mit der Novelle vom 06.06.2013[363] hat sich der Gesetzgeber eines Besseren besonnen und die genannten Handlungen wieder zur Straftat erhoben. In der Gesetzesbegründung heißt es hierzu lediglich, dass dies „aus systematischen Gründen"[364] erfolgt sei.[365]

Im Zusammenhang mit der vorgenommenen Änderung und Rückänderung stellt sich die Frage, nach welchem Recht jeweils fahrlässige Verstöße im Bereich der Einfuhren, Ausfuhren und innerstaatlichen Beförderungen von Kriegswaffen zu bewerten sind. Klar sind die Fälle, die nach dem 01.09.2013[366] vollendet wurden. Diese stellen Straftaten nach § 22a Abs. 4 KWKG n.F. dar. Eindeutig ist auch die Rechtslage bezüglich der Taten, die nach dem 04.08.2011[367] und dem 01.09.2013[368] vollendet wurden. Diese sind nach § 2 Abs. 3 StGB lediglich als Ordnungswidrigkeiten ahndbar. Es stellt sich aber die Frage, wie diejenigen Taten zu behandeln sind, die vor dem 04.08.2011[369] vollendet und noch nicht rechtskräftig abgeurteilt wurden. Insoweit greift ebenfalls § 2 Abs. 3 StGB ein. Diese Vorschrift begründet eine Meistbegünstigung. Das mildeste Recht ist auch dann anzuwenden, wenn es wie vorliegend ein Zwischenrecht gegeben hat.[370] Das mildeste Recht in Bezug auf die genannten Sachverhalte war dasjenige, das zwischen dem 04.08.2011 und dem 31.08.2013 gegolten hat. Die entsprechenden Taten sind damit als Ordnungswidrigkeiten nach § 22b Abs. 2 KWKG a.F. zu behandeln.

Sofern es um Ausfuhren von Kriegswaffen geht, die vor dem 04.08.2011 fahrlässigerweise ohne Genehmigung getätigt wurden, ist neben den Bestimmungen des KWKG auch das AWG zu beachten. Auch insoweit ist das mildeste Recht anzuwenden. Vor dem 04.08.2011

---

361 BT-Drucks. 17/5262, S. 17.
362 BGBl. I S. 1595; siehe auch BT-Drucks. 17/5262, S. 17.
363 BGBl. I S. 1482.
364 Siehe BT-Drucks. 17/11227, S. 85 (zu Artikel 2).
365 Vgl. hierzu auch: Pottmeyer in AWR-Kommentar, § 22a KWKG, Rn. 29b, § 22b KWKG, Rn. 2b.
366 Zeitpunkt des Inkrafttretens des Gesetzes zur Modernisierung des Außenwirtschaftsrechts vom 6.6.2013, BGBl. I S. 1482.
367 Zeitpunkt des Inkrafttretens des Gesetzes vom 27.07.2011, BGBl. I S. 1595.
368 Zeitpunkt des Inkrafttretens des Gesetzes zur Modernisierung des Außenwirtschaftsrechts vom 6.6.2013, BGBl. I S. 1482.
369 Zeitpunkt des Inkrafttretens des Gesetzes vom 27.07.2011, BGBl. I S. 1595.
370 Siehe hierzu ausführlich: Pottmeyer in AWR-Kommentar, § 22a KWKG, Rn. 29b; ders., AW-Prax 2013, 237 ff. mit weiteren ausführlichen Nachweisen.

waren ungenehmigte Ausfuhren von Rüstungsgütern, also auch von Kriegswaffen. Straftaten nach § 34 Abs. 7 AWG a.F. Nach neuem Recht handelt es sich bei lediglich fahrlässiger „nur" noch um Ordnungswidrigkeiten nach § 19 Abs. 1 AWG. Folglich ist auf den außenwirtschaftsrechtlichen Teil diese Vorschrift und nicht der Straftatbestand des § 34 Abs. 7 AWG a.F. anzuwenden.[371]

Auf fahrlässige ungenehmigte Ausfuhren von Kriegswaffen, die vor dem 04.08.2011 stattgefunden haben, sind somit § 22b Abs. 2 KWKG a.F. und § 19 Abs. 1 AWG n.F. anzuwenden. Zwischen beiden Vorschriften besteht das Verhältnis der Tateinheit. Nach § 19 Abs. 1 OWiG wird nur eine einzige Geldbuße festgesetzt. Diese bestimmt sich gemäß § 19 Abs. 2 OWiG nach dem Gesetz, das die höchste Geldbuße androht. § 22b Abs. 3 KWKG sieht eine Geldbuße von bis zu 5.000 € vor. § 19 Abs. 6 AWG n.F. droht demgegenüber eine Geldbuße bis zu 500.000 € an. Insofern ist die ungenehmigte fahrlässige, vor dem 04.08.2011 vollendete Ausfuhr von Kriegswaffen nach § 19 Abs. 1 AWG n.F. zu ahnden. Die Verjährungsfrist beträgt drei Jahre (§ 31 Abs. 2 Nr. 1 OWiG).

5.1.2.2 Die Straftatbestände im KWKG

5.1.2.2.1 Die Tatbestände im Bereich der ABC-Waffen

Die §§ 19 bis 22 KWKG enthalten die Strafbestimmungen im Bereich der ABC-Waffen.[372] Seit der Novelle des Jahres 1990[373] ist der Umgang mit ABC-Waffen – von wenigen Ausnahmen abgesehen[374] – schlechthin verboten, §§ 17, 18 KWKG. Dem Verbot unterliegen im Einzelnen folgende Handlungen in Bezug auf ABC-Waffen:

- Entwickeln,

- Herstellen,

- Handeltreiben,

- Erwerben,

- Überlassen,

- Einführen, Ausführen, Durchführen,

- Verbringen in das oder aus dem Bundesgebiet in sonstiger Weise,

- Ausüben der tatsächlichen Gewalt.

---

371 Vgl. hierzu: Pottmeyer, AW-Prax 2013, 237 (238 f.).

372 Siehe hierzu u.a.: Fehn in: Achenbach/Wannemacher, § 22 III, Rn. 45 ff.; zu einem Erfolg versprechenden Ansatz zur Bekämpfung der Proliferation von Massenvernichtungswaffen siehe Fromm, AW-Prax 2010, 167 ff.; Lingemann, AW-Prax 2010, 171 ff.; Monreal, AW-Prax 2009, 190 ff.; Pietsch, AW-Prax 2009, 194 ff.; Prothmann, AW-Prax 2010, 174 ff.; Ricke, AW-Prax 2004, 269 ff.; Tervooren, S. 12 ff.; Thumann, AW-Prax 2009, 185 f.; Weith/Wegner/Ehrlich, Grundzüge der Exportkontrolle, C., Rn. 30 ff. (S. 88 ff.).

373 Gesetz vom 05.11.1990, BGBl. I S. 2428; siehe hierzu: Spohn in: Deutsche Ausfuhrkontrolle 1992, S. 13 ff.

374 Zu den Ausnahmetatbeständen siehe: Pottmeyer, §§ 16, 17 KWKG, Rn. 16 f.; § 18 KWKG, Rn. 3 f.; §§ 19 bis 22 KWKG, Rn. 29 f.

Darüber hinaus ist es verboten,

- einen anderen zu einer der genannten Handlungen zu verleiten, §§ 17 Abs. 1 Nr. 1a., 18 Abs. 1 Nr. 1a. KWKG oder

- eine der genannten Handlungen zu fördern, §§ 17 Abs. 1 Nr. 2, 18 Abs. 1 Nr. 2 KWKG.

Die vorgenannten Handlungen in Bezug auf ABC-Waffen sind aufgrund des Verbots nicht genehmigungsfähig. Sie waren es aufgrund des Verzichts der Bundesrepublik Deutschland auf ABC-Waffen schon vor der Novelle des Jahres 1990 nicht.[375] Deren maßgebendes Ziel war es, über die Verbote auch die Auslandstaten Deutscher zu erfassen.[376]

Verstöße gegen die Verbote der §§ 17, 18 KWKG ziehen besonders schwere Strafen nach sich. Die Vorsatzdelikte innerhalb der §§ 19, 20 KWKG sind ausnahmslos Verbrechen. Selbst in minderschweren Fällen einer Vorsatztat ist somit die Möglichkeit einer Einstellung wegen Geringfügigkeit gemäß §§ 153, 153a StPO nicht gegeben.[377] Die Möglichkeit, eine derartige Straftat ohne Hauptverhandlung durch ein Strafbefehlsverfahren zu erledigen, ist nicht gegeben. Anzuklagen ist mindestens vor einem Schöffengericht. Eine Verhandlung vor dem Strafrichter (Einzelrichter) ist unzulässig.

Im Rahmen des § 20 KWKG, der das Verbot von biologischen und chemischen Waffen strafrechtlich sanktioniert, beträgt die Freiheitsstrafe im Grunddelikt nicht unter zwei Jahre. Eine Strafaussetzung zur Bewährung ist damit im Hinblick auf § 56 Abs. 2 StGB kaum möglich. Die Höchststrafe beträgt bei § 20 KWKG 15 Jahre. Die wichtigsten Straftatbestände sind in **Schaubild 36** zusammengefasst. Wegen der weiteren Tatbestände wird auf die Kommentierung[378] Bezug genommen.

---

375 Vgl. Pottmeyer, KWKG, Einl., Rn. 20, §§ 16 bis 17 KWKG, Rn. 1 bis 3.
376 Siehe § 21 KWKG: Pottmeyer, NStZ 1992, 57 ff.; ders., §§ 19 bis 22 KWKG, Rn. 20 ff. mit umfangreichen weiteren Nachweisen, der die Regelung zumindest insoweit für verfassungswidrig hält, als sie über den Bereich der chemischen Waffen hinausgeht.
377 Siehe hierzu bereits oben S. 161 f.
378 Pottmeyer , §§ 19 bis 22 KWKG, Rn. 1 bis 14.

Die Strafvorschriften: ABC-Waffen (Auswahl)

Vorschrift	Strafbare Handlung	Art der Straftat	Mindest-strafe	Höchst-strafe	Verjährung
§ 19 Abs. 1 Nr. 1 KWKG	Vorsätzlicher verbotener Umgang mit A-Waffen	Verbrechen	1 Jahr	5 Jahre	5 Jahre max. 10 Jahre
§ 19 Abs. 2 Nr. 2 KWKG	Qualifikation Gefahr für Frieden etc.	Verbrechen	2 Jahre	15 Jahre	20 Jahre max. 40 Jahre
§ 20 Abs. 1 Nr. 1 KWKG	Vorsätzlicher verbotener Umgang mit B/C Waffen	Verbrechen	2 Jahre	15 Jahre	20 Jahre max. 40 Jahre

Schaubild 36: Straftaten in Bezug auf ABC-Waffen (Auswahl)

Eine besondere Tücke bieten die sog. Fördertatbestände, §§ 19 Abs. 1 Nr. 2, 20 Abs. 1 Nr. 2 KWKG. Von diesen Bestimmungen betroffen sind auch Unternehmen, die unmittelbar nichts mit Massenvernichtungstechnologie zu tun haben. Auch derjenige, der ausschließlich auf zivilem Sektor tätig ist, kann sich nach den genannten Bestimmungen strafbar machen. Fördern bedeutet nämlich auch jede mittelbare Unterstützung einer Handlung in Bezug auf ABC-Waffen. Aufgrund des weit gefassten Tatbestandes kann sich beispielsweise auch ein Schreiner strafbar machen, der Fensterrahmen für eine Giftgasfabrik zuliefert.[379] Auf der anderen Seite vertreten das OLG Düsseldorf, das OLG Stuttgart und das LG Stuttgart[380] die Auffassung, dass eine Bestrafung aufgrund der Fördertatbestände nur eintritt, wenn bewiesen ist, dass tatsächlich ABC-Waffen entwickelt, hergestellt etc. worden sind. Die bloße Förderung des Aufbaus einer entsprechenden Waffenfabrik haben beide Gerichte nicht als ausreichend angesehen.

---

379 Vgl. die weiteren Beispiele bei: Pottmeyer, §§ 16 bis 17 KWKG, Rn. 14.
380 OLG Düsseldorf, Beschluss vom 13.03.1997, 2 Ws 47-48/97 nv., S. 7 f.; OLG Stuttgart, Beschluss vom 22.05.1997, 1 Ws 87/97 nv.; LG Stuttgart, Urteil vom 01.10.1996, NStZ 1997, 288 ff.; siehe demgegenüber aber auch: OLG Düsseldorf, Beschluss vom 23.02.2000, NStZ 2000, 378 f.; LG Stuttgart, Urteil vom 19.06.2001, 8 KLs 144 Js 43314/94 nv.; Kreuzer, ders., AW-Prax 1997, 349 ff.; aA. Barthelmeß, wistra 2001, 14 ff.; Bieneck, AW-Prax 1997, 62 ff.; Fehn, AW-Prax 1997, 278 ff.; ders. in: Achenbach/Wannemacher, § 22 III, Rn. 47 ff.; Harder in: Wabnitz/Janovsky, Kap. 21, Rn. 58 (1510 ff.); Holthausen, wistra 1998, 209 f.; ders., AW-Prax 1998, 97 ff.; Hucko, AW-Prax 1997, 172 f.; Pathe in: Handbuch des Außenwirtschaftsrechts, § 45 Rn. 122a, S. 908; D. Pietsch, NStZ 2001, 234 f.; siehe auch: Achenbach, NStZ 1997, 536 (538); ders., NStZ 1998, 560 (561).

Ausnahmen vom Verbot des Umgangs mit ABC-Waffen und der korrespondierenden Strafbarkeit sind in den §§ 16 und 22 KWKG geregelt. Das Verbot des § 17 KWKG gilt nach § 16 KWKG nicht für solche Atomwaffen, die der Verfügungsgewalt eines Nato-Mitgliedstaates unterstehen. Des Weiteren ist die Herstellung und Entwicklung solcher Atomwaffen von dem Verbot ausgenommen, die im Auftrag eines Nato-Mitgliedstaates durchgeführt werden. Aufgrund des § 16 KWKG ist es insbesondere den Nato-Streitkräften nicht verboten, auf bundesdeutschem Territorium Atomwaffen zu lagern, verfügbar zu halten und zu transportieren. Auch die Entwicklung von Einsatz- und Übungskonzepten für Atomwaffen im Rahmen des Nato-Bündnisses unterfällt dem Verbot des § 17 KWKG nicht. Schließlich ist es deutschen Staatsangehörigen nicht untersagt, an Projekten der Nato mitzuwirken, in deren Rahmen Atomwaffen entwickelt, hergestellt, verbessert, einsatzbereit oder sichergehalten werden sollen. Soweit § 16 KWKG Ausnahmen vom Verbot des Umgangs mit Atomwaffen vorsieht, gelten hierfür die allgemeinen Genehmigungsvorschriften des KWKG. Im Regelfall gelten die erforderlichen Genehmigungen bei Handlungen von Nato-Streitkräften gemäß § 27 Satz 2 KWKG als erteilt.

5.1.2.2.2 Die Tatbestände im Bereich der Antipersonenminen und Streumunition

Die §§ 18a, 20a KWKG beziehen sich seit 2009 auf zwei Typen von völkerrechtlich geächteten Munitionen, nämlich auf Antipersonenminen und auf Streumunition.

Das sog. Ottawa-Abkommen, das sich auf die Antipersonenminen bezieht, ist am 03.12.1997 in Kraft getreten.[381] Bereits vor dem Inkrafttreten des Ottawa-Abkommens hat die Bundesrepublik Deutschland dieses umgesetzt. Durch § 18a KWKG wurde ein entsprechendes Verbot erlassen. Die strafrechtliche Bewehrung sieht § 20a KWKG vor.

Unter einer Antipersonenmine versteht man eine Mine, die dazu bestimmt ist, durch die Gegenwart, Nähe oder Berührung einer Person zur Explosion gebracht zu werden und die eine oder mehrere Personen kampfunfähig macht, verletzt oder tötet.[382] Als Mine bezeichnet man ein Kampfmittel, das dazu bestimmt ist, unter, auf oder nahe dem Erdboden oder einer anderen Oberfläche angebracht und durch die Gegenwart, Nähe oder Berührung einer Person oder eines Fahrzeugs zur Explosion gebracht zu werden.[383] Dem Verbot des § 18a KWKG unterfallen demgegenüber nicht Panzerminen und Flächenverteidigungssysteme. Auch Minen, die sich gegen Kraftfahrzeuge richten und durch diese zur Detonation gebracht werden, sind keine Antipersonenminen.[384]

Eine Ausnahme vom Verbot jeglichen Umgangs mit **Antipersonenminen** sieht § 18a Abs. 3, Art. 3 Abs. 1 des APM-Übereinkommens vor. Danach ist die Zurückbehaltung und Weitergabe von Antipersonenminen nicht verboten, wenn dies der Entwicklung von Verfahren zur Minensuche, Minenräumung, Minenvernichtung und der Ausbildung in diesen

---

381 Siehe hierzu das Gesetz zum „Übereinkommen über das Verbot des Einsatzes, der Lagerung und der Weitergabe von Antipersonenminen und deren Vernichtung" vom 30.04.1998 (BGBl. II S. 778) – Antipersonenminen-Übereinkommen; siehe hierzu auch: Bieneck in: Wirtschaftsstrafrecht, § 73 Rn. 17 ff., S. 1943 f.

382 Siehe § 18a Abs. 2 KWKG, Art. 2 Abs. 1 des APM-Übereinkommens; Fehn in: Achenbach/Wannemacher, § 22 III, Rn. 140; Steindorf, § 18 a KWKG, Rn. 2, § 20a KWKG, Rn. 2.

383 Siehe § 18a Abs. 2 KWKG, Art. 2 Abs. 2 des APM-Übereinkommens.

384 Vgl. hierzu: Steindorf, § 20a KWKG, Rn. 2.

Verfahren dient. Dabei darf allerdings die unbedingt erforderliche Mindestzahl von Minen nicht überschritten werden. Auch für die Vorführung eines Gerätes zur Minenbeseitigung gilt das Verbot nicht. Schließlich ist auch die Weitergabe zum Zwecke der Vernichtung der Antipersonenminen zulässig, § 18a Abs. 3 KWKG, Art. 3 Abs. 2 des APM-Übereinkommens. Ebenso wie bei den atomaren, biologischen und chemischen Waffen bedarf es noch der Genehmigung, wenn einer der Ausnahmetatbestände verwirklicht ist.

Durch das Übereinkommen über Streumunition, unterzeichnet am 03.12.2008 in Oslo, wurde **Streumunition** völkerrechtlich geächtet. Das entsprechende bundesdeutsche Gesetz[385] ist bereits seit dem 11.06.2009 in Kraft, das Übereinkommen selbst dagegen trat erst am 01.08.2010 in Kraft, nachdem es im Februar 2010 30 Unterzeichnerstaaten ratifiziert hatten. Was unter Streumunition verstanden wird, ist in Art. 2 Nr. 2 des Übereinkommens definiert. „**Streumunition** " ist danach konventionelle Munition, die dazu bestimmt ist, explosive Submunitionen mit jeweils weniger als 20 Kilogramm Gewicht zu verstreuen oder freizugeben. Der Begriff schließt diese ein. Demgegenüber unterfallen dem Begriff der Streumunition

- Munition oder Submunition, die dazu bestimmt ist, Täuschkörper, Rauch, pyrotechnische Mittel oder Düppel freizusetzen beziehungsweise auszustoßen;
- Munition, die ausschließlich für Flugabwehrzwecke bestimmt ist;
- Munition oder Submunition, die dazu bestimmt ist, elektrische oder elektronische Wirkungen zu erzeugen.

Munition, die zur Vermeidung von unterschiedslosen Flächenwirkungen und von Gefahren, die von nicht zur Wirkung gelangter Submunition ausgehen, alle nachstehenden Merkmale aufweist:

- Jede Munition enthält weniger als zehn explosive Submunitionen,
- jede explosive Submunition wiegt mehr als vier Kilogramm,
- jede explosive Submunition ist dazu bestimmt, ein einzelnes Zielobjekt zu erfassen und zu bekämpfen,
- jede explosive Submunition ist mit einem elektronischen Selbstzerstörungsmechanismus ausgestattet,
- jede explosive Submunition ist mit einer elektronischen Selbstdeaktivierungseigenschaft ausgestattet.

Das Verbot bezieht sich auf das Endprodukt Streumunition einschließlich seiner explosiven Submunition. Vor- und Zwischenprodukte zur Herstellung von Streumunition sind damit nicht erfasst. Ein Verbot der Herstellung aller Bauteile von Streumunition hätte zur Folge gehabt, dass dadurch auch die Herstellung anderer militärischer Wirkmittel (z.B. pyrotechnische Darstellungsmittel) unmöglich gemacht würde. Diese anderen Wirkmittel sind in Artikel 2 ausdrücklich aus der Definition von Streumunition und damit aus dem Wirkungsbereich des Übereinkommens ausgenommen, da es sich hierbei nicht um Flächenzielmu-

---

385 Gesetz vom 06.06.2009, BGBl. II S. 502.

nition handelt.[386] Des Weiteren sind Ausbringungsmittel von Streumunition, insbesondere Artilleriewaffen, Lenkflugkörper oder Kampfflugzeuge, von den Bestimmungen des Übereinkommens nicht erfasst.[387] In der politischen Diskussion war im Vorfeld erwogen worden, solche Streumunitionen auszunehmen, die über einen **Selbstzerlegungszünder** verfügen, wenn die **Versagerquote unter 1 %** verbleibt Diese politische Position hat in dem Übereinkommen keinen Niederschlag gefunden.[388] Auch soweit Streumunitionen diese Voraussetzungen erfüllen, unterfallen sie demgemäß dem Übereinkommen. Dagegen sind intelligente Munitionen, die allein zur Bekämpfung von Panzern oder Fahrzeugen bestimmt sind, wie z.B. der Typ SMArt, nicht als Submunition anzusehen.

Dem Oslo-Abkommen widerspricht es nicht, wenn Vertragsstaaten, ihr Militärpersonal oder ihre Staatsangehörigen militärische Zusammenarbeit und militärische Einsätze mit Staaten durchführen, die das Abkommen nicht unterzeichnet haben, Art. 21 Abs. 3 des Übereinkommens. Dies gilt sogar, wenn diese möglicherweise Tätigkeiten vornehmen, die einem Vertragsstaat verboten sind.

Art. 3 Abs. 6 des Übereinkommens über Streumunition normiert für die Praxis wichtige Ausnahmen. Danach ist die Zurückbehaltung oder der Erwerb einer beschränkten Anzahl von Streumunitionen und explosiven Submunitionen für die Entwicklung von Verfahren zur Suche, Räumung und Vernichtung von Streumunition und explosiven Submunitionen und die Ausbildung in diesen Verfahren oder für die Entwicklung von Maßnahmen gegen Streumunition zulässig. Die Menge der zurückbehaltenen oder erworbenen explosiven Submunitionen darf allerdings die für diese Zwecke unbedingt erforderliche Mindestzahl nicht überschreiten.

Die verbotenen Teilhandlungen sind sowohl bei den Antipersonenminen als auch bei der Streumunition im Wesentlichen dieselben wie bei den ABC-Waffen. Darüber hinaus verbietet § 18a KWKG auch das Einsetzen[389], Lagern und Zurückbehalten sowie das Transportieren von Antipersonenminen. Den Besonderheiten des Abkommens von Ottawa wird hierdurch Rechnung getragen.[390]

Das Grunddelikt enthält § 20a Abs. 1 KWKG. Danach ist der verbotene vorsätzliche Umgang einschließlich des Förderns und des Verleitens mit Antipersonenminen mit einer Freiheitsstrafe von einem Jahr bis zu fünf Jahren bedroht. In schweren Fällen beträgt der Strafrahmen zwischen drei Monaten und drei Jahren, § 20a Abs. 3 KWKG. Beide Tatbestände stellen – ebenso wie der besonders schwere Fall nach § 20a Abs. 2 KWKG – Verbrechen mit den bereits geschilderten Konsequenzen (keine Einstellung wegen Geringfügigkeit, keine Erledigung im Strafbefehlsverfahren, keine Verhandlung vor dem Strafrichter – Einzelrichter) dar.[391]

---

386 So ausdrücklich die Gesetzesbegründung: BT-Drucks. 16/12226, S. 37.
387 BT-Drucks. 16/12226, S. 10.
388 Dies bedauert die Bundesregierung, vgl. BT-Drucks. 16/12226, S. 38.
389 Vgl. hierzu speziell: Steindorf, § 18a KWKG, Rn. 3, § 20a KWKG, Rn. 3.
390 Siehe hierzu BT-Drucks. 13/10116, S. 10.
391 Siehe hierzu bereits oben S. 161 f., 168.

Ein besonders schwerer Fall liegt nach § 20a Abs. 2 KWKG in der Regel vor, wenn Gewerbsmäßigkeit gegeben ist. Hier muss sich der Täter aus fortgesetzten Verstößen gegen § 20a KWKG eine fortlaufende Einnahmequelle verschaffen wollen. Darüber hinaus ist das Regelbeispiel verwirklicht, wenn es um eine große Zahl von Antipersonenminen geht. Wann dieses Tatbestandsmerkmal erfüllt ist, wird nirgends präzisiert. Nach einer Meinung[392] liegt eine große Zahl bereits bei 20 Stück vor. Eine noch engere Auffassung[393] lässt den besonders schweren Fall bereits bei 10 Antipersonenminen beginnen.

§ 20a Abs. 4 KWKG stellt fahrlässiges (in den Fällen des Förderns und Verleitens leichtfertiges) Verhalten unter Strafe. In derartigen Fällen, die strafrechtlich nicht als Verbrechen, sondern als Vergehen zu qualifizieren sind, ist eine Freiheitsstrafe bis zu drei Jahren möglich.

Eine Übersicht über die Straftatbestände im Zusammenhang mit Antipersonenminen und Streumunition enthält **Schaubild 37**.

Die Strafvorschriften: Antipersonenminen und Streumunition

Vorschrift	Strafbare Handlung	Art der Straftat	Mindeststrafe	Höchststrafe	Verjährung
§ 20a Abs. 1 KWKG	Vorsätzlicher verbotener Umgang mit Antipersonenminen und Streumunition	Verbrechen	1 Jahr	5 Jahre	5 Jahre max. 10 Jahre
§ 20a Abs. 2 KWKG	Besonderer schwerer Fall (Gewerbsmäßigkeit, große Zahl)	Verbrechen	1 Jahr	15 Jahre	5 Jahre max. 10 Jahre
§ 20 Abs. 3 KWKG	Mindestschwerer Fall	Verbrechen	3 Monate	5 Jahre	5 Jahre max. 10 Jahre
§ 20 Abs. 4 KWKG	Fahrlässige/leichtfertige Begehung	Vergehen	----	3 Jahre oder Geldstrafe	5 Jahre max. 10 Jahre

Schaubild 37: *Straftaten in Bezug auf Antipersonenminen und Streumunition*

---

392 So: Steindorf, § 20a KWKG, Rn. 5.
393 Fehn in: Achenbach/Wannemacher, § 22 III, Rn. 144.

5.1.2.2.3 Die Tatbestände im Bereich der konventionellen Kriegswaffen

Die maßgebende Vorschrift im Bereich der konventionellen Kriegswaffen stellt § 22a KWKG dar. Nach dieser Bestimmung macht sich strafbar, wer ohne die erforderliche Genehmigung[394] Kriegswaffen[395]

- herstellt (§ 22a Abs. 1 Nr. 1 i.V.m. § 2 Abs. 1 KWKG);

- erwirbt oder überlässt (§ 22a Abs. 1 Nr. 2 i.V.m. § 2 Abs. 2 KWKG);

- im Bundesgebiet außerhalb eines abgeschlossenen Geländes befördern lässt oder selbst befördert (§ 22a Abs. 1 Nr. 3 i.V.m. § 3 Abs. 1, 2 KWKG);

- einführt, ausführt, durch das Bundesgebiet durchführt oder in sonstiger Weise in das Bundesgebiet oder aus dem Bundesgebiet verbringt (§ 22a Abs. 1 Nr. 4 i.V.m. § 3 Abs. 3 KWKG);

- mit einem deutschen Seeschiff oder einem Luftfahrzeug außerhalb des Hoheitsgebietes der Bundesrepublik Deutschland befördert (§ 22a Abs. 1 Nr. 5 i.V.m. § 4 KWKG).

Weiterhin macht sich strafbar, wer

- die tatsächliche Gewalt über Kriegswaffen ausübt, ohne dass deren Erwerb genehmigt oder in den Fällen des § 12 Abs. 6 Nr. 1, § 26a KWKG angezeigt war, § 22a Abs. 1 Nr. 6 KWKG;

- ungenehmigt Auslandsgeschäfte gemäß § 4a Abs. 1 KWKG vermittelt oder einen Vertrag nach § 4a Abs. 2 KWKG abschließt.[396]

„Ohne Genehmigung" handelt nicht nur derjenige, der für einen bestimmten Umgang mit Kriegswaffen überhaupt keine Genehmigung vorzuweisen hat. Bereits jedes Abweichen von einer bestehenden Genehmigung führt zur Strafbarkeit nach § 22a KWKG. In diesem Sinne liegt ein ungenehmigtes, strafbares Verhalten auch in folgenden Fällen[397] vor:

- Stückzahlüberschreitung;

- Abweichen von der Art der genehmigten Kriegswaffe;

- Abweichen vom genehmigten Ausfuhrland;

- Abweichen von der Endverbleibsangabe[398];

---

394 Eine Übersicht über die erforderlichen Genehmigungen nach dem KWKG bietet: Wieland in: Deutsche Ausfuhrkontrolle 1992, S. 29 ff.

395 Zum Kriegswaffenbegriff vgl. Pottmeyer, § 1 KWKG, Rn. 1 bis 40.

396 Zur Problematik der Vermittlung von Auslandsgeschäften vgl. ausführlich: Pottmeyer, § 4a KWKG, Rn. 1 ff.; ders. in: Deutsche Ausfuhrkontrolle 1992, S. 39 ff.

397 Wegen der weiteren Einzelheiten vgl. Pottmeyer, § 22a KWKG, Rn. 21.

398 Zu den Endverbleibsangaben vgl. Pottmeyer, AW-Prax 2002, 185 ff. Die Endverbleibserklärungen sind in den Jahren 2016/2017 neugestaltet worden. Grund hierfür waren die „Grundsätze der Bundesregierung für die Ausfuhrgenehmigungspolitik bei der Lieferung von Kleinen und Leichten Waffen, dazugehöriger Munition und entsprechender Herstellungsausrüstung in Drittländer"
https://www.bmwi.de/Redaktion/DE/Downloads/G/grundsaetze-der-bundesregierung-fuer-die-ausfuhrge-nehmigungspolitik-bei-der-lieferung-von-kleinen-und-leichten-waffen.pdf?__blob=publicationFile&v=3 (Stand der Abfrage: 01.09.2018)
und die „Eckpunkte für die Einführung von Post-Shipment-Kontrollen bei deutschen Rüstungsexporten" https://www.bmwi.de/Redaktion/DE/Downloads/E/eckpunkte-einfuehrung-post-shipment-kontrollen-deut-sche-ruestungsexporte.pdf?__blob=publicationFile&v=1 (Stand der Abfrage: 01.09.2018)

- Einsatz eines nicht genehmigten Frachtführers;
- Abweichen vom genehmigten Versandweg.

Auch der Strafrahmen des § 22a KWKG ist sehr hoch angesiedelt. § 22a Abs. 1 bis 3 KWKG regelt die vorsätzlichen Verstöße. Das Grunddelikt des § 22a Abs. 1 KWKG sieht eine Freiheitsstrafe von mindestens einem und höchstens fünf Jahren vor. In besonders schweren Fällen (in der Regel: gewerbsmäßiges Handeln und Bandenkriminalität, § 22a Abs. 2 KWKG) beträgt die Höchststrafe zehn Jahre. Bei minderschweren Fällen ist eine Freiheitsstrafe bis zu drei Jahren oder Geldstrafe vorgesehen.

Die Vorsatztat stellt ausnahmslos ein Verbrechen dar. Die sich hieraus ergebenden Konsequenzen wurden bereits erläutert (keine Einstellung wegen Geringfügigkeit, keine Erledigung im Strafbefehlsverfahren, keine Verhandlung vor dem Strafrichter – Einzelrichter).[399] Anders ist die Rechtslage beim Fahrlässigkeitstatbestand des § 22a Abs. 4 KWKG. Hier besteht die Möglichkeit der Einstellung. Allerdings kann auch der bloß fahrlässig begangene Verstoß mit Freiheitsstrafe bis zu zwei Jahren oder mit Geldstrafe geahndet werden.

Wegen der weiteren Einzelheiten wird auf das **Schaubild 38** sowie auf die Kommentierung[400] Bezug genommen.

Die Strafvorschriften: Konventionelle Kriegswaffen

Vorschrift	Strafbare Handlung	Art der Straftat	Mindest-strafe	Höchst-strafe	Verjährung
§ 22a Abs. 1 KWKG	Vorsätzliches ungenehmigtes Handeln	Verbrechen	1 Jahr	5 Jahre	5 Jahre max. 10 Jahre
§ 22a Abs. 2 KWKG	Besonderer schwerer Fall	Verbrechen	1 Jahr	10 Jahre	5 Jahre max. 10 Jahre
§ 22a Abs. 3 KWKG	Mindestschwerer Fall	Verbrechen	----	3 Jahre oder Geld-strafe	5 Jahre max. 10 Jahre
§ 20 Abs. 4 KWKG	Fahrlässige Begehung	Vergehen	----	2 Jahre oder Geld-strafe	5 Jahre max. 10 Jahre

Schaubild 38: Straftaten in Bezug auf konventionelle Kriegswaffen

---

zu letzterem siehe auch Wendling, AW-Prax 2017, 175 ff.; ders., AW-Prax 2018, 252 ff.; zur Ausgestaltung der Endverbleibserklärungen nach neuem Muster siehe Hermesmeier/Rautenberg/Griebel, AW-Prax 2017, 55 ff.; Pottmeyer, AW-Prax 2016, 248 ff.; Robert Witte/Damm, Der Zoll-Profi! 8/2016, 9 ff.; dies., Der Zoll-Profi! 10/2016, 9 ff.

399 Siehe hierzu bereits oben S. 161 f.
400 Pottmeyer, § 22a KWKG, Rn. 1 bis 191.

Der Strafrahmen des § 22a KWKG einerseits und derjenige der §§ 17, 18 AWG andererseits sind nicht aufeinander abgestimmt. So beträgt die Höchststrafe in den Fällen der §§ 17 Abs. 2 und 3, 18 Abs. 7 und 8 AWG 15 Jahre. Selbst in einem besonders schweren Fall lässt § 22a KWKG nur eine Bestrafung bis zu zehn Jahren zu. Im Grunddelikt des § 18 Abs. 1 bis 5 AWG sind lediglich Vergehen ausgestaltet. Die Vorsatztat des § 22a KWKG stellt dagegen ausnahmslos ein Verbrechen dar. Bereits im anderen Zusammenhang[401] wurde vorgeschlagen, § 22a KWKG und die Tatbestände des AWG vom Strafrahmen her parallel auszugestalten. Die Mindeststrafe in § 22a Abs. 1 KWKG sollte entfallen. Die Höchststrafe sollte auf 15 Jahre angehoben werden. Das Kriegswaffenkontroll-Strafrecht sollte – ebenso wie das Außenwirtschaftsstrafrecht durch die 12. AWG-Novelle[402] und das Modernisierungsgesetz vom 06.06.2013[403] – grundlegend reformiert werden.[404]

5.1.3 Das Risiko, dass Straftaten nach AWG und KWKG aufgedeckt werden

Aus den bisherigen Ausführungen ergibt sich, dass Verstöße gegen das Außenwirtschaftsrecht mit hohen Freiheitsstrafen bedroht sind. Der Gesetzgeber ist bei der Gestaltung der Straftatbestände des AWG und KWKG bewusst an die Grenze dessen gegangen, was nach unserer Rechtsordnung zulässig ist. Dieser Sachverhalt allein betrachtet ist jedoch nicht geeignet, Straftaten in diesem Bereich zu verhindern. Namhafte Kriminologen haben nämlich herausgefunden, dass gerade Wirtschaftsstraftäter nicht durch ein hohes Strafmaß zu beeindrucken sind. Vielmehr ist es eher die Angst, entdeckt zu werden, die potenzielle Straftäter von ihrem Tun abbringt. Prominente Verhaltensökonomen bis hin zu dem Träger des Nobelpreises für Wirtschaft 1992, Gerry Becker, kommen zu denselben Ergebnissen. Teil der Risikobetrachtung soll es dementsprechend im Folgenden sein, darzulegen, dass es sehr wahrscheinlich ist, bei einer Straftat nach AWG oder KWKG entdeckt zu werden.

Das hängt zum einen damit zusammen, dass seit geraumer Zeit die **Außenwirtschaftsprüfungen**[405] erheblich intensiviert wurden. Durch § 23 AWG (= § 44 AWG a.F.) haben die Prüfer die Möglichkeit, alle Geschäftsvorgänge elektronisch zu kontrollieren. Durch diese Vorschrift ist jedes Unternehmen gläsern geworden. Dem entsprechend geschulten und geübten Außenwirtschaftsprüfer entgeht kaum ein Verstoß, und sei er auch noch so geringfügig.

Ein weiterer Beitrag dazu, dass die Teilnehmer am Außenwirtschaftsverkehr gläsern geworden sind, ist das **ATLAS-Verfahren**[406]. Die Fäden laufen in diesem Zusammenhang beim **Zollkriminalamt** zusammen, das auch Zugriff auf sämtliche Ausfuhrgenehmigungen des BAFA hat.[407] Die Erkenntnisse aus beiden Quellen werden übereinandergefahren. Es ergibt

---

401 Pottmeyer, AW-Prax 1996, 207 (208 f.).
402 Gesetz vom 28.03.2006, BGBl. I S. 574.
403 BGBl. I S. 1482.
404 Bieneck, AW-Prax 1999, 81 ff.; ders., AW-Prax 1999, 292 ff.; ders., wistra 2000, 441 ff.; Meine, AW-Prax 1999, 414 f.; Robert Müller, AW-Prax 1999, 370 ff.; Peya in: Rechtsfragen Exportkontrolle, S. 121 ff.; Pottmeyer, AW-Prax 1999, 45 ff.
405 Siehe hierzu Haellmigk/Vulin, AW-Prax 2013, 240 ff.; Recktenwald, Der Zoll-Profi! 9/2008, 6 ff., die Hinweise dazu geben, wie man sich auf diese Prüfungen sachgerecht vorbereitet.
406 Siehe hierzu auch: Vischer, Der Zoll-Profi! 8/2009, 8.
407 Zu den diesbezüglichen Netzwerken der Exportkontrolle siehe Christoph Witte, AW-Prax 2011, 141 f.; zur Zusammenarbeit der Behörden BAFA, BND, Zoll mit dem ZKA siehe Ricke in: *Ehlers/Wolffgang*, S. 289 ff.

sich ein Gesamtprofil, das illegale Ausfuhren erkennbar macht. Abgerundet wird das Bild durch Erkenntnisse der deutschen **Geheimdienste**[408] oder derjenigen befreundeter Nationen. Auch auf diese hat das Zollkriminalamt Zugriff. Bei einem konkreten Anfangsverdacht sind es auch gezielte **Abhörmaßnahmen**, die Verstöße gegen AWG oder KWKG zutage fördern.

Illegale Handlungen bleiben Dritten selten verborgen. Meistens gibt es Mitwisser. So ist es des Öfteren vorgekommen, dass z.B. **Konkurrenten, eifersüchtige Partner, frustrierte Mitarbeiter** oder gar, die von dem illegalen Tun Kenntnis hatten, dieses angezeigt haben. Ein bekannter Kriminalfall im Bereich des Außenwirtschaftsrechts soll dadurch entdeckt worden sein, dass sich ein Mitarbeiter – keineswegs einer der frustrierten Sorte – in einer Gaststätte offenkundig nach reichlichem Genuss alkoholischer Getränke damit gebrüstet hat, dass sein Unternehmen ungenehmigterweise gegen das Irak-Embargo verstoßen hat.

Nach alledem schwebt über allen Teilnehmern am Außenwirtschaftsverkehr nicht nur das Damoklesschwert, mit hohen Freiheitsstrafen belegt zu werden. Die Wahrscheinlichkeit, früher oder später entdeckt zu werden, ist exorbitant hoch.

5.1.4 Die straf- und ordnungswidrigkeitenrechtliche Verantwortlichkeit des Ausfuhrverantwortlichen

Die Grundsätze der Bundesregierung vermitteln den Eindruck, dass der Ausfuhrverantwortliche uneingeschränkt und ohne Weiteres dann strafrechtlich zur Verantwortung gezogen wird, wenn sich innerhalb eines Unternehmens Verstöße gegen das Außenwirtschaftsrecht zutragen. Eine Parallele zum US-amerikanischen Recht drängt sich auf. Dort gibt es die Rechtsfigur der „strict liability"[409]. Danach werden bestimmte Personen unabhängig von der Frage persönlicher Schuld stets zur Verantwortung gezogen, wenn sich Verstöße gegen bestimmte rechtliche Vorschriften zutragen. Einzelne Staaten der EU kennen ähnliche rechtliche Konstruktionen.[410] Der Ausfuhrverantwortliche trägt zweifelsohne ein hohes Maß an persönlicher Verantwortung. Jedoch existiert bei Sanktionen gegen den Ausfuhrverantwortlichen keine irgendwie geartete Automatik. Eine solche würde dem Schuldprinzip widersprechen, das insbesondere für unsere Strafrechtsordnung kennzeichnend ist.

Die persönliche strafrechtliche Verantwortlichkeit des Einzelnen ist in § 14 StGB geregelt.[411] Für den Bereich der Ordnungswidrigkeiten enthält § 9 OWiG eine deckungsgleiche Regelung. Diese Vorschriften besagen zunächst, dass besondere persönliche Eigenschaften, Verhältnisse oder Umstände, die bei dem jeweiligen Unternehmen vorliegen, auch bestimmten Personen zugerechnet werden können, die für das Unternehmen handeln. Besondere per-

---

408 Zur Rolle des BND bei der Proliferationsbekämpfung und im internationalen Waffenhandel siehe Ricke, Waffenhandel, S. 1 ff.
409 Vgl. hierzu: Lübbig, S. 37 ff.; Pottmeyer in: Hemmnisse und Sanktionen in der EU, S. 100 (104); Tiedemann, NJW 1993, 23 (28).
410 Siehe speziell für den europäischen Bereich: Pottmeyer in: Hemmnisse und Sanktionen in der EU, S. 100 (104); Tiedemann, NJW 1993, 23 (28).
411 Zur strafrechtlichen Haftung des Ausfuhrverantwortlichen siehe auch Billig in: *Ehlers/Wolffgang*, S. 419 (424 ff.); zur strafrechtlichen Haftung des einzelnen Mitarbeiters des Unternehmens siehe Schöppner/ Damm, Der Zoll-Profi! 11/2014, 4 ff., speziell für den Exportkontrollbeauftragten siehe Billig in: *Ehlers/ Wolffgang*, S. 419 (428 ff.).

sönliche Merkmale im vorliegenden Sinne sind z.B. die Genehmigungspflichten nach AWG/ AWV und nach KWKG. Diese treffen stets das Unternehmen selbst, nicht den einzelnen Mitarbeiter. Die §§ 14 StGB, 9 OWiG bewirken, dass sich auch einzelne Personen, die für das Unternehmen handeln, strafbar machen können, obwohl sie die persönlichen Merkmale wie z.B. die Genehmigungspflichten im Außenwirtschaftsrecht selbst nicht erfüllen. Zu denjenigen Personen, die sich als Handelnde für ein Unternehmen strafbar machen können, gehören u.a.

- die Mitglieder des vertretungsberechtigten Organs einer juristischen Person (§§ 14 Abs. 1 Nr. 1 StGB, 9 Abs. 1 Nr. 1 OWiG, insbesondere die Vorstandsmitglieder einer AG, die Geschäftsführer einer GmbH);

- die vertretungsberechtigten Gesellschafter einer Personenhandelsgesellschaft (§§ 14 Abs. 1 Nr. 2 StGB, 9 Abs. 1 Nr. 2 OWiG, insbesondere die persönlich haftenden Gesellschafter einer oHG, die Komplementäre einer KG).

Der Ausfuhrverantwortliche muss stets diesem Personenkreis angehören. Er kann daher persönlich zur Verantwortung nach den §§ 14 StGB, 9 OWiG i.V.m. der jeweiligen Strafnorm/Bußgeldvorschrift des Außenwirtschaftsrechts gezogen werden. Voraussetzung ist hierbei, dass er für das Unternehmen gehandelt hat, sein Handeln ursächlich für einen Verstoß im Außenwirtschaftsrecht war und ihm Verschulden in Form von Vorsatz oder Fahrlässigkeit anzulasten ist. Handelnder im vorliegenden Sinne[412] ist der Ausfuhrverantwortliche dann, wenn er

- den straf- oder bußgeldbewehrten Verstoß in eigener Person vornimmt;

- einen anderen dazu anweist, den Verstoß zu begehen;

- Kenntnis davon hat, dass in seinem Verantwortungsbereich bestimmte straf- oder bußgeldbewehrte Verhaltensweisen durchgeführt oder geplant werden und er hiergegen nicht einschreitet;

- gegen eine seiner Pflichten[413] verstößt und damit mindestens fahrlässig den Verstoß gegen eine Straf- oder Bußgeldvorschrift herbeiführt.

Um an dieser Stelle einem weit verbreiteten Irrtum entgegenzutreten: Erfüllt der Ausfuhrverantwortliche die vorstehend genannten Voraussetzungen, so bedeutet dies nicht, dass andere Personen innerhalb des Unternehmens von straf- oder ordnungswidrigkeitenrechtlicher Verantwortlichkeit frei sind. Soweit sie die Voraussetzungen der §§ 14 StGB, 9 OWiG erfüllen, können sie neben dem Ausfuhrverantwortlichen zur Verantwortung gezogen werden.[414]

---

412 Siehe hierzu: Pottmeyer, KWKG, Einl., Rn. 246; ders., AW-Prax 1995, 125 f.; zur strafrechtlichen Verantwortlichkeit ausführlich: Hinder, S. 92 ff.

413 Personalauswahlpflicht, Organisationspflicht, Überwachungspflicht, Weiterbildungspflicht, siehe hierzu ausführlich oben S. 90 ff.

414 Zur strafrechtlichen Verantwortlichkeit des einzelnen Mitarbeiters eines Unternehmens im KWKG vgl. Pottmeyer § 22a KWKG, Rn. 142 bis 155; für AWG/AWV gelten entsprechende Grundsätze; vgl. weiterhin Deinert, AuR 2003, 104 ff.

Beispiel

 Der Zigarettenpapier-Fall
Instruktiv ist im vorliegenden Zusammenhang ein Fall, über den das Landgericht Mannheim[415] zu befinden hatte. Hier hatte eine Vertriebsassistentin veranlasst, dass Zigarettenpapier im Wert von 10 Mio. DM unter Verstoß gegen das Embargo nach Serbien verbracht wurde. Ihr unmittelbarer Vorgesetzter hatte sie entsprechend unter Druck gesetzt. Aus Furcht davor, nach längerer Arbeitslosigkeit wiederum ihre Stellung zu verlieren, ließ sich die Assistentin dazu verleiten, die Straftat nach § 34 AWG zu begehen. Das Gericht hat der Angeklagten diese Drucksituation zugutegehalten, sie aber gleichwohl zu einer Freiheitsstrafe von einem Jahr auf Bewährung verurteilt. Die Vorgesetzten sind ebenfalls verurteilt worden. Gegen den Vertriebsleiter, der die Mitarbeiterin unter Druck gesetzt hat, wurde eine Freiheitsstrafe von zwei Jahren auf Bewährung und eine Geldstrafe von 300 Tagessätzen à 200 DM verhängt. Der nächst höhere Vorgesetzte, der von den Vorgängen gewusst, aber nichts unternommen hat, erhielt eine Freiheitsstrafe von einem Jahr und acht Monaten sowie eine Geldstrafe von 200 Tagessätzen à 90 DM. Der nachweisbare Umsatz von 8,4 Mio. DM wurde zugunsten der Staatskasse für verfallen erklärt. [416]

Die Entscheidung zeigt: Selbst wenn unmittelbare Vorgesetzte oder gar der Ausfuhrverantwortliche Mitarbeiter unter Druck setzen, eine strafbare Handlung zu begehen, entlastet dies den Einzelnen nicht. Die Vorgesetzten machen sich zwar durch eine entsprechende Anweisung selbst strafbar. Sie werden aber nie anstelle, sondern immer nur neben dem Mitarbeiter bestraft. Auf ein Handeln auf Befehl – wie dies im Wehrstrafrecht in einzelnen Sachverhalten möglich ist – kann sich der Ausführende nicht berufen.

Aus dem vorstehend Ausgeführten folgt sicherlich, dass der Ausfuhrverantwortliche ein hohes strafrechtliches Risiko trägt. Auf der anderen Seite ist er von straf- und ordnungswidrigkeitenrechtlicher Verantwortung frei, wenn er seine Pflichten in jeder Hinsicht erfüllt und dies gegenüber den Behörden auch aufgrund durchgeführter Dokumentationen belegen kann.

5.2 Das außerstrafrechtliche Risiko des Ausfuhrverantwortlichen

Nicht weniger einschneidend ist das außerstrafrechtliche Risiko, das der Ausfuhrverantwortliche trägt.[417] Unmittelbar drohen bei – vermuteten oder erwiesenen – Verstößen im Außenwirtschaftsverkehr nur dem Unternehmen verwaltungsrechtliche Konsequenzen (siehe hierzu 5.2.1). Diese wirken sich unmittelbar auf das Risiko des Ausfuhrverantwortlichen aus (vgl. hierzu 5.2.2).

---

415 Urteile vom 23.04.2001, 25 Kls 626 Js 2222/00 nv. und vom 26.10.2001, 25 Kls 626 Js 511/95 AK 2/00 nv.
416 Zu diesem Aspekt siehe insbesondere BGH, Urteil vom 21.08.2002, NStZ 2003,37 f.
417 Vgl. hierzu bereits: Pottmeyer/Sinnwell, DWiR 1991, 133 (137 f.).

5.2.1 Die verwaltungsrechtlichen Sanktionen gegen das Unternehmen

Welche verwaltungsrechtlichen Konsequenzen[418] dem Unternehmen im Einzelnen drohen, ist in Nr. 3. bis 6. der Grundsätze vom 25.01.2001[419] niedergelegt. Dort sind folgende Regelungen vorgesehen:

Sanktionen verwaltungsrechtlicher Art ergeben sich bereits für den Fall, dass gegen den Ausfuhrverantwortlichen aufgrund gewisser tatsächlicher Anhaltspunkte der Anfangsverdacht besteht, gegen Vorschriften des KWKG, des AWG oder sonstige einschlägige Bestimmungen (Gewerbe-, Waffen- oder Strafrecht) verstoßen zu haben. Nr. 3. der Grundsätze vom 25.01.2001[420] sieht bereits bei einem solchen bloßen Verdacht vor, dass weitere Genehmigungen zum Zwecke der Ausfuhr so lange nicht beschieden werden, bis der Sachverhalt aufgeklärt ist. Diese Möglichkeit soll sogar dann bestehen, wenn gegen den Ausfuhrverantwortlichen nicht einmal ein staatsanwaltschaftliches Ermittlungsverfahren anhängig ist (Nr. 3. Satz 3 der Grundsätze vom 25.01.2001[421]). Voraussetzung ist allerdings, dass die vermutete Rechtsverletzung – so sie denn bewiesen wäre – den Schluss rechtfertigen würde, dass der Ausfuhrverantwortliche nicht über die hinreichende Zuverlässigkeit verfügt. Nr. 3. Satz 2 der Grundsätze vom 25.01.2001[422] stellt nunmehr klar, dass die genannte Sanktion nicht in Bagatellfällen ergriffen wird. Vielmehr muss der vermutete Verstoß die Annahme rechtfertigen, dass der Antragsteller entweder nicht willens oder nicht in der Lage ist, sich gesetzeskonform zu verhalten. Nr. 3. Satz 2 der Grundsätze vom 25.01.2001[423] ist letztlich Ausfluss des Verhältnismäßigkeitsgrundsatzes und damit des Rechtsstaatsprinzips (Art. 20 Abs. 2 GG). Eigenem Bekunden zufolge handhaben die Genehmigungsbehörden – schon wegen des über ihnen schwebenden Damoklesschwertes möglicher Schadensersatzansprüche[424] – die Anwendung der Nr. 3. der Grundsätze vom 25.01.2001[425] ohnehin sehr restriktiv. Insbesondere stellen sie hohe Anforderungen an die Verdachtsmomente. Ein Pressebericht reicht für sich betrachtet den Behörden noch nicht aus, die Bescheidung von Genehmigungen auszusetzen. Dies gilt insbesondere für Nachrichten solcher Presseorgane, die sich in der Vergangenheit nicht uneingeschränkt durch eine seriöse Berichterstattung und durch fundierte Recherchen ausgezeichnet haben.

Ist der Sachverhalt ermittelt und lassen die festgestellten Tatsachen den Schluss zu, dass der Ausfuhrverantwortliche nicht über die erforderliche Zuverlässigkeit verfügt, so sind schwebende Anträge auf Beförderungsgenehmigungen zum Zweck der Ausfuhr gemäß § 3 Abs. 3 KWKG abzulehnen (Nr. 4. Satz 1 der Grundsätze vom 25.01.2001[426]). Bereits erteilte Genehmigungen dieser Art sind zu widerrufen (Nr. 6. erster Halbsatz der Grundsätze

---

418 Zu den verwaltungsrechtlichen Sanktionen vgl. HADDEX, Rn. 357 f.; Pottmeyer, KWKG, Einl., Rn. 247; Pottmeyer/Sinnwell, DWiR 1991, 133 (137 f.).
419 BAnz. Nr. 148 vom 10.08.2001, S. 17177.
420 BAnz. Nr. 148 vom 10.08.2001, S. 17177.
421 BAnz. Nr. 148 vom 10.08.2001, S. 17177.
422 BAnz. Nr. 148 vom 10.08.2001, S. 17177.
423 BAnz. Nr. 148 vom 10.08.2001, S. 17177.
424 Siehe hierzu unten S. 217.
425 BAnz. Nr. 148 vom 10.08.2001, S. 17177.
426 BAnz. Nr. 148 vom 10.08.2001, S. 17177.

vom 25.01.2001[427]). Die gleichen Konsequenzen gelten grundsätzlich auch für Anträge nach AWG/AWV und die bereits erteilten Genehmigungen (Nr. 4. Satz 2, Nr. 6. zweiter Halbsatz der Grundsätze vom 25.01.2001[428]). In dem zuletzt genannten Fall hängt die Entscheidung allerdings von der Schwere des Verstoßes und den daraus zu ziehenden Rückschlüssen auf die Zuverlässigkeit bei künftigen Ausfuhren sowie Art und Menge der auszuführenden Waren und die Verhältnisse des Ausführers im Einzelfall ab (Nr. 4. Satz 2 zweiter Halbsatz der Grundsätze vom 25.01.2001[429]). Im vorliegenden Zusammenhang haben die Grundsätze vom 25.07.2001 eine Änderung mit sich gebracht. Nicht nur die Erteilung von Genehmigungen kann verweigert werden, sondern auch die Gewährung von Null- und Negativbescheiden (Auskünften zur Güterliste). Dies ergibt sich aus Nr. 6. Satz 2 letzter Halbsatz der Grundsätze vom 25.01.2001[430]. Derartige Bescheide können ebenfalls widerrufen oder zurückgenommen werden.

Schließlich sieht Nr. 7. der Grundsätze vom 25.01.2001[431] eine weitere Sanktion vor: Haben Antragsteller einmal gegen Bestimmungen des Außenwirtschaftsrechts oder sonstige einschlägige Bestimmungen verstoßen und besteht die Gefahr weiterer Verstöße, so kann die Genehmigungsbehörde besondere Nebenbestimmungen insbesondere zur Sicherung des Endverbleibs anordnen. Bescheide können von sachlichen und persönlichen Voraussetzungen abhängig gemacht werden.

5.2.2 Die Existenzvernichtung des Ausfuhrverantwortlichen als Worst Case

Die dargestellten Sanktionen

- Aussetzung der Antragsbescheidung bei bloßem Verdacht eines Gesetzesverstoßes;

- Verweigerung beantragter, aber noch nicht erteilter Genehmigungen oder von Null- und Negativbescheiden beim erwiesenen Gesetzesverstoß;

- Widerruf bereits erteilter Genehmigungen oder von Null- und Negativbescheiden beim erwiesenen Gesetzesverstoß;

- besondere Nebenbestimmungen

betreffen unmittelbar nur das Unternehmen. Mittelbar ist jedoch auch der Ausfuhrverantwortliche hiervon betroffen, und zwar im schlechtesten Fall in sehr einschneidender Weise. Dies hängt mit Folgendem zusammen: Von den dargestellten verwaltungsrechtlichen Konsequenzen können die Behörden unter den Voraussetzungen der Nr. 5. der Grundsätze vom 25.01.2001[432] absehen. Die Möglichkeit besteht, „wenn das betroffene Unternehmen Schritte ergreift, durch die die künftige Einhaltung der ausfuhrrechtlichen Bestimmungen sichergestellt erscheint" (Nr. 5. Satz 1 der Grundsätze vom 25.01.2001[433]).

---

427 BAnz. Nr. 148 vom 10.08.2001, S. 17177.
428 BAnz. Nr. 148 vom 10.08.2001, S. 17177.
429 BAnz. Nr. 148 vom 10.08.2001, S. 17177.
430 BAnz. Nr. 148 vom 10.08.2001, S. 17177.
431 BAnz. Nr. 148 vom 10.08.2001, S. 17177.
432 BAnz. Nr. 148 vom 10.08.2001, S. 17177.
433 BAnz. Nr. 148 vom 10.08.2001, S. 17177.

Als einzige Maßnahme, um dies sicherzustellen, nennt Nr. 5. der Grundsätze vom 25.01.2001[434] den Austausch des Ausfuhrverantwortlichen[435] gegen eine Person, bezüglich derer keine Zuverlässigkeitsbedenken bestehen. Aufgrund der Nr. 5. Satz 3 der Grundsätze vom 25.01.2001[436] reicht es nicht aus, dem Ausfuhrverantwortlichen innerhalb des vertretungsberechtigten Organs einen Aufgabenbereich zuzuweisen, der keine Berührungspunkte zum Exportgeschäft aufweist. Ein solcher „Ringtausch" ist wegen der Gesamtverantwortung des vertretungsberechtigten Organs ausgeschlossen.

Weiterhin muss sichergestellt werden, dass gegen den neuen Ausfuhrverantwortlichen und die Mitarbeiter, die zu seinem Verantwortungsbereich gehören, keine Zuverlässigkeitsbedenken bestehen (Nr. 5. Satz 2 1. Spiegelstrich der Grundsätze vom 25.01.2001[437]). Schließlich muss sichergestellt sein, dass der bisherige Personenkreis, der für den eingetretenen Verstoß verantwortlich war, keinerlei Verbindungen mehr zu genehmigungspflichtigen Ausfuhren im Sinne der Nr. 1 hat (Nr. 5. Satz 2 2. Spiegelstrich der Grundsätze vom 25.01.2001[438]). Hierbei handelt es sich um eine Regelung, nach der offenbar bereits vor dem Inkrafttreten der Grundsätze vom 25.01.2001[439] verfahren wurde. Förmlich eingeführt wurde diese aber erst mit der Neufassung der Grundsätze.

Die dargelegten Konsequenzen können für den Ausfuhrverantwortlichen einschneidend sein. Dies gilt selbst dann, wenn ihm objektiv betrachtet kein Gesetzesverstoß anzulasten ist, er jedoch aufgrund gewisser Anhaltspunkte unter einem entsprechenden Verdacht steht. Gerade exportorientierte Unternehmen, die auf Genehmigungen zur Ausfuhr angewiesen sind, können sich in den seltensten Fällen dem Druck widersetzen, den die Behörden mit ihrem Verlangen aufbauen, den Ausfuhrverantwortlichen auszutauschen. Um weiterhin Genehmigungen zu erhalten, bleibt dem Unternehmen in der Regel nichts anderes übrig, als sich von seinem Ausfuhrverantwortlichen zu trennen. Faktisch ist das Unternehmen gezwungen, dem Druck nachzugeben und den Ausfuhrverantwortlichen – mangels der Möglichkeit eines „Ringtausches" – aus dem vertretungsberechtigten Organ zu entfernen.

Die Entfernung aus der Position des Ausfuhrverantwortlichen würde sich in der Weise gestalten, dass das Unternehmen zunächst einmal die Bestellung widerruft und ein anderes Mitglied des vertretungsberechtigten Organs zum Ausfuhrverantwortlichen bestellt. Darüber hinaus muss der vormalige Ausfuhrverantwortliche auch in seiner Eigenschaft als Mitglied des vertretungsberechtigten Organs abberufen werden. Dies erfolgt durch einen Widerruf der Bestellung als Vorstandsmitglied/Geschäftsführer etc. Dieser Widerruf ist in das Handelsregister einzutragen.

Von der Bestellung zum Mitglied des vertretungsberechtigten Organs ist stets der Anstellungsvertrag zu unterscheiden. Dieser endet nicht automatisch mit dem Widerruf der

---

434 BAnz. Nr. 148 vom 10.08.2001, S. 17177.
435 Vgl. hierzu bereits: Pottmeyer, KWKG, Einl., Rn. 247; Pottmeyer/Sinnwell, DWiR 1991, 133 (137 f.); vgl. auch HADDEX, Rn. 357.
436 BAnz. Nr. 148 vom 10.08.2001, S. 17177.
437 BAnz. Nr. 148 vom 10.08.2001, S. 17177.
438 BAnz. Nr. 148 vom 10.08.2001, S. 17177.
439 BAnz. Nr. 148 vom 10.08.2001, S. 17177.

Bestellung. Üblicherweise werden Verträge mit Vorstandsmitgliedern/Geschäftsführern längerfristig geschlossen (z.B. auf die Dauer von fünf Jahren). Erfolgt der Widerruf der Bestellung in der Anfangsphase des Anstellungsverhältnisses oder gerade nach einer Verlängerung des Vertrages, so wäre das Unternehmen verpflichtet, dem vormaligen Ausfuhrverantwortlichen bis zum Ende der regulären Vertragszeit seine Bezüge fortzuzahlen, ohne eine entsprechende Gegenleistung zu erhalten. Es fragt sich daher, ob das Unternehmen im Zusammenhang mit der Entfernung des Ausfuhrverantwortlichen aus seiner Position den Anstellungsvertrag außerordentlich ohne Einhaltung einer Frist kündigen kann. Diese Möglichkeit ist je nach Lage des Einzelfalls durchaus gegeben. Heranzuziehen sind die Grundsätze, die zur sog. Druckkündigung[440] entwickelt worden sind. Danach ist das Unternehmen zunächst verpflichtet, sich schützend vor seinen Ausfuhrverantwortlichen zu stellen.[441] Bevor es eine Entfernung vornimmt, hat es alle Möglichkeiten auszuschöpfen, um diesen Schritt zu vermeiden. Das Unternehmen kann sich sogar gegenüber dem Ausfuhrverantwortlichen schadensersatzpflichtig[442] machen, wenn es nicht alle ihm zumutbaren Möglichkeiten ausschöpft. Auf der anderen Seite ist anerkannt, dass eine außerordentliche Kündigung gerechtfertigt sein kann, wenn das Unternehmen nur die Wahl hat, die Entlassung auszusprechen oder schwere wirtschaftliche Nachteile hinzunehmen.[443] Diese Voraussetzung dürfte gegeben sein, wenn ein Unternehmen dringend auf Genehmigungen angewiesen ist, ein hoher Schaden droht, wenn diese nicht oder nicht termingerecht erteilt werden, und die Entfernung des Ausfuhrverantwortlichen die einzige Möglichkeit ist, um die Genehmigungen wieder zu erhalten. Sind diese Voraussetzungen gegeben, dann reicht für eine außerordentliche Kündigung des Anstellungsvertrages bereits der Verdacht gegen den Ausfuhrverantwortlichen aus, den die Behörden entsprechend Nr. 3. der Grundsätze vom 25.01.2001[444] zum Anlass nehmen, dessen Entfernung zu verlangen.

Trennt sich das Unternehmen gezwungenermaßen von seinem Ausfuhrverantwortlichen, so dürfte es diesem schwerfallen, anderswo eine adäquate Position zu erlangen. Im Ergebnis kann die Entfernung aus seinem bisherigen Unternehmen für ihn das Ende seiner Karriere und im Einzelfall die Vernichtung seiner Existenz bedeuten. Eine solche Konsequenz ist umso härter, wenn sich möglicherweise nach einem mehrjährigen Ermittlungsverfahren herausstellt, dass der gegen ihn gerichtete Verdacht unbegründet war. Die späte Rehabilitation vermag die eingetretenen Folgen in den seltensten Fällen wieder auszugleichen.

Die vorliegende Worst-Case-Betrachtung hat ergeben, dass das außerstrafrechtliche Risiko des Ausfuhrverantwortlichen bis hin zum Ende seiner Karriere und zur Vernichtung seiner Existenz reichen kann.

---

440 Vgl. hierzu jeweils mit umfangreichen weiteren Hinweisen auf die Rechtsprechung: v. Hoyningen-Huene/Linck, § 1 KSchG, Rn. 342 ff.; Schaub-Linck, § 127, Rn. 89, § 133, Rn. 26; das KSchG ist unmittelbar auf die Anstellungsverträge von Vorstandsmitgliedern/Geschäftsführern nicht anwendbar (§ 14 Abs. 1 KSchG), die Grundsätze zur Druckkündigung können jedoch entsprechend herangezogen werden, insbesondere im Zusammenhang mit der außerordentlichen Kündigung.
441 V. Hoyningen-Huene/Linck, § 1 KSchG, Rn. 344; Schaub-Linck, § 127, Rn. 89.
442 V. Hoyningen-Huene/Linck, § 1 KSchG, Rn. 345; Schaub-Linck, § 127, Rn. 89.
443 So ausdrücklich: Schaub-Linck, § 127, Rn. 89.
444 BAnz. Nr. 148 vom 10.08.2001, S. 17177.

5.2.3 Zur Frage der Rechtsmäßigkeit der Nr. 3. bis 6. der Grundsätze

5.2.3.1 Die Rechtmäßigkeit der Nr. 4. bis 6. der Grundsätze

Trotz der einschneidenden, im Einzelfall existenzvernichtenden Konsequenzen für den Ausfuhrverantwortlichen sind die Regelungen in Nr. 4. bis 6. der Grundsätze vom 25.01.2001[445] nicht zu beanstanden.[446] Voraussetzung ist nämlich dort, dass nach Ermittlung des einschlägigen Sachverhalts eine hinreichend schwere, die Unzuverlässigkeit des Ausfuhrverantwortlichen indizierende Gesetzesverletzung beweisbar feststeht. Wie sich aus § 3 Abs. 2 Satz 1 AWG ergibt, kann die Erteilung von Genehmigungen von sachlichen und persönlichen Voraussetzungen, insbesondere der Zuverlässigkeit des Antragstellers, abhängig gemacht werden. Diese Bestimmung ist im Zuge der Novelle des Jahres 1992 in das Gesetz aufgenommen worden.[447] Eine entsprechende Regelung hat für das KWKG schon immer gegolten, siehe dort § 6 Abs. 3 Nr. 3 KWKG. Können die Behörden wegen erwiesener Unzuverlässigkeit des Ausfuhrverantwortlichen Genehmigungen verweigern, so sind sie auch berechtigt, dem Unternehmen Maßnahmen zu unterbreiten, wie das Zuverlässigkeitserfordernis erfüllt werden kann. Der behördenseitige Vorschlag, den Ausfuhrverantwortlichen auszutauschen und dann wieder Genehmigungen zu erteilen, ist sogar – bei erwiesener Unzuverlässigkeit des Ausfuhrverantwortlichen – das mildere Mittel im Verhältnis zu einer endgültigen weiteren Verweigerung von Genehmigungen. Sind folglich die Verstöße innerhalb des Unternehmens bewiesen, die die Annahme der Unzuverlässigkeit des Ausfuhrverantwortlichen rechtfertigen, so können die Behörden durchaus auf das Unternehmen Druck ausüben, den Ausfuhrverantwortlichen aus seiner Position zu entlassen.

5.2.3.2 Die Rechtswidrigkeit der Nr. 3. der Grundsätze

Anders ist die Sachlage in Bezug auf Nr. 3. der Grundsätze vom 25.01.2001[448]. Diese begegnet durchgreifenden rechtlichen Bedenken.[449] Die dort enthaltene Regelung, nach der der bloße Verdacht eines Gesetzesverstoßes ausreicht, um laufende Genehmigungsanträge bis zur Ermittlung des Sachverhalts nicht zu bescheiden und das betroffene Unternehmen durch dieses Mittel zu zwingen, den Ausfuhrverantwortlichen zu entfernen, ist mit höherrangigem Recht nicht vereinbar.

Durch die Maßnahmen, die in den Grundsätzen vorgesehen sind, wird massiv in grundrechtlich geschützte Positionen, insbesondere das Recht am eingerichteten und ausgeübten Gewerbebetrieb, eingegriffen. Die Auswirkungen, die beim Ausfuhrverantwortlichen eintreten können, kommen im Einzelfall einem Berufsverbot gleich. Es erscheint rechtsstaatlich bedenklich, derartige Eingriffe ohne ein förmliches Verfahren zuzulassen, wie sie

---

445 BAnz. Nr. 148 vom 10.08.2001, S. 17177.
446 So bereits: Pottmeyer/Sinnwell, DWiR 1991, 133 (138); zur Frage der Rechtsmäßigkeit ausführlich: Hinder, S. 119 ff., der insoweit anderer Ansicht ist.
447 Vgl. Pottmeyer, DWiR 1992, 133 (135).
448 BAnz. Nr. 148 vom 10.08.2001, S. 17177.
449 Siehe hierzu bereits: Pottmeyer, KWKG, Einl., Rn. 247; Pottmeyer/Sinnwell, DWiR 1991, 133 (138 f.); im Ergebnis ebenso: Hinder, S. 174 ff.

etwa in den Vorschriften der §§ 94 bis 111n StPO vorgesehen sind. Dies gilt umso mehr, als die zuständigen Behörden den betroffenen Unternehmen nicht einmal förmlich eröffnen müssen, dass Zuverlässigkeitsbedenken aufgrund mehr oder weniger konkretisierter Verdachtsmomente bestehen. Ob die dargelegten Bedenken gegen die Grundsätze unter dem Gesichtspunkt des Rechtsstaatsprinzips (Art. 20 Abs. 3 GG) tatsächlich durchgreifen, ist eine interessante verfassungsrechtliche Frage, die an dieser Stelle nicht näher vertieft werden kann. Jedenfalls ist Nr. 3. der Grundsätze wegen Verstoßes gegen die §§ 75 VwGO, 6 Abs. 3 Nr. 3 KWKG rechtswidrig. Dies ergibt sich aus folgenden Erwägungen:

Derjenige, der Anträge an Behörden richtet, hat einen Anspruch darauf, dass diese die gestellten Anträge innerhalb einer angemessenen Frist bearbeiten und nach Abschluss einer ordnungsgemäßen Prüfung ungesäumt bescheiden (sog. Bescheidungsanspruch).[450] Eine sachwidrige Verzögerung der Bescheidung ist rechtsstaatswidrig und begründet eine Amtspflichtverletzung der so handelnden Behörde.[451] Ihren positiv-rechtlichen Ausdruck hat die Pflicht zur ungesäumten Bescheidung in § 75 VwGO gefunden. Danach kann der Antragsteller Untätigkeitsklage erheben, wenn über einen Antrag auf Vornahme eines Verwaltungsaktes ohne zureichenden Grund in angemessener Frist sachlich nicht entschieden worden ist und seit der Antragstellung mindestens drei Monate verstrichen sind.[452]

Der bloße Verdacht, dass der Ausfuhrverantwortliche gegen gesetzliche Bestimmungen verstoßen habe und deswegen nicht über die erforderliche Zuverlässigkeit verfüge, stellt keinen zureichenden Grund dafür dar, einstweilen von einer Bescheidung der Anträge auf Genehmigungen zum Zwecke der Ausfuhr nach KWKG und AWG/AWV abzusehen. Für das KWKG folgt dies zwingend aus § 6 Abs. 3 Nr. 3 KWKG. Für das Außenwirtschaftsrecht enthält § 3 Abs. 2 Satz 1 AWG seit der Novelle des Jahres 1992 eine entsprechende Regelung. Nach § 6 Abs. 3 Nr. 3 KWKG ist die Genehmigung zu versagen, wenn Grund zu der Annahme besteht, dass eine der relevanten Personen, hier der Ausfuhrverantwortliche, die erforderliche Zuverlässigkeit nicht besitzt. Die Regelung in § 3 Abs. 2 Satz 1 AWG ist inhaltsgleich. Unzuverlässig im Sinne der §§ 6 Abs. 3 Nr. 3 KWKG, 3 Abs. 2 Satz 1 AWG ist derjenige, der keine Gewähr dafür bietet, dass er die konkret beabsichtigte, nach dem KWKG genehmigungspflichtige Handlung ordnungsgemäß, d.h. im Einklang mit den Gesetzen, ausführen wird. Ein solcher Schluss erfordert eine auf Tatsachen gegründete Prognose. In der Vergangenheit müssen Tatsachen sichtbar geworden sein, die die Einschätzung zulassen, dass in der Zukunft weitere Verstöße zu befürchten sind.[453] Tatsachen in diesem Sinne liegen nur dann vor, wenn ein bestimmter Sachverhalt beweisbar feststeht. Jedermann gilt demnach so lange als zuverlässig, bis aufgrund konkret beweisbarer Tatsachen das Gegenteil feststeht. Auch derjenige gilt als zuverlässig, gegen den der bloße Verdacht besteht, er habe gegen gesetzliche

---

450 Vgl. speziell für das KWKG: Pottmeyer, § 6 KWKG, Rn. 27 bis 30.
451 BGH, Urteil vom 29.11.1954, BGHZ 15, 305 (309); Urteil vom 10.11.1958, NJW 1959, 574 (575); Urteil vom 23.03.1959, BGHZ 30, 19 ff.; Urteil vom 29.06.1979, NJW 1979, 2041 (2042 f.); Münchener Kommentar-Papier, § 839 BGB, Rn. 217; Soergel-Vinke, § 839 BGB, Rn. 119.,
452 Vgl. hierzu auch Höfler, Behördenspiegel 8/2016, 45; Höfler/Glawe, AW-Prax 2017, 67 ff.
453 Ständige Rechtsprechung des BVerwG seit dem Urteil vom 19.03.1970, GewArch. 1971, 200; für das KWKG vgl. Pottmeyer, § 6 KWKG, Rn. 94 ff.

Bestimmungen verstoßen, solange der einschlägige Sachverhalt nicht erwiesen ist. Eine Verweigerung von Genehmigungen wegen Unzuverlässigkeit kommt deshalb erst dann in Betracht, wenn die entsprechenden Gesetzesverstöße beweisbar feststehen.[454]

Bei einem bloßen Verdacht, der Ausfuhrverantwortliche habe gegen einschlägige gesetzliche Bestimmungen verstoßen, gilt dieser gleichwohl als zuverlässig, bis die entsprechenden Tatsachen beweisbar feststehen. Wegen fehlender Zuverlässigkeit darf die Genehmigung bei einer derartigen Sachlage nicht verweigert werden. In einer solchen Situation hat die zuständige Behörde – sofern keine sonstigen Hinderungsgründe vorliegen – die Anträge auf Genehmigungen zum Zwecke der Ausfuhr zu bescheiden. Setzt sie die Entscheidung aufgrund des bloßen Verdachts von Gesetzesverstößen aus, so handelt sie amtspflichtwidrig. Stellt sich im Nachhinein heraus, dass der Verdacht gegen den Ausfuhrverantwortlichen begründet war, so hat die zuständige Behörde dann immer noch die Möglichkeit, nach den Nr. 4. bis 6. der Grundsätze vom 25.01.2001[455] zu verfahren und entweder den Austausch des Ausfuhrverantwortlichen zu verlangen oder die erteilten Genehmigungen zu widerrufen.

Setzt folglich die zuständige Behörde aufgrund eines bloßen Verdachts gegen den Ausfuhrverantwortlichen die Erteilung von Genehmigungen nach § 3 Abs. 3 KWKG oder AWG/AWV bis zur Ermittlung des Sachverhaltes aus, so kann sich das betroffene Unternehmen hiergegen im Wege einer Untätigkeitsklage gemäß § 75 VwGO wehren.

Wegen der Rechtswidrigkeit der Nr. 3. der Grundsätze vom 25.01.2001[456] nimmt *Hinder*[457] sogar an, dass die Grundsätze insgesamt rechtswidrig sind. Nach seiner Auffassung führt die Teilrechtswidrigkeit in diesem Punkte zu einer Gesamtrechtswidrigkeit. Eine unmittelbar gegen die Grundsätze selbst gerichtete Klage auf Feststellung der Rechtswidrigkeit verneint auch er.[458] Es besteht nur die Möglichkeit, die Rechtswidrigkeit inzidenter mit einer nicht beschiedenen oder verweigerten Genehmigung geltend zu machen oder die Bundesrepublik Deutschland auf Schadensersatz wegen Amtspflichtverletzung in Anspruch zu nehmen.

5.2.4 Schadensersatzansprüche bei Rechtswidrigkeit des behördlichen Entfernungsverlangens

Der Ausfuhrverantwortliche, der unter Berufung auf Nr. 3., 5. der Grundsätze vom 25.01.2001[459] aufgrund eines derartigen Vorgehens der zuständigen Behörde aus dem Unternehmen entfernt wird, hat Anspruch auf Schadensersatz gemäß Art. 34 GG, § 839 BGB, wenn sich der Verdacht im Nachhinein als unzutreffend herausstellt.[460] Wie bereits dargelegt, verletzt die zuständige Behörde ihre Amtspflichten, wenn sie Genehmigungsverfahren aufgrund eines bloßen Verdachts gegen den Ausfuhrverantwortlichen ohne konkret beweisbare Tatsachen aussetzt. Die Amtspflicht, Anträge ungesäumt zu bescheiden, be-

---

454 So bereits: Pottmeyer/Sinnwell, DWiR 1991, 133 (138 f.).
455 BAnz. Nr. 148 vom 10.08.2001, S. 17177.
456 BAnz. Nr. 148 vom 10.08.2001, S. 17177.
457 S. 166 ff.
458 Vgl. Hinder, S. 260 ff.
459 BAnz. Nr. 148 vom 10.08.2001, S. 17177.
460 Ebenso: Hinder, S. 248 ff., der sogar wegen der Gesamtrechtswidrigkeit der Grundsätze, die seiner Auffassung nach besteht, uneingeschränkt und in jedem Fall, in dem auf deren Grundlage Genehmigungen nicht beschieden oder verweigert werden, einen Amtshaftungsanspruch annimmt.

steht zwar primär im Verhältnis zum beantragenden Unternehmen. Darüber hinaus besteht eine Amtspflicht gegenüber jedem, dessen Rechtskreis durch die Verletzung der Pflicht gefährdet ist.[461] „Dritter" im Sinne von § 839 BGB ist jeder, dessen Interessen nach der besonderen Natur des Amtsgeschäftes durch dieses berührt werden und in dessen Rechtskreis dadurch eingegriffen werden kann, auch wenn nur eine mittelbare Betroffenheit vorliegt.[462] Die Aussetzung des Genehmigungsverfahrens kann – wie dargelegt – im Einzelfall dazu führen, dass das Unternehmen dazu gezwungen wird, sich vom Ausfuhrverantwortlichen zu trennen. Dessen Rechtskreis wird durch die Untätigkeit der Behörde aufgrund dieser Zwangswirkung in gleicher Weise betroffen wie der des Unternehmens. Der Ausfuhrverantwortliche ist damit „Dritter" im Sinne des § 839 BGB. Die Bundesrepublik Deutschland hat ihn wirtschaftlich so zu stellen, als wenn er nicht entfernt worden wäre.

Der auszugleichende Schaden kann im Einzelfall mehrere Millionen betragen. Man denke in diesem Zusammenhang nur an den Fall des jungen, begabten Top-Managers, der es ohne den Karriereknick durch die Entfernung aus dem Unternehmen innerhalb weniger Jahre aller Voraussicht nach zum Konzernchef hätte bringen können. Der eintretende Schaden lässt sich noch konkreter beziffern, wenn der Ausfuhrverantwortliche bereits für eine höherwertige Position designiert war, diese aber wegen des Entfernungsverlangens, das sich im Nachhinein als unbegründet herausstellt, nicht antreten kann.

Fälle, in denen Ausfuhrverantwortliche Schadensersatzansprüche gegen die Bundesrepublik Deutschland aufgrund eines unberechtigten Entfernungsverlangens geltend gemacht haben, sind nicht bekannt. Dies hängt sicherlich mit der Tendenz der Genehmigungsbehörden zusammen, Entfernungsverlangen – nicht zuletzt vor dem Hintergrund drohender Schadensersatzansprüche – äußerst restriktiv einzusetzen. Soweit ersichtlich, gibt es noch keine Gerichtsentscheidungen zu dieser Thematik. Ein Rechtsstreit ist wegen fehlender Präjudizien mit einem nicht unbeträchtlichen Risiko verbunden. Insbesondere wird es in der Praxis Schwierigkeiten bereiten, die Kausalität zwischen der Amtspflichtverletzung und dem konkret beim Ausfuhrverantwortlichen eingetretenen Schaden zu beweisen.

---

461 BGH, Urteil vom 01.08.1970, BGHZ 54, 165 (169); Münchener Kommentar-Papier, § 839 BGB, Rn. 227.
462 BGH, Urteil vom 09.02.1956, BGHZ 20, 53 (56); Soergel-Vinke, § 839 BGB, Rn. 127.

6. Strategien zur Risikominimierung und Absicherung des Ausfuhrverantwortlichen

Die bisherigen Ausführungen haben ergeben, dass der Ausfuhrverantwortliche ein sehr hohes Risiko[463] im strafrechtlichen wie im außerstrafrechtlichen Bereich bis hin zur Existenzvernichtung trägt. Gänzlich ausschließen kann der Ausfuhrverantwortliche dieses auch bei optimalen Bedingungen nicht. Wer die Position des Ausfuhrverantwortlichen annimmt, muss sich dessen bewusst sein. Es gibt allerdings Möglichkeiten, das Risiko des Ausfuhrverantwortlichen deutlich zu minimieren[464]. Hiervon soll im Folgenden die Rede sein.

6.1 Risikominimierung durch Versicherung

Der Ausfuhrverantwortliche hat die Möglichkeit, einen Teil seiner Risiken durch eine Straf-Rechtsschutzversicherung für Top-Manager[465] zu minimieren. Bei einer derartigen Versicherung ist der Verstoß gegen außenwirtschaftsrechtliche Bestimmungen nur ein Teilbereich des versicherten Risikos. Mit abgedeckt sind z.B. auch Verstöße gegen das Umweltstrafrecht. Die Straf-Rechtsschutzversicherung wird als Privatlösung und als Unternehmenslösung angeboten. Bei der Privatlösung ist der Ausfuhrverantwortliche Versicherungsnehmer. Er zahlt im Verhältnis zur Versicherungsgesellschaft die Prämien. Diese kann er als Werbungskosten steuerlich geltend machen. Bei der Unternehmenslösung ist Versicherungsnehmer das Unternehmen. Dieses trägt auch die Prämien, die als Betriebskosten steuerlich absetzbar sind. Der Ausfuhrverantwortliche ist bei dieser Lösung Versicherter. Marktführer bei derartigen Straf-Rechtsschutzversicherungen für Top-Manager ist wohl HDI-Gerling, Köln.

Die Straf-Rechtsschutzversicherung für Top-Manager umfasst folgende Leistungen:

- Gerichtskosten, die dem Ausfuhrverantwortlichen in einem Straf- oder Bußgeldverfahren auferlegt werden;

- angemessene Vergütung und übliche Auslagen eines vom Versicherten beauftragten Rechtsanwalts für

  - „die Verteidigung in Straf- und Ordnungswidrigkeitenverfahren einschließlich der Strafvollstreckungsverfahren, die im Zusammenhang mit der beruflichen Tätigkeit des Ausfuhrverantwortlichen stehen";

  - „den Zeugenbeistand in Straf- und Ordnungswidrigkeitenverfahren, wenn der Versicherte als Zeuge vernommen wird und Gefahr einer Selbstbelastung annehmen muss";

  - eine verwaltungsrechtliche Tätigkeit des Anwalts, die dazu dient, die Verteidigung in eingeleiteten Straf- und Ordnungswidrigkeitenverfahren zu unterstützen;

---

463 Mit dem Thema Risikomanagement im Exportkontrollrecht befasst sich der gleichnamige Tagungsband zum 8. Münsteraner Außenwirtschaftsrechtstag 2003, herausgegeben von Ehlers/Wolffgang/Lechleitner.
464 Zum Risikomanagement im Außenwirtschaftsrecht siehe: Bieneck, AW-Prax 2003, 460 ff.
465 Vgl. hierzu: Dahnz, S. 265 ff.; vgl. auch Möllenhoff, AW-Prax 2013, 307 (311).

- Reisekosten des Anwalts nach den üblichen Sätzen für Geschäftsreisen an den Ort des zuständigen Gerichts oder den Sitz der zuständigen Behörde;

- Sachverständigenkosten in angemessener Höhe für Gutachten, die für die Verteidigung in Straf- und Ordnungswidrigkeitenverfahren erforderlich sind;

- Übersetzungskosten.

Im vorliegenden Zusammenhang wird im Regelfall nur das Honorar **eines** mit der Vertretung betrauten Rechtsanwaltes übernommen. In größeren Strafverfahren ist es üblich, dass sich ein Angeklagter von mehreren, maximal drei Rechtsanwälten vertreten lässt. Die Aufwendungen, die über die Beauftragung eines Rechtsanwaltes hinausgehen, sind in der Regel nicht von der Straf-Rechtsschutzversicherung abgedeckt.

Gerade in komplizierten Verfahren ist es üblich, dass Rechtsanwälte nicht zu den Gebühren des RVG arbeiten, sondern nach Stundensätzen abrechnen. Die Straf-Rechtsschutzversicherung übernimmt im angemessenen Umfang auch diese Stundenhonorare. Im Rahmen des Üblichen dürften sich derzeit Stundensätze von Rechtsanwaltskanzleien halten, die sich zwischen 150 € und 600 € bewegen.

Im Bereich der Ordnungswidrigkeiten trägt die Straf-Rechtsschutzversicherung für Top-Manager auch die Verfahrenskosten, wenn der Ausfuhrverantwortliche wegen eines vorsätzlichen Verstoßes verurteilt wird. Bei Strafverfahren tritt die Straf-Rechtsschutzversicherung zunächst einmal ein, wenn gegen den Ausfuhrverantwortlichen wegen eines vorsätzlichen Verstoßes ermittelt wird. Wird dann allerdings der Ausfuhrverantwortliche wegen eines Vorsatzdeliktes verurteilt, so hat er der Rechtsschutzversicherung die entstandenen Aufwendungen zurückzuzahlen.

Als Versicherungssummen sind üblicherweise Beträge zwischen 150.000 € und 250.000 € vorgesehen. Diese Versicherungssummen sind gleichzeitig die Gesamtversicherungssummen für alle innerhalb eines Kalenderjahres eintretenden Rechtsfälle sowie zeitlich und ursächlich zusammenhängende Rechtsschutzfälle.

Eine Straf-Rechtsschutzversicherung für Top-Manager kostet an Beiträgen je nach Risikoklassifizierung Beträge zwischen 750 € und etwa 4.000 € pro Jahr.

Als zusätzlichen Service bieten einige Versicherer an, rechtsuchende Top-Manager über eine Info-Hotline rund um die Uhr über spezialisierte Strafverteidiger und Gutachter zu unterrichten. Über die Hotline kann auch erfragt werden, welche qualifizierten Rechtsanwälte für spezielle Rechtsgebiete, u.a. für das Außenwirtschaftsrecht, zur Verfügung stehen.

Die Straf-Rechtsschutzversicherung deckt nur die reinen Verfahrenskosten ab. Demgegenüber ist das Risiko, mit einer Geldstrafe oder einem Bußgeld belegt zu werden, nicht versicherbar.

Schließlich lässt sich auch das Risiko des Ausfuhrverantwortlichen, auf Druck der zuständigen Behörden aus seiner Position entfernt zu werden, nicht versichern. Zur Durchsetzung möglicher Schadensersatzansprüche gegen die Bundesrepublik Deutschland aus Amtspflichtverletzung (Art. 34 GG, § 839 BGB) gibt es demgemäß keine Rechtsschutzversicherung. Der Vermögensschaden-Rechtsschutz, der ebenfalls für Top-Manager als Privat- und als Unternehmenslösung angeboten wird, deckt diesen Fall nicht ab. Versichert ist hier nur das Risiko, aufgrund gesetzlicher Haftpflichtbestimmungen wegen des Ersatzes von

Vermögensschaden in Anspruch genommen zu werden. Die Geltendmachung eigener Schadensersatzansprüche ist demgegenüber nicht erfasst.

Durch eine Straf-Rechtsschutzversicherung lässt sich somit das Risiko des Ausfuhrverantwortlichen deutlich herabsetzen. Dies gilt insbesondere aufgrund der Tatsache, dass Straf- und auch Bußgeldverfahren im Außenwirtschaftsbereich besonders kostenintensiv sind. Mit einer derartigen Rechtsschutzversicherung ist der Ausfuhrverantwortliche jedoch nicht jeglicher weiterer Risiken entbunden.

6.2 Risikominimierung durch dienstvertragliche Gestaltung

Weiterhin lässt sich das Risiko des Ausfuhrverantwortlichen durch eine entsprechende dienstvertragliche Gestaltung minimieren. Hier gibt es die verschiedenartigsten Möglichkeiten der Ausgestaltung.[466] Die nachstehenden Ausführungen erheben keinen Anspruch auf Vollständigkeit. Der Fantasie in der Vertragsgestaltung sind fast keine Grenzen gesetzt.

Ob sich allerdings alles das, was rechtlich zur Absicherung des Ausfuhrverantwortlichen möglich und wünschenswert ist, gegenüber dem Unternehmen durchsetzen lässt, ist eine zweite Frage. Sie hängt auch von der jeweils vorherrschenden Unternehmensphilosophie ab. In manchen Unternehmen wird die Auffassung vertreten, dass dem Ausfuhrverantwortlichen keinerlei Absicherung zuteilwerden soll. Es wird darauf verwiesen, dass dessen Bezüge durchaus angemessen sind und das bestehende Risiko mit ihnen abgedeckt ist. Darüber hinaus lassen sich – so wird argumentiert – die Risiken dadurch erheblich reduzieren, dass der Ausfuhrverantwortliche seine Pflichten sorgfältig erfüllt. In anderen Unternehmen wird die genau entgegengesetzte Philosophie vertreten. Hier wird selbst für solche Ausfuhrverantwortliche eine Auffangposition geschaffen, die wegen vorsätzlichen Verstoßes gegen das Außenwirtschaftsrecht rechtskräftig verurteilt sind.

Ein Mittelweg ist hier sicherlich sachgerecht und zu empfehlen. Auf der einen Seite ist nicht zu übersehen, dass der Ausfuhrverantwortliche ein erhebliches zusätzliches Risiko trägt, das ihn von seinen Kollegen in den Vorständen/Geschäftsführungen von Unternehmen abhebt. Gerade die Tatsache, dass im Worst Case der bloße Verdacht für ihn existenzvernichtend sein kann, lässt es gerechtfertigt erscheinen, ihm zumindest ein gewisses Maß an rechtlicher Absicherung zuteilwerden zu lassen. Auf der anderen Seite sollte das Unternehmen bei der dienstvertraglichen Gestaltung Augenmaß walten lassen. Eine allzu großzügige Absicherung könnte im Verhältnis zu Ermittlungsbehörden den Verdacht erwecken, als habe das Unternehmen Verstößen gegen das Außenwirtschaftsrecht Vorschub leisten wollen.

6.2.1 Vereinbarung der Übernahme von Kosten durch das Unternehmen für eine angemessene Strafverteidigung

Im Rahmen der dienstvertraglichen Gestaltung besteht die Möglichkeit, dass das Unternehmen dem Ausfuhrverantwortlichen zusagt, sämtliche Verfahrenskosten zu tragen, die aus Straf- und Bußgeldverfahren im Zusammenhang mit seiner Tätigkeit entstehen. Das

---

466 Zur Möglichkeit einer Haftungsbeschränkung für Mitarbeiter der Zoll- und Exportabteilung siehe Vischer, Der Zoll-Profi! 7/2008, 8 ff.

Unternehmen übernimmt bei einer derartigen Gestaltung gleichsam die Funktion einer Rechtsschutzversicherung. Die dienstvertragliche Gestaltung kann allerdings über das, was die Rechtsschutzversicherung an Leistungen gewährt, hinausgehen. So kann z.B. vereinbart werden, dass der Ausfuhrverantwortliche bei einem Strafverfahren die Hilfe mehrerer Rechtsanwälte in Anspruch nehmen kann. Weiterhin kann festgelegt werden, dass selbst Kosten übernommen werden, die ausgewiesene Spezialisten in Rechnung stellen und die über die üblichen Stundenhonorarsätze von Rechtsanwälten erheblich hinausgehen. Des Weiteren kann eine Leistungsverbesserung gegenüber der Rechtsschutzversicherung darin bestehen, dass die Kostenübernahme auch für den Fall vereinbart wird, dass der Ausfuhrverantwortliche wegen vorsätzlichen Verstoßes gegen außenwirtschaftliche Bestimmungen rechtskräftig verurteilt wird. Ob es dem Unternehmen jedoch im Hinblick auf die Wirkung, die eine derartige Vereinbarung bei Ermittlungsbehörden hinterlassen könnte, anzuraten ist, auch bei erwiesenem Vorsatz zu leisten, ist eine zweite Frage. Schließlich kann die dienstvertragliche Zusage des Unternehmens kostendeckenden Rechtsschutz auch für den Fall umfassen, dass der Ausfuhrverantwortliche Schadensersatzansprüche gegen die Bundesrepublik Deutschland geltend macht, weil er zu Unrecht aus seiner Position entfernt werden musste. Derartige Aufwendungen würden durch eine Vermögensschaden-Rechtsschutzversicherung nicht abgedeckt.

Im Hinblick darauf, dass insbesondere größere Unternehmen zumeist über einen Stab an Hausjuristen verfügen, kann eine dienstvertragliche Vereinbarung auch Einschränkungen im Verhältnis zu den Leistungen einer Rechtsschutzversicherung vorsehen. So kann z.B. vorgesehen werden, dass der Ausfuhrverantwortliche bei Zeugenbefragungen zunächst den Beistand eines Hausjuristen in Anspruch zu nehmen hat und in diesem Falle keinen externen Rechtsanwalt beauftragen kann. Dasselbe kann für die verwaltungsrechtliche Beratung im Vorfeld eines Straf- oder Bußgeldverfahrens vorgesehen werden.

6.2.2 Vereinbarung der Übernahme von Bußgeldern, Geldbußen oder Geldstrafen durch das Unternehmen

Über die reinen Verfahrenskosten hinaus könnte das Unternehmen dem Ausfuhrverantwortlichen zusagen, dass es ihm auch sämtliche Geldstrafen, Geldbußen oder Bußgelder erstattet, die ihm wegen Verstößen gegen das Außenwirtschaftsrecht im Zusammenhang mit seiner beruflichen Tätigkeit auferlegt werden[467]. Es fragt sich zunächst einmal, ob eine derartige dienstvertragliche Gestaltung überhaupt rechtlich möglich ist. Bedenken bestehen sowohl in straf- als auch in zivilrechtlicher Hinsicht.

Zunächst einmal fragt es sich, ob die Verantwortlichen, die eine derartige Vereinbarung abschließen und sie zu einem späteren Zeitpunkt erfüllen, sich ihrerseits strafbar machen. Nach der früheren höchstrichterlichen Rechtsprechung[468] war derjenige wegen Strafvereitelung zu bestrafen, der für einen Dritten eine Geldstrafe bezahlte. Bereits nach dieser älteren Rechtsprechung bestand jedoch die Möglichkeit, dass dem Verurteilten ein Darlehen zur Begleichung der Geldstrafe gewährt wurde. Der Darlehnsgeber machte sich auch nach

---

467 Vgl. hierzu Möllenhoff, AW-Prax 2013, 307 (311); Vischer, Der Zoll-Profi! 7/2008, 8 (10 f.).
468 Vgl. RG, Urteil vom 21.09.1897, RGSt 30, 232 (235).

damaligem Recht nicht strafbar, wenn er später darauf verzichtete, das Darlehen zurückzufordern[469]. Diese offenkundige Umgehungsmöglichkeit hat dazu geführt, dass der BGH die bisherige Rechtsprechung aufgegeben hat[470]. Es kann nicht der jeweiligen vertraglichen Gestaltung anheimgegeben sein, ob sich jemand wegen Strafvereitelung strafbar macht oder nicht. Dementsprechend bestehen unter strafrechtlichen Gesichtspunkten keine Einwände, dem Ausfuhrverantwortlichen im Vorhinein zuzusagen, dass das Unternehmen Geldstrafen, Geldbußen und Bußgelder übernimmt.

Anders sieht jedoch die zivilrechtliche Seite aus. Die im Voraus getroffene Vereinbarung, bei späteren Verstößen gegen das Außenwirtschaftsrecht Geldstrafen, Geldbußen oder Bußgelder zu übernehmen, ist – wie das BAG in einer Entscheidung zur Übernahme von Bußgeldern für Berufskraftfahrer klargestellt hat[471]– wegen Verstoßes gegen §§ 134, 138 BGB nichtig. Zumindest gilt das, soweit die Zusage einen konkreten Tatbeitrag leistet oder sich auch auf vorsätzlich begangene Straftaten bezieht.[472] Dies bedeutet, dass das Unternehmen dann, wenn der Leistungsfall eintritt, rechtlich an die Vereinbarung nicht gebunden ist. Unter Hinweis auf die Nichtigkeit der Vereinbarung kann es mithin die Zahlung der Geldstrafe, Geldbuße oder des Bußgeldes verweigern. Auf der anderen Seite kann das Unternehmen Leistungen, die es trotz der Nichtigkeit der Vereinbarung erbringt, nicht vom Ausfuhrverantwortlichen zurückfordern.[473]

6.2.3 Vereinbarung finanzieller Kompensation

Ein weiterer Lösungsansatz in der dienstvertraglichen Gestaltung besteht darin, mit dem Ausfuhrverantwortlichen in irgendeiner Form eine finanzielle Kompensation im Hinblick auf das erhöhte Risiko zu vereinbaren. Ein solcher Ausgleich kann zum einen unabhängig von Sanktionen, die den Ausfuhrverantwortlichen treffen, vereinbart werden. Zum anderen kann eine Kompensation nur für den Fall vorgesehen werden, dass tatsächlich der Worst Case eintritt und die Behörden die Entfernung aus dem Amt verlangen.

Unabhängig von eintretenden Konsequenzen für den Ausfuhrverantwortlichen besteht die Möglichkeit, ihm einen Zuschlag zu seinen sonstigen monatlichen Bezügen zu gewähren, der ihn für die erhöhte Risikolage entschädigen soll. Diese finanzielle Kompensation kann in ruhegehaltsfähiger Form als nicht gesondert ausgewiesener Bestandteil der Bezüge gewährt werden.

Alternativ hierzu kann eine gesondert auszuweisende, nicht ruhegehaltsfähige Zulage vorgesehen werden. Ein entsprechender Risikozuschlag kann auch im Rahmen der Regelung über die jährliche Tantieme enthalten sein. Hier kann festgelegt werden, dass der Ausfuhrverantwortliche eine höhere Zahlung erhält als seine Kollegen in Vorstand/Geschäftsführung, die das spezifische Risiko nicht tragen.

---

469 Siehe hierzu: RG, Urteil vom 21.09.1897, RGSt 30, 232 (235); RG, Urteil vom 10.06.1942, RGZ 169, 267 ff.; BGH, Urteil vom 31.01.1957, BGHZ 23, 222 (224).
470 BGH, Urteil vom 07.11.1990, NJW 1991, 990 ff.; speziell für das KWKG siehe: Pottmeyer, § 22a KWKG, Rn. 155a.
471 BAG, Urteil vom 25.01.2001, NZA 2001, 653 f.; siehe auch: Holly/Friedhofen, NZA 1992, 145 ff.; Kapp, NJW 1992, 2796 ff.; Pottmeyer, § 22a KWKG, Rn. 155a.
472 So einschränkend: Kapp, NJW 1992, 2796 (2797 f.).
473 Holly/Friedhofen, NZA 1992, 145 (152); Pottmeyer, § 22a KWKG, Rn. 155a.

Für den Fall, dass die Entfernung aus dem Amt behördenseitig verlangt wird, kann dienstvertraglich eine Pauschalabfindung vorgesehen werden. Es kann in diesem Zusammenhang ein Festbetrag vereinbart werden. Alternativ hierzu kann die dienstvertragliche Regelung vorsehen, dem Ausfuhrverantwortlichen für einen bestimmten Zeitraum seine Bezüge fortzuzahlen. Eine weitere Absicherung kann in der Weise gestaltet werden, dass das Unternehmen für den Fall des Entfernungsverlangens durch die Behörden darauf verzichtet, den Anstellungsvertrag mit dem Ausfuhrverantwortlichen außerordentlich zu kündigen.[474] Bei einem Vertrag mit einer festen Laufzeit würde dies bedeuten, dass der Ausfuhrverantwortliche Anspruch auf seine Bezüge bis zur regulären Beendigung des Dienstverhältnisses hätte. Eine Kombination mit der Abfindungslösung kann für den Fall vorgesehen werden, dass der Anstellungsvertrag mit dem Ausfuhrverantwortlichen nur noch für eine kurze Restzeit läuft. Hier kann vereinbart werden, dass die restlichen Bezüge ein bestimmtes Minimum nicht unterschreiten dürfen (z.B. mindestens Zahlung eines Festbetrags, Zahlung der Bezüge für die Dauer mindestens eines Jahres).

6.2.4 Vereinbarung eines vorgezogenen Ruhestands

Eine weitere dienstvertragliche Gestaltung ist in Kombination mit der betrieblichen Altersversorgung möglich. Für den Worst Case, die Entfernung des Ausfuhrverantwortlichen auf Druck der Behörden, kann vorgesehen werden, dass er einen Anspruch auf vorgezogenes Ruhegeld bereits mit diesem Zeitpunkt erwirbt. Vereinbart werden kann, dass der Ausfuhrverantwortliche das Ruhegeld bereits mit seinem Entfernen in voller Höhe erhält. Alternativ hierzu kann vorgesehen werden, dass ihm nur ein bestimmter Prozentsatz des Ruhegehalts zusteht. Die Höhe eines derartigen Prozentsatzes kann gestaffelt werden und umso höher ausfallen, je näher der Ausfuhrverantwortliche an die normalerweise vorgesehene Altersgrenze reicht. Eine derartige Lösung ist für das Unternehmen nur tragbar, soweit es um einen Ausfuhrverantwortlichen geht, der sich bereits im fortgeschrittenen Alter befindet. Bei jüngeren Ausfuhrverantwortlichen ist das finanzielle Risiko für das Unternehmen zu hoch.

6.2.5 Vereinbarung einer gleichwertigen Auffangposition in einem anderen konzernangehörigen Unternehmen

Schließlich kann für den Worst Case, der Entfernung aus der Position, vorgesehen werden, dass dem Ausfuhrverantwortlichen eine Auffangposition im Vorstand/in der Geschäftsführung eines anderen Unternehmens, das zu demselben Konzern gehört, in Aussicht gestellt wird. Eine derartige Regelung kann so ausgestaltet werden, dass das Unternehmen lediglich dazu verpflichtet wird, sich um eine entsprechende Position für den ausscheidenden Ausfuhrverantwortlichen zu bemühen. Die Vereinbarung kann jedoch auch die rechtsverbindliche und damit einklagbare Zusage einer entsprechenden Position zum Inhalt haben. Vereinbart werden kann, dass dem Ausfuhrverantwortlichen die gleichen Konditionen gewährt werden wie in seiner bisherigen Position. Alternativ hierzu kann dies aber auch in der Weise gestaltet werden, dass über die Bedingungen neu zu verhandeln ist und dem

---

474 Zur Möglichkeit der Druckkündigung vgl. oben S. 192 f.

Ausfuhrverantwortlichen in seiner neuen Position lediglich Konditionen angeboten werden, die sich in das Gehaltsgefüge im neuen Unternehmen einfinden.

Die Lösung, eine Auffangposition vorzusehen, ist Unternehmen vorbehalten, die in einen größeren Konzern eingebunden sind. Für die Ausfuhrverantwortlichen kleinerer oder mittelständischer Unternehmen ist diese Art der Vertragsgestaltung verschlossen.

Praxishinweis

 Die vorstehend dargestellte Lösung ist für den Konzern und das Unternehmen, in welchem dem vormaligen Ausfuhrverantwortlichen eine Auffangposition zugewiesen wird, nicht ohne Probleme. Es hat einmal den Fall gegeben, dass der Geschäftsführer eines konzernangehörigen Unternehmens zu zwei Jahren Freiheitsstrafe auf Bewährung wegen Verstoßes gegen das Außenwirtschaftsrecht verurteilt wurde. Auf Weisung der Konzernleitung übernahm er die Geschäftsführung in einem anderen konzernangehörigen Unternehmen. Als dieses Unternehmen, das mit Exporten an sich weniger zu tun hatte, ausnahmsweise einmal eine Ausfuhrgenehmigung benötigte, verweigerte die zuständige Behörde diese unter Hinweis auf die fehlende Zuverlässigkeit des Geschäftsführers.

6.3 Risikominimierung durch Hinweisgebersysteme (Whistleblowing)

Des Weiteren fragt es sich, ob durch Hinweisgebersysteme (Einrichtung einer sog. Whistleblowing-Stelle) im Unternehmen das Risiko des Ausfuhrverantwortlichen minimiert werden kann.[475] Hierbei handelt es sich um ein Instrument, das in US-amerikanischen Unternehmen gang und gäbe ist. Es wird eine Stelle eingerichtet, an die sich jeder Mitarbeiter wenden kann, wenn ihm Verstöße innerhalb des Unternehmens bekannt werden. Ihre Hinweise an diese unabhängige Instanz im Unternehmen werden anonym und vertraulich behandelt. Whistleblowing-Stellen sind nicht auf das Außenwirtschaftsrecht beschränkt. Hat z.B. ein Mitarbeiter Kenntnis davon, dass sein Unternehmen Amtsträger zur Erlangung von Aufträgen korrumpiert, teilt er dies der internen Stelle mit. Dasselbe gilt für Mängel im Umweltschutz- oder Arbeitssicherheitsbereich. Von zumindest einem großen deutschen Industrieunternehmen ist bekannt, dass es speziell zum Zwecke der Korruptionsbekämpfung eine interne Whistleblowing-Institution eingerichtet hat.

In den USA ist es nicht anrüchig, wenn Mitarbeiter ihre Kollegen bei einer derartigen Stelle gleichsam anschwärzen. In Deutschland dagegen gelten derartige Arbeitnehmer eher als „Netzbeschmutzer". Seine Kollegen zu belasten oder gar seinen Arbeitgeber bei den Behörden anzuzeigen, gehört sich für einen ordentlichen deutschen Mitarbeiter nicht. Das Wort „Whistleblowing" ist hierzulande eher negativ besetzt, ähnlich dem Wort „verpfeifen", das der Gaunersprache entnommen ist.

---

475 Vgl. hierzu Benne, CCZ 2014, 189 ff.; Hötzl/Klöhn, AW-Prax 2018, 240 ff.; Merz, Der Zoll-Profi! 3/2008, 11 ff.; Scheicht/Loy, DB 2015, 803 ff.; zu den datenschutzrechtlichen Grenzen des Whistleblowings siehe Thüsing/Fütterer/Jänsch, RDV 2018, 133 ff.; zum Schutz von Whistlelowern in Frankreich Querenet-Hahn/ Kettenberger, RIW 2017, 557 ff.

Ob die Einrichtung von Whistleblowing-Stellen im Außenwirtschaftsrecht dazu beitragen, das Risiko des Ausfuhrverantwortlichen zu minimieren, erscheint äußerst fraglich. Es besteht vielmehr eher die Gefahr, dass durch eine solche Einrichtung dem Denunziantentum im Unternehmen Tür und Tor geöffnet wird. Die Waffe des Whistleblowings kann konkret dazu eingesetzt werden, um gegenüber bestimmten Mitarbeitern Mobbing zu betreiben. Folge einer solchen Einrichtung kann es sein, dass das Vertrauen unter den Kollegen im Unternehmen erheblich leidet. Demgegenüber ist der Nutzen einer derartigen Institution eher gering. Dass erhebliche Verstöße gegen das Außenwirtschaftsrecht hierdurch aufgedeckt werden, muss bezweifelt werden. Von daher ist die Einrichtung einer Whistleblowing-Stelle eher nicht geeignet, das Risiko des Ausfuhrverantwortlichen zu reduzieren. Schließlich können sich auch für den Whistleblower selbst Nachteile einstellen. Das LAG Köln[476] hat unlängst geurteilt, dass eine vorschnelle externe Anzeige im Einzelfall einen Grund für eine fristlose Kündigung darstellen kann. Gesetzesinitiativen, nach denen der Hinweisgeber vor arbeitsrechtlichen Sanktionen geschützt wird, haben sich bisher nicht durchgesetzt.[477]

Allerdings ist nicht zu verkennen, dass geeignete Whistleblowing-Systeme wie z.B. die Schaffung einer neutralen Ombusperson, an den sich jeder Mitarbeiter wenden kann, insbesondere in größeren Unternehmen zum Standard geworden sind[478]. Einige Unternehmen haben ein entsprechendes System nur deswegen geschaffen, weil sie anderen in diesem Punkte nicht nachstehen wollten. Andere befürchten in staatsanwaltschaftlichen Ermittlungsverfahren Nachteile, wenn sie nicht über ein geeignetes Whistleblowing-System eingeführt haben. Das mögen alles Argumente sein, eine entsprechende Einrichtung im Unternehmen zu schaffen. Als Maßnahme zur Minimierung des Risikos des Ausfuhrverantwortlichen sind Whistleblowing-Systeme jedoch – wie bereits ausgeführt – eher nicht geeignet.

6.4 Risikominimierung durch angemessene Ausgestaltung der unternehmensinternen Exportkontrolle

Die vorstehenden Ausführungen haben gezeigt, dass es eine Fülle von Möglichkeiten gibt, das Risiko des Ausfuhrverantwortlichen deutlich zu minimieren. Wie bereits erwähnt, erheben die dargestellten Möglichkeiten keinen Anspruch auf Vollständigkeit.

Die genannten Absicherungsvarianten setzen eines voraus, nämlich dass die Gremien des Unternehmens, die die Verträge mit den Mitgliedern des vertretungsberechtigten Organs schließen (Gesellschafterversammlung, Beirat, Aufsichtsrat), bereit sind, dem Ausfuhrverantwortlichen eine entsprechende Absicherung zuteil werden zu lassen. Alle genannten Möglichkeiten sind mit nicht unbeträchtlichen Kosten und Risiken für das Unternehmen verbunden. Gerade kleinere oder mittelständische Unternehmen sind oftmals wirtschaftlich nicht dazu in der Lage, die entsprechenden Aufwendungen zu tragen. Andere Unterneh-

---

476 Urteil vom 05.07.2012, CCZ 2013, 224.
477 Siehe hierzu die Nachweise bei Stück, CCZ 2013, 224.
478 Zur Verbreitung von Whistle-Blower-Systemen bei den DAX-notierten Unternehmen siehe Thüsing/Fütterer/Jänsch, RDV 2018, 133 ff.

men könnten zwar die Lasten tragen, um den Ausfuhrverantwortlichen abzusichern, wollen es aber nicht. Sie sehen gerade das hohe persönliche Risiko des Ausfuhrverantwortlichen als die beste Gewähr dafür an, dass dieser sich in vollem Umfang dafür einsetzen wird, Verstöße gegen das Außenwirtschaftsrecht zu vermeiden. Durch Versicherung oder dienstvertragliche Gestaltung kann mithin oftmals das Ziel, nämlich den Ausfuhrverantwortlichen vor Schaden zu bewahren, nicht erreicht werden.

Viel zu wenig wird im vorliegenden Zusammenhang hervorgehoben, dass es eine weitere, mindestens ebenso effiziente Absicherungsmethode gibt. Diese besteht darin, dass das Unternehmen in Vorsorgemaßnahmen investiert und es dem Ausfuhrverantwortlichen so ermöglicht, seinen Pflichten in angemessener Weise nachzukommen. Eine entsprechende Ausstattung der unternehmensinternen Exportkontrolle stellt die beste Absicherungsinvestition dar, die das Unternehmen dem Ausfuhrverantwortlichen angedeihen lassen kann. Erforderlich ist es hierbei, die Exportkontrolle mit hinreichend qualifiziertem, sich ständig weiterbildendem Personal und entsprechenden Sachmitteln zu versehen. Wenn der Ausfuhrverantwortliche dann zusätzlich noch seiner Organisations-[479] und seiner Überwachungspflicht[480] in ausreichendem Umfang nachkommt und dies auch dokumentiert, ist die Wahrscheinlichkeit gering, dass er im strafrechtlichen oder außerstrafrechtlichen Bereich Konsequenzen zu befürchten hat.

Gerade in Zeiten knapper werdender Budgets ist es für viele Unternehmen nicht leicht, durch eine angemessene Ausstattung der Exportkontrolle eine Investition zur Absicherung zu tätigen. Hinzu kommt die Lean-Management-Philosophie, die für viele Unternehmen prägend geworden ist. Eine Handlungsmaxime dieser Philosophie lautet in Abwandlung eines bekannten, Lenin zugeschriebenen Zitats, dass Kontrolle gut, aber Vertrauen billiger ist. Dementsprechend werden Instrumentarien wie die Exportkontrolle, die keinen unmittelbaren Ergebnisbeitrag erbringen, als Muda[481] abgetan. Der Verwaltungsaufwand, den die Exportkontrolle erfordert, scheint nicht in das Bild eines schlanken Unternehmens hineinzupassen.

Eine solche Sicht der Dinge verkennt, dass es auch von den reinen Kosten her betrachtet besser ist, durch Vorsorgeaufwendungen eine Absicherungsinvestition zu tätigen, als sich den Muda eines Verstoßes gegen das Außenwirtschaftsrecht zu leisten. Denn tritt der Fall ein, dass die Staatsanwaltschaft ermittelt, so kann dies das Unternehmen ein Vielfaches dessen kosten, was es für eine angemessene Ausstattung der Exportkontrolle ausgeben müsste. Durch die staatsanwaltlichen Ermittlungen wird in erheblichem Umfang Personal gebunden. Die Betriebsabläufe werden hierdurch nicht unbeträchtlich behindert. Die Aufwendungen für externe Rechtsberater sind sehr hoch. Darüber hinaus kann ein Ermittlungsverfahren zu einem hohen Prestigeverlust in der Öffentlichkeit führen. Dies kann zur Folge haben, dass andere Unternehmen ihre Geschäftsbeziehungen abbrechen. Gerade derjenige, der die beträchtlichen Kosten, die hiermit verbunden sind, nicht riskieren will, ist gut beraten, in eine angemessene Exportkontrolle zu investieren.

---

479 Siehe hierzu oben S. 82 ff.
480 Siehe hierzu oben S. 111 ff.
481 Japanischer Begriff aus der Kaizen-Lehre: „Verschwendung".

Praxishinweis

 *In mehreren Fällen, in denen Unternehmen in den USA gegen Bestimmungen des Außenwirtschaftsrechts verstoßen haben, wurden Teile der Strafen in Höhe von mehreren Millionen US-Dollar erlassen, wenn in ein **Export Controls Compliance System** investiert wurde.[482] Dies erscheint nachahmenswert. Allerdings sollte die Investition getätigt werden, bevor sich Verstöße zutragen. Die dann entstehenden Kosten sind ungleich höher, als wenn man von vornherein ein taugliches Exportkontrollsystem schafft.*

Ein Urteil des BGH[483] geht in die gleiche Richtung. In dem Urteil heißt es:

„Für die Bemessung der Geldbuße ist zudem von Bedeutung, inwieweit die Nebenbeteiligte ihrer Pflicht, Rechtsverletzungen aus der Sphäre des Unternehmens zu unterbinden, genügt und ein effizientes Compliance-Management installiert hat, das auf die Vermeidung von Rechtsverstößen ausgelegt sein muss ... Dabei kann auch eine Rolle spielen, ob die Nebenbeteiligte in der Folge dieses Verfahrens entsprechende Regelungen optimiert und ihre betriebsinternen Abläufe so gestaltet hat, dass vergleichbare Normverletzungen zukünftig jedenfalls deutlich erschwert werden."[484]

Damit hat der BGH klargestellt, dass sich bei Verstößen ein wirksames Compliance-Management System bußgeldmindernd auswirken kann.[485] Hierdurch wird sogar ein wirtschaftlicher Anreiz für den Ausfuhrverantwortlichen geschaffen. Im Fall der Fälle reduzieren sich bei einem effizienten Export Control Compliance System nicht nur Strafen und Bußgelder. Ein solches System bewirkt auch eine wirksame Risikominimierung für den Ausfuhrverantwortlichen.

Eine gut funktionierende Exportkontrolle ist nicht zum Nulltarif zu haben.[486] Der Schaden aber, der hierdurch abgewendet werden kann, ist unermesslich. Deswegen sollte Exportkontrolle – richtig verstanden – nicht als Kostenfaktor angesehen werden, sondern als Investition in die Zukunft des Unternehmens.

Gerade zur Risikominimierung beim Ausfuhrverantwortlichen, aber insbesondere auch zur Erhaltung der Geschäftsbasis des Unternehmens ist einer angemessenen Ausstattung der internen Exportkontrolle der Vorzug gegenüber allen anderen Formen der Absicherung einzuräumen.

Es ist nicht näher bekannt, wer die folgenden Sprüche geprägt hat:

„If you think compliance is too expensive, try non-compliance!"

„If you think safety is too expensive, try accident and injury!"

---

482 Siehe hierzu insbesondere: Bamberger, AW-Prax 2000, 393 ff. zum sog. Lockheed-Fall.
483 vom 09.05.2017, BeckRS 2017, 114578; siehe hierzu auch Hagemann, AW-Prax 2017, 410 ff.; ders.
Exportmanager 7/2017, 26 f.; Hötzl/Klöhn, AW-Prax 2018, 240 ff.; Wilsing/Goslar, GmbHR 2017, 1202 ff.
484 BGH, Urteil vom 09.05.2017, BeckRS 2017, 114578, Rn. 118.
485 In diesem Sinne ebenso: Hagemann, AW-Prax 2017, 410; ders. Exportmanager 7/2017, 26; Wilsing/Goslar, GmbHR 2017, 1202 ff.
486 Zu den betriebswirtschaftlichen Aspekten der Exportkontrolle siehe Weinland, S. 245 ff.

Auf die Exportkontrolle übertragen bedeutet dies:

> *„Wenn du meinst, dass Exportkontrolle zu teuer ist, versuche es doch einmal ohne sie!"*

Der Schaden, der für den Fall der Non-Compliance einträte, würde ein Vielfaches der Kosten ausmachen, die durch die Exportkontrolle entstehen[487]. Von dieser Erkenntnis sollte sich jeder Ausfuhrverantwortliche leiten lassen.

Ein nicht näher genannt sein wollendes Vorstandsmitglied eines DAX-notierten Unternehmens wird sinngemäß mit den Worten zitiert:

> *„Früher war der Bereich Compliance ein **Kostenfaktor**. Dann haben wir ein hohes Bußgeld gezahlt. Jetzt ist der Bereich ein **Kompetenzzentrum**."*

Vom Kostenfaktor zum Kompetenzzentrum, das ist eine Entwicklung, die auch für die Exportkontrolle wünschenswert ist.

---

487 Zum Preis der Sicherheit vgl. Hoppe, AW-Prax 2010, 172 ff.; siehe auch: Kießler, AW-Prax 2010, 198 ff.

Anhang 1: Die EG-Dual-use-Verordnung

Verordnung (EG) Nr. 428/2009 des Rates vom 5. Mai 2009 über eine Gemeinschaftsregelung für die Kontrolle der Ausfuhr, der Verbringung, der Vermittlung und der Durchfuhr von Gütern mit doppeltem Verwendungszweck (Neufassung)

[ABl. (EG) 2009, Nr. L 134/1]

DER RAT DER EUROPÄISCHEN UNION –

gestützt auf den Vertrag zur Gründung der Europäischen Gemeinschaft, insbesondere auf Artikel 133,

auf Vorschlag der Kommission,

in Erwägung nachstehender Gründe:

(1) Die Verordnung (EG) Nr. 1334/2000 des Rates vom 22. Juni 2000 über eine Gemeinschaftsregelung für die Kontrolle der Ausfuhr von Gütern und Technologien mit doppeltem Verwendungszweck[488] wurde mehrfach erheblich geändert. Da weitere Änderungen vorgenommen werden, sollte die Verordnung im Interesse der Klarheit neu gefasst werden.

(2) Güter mit doppeltem Verwendungszweck (einschließlich Software und Technologie) sollten bei ihrer Ausfuhr aus der Europäischen Gemeinschaft wirksam kontrolliert werden.

(3) Ein wirksames gemeinsames Ausfuhrkontrollsystem für Güter mit doppeltem Verwendungszweck ist erforderlich, um sicherzustellen, dass die internationalen Verpflichtungen und Verantwortlichkeiten der Mitgliedstaaten, insbesondere hinsichtlich der Nichtverbreitung, und die der Europäischen Union (EU) eingehalten werden.

(4) Das Bestehen eines gemeinsamen Kontrollsystems und harmonisierter Konzepte für die Durchführung und Überwachung in allen Mitgliedstaaten ist eine Voraussetzung für den freien Verkehr von Gütern mit doppeltem Verwendungszweck innerhalb der Gemeinschaft.

(5) Für Entscheidungen über Einzelgenehmigungen, Globalgenehmigungen oder nationale Allgemeingenehmigungen für die Ausfuhr, über Genehmigungen für Vermittlungstätigkeiten, über die Durchfuhr nichtgemeinschaftlicher Güter mit doppeltem Verwendungszweck oder über Genehmigungen für die Verbringung der in Anhang IV aufgeführten Güter mit doppeltem Verwendungszweck innerhalb der Gemeinschaft sind die nationalen Behörden zuständig. Einzelstaatliche Vorschriften und Beschlüsse, die Ausfuhren von Gütern mit doppeltem Verwendungszweck betreffen, müssen im Rahmen der gemeinsamen Handelspolitik, insbesondere der Verordnung (EWG) Nr. 2603/69 des Rates vom 20. Dezember 1969 zur Festlegung einer gemeinsamen Ausfuhrregelung[489], erlassen werden.

(6) Entscheidungen zur Aktualisierung der gemeinsamen Liste von Gütern mit doppeltem Verwendungszweck, die der Ausfuhrkontrolle unterliegen, müssen im Einklang mit den Auflagen und Verpflichtungen stehen, die Mitgliedstaaten als Mitglieder der jeweiligen internationalen Nichtverbreitungsregime und Ausfuhrkontrollvereinbarungen oder durch die Ratifizierung einschlägiger internationaler Verträge übernommen haben.

---

488 ABl. L 159 vom 30.6.2000, S. 1.
489 ABl. L 324 vom 27.12.1969, S. 25.

(7) Gemeinsame Listen von Gütern mit doppeltem Verwendungszweck, von Bestimmungszielen und Leitlinien sind wesentliche Bestandteile einer wirksamen Ausfuhrkontrollregelung.

(8) Die Übertragung von Software und Technologie mittels elektronischer Medien, Telefax und Telefon nach Bestimmungszielen außerhalb der Gemeinschaft sollte ebenfalls kontrolliert werden.

(9) Der Wiederausfuhr und der Endverwendung muss besondere Aufmerksamkeit geschenkt werden.

(10) Am 22. September 1998 haben Vertreter der Mitgliedstaaten und der Europäischen Kommission Zusatzprotokolle zu den jeweiligen Übereinkünften über Sicherungsmaßnahmen zwischen den Mitgliedstaaten, der Europäischen Atomgemeinschaft und der Internationalen Atomenergie-Organisation unterzeichnet, in denen die Mitgliedstaaten unter anderem verpflichtet werden, Informationen in Bezug auf genau festgelegte Ausrüstung und nichtnukleares Material bereitzustellen.

(11) Die Gemeinschaft hat mit der Verordnung (EWG) Nr. 2913/92 des Rates vom 12. Oktober 1992 zur Festlegung des Zollkodex der Gemeinschaften[490] (im Folgenden als „Zollkodex der Gemeinschaften" bezeichnet) und der Verordnung (EWG) Nr. 2454/93 der Kommission[491] zur Durchführung der Verordnung (EWG) Nr. 2913/92 ein Regelwerk mit Zollvorschriften angenommen, die unter anderem Bestimmungen über die Ausfuhr und Wiederausfuhr von Waren enthalten. Durch die vorliegende Verordnung werden Befugnisse im Rahmen und nach Maßgabe des Zollkodex der Gemeinschaften und seiner Durchführungsbestimmungen in keiner Weise eingeschränkt.

(12) Gemäß Artikel 30 des Vertrags behalten die Mitgliedstaaten bis zu einer weitergehenden Harmonisierung innerhalb der durch diesen Artikel gesetzten Grenzen das Recht, die Verbringung von bestimmten Gütern mit doppeltem Verwendungszweck innerhalb der Gemeinschaft zum Schutz der öffentlichen Ordnung und der öffentlichen Sicherheit Kontrollen zu unterziehen. Diese Kontrollen sollten, soweit sie mit der Wirksamkeit der Kontrollen von Ausfuhren aus der Gemeinschaft im Zusammenhang stehen, vom Rat regelmäßig überprüft werden.

(13) Um sicherzustellen, dass diese Verordnung ordnungsgemäß angewandt wird, sollte jeder Mitgliedstaat Maßnahmen treffen, um den zuständigen Behörden die erforderlichen Befugnisse einzuräumen.

(14) Die Staats- und Regierungschefs der EU haben im Juni 2003 einen Aktionsplan zur Nichtverbreitung von Massenvernichtungswaffen (Aktionsplan von Thessaloniki) verabschiedet. Dieser Aktionsplan wurde durch die Strategie der EU gegen die Verbreitung von Massenvernichtungswaffen ergänzt, die der Europäische Rat am 12. Dezember 2003 angenommen hat (MVW-Strategie der EU). Nach Kapitel III dieser Strategie muss die Europäische Union alle verfügbaren Instrumente einsetzen, um Waffenverbreitungsprogramme, die weltweit Besorgnis erregen, zu verhindern bzw. zu stoppen und wenn möglich rückgängig zu machen. In Nummer 30 Buchstabe A Unternummer 4 des genannten Kapitels wird ausdrücklich die Verschärfung der Ausfuhrkontrollpolitik und -praxis angesprochen.

(15) In der Resolution 1540 vom 28. April 2004 hat der Sicherheitsrat der Vereinten Nationen beschlossen, dass alle Staaten wirksame Maßnahmen ergreifen und durchsetzen werden, um innerstaatliche Kontrollen zur Verhütung der Verbreitung von nuklearen, chemischen oder biologischen Waffen und ihren Trägersystemen einzurichten, einschließlich angemessener Kontrollen über verwandtes Material, und dass sie zu diesem Zweck unter anderem Kontrollen der Durchfuhr und von Vermittlungsgeschäften einrichten. Verwandtes Material umfasst Material, Ausrüstung und Technologien, die von den einschlägigen multilateralen Verträgen und Abmachungen erfasst sind oder auf nationalen

---

490 ABl. L 302 vom 19.10.1992, S. 1.
491 ABl. L 253 vom 11.10.1993, S. 1.

Kontrolllisten stehen und die für die Konstruktion, Entwicklung, Herstellung oder Nutzung von nuklearen, chemischen und biologischen Waffen und ihren Trägersystemen verwendet werden können.

(16) Diese Verordnung gilt auch für Güter, die durch das Gebiet der Gemeinschaft lediglich durchgeführt werden, also Güter, die nicht einer anderen zollrechtlich zulässigen Behandlung oder Verwendung als dem externen Versandverfahren zugeführt werden oder die lediglich in eine Freizone oder ein Freilager verbracht werden, wo sie nicht in bewilligten Bestandsaufzeichnungen erfasst werden müssen. Daher sollte die Möglichkeit geschaffen werden, dass die Behörden der Mitgliedstaaten die Durchfuhr nichtgemeinschaftlicher Güter mit doppeltem Verwendungszweck im Einzelfall verbieten können, wenn aufgrund nachrichtendienstlicher Erkenntnisse oder von Erkenntnissen aus anderen Quellen der begründete Verdacht besteht, dass die Güter ganz oder teilweise für die Verbreitung von Massenvernichtungswaffen oder ihren Trägersystemen bestimmt sind oder bestimmt sein können.

(17) Auch für die Erbringung von Vermittlungstätigkeiten sollten Kontrollen eingeführt werden, wenn der Vermittler von den zuständigen nationalen Behörden darüber informiert wurde oder davon Kenntnis hat, dass die Vermittlung zur Herstellung oder Bereitstellung von Massenvernichtungswaffen in einem Drittland führen können.

(18) Eine EU-weit einheitliche und kohärente Durchführung der Kontrollen ist wünschenswert, um die europäische und internationale Sicherheit zu verbessern und gleiche Wettbewerbsbedingungen für EU-Ausführer zu schaffen. Daher ist es in Einklang mit den Empfehlungen des Aktionsplans von Thessaloniki und den Forderungen der MVW-Strategie der EU angezeigt, den Umfang der Konsultation zwischen Mitgliedstaaten vor Erteilung einer Ausfuhrgenehmigung auszuweiten. Einer der Vorteile dieses Ansatzes bestünde beispielsweise in der Gewissheit, dass die wesentlichen Sicherheitsinteressen eines Mitgliedstaats nicht durch Ausfuhren aus einem anderen Mitgliedstaat bedroht würden. Einheitlichere Bedingungen für die Durchführung nationaler Kontrollen bei Gütern mit doppeltem Verwendungszweck, die nicht in dieser Verordnung aufgeführt sind, und eine Harmonisierung der Bedingungen für die Verwendung der verschiedenen Arten von Genehmigungen, die nach dieser Verordnung erteilt werden können, würden zu einer einheitlicheren und kohärenteren Durchführung der Kontrollen führen. Eine bessere Definition der nichtgegenständlichen Weitergabe von Technologie, die sich auch auf Fälle erstrecken würde, in denen Technologie, die der Kontrolle unterliegt, Personen außerhalb der EU zugänglich gemacht wird, würde die Bemühungen um mehr Sicherheit unterstützen. Gleiches gilt für die weitere Angleichung der Modalitäten für den Austausch sensibler Informationen unter Mitgliedstaaten an die Regelungen internationaler Ausfuhrkontrollregime, insbesondere indem vorgesehen wird, dass ein sicheres elektronisches System für den Austausch von Informationen zwischen Mitgliedstaaten eingerichtet werden kann.

(19) Jeder Mitgliedstaat sollte wirksame, verhältnismäßige und abschreckende Sanktionen festlegen, die bei Verstößen gegen die Bestimmungen dieser Verordnung zu verhängen sind –

HAT FOLGENDE VERORDNUNG ERLASSEN:

KAPITEL I
Gegenstand und Begriffsbestimmungen

Artikel 1

Mit dieser Verordnung wird eine Gemeinschaftsregelung für die Kontrolle der Ausfuhr, der Verbringung, der Vermittlung und der Durchfuhr von Gütern mit doppeltem Verwendungszweck festgelegt.

Artikel 2

Im Sinne dieser Verordnung bezeichnet der Begriff

1. „Güter mit doppeltem Verwendungszweck" Güter, einschließlich Datenverarbeitungsprogrammen und Technologie, die sowohl für zivile als auch für militärische Zwecke verwendet werden können; darin eingeschlossen sind alle Waren, die sowohl für nichtexplosive Zwecke als auch für jedwede Form der Unterstützung bei der Herstellung von Kernwaffen oder sonstigen Kernsprengkörpern verwendet werden können;

2. „Ausfuhr"
   i.   ein Ausfuhrverfahren im Sinne des Artikels 161 der Verordnung (EWG) Nr. 2913/92 (Zollkodex der Gemeinschaften),
   ii. eine Wiederausfuhr im Sinne des Artikels 182 des Zollkodex der Gemeinschaften, jedoch nicht wenn Güter durchgeführt werden, und
   iii. die Übertragung von Software oder Technologie mittels elektronischer Medien wie Telefax, Telefon, elektronischer Post oder sonstiger elektronischer Träger nach einem Bestimmungsziel außerhalb der Europäischen Gemeinschaft; dies beinhaltet auch das Bereitstellen solcher Software oder Technologie in elektronischer Form für juristische oder natürliche Personen oder Personenvereinigungen außerhalb der Gemeinschaft. Als Ausfuhr gilt auch die mündliche Weitergabe von Technologie, wenn die Technologie am Telefon beschrieben wird;

3. „Ausführer" jede natürliche oder juristische Person oder Personenvereinigung,
   i.   für die eine Ausfuhranmeldung abgegeben wird, d. h. die Person, die zum Zeitpunkt der Entgegennahme der Anmeldung Vertragspartner des Empfängers im Drittland ist und über die Versendung der Güter aus dem Zollgebiet der Gemeinschaft bestimmt. Wurde kein Ausfuhrvertrag geschlossen oder handelt der Vertragspartner nicht für sich selbst, so gilt als Ausführer, wer die Versendung der Güter aus dem Zollgebiet der Gemeinschaft tatsächlich bestimmt;
   ii. die entscheidet, Software oder Technologie mittels elektronischer -Medien wie Telefax, Telefon, elektronischer Post oder sonstiger -elektronischer Träger nach einem Bestimmungsziel außerhalb der -Gemeinschaft zu übertragen oder für ein solches Bestimmungsziel -bereitzustellen.

   Stehen nach dem Ausfuhrvertrag die Verfügungsrechte über die Güter mit doppeltem Verwendungszweck einer außerhalb der Gemeinschaft niedergelassenen Person zu, so gilt als Ausführer die in der Gemeinschaft niedergelassene Vertragspartei.

4. „Ausfuhranmeldung" die Rechtshandlung, durch die eine Person in der vorgeschriebenen Form und Weise den Willen bekundet, Güter mit doppeltem Verwendungszweck zu einem Ausfuhrverfahren anzumelden;

5. „Vermittlungstätigkeiten"

   – die Aushandlung oder das Herbeiführen von Transaktionen zum Kauf, zum Verkauf oder zur Lieferung von Gütern mit doppeltem Verwendungszweck von einem Drittland in ein anderes Drittland, oder

   – den Verkauf oder Kauf von Gütern mit doppeltem Verwendungszweck, die sich in Drittländern befinden, zwecks Verbringung in ein anderes Drittland.

   Für die Zwecke dieser Verordnung ist die ausschließliche Erbringung von Hilfsleistungen von dieser Definition ausgenommen. Als Hilfsleistungen gelten Beförderung, Finanzdienstleistungen, Versicherung oder Rückversicherung oder allgemeine Werbung oder Verkaufsförderung;

6. „Vermittler" eine natürliche oder juristische Person oder Personenvereinigung, die in einem Mitgliedstaat der Gemeinschaft ansässig oder niedergelassen ist und von der Gemeinschaft aus Leistungen im Sinne der Nummer 5 bezüglich des Gebiets eines Drittlandes durchführt;

7. „Durchfuhr" die Beförderung nichtgemeinschaftlicher Güter mit doppeltem Verwendungszweck in und durch das Zollgebiet der Gemeinschaft zu einem Bestimmungsziel außerhalb der Gemeinschaft;

8. „Einzelausfuhrgenehmigung" die einem bestimmten Ausführer erteilte Ausfuhrgenehmigung für die Lieferung eines oder mehrerer Güter mit doppeltem Verwendungszweck an einen Endverwender oder Empfänger in einem Drittland;

9. ‚allgemeine Ausfuhrgenehmigung der Union' die Genehmigung für Ausfuhren in bestimmte Bestimmungsländer, die allen Ausführern erteilt wird, sofern sie die in den Anhängen IIa bis IIf aufgeführten Voraussetzungen und Erfordernisse für die Inanspruchnahme dieser Genehmigung erfüllen;

10. „Globalausfuhrgenehmigung" die einem bestimmten Ausführer erteilte Ausfuhrgenehmigung für eine Art oder Kategorie von Gütern mit doppeltem Verwendungszweck, die für die Ausfuhr zu einem oder mehreren genau bestimmten Endverwendern und/oder in ein oder mehrere genau festgelegte Drittländer gültig sein kann;

11. „nationale allgemeine Ausfuhrgenehmigung" eine Ausfuhrgenehmigung, die gemäß Artikel 9 Absatz 2 erteilt wird und in den einzelstaatlichen Rechtsvorschriften in Einklang mit Artikel 9 und Anhang IIIc festgelegt ist;

12. „Zollgebiet der Europäischen Union" das Gebiet im Sinne des Artikels 3 des Zollkodex der Gemeinschaften;

13. „nichtgemeinschaftliche Güter mit doppeltem Verwendungszweck" Güter, die den Status von Nichtgemeinschaftswaren im Sinne des Artikels 4 Nummer 8 des Zollkodex der Gemeinschaften haben.

KAPITEL II
Anwendungsbereich

Artikel 3

(1) Die Ausfuhr der in Anhang I aufgeführten Güter mit doppeltem Verwendungszweck ist genehmigungspflichtig.

(2) Gemäß Artikel 4 oder Artikel 8 kann auch für die Ausfuhr von bestimmten, nicht in Anhang I aufgeführten Gütern mit doppeltem Verwendungszweck nach allen oder bestimmten Bestimmungszielen eine Genehmigung vorgeschrieben werden.

Artikel 4

(1) Die Ausfuhr von Gütern mit doppeltem Verwendungszweck, die nicht in Anhang I aufgeführt sind, ist genehmigungspflichtig, wenn der Ausführer von den zuständigen Behörden des Mitgliedstaats, in dem er niedergelassen ist, davon unterrichtet worden ist, dass diese Güter ganz oder teilweise bestimmt sind oder bestimmt sein können zur Verwendung im Zusammenhang mit der Entwicklung, der Herstellung, der Handhabung, dem Betrieb, der Wartung, der Lagerung, der Ortung, der Identifizierung oder der Verbreitung von chemischen, biologischen oder Kernwaffen oder sonstigen Kernsprengkörpern oder zur Entwicklung, Herstellung, Wartung oder Lagerung von Flugkörpern für derartige Waffen.

(2) Die Ausfuhr von Gütern mit doppeltem Verwendungszweck, die nicht in Anhang I aufgeführt sind, ist auch genehmigungspflichtig, wenn gegen das Käuferland oder das Bestimmungsland ein Waffenembargo aufgrund eines Beschlusses des Rates oder eines vom Rat festgelegten Gemeinsamen Standpunkts oder einer Entscheidung der Organisation für Sicherheit und Zusammenarbeit in Europa (OSZE) oder ein Waffenembargo aufgrund einer verbindlichen Resolution des VN--Sicherheitsrates verhängt wurde und wenn der Ausführer von den in Absatz 1 genannten Behörden davon unterrichtet worden ist, dass diese Güter ganz oder teilweise für eine militärische Endverwendung bestimmt sind oder bestimmt sein können. Als „militärische Endverwendung" im Sinne dieses Absatzes gilt

    a)   der Einbau in militärische Güter, die in der Militärliste der Mitgliedstaaten aufgeführt sind;

    b)   die Verwendung von Herstellungs-, Test- oder Analyseausrüstung sowie Bestandteilen hierfür für die Entwicklung, die Herstellung oder die Wartung von militärischen Gütern, die in der oben genannten Liste aufgeführt sind;

    c)   die Verwendung von unfertigen Erzeugnissen in einer Anlage für die Herstellung von militärischen Gütern, die in der oben genannten Liste aufgeführt sind.

(3) Die Ausfuhr von Gütern mit doppeltem Verwendungszweck, die nicht in Anhang I aufgeführt sind, ist auch genehmigungspflichtig, wenn der Ausführer von den in Absatz 1 genannten Behörden davon unterrichtet worden ist, dass diese Güter ganz oder teilweise für die Verwendung als Bestandteile von militärischen Gütern bestimmt sind oder bestimmt sein können, die in der nationalen Militärliste aufgeführt sind und aus dem Hoheitsgebiet dieses Mitgliedstaats ohne Genehmigung oder unter Verstoß gegen eine aufgrund innerstaatlicher Rechtsvorschriften dieses Mitgliedstaats erteilte Genehmigung ausgeführt wurden.

(4) Ist einem Ausführer bekannt, dass Güter mit doppeltem Verwendungszweck, die er ausführen möchte und die nicht in Anhang I aufgeführt sind, ganz oder teilweise für eine der Verwendungen

im Sinne der Absätze 1, 2 und 3 bestimmt sind, so hat er die in Absatz 1 genannten Behörden davon zu unterrichten; diese entscheiden, ob die Ausfuhr dieser Güter genehmigungspflichtig sein soll.

(5) Ein Mitgliedstaat kann einzelstaatliche Rechtsvorschriften erlassen oder beibehalten, in denen für die Ausfuhr von Gütern mit doppeltem Verwendungszweck, die nicht in Anhang I aufgeführt sind, eine Genehmigungspflicht vorgeschrieben wird, wenn der Ausführer Grund zu der Annahme hat, dass diese Güter ganz oder teilweise für einen der in Absatz 1 genannten Verwendungszwecke bestimmt sind oder bestimmt sein können.

(6) Ein Mitgliedstaat, der gemäß den Absätzen 1 bis 5 für die Ausfuhr eines Gutes mit doppeltem Verwendungszweck, das nicht in Anhang I aufgeführt ist, eine Genehmigungspflicht vorschreibt, teilt dies, soweit angebracht, den anderen Mitgliedstaaten und der Kommission mit. Die anderen Mitgliedstaaten berücksichtigen diese Information gebührend und unterrichten ihre Zollbehörden und anderen zuständigen nationalen Behörden.

(7) Artikel 13 Absätze 1, 2 und 5 bis 7 gelten für Fälle im Zusammenhang mit Gütern mit doppeltem Verwendungszweck, die nicht in Anhang I aufgeführt sind.

(8) Diese Verordnung lässt das Recht der Mitgliedstaaten unberührt, einzelstaatliche Maßnahmen gemäß Artikel 11 der Verordnung (EWG) Nr. 2603/69 zu ergreifen.

Artikel 5

(1) Für Vermittlungstätigkeiten in Bezug auf Güter mit doppeltem Verwendungszweck, die in Anhang I aufgeführt sind, ist eine Genehmigung erforderlich, wenn der Vermittler von den zuständigen Behörden des Mitgliedstaats, in dem er ansässig oder niedergelassen ist, darüber unterrichtet wurde, dass die betreffenden Güter ganz oder teilweise für einen der in Artikel 4 Absatz 1 genannten Verwendungszwecke bestimmt sind oder bestimmt sein können. Ist einem Vermittler bekannt, dass die in Anhang I aufgeführten Güter mit doppeltem Verwendungszweck, für die er Vermittlungstätigkeiten anbietet, ganz oder teilweise für einen der in Artikel 4 Absatz 1 genannten Verwendungszwecke bestimmt sind, so hat er die zuständigen Behörden davon zu unterrichten; diese entscheiden, ob die Erbringung dieser Vermittlungstätigkeiten genehmigungspflichtig sein soll.

(2) Ein Mitgliedstaat kann den Anwendungsbereich des Absatzes 1 auch auf nicht gelistete Güter mit doppeltem Verwendungszweck für Verwendungen im Sinne des Artikels 4 Absatz 1 und auf Güter mit doppeltem Verwendungszweck für militärische Endverwendungen und Bestimmungsziele gemäß Artikel 4 Absatz 2 ausweiten.

(3) Ein Mitgliedstaat kann einzelstaatliche Rechtsvorschriften erlassen oder beibehalten, in denen für Vermittlungstätigkeiten in Bezug auf Güter mit doppeltem Verwendungszweck eine Genehmigungspflicht vorgeschrieben wird, wenn der Vermittler Grund zu der Annahme hat, dass diese Güter für einen der in Artikel 4 Absatz 1 genannten Verwendungszwecke bestimmt sind oder bestimmt sein können.

(4) Artikel 8 Absätze 2, 3 und 4 gilt für die in den Absätzen 2 und 3 des vorliegenden Artikels genannten einzelstaatlichen Maßnahmen.

Artikel 6

(1) Die Durchfuhr nichtgemeinschaftlicher Güter mit doppeltem Verwendungszweck, die in Anhang I aufgeführt sind, kann von den zuständigen Behörden des Mitgliedstaats, durch den die Güter

durchgeführt werden, verboten werden, wenn die Güter ganz oder teilweise für einen der in Artikel 4 Absatz 1 genannten Verwendungszwecke bestimmt sind oder bestimmt sein können. Bei der Entscheidung über ein solches Verbot tragen die Mitgliedstaaten ihren Verpflichtungen und Bindungen Rechnung, die sie als Parteien internationaler Verträge oder als Mitglieder internationaler Nichtverbreitungsregime eingegangen sind.

(2) Ein Mitgliedstaat kann vorsehen, dass, bevor eine Entscheidung über ein Durchfuhrverbot getroffen wird, seine zuständigen Behörden in Einzelfällen eine Genehmigungspflicht für die betreffende Durchfuhr von Gütern mit doppeltem Verwendungszweck, die in Anhang I aufgeführt sind, auferlegen können, wenn die Güter ganz oder teilweise für einen der in Artikel 4 Absatz 1 genannten Verwendungszwecke bestimmt sind oder bestimmt sein können.

(3) Ein Mitgliedstaat kann den Anwendungsbereich des Absatzes 1 auch auf nicht gelistete Güter mit doppeltem Verwendungszweck für Verwendungen im Sinne des Artikels 4 Absatz 1 sowie auf Güter mit doppeltem Verwendungszweck für militärische Endverwendungen und Bestimmungsziele gemäß Artikel 4 Absatz 2 ausweiten.

(4) Artikel 8 Absätze 2, 3 und 4 gilt für die in den Absätzen 2 und 3 des vorliegenden Artikels genannten einzelstaatlichen Maßnahmen.

Artikel 7

Diese Verordnung gilt nicht für die Erbringung von Dienstleistungen oder die Weitergabe von Technologie, wenn diese Erbringung oder Weitergabe mit einem Grenzübertritt von Personen verbunden ist.

Artikel 8

(1) Ein Mitgliedstaat kann die Ausfuhr von Gütern mit doppeltem Verwendungszweck, die nicht in Anhang I aufgeführt sind, aus Gründen der öffentlichen Sicherheit oder aus Menschenrechtserwägungen untersagen oder hierfür eine Genehmigungspflicht vorschreiben.

(2) Die Mitgliedstaaten unterrichten die Kommission unverzüglich nach deren Erlass über die gemäß Absatz 1 erlassenen Maßnahmen und geben dabei die genauen Gründe für diese Maßnahmen an.

(3) Die Mitgliedstaaten unterrichten ferner die Kommission unverzüglich über alle Änderungen der gemäß Absatz 1 erlassenen Maßnahmen.

(4) Die Kommission veröffentlicht die ihr gemäß den Absätzen 2 und 3 mitgeteilten Maßnahmen im *Amtsblatt der Europäischen Union,* Reihe C.

KAPITEL III
Ausfuhrgenehmigung und Genehmigung von Vermittlungstätigkeiten

Artikel 9

(1) Mit dieser Verordnung werden für bestimmte Ausfuhren allgemeine Ausfuhrgenehmigungen der Union gemäß den Anhängen IIa bis IIf geschaffen.

Die zuständigen Behörden des Mitgliedstaats, in dem der Ausführer niedergelassen ist, können die Verwendung dieser Ausfuhrgenehmigungen durch den Ausführer untersagen, wenn es berechtigte

Zweifel in Bezug auf seine Fähigkeit gibt, sich an eine solche Ausfuhrgenehmigung oder eine Bestimmung der Rechtsvorschriften zur Ausfuhrkontrolle zu halten.

Die zuständigen Behörden der Mitgliedstaaten tauschen Informationen über Ausführer aus, denen das Recht entzogen wurde, eine allgemeine Ausfuhrgenehmigung der Union in Anspruch zu nehmen, es sei denn, sie stellen fest, dass der Ausführer nicht versuchen wird, Güter mit doppeltem Verwendungszweck über einen anderen Mitgliedstaat auszuführen. Für diesen Zweck wird das in Artikel 19 Absatz 4 genannte System genutzt.

Um sicherzustellen, dass ausschließlich risikoarme Transaktionen unter die allgemeinen Ausfuhrgenehmigungen der Union gemäß den Anhängen IIa bis IIf fallen, wird der Kommission die Befugnis übertragen, delegierte Rechtsakte gemäß Artikel 23a zu erlassen, um Bestimmungsziele aus dem Geltungsbereich dieser allgemeinen Ausfuhrgenehmigungen der Union herauszunehmen, wenn für diese Ziele ein Waffenembargo gemäß Artikel 4 Absatz 2 verhängt wurde.

Wird es in Fällen solcher Waffenembargos aus Gründen äußerster Dringlichkeit erforderlich, bestimmte Bestimmungsziele aus dem Geltungsbereich einer allgemeinen Ausfuhrgenehmigung der Union herauszunehmen, so findet das Verfahren nach Artikel 23b auf die nach dem vorliegenden Absatz erlassenen delegierten Rechtsakte Anwendung.

(2) Für alle anderen nach dieser Verordnung genehmigungspflichtigen Ausfuhren wird die Genehmigung von den zuständigen Behörden des Mitgliedstaats erteilt, in dem der Ausführer niedergelassen ist. Vorbehaltlich der Einschränkungen des Absatzes 4 kann diese Genehmigung in Form einer Einzelgenehmigung, einer Globalgenehmigung oder einer Allgemeingenehmigung erteilt werden.

Alle Genehmigungen sind in der gesamten Gemeinschaft gültig.

Die Ausführer übermitteln den zuständigen Behörden alle erforderlichen Angaben zu ihrem Antrag auf Erteilung einer Einzel- oder Globalausfuhrgenehmigung, damit die zuständigen einzelstaatlichen Behörden in vollem Umfang insbesondere über den Endverwender, das Bestimmungsland und die Endverwendung der ausgeführten Güter unterrichtet sind. Die Genehmigung kann gegebenenfalls von der Vorlage einer Endverbleibserklärung abhängig gemacht werden.

(3) Die Mitgliedstaaten bearbeiten Anträge auf Einzel- oder Globalgenehmigungen innerhalb einer Frist, die sich nach den einzelstaatlichen Rechtsvorschriften oder Gepflogenheiten richtet.

(4) Nationale allgemeine Ausfuhrgenehmigungen

a) gelten nicht für Güter, die in Anhang IIg aufgeführt sind;

b) werden entsprechend den einzelstaatlichen Rechtsvorschriften oder Gepflogenheiten bestimmt. Sie können von allen Ausführern genutzt werden, die in dem Mitgliedstaat ansässig oder niedergelassen sind, der die Genehmigungen erteilt, wenn sie alle Anforderungen dieser Verordnung und der ergänzenden einzelstaatlichen Rechtsvorschriften erfüllen. Sie werden gemäß den Angaben in Anhang IIIc ausgestellt. Sie werden in Einklang mit den einzelstaatlichen Rechtsvorschriften oder Gepflogenheiten ausgestellt.

Die Mitgliedstaaten unterrichten die Kommission unverzüglich über alle erteilten oder geänderten nationalen allgemeinen Ausfuhrgenehmigungen. Die Kommission veröffentlicht diese Mitteilungen im *Amtsblatt der Europäischen Union*, Reihe C.

c) dürfen nicht verwendet werden, wenn der Ausführer von seinen Behörden davon unterrichtet worden ist, dass die betreffenden Güter ganz oder teilweise für einen der in Artikel 4 Absätze 1 und 3 oder in Artikel 4 Absatz 2 genannten Verwendungszwecke in einem Land, gegen das ein Waffenembargo aufgrund eines vom Rat festgelegten Gemeinsamen Standpunkts oder einer vom Rat verabschiedeten Gemeinsamen Aktion oder einer

Entscheidung der OSZE oder ein Waffenembargo aufgrund einer verbindlichen Resolution des VN-Sicherheitsrates verhängt wurde, bestimmt sind oder bestimmt sein können, oder wenn dem Ausführer bekannt ist, dass die Güter für die oben genannten Verwendungszwecke bestimmt sind.

(5) Die Mitgliedstaaten müssen einzelstaatliche Rechtsvorschriften erlassen oder beibehalten, wonach einem bestimmten Ausführer eine Globalausfuhrgenehmigung erteilt werden kann.

(6) Die Mitgliedstaaten übermitteln der Kommission eine Liste der Behörden, die befugt sind,

a) Ausfuhrgenehmigungen für Güter mit doppeltem Verwendungszweck zu erteilen;

b) die Durchfuhr nichtgemeinschaftlicher Güter mit doppeltem Verwendungszweck im Rahmen dieser Verordnung zu verbieten.

Die Kommission veröffentlicht die Liste dieser Behörden im *Amtsblatt der Europäischen Union*, Reihe C.

Artikel 10

(1) Genehmigungen für Vermittlungstätigkeiten im Rahmen dieser Verordnung werden von den zuständigen Behörden des Mitgliedstaats erteilt, in dem der Vermittler ansässig oder niedergelassen ist. Diese Genehmigungen werden für eine vorgegebene Menge bestimmter Güter, die zwischen zwei oder mehr Drittländern verbracht werden, erteilt. Der Standort, an dem sich die Güter im Ursprungsdrittland befinden, der Endverwender und der genaue Standort des Endverwenders müssen unzweideutig angegeben werden. Die Genehmigungen sind in der gesamten Gemeinschaft gültig.

(2) Die Vermittler übermitteln den zuständigen Behörden alle erforderlichen Angaben zu ihrem Antrag auf Erteilung einer Genehmigung für Vermittlungstätigkeiten nach dieser Verordnung; dazu zählen insbesondere Angaben zum Standort, an dem sich die Güter im Ursprungsdrittland befinden, eine genaue Beschreibung der Güter, die betreffende Menge, die an der Transaktion beteiligten Parteien, das Bestimmungsdrittland, der Endverwender in diesem Land und sein genauer Standort.

(3) Die Mitgliedstaaten bearbeiten Anträge auf Genehmigungen für Vermittlungstätigkeiten innerhalb einer Frist, die sich nach den einzelstaatlichen Rechtsvorschriften oder Gepflogenheiten richtet.

(4) Die Mitgliedstaaten übermitteln der Kommission eine Liste der Behörden, die für die Erteilung von Genehmigungen für Vermittlungstätigkeiten im Rahmen dieser Verordnung zuständig sind. Die Kommission veröffentlicht die Liste dieser Behörden im *Amtsblatt der Europäischen Union*, Reihe C.

Artikel 11

(1) Wenn sich die Güter mit doppeltem Verwendungszweck, für die eine Einzelausfuhrgenehmigung beantragt wird, für ein in Anhang IIa nicht aufgeführtes Bestimmungsziel oder – im Fall der im Anhang IV aufgeführten Güter mit doppeltem Verwendungszweck – für alle Bestimmungsziele in einem oder mehreren anderen Mitgliedstaaten als dem oder denjenigen, in dem bzw. denen der Antrag gestellt wurde, befinden oder befinden werden, ist dies in dem Antrag anzugeben. Die zuständigen Behörden des Mitgliedstaats, in dem die Genehmigung beantragt wurde, konsultieren unverzüglich die zuständigen Behörden des betreffenden Mitgliedstaats bzw. der betreffenden Mitgliedstaaten unter Übermittlung der sachdienlichen Angaben. Der konsultierte Mitgliedstaat bzw. die konsultierten

Mitgliedstaaten teilen innerhalb von zehn Arbeitstagen etwaige Einwände gegen die Erteilung einer solchen Genehmigung mit, die den Mitgliedstaat, in dem der Antrag gestellt worden ist, binden.

Wenn innerhalb von zehn Arbeitstagen keine Einwände eingehen, so wird davon ausgegangen, dass der bzw. die konsultierten Mitgliedstaaten keine Einwände haben.

In Ausnahmefällen kann jeder konsultierte Mitgliedstaat die Verlängerung der Zehntagesfrist beantragen. Die Verlängerung darf jedoch 30 Arbeitstage nicht überschreiten.

(2) Wenn eine Ausfuhr den wesentlichen Sicherheitsinteressen eines Mitgliedstaats schaden könnte, kann dieser einen anderen Mitgliedstaat ersuchen, keine Ausfuhrgenehmigung zu erteilen oder, wenn eine derartige Genehmigung bereits erteilt worden ist, um deren Ungültigkeitserklärung, Aussetzung, Abänderung, Rücknahme oder Widerruf ersuchen. Der Mitgliedstaat, an den ein solches Ersuchen gerichtet wird, nimmt mit dem -ersuchenden Mitgliedstaat unverzüglich unverbindliche Konsultationen auf, die innerhalb von zehn Arbeitstagen abgeschlossen sein müssen. -Entschließt sich der ersuchte Mitgliedstaat, die Genehmigung zu erteilen, ist dies der Kommission und den anderen Mitgliedstaaten über das in Artikel 13 Absatz 6 genannte elektronische System mitzuteilen.

Artikel 12

(1) Bei der Entscheidung, ob eine Einzel- oder Globalausfuhrgenehmigung oder eine Genehmigung für die Erbringung von Vermittlungstätigkeiten gemäß dieser Verordnung erteilt wird, berücksichtigen die Mitgliedstaaten alle sachdienlichen Erwägungen, und zwar unter anderem folgende Punkte:

a) die Verpflichtungen und Bindungen, die jeder Mitgliedstaat als Mitglied der jeweiligen internationalen Nichtverbreitungsregime und Ausfuhrkontrollvereinbarungen oder durch die Ratifizierung einschlägiger internationaler Verträge übernommen hat;

b) ihre Verpflichtungen im Rahmen von Sanktionen, die aufgrund eines Beschlusses des Rates oder eines vom Rat festgelegten Gemeinsamen Standpunkts oder aufgrund einer Entscheidung der OSZE oder aufgrund einer verbindlichen Resolution des VN-Sicherheitsrats verhängt wurden;

c) Überlegungen der nationalen Außen- und Sicherheitspolitik, einschließlich der Aspekte, die vom Gemeinsamen Standpunkt 2008/944/GASP des Rates vom 8. Dezember 2008 betreffend gemeinsame Regeln für die Kontrolle der Ausfuhr von Militärtechnologie und Militärgütern[492] erfasst werden;

d) Überlegungen über die beabsichtigte Endverwendung und die Gefahr einer Umlenkung.

(2) Neben den in Absatz 1 genannten Kriterien berücksichtigen die Mitgliedstaaten bei der Bewertung eines Antrags auf eine Globalgenehmigung auch, ob der Ausführer angemessene und verhältnismäßige Mittel und Verfahren anwendet, um die Einhaltung der Bestimmungen und Ziele dieser Verordnung und der Genehmigungsauflagen zu gewährleisten.

Artikel 13

(1) Die zuständigen Behörden der Mitgliedstaaten können in Übereinstimmung mit dieser Verordnung die Erteilung einer Ausfuhrgenehmigung verweigern und eine von ihnen bereits erteilte Ausfuhrge-

---

492 ABl. L 335 vom 13.12.2008, S. 99.

nehmigung für ungültig erklären, aussetzen, abändern, zurücknehmen oder widerrufen. Im Fall der Verweigerung, der Ungültigkeitserklärung, der Aussetzung, der wesentlichen Einschränkung, der Rücknahme oder des Widerrufs einer Ausfuhrgenehmigung oder der Entscheidung, die geplante Ausfuhr nicht zu genehmigen, unterrichten sie die zuständigen Behörden der anderen Mitgliedstaaten und die Kommission entsprechend und geben die sachdienlichen Informationen an sie weiter. Haben die zuständigen Behörden eines Mitgliedstaats eine Ausfuhrgenehmigung ausgesetzt, so wird die abschließende Bewertung den Mitgliedstaaten und der Kommission am Ende der Aussetzungsfrist mitgeteilt.

(2) Die zuständigen Behörden der Mitgliedstaaten überprüfen verweigerte Genehmigungen, die gemäß Absatz 1 mitgeteilt wurden, binnen drei Jahren nach Mitteilung und widerrufen, ändern oder bestätigen sie. Die zuständigen Behörden der Mitgliedstaaten teilen die Ergebnisse der Überprüfung den zuständigen Behörden der anderen Mitgliedstaaten und der Kommission so rasch wie möglich mit. Wird eine Ablehnung nicht widerrufen, behält sie ihre Gültigkeit.

(3) Die zuständigen Behörden der Mitgliedstaaten unterrichten die Mitgliedstaaten und die Kommission unverzüglich über von ihnen verhängte Verbote der Durchfuhr von in Anhang I aufgeführten Gütern mit doppeltem Verwendungszweck nach Artikel 6. Diese Mitteilungen enthalten alle einschlägigen Informationen, einschließlich der Einstufung der Güter, ihrer technischen Parameter, des Bestimmungslandes und des Endverwenders.

(4) Die Absätze 1 und 2 gelten auch für Genehmigungen von Vermittlungstätigkeiten.

(5) Bevor die zuständigen Behörden eines Mitgliedstaats gemäß dieser Verordnung eine Ausfuhrgenehmigung oder eine Genehmigung zur Erbringung von Vermittlungstätigkeiten erteilen oder über eine Durchfuhr befinden, prüfen sie alle nach der vorliegenden Verordnung erlassenen geltenden Ablehnungen oder Verbote der Durchfuhr von in Anhang I aufgeführten Gütern mit doppeltem Verwendungszweck, um sich zu vergewissern, ob eine Genehmigung oder eine Durchfuhr von den zuständigen Behörden eines oder mehrerer anderer Mitgliedstaaten für einen im Wesentlichen identischen Vorgang (d. h. für ein Gut mit im Wesentlichen denselben Parametern oder technischen Eigenschaften für denselben Endverwender oder Empfänger) verweigert wurde. Außerdem konsultieren sie zunächst die zuständigen Behörden des Mitgliedstaats bzw. der Mitgliedstaaten, die die betreffende(n) Ablehnung(en) oder Durchfuhrverbote gemäß den Absätzen 1 und 3 erlassen haben. Beschließen die zuständigen Behörden des Mitgliedstaats nach diesen Konsultationen, eine Genehmigung zu erteilen oder die Durchfuhr zu gestatten, so unterrichten sie die zuständigen Behörden der anderen Mitgliedstaaten und die Kommission und machen dabei alle einschlägigen Angaben zur Begründung der Entscheidung.

(6) Alle nach diesem Artikel erforderlichen Mitteilungen erfolgen über sichere elektronische Mittel, einschließlich des in Artikel 19 Absatz 4 genannten Systems.

(7) Die gemeinsame Nutzung aller Informationen nach diesem Artikel erfolgt in Einklang mit den Vorschriften des Artikels 19 Absätze 3, 4 und 6 über die Vertraulichkeit dieser Informationen.

Artikel 14

(1) Für die – schriftliche oder elektronische – Ausstellung aller Einzel- und Globalgenehmigungen für die Ausfuhr sowie aller Genehmigungen von Vermittlungstätigkeiten ist ein Formblatt zu verwenden, das mindestens alle Angaben nach den Mustern in den Anhängen IIIa und IIIb in der dort vorgegebenen Reihenfolge enthält.

(2) Auf Antrag des Ausführers werden Globalgenehmigungen für die Ausfuhr, die mengenmäßige Beschränkungen enthalten, aufgeteilt.

KAPITEL IV
Aktualisierung der Liste von Gütern mit doppeltem Verwendungszweck

Artikel 15

(1) Die Liste von Gütern mit doppeltem Verwendungszweck in Anhang I wird im Einklang mit den einschlägigen Verpflichtungen und Bindungen und deren Änderungen aktualisiert, die die Mitgliedstaaten als Mitglieder der internationalen Nichtverbreitungsregime und Ausfuhrkontrollvereinbarungen oder durch die Ratifizierung einschlägiger internationaler Verträge eingegangen sind.

(2) Anhang IV, bei dem es sich um eine Teilmenge von Anhang I handelt, wird unter Berücksichtigung des Artikels 30 des Vertrags zur Gründung der Europäischen Gemeinschaft, insbesondere der Interessen der Mitgliedstaaten in Bezug auf die öffentliche Ordnung und Sicherheit, aktualisiert.

(3) Der Kommission wird die Befugnis übertragen, gemäß Artikel 23a delegierte Rechtsakte zu erlassen, um die Liste der Güter mit doppeltem Verwendungszweck in Anhang I zu aktualisieren. Die Aktualisierung des Anhangs I erfolgt nach Maßgabe von Absatz 1 dieses Artikels. Betrifft die Aktualisierung des Anhangs I Güter mit doppeltem Verwendungszweck, die auch in den Anhängen IIa bis IIg oder in Anhang IV aufgeführt sind, werden diese Anhänge entsprechend geändert.

KAPITEL V
Zollverfahren

Artikel 16

(1) Bei der Erledigung der Zollformalitäten für die Ausfuhr von Gütern mit doppeltem Verwendungszweck bei der für die Bearbeitung der Ausfuhranmeldung zuständigen Zollstelle erbringt der Ausführer den Nachweis, dass die Ausfuhr ordnungsgemäß genehmigt worden ist.

(2) Von dem Ausführer kann eine Übersetzung aller Belege in eine Amtssprache des Mitgliedstaats verlangt werden, in dem die Ausfuhranmeldung vorgelegt wird.

(3) Ein Mitgliedstaat kann außerdem unbeschadet der Befugnisse, die ihm in Rahmen und nach Maßgabe des Zollkodex der Gemeinschaften übertragen wurden, während eines Zeitraums, der die in Absatz 4 genannten Zeiträume nicht überschreitet, das Verfahren zur Ausfuhr aus seinem Hoheitsgebiet aussetzen oder erforderlichenfalls auf andere Weise verhindern, dass in Anhang I aufgeführte Güter mit doppeltem Verwendungszweck, für die eine gültige Ausfuhrgenehmigung vorliegt, die Gemeinschaft von seinem Hoheitsgebiet aus verlassen, wenn er Grund zu der Annahme hat, dass

a) bei Erteilung der Genehmigung sachdienliche Informationen nicht berücksichtigt wurden oder

b) die Lage sich seit Erteilung der Genehmigung wesentlich verändert hat.

(4) In dem in Absatz 3 genannten Fall sind die zuständigen Behörden des Mitgliedstaats, der die Ausfuhrgenehmigung erteilt hat, unverzüglich zu konsultieren, damit sie Maßnahmen gemäß Artikel 13 Absatz 1 treffen können. Wenn diese zuständigen Behörden beschließen, die Genehmigung aufrecht-

243

zuerhalten, ergeht ihre Antwort innerhalb von zehn Arbeitstagen, wobei diese Frist auf ihren Antrag hin unter außergewöhnlichen Umständen auf 30 Arbeitstage verlängert werden kann. Wird die Genehmigung aufrechterhalten oder ist innerhalb von zehn bzw. 30 Arbeitstagen keine Antwort eingegangen, so werden die Güter mit doppeltem Verwendungszweck unverzüglich freigegeben. Der Mitgliedstaat, der die Genehmigung erteilt hat, unterrichtet die anderen Mitgliedstaaten und die Kommission.

Artikel 17

(1)Die Mitgliedstaaten können vorsehen, dass die Zollformalitäten für die Ausfuhr von Gütern mit doppeltem Verwendungszweck nur bei dazu ermächtigten Zollstellen erledigt werden können.

(2) Nehmen die Mitgliedstaaten die in Absatz 1 gebotene Möglichkeit in Anspruch, so teilen sie der Kommission mit, welche Zollstellen von ihnen ordnungsgemäß ermächtigt worden sind. Die Kommission veröffentlicht diese Angaben im *Amtsblatt der Europäischen Union, Reihe C*

Artikel 18

Die Bestimmungen des Artikels 843 und der Artikel 912a bis 912g der Verordnung (EWG) Nr. 2454/93 gelten für Beschränkungen der Ausfuhr, der Wiederausfuhr und des Verlassens des Zollgebiets von Gütern mit doppeltem Verwendungszweck, deren Ausfuhr nach dieser Verordnung genehmigungspflichtig ist.

KAPITEL VI
Zusammenarbeit der Verwaltungen

Artikel 19

(1) Die Mitgliedstaaten treffen in Zusammenarbeit mit der Kommission alle zweckdienlichen Maßnahmen für eine direkte Zusammenarbeit und einen Informationsaustausch zwischen den zuständigen Behörden, um auf diese Weise insbesondere die Gefahr auszuschließen, dass eine etwaige unterschiedliche Anwendung der Ausfuhrkontrollen für Güter mit doppeltem Verwendungszweck zu Handelsverlagerungen und so zu Schwierigkeiten für einen oder mehrere Mitgliedstaaten führen kann.

(2) Die Mitgliedstaaten treffen alle zweckdienlichen Maßnahmen für eine direkte Zusammenarbeit und einen Informationsaustausch zwischen den zuständigen Behörden, um die Wirksamkeit der gemeinschaftlichen Ausfuhrkontrollregelung zu verbessern. Zu diesen Informationen kann Folgendes zählen:

  a) Angaben zu Ausführern, die aufgrund nationaler Sanktionen nicht mehr berechtigt sind, nationale allgemeine Ausfuhrgenehmigungen oder allgemeine Ausfuhrgenehmigungen der Union in Anspruch zu nehmen;

  b) Angaben zu Endverwendern, bei denen Sicherheitsbedenken bestehen, Angaben zu Akteuren, die an verdächtigen Beschaffungsvorgängen beteiligt sind, und, soweit vorhanden, Angaben zu Beförderungswegen.

(3) Unbeschadet des Artikels 23 findet die Verordnung (EG) Nr. 515/97 des Rates vom 13. März 1997 über die gegenseitige Amtshilfe zwischen Verwaltungsbehörden der Mitgliedstaaten und die Zusam-

menarbeit dieser Behörden mit der Kommission im Hinblick auf die ordnungsgemäße Anwendung der Zoll- und der Agrarregelung[493] entsprechende Anwendung, insbesondere was die Vertraulichkeit der Angaben betrifft.

(4) Die Kommission richtet im Benehmen mit der nach Artikel 23 eingesetzten Koordinierungsgruppe „Güter mit doppeltem Verwendungszweck" ein sicheres, verschlüsseltes System für den Austausch von Informationen zwischen den Mitgliedstaaten und gegebenenfalls der Kommission ein. Das Europäische Parlament wird über die Haushaltmittel für dieses System, über dessen Entwicklung und vorläufige und endgültige Struktur und Funktionsweise sowie über die Netzwerkkosten unterrichtet.

(5) Es liegt in der Verantwortung der Mitgliedstaaten, Ausführern und Vermittlern, die in ihrem Hoheitsgebiet ansässig oder niedergelassen sind, Leitlinien an die Hand zu geben. Die Kommission und der Rat können ebenfalls Leitlinien und/oder Empfehlungen in Bezug auf bewährte Verfahren für die in dieser Verordnung behandelten Aspekte zur Verfügung stellen.

(6) Die Verarbeitung personenbezogener Daten erfolgt in Einklang mit der Richtlinie 95/46/EG des Europäischen Parlaments und des Rates vom 24. Oktober 1995 zum Schutz natürlicher Personen bei der Verarbeitung personenbezogener Daten und zum freien Datenverkehr[494] und der Verordnung (EG) Nr. 45/2001 des Europäischen Parlaments und des Rates vom 18. Dezember 2000 zum Schutz natürlicher Personen bei der Verarbeitung personenbezogener Daten durch die Organe und Einrichtungen der Gemeinschaft und zum freien Datenverkehr[495].

KAPITEL VII
Kontrollmaßnahmen

Artikel 20

(1) Die Ausführer von Gütern mit doppeltem Verwendungszweck führen entsprechend den geltenden einzelstaatlichen Rechtsvorschriften oder Gepflogenheiten des betreffenden Mitgliedstaats ausführliche Register oder Aufzeichnungen über ihre Ausfuhren. Diese Register oder Aufzeichnungen müssen insbesondere Geschäftspapiere wie Rechnungen, Ladungsverzeichnisse, Beförderungs- oder sonstige Versandpapiere enthalten, anhand deren Folgendes festgestellt werden kann:

a)   die Bezeichnung der Güter mit doppeltem Verwendungszweck,

b)   die Menge dieser Güter,

c)   Name und Anschrift des Ausführers und des Empfängers,

d)   soweit bekannt, die Endverwendung und der Endverwender der Güter mit doppeltem Verwendungszweck.

(2) In Einklang mit den geltenden einzelstaatlichen Rechtsvorschriften oder Gepflogenheiten des betreffenden Mitgliedstaats führen die Vermittler Register oder Aufzeichnungen über Vermittlungstätigkeiten, die in den Geltungsbereich des Artikels 5 fallen, damit sie auf Verlangen Nachweise zur Beschreibung der Güter mit doppeltem Verwendungszweck, die Gegenstand der Vermittlungstätigkeiten waren, zum Zeitraum, in dem Vermittlungstätigkeiten für diese Güter erbracht wurden,

---

493 ABl. L 82 vom 22.3.1997, S. 1.
494 ABl. L 281 vom 23.11.1995, S. 31.
495 ABl. L 8 vom 12.1.2001, S. 1.

zu ihren Bestimmungszielen und zu den Ländern, auf die sich die Vermittlungstätigkeiten erstreckt haben, vorlegen können.

(3) Die Register oder Aufzeichnungen und die Papiere nach den Absätzen 1 und 2 sind nach Ende des Kalenderjahres, in dem die Ausfuhr erfolgt ist oder die Vermittlungstätigkeiten erbracht wurden, mindestens drei Jahre lang aufzubewahren. Sie sind auf Verlangen den zuständigen Behörden des Mitgliedstaats, in dem der Ausführer niedergelassen ist bzw. in dem der Vermittler ansässig oder niedergelassen ist, vorzulegen.

Artikel 21

Um die ordnungsgemäße Anwendung dieser Verordnung sicherzustellen, trifft jeder Mitgliedstaat die erforderlichen Maßnahmen, damit seine zuständigen Behörden

    a)   Auskünfte über jede Bestellung oder jedes Geschäft im Zusammenhang mit Gütern mit doppeltem Verwendungszweck einholen können und

    b)   die einwandfreie Durchführung der Ausfuhrkontrollmaßnahmen überprüfen können, wobei dies insbesondere die Befugnis umfassen kann, sich Zugang zu den Geschäftsräumen von an Ausfuhrgeschäften beteiligten Personen oder von Vermittlern, die unter den in Artikel 5 beschriebenen Umständen an der Erbringung von Vermittlungstätigkeiten beteiligt sind, zu verschaffen.

KAPITEL VIII
Sonstige Bestimmungen

Artikel 22

(1) Die innergemeinschaftliche Verbringung der in Anhang IV aufgeführten Güter mit doppeltem Verwendungszweck ist genehmigungspflichtig. Für die in Anhang IV Teil 2 aufgeführten Güter darf keine Allgemeingenehmigung erteilt werden.

(2) Ein Mitgliedstaat kann für die Verbringung von anderen Gütern mit doppeltem Verwendungszweck aus seinem Hoheitsgebiet in einen anderen Mitgliedstaat in den Fällen eine Genehmigungspflicht vorschreiben, in denen zum Zeitpunkt der Verbringung

    – dem Verbringer bekannt ist, dass das endgültige Bestimmungsziel der betreffenden Güter außerhalb der Gemeinschaft liegt;

    – die Ausfuhr dieser Güter nach diesem endgültigen Bestimmungsziel einer Genehmigungspflicht gemäß Artikel 3, 4 oder 8 in dem Mitgliedstaat, aus dem die Güter verbracht werden sollen, unterliegt und für eine derartige Ausfuhr unmittelbar von seinem Hoheitsgebiet aus keine Allgemeingenehmigung oder Globalgenehmigung vorliegt;

    – die Güter in dem Mitgliedstaat, in den sie verbracht werden sollen, keiner Verarbeitung oder Bearbeitung im Sinne des Artikels 24 des Zollkodex der Gemeinschaften unterzogen werden sollen.

(3) Der Antrag auf Genehmigung der Verbringung ist in dem Mitgliedstaat zu stellen, aus dem die Güter mit doppeltem Verwendungszweck verbracht werden sollen.

(4) In den Fällen, in denen die nachfolgende Ausfuhr der Güter mit doppeltem Verwendungszweck im Rahmen der Konsultationsverfahren gemäß Artikel 11 von dem Mitgliedstaat, aus dem die Güter verbracht werden sollen, bereits befürwortet wurde, wird die Genehmigung für die Verbringung dem Verbringer unverzüglich ausgestellt, es sei denn, die Umstände haben sich wesentlich geändert.

(5) Ein Mitgliedstaat, der Rechtsvorschriften erlässt, in denen eine derartige Genehmigungspflicht vorgeschrieben wird, unterrichtet die Kommission und die anderen Mitgliedstaaten über die von ihm getroffenen Maßnahmen. Die Kommission veröffentlicht diese Angaben im *Amtsblatt der Europäischen Union*, Reihe C.

(6) Die Maßnahmen gemäß den Absätzen 1 und 2 dürfen keine Durchführung von Kontrollen an den Binnengrenzen der Gemeinschaft beinhalten, sondern lediglich Kontrollen, die als Teil der üblichen Kontrollverfahren in nichtdiskriminierender Weise im gesamten Gebiet der Gemeinschaft durchgeführt werden.

(7) Die Durchführung der Maßnahmen gemäß den Absätzen 1 und 2 darf auf keinen Fall dazu führen, dass die Verbringung von einem Mitgliedstaat in einen anderen Mitgliedstaat strengeren Bedingungen unterliegt als die Ausfuhren der gleichen Güter nach Drittländern.

(8) Die Papiere und Aufzeichnungen zur innergemeinschaftlichen Verbringung der in Anhang I aufgeführten Güter mit doppeltem Verwendungszweck sind nach Ende des Kalenderjahres, in dem die Verbringung stattgefunden hat, mindestens drei Jahre lang aufzubewahren und den zuständigen Behörden des Mitgliedstaats, aus dem diese Güter verbracht wurden, auf Verlangen vorzulegen.

(9) Ein Mitgliedstaat kann in seinen innerstaatlichen Rechtsvorschriften vorschreiben, dass bei einer aus diesem Mitgliedstaat erfolgenden innergemeinschaftlichen Verbringung von Gütern, die in Anhang I Kategorie 5 Teil 2, nicht aber in Anhang IV aufgeführt sind, den zuständigen Behörden dieses Mitgliedstaats zusätzliche Angaben zu diesen Gütern vorzulegen sind.

(10) In den einschlägigen Geschäftspapieren in Bezug auf die innergemeinschaftliche Verbringung der in Anhang I aufgeführten Güter mit doppeltem Verwendungszweck ist ausdrücklich zu vermerken, dass diese Güter bei der Ausfuhr aus der Gemeinschaft einer Kontrolle unterliegen. Zu diesen einschlägigen Geschäftspapieren zählen insbesondere Kaufverträge, Auftragsbestätigungen, Rechnungen oder Versandanzeigen.

Artikel 23

(1) Es wird eine Koordinierungsgruppe „Güter mit doppeltem Verwendungszweck" eingesetzt, in der der Vertreter der Kommission den Vorsitz führt. Jeder Mitgliedstaat entsendet einen Vertreter in diese Gruppe.

Sie prüft alle Fragen im Zusammenhang mit der Anwendung dieser Verordnung, die entweder vom Vorsitzenden oder von einem Vertreter eines Mitgliedstaats vorgelegt werden.

(2) Der Vorsitzende der Koordinierungsgruppe „Güter mit doppeltem Verwendungszweck" oder die Koordinierungsgruppe konsultiert Ausführer, Vermittler und sonstige Interessenträger, die von dieser Verordnung betroffen sind, wann immer dies für erforderlich gehalten wird.

(3) Die Kommission legt dem Europäischen Parlament einen Jahresbericht über die Tätigkeiten, Prüfungen und Konsultationen der Koordinierungsgruppe „Güter mit doppeltem Verwendungszweck" vor, der im Artikel 4 der Verordnung (EG) Nr. 1049/2001 des Europäischen Parlaments und des Rates

vom 30. Mai 2001 über den Zugang der Öffentlichkeit zu Dokumenten des Europäischen Parlaments, des Rates und der Kommission[496] unterliegt.

Artikel 23a

(1) Die Befugnis zum Erlass delegierter Rechtsakte wird der Kommission unter den in diesem Artikel festgelegten Bedingungen übertragen.

(2) Die Befugnis zum Erlass delegierter Rechtsakte gemäß Artikel 9 Absatz 1 und Artikel 15 Absatz 3 wird der Kommission für einen Zeitraum von fünf Jahren ab dem 2. Juli 2014 übertragen. Die Kommission erstellt spätestens neun Monate vor Ablauf des Zeitraums von fünf Jahren einen Bericht über die Befugnisübertragung. Die Befugnisübertragung verlängert sich stillschweigend um Zeiträume gleicher Länge, es sei denn, das Europäische Parlament oder der Rat widersprechen einer solchen Verlängerung spätestens drei Monate vor Ablauf des jeweiligen Zeitraums.

(3) Die Befugnisübertragung gemäß Artikel 9 Absatz 1 und Artikel 15 Absatz 3 kann vom Europäischen Parlament oder vom Rat jederzeit widerrufen werden. Der Beschluss über den Widerruf beendet die Übertragung der in diesem Beschluss angegebenen Befugnis. Er wird am Tag nach seiner Veröffentlichung im Amtsblatt der Europäischen Union oder zu einem im Beschluss über den Widerruf angegebenen späteren Zeitpunkt wirksam. Die Gültigkeit von delegierten Rechtsakten, die bereits in Kraft sind, wird von dem Beschluss über den Widerruf nicht berührt.

(4) Sobald die Kommission einen delegierten Rechtsakt erlässt, übermittelt sie ihn gleichzeitig dem Europäischen Parlament und dem Rat.

(5) Ein delegierter Rechtsakt, der nach Artikel 9 Absatz 1 oder Artikel 15 Absatz 3 erlassen wurde, tritt nur in Kraft, wenn weder das Europäische Parlament noch der Rat innerhalb einer Frist von zwei Monaten nach Übermittlung dieses Rechtsakts an das Europäische Parlament und den Rat Einwände erhoben haben oder wenn vor Ablauf dieser Frist das Europäische Parlament und der Rat beide der Kommission mitgeteilt haben, dass sie keine Einwände erheben werden. Auf Initiative des Europäischen Parlaments oder des Rates wird diese Frist um zwei Monate verlängert.

Artikel 23b

(1) Delegierte Rechtsakte, die nach dem vorliegenden Artikel erlassen werden, treten umgehend in Kraft und sind anwendbar, solange keine Einwände gemäß Absatz 2 erhoben werden. Bei der Übermittlung eines delegierten Rechtsakts an das Europäische Parlament und den Rat werden die Gründe für die Anwendung des Dringlichkeitsverfahrens angegeben.

(2) Das Europäische Parlament oder der Rat können gemäß dem Verfahren des Artikels 23a Absatz 5 Einwände gegen einen delegierten Rechtsakt erheben. In diesem Fall hebt die Kommission den Rechtsakt umgehend nach der Übermittlung des Beschlusses des Europäischen Parlaments oder des Rates, Einwände zu erheben, auf.

---

496 ABl. L 145 vom 31.5.2001, S. 43.

Artikel 24

Jeder Mitgliedstaat trifft geeignete Maßnahmen, um die ordnungsgemäße Durchführung aller Bestimmungen dieser Verordnung sicherzustellen. Er legt insbesondere Sanktionen fest, die bei einem Verstoß gegen diese Verordnung und ihre Durchführungsvorschriften zu verhängen sind. Die Sanktionen müssen wirksam, verhältnismäßig und abschreckend sein.

Artikel 25

(1) Jeder Mitgliedstaat unterrichtet die Kommission über die Rechts- und Verwaltungsvorschriften, die er zur Durchführung dieser Verordnung erlässt, einschließlich der Maßnahmen gemäß Artikel 24. Die Kommission übermittelt diese Angaben den übrigen Mitgliedstaaten.

(2) Die Kommission überprüft alle drei Jahre die Durchführung dieser Verordnung und legt dem Europäischen Parlament und dem Rat einen umfassenden Durchführungs- und Folgeabschätzungsbericht vor; dieser Bericht kann Vorschläge zur Änderung der Verordnung enthalten. Die Mitgliedstaaten übermitteln der Kommission alle sachdienlichen Angaben zur Ausarbeitung dieses Berichts.

(3) Spezielle Abschnitte des Berichts betreffen:

   a) die Koordinierungsgruppe ‚Güter mit doppeltem Verwendungszweck' und deren Tätigkeiten. Informationen, die die Kommission über die Prüfungen und Konsultationen der Koordinierungsgruppe ‚Güter mit doppeltem Verwendungszweck' zur Verfügung stellt, sind gemäß Artikel 4 der Verordnung (EG) Nr. 1049/2001 als vertraulich zu behandeln. Informationen werden auf jeden Fall als vertraulich betrachtet, wenn ihre Bekanntgabe erhebliche Nachteile für den Auskunftgeber oder die Informationsquelle haben könnte;

   b) die Umsetzung von Artikel 19 Absatz 4, wobei über den Stand der Einrichtung eines sicheren, verschlüsselten Systems für den Austausch von Informationen zwischen den Mitgliedstaaten und der Kommission zu berichten ist;

   c) die Umsetzung von Artikel 15 Absatz 1;

   d) die Umsetzung von Artikel 15 Absatz 2;

   e) umfassende Informationen, die über die von den Mitgliedstaaten gemäß Artikel 24 unternommenen und der Kommission gemäß Absatz 1 dieses Artikels mitgeteilten Maßnahmen vorgelegt wurden.

(4) Spätestens am 31. Dezember 2013 legt die Kommission dem Europäischen Parlament und dem Rat einen Bericht über die Bewertung der Umsetzung dieser Verordnung mit besonderer Berücksichtigung der Umsetzung von Anhang IIb, allgemeine Ausfuhrgenehmigung der Union Nr. EU002, vor, gegebenenfalls ergänzt durch einen Gesetzgebungsvorschlag zur Änderung dieser Verordnung, insbesondere in Bezug auf das Thema geringwertiger Sendungen.

Artikel 25a

Unbeschadet der Bestimmungen über zolltechnische Amtshilfevereinbarungen oder -protokolle, die die Union mit Drittländern geschlossen hat, kann der Rat die Kommission ermächtigen, Vereinbarungen mit Drittländern zur gegenseitigen Anerkennung von Ausfuhrkontrollen für unter diese Verordnung fallende Güter mit doppeltem Verwendungszweck auszuhandeln, vornehmlich um Genehmigungspflichten für die Wiederausfuhr innerhalb des Gebiets der Union abzuschaffen. Diese Verhandlungen werden im Einklang mit den Verfahren des Artikels 207 Absatz 3 des Vertrags über die Arbeitsweise der Europäischen Union bzw. des Vertrags zur Gründung der Europäischen Atomgemeinschaft (Euratom), je nachdem, was angemessen ist, geführt.

Artikel 26

Diese Verordnung berührt nicht

- die Anwendung von Artikel 296 des Vertrags zur Gründung der Europäischen Gemeinschaft,
- die Anwendung des Vertrags zur Gründung der Europäischen Atomgemeinschaft.

Artikel 27

Die Verordnung (EG) Nr. 1334/2000 wird mit Wirkung vom 27. August 2009 aufgehoben.

Für Anträge auf Erteilung einer Ausfuhrgenehmigung, die vor dem 27. August 2009 gestellt wurden, gelten jedoch weiterhin die einschlägigen Bestimmungen der Verordnung (EG) Nr. 1334/2000.

Verweisungen auf die aufgehobene Verordnung gelten als Verweisungen auf die vorliegende Verordnung und sind nach Maßgabe der Entsprechungstabelle in Anhang VI zu lesen.

Artikel 28

Diese Verordnung tritt am 90. Tag nach ihrer Veröffentlichung im *Amtsblatt der Europäischen Union* in Kraft.

Diese Verordnung ist in allen ihren Teilen verbindlich und gilt unmittelbar in jedem Mitgliedstaat.

Geschehen zu Brüssel am 5. Mai 2009.

Im Namen des Rates

Der Präsident

M. KALOUSEK

ANHANG I
Liste gemäß Artikel 3 der Verordnung (EG) Nr. 1334/2000 des Rates
LISTE DER GÜTER MIT DOPPELTEM VERWENDUNGSZWECK

Vom Abdruck des Anhangs wurde aus Gründen des Umfangs abgesehen.

ANHÄNGE IIa bis IIg
ALLGEMEINE AUSFUHRGENEHMIGUNG DER UNION

Vom Abdruck der Anhänge wurde aus Gründen des Umfangs abgesehen.

ANHANG III a
(Musterformblatt für Einzel- oder -Globalgenehmigungen für die Ausfuhr)
(gemäß Artikel 14 Absatz 1 dieser Verordnung)

Die Mitgliedstaaten achten bei der Erteilung der Ausfuhrgenehmigungen darauf, dass auf dem ausgegebenen Formblatt klar erkennbar ist, um welche Art der Genehmigung es sich handelt (Einzel- oder Globalgenehmigung)

Diese Ausfuhrgenehmigung gilt bis zum Erreichen des Gültigkeitsdatums in allen Mitgliedstaaten der Europäischen Union.

EUROPÄISCHE GEMEINSCHAFT

AUSFUHR VON GÜTERN MIT DOPPELTEM VERWENDUNGSZWECK
(Verordnung (EG) Nr. 428/2009)

GENEHMIGUNG			
1	1. Ausführer Nr.	2. Antragsnummer	3. Gültigkeitsdatum *(soweit zutreffend)*
		4. Ansprechpartner in der Behörde	
	5. Empfänger	6. Ausstellende Behörde	
	7. Agent/Vertreter Nr. (falls nicht identisch mit Ausführer)		
		8. Ursprungsland	Ländercode $(^1)$
		9. Herkunftsland	Ländercode $(^1)$
	10. Endverwender (falls nicht identisch mit Empfänger)	11. Mitgliedstaat, in dem sich die Güter befinden oder befinden werden	Ländercode $(^1)$
		12. Mitgliedstaat, in dem die Ausfuhranmeldung abgegeben werden soll	Ländercode $(^1)$
		13. Endbestimmungsland	Ländercode $(^1)$
1			

14. Güterbeschreibung $(^2)$	15. Code des Harmonisierten Systems oder der Kombinierten Nomenklatur (gegebenenfalls 8-Steller; CAS-Nummer falls verfügbar)	16. AL-Nummer (für gelistete Güter)
	17. Währung und Wert	18. Menge
19. Endverwendung	20. Datum des Vertrags (falls bekannt)	21. Ausfuhrart

22. Zusätzliche Angaben, die nach den innerstaatlichen Rechtsvorschriften vorgeschrieben sind (auf dem Formblatt anzugeben)

Feld für vorgedruckte
Angaben der Mitgliedstaaten

Von der ausstellenden Behörde auszufüllen

Unterschrift   Stempel

Ausstellende Behörde

Datum

$(^1)$ Siehe Verordnung (EG) Nr. 1172/95 (ABl. L 118 vom 25.5.1995, S. 10).

$(^2)$ Bei Bedarf Zusatzblatt 1a verwenden. In diesem Fall ist in diesem Feld die genannte Anzahl der Zusatzblätter anzugeben. Die Beschreibung sollte so genau wie möglich sein und, soweit relvant, den CAS-Code oder andere Codes, insbesondere für chemische Stoffe, umfassen.

EUROPÄISCHE GEMEINSCHAFT

AUSFUHR VON GÜTERN MIT DOPPELTEM VERWENDUNGSZWECK
(Verordnung (EG) Nr. 428/2009)

1 a GENEHMIGUNG	1. Ausführer	2. Antragsnummer		
	14. Güterbeschreibung	15. Warencode (gegebenenfalls 8-Steller; CAS-Nummer falls verfügbar)		16. AL-Nummer (für gelistete Güter)
		17. Währung und Wert	18. Menge	
	14. Güterbeschreibung	15. Warencode (gegebenenfalls 8-Steller; CAS-Nummer falls verfügbar)		16. AL-Nummer (für gelistete Güter)
		17. Währung und Wert	18. Menge	
	14. Güterbeschreibung	15. Warencode		16. AL-Nummer
		17. Währung und Wert	18. Menge	
	14. Güterbeschreibung	15. Warencode		16. AL-Nummer
		17. Währung und Wert	18. Menge	
	14. Güterbeschreibung	15. Warencode		16. AL-Nummer
		17. Währung und Wert	18. Menge	
	14. Güterbeschreibung	15. Warencode		16. AL-Nummer
		17. Währung und Wert	18. Menge	
	14. Güterbeschreibung	15. Warencode		16. AL-Nummer
		17. Währung und Wert	18. Menge	
	14. Güterbeschreibung	15. Warencode		16. AL-Nummer
		17. Währung und Wert	18. Menge	
	14. Güterbeschreibung	15. Warencode		16. AL-Nummer
		17. Währung und Wert	18. Menge	
	14. Güterbeschreibung	15. Warencode		16. AL-Nummer
		17. Währung und Wert	18. Menge	

Anmerkung: In Feld 1 der Spalte 24 ist die noch vorhandene Menge, in Feld 2 der Spalte 24 ist die in diesem Fall abgezogene Menge einzutragen.

23. Nettomenge/Nettowert (Nettomasse/andere Einheit mit Angabe der Einheit)		24. In Zahlen	25. Abgezogener(r) Menge/Wert in Worten
26. Zollpapier (Art und Nummer) oder Auszug (Nr.) und Abzugsdatum	27. Mitgliedstaat, Name und Unterschrift, Stempel der Behörde, die eine Teilmenge abzieht		
1			
2			
1			
2			
1			
2			
1			
2			
1			
2			
1			
2			
1			
2			
1			
2			

ANHANG III b
(Musterformblatt für die Genehmigung von Vermittlungstätigkeiten)
(gemäß Artikel 14 Absatz 1 dieser Verordnung)

EUROPÄISCHE GEMEINSCHAFT   ERBRINGUNG VON VERMITTLUNGSTÄTIGKEITEN (Verordnung (EG) Nr. 428/2009)

1 **GENEHMIGUNG** **1**	1. Vermittler/ *Antragsteller* Nr.	2. Antragsnummer	3. Gültigkeitsdatum *(soweit zutreffend)*	
		4. Ansprechpartner in der Behörde		
	5. Ausführer im Ursprungsdrittland	6. Ausstellende Behörde		
	7. Empfänger im Ursprungsdrittland Nr.			
		8. Mitgliedstaat, in dem der Vermittler ansässig oder niedergelassen ist	Ländercode (¹)	
		9. Ursprungsdrittland/Drittland des Standorts der Güter, für die Vermittlungstätigkeiten erbracht werden	Ländercode (¹)	
	10. Endverwender im Bestimmungsdrittland (falls nicht mit dem Empfänger identisch)	11. Bestimmungsdrittland	Ländercode (¹)	
		12. Beteiligte Dritte, z.B. Agenten (falls zutreffend) (¹)		

13. Güterbeschreibung	14. Code des Harmonisierten Systems oder der Kombinierten Nomenklatur (falls zutreffend)	15. AL-Nummer
	16. Währung und Wert	17. Menge

18. Endverwendung

19. Zusätzliche Angaben, die nach den innerstaatlichen Rechtsvorschriften vorgeschrieben sind (auf dem Formblatt anzugeben)

Feld für vorgedruckte
Angaben der Mitgliedstaaten

Von der ausstellenden Behörde auszufüllen

Unterschrift   Ausstellende Behörde

Datum

Stempel

(¹) Siehe Verordnung (EG) Nr. 1172/95 (ABl. L 118 vom 25.5.1995, S. 10).

ANHANG III c

**EINHEITLICHE ANGABEN FÜR DIE VERÖFFENTLICHUNG VON NATIONALEN ALLGEMEINEN AUSFUHRGE-
NEHMIGUNGEN IN DEN NATIONALEN AMTSBLÄTTERN**

(gemäß Artikel 9 Absatz 4 Buchstabe b dieser Verordnung)

1. Titel der allgemeinen Ausfuhrgenehmigung

2. Ausstellende Behörde

3. Gültigkeit für die EG: Hier ist folgender Text zu verwenden:

Dies ist eine allgemeine Ausfuhrgenehmigung gemäß Artikel 9 Absatz 2 der Verordnung (EG) Nr. 428/2009. Diese Genehmigung ist nach Artikel 9 Absätze 2 jener Verordnung in allen Mitgliedstaaten der Europäischen Union gültig.

Gültigkeit: entsprechend den einzelstaatlichen Gepflogenheiten

4. Erfasste Güter. Folgende Einleitungsformel ist zu verwenden: Diese Ausfuhrgenehmigung betrifft folgende Güter:

5. Erfasste Bestimmungsziele. Folgende Einleitungsformel ist zu verwenden:

Diese Ausfuhrgenehmigung gilt für Ausfuhren nach folgenden Bestimmungszielen:

6. Voraussetzungen und Nebenbestimmungen

ANHANG IV

(Liste gemäß Artikel 22 Absatz 1 dieser Verordnung)

Die Einträge enthalten nicht immer die vollständige Beschreibung der betreffenden Güter und die zugehörigen Anmerkungen des Anhangs I ([497]*). Lediglich Anhang I enthält die vollständige Beschreibung der Güter.*

Die Nennung eines Guts im vorliegenden Anhang berührt nicht die Anwendung der Bestimmungen über Massenprodukte des Anhangs I.

Bei Begriffen, die zwischen doppelten Anführungszeichen stehen, handelt es sich um Begriffe, für die es eine Definition in der Liste der Begriffsbestimmungen in Anhang I gibt.

TEIL I

(Möglichkeit einer nationalen Allgemeingenehmigung für den innergemeinschaftlichen Handel)

Güter der Tarn(Stealth)-Technologie

1C001	Werkstoffe, besonders entwickelt zum Gebrauch als Absorptionsmittel für elektromagnetische Wellen oder eigenleitfähige Polymere. *ANMERKUNG: SIEHE AUCH NUMMER 1C101.*
1C101	Andere als die von Nummer 1C001 erfassten Werkstoffe und Geräte zur Verminderung von Messgrößen wie Radarreflexion, Ultraviolett-/Infrarot-Rückstrahlung und Schallsignatur, geeignet für ‚Flugkörper' und „Flugkörper"-Subsysteme oder von Nummer 9A012 erfasste unbemannte Luftfahrzeuge. *Anmerkung: Nummer 1C101 erfasst keine lediglich für zivile Anwendungen entwickelten/formulierten Materialien.* *Technische Anmerkung:* *‚Flugkörper' im Sinne von Nummer 1C101 bedeutet vollständige Raketensysteme und unbemannte Luftfahrzeugsysteme mit einer Reichweite größer als 300 km.*
1D103	„Software", besonders entwickelt für die Analyse zur Reduktion von Messgrößen, wie Radarreflexion, Ultraviolett-/Infrarot-Rückstrahlung oder Schallsignatur.
1E101	„Technologie" entsprechend der Allgemeinen Technologie-Anmerkung für die „Verwendung" von Gütern, erfasst von Nummer 1C101 oder 1D103.
1E102	„Technologie" entsprechend der Allgemeinen Technologie-Anmerkung für die „Entwicklung" von „Software", erfasst von Nummer 1D103.
6B008	Impulsradarmesseinrichtungen zur Bestimmung des Rückstrahlquerschnitts mit einer Sendeimpulsbreite kleiner/gleich 100 ns und besonders konstruierte Bestandteile hierfür. *ANMERKUNG: SIEHE AUCH NUMMER 6B108.*
6B108	Messsysteme, besonders konstruiert zur Bestimmung von Radarrückstrahlquerschnitten, geeignet für „Flugkörper" und „Flugkörper"-Subsysteme.

---

497 Abweichungen (Formulierung oder Geltungsbereich) zwischen den Anhängen I und IV sind durch Fettdruck in Kursivschrift kenntlich gemacht.

Güter der gemeinschaftlichen strategischen Überwachung

1A007	Ausrüstung und Vorrichtungen, besonders konstruiert, um Ladungen und Vorrichtungen, die energetische Materialien enthalten, elektrisch zu zünden, wie folgt:
	
	ANMERKUNG: SIEHE AUCH LISTE FÜR WAFFEN, MUNITION UND RÜSTUNGSMATERIAL, NUMMERN 3A229 UND 3A232.
	
	 a) Zündvorrichtungen für Explosivstoffdetonatoren, entwickelt zur **gleichzeitigen Zündung mehrerer** von **nachstehender** Unternummer 1A007b erfasster Explosivstoffdetonatoren;
	
	 b) elektrisch betriebene Detonatoren wie folgt:
	
	  1. Brückenzünder (EB),
	
	  2. Brückenzünderdraht (EBW),
	
	  3. Slapperzünder,
	
	  4. Folienzünder (EFI).
	
	Anmerkung: Unternummer 1A007b erfasst keine Detonatoren, die nur Intitialsprengstoffe, zum Beispiel Bleiazid, verwenden.

1C239	Sprengstoffe, die nicht von der Liste für Waffen, Munition und Rüstungsmaterial erfasst werden, mit einer Kristalldichte größer als 1,8 g/cm^3 und einer Detonationsgeschwindigkeit größer als 8 000 m/s oder Stoffe oder Mischungen, die diese Sprengstoffe mit mehr als 2 Gew.-% enthalten.
1E201	„Technologie" entsprechend der Allgemeinen Technologie-Anmerkung für die „Verwendung" von Gütern, erfasst von Nummer 1C239.
3A229	Hochstrom-Impulsgeneratoren wie folgt: … *ANMERKUNG: SIEHE AUCH LISTE FÜR WAFFEN, MUNITION UND RÜSTUNGSMATERIAL.*
3A232	Mehrfachzündersysteme soweit nicht erfasst von **obiger** Nummer 1A007, wie folgt: … *ANMERKUNG: SIEHE AUCH LISTE FÜR WAFFEN, MUNITION UND RÜSTUNGSMATERIAL.*
3E201	„Technologie" entsprechend der Allgemeinen Technologie-Anmerkung für die ‚Verwendung' von Ausrüstung, erfasst von Nummer 3A229 oder 3A232.
6A001	Akustik, beschränkt auf Folgendes:
6A001a1b	Objekterfassungs- oder Lokalisierungssysteme mit einer der folgenden Eigenschaften: 1. Sendefrequenz *kleiner als 5 kHz*, 6. konstruiert, um … standzuhalten,
6A001a2a2	Hydrofone (Wandler) … mit …
6A001a2a3	Hydrofone (Wandler) … mit …
6A001a2a6	Hydrofone (Wandler) … konstruiert für …

6A001a2b	Akustische Schlepp-Hydrofonanordnungen …
6A001a2c	Datenverarbeitungsausrüstung, besonders konstruiert für **Echtzeitanwendungen mit** akustischen Schlepp-Hydrofonanordnungen, mit „anwenderzugänglicher Programmierbarkeit" und Verarbeitung und Korrelation im Zeit- oder Frequenzbereich einschließlich Spektralanalyse, digitaler Filterung und Strahlformung unter Verwendung der schnellen Fourier-Transformation (FFT) oder anderer Transformationen oder Verfahren.
6A001a2e	Flachwasser-Messkabelsysteme (bottom or bay cable systems) mit einer der folgenden Eigenschaften: 1. mit eingebauten Hydrofonen … *oder* 2. Einsatz von Multiplexermodulen … zur Bündelung der Signale der Hydrofongruppen.
6A001a2f	Datenverarbeitungsausrüstung, besonders konstruiert für **Echtzeitanwendungen mit** Flachwasser-Messkabelsystemen, mit „anwenderzugänglicher Programmierbarkeit" und Verarbeitung und Korrelation im Zeit- oder Frequenzbereich einschließlich Spektralanalyse, digitaler Filterung und Strahlformung unter Verwendung der schnellen Fourier-Transformation (FFT) oder anderer Transformationen oder Verfahren.
6D003a	„Software" für die „Echtzeitverarbeitung" akustischer Daten.
8A002o3	Geräuschminderungssysteme, konstruiert für den Einsatz auf Schiffen größer/gleich 1 000 Tonnen Wasserverdrängung, wie folgt: b. aktive Geräuschminderungs- oder -tilgungssysteme oder Magnetlager, besonders konstruiert für Leistungsübertragungssysteme, die elektronische Steuerungen enthalten, welche aktiv die Vibration der Ausrüstung durch die Erzeugung von Anti-Geräusch- oder Anti-Vibrationssignalen direkt an der Entstehungsstelle verringern können.
8E002a	„Technologie" für die „Entwicklung", „Herstellung", Reparatur, Überholung oder Wiederaufarbeitung (re- machining) von Propellern, besonders konstruiert für die Geräuschminderung unter Wasser.

Güter der gemeinschaftlichen strategischen Überwachung – Kryptotechnik – Kategorie 5 Teil 2

5A004	Geräte, entwickelt oder geändert zur Ausführung 'kryptoanalytischer Funktionen'. *Anmerkung: Die Nummer 5A004 schließt Systeme und Ausrüstung ein, die zur Ausführung 'kryptoanalytischer Funktionen' durch Reverse Engineering entwickelt oder geändert wurden.* *Technische Anmerkung:* *'Kryptoanalytische Funktionen' sind Funktionen, die zum Brechen kryptografischer Verfahren entwickelt wurden, um vertrauliche Variablen oder sensitive Daten einschließlich Klartext, Passwörter oder kryptografische Schlüssel abzuleiten.*
5D002c	„Software", die die Eigenschaften folgender Güter besitzt oder deren Funktionen ausführt oder simuliert: 3. Ausrüstung, die von Nummer 5A004 erfasst wird,
5E002a	Nur „Technologie" für die „Entwicklung", „Herstellung" oder „Verwendung" der Güter, die von obiger Nummer 5A004 oder obiger Unternummer 5D002c erfasst werden.

Güter der MTCR-Technologie

7A117	„Steuerungssysteme", geeignet für „Flugkörper", mit einer erreichbaren Systemgenauigkeit kleiner/gleich 3,33 % der Reichweite (z.B. ein „CEP-Wert" kleiner/gleich 10 km bei einer Reichweite von 300 km), **ausgenommen „Steuerungssysteme" für Flugkörper mit einer Reichweite unter 300 km oder bemannte Luftfahrzeuge**.
7B001	Prüf-, Kalibrier- oder Justiereinrichtungen, besonders konstruiert für die *von* obiger Nummer 7A117 erfasste Ausrüstung. *Anmerkung: Nummer 7B001 erfasst nicht Ausrüstung für Wartung und Inspektion der Instandhaltungsstufe I oder der Instandhaltungsstufe II.*
7B003	Einrichtungen, besonders konstruiert für die „Herstellung" der von *obiger Nummer 7A117* erfassten Ausrüstung.
7B103	„Herstellungsanlagen", besonders konstruiert für von **obiger** Nummer 7A117 erfasste Ausrüstung.
7D101	„Software", besonders entwickelt für die „Verwendung" der von **obigen** Nummern 7B003 oder 7B103 erfassten Ausrüstung.
7E001	„Technologie" entsprechend der Allgemeinen Technologie-Anmerkung für die „Entwicklung" von Ausrüstung oder „Software", die von **obigen** Nummern 7A117, 7B003, 7B103 oder 7D101 erfasst wird.
7E002	„Technologie" entsprechend der Allgemeinen Technologie-Anmerkung für die „Herstellung" von Ausrüstung, die von **obigen** Nummern 7A117, 7B003 oder 7B103 erfasst wird.

7E101	„Technologie" entsprechend der Allgemeinen Technologie-Anmerkung für die „Verwendung" von Ausrüstung, die von **obigen** Nummern 7A117, 7B003, 7B103 oder 7D101 erfasst wird.
9A004	Trägerraketen für „Raumfahrzeuge", **geeignet für die Beförderung von mindestens 500 kg Nutzlast über eine Reichweite von mindestens 300 km.** *ANMERKUNG: SIEHE AUCH NUMMER 9A104.* *Anmerkung 1: Nummer 9A004 erfasst nicht Nutzlasten.*
9A005	Flüssigkeitsraketenantriebssysteme, die eines der von Nummer 9A006 erfassten Systeme oder Bestandteile enthalten, **geeignet für Trägerraketen, erfasst von obiger Nummer 9A004, oder für Höhenforschungsraketen, erfasst von nachstehender Nummer 9A104.** *ANMERKUNG: SIEHE AUCH NUMMERN 9A105 UND 9A119.*
9A007a	Feststoffraketenantriebssysteme, **geeignet für Trägerraketen, erfasst von obiger Nummer 9A004, oder für Höhenforschungsraketen, erfasst von nachstehender Nummer 9A104**, mit einer der folgenden Eigenschaften: *ANMERKUNG: SIEHE AUCH NUMMER 9A119.* a) Gesamtimpuls größer als 1,1 MNs;
9A008d	Bestandteile wie folgt, besonders konstruiert für Feststoffraketenantriebssysteme: *ANMERKUNG: SIEHE AUCH NUMMER 9A108c.* d) Schubvektorsteuersysteme mittels Schwenkdüsen oder Sekundäreinspritzung, *geeignet für Trägerraketen*, **erfasst von obiger Nummer 9A004, oder für Höhenforschungsraketen, erfasst von nachstehender Nummer 9A104**, und geeignet für eines der Folgenden: 1. Bewegungen in alle Richtungen von mehr als ± 5°, 2. Winkelgeschwindigkeiten größer/gleich 20°/s, *oder* 3. Winkelbeschleunigungen größer/gleich 40°/s^2.
9A104	Höhenforschungsraketen (sounding rockets), **geeignet für die Beförderung von mindestens 500 kg Nutzlast** über eine Reichweite von mindestens 300 km. *ANMERKUNG: SIEHE AUCH NUMMER 9A004.*
9A105a	Flüssigkeitsraketentriebwerke wie folgt: *ANMERKUNG: SIEHE AUCH NUMMER 9A119.* a) Flüssigkeitsraketentriebwerke, die nicht von Nummer 9A005 erfasst werden, geeignet für „Flugkörper", integriert oder konstruiert oder geändert zur Integration in ein Flüssigtreibstoffantriebssystem mit einem Gesamtimpuls größer/gleich 1,1 MNs, **ausgenommen Flüssigkeitsraketentriebwerke, konstruiert oder geändert für Satellitenanwendungen mit allen folgenden Eigenschaften:** 1. **Düsenhalsdurchmesser kleiner/gleich 20 mm und** 2. **Brennkammerdruck kleiner/gleich 15 bar.**

9A106c	Systeme oder Bestandteile, die nicht von Nummer 9A006 erfasst werden, geeignet für „Flugkörper", wie folgt, besonders konstruiert für Flüssigkeitsraketen-Antriebssysteme: c) Schubvektorsteuerungs-Subsysteme, **ausgenommen Systeme, konstruiert für Raketensysteme, die nicht für die Beförderung von mindestens 500 kg Nutzlast über eine Reichweite von mindestens 300 km geeignet sind**. *Technische Anmerkung:* *Unternummer 9A106c schließt Ausrüstung ein, die in folgenden Verfahren zur Schubvektorsteuerung Verwendung findet:* 1. *flexible Düse,* 2. *Flüssig- oder Sekundärgaseinspritzung,* 3. *bewegliches Triebwerk oder bewegliche Düse,* 4. *Ablenkung des Abgasstroms (Strahlschaufeln oder Sonden) oder* 5. *Verwendung von Schubklappen.*
9A108c	Bestandteile, die nicht von Nummer 9A008 erfasst werden, geeignet für „Flugkörper", wie folgt, besonders konstruiert für Feststoffraketenantriebssysteme: c) Schubvektorsteuerungs-Subsysteme, **ausgenommen Systeme, konstruiert für Raketensysteme, die nicht für die Beförderung von mindestens 500 kg Nutzlast über eine Reichweite von mindestens 300 km geeignet sind**. *Technische Anmerkung:* *Unternummer 9A108c schließt Ausrüstung ein, die in folgenden Verfahren zur Schubvektorsteuerung Verwendung findet:* 1. *flexible Düse,* 2. *Flüssig- oder Sekundärgaseinspritzung,* 3. *bewegliches Triebwerk oder bewegliche Düse,* 4. *Ablenkung des Abgasstroms (Strahlschaufeln oder Sonden) oder* 5. *Verwendung von Schubklappen.*
9A116	Wiedereintrittsfahrzeuge, geeignet für „Flugkörper", sowie dafür konstruierte oder abgeänderte Ausrüstung wie folgt, **ausgenommen Wiedereintrittsfahrzeuge für Nicht-Waffen-Nutzlast:** a) Wiedereintrittsfahrzeuge; b) Hitzeschilde und Bestandteile hierfür, hergestellt aus Keramik oder wärmeableitendem Material; c) Kühlkörper und Bestandteile hierfür, hergestellt aus leichtem Material mit hoher Wärmekapazität; d) elektronische Ausrüstung, besonders konstruiert für Wiedereintrittsfahrzeuge.

9A119	Einzelne Raketenstufen, die nicht von **obigen** Nummern 9A005 oder 9A007a erfasst werden, geeignet für vollständige Raketensysteme oder unbemannte Luftfahrzeuge, die **für die Beförderung von mindestens 500 kg Nutzlast** über eine Reichweite von mindestens 300 km geeignet sind.
9B115	Besonders konstruierte „Herstellungsausrüstung" für die von **obigen** Nummern 9A005, 9A007a, 9A008d, 9A105a, 9A106c, 9A108c, 9A116 oder 9A119 erfassten Systeme, Subsysteme oder Bestandteile.
9B116	Besonders konstruierte „Herstellungsanlagen" für von Nummer 9A004 erfasste Trägerraketen oder von **obigen** Nummern 9A005, 9A007a, 9A008d, 9A104, 9A105a, 9A106c, 9A108c, 9A116 oder 9A119 erfasste Systeme, Subsysteme oder Bestandteile.
9D101	„Software", besonders entwickelt für die „Verwendung" von Ausrüstung erfasst von **obiger** Nummer 9B116.
9E001	„Technologie" entsprechend der Allgemeinen Technologie-Anmerkung für die „Entwicklung" von Ausrüstung oder „Software", die von **obigen** Nummern 9A004, 9A005, 9A007a, 9A008d, 9B115, 9B116 oder 9D101 erfasst wird.
9E002	„Technologie" entsprechend der Allgemeinen Technologie-Anmerkung für die „Herstellung" von Ausrüstung, die von **obigen** Nummern 9A004, 9A005, 9A007a, 9A008d, 9B115 oder 9B116 erfasst wird. *Anmerkung: „Technologie" für die Instandsetzung von erfassten Strukturen, Laminaten oder Werkstoffen: Siehe Unternummer 1E002f.*
9E101	„Technologie" entsprechend der Allgemeinen Technologie-Anmerkung für die „Entwicklung" oder „Herstellung" von Gütern, die von **obigen** Nummern 9A104, 9A105a, 9A106c, 9A108c, 9A116 oder 9A119 erfasst wird.
9E102	„Technologie" entsprechend der Allgemeinen Technologie-Anmerkung für die „Verwendung" der von **obigen** Nummern 9A004, 9A005, 9A007a, 9A008d, 9A104, 9A105a, 9A106c, 9A108c, 9A116, 9A119, 9B115, 9B116 oder 9D101 erfassten Trägerraketen.

Ausnahmen:

Anhang IV erfasst nicht die folgenden Güter der MTCR-Technologie:

1. Güter, die aufgrund von vertraglich geregelten Bestellungen der Europäischen Weltraumorganisation verbracht werden oder von der Europäischen Weltraumorganisation zur Wahrnehmung ihrer offiziellen Aufgaben verbracht werden,

2. Güter, die aufgrund von vertraglich geregelten Bestellungen einer nationalen Weltraumorganisation eines Mitgliedstaats verbracht werden oder von dieser Organisation zur Wahrnehmung ihrer offiziellen Aufgaben verbracht werden,

3. Güter, die aufgrund von vertraglich geregelten Bestellungen im Zusammenhang mit einem Entwicklungs- und Herstellungsprogramm der Gemeinschaft zum Starten von Satelliten, das von zwei oder mehr europäischen Regierungen unterzeichnet wurde, verbracht werden,

4. Güter, die zu einem staatlich kontrollierten Satellitenstartplatz im Gebiet eines Mitgliedstaats verbracht werden, es sei denn, dieser Mitgliedstaat kontrolliert diese Verbringung im Rahmen dieser Verordnung.

TEIL II

(keine Möglichkeit einer nationalen Allgemeingenehmigung für den innergemeinschaftlichen Handel)

Güter des Chemiewaffenübereinkommens

1C351d4	Ricin
1C351d5	Saxitoxin

Güter der NSG-Technologie

Die gesamte Kategorie 0 des Anhangs I ist in Anhang IV einbezogen, mit folgenden Maßgaben:

- 0C001: Diese Nummer ist nicht in Anhang IV einbezogen.

- 0C002: Die Nummer 0C002 ist nicht in Anhang IV einbezogen, mit Ausnahme des folgenden besonderen spaltbaren Materials:

  a) abgetrenntes Plutonium;

  b) „mit den Isotopen 235 oder 233 angereichertes Uran" (angereichert auf mehr als 20 %);

- Die Nummer 0C003 ist nur bei Verwendung in einem „Kernreaktor" (innerhalb von Unternummer 0A001a) einbezogen.

- Die Nummer 0D001 (Software) ist im Anhang IV einbezogen, außer wenn sie sich auf die Nummer 0C001 oder auf die Güter der Nummer 0C002 bezieht, die nicht unter Anhang IV fallen.

- Die Nummer 0E001 (Technologie) ist im Anhang IV einbezogen, außer wenn sie sich auf die Nummer 0C001 oder auf die Güter der Nummer 0C002 bezieht, die nicht unter Anhang IV fallen.

1B226	Separatoren zur elektromagnetischen Isotopentrennung, konstruiert für den Betrieb mit einer oder mehreren Ionenquellen, die einen Gesamtstrahlstrom von größer/gleich 50 mA liefern können oder die mit solchen Ionenquellen ausgestattet sind.
	Anmerkung: Nummer 1B226 schließt Separatoren ein:
	a) *die stabile Isotope anreichern können,*
	b) *mit Ionenquellen und Kollektoren innerhalb und außerhalb des magnetischen Feldes.*
1C012	Materialien, wie folgt:
	Technische Anmerkung:
	Diese Materialien werden typischerweise für nukleare Wärmequellen verwendet.
	b) „vorher abgetrenntes" Neptunium-237 in jeder Form.
	Anmerkung: Unternummer 1C012b erfasst nicht Lieferungen mit einem Gehalt an Neptunium-237 kleiner/gleich 1 Gramm.

1B231	Tritium-Anlagen oder -Einrichtungen und Ausrüstung hierfür, wie folgt:
	
	a) Anlagen oder Einrichtungen für die Herstellung, Rückgewinnung, Extraktion, Konzentration oder Handhabung von Tritium,
	
	b) Ausrüstung für Tritium-Anlagen oder -Einrichtungen, wie folgt:
	
	    1. Wasserstoff- oder Helium-Kälteaggregate, die auf 23 K (– 250 °C) oder weniger kühlen können, mit einer Wärmeabfuhrkapazität größer als 150 W;
	
	    2. Wasserstoffisotopen-Speicher- oder Reinigungssysteme mit Metallhydriden als Speicher- oder Reinigungsmedium.

1B233	Anlagen oder Einrichtungen für die Lithium-Isotopentrennung und Ausrüstung hierfür, wie folgt:
	
	a) Anlagen oder Einrichtungen für die Trennung von Lithiumisotopen;
	
	b) Ausrüstung für die Trennung von Lithiumisotopen, wie folgt:
	
	    1. Flüssig-Flüssig-Extraktionskolonnen, besonders konstruiert für Lithiumamalgame,
	
	    2. Quecksilber- oder Lithium-Amalgampumpen,
	
	    3. Lithiumamalgam-Elektrolysezellen,
	
	    4. Verdampfer für konzentrierte Lithiumhydroxid-Lösung.

1C233	Lithium, angereichert mit dem Lithium-6(^{6}Li)-Isotop über seine natürliche Isotopenhäufigkeit hinaus, und Erzeugnisse oder Geräte, die angereichertes Lithium enthalten, wie folgt: elementares Lithium, Legierungen, Verbindungen, lithiumhaltige Mischungen, Erzeugnisse hieraus und Abfall und Schrott aus einem der vorgenannten. *Anmerkung: Nummer 1C233 erfasst nicht Thermolumineszenz-Dosimeter.* *Technische Anmerkung:* *Die natürliche Isotopenhäufigkeit von Lithium-6 beträgt etwa 6,5 Gew.-% (7,5 Atom-%).*
1C235	Tritium, Tritiumverbindungen, Mischungen mit einem Verhältnis der Anzahl der Tritiumatome zur Anzahl der Wasserstoffatome größer als 1:1 000 und Erzeugnisse oder Geräte, die eines der vorgenannten enthalten. *Anmerkung: Nummer 1C235 erfasst nicht Erzeugnisse oder Geräte mit weniger als $1,48 \times 10^3$ GBq (40 Ci) Tritium.*
1E001	„Technologie" entsprechend der Allgemeinen Technologie-Anmerkung für die „Entwicklung" oder „Herstellung" von Ausrüstung oder Werkstoffen, die von Unternummer 1C012b erfasst werden.
1E201	„Technologie" entsprechend der Allgemeinen Technologie-Anmerkung für die „Verwendung" von Gütern, erfasst von Nummer 1B226, 1B231, 1B233, 1C233 oder 1C235.

3A228	Schaltelemente wie folgt:
	a) Kaltkathodenröhren mit oder ohne Gasfüllung, die wie Schaltfunkenstrecken funktionieren, mit allen folgenden Eigenschaften:
	1. mit drei oder mehr Elektroden,
	2. spezifizierte Anodenspitzenspannung größer/gleich 2,5 kV,
	3. spezifizierter Anodenspitzenstrom größer/gleich 100 A *und*
	4. Zündverzögerungszeit kleiner/gleich 10 µs;
	Anmerkung: Nummer 3A228 schließt gasgefüllte Krytrons und Vakuum-Sprytrons ein.
	b) getriggerte Schaltfunkenstrecken mit allen folgenden Eigenschaften:
	1. Zündverzögerungszeit kleiner/gleich 15 µs *und*
	2. spezifiziert für Spitzenströme größer/gleich 500 A;
3A231	Neutronengeneratorsysteme einschließlich Neutronengeneratorröhren mit allen folgenden Eigenschaften:
	a) konstruiert für den Betrieb ohne äußeres Vakuumsystem **und**
	b) mit elektrostatischer Beschleunigung zur Auslösung einer Tritium-Deuterium-Kernreaktion.
3E201	„Technologie" entsprechend der Allgemeinen Technologie-Anmerkung für die „Verwendung" von Ausrüstung, erfasst von Nummer 3A229 oder 3A232.
6A203	Kameras und Bestandteile, die nicht von Nummer 6A003 erfasst werden, wie folgt:
	a) **mechanische Drehspiegel**-Streakkameras wie folgt und besonders konstruierte Bestandteile hierfür:
	1. Streakkameras mit Aufzeichnungsgeschwindigkeiten größer als 0,5 mm/µs,
	b) **mechanische Drehspiegel**-Framingkameras wie folgt und besonders konstruierte Bestandteile hierfür:
	1. Framing-Kameras mit Aufnahmegeschwindigkeiten größer als 225 000 Einzelbilder/s;
	Anmerkung: Im Sinne von Unternummer 6A203a schließen Bestandteile solcher Kameras deren Elektronikbaugruppen zur Synchronisation und Rotationsbaugruppen, bestehend aus Antriebsturbinen, Spiegeln und Lagern, ein.
6A225	Interferometer zum Messen von Geschwindigkeiten größer als 1 km/s in Zeitintervallen kleiner als 10 µs.
	Anmerkung: Nummer 6A225 schließt Interferometer zum Messen von Geschwindigkeiten ein, z.B. VISARs (Velocity interferometer systems for any reflector) und DLIs (Doppler Laser Interferometer).
6A226	Drucksensoren wie folgt:
	a) Manganin-Sensorelemente für Drücke größer als 10 GPa;
	b) Quarz-Messwertaufnehmer für Drücke größer als 10 GPa.

ANHANG V

Aufgehobene Verordnung mit ihren nachfolgenden Änderungen

Verordnung (EG) Nr. 1334/2000 des Rates	(ABl. L 159 vom 30.6.2000, S. 1)
Verordnung (EG) Nr. 2889/2000 des Rates	(ABl. L 336 vom 30.12.2000, S. 14)
Verordnung (EG) Nr. 458/2001 des Rates	(ABl. L 65 vom 7.3.2001, S. 19)
Verordnung (EG) Nr. 2432/2001 des Rates	(ABl. L 338 vom 20.12.2001, S. 1)
Verordnung (EG) Nr. 880/2002 des Rates	(ABl. L 139 vom 29.5.2002, S. 7)
Verordnung (EG) Nr. 149/2003 des Rates	(ABl. L 30 vom 5.2.2003, S. 1)
Verordnung (EG) Nr. 1504/2004 des Rates	(ABl. L 281 vom 31.8.2004, S. 1)
Verordnung (EG) Nr. 394/2006 des Rates	(ABl. L 74 vom 13.3.2006, S. 1)
Verordnung (EG) Nr. 1183/2007 des Rates	(ABl. L 278 vom 22.10.2007, S. 1)
Verordnung (EG) Nr. 1167/2008 des Rates	(ABl. L 325 vom 3.12.2008, S. 1)

ANHANG VI

Entsprechungstabelle

Verordnung (EG) Nr. 1334/2000	Diese Verordnung
Artikel 1	Artikel 1
Artikel 2, Einleitung	Artikel 2, Einleitung
Artikel 2 Buchstabe a	Artikel 2 Absatz 1
Artikel 2 Buchstabe b, Einleitung	Artikel 2 Absatz 2, Einleitung
Artikel 2 Buchstabe b Ziffer i	Artikel 2 Absatz 2 Ziffer i
Artikel 2 Buchstabe b Ziffer ii	Artikel 2 Absatz 2 Ziffer ii
Artikel 2 Buchstabe b Ziffer iii	Artikel 2 Absatz 2 Ziffer iii
Artikel 2 Buchstabe c Ziffer i	Artikel 2 Absatz 3 Ziffer i
Artikel 2 Buchstabe c Ziffer ii	Artikel 2 Absatz 3 Ziffer ii
Artikel 2 Buchstabe d	Artikel 2 Absatz 4
–	Artikel 2 Absätze 5 bis 13
Artikel 3 Absatz 1	Artikel 3 Absatz 1
Artikel 3 Absatz 2	Artikel 3 Absatz 2
Artikel 3 Absatz 3	Artikel 7
Artikel 3 Absatz 4	–
Artikel 4	Artikel 4
Artikel 5	Artikel 8
Artikel 6 Absatz 1	Artikel 9 Absatz 1
Artikel 6 Absatz 2	Artikel 9 Absatz 2
Artikel 6 Absatz 3	Artikel 9 Absatz 4 Buchstabe a
–	Artikel 9 Absatz 4 Buchstabe b
Artikel 6 Absatz 4	Artikel 9 Absatz 4 Buchstabe c
Artikel 6 Absatz 5	Artikel 9 Absatz 5
Artikel 6 Absatz 6	Artikel 9 Absatz 6
Artikel 7	Artikel 11
Artikel 8	Artikel 12 Absatz 1
–	Artikel 12 Absatz 2
Artikel 9 Absatz 1	Artikel 9 Absatz 2 Unterabsatz 3
Artikel 9 Absatz 2	Artikel 13 Absatz 1

Verordnung (EG) Nr. 1334/2000	Diese Verordnung
–	Artikel 13 Absatz 2
–	Artikel 13 Absatz 3
–	Artikel 13 Absatz 4
Artikel 9 Absatz 3	Artikel 13 Absatz 5
–	Artikel 13 Absatz 6
–	Artikel 13 Absatz 7
Artikel 10 Absatz 1	Artikel 14 Absatz 1
Artikel 10 Absatz 2	Artikel 14 Absatz 2
Artikel 10 Absatz 3	Artikel 9 Absatz 4 Buchstabe b
Artikel 11	Artikel 15 Absätze 1 und 2
Artikel 12	Artikel 16
Artikel 13	Artikel 17
Artikel 14	Artikel 18
Artikel 15 Absatz 1	Artikel 19 Absatz 1
Artikel 15 Absatz 2	Artikel 19 Absatz 2
Artikel 15 Absatz 3	Artikel 19 Absatz 3
–	Artikel 19 Absätze 4 bis 6
Artikel 16 Absatz 1	Artikel 20 Absatz 1
–	Artikel 20 Absatz 2
Artikel 16 Absatz 2	Artikel 20 Absatz 3
Artikel 17	Artikel 21
Artikel 18	Artikel 23
Artikel 19	Artikel 24
Artikel 20	Artikel 25
Artikel 21	Artikel 22
Artikel 22	Artikel 26
Artikel 23	Artikel 27
Artikel 24	Artikel 28
Anhang I	Anhang I
Anhang II Teil 1	Anhang II Teil 1

Verordnung (EG) Nr. 1334/2000	Diese Verordnung
Anhang II Teil 2	Anhang II Teil 2
Anhang II Teil 3 Nummern 1, 2 und 3	Anhang II Teil 3 Nummer 2
Anhang II Teil 3 Nummer 4	Anhang II Teil 3 Nummern 1 und 3
Anhang III a	Anhang III a
Anhang III b	Anhang III b
–	Anhang III c
Anhang IV	Anhang IV
–	Anhang V
–	Anhang VI

Anhang 2: Außenwirtschaftsgesetz (AWG)

Außenwirtschaftsgesetz

Vom 6. Juni 2013

[BGBl. I S. 1482]

zuletzt geändert durch das Gesetz zur Umsetzung der Richtlinie (EU) 2016/97 des Europäischen Parlaments und des Rates vom 20. Januar 2016 über Versicherungsvertrieb und zur Änderung weiterer Gesetze
Vom 20. Juli 2017

Teil 1
Rechtsgeschäfte und Handlungen

§ 1
Grundsatz

(1) Der Güter-, Dienstleistungs-, Kapital-, Zahlungs- und sonstige Wirtschaftsverkehr mit dem Ausland sowie der Verkehr mit Auslandswerten und Gold zwischen Inländern (Außenwirtschaftsverkehr) ist grundsätzlich frei. Er unterliegt den Einschränkungen, die dieses Gesetz enthält oder die durch Rechtsverordnung auf Grund dieses Gesetzes vorgeschrieben werden.

(2) Unberührt bleiben

1. Vorschriften in anderen Gesetzen und Rechtsverordnungen,

2. zwischenstaatliche Vereinbarungen, denen die gesetzgebenden Körperschaften in der Form eines Bundesgesetzes zugestimmt haben, und

3. Rechtsvorschriften der Organe zwischenstaatlicher Einrichtungen, denen die Bundesrepublik Deutschland Hoheitsrechte übertragen hat.

§ 2
Begriffsbestimmungen

(1) Für dieses Gesetz und die auf Grund dieses Gesetzes erlassenen Rechtsverordnungen gelten die Begriffsbestimmungen der Absätze 2 bis 25, soweit in diesem Gesetz oder einer solchen Rechtsverordnung nichts anderes bestimmt ist.

(2) Ausführer ist jede natürliche oder juristische Person oder Personengesellschaft, die zum Zeitpunkt der Ausfuhr Vertragspartner des Empfängers in einem Drittland ist und

1. über die Lieferung von Waren aus dem Inland in ein Drittland bestimmt oder

2. im Fall von Software oder Technologie über deren Übertragung aus dem Inland in ein Drittland einschließlich ihrer Bereitstellung auf elektronischem Weg in einem Drittland bestimmt.

Stehen nach dem Ausfuhrvertrag die Verfügungsrechte über die Güter einem Ausländer zu, so gilt als Ausführer die inländische Vertragspartei. Wurde kein Ausfuhrvertrag geschlossen oder handelt der Vertragspartner nicht für sich selbst, so gilt als Ausführer, wer über die Ausfuhr tatsächlich bestimmt.

(3) Ausfuhr ist

1. die Lieferung von Waren aus dem Inland in ein Drittland und

2. die Übertragung von Software und Technologie aus dem Inland in ein Drittland einschließlich ihrer Bereitstellung auf elektronischem Weg für natürliche und juristische Personen in Drittländern.

(4) Ausfuhrsendung umfasst die Waren, die ein Ausführer gleichzeitig über dieselbe Ausgangszollstelle nach demselben Bestimmungsland ausführt.

(5) Ausländer sind alle Personen und Personengesellschaften, die keine Inländer sind.

(6) Auslandswerte sind

1. unbewegliche Vermögenswerte im Ausland,

2. Forderungen in Euro gegen Ausländer und

3. auf andere Währungen als Euro lautende Zahlungsmittel, Forderungen und Wertpapiere.

(7) Bestimmungsland ist das Land, in dem die Güter gebraucht oder verbraucht, bearbeitet oder verarbeitet werden sollen oder, wenn dieses Land nicht bekannt ist, das letzte bekannte Land, in das die Güter geliefert werden sollen.

(8) Drittländer sind die Gebiete außerhalb des Zollgebiets der Europäischen Union mit Ausnahme von Helgoland.

(9) Durchfuhr ist

1. die Beförderung von Waren aus dem Ausland durch das Inland, ohne dass die Waren im Inland in den zollrechtlich freien Verkehr gelangen, und

2. die Beförderung von Waren des zollrechtlich freien Verkehrs aus einem anderen Mitgliedstaat der Europäischen Union durch das Inland.

(10) Einführer ist jede natürliche oder juristische Person oder Personengesellschaft, die

1. Waren aus Drittländern ins Inland liefert oder liefern lässt und über die Lieferung der Waren bestimmt oder

2. im Fall von Software oder Technologie über deren Übertragung aus Drittländern ins Inland einschließlich ihrer Bereitstellung auf elektronischem Weg im Inland bestimmt.

Liegt der Einfuhr ein Vertrag mit einem Unionsfremden über den Erwerb von Gütern zum Zweck der Einfuhr zugrunde, so ist nur der inländische Vertragspartner Einführer.

(11) Einfuhr ist

1. die Lieferung von Waren aus Drittländern in das Inland und

2. die Übertragung von Software oder Technologie einschließlich ihrer Bereitstellung auf elektronischem Weg für natürliche und juristische Personen im Inland.

Werden Waren aus Drittländern in eine Freizone geliefert oder in ein Nichterhebungsverfahren übergeführt, so liegt eine Einfuhr erst vor, wenn die Waren

1. in der Freizone gebraucht, verbraucht, bearbeitet oder verarbeitet werden oder

2. in den zollrechtlich freien Verkehr überführt werden.

(12) Einkaufsland ist das Land, in dem der Unionsfremde ansässig ist, von dem der Unionsansässige die Güter erwirbt. Dieses Land gilt auch dann als Einkaufsland, wenn die Güter an einen anderen

Unionsansässigen weiterveräußert werden. Liegt kein Rechtsgeschäft über den Erwerb von Gütern zwischen einem Unionsansässigen und einem Unionsfremden vor, so gilt als Einkaufsland das Land, in dem die verfügungsberechtigte Person ansässig ist, die die Güter in das Zollgebiet der Europäischen Union einführt. Ist die verfügungsberechtigte Person, die die Güter in das Zollgebiet der Europäischen Union einführt, im Zollgebiet der Europäischen Union ansässig, so gilt als Einkaufsland das Versendungsland.

(13) Güter sind Waren, Software und Technologie. Technologie umfasst auch Unterlagen zur Fertigung von Waren oder von Teilen dieser Waren.

(14) Handels- und Vermittlungsgeschäft ist

1. das Vermitteln eines Vertrags über den Erwerb oder das Überlassen von Gütern,

2. der Nachweis einer Gelegenheit zum Abschluss eines solchen Vertrags oder

3. der Abschluss eines Vertrags über das Überlassen von Gütern.

Kein Handels- und Vermittlungsgeschäft ist die ausschließliche Erbringung von Hilfsleistungen. Als Hilfsleistungen gelten Beförderung, Finanzdienstleistungen, Versicherung oder Rückversicherung oder allgemeine Werbung oder Verkaufsförderung.

(15) Inländer sind

1. natürliche Personen mit Wohnsitz oder gewöhnlichem Aufenthalt im Inland,

2. juristische Personen und Personengesellschaften mit Sitz oder Ort der Leitung im Inland,

3. Zweigniederlassungen ausländischer juristischer Personen oder Personengesellschaften, wenn die Zweigniederlassungen ihre Leitung im Inland haben und es für sie eine gesonderte Buchführung gibt, und

4. Betriebsstätten ausländischer juristischer Personen oder Personengesellschaften im Inland, wenn die Betriebsstätten ihre Verwaltung im Inland haben.

(16) Technische Unterstützung ist jede technische Hilfe in Verbindung mit der Reparatur, der Entwicklung, der Herstellung, der Montage, der Erprobung, der Wartung oder jeder anderen technischen Dienstleistung. Technische Unterstützung kann in Form von Unterweisung, Ausbildung, Weitergabe von praktischen Kenntnissen oder Fähigkeiten oder in Form von Beratungsleistungen erfolgen. Sie umfasst auch mündliche, fernmündliche und elektronische Formen der Unterstützung.

(17) Transithandel ist jedes Geschäft, bei dem Inländer im Ausland befindliche Waren oder in das Inland gelieferte, jedoch einfuhrrechtlich noch nicht abgefertigte Waren von Ausländern erwerben und an Ausländer veräußern. Dem Transithandel stehen Rechtsgeschäfte gleich, bei denen diese Waren mit dem Ziel der Veräußerung an Ausländer an andere Inländer veräußert werden.

(18) Unionsansässige sind

1. natürliche Personen mit Wohnsitz oder gewöhnlichem Aufenthalt in der Europäischen Union,

2. juristische Personen oder Personengesellschaften mit Sitz oder Ort der Leitung in der Europäischen Union,

3. Zweigniederlassungen juristischer Personen, deren Sitz oder Ort der Leitung in einem Drittland liegt, wenn die Zweigniederlassungen ihre Leitung in der Europäischen Union haben und es für sie eine gesonderte Buchführung gibt, und

4. Betriebsstätten juristischer Personen aus Drittländern, wenn die Betriebsstätten ihre Verwaltung in der Europäischen Union haben.

(19) Unionsfremde sind alle Personen und Personengesellschaften, die keine Unionsansässigen sind.

(20) Verbringer ist jede natürliche oder juristische Person oder Personengesellschaft, die über die Verbringung von Gütern bestimmt und im Zeitpunkt der Verbringung

1. im Fall des Absatzes 21 Nummer 1 Vertragspartner des Empfängers im Zollgebiet der Europäischen Union ist oder

2. im Fall des Absatzes 21 Nummer 2 Vertragspartner des Empfängers im Inland ist.

Stehen nach dem Verbringungsvertrag die Verfügungsrechte über die Güter einem Ausländer zu, so gilt als Verbringer die inländische Vertragspartei. Wurde kein Verbringungsvertrag geschlossen oder handelt der Vertragspartner nicht für sich selbst, so ist ausschlaggebend, wer über die Verbringung tatsächlich bestimmt.

(21) Verbringung ist

1. die Lieferung von Waren oder die Übertragung von Software oder Technologie aus dem Inland in das übrige Zollgebiet der Europäischen Union einschließlich ihrer Bereitstellung auf elektronischem Weg für natürliche und juristische Personen in dem übrigen Zollgebiet der Europäischen Union und

2. die Lieferung von Waren oder die Übertragung von Software oder Technologie aus dem übrigen Zollgebiet der Europäischen Union in das Inland einschließlich ihrer Bereitstellung auf elektronischem Weg für natürliche und juristische Personen im Inland.

(22) Waren sind bewegliche Sachen, die Gegenstand des Handelsverkehrs sein können, und Elektrizität. Wertpapiere und Zahlungsmittel sind keine Waren.

(23) Wert eines Gutes ist das dem Empfänger in Rechnung gestellte Entgelt oder, in Ermangelung eines Empfängers oder eines feststellbaren Entgelts, der statistische Wert im Sinne der Vorschriften über die Statistik des grenzüberschreitenden Warenverkehrs. Stellt sich ein Rechtsgeschäft oder eine Handlung als Teil eines einheitlichen wirtschaftlichen Gesamtvorgangs dar, so ist bei der Anwendung der Wertgrenzen dieses Gesetzes oder einer Rechtsverordnung auf Grund dieses Gesetzes der Wert des Gesamtvorgangs zugrunde zu legen.

(24) Wertpapiere sind

1. Wertpapiere im Sinne des § 1 Absatz 1 des Depotgesetzes,

2. Anteile an einem Wertpapiersammelbestand oder an einer Sammelschuldbuchforderung,

3. Rechte auf Lieferung oder Zuteilung von Wertpapieren im Sinne der Nummern 1 und 2.

Inländische Wertpapiere sind Wertpapiere, die ein Inländer oder, vor dem 9. Mai 1945, eine Person mit Wohnsitz oder Sitz im Gebiet des Deutschen Reichs nach dem Stand vom 31. Dezember 1937 ausgestellt hat. Ausländische Wertpapiere sind Wertpapiere, die ein Ausländer ausgestellt hat, soweit sie nicht inländische Wertpapiere sind.

(25) Zollgebiet der Europäischen Union ist das Zollgebiet der Europäischen Gemeinschaft nach Artikel 3 der Verordnung (EWG) Nr. 2913/92 des Rates vom 12. Oktober 1992 zur Festlegung des Zollkodex der Gemeinschaften (ABl. L 302 vom 19.10.1992, S. 1) in der jeweils geltenden Fassung.

§ 3
Zweigniederlassungen und Betriebsstätten

(1) Inländische Zweigniederlassungen und Betriebsstätten von Ausländern und ausländische Zweigniederlassungen und Betriebsstätten von Inländern gelten als rechtlich selbständig. Mehrere inlän-

dische Zweigniederlassungen und Betriebsstätten desselben Ausländers gelten als eine inländische Zweigniederlassung oder Betriebsstätte.

(2) Handlungen, die von oder gegenüber Zweigniederlassungen oder Betriebsstätten im Sinne des Absatzes 1 vorgenommen werden, gelten als Rechtsgeschäfte, soweit solche Handlungen im Verhältnis zwischen natürlichen oder juristischen Personen oder Personengesellschaften Rechtsgeschäfte wären.

(3) Durch Rechtsverordnung auf Grund dieses Gesetzes oder durch vollziehbare Anordnung gemäß § 6 kann vorgesehen werden, dass

1.   mehrere ausländische Zweigniederlassungen und Betriebsstätten desselben Inländers abweichend von Absatz 1 Satz 1 als ein Ausländer gelten,

2.   inländische Zweigniederlassungen und Betriebsstätten desselben Ausländers abweichend von Absatz 1 Satz 2 jeweils für sich als Inländer gelten,

3.   Zweigniederlassungen und Betriebsstätten abweichend von § 2 Absatz 5 und 15 nicht als Ausländer oder Inländer gelten oder

4.   Zweigniederlassungen und Betriebsstätten abweichend von § 2 Absatz 18 und 19 nicht als Unionsansässige oder Unionsfremde gelten.

§ 4
Beschränkungen und Handlungspflichten zum Schutz der öffentlichen Sicherheit und der auswärtigen Interessen

(1) Im Außenwirtschaftsverkehr können durch Rechtsverordnung Rechtsgeschäfte und Handlungen beschränkt oder Handlungspflichten angeordnet werden, um

1.   die wesentlichen Sicherheitsinteressen der Bundesrepublik Deutschland zu gewährleisten,

2.   eine Störung des friedlichen Zusammenlebens der Völker zu verhüten,

3.   eine erhebliche Störung der auswärtigen Beziehungen der Bundesrepublik Deutschland zu verhüten,

4.   die öffentliche Ordnung oder Sicherheit der Bundesrepublik Deutschland im Sinne der Artikel 36, 52 Absatz 1 und des Artikels 65 Absatz 1 des Vertrags über die Arbeitsweise der Europäischen Union zu gewährleisten oder

5.   einer Gefährdung der Deckung des lebenswichtigen Bedarfs im Inland oder in Teilen des Inlands entgegenzuwirken und dadurch im Einklang mit Artikel 36 des Vertrags über die Arbeitsweise der Europäischen Union die Gesundheit und das Leben von Menschen zu schützen.

(2) Ferner können im Außenwirtschaftsverkehr durch Rechtsverordnung Rechtsgeschäfte und Handlungen beschränkt oder Handlungspflichten angeordnet werden, um

1.   Beschlüsse des Rates der Europäischen Union über wirtschaftliche Sanktionsmaßnahmen im Bereich der Gemeinsamen Außen- und Sicherheitspolitik umzusetzen,

2.   Verpflichtungen der Mitgliedstaaten der Europäischen Union durchzuführen, die in unmittelbar geltenden Rechtsakten der Europäischen Union zur Durchführung wirtschaftlicher Sanktionsmaßnahmen im Bereich der Gemeinsamen Außen- und Sicherheitspolitik vorgesehen sind,

3.   Resolutionen des Sicherheitsrates der Vereinten Nationen umzusetzen oder

4.   zwischenstaatliche Vereinbarungen umzusetzen, denen die gesetzgebenden Körperschaften in der Form eines Bundesgesetzes zugestimmt haben.

(3) Als Beschränkung nach den Absätzen 1 und 2 gilt die Anordnung von Genehmigungserfordernissen oder von Verboten.

(4) Beschränkungen und Handlungspflichten sind nach Art und Umfang auf das Maß zu begrenzen, das notwendig ist, um den in der Ermächtigung angegebenen Zweck zu erreichen. Sie sind so zu gestalten, dass in die Freiheit der wirtschaftlichen Betätigung so wenig wie möglich eingegriffen wird. Beschränkungen und Handlungspflichten dürfen abgeschlossene Verträge nur berühren, wenn der in der Ermächtigung angegebene Zweck erheblich gefährdet wird. Sie sind aufzuheben, sobald und soweit die Gründe, die ihre Anordnung rechtfertigten, nicht mehr vorliegen.

§ 5
Gegenstand von Beschränkungen

(1) Beschränkungen oder Handlungspflichten nach § 4 Absatz 1 können insbesondere angeordnet werden für Rechtsgeschäfte oder Handlungen in Bezug auf

1. Waffen, Munition und sonstige Rüstungsgüter sowie Güter für die Entwicklung, Herstellung oder den Einsatz von Waffen, Munition und Rüstungsgütern; dies gilt insbesondere dann, wenn die Beschränkung dazu dient, in internationaler Zusammenarbeit vereinbarte Ausfuhrkontrollen durchzuführen,

2. Güter, die zur Durchführung militärischer Aktionen bestimmt sind.

(2) Beschränkungen oder Handlungspflichten nach § 4 Absatz 1 Nummer 4 können insbesondere angeordnet werden in Bezug auf den Erwerb inländischer Unternehmen oder von Anteilen an solchen Unternehmen durch unionsfremde Erwerber, wenn infolge des Erwerbs die öffentliche Ordnung oder Sicherheit der Bundesrepublik Deutschland gemäß § 4 Absatz 1 Nummer 4 gefährdet ist. Dies setzt voraus, dass eine tatsächliche und hinreichend schwere Gefährdung vorliegt, die ein Grundinteresse der Gesellschaft berührt. Unionsfremde Erwerber aus den Mitgliedstaaten der Europäischen Freihandelsassoziation stehen unionsansässigen Erwerbern gleich.

(3) Beschränkungen oder Handlungspflichten nach § 4 Absatz 1 Nummer 1 können insbesondere angeordnet werden in Bezug auf den Erwerb inländischer Unternehmen oder von Anteilen an solchen Unternehmen durch Ausländer, um wesentliche Sicherheitsinteressen der Bundesrepublik Deutschland zu gewährleisten, wenn die inländischen Unternehmen

1. Kriegswaffen oder andere Rüstungsgüter herstellen oder entwickeln oder

2. Produkte mit IT-Sicherheitsfunktionen zur Verarbeitung von staatlichen Verschlusssachen oder für die IT-Sicherheitsfunktion wesentliche Komponenten solcher Produkte herstellen oder hergestellt haben und noch über die Technologie verfügen, wenn das Gesamtprodukt mit Wissen des Unternehmens vom Bundesamt für Sicherheit in der Informationstechnik zugelassen wurde.

Dies gilt insbesondere dann, wenn infolge des Erwerbs die sicherheitspolitischen Interessen der Bundesrepublik Deutschland oder die militärische Sicherheitsvorsorge gefährdet sind.

(4) Beschränkungen oder Handlungspflichten nach § 4 Absatz 1 Nummer 5 können auch angeordnet werden in Bezug auf Güter, die nicht in Absatz 1 genannt sind. Dies setzt voraus, dass eine tatsächliche und hinreichend schwere Gefährdung vorliegt, die ein Grundinteresse der Gesellschaft berührt.

(5) Beschränkungen oder Handlungspflichten nach § 4 Absatz 1 können auch angeordnet werden in Bezug auf Rechtsgeschäfte oder Handlungen Deutscher im Ausland, die sich auf Güter im Sinne des Absatzes 1 einschließlich ihrer Entwicklung und Herstellung beziehen.

§ 6
Einzeleingriff

(1) Im Außenwirtschaftsverkehr können auch durch Verwaltungsakt Rechtsgeschäfte oder Handlungen beschränkt oder Handlungspflichten angeordnet werden, um eine im Einzelfall bestehende Gefahr für die in § 4 Absatz 1 genannten Rechtsgüter abzuwenden.

(2) Die Anordnung tritt sechs Monate nach ihrem Erlass außer Kraft, sofern die Beschränkung oder Handlungspflicht nicht durch Rechtsverordnung vorgeschrieben wird.

(3) § 4 Absatz 3 und 4 und § 5 Absatz 5 gelten entsprechend.

§ 7
Einzeleingriff im Seeverkehr außerhalb des deutschen Küstenmeeres

(1) Um eine im Einzelfall bestehende Gefahr für die in § 4 Absatz 1 genannten Rechtsgüter abzuwenden, welche seewärts der Grenze des deutschen Küstenmeeres durch die Beförderung von Gütern an Bord eines die Bundesflagge führenden Seeschiffes verursacht wird, können nach § 6 Absatz 1 insbesondere notwendige Maßnahmen zur Lenkung, Beschleunigung und Beschränkung der Beförderung der Güter sowie des Umschlags und der Entladung der Güter angeordnet werden.

(2) Die Maßnahmen nach Absatz 1 können gegen den Eigentümer, den Ausrüster, den Charterer, den Schiffsführer oder den sonstigen Inhaber der tatsächlichen Gewalt gerichtet werden.

(3) Der Eigentümer, Ausrüster, Charterer, Schiffsführer oder der sonstige Inhaber der tatsächlichen Gewalt ist verpflichtet, auf Verlangen unverzüglich Angaben zu machen über

1. Art und Umfang der Ladung,

2. den seit dem letzten Auslaufen zurückgelegten und den beabsichtigten Reiseweg,

3. die voraussichtliche Reisezeit sowie

4. den Bestimmungshafen.

(4) Der Eigentümer eines in der Seeschifffahrt unter ausländischer Flagge betriebenen Schiffs, das in ein deutsches Schiffsregister eingetragen ist, stellt sicher, dass zur Abwehr einer Gefahr für die in § 4 Absatz 1 genannten Rechtsgüter auf Verlangen die erforderlichen Angaben unverzüglich und im gleichen Umfang übermittelt werden, wie dies nach Absatz 3 für Schiffe unter der Bundesflagge vorgesehen ist.

(5) § 4 Absatz 3 und 4, § 5 Absatz 5 und § 6 Absatz 2 gelten entsprechend.

§ 8
Erteilung von Genehmigungen

(1) Bedürfen Rechtsgeschäfte oder Handlungen nach einer Vorschrift dieses Gesetzes oder einer Rechtsverordnung auf Grund dieses Gesetzes einer Genehmigung, so ist die Genehmigung zu erteilen, wenn zu erwarten ist, dass die Vornahme des Rechtsgeschäfts oder der Handlung den Zweck der Vorschrift nicht oder nur unwesentlich gefährdet. In anderen Fällen kann die Genehmigung erteilt werden, wenn das volkswirtschaftliche Interesse an der Vornahme des Rechtsgeschäfts oder der Handlung die damit verbundene Beeinträchtigung des in der Ermächtigung angegebenen Zwecks überwiegt.

(2) Die Erteilung der Genehmigung kann von sachlichen und persönlichen Voraussetzungen, insbesondere der Zuverlässigkeit des Antragstellers, abhängig gemacht werden. Dasselbe gilt bei der Erteilung von Bescheinigungen des Bundesamtes für Wirtschaft und Ausfuhrkontrolle (BAFA), dass eine Ausfuhr keiner Genehmigung bedarf.

(3) Ist im Hinblick auf den Zweck, dem die Vorschrift dient, die Erteilung von Genehmigungen nur in beschränktem Umfang möglich, so sind die Genehmigungen in der Weise zu erteilen, dass die gegebenen Möglichkeiten volkswirtschaftlich zweckmäßig ausgenutzt werden können.

(4) Unionsansässige, die durch eine Beschränkung nach Absatz 3 in der Ausübung ihres Gewerbes besonders betroffen werden, können bevorzugt berücksichtigt werden.

(5) Der Antragsteller hat bei der Beantragung einer Genehmigung nach Absatz 1 Satz 1 oder einer Bescheinigung nach Absatz 2 Satz 2 vollständige und richtige Angaben zu machen oder zu benutzen.

§ 9
Erteilung von Zertifikaten

Durch Rechtsverordnung auf Grund dieses Gesetzes kann die Erteilung von Zertifikaten vorgesehen werden, soweit dies zur Zertifizierung nach Artikel 9 der Richtlinie 2009/43/EG des Europäischen Parlaments und des Rates vom 6. Mai 2009 zur Vereinfachung der Bedingungen für die innergemeinschaftliche Verbringung von Verteidigungsgütern (ABl. L 146 vom 10.6.2009, S. 1) erforderlich ist. § 8 Absatz 5 gilt entsprechend.

Teil 2
Ergänzende Vorschriften

§ 10
Deutsche Bundesbank

Beschränkungen nach einer Vorschrift dieses Gesetzes oder nach einer auf Grund dieses Gesetzes erlassenen Rechtsverordnung oder vollziehbaren Anordnung gelten nicht für Rechtsgeschäfte und Handlungen, welche die Deutsche Bundesbank in ihrem Geschäftskreis vornimmt oder welche ihr gegenüber vorgenommen werden.

§ 11
Verfahrens- und Meldevorschriften

(1) Durch Rechtsverordnung können Verfahrensvorschriften erlassen werden

1. zur Durchführung dieses Gesetzes und von Rechtsverordnungen auf Grund dieses Gesetzes,

2. zur Überprüfung der Rechtmäßigkeit von Rechtsgeschäften oder Handlungen im Außenwirtschaftsverkehr und

3. zur Durchführung

   a) der Bestimmungen der Europäischen Verträge, einschließlich der zu ihnen gehörigen Protokolle,

   b) der Abkommen der Europäischen Union und

   c) der Rechtsakte der Europäischen Union auf Grund der in den Buchstaben a und b genannten Verträge und Abkommen.

(2) Durch Rechtsverordnung kann angeordnet werden, dass Rechtsgeschäfte und Handlungen im Außenwirtschaftsverkehr, insbesondere aus ihnen erwachsende Forderungen und Verbindlichkeiten sowie Vermögensanlagen und die Leistung und Entgegennahme von Zahlungen, unter Angabe des Rechtsgrundes zu melden sind, damit

1. festgestellt werden kann, ob die Voraussetzungen für die Aufhebung, Erleichterung oder Anordnung von Beschränkungen vorliegen,

2. zu jedem Zeitpunkt die Zahlungsbilanz der Bundesrepublik Deutschland erstellt werden kann,

3. die Wahrnehmung der außenwirtschaftspolitischen Interessen gewährleistet wird oder

4. Verpflichtungen aus zwischenstaatlichen Vereinbarungen oder internationalen Exportkontroll-regimen erfüllt werden können.

(3) Zur Gewährleistung der Zwecke des Absatzes 2 Nummer 1 bis 4 kann durch Rechtsverordnung angeordnet werden, dass der Stand und ausgewählte Positionen der Zusammensetzung des Vermögens von Inländern im Ausland und von Ausländern im Inland zu melden sind. Gehört zu dem meldepflichtigen Vermögen eine unmittelbare oder mittelbare Beteiligung an einem Unternehmen, kann angeordnet werden, dass auch der Stand und ausgewählte Positionen der Zusammensetzung des Vermögens des Unternehmens zu melden sind, an dem die Beteiligung besteht.

(4) Durch Rechtsverordnung können ferner Aufzeichnungs- und Aufbewahrungspflichten zur Ermöglichung der Überprüfung nach Absatz 1 Nummer 2 oder zur Erfüllung von Meldepflichten nach den Absätzen 2 und 3 vorgeschrieben werden.

(5) Die §§ 9, 15 und 16 des Bundesstatistikgesetzes sind in den Fällen der Absätze 2 und 3 entsprechend anzuwenden.

§ 12
Erlass von Rechtsverordnungen

(1) Rechtsverordnungen nach diesem Gesetz erlässt die Bundesregierung. Rechtsverordnungen nach § 4 Absatz 2 erlässt abweichend von Satz 1 das Bundesministerium für Wirtschaft und Energie im Einvernehmen mit dem Auswärtigen Amt und dem Bundesministerium der Finanzen.

(2) Die Rechtsverordnungen bedürfen nicht der Zustimmung des Bundesrates.

(3) Bei Vorschriften, welche den Kapital- und Zahlungsverkehr oder den Verkehr mit Auslandswerten und Gold betreffen, ist das Benehmen mit der Deutschen Bundesbank herzustellen.

(4) Die Rechtsverordnungen sind unverzüglich nach ihrer Verkündung dem Bundestag und dem Bundesrat mitzuteilen. Der Bundesrat kann binnen vier Wochen gegenüber dem Bundestag Stellung nehmen. Die Rechtsverordnungen sind unverzüglich aufzuheben, soweit es der Bundestag binnen vier Monaten nach ihrer Verkündung verlangt.

(5) Absatz 4 ist nicht anzuwenden auf Rechtsverordnungen, durch welche die Bundesregierung oder das Bundesministerium für Wirtschaft und Energie gemäß § 4 Absatz 2 Beschränkungen des Güter-, Kapital- oder Zahlungsverkehrs mit dem Ausland angeordnet oder aufgehoben hat.

§ 13
Zuständigkeiten für den Erlass von Verwaltungsakten und für die Entgegennahme von Meldungen

(1) Für den Erlass von Verwaltungsakten und die Entgegennahme von Meldungen auf Grund dieses Gesetzes und der nach diesem Gesetz erlassenen Rechtsverordnungen sowie auf Grund von Rechtsak-

ten des Rates oder der Kommission der Europäischen Union im Bereich des Außenwirtschaftsrechts ist das Bundesamt für Wirtschaft und Ausfuhrkontrolle (BAFA) zuständig, soweit in diesem Gesetz oder auf Grund einer nach diesem Gesetz erlassenen Rechtsverordnung nichts anderes bestimmt ist.

(2) Ausschließlich zuständig sind

1. die Deutsche Bundesbank im Bereich des Kapital- und Zahlungsverkehrs sowie des Verkehrs mit Auslandswerten und Gold, soweit im Folgenden nichts anderes bestimmt ist,

2. das Bundesministerium für Wirtschaft und Energie

    a) im Fall des § 6 Absatz 1 im Einvernehmen mit dem Auswärtigen Amt und dem Bundesministerium der Finanzen; bei Maßnahmen, welche die Bereiche des Kapital- und Zahlungsverkehrs oder den Verkehr mit Auslandswerten und Gold betreffen, ist das Benehmen mit der Deutschen Bundesbank herzustellen,

    b) im Fall des § 7 im Einvernehmen mit dem Auswärtigen Amt und dem Bundesministerium für Verkehr und digitale Infrastruktur,

    c) im Fall des § 4 Absatz 1 Nummer 4 in Verbindung mit § 5 Absatz 2 und einer auf Grund dieser Vorschriften erlassenen Rechtsverordnung; eine Untersagung oder der Erlass von Anordnungen in Bezug auf einen Erwerb im Sinne des § 5 Absatz 2 bedarf der Zustimmung der Bundesregierung,

    d) im Fall des § 4 Absatz 1 Nummer 1 in Verbindung mit § 5 Absatz 3 und einer auf Grund dieser Vorschriften erlassenen Rechtsverordnung im Einvernehmen mit dem Auswärtigen Amt und dem Bundesministerium der Verteidigung und im Fall des § 4 Absatz 1 Nummer 1 in Verbindung mit § 5 Absatz 3 Nummer 2 und einer auf Grund dieser Vorschriften erlassenen Rechtsverordnung darüber hinaus im Einvernehmen mit dem Bundesministerium des Innern,

3. das Bundesministerium für Verkehr und digitale Infrastruktur für Anordnungen im Bereich des Dienstleistungsverkehrs auf dem Gebiet des Verkehrswesens nach § 4 Absatz 1 und 2 in Verbindung mit einer auf Grund dieser Vorschrift erlassenen Rechtsverordnung,

4. das Bundesministerium der Finanzen für Anordnungen im Bereich des Dienstleistungsverkehrs auf dem Gebiet des Versicherungswesens nach § 4 Absatz 1 und 2 in Verbindung mit einer auf Grund dieser Vorschrift erlassenen Rechtsverordnung,

5. die Bundesanstalt für Landwirtschaft und Ernährung für Anordnungen im Bereich des Waren- und Dienstleistungsverkehrs nach § 4 Absatz 1 und 2 in Verbindung mit einer auf Grund dieser Vorschrift erlassenen Rechtsverordnung im Rahmen der gemeinsamen Marktorganisationen der Europäischen Union für Erzeugnisse der Ernährungs- und Landwirtschaft.

(3) In den Fällen des Absatzes 2 Nummer 3 und 4 kann das zuständige Bundesministerium seine Zuständigkeit für die dort genannte Aufgabenwahrnehmung auf eine Bundesoberbehörde oder Bundesanstalt seines Geschäftsbereichs übertragen.

§ 14
Verwaltungsakte

(1) Verwaltungsakte nach diesem Gesetz oder nach einer auf Grund dieses Gesetzes erlassenen Rechtsverordnung können mit Nebenbestimmungen versehen werden. Die Verwaltungsakte sind nicht übertragbar, wenn in ihnen nicht etwas anderes bestimmt wird.

(2) Widerspruch und Anfechtungsklage haben keine aufschiebende Wirkung.

§ 15
Rechtsunwirksamkeit

(1) Ein Rechtsgeschäft, das ohne die erforderliche Genehmigung vorgenommen wird, ist unwirksam. Es wird vom Zeitpunkt seiner Vornahme an wirksam, wenn es nachträglich genehmigt wird oder das Genehmigungserfordernis nachträglich entfällt. Durch die Rückwirkung werden Rechte Dritter, die vor der Genehmigung an dem Gegenstand des Rechtsgeschäfts begründet worden sind, nicht berührt.

(2) Besteht für ein schuldrechtliches Rechtsgeschäft über den Erwerb eines inländischen Unternehmens oder einer unmittelbaren oder mittelbaren Beteiligung an einem inländischen Unternehmen ein Prüfrecht auf Grund von § 4 Absatz 1 Nummer 4 und § 5 Absatz 2 in Verbindung mit einer auf Grund dieser Vorschriften erlassenen Rechtsverordnung und ist dieses Prüfrecht verbunden mit einer Ermächtigung des Bundesministeriums für Wirtschaft und Energie, nach Zustimmung der Bundesregierung den Erwerb innerhalb einer bestimmten Frist zu untersagen, so steht der Eintritt der Rechtswirkungen des Rechtsgeschäfts bis zum Ablauf des gesamten Prüfverfahrens unter der auflösenden Bedingung, dass das Bundesministerium für Wirtschaft und Energie den Erwerb innerhalb der Frist untersagt.

(3) Ein Rechtsgeschäft, das dem Vollzug des Erwerbs eines inländischen Unternehmens oder einer unmittelbaren oder mittelbaren Beteiligung an einem inländischen Unternehmen dient, ist schwebend unwirksam, wenn auf Grund von § 4 Absatz 1 Nummer 1 und § 5 Absatz 3 in Verbindung mit einer auf Grund dieser Vorschriften erlassenen Rechtsverordnung eine Meldepflicht besteht, die verbunden ist mit einer Ermächtigung der Bundesregierung, den Erwerb innerhalb einer bestimmten Frist zu untersagen. Das Rechtsgeschäft wird vom Zeitpunkt seiner Vornahme an wirksam, wenn das Bundesministerium für Wirtschaft und Energie es schriftlich freigibt oder den Erwerb nicht innerhalb der Frist nach Satz 1 untersagt. Absatz 1 Satz 3 gilt entsprechend.

§ 16
Urteil und Zwangsvollstreckung

(1) Ist zu einer Leistung des Schuldners eine Genehmigung erforderlich, so kann ein Urteil vor Erteilung der Genehmigung nur dann ergehen, wenn in die Urteilsformel ein Vorbehalt aufgenommen wird, dass die Leistung oder Zwangsvollstreckung erst erfolgen darf, wenn die Genehmigung erteilt ist. Entsprechendes gilt für andere Vollstreckungstitel, wenn die Vollstreckung nur auf Grund einer vollstreckbaren Ausfertigung des Titels durchgeführt werden kann. Arreste und einstweilige Verfügungen, die lediglich der Sicherung des zugrunde liegenden Anspruchs dienen, können ohne Vorbehalt ergehen.

(2) Ist zu einer Leistung des Schuldners eine Genehmigung erforderlich, so ist eine Zwangsvollstreckung nur zulässig, wenn und soweit die Genehmigung erteilt ist. Soweit Vermögenswerte nur mit Genehmigung erworben oder veräußert werden dürfen, gilt dies auch für den Erwerb und die Veräußerung im Wege der Zwangsvollstreckung.

Teil 3
Straf-, Bußgeld- und Überwachungsvorschriften

§ 17
Strafvorschriften

(1) Mit Freiheitsstrafe von einem Jahr bis zu zehn Jahren wird bestraft, wer einer Rechtsverordnung nach § 4 Absatz 1, die der Durchführung

1. einer vom Sicherheitsrat der Vereinten Nationen nach Kapitel VII der Charta der Vereinten Nationen oder

2. einer vom Rat der Europäischen Union im Bereich der Gemeinsamen Außen- und Sicherheitspolitik

beschlossenen wirtschaftlichen Sanktionsmaßnahme dient, oder einer vollziehbaren Anordnung auf Grund einer solchen Rechtsverordnung zuwiderhandelt, soweit die Rechtsverordnung sich auf Güter des Teils I Abschnitt A der Ausfuhrliste bezieht und für einen bestimmten Tatbestand auf diese Strafvorschrift verweist.

(2) Mit Freiheitsstrafe nicht unter einem Jahr wird bestraft, wer in den Fällen des Absatzes 1

1. für den Geheimdienst einer fremden Macht handelt oder

2. gewerbsmäßig oder als Mitglied einer Bande handelt, die sich zur fortgesetzten Begehung solcher Taten verbunden hat.

(3) Mit Freiheitsstrafe nicht unter zwei Jahren wird bestraft, wer in den Fällen des Absatzes 1 als Mitglied einer Bande, die sich zur fortgesetzten Begehung solcher Taten verbunden hat, gewerbsmäßig handelt.

(4) In minder schweren Fällen des Absatzes 1 ist die Strafe Freiheitsstrafe von drei Monaten bis zu fünf Jahren.

(5) Handelt der Täter in den Fällen des Absatzes 1 leichtfertig, so ist die Strafe Freiheitsstrafe bis zu drei Jahren oder Geldstrafe.

(6) In den Fällen des Absatzes 1 steht einem Handeln ohne Genehmigung ein Handeln auf Grund einer durch Drohung, Bestechung oder Kollusion erwirkten oder durch unrichtige oder unvollständige Angaben erschlichenen Genehmigung gleich.

(7) Die Absätze 1 bis 6 gelten, unabhängig vom Recht des Tatorts, auch für Taten, die im Ausland begangen werden, wenn der Täter Deutscher ist.

§ 18
Strafvorschriften

(1) Mit Freiheitsstrafe von drei Monaten bis zu fünf Jahren wird bestraft, wer

1. einem

    a) Ausfuhr-, Einfuhr-, Durchfuhr-, Verbringungs-, Verkaufs-, Erwerbs-, Liefer-, Bereitstellungs-, Weitergabe-, Dienstleistungs- oder Investitionsverbot oder

    b) Verfügungsverbot über eingefrorene Gelder und wirtschaftliche Ressourcen eines im Amtsblatt der Europäischen Gemeinschaften oder der Europäischen Union veröffentlichten unmittelbar geltenden Rechtsaktes der Europäischen Gemeinschaften oder der Europäischen Union zuwiderhandelt, der der Durchführung einer vom Rat der Europäischen Union im Bereich der Gemeinsamen Außen- und Sicherheitspolitik beschlossenen wirtschaftlichen Sanktionsmaßnahme dient oder

2. gegen eine Genehmigungspflicht für

    a) die Ausfuhr, Einfuhr, Durchfuhr, Verbringung, einen Verkauf, einen Erwerb, eine Lieferung, Bereitstellung, Weitergabe, Dienstleistung oder Investition oder

    b) die Verfügung über eingefrorene Gelder oder wirtschaftliche Ressourcen

eines im Amtsblatt der Europäischen Gemeinschaften oder der Europäischen Union veröffentlichten unmittelbar geltenden Rechtsaktes der Europäischen Gemeinschaften oder der Europäischen Union verstößt, der der Durchführung einer vom Rat der Europäischen Union im Bereich der Gemeinsamen Außen- und Sicherheitspolitik beschlossenen wirtschaftlichen Sanktionsmaßnahme dient.

(2) Mit Freiheitsstrafe bis zu fünf Jahren oder mit Geldstrafe wird bestraft, wer gegen die Außenwirtschaftsverordnung verstößt, indem er

1. ohne Genehmigung nach § 8 Absatz 1, § 9 Absatz 1 oder § 78 dort genannte Güter ausführt,

2. entgegen § 9 Absatz 2 Satz 2 dort genannte Güter ausführt,

3. ohne Genehmigung nach § 11 Absatz 1 Satz 1 dort genannte Güter verbringt,

4. ohne Genehmigung nach § 46 Absatz 1, auch in Verbindung mit § 47 Absatz 1, oder ohne Genehmigung nach § 47 Absatz 2 ein Handels- und Vermittlungsgeschäft vornimmt,

5. entgegen § 47 Absatz 3 Satz 3 ein Handels- und Vermittlungsgeschäft vornimmt,

6. ohne Genehmigung nach § 49 Absatz 1, § 50 Absatz 1, § 51 Absatz 1 oder Absatz 2 oder § 52 Absatz 1 technische Unterstützung erbringt oder

7. entgegen § 49 Absatz 2 Satz 3, § 50 Absatz 2 Satz 3, § 51 Absatz 3 Satz 3 oder § 52 Absatz 2 Satz 3 technische Unterstützung erbringt.

(3) Ebenso wird bestraft, wer gegen die Verordnung (EG) Nr. 2368/2002 des Rates vom 20. Dezember 2002 zur Umsetzung des Zertifikationssystems des Kimberley-Prozesses für den internationalen Handel mit Rohdiamanten (ABl. L 358 vom 31.12.2002, S. 28), die zuletzt durch die Verordnung (EG) Nr. 1268/2008 (ABl. L 338 vom 17.12.2008, S. 39) geändert worden ist, verstößt, indem er

1. entgegen Artikel 3 Rohdiamanten einführt oder

2. entgegen Artikel 11 Rohdiamanten ausführt.

(4) Ebenso wird bestraft, wer gegen die Verordnung (EG) Nr. 1236/2005 des Rates vom 27. Juni 2005 betreffend den Handel mit bestimmten Gütern, die zur Vollstreckung der Todesstrafe, zu Folter oder zu anderer grausamer, unmenschlicher oder erniedrigender Behandlung oder Strafe verwendet werden könnten (ABl. L 200 vom 30.7.2005, S. 1; L 79 vom 16.3.2006, S. 32), die zuletzt durch die Verordnung (EU) 2016/2134 (ABl. L 338 vom 13.12.2016, S. 1) geändert worden ist, verstößt, indem er

1. entgegen Artikel 3 Absatz 1 Satz 1 dort genannte Güter ausführt,

2. entgegen Artikel 3 Absatz 1 Satz 3 technische Hilfe erbringt,

3. entgegen Artikel 4 Absatz 1 Satz 1 dort genannte Güter einführt,

4. entgegen Artikel 4 Absatz 1 Satz 2 technische Hilfe annimmt,

5. entgegen Artikel 4a Absatz 1, Artikel 6a oder Artikel 7d dort genannte Güter durchführt,

6. entgegen Artikel 4b eine Vermittlungstätigkeit erbringt,

7. entgegen Artikel 4c eine Ausbildungsmaßnahme erbringt oder anbietet,

8. ohne Genehmigung nach Artikel 5 Absatz 1 Satz 1 oder Artikel 7b Absatz 1 Satz 1 dort genannte Güter ausführt,

9. ohne Genehmigung nach Artikel 7a Absatz 1 Buchstabe a oder Artikel 7e Absatz 1 Buchstabe a technische Hilfe erbringt oder

10. ohne Genehmigung nach Artikel 7a Absatz 1 Buchstabe b oder Artikel 7e Absatz 1 Buchstabe b eine Vermittlungstätigkeit erbringt.

Soweit die in Satz 1 genannten Vorschriften auf die Anhänge II, III oder IIIa zur Verordnung (EG) Nr. 1236/2005 verweisen, finden diese Anhänge in der jeweils geltenden Fassung Anwendung.

(5) Ebenso wird bestraft, wer gegen die Verordnung (EG) Nr. 428/2009 des Rates vom 5. Mai 2009 über eine Gemeinschaftsregelung für die Kontrolle der Ausfuhr, der Verbringung, der Vermittlung und der Durchfuhr von Gütern mit doppeltem Verwendungszweck (ABl. L 134 vom 29.5.2009, S. 1, L 224 vom 27.8.2009, S. 21) verstößt, indem er

1. ohne Genehmigung nach Artikel 3 Absatz 1 oder Artikel 4 Absatz 1, 2 Satz 1 oder Absatz 3 Güter mit doppeltem Verwendungszweck ausführt,

2. entgegen Artikel 4 Absatz 4 zweiter Halbsatz Güter ohne Entscheidung der zuständigen Behörde über die Genehmigungspflicht oder ohne Genehmigung der zuständigen Behörde ausführt,

3. ohne Genehmigung nach Artikel 5 Absatz 1 Satz 1 eine Vermittlungstätigkeit erbringt oder

4. entgegen Artikel 5 Absatz 1 Satz 2 zweiter Halbsatz eine Vermittlungstätigkeit ohne Entscheidung der zuständigen Behörde über die Genehmigungspflicht oder ohne Genehmigung der zuständigen Behörde erbringt.

Soweit die in Satz 1 genannten Vorschriften auf Anhang I der Verordnung (EG) Nr. 428/2009 verweisen, findet dieser Anhang in der jeweils geltenden Fassung Anwendung. In den Fällen des Satzes 1 Nummer 2 steht dem Ausführer eine Person gleich, die die Ausfuhr durch einen anderen begeht, wenn der Person bekannt ist, dass die Güter mit doppeltem Verwendungszweck ganz oder teilweise für eine Verwendung im Sinne des Artikels 4 Absatz 1 der Verordnung (EG) Nr. 428/2009 bestimmt sind.

(5a) Mit Freiheitsstrafe bis zu einem Jahr oder mit Geldstrafe wird bestraft, wer gegen die Verordnung (EG) Nr. 1236/2005 verstößt, indem er

1. entgegen Artikel 4d dort genannte Güter ausstellt oder zum Verkauf anbietet oder

2. entgegen Artikel 4e eine Werbefläche oder Werbezeit verkauft oder erwirbt.

Soweit die in Satz 1 genannten Vorschriften auf den Anhang II zur Verordnung (EG) Nr. 1236/2005 verweisen, findet dieser Anhang in der jeweils geltenden Fassung Anwendung.

(6) Der Versuch ist strafbar.

(7) Mit Freiheitsstrafe nicht unter einem Jahr wird bestraft, wer

1. in den Fällen des Absatzes 1 für den Geheimdienst einer fremden Macht handelt,

2. in den Fällen der Absätze 1 bis 4 oder des Absatzes 5 gewerbsmäßig oder als Mitglied einer Bande handelt, die sich zur fortgesetzten Begehung solcher Taten verbunden hat, oder

3. eine in Absatz 1 bezeichnete Handlung begeht, die sich auf die Entwicklung, Herstellung, Wartung oder Lagerung von Flugkörpern für chemische, biologische oder Atomwaffen bezieht.

(8) Mit Freiheitsstrafe nicht unter zwei Jahren wird bestraft, wer in den Fällen der Absätze 1 bis 4 oder des Absatzes 5 als Mitglied einer Bande, die sich zur fortgesetzten Begehung solcher Taten verbunden hat, gewerbsmäßig handelt.

(9) In den Fällen des Absatzes 1 Nummer 2, des Absatzes 2 Nummer 1, 3, 4 oder Nummer 6, des Absatzes 4 Satz 1 Nummer 5 oder des Absatzes 5 Satz 1 steht einem Handeln ohne Genehmigung ein Handeln auf Grund einer durch Drohung, Bestechung oder Kollusion erwirkten oder durch unrichtige oder unvollständige Angaben erschlichenen Genehmigung gleich.

(10) Die Absätze 1 bis 9 gelten, unabhängig vom Recht des Tatorts, auch für Taten, die im Ausland begangen werden, wenn der Täter Deutscher ist.

(11) Nach Absatz 1, jeweils auch in Verbindung mit Absatz 6, 7, 8 oder Absatz 10, wird nicht bestraft, wer

1. bis zum Ablauf des zweiten Werktages handelt, der auf die Veröffentlichung des Rechtsaktes im Amtsblatt der Europäischen Union folgt, und

2. von einem Verbot oder von einem Genehmigungserfordernis, das in dem Rechtsakt nach Nummer 1 angeordnet wird, zum Zeitpunkt der Tat keine Kenntnis hat.

§ 19
Bußgeldvorschriften

(1) Ordnungswidrig handelt, wer eine in § 18 Absatz 1 bis 4 oder Absatz 5 bezeichnete Handlung fahrlässig begeht.

(2) Ordnungswidrig handelt, wer entgegen § 8 Absatz 5, auch in Verbindung mit § 9 Satz 2, eine Angabe nicht richtig oder nicht vollständig macht oder nicht richtig oder nicht vollständig benutzt.

(3) Ordnungswidrig handelt, wer vorsätzlich oder fahrlässig

1. einer Rechtsverordnung nach

    a) § 4 Absatz 1 oder

    b) § 11 Absatz 1 bis 3 oder Absatz 4 oder

    einer vollziehbaren Anordnung auf Grund einer solchen Rechtsverordnung zuwiderhandelt, soweit die Rechtsverordnung für einen bestimmten Tatbestand auf diese Bußgeldvorschrift verweist und die Tat nicht in § 17 Absatz 1 bis 4 oder Absatz 5 oder § 18 Absatz 2 mit Strafe bedroht ist,

2. einer vollziehbaren Anordnung nach § 7 Absatz 1, 3 oder Absatz 4 oder § 23 Absatz 1 oder Absatz 4 Satz 2 zuwiderhandelt,

3. entgegen § 27 Absatz 1 Satz 1 Waren nicht, nicht richtig, nicht vollständig oder nicht rechtzeitig vorzeigt,

4. entgegen § 27 Absatz 3 eine Erklärung nicht, nicht richtig, nicht vollständig oder nicht rechtzeitig abgibt oder

5. entgegen § 27 Absatz 4 Satz 1 eine Sendung nicht, nicht richtig, nicht vollständig oder nicht rechtzeitig gestellt.

(4) Ordnungswidrig handelt, wer vorsätzlich oder fahrlässig einer unmittelbar geltenden Vorschrift in Rechtsakten der Europäischen Gemeinschaften oder der Europäischen Union über die Beschränkung des Außenwirtschaftsverkehrs zuwiderhandelt, die inhaltlich einer Regelung entspricht, zu der die in

1. Absatz 3 Nummer 1 Buchstabe a oder

2. Absatz 3 Nummer 1 Buchstabe b

genannten Vorschriften ermächtigen, soweit eine Rechtsverordnung nach Satz 2 für einen bestimmten Tatbestand auf diese Bußgeldvorschrift verweist und die Tat nicht in § 18 Absatz 1, 3 bis 5, 7 oder Absatz 8 mit Strafe bedroht ist. Das Bundesministerium für Wirtschaft und Energie wird ermächtigt, soweit dies zur Durchführung der Rechtsakte der Europäischen Gemeinschaften oder der Europäischen Union erforderlich ist, durch Rechtsverordnung ohne Zustimmung des Bundesrates die Tatbestände zu bezeichnen, die als Ordnungswidrigkeit nach Satz 1 geahndet werden können.

(5) Ordnungswidrig handelt, wer vorsätzlich oder fahrlässig einem im Amtsblatt der Europäischen Gemeinschaften oder der Europäischen Union veröffentlichten unmittelbar geltenden Rechtsakt der Europäischen Gemeinschaften oder der Europäischen Union, der der Durchführung einer vom Rat der Europäischen Union im Bereich der Gemeinsamen Außen- und Sicherheitspolitik beschlossenen wirtschaftlichen Sanktionsmaßnahme dient, zuwiderhandelt, indem er

1. eine Information nicht, nicht richtig, nicht vollständig oder nicht rechtzeitig übermittelt,

2. eine Vorabanmeldung nicht, nicht richtig, nicht vollständig, nicht in der vorgeschriebenen Weise oder nicht rechtzeitig abgibt,

3. eine Aufzeichnung von Transaktionen nicht oder nicht für die vorgeschriebene Dauer aufbewahrt oder nicht oder nicht rechtzeitig zur Verfügung stellt oder

4. eine zuständige Stelle oder Behörde nicht oder nicht rechtzeitig unterrichtet.

(6) Die Ordnungswidrigkeit kann in den Fällen der Absätze 1, 3 Nummer 1 Buchstabe a und des Absatzes 4 Satz 1 Nummer 1 mit einer Geldbuße bis zu fünfhunderttausend Euro, in den übrigen Fällen mit einer Geldbuße bis zu dreißigtausend Euro geahndet werden.

§ 20
Einziehung

(1) Ist eine Straftat nach § 17 oder § 18 oder eine Ordnungswidrigkeit nach § 19 begangen worden, so können folgende Gegenstände eingezogen werden:

1. Gegenstände, auf die sich die Straftat oder die Ordnungswidrigkeit bezieht, und

2. Gegenstände, die zu ihrer Begehung oder Vorbereitung gebraucht worden oder bestimmt gewesen sind.

(2) § 74a des Strafgesetzbuches und § 23 des Gesetzes über Ordnungswidrigkeiten sind anzuwenden.

(3) (aufgehoben)

§ 21
Aufgaben und Befugnisse der Zollbehörden

(1) Die Staatsanwaltschaft kann bei Straftaten und Ordnungswidrigkeiten nach den §§ 17 bis 19 dieses Gesetzes oder nach § 19 Absatz 1 bis 3, § 20 Absatz 1 und 2, § 20a Absatz 1 bis 3, jeweils auch in Verbindung mit § 21, oder nach § 22a Absatz 1 Nummer 4, 5 und 7 des Gesetzes über die

Kontrolle von Kriegswaffen Ermittlungen nach § 161 Absatz 1 Satz 1 der Strafprozessordnung auch durch die Hauptzollämter oder die Zollfahndungsämter vornehmen lassen. Die Verwaltungsbehörde im Sinne des § 22 Absatz 3 Satz 1 kann in den Fällen des Satzes 1 Ermittlungen auch durch ein anderes Hauptzollamt oder die Zollfahndungsämter vornehmen lassen.

(2) Die Hauptzollämter und die Zollfahndungsämter sowie deren Beamte haben auch ohne Ersuchen der Staatsanwaltschaft oder der Verwaltungsbehörde Straftaten und Ordnungswidrigkeiten der in Absatz 1 bezeichneten Art zu erforschen und zu verfolgen, wenn diese die Ausfuhr, Einfuhr, Verbringung oder Durchfuhr von Waren betreffen. Dasselbe gilt, soweit Gefahr im Verzug ist. § 163 der Strafprozessordnung und § 53 des Gesetzes über Ordnungswidrigkeiten bleiben unberührt.

(3) In den Fällen der Absätze 1 und 2 haben die Beamten der Hauptzollämter und der Zollfahndungsämter die Rechte und Pflichten der Polizeibeamten nach den Bestimmungen der Strafprozessordnung und des Gesetzes über Ordnungswidrigkeiten. Sie sind insoweit Ermittlungspersonen der Staatsanwaltschaft.

(4) In den Fällen der Absätze 1 und 2 können die Hauptzollämter und Zollfahndungsämter sowie deren Beamte im Bußgeldverfahren Beschlagnahmen, Durchsuchungen und Untersuchungen vornehmen sowie sonstige Maßnahmen nach den für Ermittlungspersonen der Staatsanwaltschaft geltenden Vorschriften der Strafprozessordnung ergreifen. Unter den Voraussetzungen des § 111p Absatz 2 Satz 2 der Strafprozessordnung können auch die Hauptzollämter die Notveräußerung anordnen.

§ 22
Straf- und Bußgeldverfahren

(1) Soweit für Straftaten nach den §§ 17 und 18 das Amtsgericht sachlich zuständig ist, liegt die örtliche Zuständigkeit bei dem Amtsgericht, in dessen Bezirk das örtlich zuständige Landgericht seinen Sitz hat. Die Landesregierung kann durch Rechtsverordnung die örtliche Zuständigkeit des Amtsgerichts abweichend regeln, soweit dies mit Rücksicht auf die Wirtschafts- oder Verkehrsverhältnisse, den Aufbau der Verwaltung oder andere örtliche Bedürfnisse zweckmäßig erscheint. Die Landesregierung kann diese Ermächtigung auf die Landesjustizverwaltung übertragen.

(2) Im Strafverfahren gelten die §§ 49, 63 Absatz 2 und 3 Satz 1 sowie § 76 Absatz 1 und 4 des Gesetzes über Ordnungswidrigkeiten über die Beteiligung der Verwaltungsbehörde im Verfahren der Staatsanwaltschaft und im gerichtlichen Verfahren entsprechend.

(3) Verwaltungsbehörde im Sinne dieses Gesetzes und des § 36 Absatz 1 Nummer 1 des Gesetzes über Ordnungswidrigkeiten ist das Hauptzollamt. Das Bundesministerium der Finanzen kann durch Rechtsverordnung, die nicht der Zustimmung des Bundesrates bedarf, die örtliche Zuständigkeit des Hauptzollamts als Verwaltungsbehörde gemäß Satz 1 abweichend regeln, soweit dies mit Rücksicht auf die Wirtschafts- oder Verkehrsverhältnisse, den Aufbau der Verwaltung oder andere örtliche Bedürfnisse zweckmäßig erscheint.

(4) Die Verfolgung als Ordnungswidrigkeit unterbleibt in den Fällen der fahrlässigen Begehung eines Verstoßes im Sinne des § 19 Absatz 2 bis 5, wenn der Verstoß im Wege der Eigenkontrolle aufgedeckt und der zuständigen Behörde angezeigt wurde sowie angemessene Maßnahmen zur Verhinderung eines Verstoßes aus gleichem Grund getroffen werden. Eine Anzeige nach Satz 1 gilt als freiwillig, wenn die zuständige Behörde hinsichtlich des Verstoßes noch keine Ermittlungen aufgenommen hat. Im Übrigen bleibt § 47 des Gesetzes über Ordnungswidrigkeiten unberührt.

§ 23
Allgemeine Auskunftspflicht

(1) Das Hauptzollamt, die Deutsche Bundesbank, das Bundesamt für Wirtschaft und Ausfuhrkontrolle (BAFA) und die Bundesanstalt für Landwirtschaft und Ernährung können Auskünfte verlangen, die erforderlich sind, um die Einhaltung dieses Gesetzes und der auf Grund dieses Gesetzes erlassenen Rechtsverordnungen und Anordnungen sowie von Rechtsakten des Rates oder der Kommission der Europäischen Union im Bereich des Außenwirtschaftsrechts zu überwachen. Zu diesem Zweck können sie verlangen, dass ihnen die geschäftlichen Unterlagen vorgelegt werden.

(2) Das Hauptzollamt und die Deutsche Bundesbank können zu dem in Absatz 1 genannten Zweck auch Prüfungen bei den Auskunftspflichtigen vornehmen; das Bundesamt für Wirtschaft und Ausfuhrkontrolle (BAFA) und die Bundesanstalt für Landwirtschaft und Ernährung können zu den Prüfungen Beauftragte entsenden. Zur Vornahme der Prüfungen dürfen die Bediensteten dieser Stellen und deren Beauftragte die Geschäftsräume der Auskunftspflichtigen betreten. Das Grundrecht des Artikels 13 des Grundgesetzes wird insoweit eingeschränkt.

(3) Die Bediensteten des Bundesamtes für Wirtschaft und Ausfuhrkontrolle (BAFA) dürfen die Geschäftsräume der Auskunftspflichtigen betreten, um die Voraussetzungen für die Erteilung von Genehmigungen nach § 8 Absatz 2 oder für die Erteilung von Zertifikaten nach § 9 zu überprüfen. Das Grundrecht des Artikels 13 des Grundgesetzes wird insoweit eingeschränkt.

(4) Sind die Unterlagen nach Absatz 1 unter Einsatz eines Datenverarbeitungssystems erstellt worden, so dürfen die Verwaltungsbehörde und die Deutsche Bundesbank im Rahmen einer Prüfung Einsicht in die gespeicherten Daten nehmen und das Datenverarbeitungssystem zur Prüfung dieser Unterlagen nutzen. Sie können im Rahmen einer Prüfung auch verlangen, dass die Daten nach ihren Vorgaben automatisiert ausgewertet oder ihnen die gespeicherten Unterlagen auf einem maschinell verwertbaren Datenträger zur Verfügung gestellt werden. Dazu ist sicherzustellen, dass die gespeicherten Daten während der Dauer der gesetzlichen Aufbewahrungsfristen verfügbar sind sowie dass sie unverzüglich lesbar gemacht und unverzüglich automatisiert ausgewertet werden können. Die Auskunftspflichtigen haben die Verwaltungsbehörde und die Deutsche Bundesbank bei der Ausübung der Befugnisse nach den Sätzen 1 und 2 zu unterstützen und die Kosten zu tragen.

(5) Auskunftspflichtig ist, wer unmittelbar oder mittelbar am Außenwirtschaftsverkehr teilnimmt.

(6) Der Auskunftspflichtige kann die Auskunft auf solche Fragen verweigern, deren Beantwortung ihn selbst oder einen der in § 383 Absatz 1 Nummer 1 bis 3 der Zivilprozessordnung bezeichneten Angehörigen der Gefahr aussetzen würde, wegen einer Straftat oder Ordnungswidrigkeit verfolgt zu werden.

(7) Das Hauptzollamt, das den Verwaltungsakt erlassen hat, ist auch für die Entscheidung über den Widerspruch zuständig.

§ 24
Übermittlung von Informationen durch das Bundesamt für Wirtschaft und Ausfuhrkontrolle (BAFA)

(1) Das Bundesamt für Wirtschaft und Ausfuhrkontrolle (BAFA) darf die Informationen, einschließlich personenbezogener Daten, die ihm bei der Erfüllung seiner Aufgaben

1. nach diesem Gesetz,

2. nach dem Gesetz über die Kontrolle von Kriegswaffen oder

3. nach Rechtsakten der Europäischen Union im Bereich des Außenwirtschaftsrechts

bekannt geworden sind, an andere öffentliche Stellen des Bundes übermitteln, soweit dies zur Verfolgung der Zwecke des § 4 Absatz 1 und 2 oder zur Zollabfertigung erforderlich ist.

(2) Informationen über die Versagung von Genehmigungen dürfen abweichend von Absatz 1 nur übermittelt werden, soweit dies zur Verfolgung der Zwecke des § 4 Absatz 1 und 2 erforderlich ist.

(3) Die Empfänger dürfen die nach den Absätzen 1 und 2 übermittelten Informationen, einschließlich personenbezogener Daten, nur für die Zwecke verwenden, für die sie übermittelt wurden oder soweit es zur Verfolgung von Straftaten oder Ordnungswidrigkeiten nach diesem Gesetz oder einer Rechtsverordnung nach diesem Gesetz oder nach dem Gesetz über die Kontrolle von Kriegswaffen erforderlich ist.

§ 25
Automatisiertes Abrufverfahren

(1) Das Zollkriminalamt ist berechtigt, Informationen, einschließlich personenbezogener Daten, die nach § 24 Absatz 1 und 2 übermittelt werden dürfen, im Einzelfall in einem automatisierten Verfahren abzurufen, soweit dies für die Zwecke des § 24 Absatz 1 oder zur Verhütung von Straftaten oder zur Verfolgung von Straftaten oder Ordnungswidrigkeiten erforderlich ist.

(2) Das Zollkriminalamt und das Bundesamt für Wirtschaft und Ausfuhrkontrolle (BAFA) legen bei der Einrichtung des Abrufverfahrens Anlass und Zweck des Abrufverfahrens sowie die Art der zu übermittelnden Daten und die nach § 9 des Bundesdatenschutzgesetzes erforderlichen technischen und organisatorischen Maßnahmen schriftlich fest.

(3) Die Einrichtung des Abrufverfahrens bedarf der Zustimmung des Bundesministeriums der Finanzen und des Bundesministeriums für Wirtschaft und Energie. Über die Einrichtung des Abrufverfahrens ist der Bundesbeauftragte für den Datenschutz und die Informationsfreiheit unter Mitteilung der Festlegungen nach Absatz 2 zu unterrichten.

(4) Die Verantwortung für die Zulässigkeit des einzelnen Abrufs trägt das Zollkriminalamt. Abrufe im automatisierten Verfahren dürfen nur von Bediensteten vorgenommen werden, die von der Leitung des Zollkriminalamtes hierzu besonders ermächtigt sind.

(5) Das Bundesamt für Wirtschaft und Ausfuhrkontrolle (BAFA) prüft die Zulässigkeit der Abrufe nur, wenn dazu Anlass besteht. Es hat zu gewährleisten, dass die Übermittlung personenbezogener Daten zumindest durch geeignete Stichprobenverfahren festgestellt und überprüft werden kann.

§ 26
Übermittlung personenbezogener Daten aus Strafverfahren

(1) In Strafverfahren wegen Verstoßes gegen dieses Gesetz oder gegen eine Rechtsverordnung auf Grund dieses Gesetzes oder gegen das Gesetz über die Kontrolle von Kriegswaffen dürfen Gerichte und Staatsanwaltschaften obersten Bundesbehörden personenbezogene Daten zur Verfolgung der Zwecke des § 4 Absatz 1 und 2 übermitteln.

(2) Die nach Absatz 1 erlangten Daten dürfen nur zu den dort genannten Zwecken verwendet werden.

(3) Der Empfänger darf die Daten an eine nicht in Absatz 1 genannte öffentliche Stelle nur weiterübermitteln, wenn

1. das Interesse an der Verwendung der übermittelten Daten das Interesse des Betroffenen an der Geheimhaltung erheblich überwiegt und

2. der Untersuchungszweck des Strafverfahrens nicht gefährdet werden kann.

§ 27
Überwachung des Fracht-, Post- und Reiseverkehrs

(1) Waren, die ausgeführt, verbracht, eingeführt oder durchgeführt werden, sind auf Verlangen vorzuzeigen. Sie können einer Beschau und einer Untersuchung unterworfen werden.

(2) Beförderungsmittel, Gepäckstücke und sonstige Behältnisse können darauf geprüft werden, ob sie Waren enthalten, deren Ausfuhr, Einfuhr, Verbringung oder Durchfuhr beschränkt ist.

(3) Wer aus dem Inland ausreist oder in das Inland einreist, hat auf Verlangen zu erklären, ob er Waren mit sich führt, deren Ausfuhr, Einfuhr, Durchfuhr oder Verbringung nach diesem Gesetz oder nach einer auf Grund dieses Gesetzes erlassenen Rechtsverordnung beschränkt ist.

(4) Wer Waren ausführen will, hat die Sendung den zuständigen Zollstellen zur Ausfuhrabfertigung zu gestellen. Das Nähere wird durch eine Rechtsverordnung nach § 11 bestimmt. Zur Erleichterung des Post-, Fracht- und Reiseverkehrs können durch Rechtsverordnung Ausnahmen zugelassen werden, soweit hierdurch der Überwachungszweck nicht gefährdet wird.

(5) Die Zollbehörden überwachen die Einhaltung

1. der Vorschriften dieses Gesetzes,

2. der zu diesem Gesetz erlassenen Rechtsverordnungen und

3. der Rechtsakte der Europäischen Union im Bereich des Außenwirtschaftsverkehrs

über die Ausfuhr, Einfuhr, Verbringung und Durchfuhr. Das Bundesministerium des Innern bestimmt die Behörden der Bundespolizei, die für die Überwachung der Ausfuhr von Waffen und Sprengstoff zuständig sind; Satz 1 bleibt unberührt.

§ 28
Kosten

(1) Die Zollbehörden können bei der Durchführung der Vorschriften dieses Gesetzes oder der zu diesem Gesetz erlassenen Rechtsverordnungen über die Ausfuhr, Verbringung, Einfuhr oder Durchfuhr sowie der Rechtsakte der Europäischen Union im Bereich des Außenwirtschaftsverkehrs Kosten (Gebühren und Auslagen) erheben für

1. die Abfertigung außerhalb des Amtsplatzes oder außerhalb der Öffnungszeiten,

2. die Ausstellung und Nachprüfung von Bescheinigungen oder

3. die Untersuchung von Waren.

(2) In den Fällen des Absatzes 1 gelten für die Bemessung der Kosten und für das Verfahren zu ihrer Erhebung die Vorschriften über Kosten, die auf Grund des § 178 der Abgabenordnung erhoben werden.

Anhang 3: Außenwirtschaftsverordnung (AWV)

Verordnung zur Durchführung des Außenwirtschaftsgesetzes
vom 2. August 2013

[BGBl. I S. 2865]

zuletzt geändert durch die Elfte Verordnung zur Änderung der Außenwirtschaftsverordnung
Vom 13. Dezember 2017

Kapitel 1
Allgemeine Vorschriften

§ 1
Beantragung von Genehmigungen

(1) Anträge auf Erteilung einer Genehmigung können, wenn im Folgenden nichts anderes bestimmt ist, von jedem gestellt werden, der das genehmigungsbedürftige Rechtsgeschäft oder die genehmigungsbedürftige Handlung vornimmt. Antragsberechtigt ist auch, wer einen Anspruch aus dem Rechtsgeschäft herleitet oder einen Anspruch auf Vornahme der Handlung geltend macht.

(2) Genehmigungen in der Form der Allgemeinverfügung (§ 35 Satz 2 des Verwaltungsverfahrensgesetzes) werden von Amts wegen erteilt.

§ 2
Zertifikate nach Artikel 9 der Richtlinie 2009/43/EG

(1) Das Bundesamt für Wirtschaft und Ausfuhrkontrolle (BAFA) erteilt einem Teilnehmer am Außenwirtschaftsverkehr auf Antrag ein Zertifikat, das ihm Zuverlässigkeit bescheinigt, insbesondere in Bezug auf seine Fähigkeit, die Ausfuhrbestimmungen für in Teil I Abschnitt A der Ausfuhrliste (Anlage AL) genannte Güter einzuhalten, die er im Rahmen einer Genehmigung aus einem anderen Mitgliedstaat der Europäischen Union bezieht.

(2) Für die Bescheinigung der Zuverlässigkeit des Antragstellers sind in der Regel erforderlich:

1. nachgewiesene Erfahrung im Bereich Verteidigung, insbesondere unter Berücksichtigung der Einhaltung von Ausfuhrbeschränkungen durch den Antragsteller, etwaiger einschlägiger Gerichtsurteile und der Beschäftigung erfahrener Führungskräfte;

2. einschlägige industrielle Tätigkeit mit Bezug auf in Teil I Abschnitt A der Ausfuhrliste genannte Güter im Inland, insbesondere Fähigkeit zur System- oder Teilsystemintegration;

3. die Ernennung eines leitenden Mitarbeiters zum persönlich Verantwortlichen für Verbringungen und Ausfuhren, der persönlich für das interne Programm zur Einhaltung der Ausfuhrkontrollverfahren oder das Verbringungs- und Ausfuhrverwaltungssystem des Antragstellers sowie für das Ausfuhr- und Verbringungskontrollpersonal verantwortlich ist und Mitglied des geschäftsführenden Organs des Antragstellers ist;

4. eine von dem in Nummer 3 genannten leitenden Mitarbeiter unterzeichnete schriftliche Verpflichtungserklärung des Antragstellers, dass er alle notwendigen Vorkehrungen trifft, um sämtliche Bedingungen für die Endverwendung und Ausfuhr eines ihm gelieferten in Teil I Abschnitt A der Ausfuhrliste genannten Gutes einzuhalten und durchzusetzen;

5. eine von dem in Nummer 3 genannten leitenden Mitarbeiter unterzeichnete schriftliche Verpflichtungserklärung des Antragstellers, dass er gegenüber den zuständigen Behörden bei Anfragen und Untersuchungen die erforderlichen Angaben über die Endverwender oder die Endverwendung aller Güter macht, die er ausführt, verbringt oder im Rahmen einer Genehmigung eines anderen Mitgliedstaats der Europäischen Union erhält;

6. eine von dem in Nummer 3 genannten leitenden Mitarbeiter gegengezeichnete Beschreibung des internen Programms zur Einhaltung der Ausfuhrkontrollverfahren oder des Verbringungs- und Ausfuhrverwaltungssystems des Antragstellers, aus der sich eindeutig ergibt, dass der in Nummer 3 genannte leitende Mitarbeiter die Aufsicht über das Personal der für die Ausfuhr- und Verbringungskontrolle des Antragstellers zuständigen Abteilungen führt; diese Beschreibung enthält Angaben über

    a) die organisatorischen, personellen und technischen Mittel für die Verwaltung von Verbringungen und Ausfuhren,

    b) die Verteilung der Zuständigkeiten beim Antragsteller,

    c) die internen Prüfverfahren,

    d) die Maßnahmen zur Sensibilisierung und Schulung des Personals,

    e) die Maßnahmen zur Gewährleistung der physischen und technischen Sicherheit,

    f) das Führen von Aufzeichnungen,

    g) die Rückverfolgbarkeit von Verbringungen und Ausfuhren,

    h) die Adresse, unter der die zuständigen Behörden gemäß § 23 des Außenwirtschaftsgesetzes die Aufzeichnungen über die in Teil I Abschnitt A der Ausfuhrliste genannten Güter einsehen können;

7. eine Erklärung des Antragstellers, dass er

    a) die in Teil I Abschnitt A der Ausfuhrliste genannten Güter, die er auf der Grundlage einer Allgemeinverfügung erhält, welche auf die Erteilung des Zertifikats Bezug nimmt, für seine eigene Produktion verwendet und

    b) die betreffenden Güter außer zum Zweck der Wartung oder Reparatur nicht als solche einem Dritten endgültig überlässt, zu ihm verbringt oder an ihn ausführt.

(3) Die Gültigkeitsdauer des Zertifikats darf höchstens fünf Jahre betragen.

§ 3
Formerfordernisse

(1) Soweit nichts anderes bestimmt ist, bedürfen Verwaltungsakte im Außenwirtschaftsverkehr der Schriftform. Das Bundesamt für Wirtschaft und Ausfuhrkontrolle (BAFA) kann durch Allgemeinverfügung, die im Bundesanzeiger bekannt zu machen ist, vorschreiben, dass der Erlass eines Verwaltungsakts auf einem besonderen Vordruck beantragt werden muss. § 3a des Verwaltungsverfahrensgesetzes ist nicht anzuwenden.

(2) Das Bundesamt für Wirtschaft und Ausfuhrkontrolle (BAFA) kann durch Allgemeinverfügung, die im Bundesanzeiger bekannt zu machen ist, festlegen, von welchem Zeitpunkt an und unter welchen Voraussetzungen Anträge auf Erlass eines Verwaltungsakts im Außenwirtschaftsverkehr elektronisch gestellt und Verwaltungsakte elektronisch erlassen werden können.

§ 4
Sammelgenehmigungen

Dem Antragsteller kann eine Genehmigung für eine unbestimmte Anzahl gleichartiger Rechtsgeschäfte oder Handlungen mit einem oder mehreren genau bestimmten Endverwendern oder Drittländern (Sammelgenehmigung) erteilt werden, wenn dies wegen der beabsichtigten Wiederholung der Rechtsgeschäfte oder Handlungen zweckmäßig erscheint.

§ 5
Rückgabe von Verwaltungsakten

(1) Der Adressat eines Verwaltungsakts in Papierform muss der für den Erlass zuständigen Stelle die diesen Verwaltungsakt verkörpernde Urkunde unverzüglich zurückgeben, wenn

1. der erteilte Verwaltungsakt unwirksam wird, bevor er vollständig ausgenutzt wurde,

2. der Adressat die Absicht aufgibt, den Verwaltungsakt vollständig auszunutzen, oder

3. der Verwaltungsakt oder die ihn verkörpernde Urkunde durch einen weiteren Bescheid, insbesondere eine Zweitausfertigung, ersetzt wurde und der ursprüngliche Verwaltungsakt infolge der Ersetzung keinen eigenen Regelungsgehalt mehr aufweist.

Im Übrigen bleibt § 52 des Verwaltungsverfahrensgesetzes unberührt.

(2) Durch Allgemeinverfügung, die im Bundesanzeiger bekannt zu machen ist, kann die zuständige Stelle festlegen, von welchem Zeitpunkt an und unter welchen Voraussetzungen auf die Rückgabepflicht nach Absatz 1 verzichtet werden kann.

(3) Die Rückgabepflicht auf Grund von Rechtsakten der Europäischen Union bleibt unberührt.

§ 6
Aufbewahrung von Verwaltungsakten

(1) Der Adressat eines Verwaltungsakts muss die diesen Verwaltungsakt verkörpernde Urkunde nach Ablauf der Gültigkeit des Verwaltungsaktes für die Dauer von fünf Jahren aufbewahren, es sei denn, dass die Urkunde vorher zurückgegeben werden muss.

(2) Durch Allgemeinverfügung, die im Bundesanzeiger bekannt zu machen ist, kann die zuständige Stelle

1. festlegen, von welchem Zeitpunkt an und unter welchen Voraussetzungen auf die Aufbewahrungspflicht nach Absatz 1 verzichtet werden kann, oder

2. die weiteren Voraussetzungen für die Aufbewahrung regeln.

§ 7
Boykotterklärung

Die Abgabe einer Erklärung im Außenwirtschaftsverkehr, durch die sich ein Inländer an einem Boykott gegen einen anderen Staat beteiligt (Boykott-Erklärung), ist verboten.

Kapitel 2
Ausfuhr und Verbringung aus dem Inland

Abschnitt 1
Beschränkungen

Unterabschnitt 1
Genehmigungsbedürftige Ausfuhr

§ 8
Genehmigungserfordernisse für die Ausfuhr von Gütern des Teils I der Ausfuhrliste

(1) Die Ausfuhr der folgenden Güter bedarf der Genehmigung:

1.   der in Teil I Abschnitt A der Ausfuhrliste genannten Güter und

2.   der in Teil I Abschnitt B der Ausfuhrliste genannten Güter.

(2) Eine Genehmigung nach Absatz 1 Nummer 1 ist nicht erforderlich für die Ausfuhr der folgenden Güter in die Schweiz, nach Liechtenstein, Norwegen und Island:

1.   Feuerwaffen im Sinne des § 1 Absatz 4 des Waffengesetzes in Verbindung mit Abschnitt 1 Unterabschnitt 1 Nummer 2 und Abschnitt 3 der Anlage 1 zum Waffengesetz, soweit das Waffengesetz und die auf Grund des Waffengesetzes erlassenen waffenrechtlichen Verordnungen für diese gelten, einschließlich unwesentlicher Teile und Zubehör,

2.   Munition im Sinne des § 1 Absatz 4 des Waffengesetzes in Verbindung mit Abschnitt 1 Unterabschnitt 3 Nummer 1 und 2 der Anlage 1 zum Waffengesetz, soweit sie für Feuerwaffen im Sinne von Nummer 1 bestimmt ist, einschließlich Munitionsteile, und

3.   Wiederladegeräte, soweit sie für die Munition im Sinne der Nummer 2 bestimmt sind.

Satz 1 gilt nicht, wenn dem Ausführer bekannt ist, dass das endgültige Bestimmungsziel der Güter außerhalb der in Satz 1 genannten Staaten und außerhalb des Zollgebiets der Europäischen Union liegt.

(3) Eine Genehmigung nach Absatz 1 Nummer 2 ist nicht erforderlich, wenn nach dem der Ausfuhr zugrunde liegenden Vertrag derartige Güter im Wert von nicht mehr als 5 000 Euro geliefert werden sollen. Die Ausfuhr von Software und Technologie ist abweichend von Satz 1 stets genehmigungspflichtig.

§ 9
Genehmigungserfordernisse für die Ausfuhr von Gütern mit einem bestimmten Verwendungszweck

(1) Die Ausfuhr von Gütern, die nicht in der Ausfuhrliste oder in Anhang I der Verordnung (EG) Nr. 428/2009 des Rates vom 5. Mai 2009 über eine Gemeinschaftsregelung für die Kontrolle der Ausfuhr, der Verbringung, der Vermittlung und der Durchfuhr von Gütern mit doppeltem Verwendungszweck (ABl. L 134 vom 29.5.2009, S. 1), die zuletzt durch die Verordnung (EU) Nr. 388/2012 (ABl. L 129 vom 16.5.2012, S. 12) geändert worden ist, genannt sind, bedarf der Genehmigung, wenn der Ausführer vom Bundesamt für Wirtschaft und Ausfuhrkontrolle (BAFA) darüber unterrichtet worden ist, dass

1. diese Güter ganz oder teilweise für die Errichtung oder den Betrieb einer Anlage für kerntechnische Zwecke im Sinne der Kategorie 0 des Anhangs I der Verordnung (EG) Nr. 428/2009 oder zum Einbau in eine solche Anlage bestimmt sind oder bestimmt sein können und

2. das Bestimmungsland Algerien, Irak, Iran, Israel, Jordanien, Libyen, die Demokratische Volksrepublik Korea, Pakistan oder Syrien ist.

Soweit in Satz 1 und im Folgenden auf einen Anhang der VO (EG) Nr. 428/2009 Bezug genommen wird, ist die jeweils geltende Fassung dieses Anhangs maßgebend.

(2) Ist dem Ausführer bekannt, dass Güter, die er ausführen möchte und die nicht in der Ausfuhrliste oder in Anhang I der Verordnung (EG) Nr. 428/2009 genannt sind, für einen in Absatz 1 genannten Zweck bestimmt sind und es sich um ein in Absatz 1 genanntes Bestimmungsland handelt, so hat er das Bundesamt für Wirtschaft und Ausfuhrkontrolle (BAFA) darüber zu unterrichten. Dieses entscheidet, ob die Ausfuhr genehmigungspflichtig ist. Die Güter dürfen erst ausgeführt werden, wenn das Bundesamt für Wirtschaft und Ausfuhrkontrolle (BAFA) die Ausfuhr genehmigt hat oder entschieden hat, dass es keiner Genehmigung bedarf.

(3) Die Absätze 1 und 2 gelten nicht

1. im Regelungsbereich des Artikels 4 der Verordnung (EG) Nr. 428/2009,

2. in Fällen, in denen nach dem der Ausfuhr zugrunde liegenden Vertrag derartige Güter im Wert von nicht mehr als 5 000 Euro geliefert werden sollen; die Ausfuhr von Software und Technologie ist unabhängig von ihrem Wert stets genehmigungspflichtig.

§ 10
Genehmigungserfordernisse für die Ausfuhr von Gütern des Teils II der Ausfuhrliste

Die Ausfuhr der in Teil II Spalte 3 der Ausfuhrliste mit „G" gekennzeichneten Waren bedarf der Genehmigung. Dies gilt nicht, wenn die Waren den im Amtsblatt der Europäischen Union veröffentlichten Vermarktungsnormen oder Mindestanforderungen entsprechen, die in der Verordnung (EU) Nr. 1308/2013 des Europäischen Parlaments und des Rates vom 17. Dezember 2013 über eine gemeinsame Marktorganisation für landwirtschaftliche Erzeugnisse und zur Aufhebung der Verordnungen (EWG) Nr. 922/72, (EWG) Nr. 234/79, (EG) Nr. 1037/2001 und (EG) Nr. 1234/2007 (ABl. L 347 vom 20.12.2013, S. 671) in der jeweils geltenden Fassung festgelegt worden sind. Satz 2 ist nicht anzuwenden, soweit in der Verordnung (EU) Nr. 1308/2013 Ausnahmen hinsichtlich der Beachtung der Vermarktungsnormen oder Mindestanforderungen vorgesehen sind.

Unterabschnitt 2
Genehmigungsbedürftige Verbringung aus dem Inland

§ 11
Genehmigungserfordernisse für die Verbringung von Gütern

(1) Die Verbringung der in Teil I Abschnitt A der Ausfuhrliste genannten Güter bedarf der Genehmigung.

Dies gilt nicht für

1. Feuerwaffen im Sinne des § 1 Absatz 4 des Waffengesetzes in Verbindung mit Abschnitt 1 Unterabschnitt 1 Nummer 2 und Abschnitt 3 der Anlage 1 zum Waffengesetz, soweit das

Waffengesetz und die auf Grund des Waffengesetzes erlassenen waffenrechtlichen Verordnungen für diese gelten, einschließlich unwesentlicher Teile und Zubehör,

2. Munition im Sinne des § 1 Absatz 4 des Waffengesetzes in Verbindung mit Abschnitt 1 Unterabschnitt 3 Nummer 1 und 2 der Anlage 1 zum Waffengesetz, soweit sie für Feuerwaffen im Sinne von Nummer 1 bestimmt ist, einschließlich Munitionsteile, und

3. Wiederladegeräte, soweit sie für Munition im Sinne der Nummer 2 bestimmt sind.

Satz 2 gilt nicht, wenn dem Verbringer bekannt ist, dass das endgültige Bestimmungsziel der Güter außerhalb des Zollgebiets der Europäischen Union und außerhalb des Gebietes der Schweiz, Liechtensteins, Norwegens und Islands liegt.

(2) Die Verbringung der in Teil I Abschnitt B der Ausfuhrliste genannten Güter bedarf der Genehmigung, wenn dem Verbringer bekannt ist, dass das endgültige Bestimmungsziel der Güter außerhalb des Zollgebiets der Europäischen Union liegt.

(3) Die Verbringung von Gütern, die nicht in der Ausfuhrliste oder in Anhang I der Verordnung (EG) Nr. 428/2009 genannt sind, bedarf der Genehmigung, wenn das endgültige Bestimmungsziel der Güter außerhalb des Zollgebiets der Europäischen Union liegt und der Verbringer vom Bundesamt für Wirtschaft und Ausfuhrkontrolle (BAFA) darüber unterrichtet worden ist, dass diese Güter ganz oder teilweise für die Errichtung oder den Betrieb einer Anlage für kerntechnische Zwecke im Sinne der Kategorie 0 des Anhangs I der Verordnung (EG) Nr. 428/2009 oder zum Einbau in eine solche Anlage bestimmt sind oder bestimmt sein können und es sich um ein in § 9 Absatz 1 Satz 1 Nummer 2 genanntes Bestimmungsland handelt.

(4) Ist dem Verbringer bekannt, dass Güter im Sinne des Absatzes 3, die er verbringen möchte und deren endgültiges Bestimmungsziel außerhalb des Zollgebiets der Europäischen Union liegt, für einen in Absatz 3 genannten Zweck bestimmt sind und es sich um ein in § 9 Absatz 1 Satz 1 Nummer 2 genanntes Bestimmungsland handelt, so hat er das Bundesamt für Wirtschaft und Ausfuhrkontrolle (BAFA) darüber zu unterrichten. Dieses entscheidet, ob die Verbringung genehmigungspflichtig ist. Die Güter dürfen erst verbracht werden, wenn das Bundesamt für Wirtschaft und Ausfuhrkontrolle (BAFA) die Verbringung genehmigt hat oder entschieden hat, dass es keiner Genehmigung bedarf.

(5) Die Absätze 2 bis 4 gelten nicht, wenn

1. die Ausfuhr der Güter gemäß § 8 oder § 9 einer Genehmigung bedarf und für eine derartige Ausfuhr eine Allgemeingenehmigung vorliegt,

2. die Güter an dem Bestimmungsziel innerhalb des Zollgebiets der Europäischen Union, in das sie verbracht werden sollen, einer Verarbeitung oder Bearbeitung im Sinne des Artikels 60 Absatz 2 der Verordnung (EU) Nr. 952/2013 des Europäischen Parlaments und des Rates vom 9. Oktober 2013 zur Festlegung des Zollkodex der Union (ABl. L 269 vom 10.10.2013, S. 1), unterzogen werden sollen oder

3. Güter im Wert von nicht mehr als 5 000 Euro geliefert werden sollen; die Verbringung von Software und Technologie ist unabhängig von ihrem Wert stets genehmigungspflichtig.

Abschnitt 2
Verfahrens- und Meldevorschriften

Unterabschnitt 1
Ausfuhr und Wiederausfuhr

§ 12
Gestellung und Anmeldung

(1) Jede Ausfuhrsendung ist vor der Ausfuhr vom Anmelder unter Vorlage einer Ausfuhranmeldung oder einer Wiederausfuhranmeldung bei der Ausfuhrzollstelle zu gestellen.

(2) Wer als Ausführer nach Artikel 1 Nummer 19 der Delegierten Verordnung (EU) 2015/2446 der Kommission vom 28. Juli 2015 zur Ergänzung der Verordnung (EU) Nr. 952/2013 des Europäischen Parlaments und des Rates mit Einzelheiten zur Präzisierung von Bestimmungen des Zollkodex der Union (ABl. L 343/1 vom 29.12.2015, S. 1) oder als Anmelder nach Artikel 170 der Verordnung (EU) Nr. 952/2013 Waren aus dem Zollgebiet der Europäischen Union befördern will, hat entsprechend den Fristen des Artikels 244 der Delegierten Verordnung (EU) 2015/2446 eine der folgenden Anmeldungen abzugeben:

1. eine Ausfuhranmeldung im Sinne des Artikels 5 Nummer 12 der Verordnung (EU) Nr. 952/2013 und des Artikels 221 Absatz 2 der Durchführungsverordnung (EU) 2015/2447 der Kommission vom 24. November 2015 mit Einzelheiten zur Umsetzung von Bestimmungen der Verordnung (EU) Nr. 952/2013 des Europäischen Parlaments und des Rates zur Festlegung des Zollkodex der Union (ABl. L 343 vom 29.12.2015, S. 558) oder

2. eine Wiederausfuhranmeldung im Sinne des Artikels 5 Nummer 13 und des Artikels 270 der Verordnung (EU) Nr. 952/2013.

Die Anmeldung muss den Anforderungen der folgenden Vorschriften entsprechen:

1. der Artikel 162, 166, 167 und 182 der Verordnung (EU) Nr. 952/2013 und

2. des Anhangs 9 Anlage A und Anlage C1 der Delegierten Verordnung (EU) 2016/341 der Kommission vom 17. Dezember 2015 zur Ergänzung der Verordnung (EU) Nr. 952/2013 des Europäischen Parlaments und des Rates hinsichtlich der Übergangsbestimmungen für bestimmte Vorschriften des Zollkodex der Union, für den Fall, dass die entsprechenden elektronischen Systeme noch nicht betriebsbereit sind, und zur Änderung der Delegierten Verordnung (EU) 2015/2446 (ABl. L 69 vom 15.3.2016, S. 1).

(3) Die Anmeldung nach Absatz 2 ist elektronisch abzugeben; ausgenommen sind Fälle nach Artikel 158 Absatz 2 der Verordnung (EU) Nr. 952/2013 in Verbindung mit Artikel 136 Absatz 2, den Artikeln 137 und 139 Absatz 2 sowie mit den Artikeln 140, 141 und 143 der Delegierten Verordnung (EU) 2015/2446. In der Anmeldung sind die Angaben gemäß Anhang 9 Anlage A und Anlage C1 sowie die Angaben nach den Feldern 8, 15a, 20, 22, 24, 29 und 34b der Anlage C1 der Delegierten Verordnung (EU) 2016/341 zu machen. Die Anmeldung ist mit Hilfe des elektronischen Ausfuhrverfahrens ATLAS oder über die Internetausfuhranmeldung Plus nach Maßgabe der jeweils geltenden Verfahrensanweisung für das elektronische Ausfuhrverfahren ATLAS, die das Bundesministerium der Finanzen in seinem Amtsblatt bekannt gibt, abzugeben. Bei einer Funktionsstörung des Datenverarbeitungssystems der Zolldienststelle oder des Anmelders hat der Anmelder der Zollstelle die Zollanmeldung sowie gegebenenfalls den Antrag nach Absatz 4 nach Maßgabe der jeweils geltenden

Verfahrensanweisung für das elektronische Ausfuhrverfahren ATLAS, die das Bundesministerium der Finanzen in seinem Amtsblatt bekannt gibt, zu übermitteln.

(4) Die Zollstelle kann auf Antrag die Gestellung an einem anderen Ort im Bezirk der Ausfuhrzollstelle zulassen, wenn die Waren dort verpackt oder verladen werden und die Ausfuhranmeldung oder die Wiederausfuhranmeldung so rechtzeitig abgegeben wird, dass die zollamtliche Behandlung der Ausfuhrsendung möglich ist. Die nicht gegenständliche Übermittlung von Gütern bedarf keiner zollamtlichen Behandlung.

(5) Für in Rohrleitungen beförderte Waren ist zuständige Ausgangszollstelle jede Zollstelle, in deren Bezirk sich ein Zugang zu der Rohrleitung befindet, in der die Ware befördert wird.

§ 13
Ergänzende Vorschriften für die Gestellung und Anmeldung bei Seeschiffen

(1) Der Verfrachter, der Frachtführer oder, wenn kein Frachtgeschäft vorliegt, der Besitzer der Ladung hat dem zuständigen Hauptzollamt für jedes aus einem Seehafen seewärts ausgehende Schiff ein Ladungsverzeichnis gemäß Absatz 2 und 3 Satz 1 einzureichen.

(2) Das Ladungsverzeichnis muss folgende Angaben enthalten:

1.   den Namen des Verfrachters, des Schiffes, des Verladehafens und des Löschhafens,

2.   die Anzahl, die Art und die Kennzeichen der Behältnisse,

3.   die Benennung und die Menge der geladenen Güter in Übereinstimmung mit den Konnossementen oder sonstigen Ladepapieren und

4.   die Erklärung, dass im Ladungsverzeichnis alle in dem Schiff verladenen Güter verzeichnet sind.

(3) Das Ladungsverzeichnis ist unverzüglich nach Beendigung der Verladung beim Hauptzollamt einzureichen. Das Hauptzollamt kann verlangen, dass Ladungsverzeichnisse, die mittels einer Datenverarbeitungsanlage erstellt wurden, auf maschinell verwertbaren Datenträgern oder durch Datenfernübertragung abzugeben sind.

(4) Das Hauptzollamt kann, soweit die Überwachung der Ausfuhr nicht beeinträchtigt wird, allgemein oder im Einzelfall auf das Einreichen eines Ladungsverzeichnisses verzichten.

(5) Bei unbeladenen Schiffen muss der Schiffsführer vor Abgang des Schiffes schriftlich oder elektronisch erklären, dass das Schiff unbeladen ist.

§ 14
Verfahren bei der zollamtlichen Behandlung

(1) Zur Prüfung der Zulässigkeit der Ausfuhr können die Ausfuhrzollstelle und die Ausgangszollstelle von dem Ausführer oder dem Anmelder weitere Angaben und Beweismittel verlangen.

(2) Die Ausgangszollstelle lehnt die zollamtliche Behandlung ab, wenn die Waren nicht gemäß § 12 gestellt und angemeldet worden sind. In diesen Fällen verweigert bei Versand durch einen Postbetreiber die Poststelle oder bei Versand durch ein Unternehmen des Schienenverkehrs die Versandstelle die Übernahme der Waren.

(3) Der Anmelder darf Waren nicht vor Abschluss der Prüfung durch die Ausfuhrzollstelle vom Ort der Gestellung oder vom zugelassenen Ort gemäß § 12 Absatz 4 vor Ablauf der im Antrag nach § 12 Absatz 4 angegeben Zeit entfernen oder entfernen lassen oder dort verladen oder verladen lassen.

(4) Der Anmelder darf Waren nicht vor Abschluss der Prüfung durch die Ausgangszollstelle vom Ort der Gestellung entfernen oder entfernen lassen oder dort verladen oder verladen lassen.

§ 15
Vereinfachte Zollanmeldung

(1) Wenn ein Anmelder von der vereinfachten Zollanmeldung nach Artikel 166 der Verordnung (EU) Nr. 952/2013 Gebrauch machen will, muss er bei der Ausfuhranmeldung oder bei der Wiederausfuhranmeldung mindestens die Angaben machen, die nach Anhang 9 Anlage A der Delegierten Verordnung (EU) 2016/341 für dieses Verfahren erforderlich sind. Bei Waren, für die Ausfuhrabgaben zu entrichten sind oder für die sonstige im Rahmen der gemeinsamen Agrarpolitik vorgesehene Maßnahmen gelten, hat der Anmelder darüber hinaus alle Angaben zu machen, die die Erhebung der Abgaben oder die Durchführung der Maßnahmen ermöglichen.

(2) Der Anmelder hat die vereinfachte Zollanmeldung innerhalb von 30 Tagen nach ihrer Annahme bei der Zollstelle, die in der vereinfachten Zollanmeldung oder in der Bewilligung nach Absatz 4 angegeben ist

1. mit den nach § 12 Absatz 2 Satz 2 Nummer 2 erforderlichen Angaben zu vervollständigen oder

2. durch eine vollständige Anmeldung zu ersetzen.

(3) Der Anmelder kann Vervollständigungen oder Ersetzungen von mehreren vereinfachten Zollanmeldungen in einer ergänzenden oder ersetzenden Zollanmeldung zusammenfassen, wenn der gesamte Ausfuhrvorgang im Inland erfolgt und die Waren in einer einzigen Sendung ausgeführt worden sind.

(4) Zuständig für die Bewilligung der regelmäßigen Inanspruchnahme vereinfachter Zollanmeldungen nach Artikel 166 Absatz 2 der Verordnung (EU) Nr. 952/2013 in Verbindung mit Artikel 145 der Delegierten Verordnung (EU) 2015/2446 ist das Hauptzollamt.

§ 16
Anschreibung in der Buchführung des Anmelders

(1) In dem Antrag auf Bewilligung der Anschreibung in der Buchführung des Anmelders nach Artikel 182 der Verordnung (EU) Nr. 952/2013 sind die auszuführenden Waren zu bezeichnen und die Nummer des Warenverzeichnisses für die Außenhandelsstatistik anzugeben, das vom Statistischen Bundesamt in 65189 Wiesbaden, Gustav-Stresemann-Ring 11, herausgegeben wird und auch über www.destatis.de bezogen werden kann.

(2) Soll ständig eine Vielzahl verschiedener Waren ausgeführt werden, so können diese in dem Antrag nach Absatz 1 in Warengruppen mit einer Sammelbezeichnung und mit der zutreffenden Positionsnummer des Warenverzeichnisses angegeben werden.

(3) Zuständig für die Bewilligung der Anschreibung in der Buchführung des Anmelders ist das Hauptzollamt.

§ 17
Einstufiges Ausfuhrverfahren

(aufgehoben)

§ 18
Erhebung von Ausfuhrdaten bei der Ausfuhr von Mineralöl und Gas

(1) Bei der Ausfuhr von Waren der Warennummern 2707 10 00 bis 2707 50 00, 2709 00 10 bis 2711 14 00, 2711 21 00, 2711 29 00, 2712 10 10 bis 2712 90 11, 2712 90 31 bis 2713 20 00, 2713 90 90 und 3403 19 80 des Warenverzeichnisses für die Außenhandelsstatistik hat der Ausführer zum Zweck der Marktbeobachtung gegenüber dem Bundesamt für Wirtschaft und Ausfuhrkontrolle (BAFA) folgende Angaben zu machen:

1. den Namen und die Adressdaten des Ausführers,

2. die Warenbezeichnung und die Warennummer,

3. die dem Ausführer zugeteilte Nummer zur Registrierung und Identifizierung von Wirtschaftsbeteiligten im Sinne des Artikels 9 der Verordnung (EU) Nr. 952/2013 in Verbindung mit Artikel 1 Nummer 18 der Delegierten Verordnung (EU) 2015/2446 (EORI-Nummer),

4. den Verfahrenscode,

5. das Bestimmungsland,

6. das Eigengewicht der Waren,

7. die besondere Maßeinheit,

8. die Ausfuhrzollstelle und

9. das Ausgangsdatum.

Der Ausführer übermittelt diese Angaben der zuständigen Zollstelle elektronisch mit der Ausfuhranmeldung.

(2) Das Informationstechnikzentrum Bund leitet die Daten im Auftrag der zuständigen Zollstelle zum Zweck der Marktbeobachtung an das Bundesamt für Wirtschaft und Ausfuhrkontrolle (BAFA) weiter.

(3) Das Bundesamt für Wirtschaft und Ausfuhrkontrolle (BAFA) löscht die Daten spätestens nach Ablauf von zwei Jahren. Die Frist beginnt mit dem Ende des Jahres, in dem die Daten von der zuständigen Zollstelle übermittelt worden sind.

§ 19
Ausfuhr von Obst und Gemüse

(1) Bei der genehmigungsfreien Ausfuhr von Obst und Gemüse, das in Teil II Kapitel 7, 8, 9 und 12 der Ausfuhrliste mit „G" gekennzeichnet ist, ist der Ausfuhrzollstelle zusammen mit der Ausfuhranmeldung eines der nachstehend genannten Dokumente vorzulegen:

1. eine gültige Bescheinigung nach der jeweils geltenden Fassung des Anhangs III der Verordnung (EU) Nr. 543/2011 der Kommission vom 7. Juni 2011 mit Durchführungsbestimmungen zur Verordnung (EG) Nr. 1234/2007 des Rates für die Sektoren Obst und Gemüse und Verarbeitungserzeugnisse aus Obst und Gemüse (ABl. L 157 vom 15.6.2011, S. 1), die zuletzt

durch die Verordnung (EU) Nr. 988/2012 (ABl. L 297 vom 26.10.2012, S. 9) geändert worden ist (Konformitätsbescheinigung),

2. eine Mitteilung der zuständigen Kontrollstelle, dass für die betreffenden Partien eine Konformitätsbescheinigung ausgestellt wurde, oder

3. eine Mitteilung der zuständigen Kontrollstelle, dass für die betreffenden Partien auf Grund einer Risikoanalyse auf eine Konformitätskontrolle verzichtet wurde (Verzichtserklärung).

Erfolgt der gesamte Ausfuhrvorgang im Inland, kann das nach Nummern 1 bis 3 maßgebliche Dokument der Ausgangszollstelle vorgelegt werden.

(2) Erfolgt die Ausfuhrabfertigung elektronisch nach § 12 Absatz 3 Satz 1, hat der Ausführer sicherzustellen, dass die in Absatz 1 genannten Dokumente zum Zeitpunkt der Beantragung der Ausfuhrabfertigung bei ihm oder seinem Vertreter vorhanden sind. Die Vorlage der Dokumente in Papierform ist bei der Ausfuhrabfertigung nur auf Verlangen der Zollstelle erforderlich. Die Dokumente sind der zuständigen Zollstelle monatlich oder nach spezieller Vereinbarung vorzulegen. Auf den Dokumenten muss die Registriernummer der Ausfuhranmeldung vermerkt sein.

(3) der genehmigungsfreien Ausfuhr der in Absatz 1 Satz 1 genannten Waren im gemeinsamen Versandverfahren für Warenbeförderungen im Eisenbahnverkehr nach Anlage I Titel III Kapitel VII oder mit Vereinfachungen im Versandverfahren „Status eines zugelassenen Versenders" nach Anlage I Titel III Kapitel V des Übereinkommens vom 20. Mai 1987 zwischen der Europäischen Wirtschaftsgemeinschaft, der Republik Österreich, der Republik Finnland, der Republik Island, dem Königreich Norwegen, dem Königreich Schweden und der Schweizerischen Eidgenossenschaft über ein gemeinsames Versandverfahren (ABl. L 226 vom 13.8.1987, S. 2), das zuletzt durch Beschluss Nr. 4/2012 (ABl. L 297 vom 26.10.2012, S. 34) geändert worden ist, in der jeweils geltenden Fassung kann der Ausfuhrzollstelle anstelle des nach Absatz 1 erforderlichen Dokuments eine Durchschrift dieses Dokuments zusammen mit dem Dokument gemäß Anhang 9 Anlage A und Anlage C1 der Delegierten Verordnung (EU) 2016/341 vorgelegt werden. Bei einer Funktionsstörung des Datenverarbeitungssystems der Zolldienststelle oder des Anmelders hat der Anmelder der Zollstelle die Zollanmeldung nach Maßgabe der jeweils geltenden Verfahrensanweisung für das elektronische Ausfuhrverfahren ATLAS, die das Bundesministerium der Finanzen in seinem Amtsblatt bekannt gibt, zu übermitteln. Absatz 2 gilt entsprechend.

(4) Bei der genehmigungsfreien Ausfuhr der in Absatz 1 Satz 1 genannten Waren unter Abgabe einer vereinfachten Zollanmeldung nach § 15 oder unter Anschreibung in der Buchführung des Anmelders nach § 16 kann der Ausfuhrzollstelle anstelle des nach Absatz 1 erforderlichen Dokuments innerhalb von 30 Tagen nach Überlassung der Ausfuhrsendung ins Ausfuhrverfahren eine Durchschrift dieses Dokuments vorgelegt werden. Auf der Durchschrift muss die Registriernummer der ursprünglichen Ausfuhranmeldung vermerkt sein.

(5) Bei der genehmigungsfreien Ausfuhr von verarbeitetem Obst und Gemüse, für das Vermarktungsnormen oder Mindestanforderungen auf Grund der Verordnung (EU) Nr. 1308/2013 erlassen wurden, ist der Ausfuhrzollstelle zusammen mit der Ausfuhranmeldung entweder eine Konformitätsbescheinigung oder eine Verzichtserklärung der Bundesanstalt für Landwirtschaft und Ernährung vorzulegen. Absatz 2 gilt entsprechend.

§ 20
Wiederausfuhren

Soweit Wiederausfuhren nach Artikel 270 der Verordnung (EU) Nr. 952/2013 einer Wiederausfuhranmeldung bedürfen, gelten die Vorschriften dieses Unterabschnitts entsprechend.

§ 20a
Summarische Ausgangsanmeldung

(1) Sofern keine Ausfuhranmeldung oder Wiederausfuhranmeldung abgegeben wurde, hat der Beförderer eine summarische Ausgangsanmeldung nach Artikel 271 der Verordnung (EU) Nr. 952/2013 innerhalb der Fristen des Artikels 244 der Delegierten Verordnung (EU) 2015/2446 bei der Ausgangszollstelle abzugeben. Die Ausnahmen von der Verpflichtung zur Abgabe einer Vorabanmeldung nach Artikel 245 der Delegierten Verordnung (EU) 2015/2446 sind zu berücksichtigen.

(2) Die summarische Ausgangsanmeldung muss die Angaben gemäß Anhang 9 Anlage A und Anlage C1 der Delegierten Verordnung (EU) 2016/341 enthalten.

(3) § 14 Absatz 4 gilt entsprechend.

§ 20b
Wiederausfuhrmitteilung

(1) Sollen Waren aus dem Zollgebiet der Union ausgeführt werden und ist weder eine Zollanmeldung noch eine Wiederausfuhranmeldung noch eine summarische Ausgangsanmeldung erforderlich, so ist von der Person, die gemäß Artikel 267 Absatz 2 der Verordnung (EU) Nr. 952/2013 für die Gestellung der Waren beim Ausgang zuständig ist, eine Wiederausfuhrmitteilung im Sinne von Artikel 5 Nummer 14 und Artikel 274 der Verordnung (EU) Nr. 952/2013 entsprechend den Anforderungen des Anhangs 9 Anlage A und Anlage C1 der Delegierten Verordnung (EU) 2016/341 bei der Ausgangszollstelle abzugeben.

(2) § 14 Absatz 4 gilt entsprechend.

Unterabschnitt 2
Genehmigungsbedürftige Ausfuhr

§ 21
Ausfuhrgenehmigung

(1) Eine Ausfuhrgenehmigung kann nur der Ausführer beantragen.

(2) Dem Antrag auf Genehmigung der Ausfuhr von Gütern, die in Teil I der Ausfuhrliste genannt sind, sind Dokumente zum Nachweis des Endempfängers, des Endverbleibs und des Verwendungszwecks beizufügen. Das Bundesamt für Wirtschaft und Ausfuhrkontrolle (BAFA) kann auf die Vorlage dieser Dokumente verzichten oder andere als die in Satz 1 genannten Dokumente zum Nachweis des Verbleibs der Güter verlangen.

(3) Bei bestimmten Ländern kann das Bundesamt für Wirtschaft und Ausfuhrkontrolle (BAFA) eine Internationale Einfuhrbescheinigung (International Import Certificate) des Bestimmungslandes anerkennen.

(4) Bei bestimmten Ländern kann das Bundesamt für Wirtschaft und Ausfuhrkontrolle (BAFA) verlangen, dass dem Antrag auf Genehmigung der Ausfuhr von bestimmten Gütern, die in Teil I der Ausfuhrliste genannt sind, eine Erklärung beigefügt wird, in der sich der Empfänger der Güter dazu verpflichtet, die durch die Neubeschaffung zu ersetzenden Güter zu vernichten. Soll durch die Neubeschaffung ein Mehrbedarf gedeckt werden, muss der Empfänger ersatzweise die Gründe für den Mehrbedarf darlegen und sich dazu verpflichten, die neu beschafften Güter bei späterer Außerdienststellung zu vernichten.

(5) Bei bestimmten Ländern kann das Bundesamt für Wirtschaft und Ausfuhrkontrolle (BAFA) verlangen, dass dem Antrag auf Genehmigung der Ausfuhr von bestimmten Gütern, die in Teil I der Ausfuhrliste genannt sind, ein Nachweis über die Zustimmung des Bestimmungslandes zur Duldung von Vor-Ort-Kontrollen des Endverbleibs und der Einhaltung von gemäß Absatz 4 vom Empfänger übernommenen Verpflichtungen durch deutsche Stellen sowie ein Nachweis über die auf den Gütern angebrachte Kennzeichnung beigefügt wird.

(6) Das Nähere bestimmt das Bundesamt für Wirtschaft und Ausfuhrkontrolle (BAFA) durch Allgemeinverfügung, die im Bundesanzeiger bekannt zu machen ist.

§ 22
Informations- und Buchführungspflichten

(1) Ausführer der in Teil I Abschnitt A der Ausfuhrliste genannten Güter sind verpflichtet, den Empfänger spätestens bei der Ausfuhr über die Beschränkungen zu informieren, die hinsichtlich einer Ausfuhr aus dem Bestimmungsland in der erteilten Ausfuhrgenehmigung festgelegt sind.

(2) Der Ausführer ist unbeschadet anderer Rechtsvorschriften verpflichtet, ausführliche Register oder Aufzeichnungen über seine Ausfuhren der in Teil I Abschnitt A der Ausfuhrliste genannten Güter zu führen. Diese müssen geschäftliche Unterlagen mit den folgenden Angaben enthalten:

1. die Bezeichnung des Gutes und dessen Listenposition in der Ausfuhrliste,

2. die Menge und der Wert des Gutes,

3. das Datum der Ausfuhr oder einzelner Teilausfuhren,

4. den Namen und die Anschrift des Ausführers und des Empfängers,

5. soweit bekannt, die Endverwendung und der Endverwender des Gutes und

6. die Angabe, dass der Empfänger entsprechend Absatz 1 informiert wurde.

(3) Die Register oder Aufzeichnungen nach Absatz 2 Satz 1 sind nach Ende des Kalenderjahres, in dem die Ausfuhr erfolgt ist, für die Dauer von fünf Jahren aufzubewahren.

§ 23
Ausfuhrabfertigung

(1) Erfolgt die Ausfuhrabfertigung aufgrund einer elektronischen Ausfuhranmeldung nach § 12 Absatz 3 Satz 1, ist die Vorlage der Ausfuhrgenehmigung in Papierform bei der Ausfuhrabfertigung grundsätzlich nicht erforderlich. Der Ausführer hat jedoch sicherzustellen, dass die Ausfuhrgenehmigung im Zeitpunkt der Beantragung der Ausfuhrabfertigung bei ihm oder seinem Vertreter vorhanden ist. Im Fall des § 12 Absatz 3 Satz 4 ist die Ausfuhrgenehmigung bei der Ausfuhrabfertigung vorzulegen.

(2) Zur Ausfuhrabfertigung hat der Anmelder in der elektronischen Ausfuhranmeldung hinsichtlich der Ausfuhrgenehmigung Folgendes anzugeben:

1. die Genehmigungscodierung,

2. die Listenposition in der Ausfuhrliste oder in Anhang I der Verordnung (EG) Nr. 428/2009,

3. die Referenznummer,

4. das Ausstellungsdatum und

5. das Gültigkeitsende.

(3) Bei Ausfuhren auf Grund von Genehmigungen in Form von Allgemeinverfügungen sind die Angaben nach Absatz 2 Nummer 3 bis 5 nicht erforderlich.

(4) Wenn der Ausführer vom Bundesamt für Wirtschaft und Ausfuhrkontrolle (BAFA) eine Bescheinigung erhalten hat, dass die Ausfuhr keiner Genehmigung bedarf, hat der Anmelder zur Ausfuhrabfertigung in der elektronischen Ausfuhranmeldung hinsichtlich der Bescheinigung Folgendes anzugeben:

1. die Codierung der Bescheinigung,

2. die Referenznummer,

3. das Ausstellungsdatum und

4. das Gültigkeitsende.

(5) Die vom Bundesamt für Wirtschaft und Ausfuhrkontrolle (BAFA) erteilten Ausfuhrgenehmigungen werden durch die Zollstellen elektronisch abgeschrieben. Ausfuhrgenehmigungen zur wiederholten vorübergehenden Ausfuhr oder in anderen Mitgliedstaaten der Europäischen Union erteilte Ausfuhrgenehmigungen sind vom Anmelder bei der elektronischen Ausfuhrabfertigung in Papierform vorzulegen und werden von der Zollstelle manuell abgeschrieben.

(6) Falls eine Abschreibung erforderlich ist, hat der Anmelder zusätzlich zu den Angaben nach Absatz 2 Folgendes anzugeben:

1. den Wert und, soweit die Ausfuhrgenehmigung dazu Angaben enthält, die Menge der auszuführenden Waren und

2. die Nummer der laufenden Güterposition der Genehmigung.

(7) Für die Abgabe einer Wiederausfuhranmeldung nach § 20 und für die Abgabe einer rückwirkenden Ausfuhr- oder Wiederausfuhranmeldung nach Artikel 337 Absatz 1 Satz 3 der Durchführungsverordnung (EU) 2015/2447 gelten die Absätze 2 bis 6 entsprechend.

§ 24
Datenaustausch

(1) Zum Zweck der Ausfuhrabfertigung ausfuhrgenehmigungspflichtiger Waren ruft die zuständige Zollstelle die Daten der vom Bundesamt für Wirtschaft und Ausfuhrkontrolle (BAFA) erteilten Ausfuhrgenehmigungen über das Informationstechnikzentrum Bund vom Bundesamt für Wirtschaft und Ausfuhrkontrolle (BAFA) ab. Hat das Bundesamt für Wirtschaft und Ausfuhrkontrolle (BAFA) eine Bescheinigung erteilt, dass die Ausfuhr keiner Genehmigung bedarf, so tritt diese Bescheinigung an die Stelle der Ausfuhrgenehmigung nach Satz 1.

(2) Das Informationstechnikzentrum Bund leitet im Auftrag der zuständigen Zollstelle zum Zweck der Nachverfolgung der Ausnutzung erteilter Ausfuhrgenehmigungen folgende Daten an das Bundesamt für Wirtschaft und Ausfuhrkontrolle (BAFA) weiter:

1. den Wert der ausgeführten Waren,

2. den Zeitpunkt des Ausgangs,

3. die Nummer der Ausfuhrgenehmigung,

4. die Listenposition in der Ausfuhrliste oder in Anhang I der Verordnung (EG) Nr. 428/2009 und

5. soweit angegeben, die Menge der ausgeführten Waren und die Nummer der laufenden Güterposition der Genehmigung.

(3) Die zuständige Zollstelle und das Bundesamt für Wirtschaft und Ausfuhrkontrolle (BAFA) löschen die nach den Absätzen 1 und 2 übermittelten Daten spätestens nach Ablauf von fünf Jahren, soweit sie nicht nach anderen Vorschriften aufzubewahren sind. Die Frist beginnt jeweils mit dem Ende des Jahres, in dem die Daten an die zuständige Zollstelle oder das Bundesamt für Wirtschaft und Ausfuhrkontrolle (BAFA) übermittelt worden sind.

§ 25
Ausfuhrabfertigung in einem anderen Mitgliedstaat

(1) Wenn der Ausführer eine vom Bundesamt für Wirtschaft und Ausfuhrkontrolle (BAFA) erteilte Ausfuhrgenehmigung zur Ausfuhrabfertigung in einem anderen Mitgliedstaat der Europäischen Union verwenden will, so hat er die Ausfuhrgenehmigung zusammen mit dem Ausfuhrbegleitdokument oder einem vergleichbaren zollrechtlichen Ausfuhrdokument der für ihn oder seinen Firmensitz zuständigen Zollstelle innerhalb eines Monats nach Ausgang der Waren aus dem Zollgebiet der Europäischen Union vorzulegen.

(2) Nach elektronischer Nacherfassung der Ausfuhrgenehmigung durch die zuständige Zollstelle leitet das Informationstechnikzentrum Bund folgende Daten im Auftrag der zuständigen Zollstelle zum Zweck der Nachverfolgung der Ausnutzung erteilter Ausfuhrgenehmigungen an das Bundesamt für Wirtschaft und Ausfuhrkontrolle (BAFA) weiter:

1. die in § 24 Absatz 2 Nummer 1 und 3 bis 5 genannten Daten und

2. den Zeitpunkt der Nacherfassung.

(3) § 24 Absatz 3 gilt entsprechend.

§ 26
Aufzeichnungspflichten

(1) Der Ausführer ist verpflichtet, für jede von einer Zollstelle vorgenommene Abschreibung gemäß § 23 oder § 25 unter Bezugnahme auf die Ausfuhranmeldung ausführliche Register oder Aufzeichnungen zu führen. Diese müssen folgende Angaben enthalten:

1. die Registriernummer der Ausfuhranmeldung,

2. das Datum der Annahme der Ausfuhranmeldung,

3. die Bezeichnung der Zollstelle, bei der die Abschreibung vorgenommen wurde,

4. die Antragsnummer der Genehmigung,

5. die Menge oder den Wert der abgeschriebenen Waren und

6. die Restmenge oder den Restwert der Waren.

(2) Die Register oder Aufzeichnungen sind für die Dauer von fünf Jahren aufzubewahren.

Unterabschnitt 3
Genehmigungsbedürftige Verbringung und Zertifizierungsverfahren

§ 27
Anzuwendende Vorschriften

Für die Verbringung genehmigungspflichtiger Güter gilt § 21 entsprechend. Für die Verbringung der in Teil I Abschnitt A der Ausfuhrliste genannten Güter gilt darüber hinaus § 22 entsprechend.

§ 28
Zertifizierungsverfahren

(1) Das Bundesamt für Wirtschaft und Ausfuhrkontrolle (BAFA) bestimmt durch Allgemeinverfügung, die im Bundesanzeiger bekannt zu machen ist, die dem Antrag auf Erteilung eines Zertifikats nach § 2 beizufügenden Unterlagen.

(2) § 6 Absatz 1 ist auf Zertifikate entsprechend anzuwenden.

(3) Das Bundesamt für Wirtschaft und Ausfuhrkontrolle (BAFA) veröffentlicht und aktualisiert regelmäßig eine Liste der zertifizierten Empfänger und teilt deren Inhalt dem Europäischen Parlament, den anderen Mitgliedstaaten der Europäischen Union und der Europäischen Kommission mit, damit diese auf ihrer Webseite ein Zentralregister der von den Mitgliedstaaten zertifizierten Empfänger veröffentlichen kann.

Kapitel 3
Einfuhr

Abschnitt 1
Beschränkungen und allgemeine Verfahrensvorschriften

§ 29
Verwendungsbeschränkungen

Ist die Einfuhr einer Ware unter der Voraussetzung zugelassen oder unter der Auflage genehmigt, dass die Ware nur in bestimmter Weise verwendet werden darf, so hat der Veräußerer diese Verwendungsbeschränkung bei der Veräußerung jedem Erwerber der Ware nachweisbar mitzuteilen. Der Einführer und der Erwerber dürfen die Ware nur in der vorgeschriebenen Weise verwenden.

§ 30
Bestätigungen über Internationale Einfuhrbescheinigungen und Wareneingangsbescheinigungen

(1) Wer Waren ins Inland einführt oder verbringt, kann beim Bundesamt für Wirtschaft und Ausfuhrkontrolle (BAFA) eine Internationale Einfuhrbescheinigung (IEB) oder eine Wareneingangsbescheinigung (WEB) beantragen. § 21 Absatz 2 gilt entsprechend. Dem Antrag soll entsprochen werden, wenn die Bescheinigung zur Vorlage bei einer ausländischen Exportkontrollbehörde benötigt wird.

(2) Der Einführer oder Verbringer hat die Internationale Einfuhrbescheinigung und die Warenausgangsbescheinigung auf einem Vordruck zu beantragen, der vom Bundesamt für Wirtschaft und

Ausfuhrkontrolle (BAFA) durch Allgemeinverfügung festgelegt wird, die im Bundesanzeiger bekannt zu machen ist, sowie die nach diesen Vordrucken erforderlichen Angaben zu machen. § 21 Absatz 2 Satz 2 gilt entsprechend.

(3) Die Einfuhr oder Verbringung der in dem Antrag auf Internationale Einfuhrbescheinigung bezeichneten Ware ist dem Bundesamt für Wirtschaft und Ausfuhrkontrolle (BAFA) unverzüglich nachzuweisen. Gibt der Antragsteller die Absicht auf, die Ware einzuführen oder in das Inland zu verbringen, so hat er dies unverzüglich dem Bundesamt für Wirtschaft und Ausfuhrkontrolle (BAFA) anzuzeigen und ihm unverzüglich die Bescheinigung zurückzugeben oder über ihren Verbleib Mitteilung zu machen. Will der Antragsteller die Ware in ein anderes Bestimmungsland liefern, so hat er, bevor die Ware das Versendungsland verlässt, vom Bundesamt für Wirtschaft und Ausfuhrkontrolle (BAFA) eine neue Bescheinigung zu erwirken, die dieses Bestimmungsland nennt.

(4) § 8 Absatz 1 und Absatz 2 Satz 1 des Außenwirtschaftsgesetzes ist entsprechend anwendbar.

Abschnitt 2
Einfuhrabfertigung

§ 31
Antrag auf Einfuhrabfertigung

(1) Der Einführer hat die Einfuhrabfertigung bei einer Zollstelle zu beantragen. Anstelle des Einführers kann ein Unionsansässiger im eigenen Namen die Einfuhrabfertigung für Waren beantragen, die auf Grund eines Einfuhrvertrags geliefert werden, wenn er

1. als Handelsvertreter des unionsfremden Vertragspartners am Abschluss des Einfuhrvertrags mitgewirkt hat oder

2. in Ausübung seines Gewerbes auf Grund eines Vertrags mit dem unionsfremden Vertragspartner

    a) an der Beförderung der Waren mitwirkt oder

    b) die Zollanmeldung zur Überlassung der Waren zum zollrechtlich freien Verkehr abgibt.

(2) Der Antrag auf Einfuhrabfertigung ist zu stellen

1. mit der Abgabe der Zollanmeldung zur Überlassung der Waren zum zollrechtlich freien Verkehr oder

2. vor Gebrauch, Verbrauch, Bearbeitung oder Verarbeitung der Waren in einer Freizone oder auf der Insel Helgoland.

Auf Antrag des Einführers kann eine zeitlich vorgezogene Einfuhrabfertigung erfolgen. § 42 Absatz 1 und 3 bleibt unberührt.

(3) Darf der Einführer Waren aufgrund einer vereinfachten Zollanmeldung nach Artikel 166 der Verordnung (EU) Nr. 952/2013 oder einer vereinfachten Zollanmeldung als Anschreibung in der Buchführung des Anmelders nach Artikel 182 der Verordnung (EU) Nr. 952/2013 in ein Zollverfahren überführen, müssen die für die Überführung in das angemeldete Zollverfahren zwingend erforderlichen Unterlagen gemäß Artikel 163 Absatz 1 der Verordnung (EU) Nr. 952/2013 im Zeitpunkt der Abgabe der vereinfachten Zollanmeldung oder im Zeitpunkt der Anschreibung in der Buchführung des Anmelders bereitgehalten werden. Unterlagen, die für die Überführung in das angemeldete Zollverfahren nicht zwingend erforderlich sind, müssen gemäß Artikel 167 Absatz 1 der Verordnung (EU) Nr. 952/2013 abweichend von Absatz 2 Nummer 1 erst mit der ergänzenden Zollanmeldung

bereitgehalten werden. Zur Sicherung der einfuhrrechtlichen Belange können die Zollbehörden verlangen, dass ihnen die nach Satz 1 bereitzuhaltenden Unterlagen vorgelegt werden.

(4) Der Antrag kann elektronisch oder in Papierform abgegeben werden.

(5) Der Einführer hat im Antrag die handelsübliche oder sprachgebräuchliche Bezeichnung der Waren sowie die Nummer des Warenverzeichnisses für die Außenhandelsstatistik anzugeben.

§ 32
Einfuhrdokumente

(1) Wird die Einfuhrabfertigung elektronisch beantragt, hat der Einführer sicherzustellen, dass die nachstehend genannten Dokumente zum Zeitpunkt der Beantragung der Einfuhrabfertigung bei ihm oder seinem Vertreter vorhanden sind:

1. die Rechnung oder sonstige Unterlagen, aus denen das Einkaufs- oder Versendungsland und das Ursprungsland der Waren ersichtlich sind, und,

2. wenn dies in einem Rechtsakt der Europäischen Union vorgesehen ist,

    a) ein Ursprungszeugnis oder eine Ursprungserklärung nach Maßgabe des § 38,

    b) ein Überwachungsdokument nach Maßgabe des § 36,

    c) eine Einfuhrgenehmigung nach Maßgabe des § 39 oder eine Einfuhrlizenz im Rahmen einer gemeinsamen Marktorganisation oder einer Handelsregelung,

    d) eine Konformitätsbescheinigung oder Verzichtserklärung nach Maßgabe des § 42 Absatz 2.

Die in Satz 1 Nummer 1 und 2 Buchstabe a und d genannten Dokumente müssen bei der Einfuhrabfertigung im Einzelfall auf Verlangen der Zollstelle vorgelegt werden.

(2) Nutzt der Einführer die elektronische Einfuhrabfertigung nach Absatz 1, so hat er monatlich oder nach spezieller Vereinbarung mit der zuständigen Zollstelle die in Absatz 1 Nummer 2 Buchstabe a bis d genannten Dokumente der zuständigen Zollstelle vorzulegen.

(3) Wird die Einfuhrabfertigung in Papierform beantragt, sind die in Absatz 1 genannten Dokumente und eine Einfuhrkontrollmeldung nach Maßgabe des § 35 Absatz 1 vorzulegen.

§ 33
Verfahren bei der Einfuhrabfertigung

(1) Die Zollstelle prüft die Zulässigkeit der Einfuhr. Sie lehnt die Einfuhrabfertigung ab, wenn

1. die für die Einfuhrabfertigung gemäß § 32 Absatz 1 Satz 1 Nummer 2 Buchstabe a bis d erforderlichen Dokumente nicht beim Einführer oder seinem Vertreter vorhanden sind,

2. die in § 32 Absatz 1 Satz 1 Nummer 2 Buchstabe a bis d genannten Dokumente bei der Einfuhrabfertigung gemäß § 32 Absatz 3 nicht vorliegen oder

3. die Waren nicht den Angaben der Dokumente im Sinne des § 32 Absatz 1 Satz 1 oder Absatz 3 entsprechen.

Bestehen ernsthafte Zweifel an der Richtigkeit eines Ursprungszeugnisses, können die Zollstellen weitere Beweismittel zum Nachweis des Ursprungs verlangen und damit die Einfuhrabfertigung ermöglichen.

(2) Bei der Einfuhr von Wasser, elektrischem Strom, Stadtgas, Ferngas oder ähnlichen Gasen in Leitungen entfällt die Einfuhrabfertigung.

§ 34
Erhebung von Einfuhrdaten

(1) Bei der Einfuhr von Waren der Warennummern 0105 11 11 bis 0105 99 50, 0207 11 10 bis 0207 13 70, 0207 13 99 bis 0207 14 70, 0207 14 99 bis 0207 26 80, 0207 26 99 bis 0207 27 80, 0207 27 99 bis 0207 42 80, 0207 44 10 bis 0207 44 81, 0207 44 99 bis 0207 45 81, 0207 45 99 bis 0207 52 90, 0207 54 10 bis 0207 54 81, 0207 54 99 bis 0207 55 81, 0207 55 99 bis 0207 60 81, 0207 60 99, 0209 90 00, 0401 10 10 bis 0403 10 39, 0403 90 11 bis 0403 90 69, 0404 10 02 bis 0407 90 90, 0408 11 80, 0408 19 81, 0408 19 89, 0408 91 80, 0408 99 80, 0701 10 00, 0701 90 50, 0701 90 90, 1105 10 00, 1105 20 00, 1602 32 11, 1602 39 21, 1702 11 00, 1702 19 00, 2106 90 51, 2309 90 20, 3502 11 90 und 3502 19 90 bis 3502 90 70 des Warenverzeichnisses für die Außenhandelsstatistik hat der Einführer zum Zweck der Marktbeobachtung gegenüber der Bundesanstalt für Landwirtschaft und Ernährung die folgenden Angaben zu machen:

1. die Anmeldeart,

2. die Belegnummer,

3. den Zeitpunkt der Annahme der Anmeldung,

4. den Namen und die Adresse des Empfängers,

5. die EORI-Nummer des Empfängers,

6. das Versendungsland,

7. den Umrechnungskurs,

8. die Art des Geschäfts,

9. die Warenbezeichnung,

10. die Warennummer,

11. das Ursprungsland,

12. die Rohmasse,

13. den Verfahrenscode,

14. die Eigenmasse,

15. die statistische Menge in besonderer Maßeinheit,

16. das einfuhrrechtliche Papier (Nummer und Datum) und

17. den statistischen Wert.

(2) Bei der Einfuhr von Waren der Warennummern 2705 00 00, 2707 10 00, 2707 20 00, 2707 30 00, 2707 50 00, 2709 00 10, 2709 00 90, 2710 12 11, 2710 19 99, 2710 99 00, 2711 11 00 bis 2711 29 00, 2712 10 10 bis 2713 20 00, 2713 90 90, 2715 00 00 und 3403 19 80 des Warenverzeichnisses für die Außenhandelsstatistik hat der Einführer zum Zweck der Marktbeobachtung gegenüber dem Bundesamt für Wirtschaft und Ausfuhrkontrolle (BAFA) die folgenden Angaben zu machen:

1. die Anmeldeart,

2. die Belegnummer,

3. den Zeitpunkt der Annahme der Anmeldung,

4. den Namen und die Adresse des Empfängers,

5. die EORI-Nummer des Empfängers,

6. den Namen und die Adresse des Anmelders,

7. die EORI-Nummer des Anmelders,

8. das Versendungsland,

9. die Warenbezeichnung,

10. die Warennummer,

11. das Ursprungsland,

12. die Rohmasse,

13. den Verfahrenscode,

14. die Eigenmasse,

15. die statistische Menge in besonderer Maßeinheit und

16. den statistischen Wert.

(3) Der Einführer übermittelt die Angaben nach den Absätzen 1 und 2 der zuständigen Zollstelle elektronisch mit der Einfuhranmeldung. Das Informationstechnikzentrum Bund leitet die Daten im Auftrag der zuständigen Zollstelle zum Zweck der Marktbeobachtung im Fall des Absatzes 1 an die Bundesanstalt für Landwirtschaft und Ernährung und im Fall des Absatzes 2 an das Bundesamt für Wirtschaft und Ausfuhrkontrolle (BAFA) weiter.

(4) Die Bundesanstalt für Landwirtschaft und Ernährung und das Bundesamt für Wirtschaft und Ausfuhrkontrolle (BAFA) löschen die Daten spätestens nach Ablauf von zwei Jahren. Die Frist beginnt mit dem Ende des Jahres, in dem die Daten von der zuständigen Zollstelle übermittelt worden sind.

§ 35
Einfuhrkontrollmeldung

(1) Bei der Einfuhr von Waren der Warennummern 2709 00 10, 2709 00 90, 2711 11 00 und 2711 21 00 des Warenverzeichnisses für die Außenhandelsstatistik ist zum Zweck der Marktbeobachtung eine Einfuhrkontrollmeldung vorzulegen, wenn die Einfuhrabfertigung in Papierform beantragt wird und der Wert der Einfuhrsendung 1 000 Euro übersteigt. Die zuständige Zollstelle leitet die Einfuhrkontrollmeldungen zum Zweck der Marktbeobachtung an das Bundesamt für Wirtschaft und Ausfuhrkontrolle (BAFA) weiter.

(2) Bei der Einfuhr von Waren ist ein als Einfuhrkontrollmeldung bezeichneter Vordruck zu verwenden, der dem Vordruck für das jeweils vorzulegende Anmeldepapier für die Wareneinfuhr nach den §§ 4 und 6 des Außenhandelsstatistikgesetzes in der im Bundesgesetzblatt Teil II, Gliederungsnummer 7402-1, veröffentlichten bereinigten Fassung, das zuletzt durch Artikel 10 des Gesetzes vom 25. April 2007 (BGBl. I S. 594) geändert worden ist, und § 15 der Außenhandelsstatistik-Durchführungsverordnung in der Fassung der Bekanntmachung vom 29. Juli 1994 (BGBl. I S. 1993), die zuletzt durch Artikel 1 der Verordnung vom 8. November 2011 (BGBl. I S. 2230) geändert worden ist, in der jeweils geltenden Fassung entspricht. Das Bundesamt für Wirtschaft und Ausfuhrkontrolle (BAFA) kann hiervon abweichende Anforderungen durch Allgemeinverfügung festlegen, die im Bundesanzeiger bekannt zu machen ist. Es kann auch Meldungen in anderer Form zulassen.

(3) Bei der Einfuhr von Waren mit einer vereinfachten Zollanmeldung nach Artikel 166 der Verordnung (EU) Nr. 952/2013 oder Anschreibung in der Buchführung des Anmelders nach Artikel 182 der Verordnung (EU) Nr. 952/2013 hat der Einführer die ausgenutzten Blätter der Einfuhrkontrollmeldung unverzüglich nach der Einfuhr dem Bundesamt für Wirtschaft und Ausfuhrkontrolle (BAFA) zu übersenden. Die Einfuhrkontrollmeldung mit der letzten Eintragung des Abrechnungszeitraums ist jedoch bei der Einfuhrabfertigung vorzulegen.

§ 36
Vorherige Einfuhrüberwachung

(1) Unterliegt die Einfuhr einer Ware auf Grund eines Rechtsakts der Europäischen Union der Überwachung, so wird bei der genehmigungsfreien Einfuhr auf Antrag ein Überwachungsdokument auf einem Einfuhrdokument nach den Rechtsakten der Europäischen Union erteilt. Das Einfuhrdokument ist in der gesamten Union gültig.

(2) Antragsberechtigt ist nur der Einführer. In seinem Antrag auf Erteilung des Überwachungsdokuments macht er die Angaben, die in dem Rechtsakt der Europäischen Union festgelegt sind. Verschiedenartige Waren, verschiedene Einkaufsländer oder verschiedene Ursprungsländer dürfen nicht in einem Antrag zusammengefasst werden.

(3) Zuständig für die Ausstellung des Überwachungsdokuments ist das Bundesamt für Wirtschaft und Ausfuhrkontrolle (BAFA). Es legt durch Allgemeinverfügung die Voraussetzungen für die Ausstellung und Verwendung des Überwachungsdokuments in einem anderen Mitgliedstaat der Europäischen Union fest und macht diese im Bundesanzeiger bekannt.

(4) Zum Zweck der Einfuhrüberwachung nach Absatz 1 kann in der Ausschreibung nach § 39 Absatz 1 Satz 1 festgelegt werden, dass anstelle des Überwachungsdokuments die Einfuhrgenehmigung vorzulegen ist. Die Absätze 1 bis 3 sind entsprechend anzuwenden.

(5) Das Bundesamt für Wirtschaft und Ausfuhrkontrolle (BAFA) trägt im Überwachungsdokument die folgenden Angaben ein:

1.   das Datum, bis zu dem das Überwachungsdokument zur Einfuhrabfertigung verwendet werden darf, und

2.   den Prozentsatz, bis zu dem

   a)   eine Überschreitung des Preises je Einheit, zu dem das Geschäft getätigt wurde, zulässig ist oder

   b)   eine Überschreitung des angegebenen Gesamtwertes oder der angegebenen Menge in handelsüblichen Einheiten bei der Einfuhrabfertigung zulässig ist.

§ 37
Einfuhrabfertigung bei vorheriger Einfuhrüberwachung

(1) Erfolgt die Einfuhrabfertigung auf Grund einer elektronischen Einfuhranmeldung, rufen die Zollstellen die Daten des Überwachungsdokuments im automatisierten Verfahren ab. § 32 Absatz 1 Satz 1 Nummer 2 Buchstabe b gilt entsprechend. Bei elektronischer Einfuhrabfertigung nach Satz 1 werden Überwachungsdokumente durch die Zollstellen grundsätzlich elektronisch abgeschrieben, wenn sie zur Verwendung im Inland bestimmt sind. In anderen Mitgliedstaaten der Europäischen Union ausgestellte Überwachungsdokumente müssen in Papierform vorgelegt und abgeschrieben werden.

(2) Erfolgt die Einfuhrabfertigung auf Grund einer Einfuhranmeldung in Papierform, muss der Einführer das Überwachungsdokument der zuständigen Zollstelle vorlegen. Die Zollstelle vermerkt auf dem Überwachungsdokument die Menge oder den Wert der abgefertigten Waren.

(3) Die Zollstelle lehnt die Einfuhrabfertigung ab,

1. wenn der Antrag auf Einfuhrabfertigung später als am letzten Gültigkeitstag des Überwachungsdokuments gestellt wird,

2. wenn der Preis je Einheit, zu dem das Geschäft getätigt wird, den im Überwachungsdokument angegebenen Preis um mehr als den im Überwachungsdokument vermerkten Prozentsatz überschreitet oder

3. soweit der Gesamtwert oder die Gesamtmenge der zur Einfuhr angemeldeten Waren um mehr als den im Überwachungsdokument vermerkten Prozentsatz überschritten wird.

§ 38
Ursprungszeugnis und Ursprungserklärung

(1) Wenn für Waren auf Grund eines Rechtsakts der Europäischen Union ein Ursprungszeugnis oder eine Ursprungserklärung vorgesehen ist, sind diese bei der Einfuhrabfertigung vorzulegen. § 32 Absatz 1 Satz 1 Nummer 2 Buchstabe a und Satz 2 sowie § 32 Absatz 3 gelten entsprechend. Die Sätze 1 und 2 gelten nicht, wenn der Wert der in der Einfuhrsendung enthaltenen Waren, für die ein Ursprungszeugnis oder eine Ursprungserklärung vorgeschrieben ist, 1 000 Euro nicht übersteigt. Satz 3 gilt nicht, wenn es sich um Waren der Ernährung und Landwirtschaft handelt.

(2) Das Ursprungszeugnis muss von einer berechtigten Stelle des Ursprungslandes ausgestellt sein. Das Bundesministerium für Wirtschaft und Energie macht eine Liste der berechtigten Stellen im Bundesanzeiger bekannt. Ist das Versendungsland nicht das Ursprungsland, so genügt die Vorlage eines Ursprungszeugnisses einer berechtigten Stelle des Versendungslandes.

(3) Die Ursprungserklärung muss vom Exporteur oder Lieferanten auf der Rechnung oder, falls eine Rechnung nicht vorgelegt werden kann, auf einem anderen mit der Ausfuhr in Verbindung stehenden geschäftlichen Beleg eingetragen werden. Sie muss bestätigen, dass die Waren ihren Ursprung im Sinne der Artikel 59 bis 63 der Verordnung (EU) Nr. 952/2013 in Verbindung mit den Artikeln 31 bis 36 der Delegierten Verordnung (EU) 20152446 in dem angegebenen Drittland haben.

§ 39
Einfuhrgenehmigung

(1) Durch Allgemeinverfügung, die im Bundesanzeiger bekannt zu machen ist, können die für die Erteilung von Einfuhrgenehmigungen und Einfuhrlizenzen zuständigen Stellen im Sinne des § 13 des Außenwirtschaftsgesetzes (Genehmigungsstellen) die Einzelheiten bekannt geben, die bei den Anträgen auf Erteilung der Genehmigung zu beachten sind (Ausschreibung). In der Ausschreibung werden insbesondere die Formerfordernisse und die Fristen für die Beantragung festgelegt. Antragsberechtigt ist nur der Einführer. Beruht das Genehmigungserfordernis auf einem unmittelbar geltenden Rechtsakt der Europäischen Union, so wird die Einfuhrgenehmigung auf dem in diesem Rechtsakt vorgeschriebenen Einfuhrdokument erteilt und ist in der gesamten Europäischen Union gültig.

(2) Soweit die Verwendung nationaler Vordrucke für die Einfuhrgenehmigung zulässig ist, können die Genehmigungsstellen zur Verwendung im Inland abweichend von Absatz 1 Satz 4 diese Vordrucke durch Allgemeinverfügung, die im Bundesanzeiger bekannt zu machen ist, festlegen.

(3) Die Genehmigungsstellen können verlangen, dass für bestimmte Waren oder Warengruppen getrennte Anträge gestellt werden, soweit es zur Überwachung der Einfuhr, zur Beschleunigung des Genehmigungsverfahrens oder zur Wahrung sonstiger durch das Außenwirtschaftsgesetz oder durch das Unionsrecht geschützter Belange erforderlich ist. Falls getrennte Anträge verlangt werden, soll darauf in der Ausschreibung hingewiesen werden.

(4) Die Genehmigungsstellen sollen Anträge, die innerhalb einer angemessenen Frist nach der Ausschreibung bei ihnen eingehen, als gleichzeitig gestellt behandeln.

(5) Bei der elektronischen Einfuhrabfertigung nach § 37 Absatz 1 Satz 1 rufen die Zollstellen die Daten der Einfuhrgenehmigung im automatisierten Verfahren ab. § 32 Absatz 1 Satz 1 Nummer 2 Buchstabe c gilt entsprechend. Erfolgt die Einfuhrabfertigung aufgrund einer elektronischen Einfuhranmeldung, werden Einfuhrgenehmigungen durch die Zollstellen grundsätzlich elektronisch abgeschrieben, wenn sie zur Verwendung im Inland bestimmt sind. In anderen Mitgliedstaaten der Europäischen Union erteilte Einfuhrgenehmigungen müssen in Papierform vorgelegt und manuell abgeschrieben werden. Zur Verwendung einer Einfuhrgenehmigung in anderen Mitgliedstaaten der Europäischen Union wird das Nähere durch eine Allgemeinverfügung des Bundesamtes für Wirtschaft und Ausfuhrkontrolle (BAFA) bestimmt, die im Bundesanzeiger bekannt zu machen ist.

(6) Bei der Einfuhrabfertigung in Papierform gemäß § 37 Absatz 2 Satz 1 muss der Einführer die Einfuhrgenehmigung vorlegen. Die Zollstelle vermerkt auf der Einfuhrgenehmigung die Menge oder den Wert der abgefertigten Waren.

§ 40
Erleichtertes Verfahren für landwirtschaftliche Waren

(1) Ohne Einfuhrgenehmigung dürfen folgende landwirtschaftliche Waren eingeführt werden:

1. Waren der Kapitel 1 bis 25 des Warenverzeichnisses für die Außenhandelsstatistik bis zu einem Wert von 125 Euro je Einfuhrsendung, ausgenommen Saatgut, wobei das erleichterte Verfahren weder für die Einfuhr aus einem Versandverfahren, einem Lagerverfahren, einer vorübergehenden Verwendung oder einer aktiven Veredelung noch für die Einfuhr von Waren gilt, die zum Handel oder zu einer anderen gewerblichen Verwendung bestimmt sind;

2. Muster und Proben für einschlägige Handelsunternehmen oder Verarbeitungsbetriebe von Erzeugnissen der Ernährung und Landwirtschaft bis zu einem Wert von 50 Euro je Einfuhrsendung, ausgenommen Saatgut, wobei bei der Bemessung des Werts unentgeltlich gelieferter Muster und Proben die Vertriebskosten außer Betracht bleiben; dies gilt auch bei entgeltlich gelieferten Mustern und Proben, sofern die Vertriebskosten in der Rechnung getrennt ausgewiesen werden;

3. Waren, die Aussteller zum unmittelbaren Verzehr als Kostproben auf Messen oder Ausstellungen einführen, wenn der Wert der in einem Kapitel des Warenverzeichnisses für die Außenhandelsstatistik zusammengefassten Waren 3 000 Euro je Messe oder Ausstellung nicht übersteigt, wobei der Wert der Waren mehrerer Aussteller, die sich durch dieselbe Person vertreten lassen, zusammenzurechnen ist;

4. Fische und andere Waren, die Unionsansässige auf hoher See sowie im schweizerischen Teil des Untersees und des Rheins von Schiffen, welche die Flagge eines Mitgliedstaats der Europäischen Union führen, aus gewinnen und unmittelbar in das Zollgebiet der Europäischen Union verbringen;

5. Brieftauben, die nicht als Handelsware eingeführt werden;

6. Tiere, Saatgut, Düngemittel, Fahrzeuge, Maschinen und sonstige Waren, deren Einfuhr durch die örtlichen und wirtschaftlichen Verhältnisse in Grenzzonen oder grenznahen Räumen mit Drittländern bedingt ist und die nach zwischenstaatlichen Verträgen von Einfuhrbeschränkungen befreit sind;

7. Erzeugnisse des Ackerbaus, der Viehzucht, des Gartenbaus und der Forstwirtschaft solcher grenzdurchschnittener Betriebe, die vom Zollgebiet der Europäischen Union aus bewirtschaftet werden, wenn diese Erzeugnisse von den Einfuhrabgaben im Sinne des Artikels 5 Nummer 20 der Verordnung (EU) Nr. 952/2013 befreit sind.

(2) Die §§ 31 bis 39 gelten nicht für die in Absatz 1 genannten Einfuhren.

§ 41
Erleichtertes Verfahren für sonstige Waren

(1) Ohne Einfuhrgenehmigung dürfen ferner folgende Waren eingeführt werden:

1. Waren

    a) zur Lieferung an die im Zollgebiet der Europäischen Union stationierten ausländischen Truppen, die diesen gleichgestellten Organisationen, das zivile Gefolge sowie an die Mitglieder der Vorgenannten und deren Angehörige, wenn nach zwischenstaatlichen Verträgen der Bundesrepublik Deutschland oder den Vorschriften des Truppenzollgesetzes Zollfreiheit gewährt wird,

    b) aus dem Besitz oder zur eigenen Verwendung des in Buchstabe a genannten Personenkreises;

2. Waren der Kapitel 26 bis 99 des Warenverzeichnisses für die Außenhandelsstatistik bis zu einem Wert von 1 000 Euro je Einfuhrsendung, wobei das erleichterte Verfahren weder für die Einfuhr aus einem Versandverfahren, einem Lagerverfahren, einer vorübergehenden Verwendung oder einer aktiven Veredelung noch für die Einfuhr von Waren gilt, die zum Handel oder zu einer anderen gewerblichen Verwendung bestimmt sind;

3. Muster und Proben für einschlägige Handelsunternehmen oder Verarbeitungsbetriebe von Waren der gewerblichen Wirtschaft bis zu einem Wert von 250 Euro je Einfuhrsendung, wobei bei der Bemessung des Werts unentgeltlich gelieferter Muster und Proben die Vertriebskosten außer Betracht bleiben; dies gilt auch bei entgeltlich gelieferten Mustern und Proben, sofern die Vertriebskosten in der Rechnung getrennt ausgewiesen werden;

4. Geschenke bis zu einem Wert von 1 000 Euro je Einfuhrsendung;

5. Waren, die von einem Unionsfremden auf eigene Rechnung einem Unionsansässigen zum Ausbessern von Schiffen zur Verfügung gestellt werden, wenn das Schiff in einer Freizone oder unter zollamtlicher Überwachung für Rechnung des Unionsfremden ausgebessert wird;

6. gebrauchte Kleidungsstücke, die nicht zum Handel bestimmt sind;

7. Waren, die zum vorübergehenden Gebrauch in eine Freizone oder zur vorübergehenden Verwendung in das Zollgebiet der Europäischen Union verbracht worden sind und zum ursprünglichen Zweck nicht mehr verwendet werden können, oder Teile davon, die bei der Ausbesserung im Zollgebiet der Europäischen Union anfallen;

8. Ersatzlieferungen für eingeführte Waren, die in Drittländer zurückgesandt worden sind oder zurückgesandt werden sollen oder unter zollamtlicher Überwachung vernichtet worden sind, und handelsübliche Nachlieferungen zu bereits eingeführten Waren;

9. Waren mit Ursprung in der Europäischen Union oder in einem anderen Vertragsstaat des Abkommens über den Europäischen Wirtschaftsraum, die als Veredelungserzeugnisse nach zollrechtlicher passiver Veredelung eingeführt werden, sowie andere Veredelungserzeugnisse nach zollrechtlicher passiver Veredelung, die nach Ausbesserung, im Verfahren des Standardaustausches oder nach Durchführung ergänzender Veredelungsvorgänge gemäß Artikel 258 der Verordnung (EU) Nr. 952/2013 eingeführt werden;

10. Waren zur Verwendung bei der Ersten Hilfe in Katastrophenfällen;

11. Reisegerät und Reisemitbringsel, wenn diese Waren von den Einfuhrabgaben im Sinne des Artikels 5 Nummer 20 der Verordnung (EU) Nr. 952/2013 befreit sind, sowie nicht zum Handel bestimmte Waren bis zu einem Wert von 1 500 Euro, die Reisende mitführen;

12. Baubedarf, Instandsetzungs- und Betriebsmittel für Stauwerke, Kraftwerke, Brücken, Straßen und sonstige Bauten, die beiderseits der Grenze zu Drittländern errichtet, betrieben oder benutzt werden;

13. Waren, die frei von Einfuhrabgaben im Sinne des Artikels 5 Nummer 20 der Verordnung (EU) Nr. 952/2013 eingeführt werden, nach

    a) den §§ 14 bis 19 der Zollverordnung oder

    b) Titel II der Verordnung (EG) Nr. 1186/2009 des Rates vom 16. November 2009 über das gemeinschaftliche System der Zollbefreiungen (ABl. L 324 vom 10.12.2009, S. 23);

14. Waren in Freizonen, die im erleichterten Verfahren unter den Voraussetzungen und Bedingungen eingeführt werden können, unter denen diese Waren von den Einfuhrabgaben im Sinne des Artikels 5 Nummer 20 der Verordnung (EU) Nr. 952/2013 befreit sind;

15. Waren, die nach den folgenden Vorschriften von den Einfuhrabgaben im Sinne des Artikels 5 Nummer 20 der Verordnung (EU) Nr. 952/2013 außertariflich befreit sind:

    a) nach den Beitrittsgesetzen der Bundesrepublik Deutschland zu zwischenstaatlichen Verträgen mit Drittländern,

    b) nach Rechtsverordnungen der Bundesregierung auf Grund des Artikels 3 des Gesetzes vom 22. Juni 1954 über den Beitritt der Bundesrepublik Deutschland zum Abkommen über die Vorrechte und Befreiungen der Sonderorganisationen der Vereinten Nationen vom 21. November 1947 und über die Gewährung von Vorrechten und Befreiungen an andere zwischenstaatliche Organisationen vom 22. Juni 1954 (BGBl. 1954 II S. 639), der zuletzt durch Artikel 4 des Gesetzes vom 16. August 1980 (BGBl. 1980 II S. 941) geändert worden ist,

    c) nach den Artikeln 250 bis 253 der Verordnung (EU) Nr. 952/2013, wenn die Waren unter vollständiger oder teilweiser Befreiung von den Einfuhrabgaben vorübergehend im Zollgebiet der Europäischen Union verwendet werden oder

    d) nach den Artikeln 203 bis 207 der Verordnung (EU) Nr. 952/2013, wenn die Waren wieder in das Zollgebiet der Europäischen Union eingeführt werden.

(2) Die §§ 31 bis 39 gelten nicht für die in Absatz 1 genannten Einfuhren. Absatz 1 Nummer 13 gilt entsprechend, wenn die dort genannten Waren aus einem anderen Grund zollfrei eingeführt werden können.

§ 42
Einfuhr von Gartenbauerzeugnissen

(1) Bei der Einfuhr von frischem Obst und Gemüse, für das Vermarktungsnormen auf Grund der Verordnung (EU) Nr. 1308/2013 festgelegt worden sind, prüft die Bundesanstalt für Landwirtschaft und Ernährung vor der Überlassung zum zollrechtlich freien Verkehr, ob die Waren diesen Vermarktungsnormen entsprechen.

(2) Bei der genehmigungsfreien Einfuhr von Obst und Gemüse, für das Vermarktungsnormen festgelegt sind, ist eines der nachstehend genannten Dokumente bei der Einfuhrabfertigung gemäß Artikel 13 Absatz 1 der Verordnung (EU) Nr. 543/2011 erforderlich:

1. eine gültige Konformitätsbescheinigung nach Artikel 14 Absatz 1 der Verordnung (EU) Nr. 543/2011,

2. eine gültige Konformitätsbescheinigung eines anerkannten Drittlandkontrolldienstes gemäß Artikel 14 Absatz 1 der Verordnung (EU) Nr. 543/2011,

3. eine Mitteilung der zuständigen Kontrollstelle, dass für die betreffenden Partien eine Konformitätsbescheinigung ausgestellt wurde, oder

4. eine Verzichtserklärung gemäß § 19 Absatz 1 Satz 1 Nummer 3.

§ 32 Absatz 1 Satz 1 Nummer 2 Buchstabe d gilt entsprechend.

(3) Bei der genehmigungsfreien Einfuhr von Verarbeitungserzeugnissen aus Obst und Gemüse, für die von den Organen der Europäischen Union auf Grund der Verordnung (EU) Nr. 1308/2013 Mindestanforderungen festgelegt worden sind, prüft die Bundesanstalt für Landwirtschaft und Ernährung vor der Einfuhrabfertigung stichprobenweise, ob die Waren diesen Mindestanforderungen entsprechen.

(4) Absatz 2 ist nicht anwendbar, soweit für die Einfuhr der Ware das erleichterte Verfahren nach § 40 gilt.

§ 43
Zwangsvollstreckung

Soll eine Zwangsvollstreckung in Waren vorgenommen werden, die sich in einer Freizone oder in einem Zolllager befinden, so kann der Gläubiger ein Überwachungsdokument oder eine Einfuhrgenehmigung oder Einfuhrlizenz und die Einfuhrabfertigung beantragen. Im Antrag auf das Überwachungsdokument oder die Einfuhrgenehmigung oder Einfuhrlizenz ist zu vermerken: „Zwangsvollstreckung".

Kapitel 4
Sonstiger Güterverkehr

Abschnitt 1
Durchfuhr

§ 44
Beschränkungen bei der Durchfuhr von Gütern

(1) Die zuständigen Zollstellen können im Fall einer Durchfuhr von Gütern nach Artikel 2 Nummer 7 der Verordnung (EG) Nr. 428/2009 die Überlassung der Güter bis zur Mitteilung einer Entscheidung

durch das Bundesamt für Wirtschaft und Ausfuhrkontrolle (BAFA) nach Absatz 4 aussetzen, um zu verhindern, dass die Güter das Inland verlassen, wenn sie Anhaltspunkte dafür haben, dass die Güter

1. im Anhang I der Verordnung (EG) Nr. 428/2009 aufgeführt sind und

2. ganz oder teilweise für einen der in Artikel 4 Absatz 1 der Verordnung (EG) Nr. 428/2009 genannten Verwendungszwecke bestimmt sind oder bestimmt sein können.

Die Befugnisse der zuständigen Zollstellen nach Maßgabe der Verordnung (EU) Nr. 952/2013 bleiben unberührt.

(2) Die zuständige Zollstelle unterrichtet unverzüglich das Bundesamt für Wirtschaft und Ausfuhrkontrolle (BAFA) über die nach Absatz 1 getroffenen Maßnahmen.

(3) Bevor das Bundesamt für Wirtschaft und Ausfuhrkontrolle (BAFA) nach Artikel 6 Absatz 1 der Verordnung (EG) Nr. 428/2009 über ein Durchfuhrverbot von Gütern, die in Anhang I dieser Verordnung aufgeführt sind, entscheidet, kann es im Einzelfall eine Genehmigungspflicht anordnen, wenn die Güter ganz oder teilweise für einen der Verwendungszwecke des Artikels 4 Absatz 1 der Verordnung (EG) Nr. 428/2009 bestimmt sind oder bestimmt sein können.

(4) Die Entscheidung nach Absatz 3 trifft das Bundesamt für Wirtschaft und Ausfuhrkontrolle (BAFA) unverzüglich. Über die getroffene Entscheidung unterrichtet das Bundesamt für Wirtschaft und Ausfuhrkontrolle (BAFA) die zuständige Zollbehörde unverzüglich.

(5) Kosten, die im Zusammenhang mit der Lagerung der Güter während der Dauer einer Maßnahme nach Absatz 1 oder Absatz 3 anfallen, tragen die in Artikel 271 Absatz 2 der Verordnung (EU) Nr. 952/2013 genannten Personen. Artikel 197 und 198 der Verordnung (EU) Nr. 952/2013, jeweils in Verbindung mit § 13 des Zollverwaltungsgesetzes, sind entsprechend anzuwenden.

§ 45
Durchfuhrverfahren

Die Zulässigkeit der Durchfuhr wird beim Ausgang der Güter aus dem Inland von der Ausgangszollstelle geprüft und beim Ausgang über eine Binnengrenze zu einem anderen Mitgliedstaat der Europäischen Union von jeder beteiligten Zollstelle geprüft. Die Zollstelle kann zu diesem Zweck von dem Transporteur der Güter oder von den Verfügungsberechtigten weitere Angaben und Beweismittel, insbesondere auch die Vorlage der Verladescheine verlangen.

Abschnitt 2
Handels- und Vermittlungsgeschäfte

§ 46
Genehmigungserfordernisse für Handels- und Vermittlungsgeschäfte über Güter des Teils I Abschnitt A der Ausfuhrliste

(1) Handels- und Vermittlungsgeschäfte über Güter des Teils I Abschnitt A der Ausfuhrliste bedürfen der Genehmigung, wenn

1. die Güter sich

   a) in einem Drittland befinden oder

   b) im Inland befinden und noch nicht einfuhrrechtlich abgefertigt sind und

2. die Güter in ein anderes Drittland geliefert werden sollen.

(2) Eine Genehmigung nach Absatz 1 ist nicht erforderlich, wenn das Handels- und Vermittlungsgeschäft nach § 4a des Gesetzes über die Kontrolle von Kriegswaffen genehmigungspflichtig ist.

§ 47
Genehmigungserfordernisse für Handels- und Vermittlungsgeschäfte in einem Drittland

(1) § 46 gilt auch für Handels- und Vermittlungsgeschäfte, die in einem Drittland durch Deutsche mit Wohnsitz oder gewöhnlichem Aufenthalt im Inland vorgenommen werden, wenn sich das Handels- und Vermittlungsgeschäft auf folgende Kriegswaffen bezieht:

1. Kriegswaffen nach Teil B I. Nummer 7 bis 11, V. Nummer 29, 30 oder 32, VI. Nummer 37 oder 38, VIII. Nummer 50 oder 51 der Anlage zu § 1 Absatz 1 des Gesetzes über die Kontrolle von Kriegswaffen (Kriegswaffenliste),

2. Rohre oder Verschlüsse für Kriegswaffen nach Teil B V. Nummer 29 oder 32 der Kriegswaffenliste,

3. Munition oder Geschosse oder Treibladungen für Munition für Kriegswaffen nach Teil B V. Nummer 32 oder VI. Nummer 37 der Kriegswaffenliste,

4. Mörser mit einem Kaliber von unter 100 Millimetern oder

5. Rohre, Verschlüsse, Munition oder Geschosse oder Treibladungen für Munition für Mörser mit einem Kaliber unter 100 Millimetern.

(2) Handels- und Vermittlungsgeschäfte über die in Anhang I der Verordnung (EG) Nr. 428/2009 erfassten Güter bedürfen der Genehmigung, wenn

1. sich die Güter

   a) in einem Drittland befinden oder

   b) im Inland befinden und noch nicht einfuhrrechtlich abgefertigt sind,

2. die Güter in ein anderes Drittland geliefert werden sollen und

3. der Deutsche, der das Handels- und Vermittlungsgeschäft in einem Drittland vornehmen will, vom Bundesamt für Wirtschaft und Ausfuhrkontrolle (BAFA) darüber unterrichtet worden ist, dass diese Güter ganz oder teilweise für einen der Verwendungszwecke des Artikels 4 Absatz 1 der Verordnung (EG) Nr. 428/2009 bestimmt sind oder sein können.

(3) Ist einem Deutschen mit Wohnsitz oder gewöhnlichem Aufenthalt im Inland, der ein Handels- und Vermittlungsgeschäft in einem Drittland vornehmen will, bekannt, dass die in Anhang I der Verordnung (EG) Nr. 428/2009 erfassten Güter, die sich in einem Drittland oder im Inland befinden und noch nicht einfuhrrechtlich abgefertigt sind und die von dort in ein anderes Drittland geliefert werden sollen, ganz oder teilweise für einen der Verwendungszwecke des Artikels 4 Absatz 1 der Verordnung (EG) Nr. 428/2009 bestimmt sind, so hat er das Bundesamt für Wirtschaft und Ausfuhrkontrolle (BAFA) zu unterrichten. Dieses entscheidet, ob das Handels- und Vermittlungsgeschäft genehmigungspflichtig ist. Das Handels- und Vermittlungsgeschäft darf erst vorgenommen werden, wenn das Bundesamt für Wirtschaft und Ausfuhrkontrolle (BAFA) das Handels- und Vermittlungsgeschäft genehmigt hat oder entschieden hat, dass es keiner Genehmigung bedarf.

§ 48
Einfuhrdokumente für Handels- und Vermittlungsgeschäfte

Wer für Handels- und Vermittlungsgeschäfte eine Internationale Einfuhrbescheinigung oder eine Wareneingangsbescheinigung benötigt, hat diese beim Bundesamt für Wirtschaft und Ausfuhrkontrolle (BAFA) zu beantragen. § 30 gilt entsprechend mit der Maßgabe, dass die Einfuhr in das im Antrag bezeichnete Bestimmungsland nachzuweisen ist.

Kapitel 5
Dienstleistungsverkehr

§ 49
Genehmigungserfordernisse für technische Unterstützung im Zusammenhang mit chemischen oder biologischen Waffen oder Kernwaffen

(1) Technische Unterstützung in Drittländern durch einen Deutschen oder einen Inländer bedarf der Genehmigung, wenn der Deutsche oder der Inländer vom Bundesamt für Wirtschaft und Ausfuhrkontrolle (BAFA) darüber unterrichtet worden ist, dass die technische Unterstützung bestimmt ist zur Verwendung im Zusammenhang mit

1. der Entwicklung, der Herstellung, der Handhabung, dem Betrieb, der Wartung, der Lagerung, der Ortung, der Identifizierung oder der Verbreitung von

   a) chemischen oder biologischen Waffen oder

   b) Kernwaffen oder sonstigen Kernsprengkörpern oder

2. der Entwicklung, der Herstellung, der Wartung oder der Lagerung von Flugkörpern, die für die Ausbringung derartiger Waffen geeignet sind.

(2) Ist einem Deutschen oder einem Inländer bekannt, dass technische Unterstützung, die er in Drittländern erbringen will, für einen in Absatz 1 genannten Zweck bestimmt ist, so hat er das Bundesamt für Wirtschaft und Ausfuhrkontrolle (BAFA) zu unterrichten. Dieses entscheidet, ob die technische Unterstützung genehmigungspflichtig ist. Die technische Unterstützung darf erst erbracht werden, wenn das Bundesamt für Wirtschaft und Ausfuhrkontrolle (BAFA) die technische Unterstützung genehmigt hat oder entschieden hat, dass sie keiner Genehmigung bedarf.

(3) Die Absätze 1 und 2 gelten nicht, wenn die technische Unterstützung

1. in einem Land erbracht wird, das in Anhang IIa Teil 2 der Verordnung (EG) Nr. 428/2009 aufgeführt ist,

2. durch die Weitergabe von Informationen erfolgt, die im Sinne der Allgemeinen Technologie-Anmerkung zu Teil I der Ausfuhrliste oder zu Anhang I der Verordnung (EG) Nr. 428/2009 allgemein zugänglich oder Teil der Grundlagenforschung sind, oder

3. mündlich erfolgt und keine Technologie betrifft, die in Teil I Abschnitt A Nummer 0022 oder Teil I Abschnitt B Nummern der Gattung E der Ausfuhrliste oder Nummern der Gattung E des Anhangs I der Verordnung (EG) Nr. 428/2009 genannt ist.

§ 50
Genehmigungserfordernisse für technische Unterstützung im Zusammenhang mit einer militärischen Endverwendung

(1) Technische Unterstützung in Drittländern durch einen Deutschen oder einen Inländer, die nicht von § 49 Absatz 1 erfasst ist, bedarf der Genehmigung, wenn der Deutsche oder der Inländer vom Bundesamt für Wirtschaft und Ausfuhrkontrolle (BAFA) darüber unterrichtet worden ist, dass die technische Unterstützung im Zusammenhang mit einer militärischen Endverwendung steht und in einem Land im Sinne des Artikels 4 Absatz 2 der Verordnung (EG) Nr. 428/2009 erbracht wird.

(2) Ist einem Deutschen oder einem Inländer bekannt, dass technische Unterstützung, die er in einem Drittland erbringen will, für einen in Absatz 1 genannten Zweck bestimmt ist, so hat er das Bundesamt für Wirtschaft und Ausfuhrkontrolle (BAFA) zu unterrichten. Dieses entscheidet, ob die technische Unterstützung genehmigungspflichtig ist. Die technische Unterstützung darf erst erbracht werden, wenn das Bundesamt für Wirtschaft und Ausfuhrkontrolle (BAFA) die technische Unterstützung genehmigt hat oder entschieden hat, dass sie keiner Genehmigung bedarf.

(3) Die Absätze 1 und 2 gelten nicht, wenn die technische Unterstützung

1. durch die Weitergabe von Informationen erfolgt, die im Sinne der Allgemeinen Technologie-Anmerkung zu Teil I der Ausfuhrliste oder zu Anhang I der Verordnung (EG) Nr. 428/2009 allgemein zugänglich oder Teil der Grundlagenforschung sind, oder

2. mündlich erfolgt und keine Technologie betrifft, die in Teil I Abschnitt A Nummer 0022 oder Teil I Abschnitt B Nummern der Gattung E der Ausfuhrliste oder Nummern der Gattung E des Anhangs I der Verordnung (EG) Nr. 428/2009 genannt ist.

§ 51
Genehmigungserfordernisse für technische Unterstützung im Inland

(1) Technische Unterstützung im Inland durch einen Inländer bedarf der Genehmigung, wenn der Inländer vom Bundesamt für Wirtschaft und Ausfuhrkontrolle (BAFA) darüber unterrichtet worden ist, dass die technische Unterstützung

1. bestimmt ist zur Verwendung

    a) im Zusammenhang mit der Entwicklung, der Herstellung, der Handhabung, dem Betrieb, der Wartung, der Lagerung, der Ortung, der Identifizierung oder der Verbreitung von

        a   chemischen oder biologischen Waffen,

        b   Kernwaffen oder sonstigen Kernsprengkörpern oder

    b) im Zusammenhang mit der Entwicklung, der Herstellung, der Wartung oder der Lagerung von Flugkörpern, die für die Ausbringung derartiger Waffen geeignet sind, und

2. gegenüber Ausländern erbracht wird, die nicht in einem Land ansässig sind, das in Anhang IIa Teil 2 der Verordnung (EG) Nr. 428/2009 genannt ist oder Mitglied der Europäischen Union ist.

(2) Technische Unterstützung im Inland durch einen Inländer bedarf der Genehmigung, wenn der Inländer vom Bundesamt für Wirtschaft und Ausfuhrkontrolle (BAFA) darüber unterrichtet worden ist, dass die technische Unterstützung im Zusammenhang mit einer militärischen Endverwendung steht, die nicht von Absatz 1 erfasst ist, und gegenüber Ausländern erbracht wird, die in einem Land im Sinne des Artikels 4 Absatz 2 der Verordnung (EG) Nr. 428/2009 ansässig sind.

(3) Ist einem Inländer bekannt, dass technische Unterstützung, die er im Inland erbringen möchte, für eine in Absatz 1 oder 2 genannte Verwendung bestimmt ist, so hat er das Bundesamt für Wirtschaft und Ausfuhrkontrolle (BAFA) zu unterrichten. Dieses entscheidet, ob die technische Unterstützung genehmigungspflichtig ist. Die technische Unterstützung darf erst erbracht werden, wenn das Bundesamt für Wirtschaft und Ausfuhrkontrolle (BAFA) die technische Unterstützung genehmigt hat oder entschieden hat, dass es keiner Genehmigung bedarf.

(4) Die Absätze 1 bis 3 gelten nicht, wenn die technische Unterstützung

1. durch die Weitergabe von Informationen erfolgt, die im Sinne der Allgemeinen Technologie-Anmerkung zu Teil I der Ausfuhrliste oder zu Anhang I der Verordnung (EG) Nr. 428/2009 allgemein zugänglich oder Teil der Grundlagenforschung sind, oder

2. keine Technologie betrifft, die in Teil I Abschnitt A Nummer 0022 der Ausfuhrliste, Nummern der Gattung E des Anhangs I der Verordnung (EG) Nr. 428/2009 oder Teil I Abschnitt B Nummern der Gattung E der Ausfuhrliste genannt ist.

(5) Als Ausländer im Sinne der Absätze 1 und 2 sind auch solche natürlichen Personen anzusehen, deren Wohnsitz oder gewöhnlicher Aufenthalt im Inland auf höchstens fünf Jahre befristet ist.

§ 52
Genehmigungserfordernisse für technische Unterstützung im Zusammenhang mit der Errichtung oder dem Betrieb kerntechnischer Anlagen

(1) Technische Unterstützung durch einen Deutschen oder einen Inländer bedarf der Genehmigung, wenn der Deutsche oder der Inländer vom Bundesamt für Wirtschaft und Ausfuhrkontrolle (BAFA) darüber unterrichtet worden ist, dass die technische Unterstützung im Zusammenhang mit der Errichtung oder dem Betrieb von Anlagen für kerntechnische Zwecke im Sinne der Kategorie 0 des Anhangs I der Verordnung (EG) Nr. 428/2009 in den in § 9 Absatz 1 Satz 1 Nummer 2 genannten Ländern steht.

(2) Ist einem Deutschen oder einem Inländer bekannt, dass die technische Unterstützung, die er erbringen will, für einen in Absatz 1 genannten Zweck bestimmt ist, so hat er das Bundesamt für Wirtschaft und Ausfuhrkontrolle (BAFA) zu unterrichten. Dieses entscheidet, ob die technische Unterstützung genehmigungspflichtig ist. Die technische Unterstützung darf erst erbracht werden, wenn das Bundesamt für Wirtschaft und Ausfuhrkontrolle (BAFA) die technische Unterstützung genehmigt hat oder entschieden hat, dass sie keiner Genehmigung bedarf.

(3) Die Absätze 1 und 2 gelten nicht, wenn die technische Unterstützung

1. durch die Weitergabe von Informationen erfolgt, die im Sinne der Nukleartechnologie-Anmerkung zu Anhang I der Verordnung (EG) Nr. 428/2009 allgemein zugänglich oder Teil der Grundlagenforschung sind, oder

2. keine Technologie betrifft, die in Nummern der Gattung E in der Kategorie 0 des Anhangs I der Verordnung (EG) Nr. 428/2009 genannt ist.

(4) Das Verfahren nach dieser Vorschrift kann über eine einheitliche Stelle nach den Vorschriften des Verwaltungsverfahrensgesetzes abgewickelt werden.

§ 52a
Genehmigungserfordernisse für technische Unterstützung im Zusammenhang mit bestimmten in Anhang I der Verordnung (EG) Nr. 428/2009 gelisteten Gütern der Kommunikationsüberwachung

(1) Technische Unterstützung in Drittländern durch einen Deutschen oder einen Inländer bedarf der Genehmigung, wenn der Deutsche oder der Inländer vom Bundesamt für Wirtschaft und Ausfuhrkontrolle (BAFA) darüber unterrichtet worden ist, dass die technische Unterstützung bestimmt ist zur Verwendung im Zusammenhang mit der Entwicklung, der Herstellung, der Handhabung, dem Betrieb, der Wartung oder der Reparatur von Gütern der Nummern 4A005, 4D004, 4E001 Buchstabe c, Nummer 5A001 Buchstabe f oder Nummer 5A001 Buchstabe j des Anhangs I der Verordnung (EG) Nr. 428/2009 und gegenüber Ausländern erbracht wird, die nicht in einem Land ansässig sind, das in Anhang IIa Teil 2 der Verordnung (EG) Nr. 428/2009 genannt oder Mitglied der Europäischen Union ist.

(2) Ist einem Deutschen oder einem Inländer bekannt, dass technische Unterstützung, die er erbringen will, für einen in Absatz 1 genannten Zweck bestimmt ist, so hat er das Bundesamt für Wirtschaft und Ausfuhrkontrolle (BAFA) zu unterrichten. Dieses entscheidet, ob die technische Unterstützung genehmigungspflichtig ist. Die technische Unterstützung darf erst erbracht werden, wenn das Bundesamt für Wirtschaft und Ausfuhrkontrolle (BAFA) die technische Unterstützung genehmigt hat oder entschieden hat, dass sie keiner Genehmigung bedarf.

(3) Die Absätze 1 und 2 gelten nicht, wenn die technische Unterstützung

1. in einem Land erbracht wird, das in Anhang IIa Teil 2 der Verordnung (EG) Nr. 428/2009 aufgeführt ist,

2. durch die Weitergabe von Informationen erfolgt, die im Sinne der Allgemeinen Technologie-Anmerkung zu Anhang I der Verordnung (EG) Nr. 428/2009 allgemein zugänglich oder Teil der Grundlagenforschung sind, oder

3. der Erfüllung eines Vertrages dient, der vor dem 13. Mai 2015 geschlossen wurde, und mit der Erbringung der technischen Unterstützung bereits begonnen wurde; diese Regelung tritt am 1. Januar 2016 außer Kraft.

§ 52b
Genehmigungserfordernisse für technische Unterstützung im Zusammenhang mit bestimmten in Teil I Abschnitt B der Ausfuhrliste gelisteten Gütern der Kommunikationsüberwachung

(1) Technische Unterstützung in Drittländern durch einen Deutschen oder einen Inländer bedarf der Genehmigung, wenn der Deutsche oder der Inländer vom Bundesamt für Wirtschaft und Ausfuhrkontrolle (BAFA) darüber unterrichtet worden ist, dass die technische Unterstützung bestimmt ist zur Verwendung im Zusammenhang mit der Entwicklung, der Herstellung, der Handhabung, dem Betrieb, der Wartung oder der Reparatur von Gütern der Nummern 5A902, 5D902 oder 5E902 des Teils I Abschnitt B der Ausfuhrliste und gegenüber Ausländern erbracht wird, die nicht in einem Land ansässig sind, das in Anhang IIa Teil 2 der Verordnung (EG) Nr. 428/2009 genannt oder Mitglied der Europäischen Union ist.

(2) Ist einem Deutschen oder einem Inländer bekannt, dass technische Unterstützung, die er erbringen will, für einen in Absatz 1 genannten Zweck bestimmt ist, so hat er das Bundesamt für Wirtschaft und Ausfuhrkontrolle (BAFA) zu unterrichten. Dieses entscheidet, ob die technische Unterstützung genehmigungspflichtig ist. Die technische Unterstützung darf erst erbracht werden, wenn das Bun-

desamt für Wirtschaft und Ausfuhrkontrolle (BAFA) die technische Unterstützung genehmigt hat oder entschieden hat, dass sie keiner Genehmigung bedarf.

(3) Die Absätze 1 und 2 gelten nicht, wenn die technische Unterstützung

1. in einem Land erbracht wird, das in Anhang IIa Teil 2 der Verordnung (EG) Nr. 428/2009 aufgeführt ist,

2. durch die Weitergabe von Informationen erfolgt, die im Sinne der Allgemeinen Technologie-Anmerkung zu Teil I der Ausfuhrliste allgemein zugänglich oder Teil der Grundlagenforschung sind, oder

3. der Erfüllung eines Vertrages dient, der vor dem 13. Mai 2015 geschlossen wurde, und mit der Erbringung der technischen Unterstützung bereits begonnen wurde; diese Regelung tritt am 1. Januar 2016 außer Kraft.

§ 53
Befreiungen von der Genehmigungspflicht

Die §§ 49 bis 52b gelten nicht in den Fällen der

1. technischen Unterstützung durch Behörden und Dienststellen der Bundesrepublik Deutschland im Rahmen ihrer dienstlichen Aufgaben,

2. technischen Unterstützung, die für die Bundeswehr auf Grund der von ihr erteilten Aufträge erbracht wird,

3. technischen Unterstützung, die zu einem Zweck erbracht wird, der in den Ausnahmen für Güter der vom Raketentechnologie-Kontrollregime erfassten Technologie (MTCR-Technologie) in Anhang IV der Verordnung (EG) Nr. 428/2009 genannt ist,

4. technischen Unterstützung, die das unbedingt notwendige Minimum für Aufbau, Betrieb, Wartung und Reparatur derjenigen Güter darstellt, für die eine Ausfuhrgenehmigung erteilt wurde.

Kapitel 6
Beschränkungen des Kapitalverkehrs

Abschnitt 1
Beschränkungen nach § 4 Absatz 2 des Außenwirtschaftsgesetzes zur Erfüllung des Abkommens über deutsche Auslandsschulden

§ 54
Bewirkung von Zahlungen und sonstigen Leistungen

(1) Einem Schuldner ist die Bewirkung von Zahlungen und sonstigen Leistungen verboten, wenn sie

1. die Erfüllung einer Schuld im Sinne des Abkommens vom 27. Februar 1953 über deutsche Auslandsschulden (BGBl. 1953 II S. 331) zum Gegenstand haben, die Schuld aber nicht geregelt ist,

2. die Erfüllung einer geregelten Schuld im Sinne des Abkommens zum Gegenstand haben, sich aber nicht innerhalb der Grenzen der festgesetzten Zahlungs- und sonstigen Bedingungen halten, oder

3. die Erfüllung von Verbindlichkeiten zum Gegenstand haben, die

   a) in nichtdeutscher Währung zahlbar sind oder waren und

   b) zwar den Voraussetzungen des Artikels 4 Absatz 1 und 2 des Abkommens entsprechen, aber die Voraussetzungen des Artikels 4 Absatz 3 Buchstabe a oder b des Abkommens hinsichtlich der Person des Gläubigers nicht erfüllen, es sei denn, dass es sich um Verbindlichkeiten aus marktfähigen Wertpapieren handelt, die in einem Gläubigerland zahlbar sind.

(2) Die in Artikel 3 des Abkommens enthaltenen Begriffsbestimmungen gelten auch für Absatz 1.

Abschnitt 2
Prüfung von Unternehmenserwerben

Unterabschnitt 1
Sektorübergreifende Prüfung von Unternehmenserwerben

§ 55
Anwendungsbereich der sektorübergreifenden Prüfung

(1) Das Bundesministerium für Wirtschaft und Energie kann prüfen, ob es die öffentliche Ordnung oder Sicherheit der Bundesrepublik Deutschland gefährdet, wenn ein Unionsfremder ein inländisches Unternehmen oder eine unmittelbare oder mittelbare Beteiligung im Sinne des § 56 an einem inländischen Unternehmen erwirbt.

Eine Gefährdung der öffentlichen Ordnung oder Sicherheit kann insbesondere vorliegen, wenn das inländische Unternehmen

1. Betreiber einer Kritischen Infrastruktur im Sinne des Gesetzes über das Bundesamt für Sicherheit in der Informationstechnik ist,

2. Software besonders entwickelt oder ändert, die branchenspezifisch zum Betrieb von Kritischen Infrastrukturen im Sinne des Gesetzes über das Bundesamt für Sicherheit in der Informationstechnik dient,

3. mit organisatorischen Maßnahmen nach § 110 des Telekommunikationsgesetzes betraut ist oder technische Einrichtungen zur Umsetzung gesetzlich vorgesehener Maßnahmen zur Überwachung der Telekommunikation herstellt oder hergestellt hat und über Kenntnisse der Technologie verfügt,

4. Cloud-Computing-Dienste erbringt und die hierfür genutzten Infrastrukturen die Schwellenwerte nach Anhang 4 Teil 3 Nummer 2 der Verordnung zur Bestimmung Kritischer Infrastrukturen nach dem Gesetz über das Bundesamt für Sicherheit in der Informationstechnik erreichen oder überschreiten oder

5. eine Zulassung für Komponenten oder Dienste der Telematikinfrastruktur nach § 291b Absatz 1a oder 1e des Fünften Buches Sozialgesetzbuch besitzt.

Branchenspezifische Software im Sinne des Satzes 2 Nummer 2 ist

1. im Sektor Energie Software für die Kraftwerksleittechnik, für die Netzleittechnik oder für die Steuerungstechnik zum Betrieb von Anlagen oder Systemen zur Stromversorgung, Gasversorgung, Kraftstoff- oder Heizölversorgung oder Fernwärmeversorgung,

2. im Sektor Wasser Software für die Leit-, Steuerungs- oder Automatisierungstechnik von Anlagen zur Trinkwasserversorgung oder Abwasserbeseitigung,

3. im Sektor Informationstechnik und Telekommunikation Software zum Betrieb von Anlagen oder Systemen zur Sprach- und Datenübertragung oder zur Datenspeicherung und -verarbeitung,

4. im Sektor Finanz- und Versicherungswesen Software zum Betrieb von Anlagen oder Systemen der Bargeldversorgung, des kartengestützten Zahlungsverkehrs, des konventionellen Zahlungsverkehrs, zur Verrechnung und der Abwicklung von Wertpapier- und Derivatgeschäften oder zur Erbringung von Versicherungsdienstleistungen,

5. im Sektor Gesundheit Software zum Betrieb eines Krankenhausinformationssystems, zum Betrieb von Anlagen oder Systemen zum Vertrieb von verschreibungspflichtigen Arzneimitteln sowie zum Betrieb eines Laborinformationssystems,

6. im Sektor Transport und Verkehr Software zum Betrieb von Anlagen oder Systemen zur Beförderung von Personen und Gütern im Luftverkehr, im Schienenverkehr, in der See- und Binnenschifffahrt, im Straßenverkehr, im öffentlichen Personennahverkehr oder in der Logistik und

7. im Sektor Ernährung Software zum Betrieb von Anlagen oder Systemen zur Lebensmittelversorgung.

(2) Der Prüfung nach Absatz 1 unterliegen auch Erwerbe durch Unionsansässige, wenn es Anzeichen dafür gibt, dass eine missbräuchliche Gestaltung oder ein Umgehungsgeschäft zumindest auch vorgenommen wurde, um eine Prüfung nach Absatz 1 zu unterlaufen. Anzeichen für eine Gestaltung im Sinne des Satzes 1 sind insbesondere, wenn der unmittelbare Erwerber mit Ausnahme des Erwerbs nach Absatz 1 keiner nennenswerten eigenständigen Wirtschaftstätigkeit nachgeht oder innerhalb der Europäischen Union keine auf Dauer angelegte eigene Präsenz in Gestalt von Geschäftsräumen, Personal oder Ausrüstungsgegenständen unterhält. Zweigniederlassungen und Betriebsstätten eines unionsfremden Erwerbers gelten nicht als unionsansässig. Erwerber aus den Mitgliedstaaten der Europäischen Freihandelsassoziation stehen Unionsansässigen gleich. Eine Präsenz des unmittelbaren Erwerbers in einem Mitgliedstaat der Europäischen Freihandelsassoziation steht einer Präsenz innerhalb der Europäischen Union gleich.

(3) Das Bundesministerium für Wirtschaft und Energie kann das Prüfrecht nach Absatz 1 nur ausüben, wenn es dem unmittelbaren Erwerber und dem von einem Erwerb nach Absatz 1 betroffenen inländischen Unternehmen die Eröffnung des Prüfverfahrens innerhalb von drei Monaten nach dem Erlangen der Kenntnis vom Abschluss des schuldrechtlichen Vertrags über den Erwerb mitteilt. Die Mitteilung nach Satz 1 bedarf der Schriftform. Sie ist dem unmittelbaren Erwerber und dem vom Erwerb nach Absatz 1 betroffenen inländischen Unternehmen zuzustellen. Für die Wahrung der Frist nach Satz 1 ist allein die rechtzeitige Zustellung der Mitteilung an das vom Erwerb nach Absatz 1 betroffene inländische Unternehmen maßgeblich. Im Fall eines Angebots im Sinne des Wertpapiererwerbs- und Übernahmegesetzes beginnt die Frist nach Satz 1 mit dem Erlangen der Kenntnis von der Veröffentlichung der Entscheidung zur Abgabe des Angebots oder mit dem Erlangen der Kenntnis von der Veröffentlichung der Kontrollerlangung. Eine Eröffnung des Prüfverfahrens ist ausgeschlossen, wenn seit Abschluss des schuldrechtlichen Vertrags mehr als fünf Jahre vergangen sind.

(4) Der Abschluss eines schuldrechtlichen Vertrags über den Erwerb eines inländischen Unternehmens im Sinne des Absatzes 1 Satz 2 oder einer unmittelbaren oder mittelbaren Beteiligung im Sinne des § 56 an einem inländischen Unternehmen im Sinne des Absatzes 1 Satz 2 durch einen Unionsfremden sind dem Bundesministerium für Wirtschaft und Energie schriftlich zu melden.

§ 56
Stimmrechtsanteile

(1) Der unmittelbare oder mittelbare Stimmrechtsanteil des Erwerbers an dem inländischen Unternehmen muss nach dem Erwerb 25 Prozent der Stimmrechte erreichen oder überschreiten.

(2) Bei der Berechnung der Stimmrechtsanteile sind dem Erwerber die Stimmrechte Dritter an dem inländischen Unternehmen zuzurechnen,

1. an denen der Erwerber mindestens 25 Prozent der Stimmrechte hält, oder

2. mit denen der Erwerber eine Vereinbarung über die gemeinsame Ausübung von Stimmrechten abgeschlossen hat.

(3) Im Fall des Erwerbs einer mittelbaren Beteiligung beträgt der Stimmrechtsanteil des Erwerbers an dem inländischen Unternehmen mindestens 25 Prozent, wenn der Erwerber und der jeweilige Zwischengesellschafter unter entsprechender Anwendung der Zurechnungsgrundsätze nach Absatz 2 mindestens 25 Prozent der Stimmrechte an der jeweiligen Tochtergesellschaft halten.

§ 57
Unterlagen über den Erwerb

Der unmittelbare Erwerber ist verpflichtet, dem Bundesministerium für Wirtschaft und Energie im Fall einer Prüfung nach § 55 Unterlagen über den Erwerb einzureichen. Die einzureichenden Unterlagen bestimmt das Bundesministerium für Wirtschaft und Technologie durch Allgemeinverfügung, die im Bundesanzeiger bekannt zu machen ist. Das Bundesministerium für Wirtschaft und Technologie kann im Einzelfall von allen an einem Erwerb nach § 55 Absatz 1 unmittelbar oder mittelbar Beteiligten die Einreichung weiterer für die Prüfung erforderlicher Unterlagen verlangen.

§ 58
Unbedenklichkeitsbescheinigung

(1) Das Bundesministerium für Wirtschaft und Energie bescheinigt dem Erwerber auf schriftlichen Antrag die Unbedenklichkeit eines Erwerbs im Sinne des § 55, wenn dem Erwerb keine Bedenken im Hinblick auf die öffentliche Ordnung oder Sicherheit der Bundesrepublik Deutschland entgegenstehen (Unbedenklichkeitsbescheinigung). In dem Antrag sind der Erwerb, der Erwerber und das zu erwerbende inländische Unternehmen anzugeben sowie die Geschäftsfelder des Erwerbers und des zu erwerbenden inländischen Unternehmens in den Grundzügen darzustellen.

(2) Die Unbedenklichkeitsbescheinigung gilt als erteilt, wenn das Bundesministerium für Wirtschaft und Energie nicht innerhalb von zwei Monaten nach Eingang des Antrags ein Prüfverfahren nach § 55 eröffnet. Für die Durchführung des Prüfverfahrens ist § 55 Absatz 3 Satz 1 und 3 mit der Maßgabe anzuwenden, dass dessen Eröffnung nur dem Antragsteller nach Absatz 1 Satz 1 mitzuteilen und zuzustellen ist; § 55 Absatz 3 Satz 4 ist nicht anzuwenden.

§ 59
Untersagung oder Anordnungen

(1) Das Bundesministerium für Wirtschaft und Energie kann einen Erwerb im Sinne des § 55 bis zum Ablauf von vier Monaten nach Eingang der vollständigen Unterlagen gemäß § 57 gegenüber dem unmittelbaren Erwerber untersagen oder Anordnungen erlassen, um die öffentliche Ordnung oder

Sicherheit der Bundesrepublik Deutschland zu gewährleisten. Für die Untersagung oder den Erlass von Anordnungen ist die Zustimmung der Bundesregierung erforderlich.

(2) Führt das Bundesministerium für Wirtschaft und Energie im Rahmen des Prüfverfahrens mit den am Erwerb Beteiligten Verhandlungen über vertragliche Regelungen zur Gewährleistung der öffentlichen Ordnung oder Sicherheit der Bundesrepublik Deutschland, so ist der Ablauf der Frist nach Absatz 1 Satz 1 für die Dauer der Verhandlungen gehemmt.

(3) Zur Durchsetzung einer Untersagung kann das Bundesministerium für Wirtschaft und Energie insbesondere

1. die Ausübung der Stimmrechte an dem erworbenen Unternehmen, die einem unionsfremden Erwerber gehören oder ihm zuzurechnen sind, untersagen oder einschränken oder

2. auf Kosten des Erwerbers einen Treuhänder bestellen, der die Rückabwicklung eines vollzogenen Erwerbs herbeiführt.

Unterabschnitt 2
Sektorspezifische Prüfung von Unternehmenserwerben

§ 60
Anwendungsbereich der sektorspezifischen Prüfung

(1) Das Bundesministerium für Wirtschaft und Energie kann prüfen, ob der Erwerb eines inländischen Unternehmens oder einer unmittelbaren oder mittelbaren Beteiligung im Sinne des § 56 an einem inländischen Unternehmen durch einen Ausländer wesentliche Sicherheitsinteressen der Bundesrepublik Deutschland gefährdet, wenn das Unternehmen:

1. Güter im Sinne des Teils B der Kriegswaffenliste herstellt oder entwickelt,

2. besonders konstruierte Motoren oder Getriebe zum Antrieb von Kampfpanzern oder anderen gepanzerten militärischen Kettenfahrzeugen herstellt oder entwickelt,

3. Produkte mit IT-Sicherheitsfunktionen zur Verarbeitung von staatlichen Verschlusssachen oder für die IT-Sicherheitsfunktion wesentliche Komponenten solcher Produkte herstellt oder hergestellt hat und noch über die Technologie verfügt, wenn das Gesamtprodukt mit Wissen des Unternehmens von dem Bundesamt für Sicherheit in der Informationstechnik zugelassen wurde,

4. Güter herstellt oder entwickelt, die der Listenposition 0005, 0011, 0014, 0015 oder 0017 aus Teil I Abschnitt A der Ausfuhrliste unterfallen oder

5. Güter herstellt oder entwickelt, die der Listenposition 0018 aus Teil I Abschnitt A der Ausfuhrliste unterfallen, sofern diese zur Herstellung von Gütern im Sinne von Nummer 4 bestimmt sind.

Der Prüfung unterliegen auch Erwerbe durch Inländer, wenn es Anzeichen dafür gibt, dass eine missbräuchliche Gestaltung oder ein Umgehungsgeschäft zumindest auch vorgenommen wurde, um eine Prüfung nach Satz 1 zu unterlaufen. Anzeichen für eine Gestaltung im Sinne des Satzes 2 sind insbesondere, wenn der unmittelbare Erwerber mit Ausnahme des Erwerbs nach Satz 1 keiner nennenswerten eigenständigen Wirtschaftstätigkeit nachgeht oder im Inland keine auf Dauer angelegte eigene Präsenz in Gestalt von Geschäftsräumen, Personal oder Ausrüstungsgegenständen unterhält.

(2) Zweigniederlassungen und Betriebsstätten eines ausländischen Erwerbers gelten nicht als inländisch.

(3) Der Erwerb ist dem Bundesministerium für Wirtschaft und Energie schriftlich zu melden. In der Meldung sind der Erwerb, der Erwerber und das zu erwerbende inländische Unternehmen anzugeben sowie die Geschäftsfelder des Erwerbers und des zu erwerbenden inländischen Unternehmens in den Grundzügen darzustellen. Die Meldung erfolgt ausschließlich durch den unmittelbaren Erwerber, auch wenn in dessen Person die Voraussetzungen des Absatzes 1 nicht vorliegen.

§ 61
Freigabe eines Erwerbs nach § 60

Das Bundesministerium für Wirtschaft und Energie gibt den Erwerb gegenüber dem Meldepflichtigen nach § 60 Absatz 3 Satz 3 schriftlich frei, wenn dem Erwerb keine Bedenken im Hinblick auf wesentliche Sicherheitsinteressen der Bundesrepublik Deutschland entgegenstehen. Die Freigabe gilt als erteilt, wenn das Bundesministerium für Wirtschaft und Energie nicht innerhalb von drei Monaten nach Eingang der Meldung nach § 60 Absatz 3 ein Prüfverfahren gemäß § 60 Absatz 1 gegenüber dem Meldepflichtigen eröffnet. Im Falle der Eröffnung eines Prüfverfahrens gilt § 57 entsprechend.

§ 62
Untersagung oder Anordnungen

(1) Das Bundesministerium für Wirtschaft und Energie kann gegenüber dem Meldepflichtigen bis zum Ablauf von drei Monaten nach Eingang der vollständigen Unterlagen gemäß § 57 einen Erwerb im Sinne des § 60 Absatz 1 untersagen oder Anordnungen erlassen, um wesentliche Sicherheitsinteressen der Bundesrepublik Deutschland zu gewährleisten.

(2) Führt das Bundesministerium für Wirtschaft und Energie im Rahmen des Prüfverfahrens mit den am Erwerb Beteiligten Verhandlungen über vertragliche Regelungen zur Gewährleistung der wesentlichen Sicherheitsinteressen der Bundesrepublik Deutschland, so ist der Ablauf der Frist nach Absatz 1 Satz 1 für die Dauer der Verhandlungen gehemmt.

Kapitel 7
Meldevorschriften im Kapital- und Zahlungsverkehr

Abschnitt 1
Begriffsbestimmungen

§ 63
Begriffsbestimmungen

Für Zwecke der Meldungen nach diesem Kapitel ist

1. Inland das deutsche Wirtschaftsgebiet im Sinne des Kapitels 2 Nummer 2.05. des Anhangs A der Verordnung (EG) Nr. 2223/96 des Rates vom 25. Juni 1996 zum Europäischen System Volkswirtschaftlicher Gesamtrechnungen auf nationaler und regionaler Ebene in der Europäischen Gemeinschaft (ABl. L 310 vom 30.11.1996, S. 1), die zuletzt durch die Verordnung (EU) Nr. 715/2010 (ABl. L 210 vom 11.8.2010, S. 1) geändert worden ist,

2. Inländer jede institutionelle Einheit im Inland im Sinne des Kapitels 2 Nummer 2.12. und 2.13. in Verbindung mit Nummer 2.07. des Anhangs A der Verordnung (EG) Nr. 2223/96 und

3. Ausländer jede institutionelle Einheit im Ausland im Sinne des Kapitels 2 Nummer 2.12. und 2.13. in Verbindung mit Nummer 2.07. des Anhangs A der Verordnung (EG) Nr. 2223/96.

Ausländer im Sinne dieses Kapitels sind auch Unternehmen, Zweigniederlassungen, Betriebsstätten und Banken, deren Sitz sich im Ausland befindet.

Abschnitt 2
Meldevorschriften im Kapitalverkehr

§ 64
Meldung von Vermögen von Inländern im Ausland

(1) Der Meldepflichtige nach Absatz 6 hat der Deutschen Bundesbank in der Frist des § 71 Absatz 1 den Stand und ausgewählte Positionen der Zusammensetzung folgenden Vermögens im Ausland gemäß Absatz 4 oder Absatz 5 zu melden:

1. des Vermögens eines ausländischen Unternehmens, wenn dem Inländer mindestens 10 Prozent der Anteile oder der Stimmrechte an dem Unternehmen zuzurechnen sind,

2. des Vermögens eines ausländischen Unternehmens, wenn mehr als 50 Prozent der Anteile oder der Stimmrechte an diesem Unternehmen einem oder mehreren von dem Inländer abhängigen ausländischen Unternehmen allein oder gemeinsam mit dem Inländer zuzurechnen sind, und

3. des Vermögens, das ausländischen Zweigniederlassungen und auf Dauer angelegten Betriebsstätten eines inländischen Unternehmens zugeordnet ist, sowie des Vermögens, das ausländischen Zweigniederlassungen und auf Dauer angelegten Betriebsstätten eines ausländischen Unternehmens zugeordnet ist, das die Bedingungen nach Nummer 2 erfüllt.

(2) Ein ausländisches Unternehmen gilt im Sinne des Absatzes 1 Nummer 2 als von einem Inländer abhängig, wenn dem Inländer mehr als 50 Prozent der Anteile oder Stimmrechte an dem ausländischen Unternehmen zuzurechnen sind. Wenn einem oder mehreren von einem Inländer abhängigen ausländischen Unternehmen oder diesem Unternehmen gemeinsam mit dem Inländer mehr als 50 Prozent der Anteile oder Stimmrechte an einem anderen ausländischen Unternehmen zuzurechnen sind, so ist auch das andere ausländische Unternehmen und unter denselben Voraussetzungen jedes weitere Unternehmen im Sinne des Absatzes 1 Nummer 2 als von einem Inländer abhängig anzusehen.

(3) Die Meldepflicht nach Absatz 1 entfällt,

1. wenn die Bilanzsumme des ausländischen Unternehmens, an dem der Inländer oder ein anderes von ihm abhängiges ausländisches Unternehmen beteiligt ist, 3 Millionen Euro nicht überschreitet,

2. wenn das Betriebsvermögen, das der ausländischen Zweigniederlassung oder Betriebsstätte nach Absatz 1 Nummer 3 zugeordnet ist, 3 Millionen Euro nicht überschreitet oder

3. soweit dem Inländer Unterlagen, die er zur Erfüllung seiner Meldepflicht benötigt, aus tatsächlichen oder rechtlichen Gründen nicht zugänglich sind.

(4) Die Meldungen sind nach dem Stand des Bilanzstichtags des Meldepflichtigen oder, wenn der Meldepflichtige nicht bilanziert, nach dem Stand des 31. Dezember zu erstatten, wobei die Angaben gemäß Anlage K3 „Vermögen von Inländern im Ausland" enthalten sein müssen.

(5) Stimmt der Bilanzstichtag eines ausländischen Unternehmens, an dem der Meldepflichtige oder ein anderes von ihm abhängiges ausländisches Unternehmen beteiligt ist, nicht mit dem Bilanzstichtag des Meldepflichtigen überein, so ist die Meldung des Vermögens gemäß Anlage K3 nach der Bilanz, deren Bilanzstichtag unmittelbar vor dem des Meldepflichtigen liegt, zu erstatten. Wenn der Meldepflichtige nicht bilanziert und der Bilanzstichtag eines ausländischen Unternehmens, an dem der Meldepflichtige oder ein anderes von ihm abhängiges Unternehmen beteiligt ist, nicht mit dem 31. Dezember übereinstimmt, so ist die Meldung des Vermögens gemäß Anlage K3 nach der Bilanz zu erstatten, deren Bilanzstichtag unmittelbar vor dem 31. Dezember liegt.

(6) Meldepflichtig ist der Inländer, dem das Vermögen unmittelbar oder über ein abhängiges ausländisches Unternehmen am Bilanzstichtag des Inländers oder, soweit er nicht bilanziert, am 31. Dezember zuzurechnen ist.

§ 65
Meldung von Vermögen von Ausländern im Inland

(1) Der Meldepflichtige nach Absatz 6 hat der Deutschen Bundesbank in der Frist des § 71 Absatz 2 den Stand und ausgewählte Positionen der Zusammensetzung folgenden Vermögens im Inland gemäß Absatz 5 zu melden:

1. des Vermögens eines inländischen Unternehmens, wenn einem Ausländer oder mehreren wirtschaftlich verbundenen Ausländern zusammen mindestens 10 Prozent der Anteile oder Stimmrechte an dem inländischen Unternehmen zuzurechnen sind,

2. des Vermögens eines inländischen Unternehmens, wenn mehr als 50 Prozent der Anteile oder Stimmrechte an diesem Unternehmen einem von einem Ausländer oder einem von mehreren wirtschaftlich verbundenen Ausländern abhängigen inländischen Unternehmen zuzurechnen sind, und

3. des Vermögens, das inländischen Zweigniederlassungen und auf Dauer angelegten Betriebsstätten eines ausländischen Unternehmens zugeordnet ist, sowie des Vermögens, das inländischen Zweigniederlassungen und auf Dauer angelegten Betriebsstätten eines inländischen Unternehmens zugeordnet ist, das die Bedingungen nach Nummer 2 erfüllt.

(2) Ausländer sind als wirtschaftlich verbunden anzusehen, wenn sie gemeinsame wirtschaftliche Interessen verfolgen. Dies gilt auch, wenn sie gemeinsame wirtschaftliche Interessen zusammen mit Inländern verfolgen. Als solche wirtschaftlich verbundene Ausländer gelten insbesondere:

1. natürliche und juristische ausländische Personen, die sich zum Zweck der Gründung oder des Erwerbs eines inländischen Unternehmens, des Erwerbs von Beteiligungen an einem solchen Unternehmen oder zur gemeinsamen Ausübung ihrer Anteilsrechte an einem solchen Unternehmen zusammengeschlossen haben,

2. natürliche und juristische ausländische Personen, die gemeinsam wirtschaftliche Interessen verfolgen, indem sie an einem oder mehreren Unternehmen Beteiligungen halten,

3. natürliche ausländische Personen, die miteinander verheiratet sind, eine Lebenspartnerschaft führen oder in gerader Linie verwandt, verschwägert oder durch Adoption verbunden oder in der Seitenlinie bis zum dritten Grad verwandt oder bis zum zweiten Grad verschwägert sind, und

4. juristische ausländische Personen, die im Sinne des § 15 des Aktiengesetzes miteinander verbunden sind.

(3) Ein inländisches Unternehmen gilt im Sinne des Absatzes 1 Nummer 2 als von einem Ausländer oder von mehreren wirtschaftlich verbundenen Ausländern abhängig, wenn dem Ausländer oder den wirtschaftlich verbundenen Ausländern zusammen mehr als 50 Prozent der Anteile oder Stimmrechte an dem inländischen Unternehmen zuzurechnen sind. Wenn einem von einem Ausländer oder von mehreren wirtschaftlich verbundenen Ausländern abhängigen inländischen Unternehmen allein oder gemeinsam mit einem oder mehreren weiteren von diesem inländischen Unternehmen abhängigen inländischen Unternehmen mehr als 50 Prozent der Anteile oder Stimmrechte an einem anderen inländischen Unternehmen zuzurechnen sind, so ist auch das andere inländische Unternehmen und unter denselben Voraussetzungen jedes weitere Unternehmen im Sinne des Absatzes 1 Nummer 2 als von einem Ausländer oder von mehreren wirtschaftlich verbundenen Ausländern abhängig anzusehen.

(4) Die Meldepflicht nach Absatz 1 entfällt,

1. wenn die Bilanzsumme des inländischen Unternehmens, an dem der Ausländer, die wirtschaftlich verbundenen Ausländer oder ein anderes von dem Ausländer oder von den wirtschaftlich verbundenen Ausländern abhängiges inländisches Unternehmen beteiligt sind, 3 Millionen Euro nicht überschreitet,

2. wenn das Betriebsvermögen, das der inländischen Zweigniederlassung oder Betriebsstätte nach Absatz 1 Nummer 3 zugeordnet ist, 3 Millionen Euro nicht überschreitet,

3. soweit dem Inländer Unterlagen, die er zur Erfüllung seiner Meldepflicht benötigt, aus tatsächlichen oder rechtlichen Gründen nicht zugänglich sind, oder

4. wenn das inländische oder das abhängige inländische Unternehmen, an dem wirtschaftlich verbundene Ausländer beteiligt sind, nicht erkennen kann, dass es sich bei den Ausländern im Sinne des Absatzes 2 um wirtschaftlich verbundene Ausländer handelt.

(5) Die Meldungen sind nach dem Stand des Bilanzstichtags des Meldepflichtigen oder, wenn es sich bei dem Meldepflichtigen um eine nicht bilanzierende inländische Zweigniederlassung oder Betriebsstätte eines ausländischen Unternehmens handelt, nach dem Stand des Bilanzstichtages des ausländischen Unternehmens zu erstatten, wobei die Angaben gemäß Anlage K4 „Vermögen von Ausländern im Inland" enthalten sein müssen.

(6) Meldepflichtig ist

1. im Fall des Absatzes 1 Nummer 1 das inländische Unternehmen,

2. im Fall des Absatzes 1 Nummer 2 das abhängige inländische Unternehmen,

3. im Fall des Absatzes 1 Nummer 3 die inländische Zweigniederlassung oder Betriebsstätte.

§ 66
Meldung von Forderungen und Verbindlichkeiten

(1) Inländer, ausgenommen natürliche Personen, monetäre Finanzinstitute gemäß Artikel 1 erster Gedankenstrich der Verordnung (EG) Nr. 25/2009 der Europäischen Zentralbank vom 19. Dezember 2008 über die Bilanz des Sektors der monetären Finanzinstitute (ABl. L 15 vom 20.1.2009, S. 14), die zuletzt durch die Verordnung (EU) Nr. 883/2011 (ABl. L 228 vom 3.9.2011, S. 13) geändert worden ist, und Investmentaktiengesellschaften sowie Kapitalverwaltungsgesellschaften bezüglich der Forderungen und Verbindlichkeiten ihrer Investmentfonds, haben ihre Forderungen und Verbindlichkeiten

gegenüber Ausländern der Deutschen Bundesbank gemäß der Absätze 2 und 3 in den Fristen des § 71 Absatz 3 und 4 zu melden, wenn diese Forderungen oder Verbindlichkeiten bei Ablauf eines Monats jeweils zusammengerechnet mehr als 5 Millionen Euro betragen.

(2) Die zu meldenden Forderungen und Verbindlichkeiten gegenüber ausländischen Banken müssen die Angaben gemäß Anlage Z5 „Forderungen und Verbindlichkeiten aus Finanzbeziehungen mit ausländischen Banken" enthalten.

(3) Die zu meldenden Forderungen und Verbindlichkeiten gegenüber ausländischen Nichtbanken müssen die Angaben gemäß der Anlage Z5a Blatt 1/1 „Forderungen und Verbindlichkeiten aus Finanzbeziehungen mit verbundenen ausländischen Nichtbanken", Anlage Z5a Blatt 1/2 „Forderungen und Verbindlichkeiten aus Finanzbeziehungen mit sonstigen ausländischen Nichtbanken", Anlage Z5a Blatt 2/1 „Forderungen und Verbindlichkeiten gegenüber verbundenen ausländischen Nichtbanken aus dem Waren- und Dienstleistungsverkehr" und Anlage Z5a Blatt 2/2 „Forderungen und Verbindlichkeiten gegenüber sonstigen ausländischen Nichtbanken aus dem Waren- und Dienstleistungsverkehr" enthalten.

(4) Inländer, die der Meldepflicht nach Absatz 1 unterliegen und deren Forderungen oder Verbindlichkeiten aus Finanzbeziehungen mit Ausländern bei Ablauf eines Quartals mehr als 500 Millionen Euro betragen, haben ihre Forderungen und Verbindlichkeiten gegenüber Ausländern aus derivativen Finanzinstrumenten nach dem Stand vom Quartalsende in der Frist des § 71 Absatz 5 zu melden, wobei die Angaben gemäß der Anlage Z5b „Forderungen und Verbindlichkeiten gegenüber Ausländern aus derivativen Finanzinstrumenten" enthalten sein müssen. Die Bestände sind grundsätzlich mit ihrem beizulegenden Zeitwert zu bewerten.

(5) Entfällt für einen Inländer, der für einen vorangegangenen Meldestichtag meldepflichtig war, wegen Unterschreitens der in den Absätzen 1 und 4 genannten Betragsgrenzen die Meldepflicht, so hat er dies schriftlich oder elektronisch anzuzeigen.

Abschnitt 3
Meldung von Zahlungen

§ 67
Meldung von Zahlungen

(1) Inländer haben der Deutschen Bundesbank in den Fristen des § 71 Absatz 7 und 8 Zahlungen gemäß Absatz 4 zu melden, die sie

1. von Ausländern oder für deren Rechnung von Inländern entgegennehmen (eingehende Zahlungen) oder

2. an Ausländer oder für deren Rechnung an Inländer leisten (ausgehende Zahlungen).

(2) Nicht zu melden sind

1. Zahlungen, die den Betrag von 12 500 Euro oder den Gegenwert in anderer Währung nicht übersteigen,

2. Zahlungen für die Einfuhr, Ausfuhr oder Verbringung von Waren und

3. Zahlungen, die die Gewährung, Aufnahme oder Rückzahlung von Krediten, einschließlich der Begründung und Rückzahlung von Guthaben, mit einer ursprünglich vereinbarten Laufzeit oder Kündigungsfrist von nicht mehr als zwölf Monaten zum Gegenstand haben.

(3) Zahlungen im Sinne dieses Abschnitts sind auch die Aufrechnung und die Verrechnung sowie Zahlungen, die mittels Lastschriftverfahren abgewickelt werden. Als Zahlung gilt ferner das Einbringen von Sachen und Rechten in Unternehmen, Zweigniederlassungen und Betriebsstätten.

(4) In den Meldungen ein- und ausgehender Zahlungen müssen die Angaben gemäß Anlage Z4 „Zahlungen im Außenwirtschaftsverkehr" enthalten sein. Im Fall von Zahlungen im Zusammenhang mit Wertpapiergeschäften und Finanzderivaten müssen die Angaben gemäß Anlage Z10 „Wertpapiergeschäfte und Finanzderivate im Außenwirtschaftsverkehr" enthalten sein.

(5) In den Meldungen sind aussagefähige Angaben zu den zugrunde liegenden Leistungen oder zum Grundgeschäft zu machen und die entsprechenden Kennzahlen der Anlage LV „Leistungsverzeichnis der Deutschen Bundesbank für die Zahlungsbilanz", bei Zahlungen für in Aktien verbriefte Direktinvestitionen zusätzlich die internationale Wertpapierkennnummer und Nennbetrag oder Stückzahl anzugeben. Im Fall von Zahlungen im Zusammenhang mit Wertpapieren und Finanzderivaten sind anstelle der Angaben zum Grundgeschäft die Bezeichnungen der Wertpapiere, die internationale Wertpapierkennnummer sowie Nennbetrag oder Stückzahl anzugeben.

§ 68
Meldung von Zahlungen im Transithandel

(1) Sind Meldungen nach § 67 Absatz 1 aufgrund von Transithandelsgeschäften abzugeben, sind zusätzlich zu § 67 Absatz 4 noch folgende Angaben zu machen:

1. die Benennung der Ware,

2. die zweistellige Kapitelnummer des Warenverzeichnisses für die Außenhandelsstatistik und

3. das Land, in dem der ausländische Vertragspartner seinen Sitz hat.

(2) Der Meldepflichtige gemäß § 67 Absatz 1, der eine ausgehende Zahlung im Transithandel gemeldet hat und die Transithandelsware danach in das Inland einführt oder verbringt, hat den ursprünglich gemeldeten Betrag als „Stornierung im Transithandel" der Deutschen Bundesbank in der Frist des § 71 Absatz 7 anzuzeigen.

§ 69
Meldung von Zahlungen der Seeschifffahrtsunternehmen

Inländer, die ein Seeschifffahrtsunternehmen betreiben, haben abweichend von § 67 Zahlungen, die sie im Zusammenhang mit dem Betrieb der Seeschifffahrt entgegennehmen oder leisten, der Deutschen Bundesbank in der Frist des § 71 Absatz 7 zu melden. In der Meldung müssen die Angaben gemäß Anlage Z8 „Einnahmen und Ausgaben der Seeschifffahrt" enthalten sein.

§ 70
Meldungen der Geldinstitute

(1) Inländische Geldinstitute haben der Deutschen Bundesbank in der Frist des § 71 Absatz 8 zu melden:

1. Zahlungen für die Veräußerung oder den Erwerb von Wertpapieren und Finanzderivaten, die das Geldinstitut für eigene oder fremde Rechnung an Ausländer verkauft oder von Ausländern kauft, sowie Zahlungen, die das Geldinstitut im Zusammenhang mit der Einlösung inländischer Wertpapiere an Ausländer leistet oder von diesen erhält; in den Meldungen müssen die

Angaben gemäß Anlage Z10 „Wertpapiergeschäfte und Finanzderivate im Außenwirtschafts-verkehr" enthalten sein;

2. Zins- und Dividendenzahlungen auf inländische Wertpapiere, die sie an Ausländer leisten oder von diesen erhalten; in den Meldungen müssen die Angaben gemäß Anlage Z11 „Zahlungen für Wertpapier-Erträge im Außenwirtschaftsverkehr" enthalten sein;

3. ein- und ausgehende Zahlungen für Zinsen und zinsähnliche Erträge und Aufwendungen, aus-genommen Wertpapierzinsen, die sie für eigene Rechnung von Ausländern entgegennehmen oder an Ausländer leisten; in den Meldungen müssen die Angaben gemäß Anlage Z14 „Zin-seinnahmen und zinsähnliche Erträge im Außenwirtschaftsverkehr (ohne Wertpapierzinsen)" und Anlage Z15 „Zinsausgaben und zinsähnliche Aufwendungen im Außenwirtschaftsverkehr (ohne Wertpapierzinsen)" enthalten sein;

4. im Zusammenhang mit dem Reiseverkehr

    a) ein- und ausgehende Zahlungen aus Kartenumsätzen; in den Meldungen müssen die Angaben gemäß Anlage Z12 „Zahlungseingänge/Zahlungsausgänge im Reiseverkehr: Karten-Umsätze" enthalten sein,

    b) ein- und ausgehende Zahlungen aus dem An- und Verkauf von Sorten sowie Umsätze aus dem Verkauf oder aus der Versendung von Fremdwährungsreiseschecks; in den Meldun-gen müssen die Angaben gemäß Anlage Z13 „Zahlungseingänge/Zahlungsausgänge im Reiseverkehr: Sorten und Fremdwährungsreiseschecks" enthalten sein.

(2) Geldinstitute im Sinne des Absatzes 1 sind

1. Monetäre Finanzinstitute nach Artikel 1 erster Gedankenstrich der Verordnung (EG) Nr. 25/2009 mit Ausnahme von Geldmarktfonds,

2. sonstige Kreditinstitute nach § 1 Absatz 1 des Kreditwesengesetzes und

3. Finanzdienstleistungsinstitute nach § 1 Absatz 1a des Kreditwesengesetzes.

(3) Absatz 1 Nummer 1 und 3 ist nicht anzuwenden auf Zahlungen, die den Betrag von 12 500 Euro oder den Gegenwert in anderer Währung nicht übersteigen.

(4) Bei Meldungen nach Absatz 1 Nummer 1 sind die Kennzahlen der Anlage LV „Leistungsverzeichnis der Deutschen Bundesbank für die Zahlungsbilanz" und die Bezeichnungen der Wertpapiere, die internationale Wertpapierkennnummer sowie Nennbetrag oder Stückzahl anzugeben.

(5) Soweit Zahlungen nach Absatz 1 zu melden sind, ist § 67 nicht anzuwenden.

Abschnitt 4
Meldefristen, Meldestellen und Ausnahmen von der Meldepflicht

§ 71
Meldefristen

(1) Meldungen gemäß § 64 nach Anlage K3 sind einmal jährlich spätestens bis zum letzten Werktag des sechsten auf den Bilanzstichtag des Meldepflichtigen oder, soweit der Meldepflichtige nicht bilanziert, des sechsten auf den 31. Dezember folgenden Kalendermonats einzureichen.

(2) Meldungen gemäß § 65 nach Anlage K4 sind einmal jährlich spätestens bis zum letzten Werktag des sechsten auf den Bilanzstichtag des Meldepflichtigen oder, soweit es sich bei dem Meldepflichti-gen um eine nicht bilanzierende inländische Zweigniederlassung oder Betriebsstätte eines ausländi-

schen Unternehmens handelt, des sechsten auf den Bilanzstichtag des ausländischen Unternehmens folgenden Monats einzureichen.

(3) Meldungen gemäß § 66 Absatz 1 in Verbindung mit § 66 Absatz 2 nach Anlage Z5 sind monatlich bis zum zehnten Kalendertag des folgenden Monats nach dem Stand des letzten Werktages des Vormonats einzureichen.

(4) Meldungen gemäß § 66 Absatz 1 in Verbindung mit § 66 Absatz 3 nach Anlage Z5a Blatt 1 und Blatt 2 sind monatlich bis zum 20. Kalendertag des folgenden Monats nach dem Stand des letzten Werktages des Vormonats einzureichen.

(5) Meldungen gemäß § 66 Absatz 1 in Verbindung mit § 66 Absatz 4 nach Anlage Z5b sind bis zum 50. Kalendertag nach Ablauf eines jeden Kalendervierteljahres einzureichen.

(6) Die Anzeige gemäß § 66 Absatz 5 ist für die in § 66 Absatz 1 genannte Betragsgrenze bis zum 20. Kalendertag des darauf folgenden Monats, für die in § 66 Absatz 4 genannte Betragsgrenze bis zum 50. Kalendertag nach Ablauf des Kalendervierteljahres einzureichen.

(7) Meldungen gemäß § 67 Absatz 1 in Verbindung mit § 67 Absatz 4 Satz 1 nach Anlage Z4, Meldungen gemäß § 69 nach Anlage Z8 sowie Stornomeldungen nach § 68 Absatz 2 sind bis zum siebenten Kalendertag des auf die Leistung oder Entgegennahme der Zahlungen oder der Einfuhr oder Verbringung der Transithandelsware folgenden Monats einzureichen.

(8) Meldungen gemäß § 67 Absatz 1 in Verbindung mit § 67 Absatz 4 Satz 2 nach Anlage Z10 sowie Meldungen gemäß § 70 Absatz 1 nach den Anlagen Z10, Z11, Z12, Z13, Z14 und Z15 sind bis zum fünften Kalendertag des folgenden Monats einzureichen.

§ 72
Meldestelle und Einreichungsweg

(1) Die Meldungen nach den §§ 64 bis 70 sind der Deutschen Bundesbank elektronisch einzureichen. Soweit die vorliegende Verordnung keine Formvorschriften enthält, sind dabei die von der Deutschen Bundesbank erlassenen Formvorschriften zu beachten.

(2) Die Deutsche Bundesbank übermittelt dem Bundesministerium für Wirtschaft und Energie auf Verlangen die Angaben der Meldepflichtigen nach den §§ 64 und 65 in geeigneter Form.

(3) Meldungen können anstatt elektronisch auch in anderer Form abgegeben werden, sofern die Deutsche Bundesbank dies genehmigt hat und die erlassenen Formvorschriften beachtet werden.

§ 73
Ausnahmen

Die Deutsche Bundesbank kann

1. für einzelne Meldepflichtige oder für Gruppen von Meldepflichtigen vereinfachte Meldungen oder Abweichungen von Meldefristen oder Verfahren zulassen oder

2. einzelne Meldepflichtige oder Gruppen von Meldepflichtigen befristet oder widerruflich von einer Meldepflicht freistellen,

soweit dafür besondere Gründe vorliegen oder der Zweck der Meldevorschriften nicht beeinträchtigt wird.

Kapitel 8
Beschränkungen gegen bestimmte Länder und Personen

Abschnitt 1
Ausfuhr-, Handels- und Vermittlungsverbote

§ 74
Ausfuhrverbote von in Teil I Abschnitt A der Ausfuhrliste erfassten Gütern

(1) Verboten sind der Verkauf, die Ausfuhr und die Durchfuhr von in Teil I Abschnitt A der Ausfuhrliste erfassten Gütern vom Inland aus oder über das Inland oder deren Beförderung unter Benutzung eines Schiffes oder Luftfahrzeugs, das berechtigt ist, die Bundesflagge oder das Staatszugehörigkeitszeichen der Bundesrepublik Deutschland zu führen, in die folgenden Länder:

1. Belarus,

2. Birma/Myanmar,

3. (aufgehoben)

4. Demokratische Republik Kongo,

5. Demokratische Volksrepublik Korea,

6. Eritrea,

7. Irak,

8. Iran,

9. Libanon,

10. (aufgehoben)

11. Libyen,

12. Russland,

13. Simbabwe,

14. Somalia,

15. Sudan,

15a. Südsudan,

16. Syrien,

16a. Venezuela,

17. Zentralafrikanische Republik.

(2) Verboten sind auch der Verkauf, die Ausfuhr und die Durchfuhr von in Teil I Abschnitt A der Ausfuhrliste erfassten Gütern vom Inland aus oder über das Inland oder deren Beförderung unter Benutzung eines Schiffes oder Luftfahrzeugs, das berechtigt ist, die Bundesflagge oder das Staatszugehörigkeitszeichen der Bundesrepublik Deutschland zu führen, an natürliche oder juristische Personen, Gruppen, Organisationen oder Einrichtungen, die aufgeführt sind

1. in der jeweils geltenden Fassung der Liste nach Artikel 2 Absatz 3 der Verordnung (EG) Nr. 2580/2001 über spezifische, gegen bestimmte Personen und Organisationen gerichtete restriktive Maßnahmen zur Bekämpfung des Terrorismus (ABl. L 344 vom 28.12.2001, S. 70),

2. in der jeweils geltenden Fassung des Anhangs I der Verordnung (EG) Nr. 881/2002 des Rates vom 27. Mai 2002 über die Anwendung bestimmter spezifischer restriktiver Maßnahmen gegen bestimmte Personen und Organisationen, die mit den ISIL (Da'esh)- und Al-Qaida-Organisationen in Verbindung stehen (ABl. L 139 vom 29.5.2002, S. 9), die durch die Verordnung (EU) 2016/363 des Rates vom 14. März 2016 (ABl. L 68 vom 15.3.2016, S. 17) geändert worden ist,

3. in der jeweils geltenden Fassung des Anhangs I der Verordnung (EU) Nr. 356/2010 des Rates vom 26. April 2010 über die Anwendung bestimmter spezifischer restriktiver Maßnahmen gegen bestimmte natürliche oder juristische Personen, Organisationen oder Einrichtungen aufgrund der Lage in Somalia (ABl. L 105 vom 27.4.2010, S. 1),

4. in der jeweils geltenden Fassung des Anhangs I der Verordnung (EU) Nr. 356/2010 des Rates vom 26. April 2010 über die Anwendung bestimmter spezifischer restriktiver Maßnahmen gegen bestimmte natürliche oder juristische Personen, Organisationen oder Einrichtungen aufgrund der Lage in Somalia (ABl. L 105 vom 27.4.2010, S. 1),

5. in der jeweils geltenden Fassung des Anhangs des Beschlusses 2014/932/GASP des Rates vom 18. Dezember 2014 über restriktive Maßnahmen angesichts der Lage in Jemen (ABl. L 365 vom 19.12.2014, S. 147), der zuletzt durch den Beschluss (GASP) 2015/882 des Rates vom 8. Juni 2015 (ABl. L 143 vom 9.6.2015, S. 11) geändert worden ist,

6. in der jeweils geltenden Fassung des Anhangs des Beschlusses (GASP) 2016/1693 des Rates vom 20. September 2016 betreffend restriktive Maßnahmen gegen ISIL (Da´esh) und Al-Qaida und mit ihnen verbündete Personen, Gruppen, Unternehmen und Einrichtungen und zur Aufhebung des Gemeinsamen Standpunkts 2002/402/GASP (ABl. L 255 vom 21.9.2016, S. 25).

§ 75
Verbote von Handels- und Vermittlungsgeschäften in Bezug auf in Teil I Abschnitt A der Ausfuhrliste erfasste Güter

(1) Verboten sind Handels- und Vermittlungsgeschäfte in Bezug auf in Teil I Abschnitt A der Ausfuhrliste erfasste Güter, welche unmittelbar oder mittelbar für Personen, Organisationen oder Einrichtungen in folgenden Ländern bestimmt sind:

1. Belarus,

2. Birma/Myanmar,

3. (aufgehoben)

4. Demokratische Republik Kongo,

5. Demokratische Volksrepublik Korea,

6. Iran,

7. Libanon,

8. Libyen,

8a. Russland,

9. Simbabwe,

10. Sudan,

10a. Südsudan,

11. Syrien,

11a. Venezuela,

12. Zentralafrikanische Republik.

(2) Das Verbot nach Absatz 1 gilt auch, wenn die Güter zur Verwendung in folgenden Ländern bestimmt sind:

1. Belarus,

2. Demokratische Republik Kongo,

3. Demokratische Volksrepublik Korea,

4. Iran,

5. Libanon,

6. Libyen,

6a. Russland,

7. Simbabwe,

8. Sudan,

8a. Südsudan,

9. Syrien,

9a. Venezuela,

10. Zentralafrikanische Republik.

§ 76
Ausnahmen von § 74 Absatz 1 und § 75

(1) Abweichend von § 74 Absatz 1 und § 75 können der Verkauf, die Ausfuhr, die Durchfuhr oder Handels- und Vermittlungsgeschäfte unter den Voraussetzungen der Absätze 2 bis 18 genehmigt werden.

(2) Absatz 1 gilt in Bezug auf Belarus für

1. nichtletale militärische Güter, die ausschließlich für humanitäre oder Schutzzwecke oder für Programme der Vereinten Nationen und der Europäischen Union zum Aufbau von Institutionen oder für Krisenbewältigungsoperationen der Europäischen Union und der Vereinten Nationen bestimmt sind,

2. Fahrzeuge, die nicht für den Kampfeinsatz bestimmt sind, die bei der Herstellung oder nachträglich mit einer Kugelsicherung ausgerüstet wurden und nur zum Schutz des Personals der Europäischen Union und ihrer Mitgliedstaaten in Belarus bestimmt sind, und

3. Schutzkleidung, die vom Personal der Vereinten Nationen, der Europäischen Union oder ihrer Mitgliedstaaten, von Medienvertretern, humanitären Helfern, Entwicklungshelfern oder von diesen Personen beigeordnetem Personal ausschließlich zur eigenen Verwendung vorübergehend nach Belarus ausgeführt wird.

(3) Absatz 1 gilt in Bezug auf Birma/Myanmar für

1. nichtletale militärische Güter, die ausschließlich humanitären oder Schutzzwecken dienen oder für Programme der Vereinten Nationen und der Europäischen Union zum Aufbau von Institutionen bestimmt sind,

2. Güter, die für Krisenbewältigungsoperationen der Europäischen Union und der Vereinten Nationen bestimmt sind,

3. Minenräumgeräte und Material zur Verwendung bei Minenräumaktionen und

4. Schutzkleidung, die vom Personal der Vereinten Nationen, der Europäischen Union oder ihrer Mitgliedstaaten, von Medienvertretern, humanitären Helfern, Entwicklungshelfern oder von diesen Personen beigeordnetem Personal ausschließlich zur eigenen Verwendung vorübergehend nach Birma/Myanmar ausgeführt wird.

(4) Absatz 1 gilt in Bezug auf die Demokratische Republik Kongo für

1. Güter für den ausschließlichen Zweck der Unterstützung der Mission der Organisation der Vereinten Nationen in der Demokratischen Republik Kongo (MONUSCO) oder der Verwendung durch diese,

2. Schutzkleidung, einschließlich kugelsicherer Westen und Militärhelmen, die vom Personal der Vereinten Nationen, von Medienvertretern, humanitären Helfern und Entwicklungshelfern sowie dem beigeordneten Personal ausschließlich zur eigenen Verwendung vorübergehend in die Demokratische Republik Kongo ausgeführt wird,

3. nichtletale militärische Ausrüstung, die ausschließlich für humanitäre oder Schutzzwecke bestimmt ist,

4. Rüstungsgüter und sonstiges Wehrmaterial für den ausschließlichen Zweck der Unterstützung oder Verwendung durch den Regionalen Einsatzverband der Afrikanischen Union und

5. den sonstigen Verkauf oder die sonstige Lieferung von Rüstungsgütern und sonstigem Wehrmaterial.

(5) Absatz 1 gilt in Bezug auf die Demokratische Volksrepublik Korea für Fahrzeuge, die nicht für den Kampfeinsatz bestimmt sind, die bei der Herstellung oder nachträglich mit einer Kugelsicherung ausgerüstet wurden und nur zum Schutz des Personals der Europäischen Union und ihrer Mitgliedstaaten in der Demokratischen Volksrepublik Korea bestimmt sind.

(6) Absatz 1 gilt in Bezug auf Eritrea für

1. Schutzkleidung, einschließlich Körperschutzwesten und Militärhelme, die vom Personal der Vereinten Nationen, von Medienvertretern, humanitären Helfern und Entwicklungshelfern sowie beigeordnetem Personal zeitweise und ausschließlich zur eigenen Verwendung nach Eritrea ausgeführt wird, und

2. nichtletale militärische Güter, die ausschließlich für humanitäre oder Schutzzwecke bestimmt sind.

(7) Absatz 1 gilt in Bezug auf Irak für Güter, die von der Regierung Iraks oder von der durch die Resolution 1511 (2003) des Sicherheitsrates der Vereinten Nationen eingesetzten multinationalen Truppe für die Zwecke der Resolution 1546 (2004) des Sicherheitsrates der Vereinten Nationen benötigt werden.

(8) Absatz 1 gilt in Bezug auf Iran für Fahrzeuge, die nicht für den Kampfeinsatz bestimmt sind, die bei der Herstellung oder nachträglich mit einer Kugelsicherung ausgerüstet wurden und nur zum Schutz des Personals der Europäischen Union und ihrer Mitgliedstaaten in Iran bestimmt sind.

(9) Absatz 1 gilt in Bezug auf Libanon für

1. Güter, die nicht unmittelbar oder mittelbar an Kampfgruppen geliefert werden, deren Entwaffnung der Sicherheitsrat der Vereinten Nationen in seinen Resolutionen 1559 (2004) und

1680 (2006) gefordert hat und deren Lieferung von der Regierung Libanons oder der Interimstruppe der Vereinten Nationen in Libanon (UNIFIL) genehmigt wurde,

2. Güter, die zur Nutzung durch die UNIFIL im Rahmen ihrer Mission oder durch die libanesischen Streitkräfte bestimmt sind, und

3. Schutzkleidung, die vom Personal der Vereinten Nationen, der Europäischen Union oder ihrer Mitgliedstaaten vorübergehend nach Libanon ausgeführt wird.

(10) Absatz 1 gilt in Bezug auf Libyen für

1. nichtletale militärische Güter, die ausschließlich für humanitäre oder Schutzzwecke bestimmt sind,

2. die sonstige Lieferung, den sonstigen Verkauf oder die sonstige Weitergabe von Rüstungsgütern,

3. Schutzkleidung, einschließlich Körperschutzwesten und Militärhelmen, die vom Personal der Vereinten Nationen, der Europäischen Union oder ihrer Mitgliedstaaten, von Medienvertretern, humanitären Helfern, Entwicklungshelfern oder von diesen Personen beigeordnetem Personal ausschließlich zur eigenen Verwendung vorübergehend nach Libyen ausgeführt wird,

4. nichtletale militärische Güter, die ausschließlich für die Unterstützung der libyschen Regierung in den Bereichen Sicherheit und Entwaffnung bestimmt sind, und

5. Kleinwaffen und leichte Waffen sowie dazugehörige Güter, die einzig für den Gebrauch durch Personal der Vereinten Nationen, Medienvertreter, humanitäre Helfer, Entwicklungshelfer oder durch von diesen Personen beigeordnetes Personal vorübergehend nach Libyen ausgeführt werden.

(11) Absatz 1 gilt in Bezug auf Russland für

1. Güter, deren Lieferung der Erfüllung von Verträgen oder Vereinbarungen dient, die vor dem 1. August 2014 geschlossen wurden,

2. Hydrazin mit einer Mindestkonzentration von 70 Prozent und Monomethylhydrazin

   a) zur Verwendung für Trägersysteme, die von Startorganisationen der Mitgliedstaaten der Europäischen Union oder in einem Mitgliedstaat der Europäischen Union ansässigen Startorganisationen betrieben werden,

   b) zur Verwendung für Starts im Rahmen von Raumfahrtprogrammen der Europäischen Union, ihrer Mitgliedstaaten oder der Europäischen Weltraumorganisation oder

   c) zur Betankung von Satelliten durch in einem Mitgliedstaat ansässige Satellitenhersteller, und

3. Hydrazin mit einer Mindestkonzentration von 70 Prozent zur Verwendung im Rahmen der ExoMars-Mission 2020, das bestimmt ist

   a) zur Erprobung und für den Flugbetrieb des ExoMars-Abstiegsmoduls bis zu einer Gesamtmenge von 5 000 Kilogramm für die gesamte Dauer der Mission oder

   b) für den Flugbetrieb des ExoMars-Trägermoduls bis zu einer Gesamtmenge von 300 Kilogramm."

Die nach Satz 1 Nummer 2 genehmigungsfähige Menge an Hydrazin oder Monomethylhydrazin ist für den jeweiligen Start oder Satellit, für den sie bestimmt ist, zu berechnen, und darf im Fall des Hydrazins mit einer Mindestkonzentration von 70 Prozent 800 Kilogramm für jeden einzelnen Start oder Satellit nicht überschreiten.

(12) Absatz 1 gilt in Bezug auf Simbabwe für

1. nichtletale militärische Güter, die ausschließlich humanitären oder Schutzzwecken dienen oder für Programme der Vereinten Nationen und der Europäischen Union zum Aufbau von Institutionen bestimmt sind,

2. Güter, die für Krisenbewältigungsoperationen der Europäischen Union und der Vereinten Nationen bestimmt sind, und

3. Schutzkleidung, die vom Personal der Vereinten Nationen, der Europäischen Union oder ihrer Mitgliedstaaten, von Medienvertretern, humanitären Helfern, Entwicklungshelfern oder von diesen Personen beigeordnetem Personal ausschließlich zur eigenen Verwendung vorübergehend nach Simbabwe ausgeführt wird.

(13) Absatz 1 gilt in Bezug auf Somalia für

1. Güter, die ausschließlich zur Unterstützung des Personals der Vereinten Nationen, einschließlich der Hilfsmission der Vereinten Nationen in Somalia (UNSOM), oder zur Nutzung durch diese bestimmt sind,

2. Güter, die ausschließlich zur Unterstützung der Mission der Afrikanischen Union in Somalia (AMISOM) oder zur Nutzung durch diese bestimmt sind,

3. Güter, die ausschließlich zur Unterstützung der oder zur Nutzung durch die strategischen Partner der Mission der Afrikanischen Union in Somalia bestimmt sind, die ausschließlich im Rahmen des strategischen Konzepts der Afrikanischen Union vom 5. Januar 2012 (oder strategischer Folgekonzepte der Afrikanischen Union) sowie in Zusammenarbeit und Abstimmung mit der Mission der Afrikanischen Union in Somalia (AMISOM) agieren,

4. Güter, die ausschließlich zur Unterstützung der Ausbildungsmission der Europäischen Union (EUTM), oder zur Nutzung durch diese bestimmt sind,

5. Güter, die ausschließlich zur Nutzung durch Mitgliedstaaten der Vereinten Nationen oder internationale, regionale und subregionale Organisationen bestimmt sind, die auf das dem Generalsekretär notifizierte Ersuchen der Bundesregierung Somalias Maßnahmen zur Bekämpfung seeräuberischer Handlungen und bewaffneter Raubüberfälle vor der Küste Somalias durchführen, wobei alle derartigen Maßnahmen im Einklang mit dem anwendbaren humanitären Völkerrecht und den Menschenrechtsnormen stehen müssen,

6. Güter, die ausschließlich zum Aufbau der Sicherheitskräfte der Bundesregierung Somalias und zur Gewährleistung der Sicherheit der somalischen Bevölkerung bestimmt sind, außer im Zusammenhang mit der Lieferung der in Anhang II des Beschlusses 2010/231/GASP aufgeführten Gegenstände,

7. Güter gemäß Anhang II des Beschlusses 2010/231/GASP an die Bundesregierung Somalias,

8. Schutzkleidung, einschließlich Körperschutzwesten und Militärhelme, die vom Personal der Vereinten Nationen, von Medienvertretern und humanitären Helfern und Entwicklungshelfern sowie beigeordnetem Personal ausschließlich zur eigenen Verwendung vorübergehend nach Somalia ausgeführt wird,

9. nichtletale militärische Güter, die ausschließlich für humanitäre oder Schutzzwecke bestimmt sind, und

10. Güter im Zusammenhang mit militärischen Tätigkeiten der Mitgliedstaaten der Vereinten Nationen oder internationaler, regionaler und subregionaler Organisationen, die ausschließlich als Beitrag zum Aufbau der Institutionen des Sicherheitssektors Somalias bestimmt sind.

(14) Absatz 1 gilt in Bezug auf Sudan für

1. nichtletale militärische Ausrüstung, die ausschließlich bestimmt ist für

    a) humanitäre oder Schutzzwecke,

    b) die Überwachung der Menschenrechtslage,

    c) Programme der Vereinten Nationen, der Afrikanischen Union und der Europäischen Union zum Aufbau von Institutionen,

2. Material, das für Krisenbewältigungsoperationen der Vereinten Nationen, der Afrikanischen Union oder der Europäischen Union bestimmt ist,

3. Minenräumgeräte und Material zur Verwendung bei Minenräumaktionen,

4. nicht zum Kampfeinsatz bestimmte Fahrzeuge, die bei der Herstellung oder nachträglich mit einer Kugelsicherung ausgerüstet wurden und nur zur Verwendung zum Schutz, in Sudan, durch Personal der Europäischen Union und ihrer Mitgliedstaaten oder durch Personal der Vereinten Nationen oder der Afrikanischen Union bestimmt sind, und

5. Schutzkleidung, einschließlich kugelsicherer Westen und Militärhelmen, die vom Personal der Vereinten Nationen, der Europäischen Union oder ihrer Mitgliedstaaten, von Medienvertretern, humanitären Helfern und Entwicklungshelfern sowie dem beigeordneten Personal ausschließlich zur eigenen Verwendung vorübergehend nach Sudan ausgeführt wird.

(15) Absatz 1 gilt in Bezug auf Südsudan für

1. nichtletale militärische Ausrüstung, die ausschließlich bestimmt ist für

    a) humanitäre oder Schutzzwecke,

    b) die Überwachung der Menschenrechtslage,

    c) Programme der Vereinten Nationen, der Afrikanischen Union, der Europäischen Union oder der Zwischenstaatlichen Entwicklungsbehörde („IGAD") zum Aufbau von Institutionen oder

    d) die Unterstützung des Prozesses zur Reform des Sicherheitssektors im Südsudan,

2. Material, das für Krisenbewältigungsoperationen der Europäischen Union, der Vereinten Nationen oder der Afrikanischen Union bestimmt ist,

3. Minenräumgeräte und Material zur Verwendung bei Minenräumaktionen,

4. nicht zum Kampfeinsatz bestimmte Fahrzeuge, die bei der Herstellung oder nachträglich mit einer Kugelsicherung ausgerüstet wurden und nur zur Verwendung zum Schutz, in Südsudan, durch Personal der Europäischen Union und ihrer Mitgliedstaaten oder durch Personal der Vereinten Nationen, der Afrikanischen Union oder der IGAD bestimmt sind, und

5. Schutzkleidung, einschließlich kugelsicherer Westen und Militärhelmen, die vom Personal der Europäischen Union oder ihrer Mitgliedstaaten, der Vereinten Nationen oder der IGAD oder von Medienvertretern, humanitären Helfern und Entwicklungshelfern sowie dem beigeordneten Personal ausschließlich zur eigenen Verwendung vorübergehend nach Südsudan ausgeführt wird.

(16) Absatz 1 gilt in Bezug auf Venezuela für

1. Güter, deren Lieferung der Erfüllung von Verträgen oder Nebenverträgen dient, die vor dem 13. November 2017 geschlossen und dem Bundesamt für Wirtschaft und Ausfuhrkontrolle (BAFA) bis zum 21. November 2017 angezeigt worden sind,

2. nichtletale militärische Güter, die ausschließlich humanitären oder Schutzzwecken dienen oder für Programme der Vereinten Nationen und der Union und ihren Mitgliedstaaten oder regionaler und subregionaler Organisationen zum Aufbau von Institutionen bestimmt sind,

3. Material, das für Krisenbewältigungsoperationen der Vereinten Nationen und der Union oder regionaler und subregionaler Organisationen bestimmt ist,

4. Minenräumgeräte und Material zur Verwendung bei Minenräumaktionen und

5. Schutzkleidung, einschließlich Körperschutzwesten und Militärhelme, die von Personal der Vereinten Nationen, Personal der Europäischen Union oder ihrer Mitgliedstaaten, von Medienvertretern, von humanitären Helfern und Entwicklungshelfern sowie zugehörigem Personal ausschließlich zur eigenen Verwendung vorübergehend nach Venezuela ausgeführt wird.

(17) Absatz 1 gilt in Bezug auf Syrien für

1. Güter, die ausschließlich zur Unterstützung der Beobachtertruppe der Vereinten Nationen für die Truppenentflechtung (UNDOF) oder zur Nutzung durch diese bestimmt sind,

2. nichtletale militärische Güter, die ausschließlich bestimmt sind für

   a) humanitäre oder Schutzzwecke,

   b) den Schutz der Zivilbevölkerung,

   c) Programme der Vereinten Nationen und der Europäischen Union zum Aufbau von Institutionen,

   d) Krisenbewältigungsoperationen der Europäischen Union und der Vereinten Nationen oder

   e) die nationale Koalition der Kräfte der syrischen Revolution und Opposition für die Zwecke des Schutzes der Zivilbevölkerung,

3. Fahrzeuge, die nicht für den Kampfeinsatz bestimmt sind, die bei der Herstellung oder nachträglich mit einer Kugelsicherung ausgerüstet wurden und nur zum Schutz des Personals der Europäischen Union und ihrer Mitgliedstaaten in Syrien bestimmt sind, und

4. Schutzkleidung, die vom Personal der Vereinten Nationen, der Europäischen Union oder ihrer Mitgliedstaaten, von Medienvertretern, humanitären Helfern, Entwicklungshelfern oder von diesen Personen beigeordnetem Personal ausschließlich zur eigenen Verwendung vorübergehend nach Syrien ausgeführt wird.

(18) Absatz 1 gilt in Bezug auf die Zentralafrikanische Republik für

1. Güter, die ausschließlich zur Unterstützung der Mehrdimensionalen integrierten Stabilisierungsmission der Vereinten Nationen in der Zentralafrikanischen Republik (MINUSCA), des Regionalen Einsatzverbandes der Afrikanischen Union (AU-RTF), der Missionen der Europäischen Union und der in die Zentralafrikanische Republik entsandten französischen Truppen oder zur Verwendung durch diese bestimmt sind,

2. Schutzkleidung, einschließlich Körperschutzwesten und Militärhelme, die von Personal der Vereinten Nationen, Personal der Europäischen Union oder ihrer Mitgliedstaaten, Medienvertretern sowie humanitären Helfern und Entwicklungshelfern oder von diesen Personen beigeordnetem Personal ausschließlich zur eigenen Verwendung vorübergehend in die Zentralafrikanische Republik ausgeführt wird,

3. Kleinwaffen und dazugehörige Güter, die ausschließlich zur Verwendung durch internationale Patrouillen bestimmt sind, die in dem Dreistaaten-Schutzgebiet Sangha-Fluss für Sicherheit sorgen, um gegen Wilderei, den Elfenbein- und Waffenschmuggel und andere Aktivitäten

vorzugehen, die gegen das innerstaatliche Recht der Zentralafrikanischen Republik oder gegen ihre völkerrechtlichen Verpflichtungen verstoßen,

4. nichtletale militärische Güter, die ausschließlich für humanitäre oder Schutzzwecke bestimmt sind,

5. Güter an die Sicherheitskräfte der Zentralafrikanischen Republik zu dem ausschließlichen Zweck, den Prozess der Reform des Sicherheitssektors in der Zentralafrikanischen Republik zu unterstützen oder dabei verwendet zu werden, und

6. Rüstungsgüter und dazugehörige Güter im Einklang mit dem Verfahren nach Ziffer 54 f) der Resolution 2127 (2013) des Sicherheitsrates der Vereinten Nationen.

§ 76a
Ausnahmen von § 74 Absatz 1 und § 75 in Einzelfällen

Abweichend von § 74 Absatz 1 und § 75 können genehmigt werden:

1. die Ausfuhr oder die Durchfuhr von Gütern, die von deutschen Behörden zur Erledigung dienstlicher Aufgaben ausgeführt oder durchgeführt werden und die ausschließlich zur eigenen Verwendung der deutschen Behörden bestimmt sind und im eigenen Gewahrsam der deutschen Behörden verbleiben, und

2. der Verkauf, die Ausfuhr, die Durchfuhr oder Handels- und Vermittlungsgeschäfte in Bezug auf Güter, die ausschließlich bestimmt sind zum Eigenschutz von

    a) diplomatischen oder berufskonsularischen Vertretungen mit Ausnahme von Vertretungen der in § 74 Absatz 1 genannten Länder oder

    b) Büros internationaler zwischenstaatlicher Organisationen, deren Sonderorganisationen sowie der institutionell mit diesen verbundenen zwischenstaatlichen Einrichtungen.

Abschnitt 2
Einfuhr- und Verbringungsverbote

§ 77
Einfuhrverbote von in Teil I Abschnitt A der Ausfuhrliste erfassten Gütern aus bestimmten Ländern

(1) Verboten sind die Einfuhr und der Erwerb von in Teil I Abschnitt A der Ausfuhrliste erfassten Gütern aus den folgenden Ländern, unabhängig davon, ob die Güter ihren Ursprung in diesen Ländern haben:

1. Demokratische Volksrepublik Korea,

2. Eritrea,

3. Iran,

4. Libyen,

5. Syrien,

6. Russland.

(2) Dieses Verbot gilt auch für die Beförderung, auch unter Benutzung eines Schiffes oder Luftfahrzeuges, das berechtigt ist, die Bundesflagge oder das Staatszugehörigkeitszeichen der Bundesrepublik Deutschland zu führen.

(3) Die Verbote nach den Absätzen 1 und 2 gelten nicht für die Wiedereinfuhr von Gütern, deren Ausfuhr oder Durchfuhr zuvor nach § 76a genehmigt worden ist.

(4) Die Verbote nach Absatz 1 und 2 gelten in Bezug auf Russland nicht für

1. die Einfuhr oder Beförderung von Ersatzteilen, die für die Wartung und Sicherung vorhandener Kapazitäten innerhalb der Europäischen Union erforderlich sind,

2. die Einfuhr oder Beförderung von Gütern, deren Lieferung der Erfüllung von Verträgen oder Vereinbarungen dient, die vor dem 1. August 2014 geschlossen wurden,

3. die Einfuhr, den Erwerb oder die Beförderung von Hydrazin mit einer Mindestkonzentration von 70 Prozent, von Monomethylhydrazin und von unsymmetrischem Dimethylhydrazin zur Verwendung für Trägersysteme, die von Startorganisationen der Mitgliedstaaten oder in einem Mitgliedstaat ansässigen Startorganisationen betrieben werden, zur Verwendung für Starts im Rahmen von Raumfahrtprogrammen der Europäischen Union, ihrer Mitgliedstaaten oder der Europäischen Weltraumorganisation oder zur Betankung von Satelliten durch in einem Mitgliedstaat ansässige Satellitenhersteller, und

4. die Einfuhr, den Erwerb oder die Beförderung von Hydrazin mit einer Mindestkonzentration von 70 Prozent zur Verwendung im Rahmen der ExoMars-Mission 2020, das bestimmt ist

    a) zur Erprobung und für den Flugbetrieb des ExoMars-Abstiegsmoduls bis zu einer Gesamtmenge von 5 000 Kilogramm für die gesamte Dauer der Mission oder

    b) für den Flugbetrieb des ExoMars-Trägermoduls bis zu einer Gesamtmenge von 300 Kilogramm.

Die Einfuhr, der Erwerb und die Beförderung nach Satz 1 Nummer 3 bedürfen der Genehmigung durch das Bundesamt für Wirtschaft und Ausfuhrkontrolle (BAFA).

Abschnitt 3
Besondere Genehmigungserfordernisse

§ 78
Genehmigungserfordernisse für die Ausfuhr bestimmter Ausrüstung

Die Ausfuhr von Ausrüstung für die Herstellung von Banknoten, Wertzeichen, Banknoten- oder Wertzeichenspezialpapieren bedarf der Genehmigung, wenn das Bestimmungsland die Demokratische Volksrepublik Korea ist.

Abschnitt 4
Auslandstaten Deutscher

§ 79
Beschränkungen nach § 5 Absatz 5 des Außenwirtschaftsgesetzes

Die §§ 74 bis 77 gelten auch für Deutsche im Ausland.

Kapitel 9
Straftaten und Ordnungswidrigkeiten

Abschnitt 1
Straftaten

§ 80
Straftaten

Nach § 17 Absatz 1, Absatz 2 bis 5 des Außenwirtschaftsgesetzes wird bestraft, wer vorsätzlich oder leichtfertig

1. entgegen § 74, auch in Verbindung mit § 79, dort genannte Güter verkauft, ausführt, durchführt oder befördert,

2. entgegen § 75 Absatz 1, auch in Verbindung mit § 75 Absatz 2, jeweils auch in Verbindung mit § 79, ein Handels- oder Vermittlungsgeschäft vornimmt oder

3. entgegen § 77 Absatz 1, auch in Verbindung mit § 77 Absatz 2, jeweils auch in Verbindung mit § 79, dort genannte Güter einführt, erwirbt oder befördert.

Abschnitt 2
Ordnungswidrigkeiten

§ 81
Ordnungswidrigkeiten – Verstöße gegen Bestimmungen der Außenwirtschaftsverordnung

(1) Ordnungswidrig im Sinne des § 19 Absatz 3 Nummer 1 Buchstabe a des Außenwirtschaftsgesetzes handelt, wer vorsätzlich oder fahrlässig

1. entgegen § 7 eine Boykott-Erklärung abgibt,

2. ohne Genehmigung nach § 10 Satz 1 eine dort genannte Ware ausführt,

3. ohne Genehmigung nach § 11 Absatz 2 dort genannte Güter verbringt,

4. entgegen § 11 Absatz 4 Satz 3 dort genannte Güter verbringt,

5. entgegen § 29 Satz 2 eine Ware verwendet,

6. einer vollziehbaren Anordnung nach § 44 Absatz 3, § 59 Absatz 1 Satz 1 oder Absatz 2 Nummer 1 oder § 62 zuwiderhandelt,

7. ohne Genehmigung nach § 52a Absatz 1 oder § 52b Absatz 1 technische Unterstützung erbringt,

8. entgegen § 52a Absatz 2 Satz 3 oder § 52b Absatz 2 Satz 3 technische Unterstützung erbringt oder

9. entgegen § 54 Absatz 1 eine Zahlung oder eine sonstige Leistung bewirkt.

(2) Ordnungswidrig im Sinne des § 19 Absatz 3 Nummer 1 Buchstabe b des Außenwirtschaftsgesetzes handelt, wer vorsätzlich oder fahrlässig

1. entgegen § 5 Absatz 1 Satz 1 eine Urkunde nicht oder nicht rechtzeitig zurückgibt,

2. entgegen § 6 Absatz 1 eine Urkunde nicht oder nicht mindestens fünf Jahre aufbewahrt,

3. entgegen § 12 Absatz 1, auch in Verbindung mit § 20, eine Ausfuhrsendung nicht, nicht richtig oder nicht rechtzeitig gestellt,

4. entgegen § 13 Absatz 1 ein Ladungsverzeichnis nicht, nicht richtig oder nicht rechtzeitig einreicht,

5. entgegen § 13 Absatz 5 eine Erklärung nicht, nicht richtig, nicht in der vorgeschriebenen Weise oder nicht rechtzeitig abgibt,

6. entgegen § 14 Absatz 3, auch in Verbindung mit § 20, oder entgegen § 14 Absatz 4, auch in Verbindung mit § 20, § 20a Absatz 3 oder § 20b Absatz 2, eine Ware entfernt oder entfernen lässt oder verlädt oder verladen lässt,

7. entgegen § 15 Absatz 1, auch in Verbindung mit § 20, eine dort genannte Angabe nicht, nicht richtig, nicht vollständig oder nicht rechtzeitig macht,

8. entgegen § 20a Absatz 1 Satz 1 eine summarische Ausgangsmeldung nicht, nicht richtig, nicht vollständig oder nicht rechtzeitig abgibt,

9. entgegen § 22 Absatz 1 den Empfänger nicht, nicht richtig, nicht vollständig oder nicht rechtzeitig informiert,

10. entgegen § 22 Absatz 2 Satz 1 oder § 26 Absatz 1 Satz 1 ein Register oder eine Aufzeichnung nicht, nicht richtig oder nicht vollständig führt,

11. entgegen § 23 Absatz 1 Satz 2 nicht sicherstellt, dass die Ausfuhrgenehmigung vorhanden ist,

12. entgegen § 23 Absatz 1 Satz 3 die Ausfuhrgenehmigung nicht oder nicht rechtzeitig übermittelt,

13. entgegen § 23 Absatz 5 Satz 2 oder § 25 Absatz 1 die Ausfuhrgenehmigung oder ein dort genanntes Dokument nicht oder nicht rechtzeitig vorlegt,

14. entgegen § 29 Satz 1 eine Mitteilung nicht, nicht richtig, nicht vollständig oder nicht rechtzeitig macht,

15. entgegen § 30 Absatz 3 Satz 1, auch in Verbindung mit § 48 Satz 2, einen Nachweis nicht, nicht richtig, nicht vollständig oder nicht rechtzeitig erbringt,

16. entgegen § 30 Absatz 3 Satz 2, auch in Verbindung mit § 48 Satz 2,

    a) eine Anzeige nicht, nicht richtig, nicht vollständig oder nicht rechtzeitig erstattet oder

    b) eine Bescheinigung nicht oder nicht rechtzeitig zurückgibt und eine Mitteilung nicht, nicht richtig, nicht vollständig oder nicht rechtzeitig macht,

17. entgegen § 32 Absatz 1 Satz 1 nicht sicherstellt, dass ein dort genanntes Dokument vorhanden ist,

18. entgegen § 32 Absatz 3 ein dort genanntes Dokument nicht, nicht richtig oder nicht rechtzeitig vorlegt,

19. entgegen § 64 Absatz 1, § 65 Absatz 1, § 66 Absatz 1 oder Absatz 4 Satz 1, § 67 Absatz 1, auch in Verbindung mit § 68 Absatz 1, entgegen § 69 oder § 70 Absatz 1 eine Meldung nicht, nicht richtig, nicht vollständig oder nicht rechtzeitig macht oder

20. entgegen § 68 Absatz 2 eine Anzeige nicht, nicht richtig, nicht vollständig oder nicht rechtzeitig erstattet.

§ 82
Ordnungswidrigkeiten – Verstöße gegen Rechtsakte der Europäischen Union

(1) Ordnungswidrig im Sinne des § 19 Absatz 4 Satz 1 Nummer 1 des Außenwirtschaftsgesetzes handelt, wer vorsätzlich oder fahrlässig entgegen

1. Artikel 2 Absatz 1 der Verordnung (EWG) Nr. 3541/92 des Rates vom 7. Dezember 1992 zum Verbot der Erfüllung irakischer Ansprüche in Bezug auf Verträge und Geschäfte, deren Durchführung durch die Resolution 661 (1990) des Sicherheitsrates der Vereinten Nationen und mit ihr in Verbindung stehende Resolutionen berührt wurde (ABl. L 361 vom 10.12.1992, S. 1),

2. Artikel 2 Absatz 1 der Verordnung (EG) Nr. 3275/93 des Rates vom 29. November 1993 zum Verbot der Erfüllung von Ansprüchen im Zusammenhang mit Verträgen und Geschäften, deren Durchführung durch die Resolution 883 (1993) des Sicherheitsrates der Vereinten Nationen und mit ihr in Verbindung stehende Resolutionen berührt wurde (ABl. L 295 vom 30.11.1993, S. 4),

3. Artikel 2 Absatz 1 der Verordnung (EG) Nr. 1264/94 des Rates vom 30. Mai 1994 über das Verbot der Erfüllung von Ansprüchen der haitischen Behörden im Zusammenhang mit Verträgen und Geschäften, deren Durchführung durch die Maßnahmen auf Grund der Resolutionen 917 (1994), 841 (1993), 873 (1993) und 875 (1993) des Sicherheitsrates der Vereinten Nationen berührt wurde (ABl. L 139 vom 2.6.1994, S. 4),

4. Artikel 2 Absatz 1 der Verordnung (EG) Nr. 1733/94 des Rates vom 11. Juli 1994 zum Verbot der Erfüllung von Ansprüchen im Zusammenhang mit Verträgen und Geschäften, deren Durchführung durch die Resolution 757 (1992) des Sicherheitsrates der Vereinten Nationen und mit ihr in Verbindung stehende Resolutionen berührt wurde (ABl. L 182 vom 16.7.1994, S. 1),

4a. Artikel 7a Absatz 1 der Verordnung (EG) Nr. 1183/2005 des Rates vom 18. Juli 2005 über die Anwendung spezifischer restriktiver Maßnahmen gegen Personen, die gegen das Waffenembargo betreffend die Demokratische Republik Kongo verstoßen (ABl. L 193 vom 23.7.2005, S. 1), die zuletzt durch die Verordnung (EU) 2015/613 (ABl. L 102 vom 21.4.2015, S. 3) geändert worden ist,

4b. (aufgehoben)

4c. Artikel 27 Absatz 1 der Verordnung (EU) Nr. 36/2012 des Rates vom 18. Januar 2012 über restriktive Maßnahmen angesichts der Lage in Syrien und zur Aufhebung der Verordnung (EU) Nr. 442/2011 (ABl. L 16 vom 19.1.2012, S. 1, L 259 vom 27.9.2012, S. 7), die zuletzt durch die Verordnung (EU) Nr. 1323/ 2014 (ABl. L 358 vom 13.12.2014, S. 1) geändert worden ist,

5. Artikel 38 Absatz 1 der Verordnung (EU) Nr. 267/2012 des Rates vom 23. März 2012 über restriktive Maßnahmen gegen Iran und zur Aufhebung der Verordnung (EU) Nr. 961/2010 (ABl. L 88 vom 24.3.2012, S. 1, L 332 vom 4.12.2012, S. 31), die zuletzt durch die Verordnung Durchführungsverordnung (EU) 2016/74 (ABl. L 16 vom 23.1.2016, S. 6) geändert worden ist,

6. Artikel 14 Absatz 1 der Verordnung (EU) Nr. 224/2014 des Rates vom 10. März 2014 über restriktive Maßnahmen angesichts der Lage in der Zentralafrikanischen Republik (ABl. L 70 vom 11.3.2014, S.1),

7. Artikel 6 Absatz 1 der Verordnung (EU) Nr. 692/2014 des Rates vom 23. Juni 2014 über restriktive Maßnahmen als Reaktion auf die rechtswidrige Eingliederung der Krim und Sewastopols durch Annexion (ABl. L 183 vom 24.6.2014, S. 9), die zuletzt durch die Verordnung (EU)

Nr. 1351/2014 (ABl. L 365 vom 19.12.2014, S. 46, L 37 vom 13.2.2015, S. 24) geändert worden ist,

8. Artikel 12 Absatz 1 der Verordnung (EU) Nr. 747/2014 des Rates vom 10. Juli 2014 über restriktive Maßnahmen angesichts der Lage in Sudan und zur Aufhebung der Verordnungen (EG) Nr. 131/2004 und (EG) Nr. 1184/2005 (ABl. L 203 vom 11.7.2014, S.1),

9. (aufgehoben)

10. Artikel 11 Absatz 1 der Verordnung (EU) Nr. 833/2014 des Rates vom 31. Juli 2014 über restriktive Maßnahmen angesichts der Handlungen Russlands, die die Lage in der Ukraine destabilisieren (ABl. L 229 vom 31.7.2014, S. 1), die zuletzt durch die Verordnung (EU) Nr. 1290/2014 (ABl. L 349 vom 5.12.2014, S. 20) geändert worden ist, geändert worden ist,

11. Artikel 12 Absatz 1 der Verordnung (EU) Nr. 1352/2014 des Rates vom 18. Dezember 2014 über restriktive Maßnahmen angesichts der Lage in Jemen (ABl. L 365 vom 19.12.2014, S. 60), die zuletzt durch die Verordnung (EU) 2015/878 (ABl. L 143 vom 9.6.2014, S. 1) geändert worden ist,

12. Artikel 17 Absatz 1 der Verordnung (EU) 2015/735 des Rates vom 7. Mai 2015 über restriktive Maßnahmen angesichts der Lage in Südsudan und zur Aufhebung der Verordnung (EU) Nr. 748/2014 (ABl. L 117 vom 8.5.2015, S. 13),

13. Artikel 53 Absatz 1 der Verordnung (EU) 2017/1509 des Rates vom 30. August 2017 über restriktive Maßnahmen gegen die Demokratische Volksrepublik Korea und zur Aufhebung der Verordnung (EG) Nr. 329/2007 (ABl. L 224 vom 31.8.2017, S. 1) 13. Artikel 53 Absatz 1 der Verordnung (EU) 2017/1509 des Rates vom 30. August 2017 über restriktive Maßnahmen gegen die Demokratische Volksrepublik Korea und zur Aufhebung der Verordnung (EG) Nr. 329/2007 (ABl. L 224 vom 31.8.2017, S. 1), die durch die Verordnung (EU) 2017/1858 (ABl. L 265 I vom 16.10.2017, S. 1) geändert worden ist, oder

14. Artikel 15 Absatz 1 der Verordnung (EU) 2017/2063 des Rates vom 13. November 2017 über restriktive Maßnahmen angesichts der Lage in Venezuela (ABl. L 295 vom 14.11.2017, S. 21)

einen dort genannten Anspruch erfüllt oder einer dort genannten Forderung stattgibt.

Soweit die in Satz 1 Nummer 5 genannte Vorschrift auf die Anhänge VIII, IX, XIII und XIV der Verordnung (EU) Nr. 267/2012 verweist, finden diese Anhänge in der jeweils geltenden Fassung Anwendung.

(2) Ordnungswidrig im Sinne des § 19 Absatz 4 Satz 1 Nummer 1 des Außenwirtschaftsgesetzes handelt, wer vorsätzlich oder fahrlässig entgegen Artikel 5 Absatz 1 der Verordnung (EG) Nr. 2271/96 des Rates vom 22. November 1996 zum Schutz vor den Auswirkungen der extraterritorialen Anwendung von einem Drittland erlassener Rechtsakte sowie von darauf beruhenden oder sich daraus ergebenden Maßnahmen (ABl. L 309 vom 29.11.1996, S. 1, L 179 vom 8.7.1997, S. 10), die durch die Verordnung (EG) Nr. 807/2003 (ABl. L 122 vom 16.5.2003, S. 36) geändert worden ist, einer dort genannten Forderung oder einem dort genannten Verbot nachkommt. Soweit die in Satz 1 genannten Vorschriften auf den Anhang der Verordnung (EG) Nr. 2271/96 verweisen, findet dieser Anhang in der jeweils geltenden Fassung Anwendung.

(3) Ordnungswidrig im Sinne des § 19 Absatz 4 Satz 1 Nummer 2 des Außenwirtschaftsgesetzes handelt, wer vorsätzlich oder fahrlässig entgegen Artikel 4 Absatz 1 der Verordnung (EG) Nr. 2368/2002 des Rates vom 20. Dezember 2002 zur Umsetzung des Zertifikationssystems des Kimberley-Prozesses für den internationalen Handel mit Rohdiamanten (ABl. L 358 vom 31.12.2002, S. 28), die zuletzt durch die Verordnung (EG) Nr. 1268/2008 (ABl. L 338 vom 17.12.2008, S. 39) geändert worden ist,

ein Behältnis oder ein dazu gehöriges Zertifikat nicht oder nicht rechtzeitig einer Gemeinschaftsbehörde zur Prüfung vorlegt.

(4) Ordnungswidrig im Sinne des § 19 Absatz 4 Satz 1 Nummer 1 des Außenwirtschaftsgesetzes handelt, wer gegen die Verordnung (EG) Nr. 428/2009 des Rates vom 5. Mai 2009 über eine Gemeinschaftsregelung für die Kontrolle der Ausfuhr, der Verbringung, der Vermittlung und der Durchfuhr von Gütern mit doppeltem Verwendungszweck (ABl. L 134 vom 29.5.2009, S. 1, L 224 vom 27.8.2009, S. 21), die zuletzt durch die Verordnung (EU) Nr. 388/2012 (ABl. L 129 vom 16.5.2012, S. 12) geändert worden ist, verstößt, indem er vorsätzlich oder fahrlässig

1. einer vollziehbaren Anordnung nach Artikel 6 Absatz 1 Satz 1 zuwiderhandelt oder

2. ohne Genehmigung nach Artikel 22 Absatz 1 Satz 1 Güter mit doppeltem Verwendungszweck innergemeinschaftlich verbringt.

Soweit die in Satz 1 genannten Vorschriften auf Anhang I oder Anhang IV der Verordnung (EG) Nr. 428/2009 verweisen, finden diese Anhänge in der jeweils geltenden Fassung Anwendung.

(5) Ordnungswidrig im Sinne des § 19 Absatz 4 Satz 1 Nummer 1 des Außenwirtschaftsgesetzes handelt, wer gegen die Verordnung (EU) Nr. 36/2012, verstößt, indem er vorsätzlich oder fahrlässig

1. entgegen Artikel 24 Buchstabe a oder Buchstabe b eine staatliche oder staatlich garantierte Anleihe kauft oder Vermittlungsdienste im Zusammenhang mit dem Kauf einer staatlichen oder staatlich garantierten Anleihe erbringt,

2. entgegen Artikel 25 Absatz 1 ein neues Konto eröffnet, eine Korrespondenzbankbeziehung aufnimmt, eine neue Repräsentanz eröffnet oder eine Zweigniederlassung, Tochtergesellschaft oder ein neues Joint Venture gründet oder

3. entgegen Artikel 25 Absatz 2 Buchstabe b eine Vereinbarung schließt, die die Eröffnung einer Repräsentanz oder die Gründung einer Zweigniederlassung oder Tochtergesellschaft betrifft.

(6) Ordnungswidrig im Sinne des § 19 Absatz 4 Satz 1 Nummer 1 des Außenwirtschaftsgesetzes handelt, wer gegen die Verordnung (EU) Nr. 267/2012 verstößt, indem er vorsätzlich oder fahrlässig

1. ohne Genehmigung nach Artikel 2a Absatz 1 Buchstabe d Satzteil vor Satz 2 Ziffer i, auch in Verbindung mit Satz 2, oder Artikel 3a Absatz 1 Buchstabe d eine dort genannte Vereinbarung abschließt oder

2. entgegen Artikel 4b Buchstabe c eine dort genannte Vereinbarung schließt.

(7) Ordnungswidrig im Sinne des § 19 Absatz 4 Satz 1 Nummer 1 des Außenwirtschaftsgesetzes handelt, wer gegen die Verordnung (EU) Nr. 692/2014 verstößt, indem er vorsätzlich oder fahrlässig

1. entgegen Artikel 2a Absatz 1 Buchstabe a oder b eine Beteiligung erwirbt oder ausweitet,

2. entgegen Artikel 2a Absatz 1 Buchstabe c eine dort genannte Vereinbarung trifft,

3. entgegen Artikel 2a Absatz 1 Buchstabe d ein Gemeinschaftsunternehmen gründet oder

4. entgegen Artikel 2a Absatz 1 Buchstabe e eine Wertpapierdienstleistung erbringt.

(8) Ordnungswidrig im Sinne des § 19 Absatz 4 Satz 1 Nummer 1 des Außenwirtschaftsgesetzes handelt, wer gegen die Verordnung (EU) Nr. 833/2014 verstößt, indem er vorsätzlich oder fahrlässig

1. entgegen Artikel 5 Absatz 1 oder Absatz 2 ein dort genanntes Wertpapier oder ein dort genanntes Geldmarktinstrument kauft oder

2. entgegen Artikel 5 Absatz 3 Satz 1 eine dort genannte Vereinbarung trifft.

Soweit die in Satz 1 genannten Vorschriften auf Anhang I bis VIIb der Verordnung (EU) Nr. 267/2012 verweisen, finden diese Anhänge in der jeweils geltenden Fassung Anwendung.

(9) Ordnungswidrig im Sinne des § 19 Absatz 4 Satz 1 Nummer 2 des Außenwirtschaftsgesetzes handelt, wer vorsätzlich oder fahrlässig ohne Genehmigung nach Artikel 3 Absatz 2 Satz 1 der Verordnung (EU) 2015/936 des Europäischen Parlaments und des Rates vom 9. Juni 2015 über die gemeinsame Regelung der Einfuhren von Textilwaren aus bestimmten Drittländern, die nicht unter bilaterale Abkommen, Protokolle, andere Vereinbarungen oder eine spezifische Einfuhrregelung der Union fallen (ABl. L 160 vom 25.6.2015, S. 1), eine dort genannte Einfuhr in den freien Verkehr der Union überführt.

(10) Ordnungswidrig im Sinne des § 19 Absatz 4 Satz 1 Nummer 2 des Außenwirtschaftsgesetzes handelt, wer gegen die Durchführungsverordnung (EU) 2015/2447 der Kommission vom 24. November 2015 mit Einzelheiten zur Umsetzung von Bestimmungen der Verordnung (EU) Nr. 952/2013 des Europäischen Parlaments und des Rates zur Festlegung des Zollkodex der Union (ABl. L 343 vom 29.12.2015, S. 558) verstößt, indem er vorsätzlich oder fahrlässig

1. als Inhaber einer Zulassung oder Bewilligung nach Artikel 166 der Verordnung (EU) Nr. 952/2013 im Ausfuhrverfahren entgegen Artikel 224 eine in der Zulassung oder Bewilligung genannte Unterlage oder eine Unterlage, die für die Erfüllung einer in Artikel 267 Absatz 3 Buchstabe a, b oder Buchstabe c der Verordnung (EU) Nr. 952/2013 genannten Pflicht erforderlich sind, nicht, nicht richtig, nicht vollständig oder nicht rechtzeitig bereithält,

2. im Ausfuhrverfahren einer mit einer Bewilligung nach Artikel 234 Absatz 1 Buchstabe b, c, e oder Buchstabe g verbundenen vollziehbaren Auflage zuwiderhandelt,

3. entgegen Artikel 331 Absatz 1 Buchstabe a oder Buchstabe b eine Angabe nicht, nicht richtig, nicht vollständig oder nicht rechtzeitig macht,

4. entgegen Artikel 340 Absatz 1 die Ausfuhrzollstelle nicht, nicht richtig oder nicht rechtzeitig in Kenntnis setzt,

5. entgegen Artikel 340 Absatz 2 die Ausgangszollstelle nicht, nicht richtig oder nicht unverzüglich nach dem Entfernen der Ware von der Ausgangszollstelle informiert oder

6. ohne Zustimmung nach Artikel 340 Absatz 3 den geänderten Beförderungsvertrag erfüllt.

(11) Ordnungswidrig im Sinne des § 19 Absatz 4 Satz 1 Nummer 1 des Außenwirtschaftsgesetzes handelt, wer gegen die Verordnung (EU) 2017/1509 verstößt, indem er vorsätzlich oder fahrlässig

1. entgegen Artikel 17 Absatz 1 eine dort genannte Investition zulässt,

2. entgegen Artikel 17 Absatz 2 Buchstabe a ein Gemeinschaftsunternehmen oder eine Kooperativeinrichtung gründet, unterhält oder betreibt,

3. entgegen Artikel 17 Absatz 2 Buchstabe b ein Finanzmittel oder eine Finanzhilfe bereitstellt,

4. entgegen Artikel 17 Absatz 2 Buchstabe c eine Wertpapierdienstleistung erbringt,

5. entgegen Artikel 17 Absatz 2 Buchstabe d sich an einem dort genannten Gemeinschaftsunternehmen oder einer anderen Geschäftsvereinbarung beteiligt,

6. entgegen Artikel 20 Absatz 1 Buchstabe a eine Immobilie verpachtet, vermietet oder auf andere Weise zur Verfügung stellt,

7. entgegen Artikel 20 Absatz 1 Buchstabe b eine Immobilie pachtet oder mietet,

8. entgegen Artikel 21 Absatz 1 einen Geldtransfer durchführt,

9. entgegen Artikel 21 Absatz 2 eine Transaktion eingeht oder sich daran beteiligt,

10. entgegen Artikel 23 Absatz 1 Buchstabe c eine Transaktion nicht ablehnt,

11. entgegen Artikel 24 Buchstabe a ein Bankkonto bei einem dort genannten Kredit- oder Finanzinstitut eröffnet,

12. entgegen Artikel 24 Buchstabe b eine Korrespondenzbankbeziehung zu einem dort genannten Kredit- oder Finanzinstitut aufnimmt,

13. entgegen Artikel 24 Buchstabe c eine Repräsentanz eröffnet oder eine neue Zweigniederlassung oder Tochtergesellschaft gründet,

14. entgegen Artikel 24 Buchstabe d ein Gemeinschaftsunternehmen mit einem dort genannten Kredit- oder Finanzinstitut gründet,

15. entgegen Artikel 26 Buchstabe a ein Bankkonto bei einem dort genannten Kredit- oder Finanzinstitut nicht oder nicht rechtzeitig schließt,

16. entgegen Artikel 26 Buchstabe b eine Korrespondenzbankbeziehung zu einem dort genannten Kredit- oder Finanzinstitut nicht oder nicht rechtzeitig beendet,

17. entgegen Artikel 26 Buchstabe c eine Repräsentanz, Zweigniederlassung oder Tochtergesellschaft nicht oder nicht rechtzeitig schließt,

18. entgegen Artikel 26 Buchstabe d ein Gemeinschaftsunternehmen mit einem dort genannten Kredit- oder Finanzinstitut nicht oder nicht rechtzeitig beendet,

19. entgegen Artikel 26 Buchstabe e ein Eigentumsrecht an einem dort genannten Kredit- oder Finanzinstitut nicht oder nicht rechtzeitig aufgibt,

20. entgegen Artikel 28 Absatz 1 ein Konto eröffnet,

21. entgegen Artikel 28 Absatz 2 ein Konto nicht oder nicht rechtzeitig schließt,

22. entgegen Artikel 30 Buchstabe b eine dort genannte Vereinbarung für oder im Namen eines dort genannten Kredit- oder Finanzinstituts schließt,

23. entgegen Artikel 30 Buchstabe e eine Repräsentanz, Zweigniederlassung oder Tochtergesellschaft eines dort genannten Kredit- oder Finanzinstituts betreibt oder

24. entgegen Artikel 31 Buchstabe a oder Buchstabe b eine dort genannte Anleihe kauft oder einen Vermittlungsdienst im Zusammenhang mit dem Kauf einer solchen Anlage erbringt.

Kapitel 10
Inkrafttreten

§ 83
Inkrafttreten, Außerkrafttreten

Diese Verordnung tritt am Tag des Inkrafttretens des Gesetzes zur Modernisierung des Außenwirtschaftsrechts nach Artikel 4 Absatz 1 Satz 1 in Kraft. Gleichzeitig tritt die Außenwirtschaftsverordnung in der Fassung der Bekanntmachung vom 22. November 1993 (BGBl. I S. 1934, 2493), die zuletzt durch Artikel 27 Absatz 12 des Gesetzes vom 4. Juli 2013 (BGBl. I S. 1981) geändert worden ist, außer Kraft.

Berlin, den 2. August 2013

Die Bundeskanzlerin

Dr. Angela Merkel

Der Bundesminister

für Wirtschaft und Technologie

Dr. Philipp Rösler

Anhang 4: Kriegswaffenkontrollgesetz (KWKG/KrWaffKontrG)

Ausführungsgesetz zu Artikel 26 Abs. 2 des Grundgesetzes (Gesetz über die Kontrolle von Kriegswaffen) in der Fassung der Bekanntmachung vom 22. November 1990

[BGBl. I S. 2506],
zuletzt geändert durch Artikel 6 des Gesetzes vom 13. April 2017,
[BGBl. I S. 872].

Erster Abschnitt
Genehmigungsvorschriften

§ 1
Begriffsbestimmung

(1) Zur Kriegsführung bestimmte Waffen im Sinne dieses Gesetzes (Kriegswaffen) sind die in der Anlage zu diesem Gesetz (Kriegswaffenliste) aufgeführten Gegenstände, Stoffe und Organismen.

(2) Die Bundesregierung wird ermächtigt, durch Rechtsverordnung mit Zustimmung des Bundesrates die Kriegswaffenliste entsprechend dem Stand der wissenschaftlichen, technischen und militärischen Erkenntnisse derart zu ändern und zu ergänzen, daß sie alle Gegenstände, Stoffe und Organismen enthält, die geeignet sind, allein, in Verbindung miteinander oder mit anderen Gegenständen, Stoffen oder Organismen Zerstörungen oder Schäden an Personen oder Sachen zu verursachen und als Mittel der Gewaltanwendung bei bewaffneten Auseinandersetzungen zwischen Staaten zu dienen.

(3) Für Atomwaffen im Sinne des § 17 Abs. 2 sowie für biologische und chemische Waffen im Sinne der Kriegswaffenliste sowie für Antipersonenminen und Streumunition im Sinne von § 18 a Abs. 2 gelten die besonderen Vorschriften des Dritten und Vierten Abschnitts sowie die Strafvorschriften der §§ 19 bis 21.

§ 2
Herstellung und Inverkehrbringen

(1) Wer Kriegswaffen herstellen will, bedarf der Genehmigung.

(2) Wer die tatsächliche Gewalt über Kriegswaffen von einem anderen erwerben oder einem anderen überlassen will, bedarf der Genehmigung.

§ 3
Beförderung innerhalb des Bundesgebietes

(1) Wer Kriegswaffen im Bundesgebiet außerhalb eines abgeschlossenen Geländes befördern lassen will, bedarf der Genehmigung.

(2) Der Genehmigung bedarf ferner, wer Kriegswaffen, die er hergestellt oder über die er die tatsächliche Gewalt erworben hat, im Bundesgebiet außerhalb eines abgeschlossenen Geländes selbst befördern will.

(3) Kriegswaffen dürfen nur eingeführt, ausgeführt oder durch das Bundesgebiet durchgeführt werden, wenn die hierzu erforderliche Beförderung im Sinne des Absatzes 1 oder 2 genehmigt ist oder hierzu eine Allgemeine Genehmigung gemäß Absatz 4 erteilt wurde.

(4) Unbeschadet der Regelung des § 27 kann eine Allgemeine Genehmigung erteilt werden

1. für die Beförderung von Kriegswaffen zum Zweck der Durchfuhr durch das Bundesgebiet,

2. für die Beförderung von Kriegswaffen zum Zweck der Einfuhr an die Bundeswehr,

3. für die Beförderung von Kriegswaffen zum Zweck der Einfuhr an im Bundesgebiet ansässige Unternehmen, die gemäß § 9 des Außenwirtschaftsgesetzes in Verbindung mit einer auf Grund dieser Vorschrift erlassenen Rechtsverordnung zertifiziert sind,

4. für die Beförderung von Kriegswaffen zwischen im Bundesgebiet ansässigen Unternehmen, die gemäß § 9 des Außenwirtschaftsgesetzes in Verbindung mit einer auf Grund dieser Vorschrift erlassenen Rechtsverordnung zertifiziert sind,

5. für die Beförderung von Kriegswaffen innerhalb des Bundesgebietes von Unternehmen, die gemäß § 9 des Außenwirtschaftsgesetzes in Verbindung mit einer auf Grund dieser Vorschrift erlassenen Rechtsverordnung zertifiziert sind, an die Bundeswehr sowie von der Bundeswehr durch diese Unternehmen an sich sowie

6. für die Beförderung von Kriegswaffen zum Zweck der Verbringung an Unternehmen, die in einem anderen Mitgliedstaat der Europäischen Union ansässig sind und in diesem Mitgliedstaat gemäß Artikel 9 der Richtlinie 2009/43/EG des Europäischen Parlaments und des Rates vom 6. Mai 2009 zur Vereinfachung der Bedingungen für die innergemeinschaftliche Verbringung von Verteidigungsgütern (ABl. L 146 vom 10.6.2009, S. 1) zertifiziert sind.

§ 4
Beförderung außerhalb des Bundesgebietes

(1) Wer Kriegswaffen, die außerhalb des Bundesgebietes ein- und ausgeladen und durch das Bundesgebiet nicht durchgeführt werden, mit Seeschiffen, die die Bundesflagge führen, oder mit Luftfahrzeugen, die in die Luftfahrzeugrolle der Bundesrepublik eingetragen sind, befördern will, bedarf der Genehmigung.

(2) Für die Beförderung von Kriegswaffen im Sinne des Absatzes 1 in und nach bestimmten Gebieten kann auch eine Allgemeine Genehmigung erteilt werden.

§ 4a
Auslandsgeschäfte

(1) Wer einen Vertrag über den Erwerb oder das Überlassen von Kriegswaffen, die sich außerhalb des Bundesgebietes befinden, vermitteln oder die Gelegenheit zum Abschluß eines solchen Vertrags nachweisen will, bedarf der Genehmigung.

(2) Einer Genehmigung bedarf auch, wer einen Vertrag über das Überlassen von Kriegswaffen, die sich außerhalb des Bundesgebietes befinden, abschließen will.

(3) Die Absätze 1 und 2 sind nicht anzuwenden, wenn die Kriegswaffen in Ausführung des Vertrags in das Bundesgebiet eingeführt oder durchgeführt werden sollen.

(4) Für Vermittlungs- und Überlassungsgeschäfte im Sinne der Absätze 1 und 2 von Unternehmen, die selbst Kriegswaffen innerhalb der Europäischen Union herstellen, kann eine Allgemeine Genehmigung erteilt werden.

§ 5
Befreiungen

(1) Einer Genehmigung nach den §§ 2 bis 4 a bedarf nicht, wer unter der Aufsicht oder als Beschäftigter eines anderen tätig wird. In diesen Fällen bedarf nur der andere der Genehmigung nach den §§ 2 bis 4 a.

(2) Wer Kriegswaffen auf Grund einer Genehmigung nach § 3 Abs. 1 § 3 Absatz 2 oder einer Allgemeinen Genehmigung nach § 3 Absatz 4 befördert, bedarf für den Erwerb der tatsächlichen Gewalt über diese Kriegswaffen von dem Absender und die Überlassung der tatsächlichen Gewalt an den in der Genehmigungsurkunde genannten oder von einer Allgemeinen Genehmigung umfassten Empfänger keiner Genehmigung nach § 2 Abs. 2.

(3) Einer Genehmigung nach § 2 Absatz 2 bedarf ferner nicht, wer die tatsächliche Gewalt über Kriegswaffen

1. demjenigen, der Kriegswaffen auf Grund einer Genehmigung nach § 3 Absatz 1, 2 oder einer Allgemeinen Genehmigung nach § 3 Absatz 4 befördert, überlassen oder von ihm erwerben will, sofern der Absender und der Empfänger in der Genehmigungsurkunde genannt oder von einer Allgemeinen Genehmigung nach § 3 Absatz 4 umfasst sind,

2. der Bundeswehr überlassen oder von ihr erwerben will oder

3. dem Beschaffungsamt des Bundesministeriums des Innern, den Polizeien des Bundes, der Zollverwaltung, einer für die Aufrechterhaltung der öffentlichen Sicherheit zuständigen Behörde oder Dienststelle, einem Beschussamt oder einer Behörde des Strafvollzugs überlassen oder von diesen zur Instandsetzung, zur Erprobung oder zur Beförderung erwerben will.

§ 6
Versagung der Genehmigung

(1) Auf die Erteilung einer Genehmigung besteht kein Anspruch.

(2) Die Genehmigung **kann** insbesondere versagt werden, wenn

1. Grund zu der Annahme besteht, daß ihre Erteilung dem Interesse der Bundesrepublik an der Aufrechterhaltung guter Beziehungen zu anderen Ländern zuwiderlaufen würde,

2. a) der Antragsteller, sein gesetzlicher Vertreter, bei juristischen Personen das vertretungsberechtigte Organ oder ein Mitglied eines solchen Organs, bei Personenhandelsgesellschaften ein vertretungsberechtigter Gesellschafter, sowie der Leiter eines Betriebes oder eines Betriebsteiles des Antragstellers,

   b) derjenige, der Kriegswaffen befördert,

   c) derjenige, der die tatsächliche Gewalt über Kriegswaffen dem Beförderer überläßt oder von ihm erwirbt,

   nicht Deutscher im Sinne des Artikels 116 des Grundgesetzes ist oder den Wohnsitz oder gewöhnlichen Aufenthalt außerhalb des Bundesgebietes hat,

3. eine im Zusammenhang mit der genehmigungsbedürftigen Handlung nach anderen Vorschriften erforderliche Genehmigung nicht nachgewiesen wird.

(3) Die Genehmigung ist zu versagen, wenn

1. die Gefahr besteht, daß die Kriegswaffen bei einer friedenstörenden Handlung, insbesondere bei einem Angriffskrieg, verwendet werden,

2. Grund zu der Annahme besteht, daß die Erteilung der Genehmigung völkerrechtliche Verpflichtungen der Bundesrepublik verletzen oder deren Erfüllung gefährden würde,

3. Grund zu der Annahme besteht, daß eine der in Absatz 2 Nr. 2 genannten Personen die für die beabsichtigte Handlung erforderliche Zuverlässigkeit nicht besitzt.

(4) Andere Vorschriften, nach denen für die in den §§ 2 bis 4 a genannten Handlungen eine Genehmigung erforderlich ist, bleiben unberührt.

§ 7
Widerruf der Genehmigung

(1) Die Genehmigung kann jederzeit widerrufen werden.

(2) Die Genehmigung ist zu widerrufen, wenn einer der in § 6 Abs. 3 genannten Versagungsgründe nachträglich offenbar geworden oder eingetreten ist, es sei denn, daß der Grund innerhalb einer zu bestimmenden Frist beseitigt wird.

(3) Wird die Genehmigung widerrufen, so trifft die Genehmigungsbehörde Anordnungen über den Verbleib oder die Verwertung der Kriegswaffen. Sie kann insbesondere anordnen, die Kriegswaffen innerhalb angemessener Frist unbrauchbar zu machen oder einem zu ihrem Erwerb Berechtigten zu überlassen und dies der Überwachungsbehörde nachzuweisen. Nach fruchtlosem Ablauf der Frist können die Kriegswaffen sichergestellt und eingezogen werden. § 13 Abs. 3 gilt entsprechend.

§ 8
Erteilung und Widerruf der Allgemeinen Genehmigung

(1) Die Allgemeine Genehmigung im Sinne des § 3 Absatz 4, des § 4 Absatz 2 und des § 4a Absatz 4 wird durch Rechtsverordnung erteilt.

(2) Die Allgemeine Genehmigung kann durch Rechtsverordnung ganz oder teilweise widerrufen werden, insbesondere wenn Grund zu der Annahme besteht, daß die allgemein genehmigten Beförderungen dem Interesse der Bundesrepublik an der Aufrechterhaltung guter Beziehungen zu anderen Ländern zuwiderlaufen würden.

(3) Die Allgemeine Genehmigung ist durch Rechtsverordnung ganz oder teilweise zu widerrufen, wenn

1. die Gefahr besteht, daß die auf Grund der Allgemeinen Genehmigung beförderten Kriegswaffen bei einer friedenstörenden Handlung, insbesondere bei einem Angriffskrieg, verwendet werden,

2. Grund zu der Annahme besteht, daß durch die allgemein genehmigten Beförderungen völkerrechtliche Verpflichtungen der Bundesrepublik verletzt würden oder deren Erfüllung gefährdet würde.

(4) Rechtsverordnungen nach den Absätzen 1 bis 3 werden von der Bundesregierung erlassen; sie bedürfen nicht der Zustimmung des Bundesrates.

§ 9
Entschädigung im Falle des Widerrufs

(1) Wird eine Genehmigung nach den §§ 2, 3 Abs. 1 oder 2, § 4 Abs. 1 oder § 4 a ganz oder teilweise widerrufen, so ist ihr Inhaber vom Bund angemessen in Geld zu entschädigen. Die Entschädigung bemißt sich nach den vom Genehmigungsinhaber nachgewiesenen zweckentsprechenden Aufwendungen. Anderweitige, den Grundsätzen einer ordnungsmäßigen Wirtschaftsführung entsprechende Verwertungsmöglichkeiten sind zu berücksichtigen. Wegen der Höhe der Entschädigung steht im Streitfalle der Rechtsweg vor den ordentlichen Gerichten offen.

(2) Der Anspruch auf eine Geldentschädigung entfällt, wenn der Inhaber der Genehmigung oder die für ihn auf Grund der Genehmigung tätigen Personen durch ihr schuldhaftes Verhalten Anlaß zum Widerruf der Genehmigung gegeben haben, insbesondere wenn

1. diese Personen gegen die Vorschriften dieses Gesetzes, gegen die auf Grund dieses Gesetzes ergangenen Rechtsverordnungen oder gegen Anordnungen der Genehmigungs- oder Überwachungsbehörde erheblich oder wiederholt verstoßen haben,

2. die Genehmigung auf Grund des § 7 Abs. 2 in Verbindung mit § 6 Abs. 3 Nr. 3 widerrufen worden ist.

§ 10
Inhalt und Form der Genehmigung

(1) Die Genehmigung kann inhaltlich beschränkt, befristet und mit Auflagen verbunden werden.

(2) Nachträgliche Befristungen und Auflagen sind jederzeit zulässig. § 9 gilt entsprechend.

(3) Die Genehmigung bedarf der Schriftform; sie muß Angaben über Art und Menge der Kriegswaffen enthalten. Die Genehmigung zur Herstellung der in Teil B der Kriegswaffenliste genannten Kriegswaffen kann ohne Beschränkung auf eine bestimmte Menge, die Genehmigung zur Beförderung von Kriegswaffen kann ohne Beschränkung auf eine bestimmte Art und Menge erteilt werden.

§ 11
Genehmigungsbehörden

(1) Für die Erteilung und den Widerruf einer Genehmigung ist die Bundesregierung zuständig.

(2) Die Bundesregierung wird ermächtigt, durch Rechtsverordnung, die der Zustimmung des Bundesrates nicht bedarf, die Befugnis zur Erteilung und zum Widerruf der Genehmigung in den Fällen der §§ 2, 3 Abs. 1 und 2 und des § 4 a

1. für den Bereich der Bundeswehr auf das Bundesministerium für Verteidigung,

2. für den Bereich der Zollverwaltung auf das Bundesministerium der Finanzen,

3. für den Bereich der für die Aufrechterhaltung der öffentlichen Sicherheit zuständigen Behörden oder Dienststellen sowie der Behörden des Strafvollzugs auf das Bundesministerium des Innern,

4. für alle übrigen Bereiche auf das Bundesministerium für Wirtschaft und Energie zu übertragen.

(3) Die Befugnis zur Erteilung und zum Widerruf der Genehmigung in den Fällen des § 4 Abs. 1 kann durch Rechtsverordnung, die der Zustimmung des Bundesrates nicht bedarf, auf das Bundesministerium für Verkehr und digitale Infrastruktur übertragen werden, das diese Befugnis im Einvernehmen mit dem Auswärtigen Amt ausübt.

(4) Die Bundesregierung wird ferner ermächtigt, durch Rechtsverordnung mit Zustimmung des Bundesrates die erforderlichen Vorschriften zur näheren Regelung des Genehmigungsverfahrens zu erlassen.

(5) Das Bundesamt für Verfassungsschutz kann bei der Prüfung der Zuverlässigkeit gemäß § 6 Abs. 3 Nr. 3 herangezogen werden.

Zweiter Abschnitt
Überwachungs- und Ausnahmevorschriften

§ 12
Pflichten im Verkehr mit Kriegswaffen

(1) Wer eine nach diesem Gesetz genehmigungsbedürftige Handlung vornimmt, hat die erforderlichen Maßnahmen zu treffen,

1. um zu verhindern, daß die Kriegswaffen abhanden kommen oder unbefugt verwendet werden,

2. um zu gewährleisten, daß die gesetzlichen Vorschriften und behördlichen Anordnungen zum Schutze von geheimhaltungsbedürftigen Gegenständen, Tatsachen, Erkenntnissen oder Mitteilungen beachtet werden.

(2) Wer Kriegswaffen herstellt, befördern läßt oder selbst befördert oder die tatsächliche Gewalt über Kriegswaffen von einem anderen erwirbt oder einem anderen überläßt, hat ein Kriegswaffenbuch zu führen, um den Verbleib der Kriegswaffen nachzuweisen. Dies gilt nicht in den Fällen des § 5 Abs. l und 2 sowie für Beförderungen in den Fällen des § 5 Abs. 3 Nr. 2.

(3) Wer Kriegswaffen befördern lassen will, hat bei der Übergabe zur Beförderung eine Ausfertigung der Genehmigungsurkunde zu übergeben.

(4) Wer eine Beförderung von Kriegswaffen ausführt, hat eine Ausfertigung der Genehmigungsurkunde mitzuführen, den zuständigen Behörden oder Dienststellen, insbesondere den Eingangs- und Ausgangszollstellen, unaufgefordert vorzuzeigen und auf Verlangen zur Prüfung auszuhändigen.

(5) Wer berechtigt ist, über Kriegswaffen zu verfügen, hat der zuständigen Überwachungsbehörde den Bestand an Kriegswaffen sowie dessen Veränderungen unter Angabe der dazu erteilten Genehmigungen innerhalb der durch Rechtsvorschrift oder durch Anordnung der zuständigen Überwachungsbehörde bestimmten Fristen zu melden.

(6) Wer

1. als Erwerber von Todes wegen, Finder oder in ähnlicher Weise die tatsächliche Gewalt über Kriegswaffen erlangt,

2. als Insolvenzverwalter, Zwangsverwalter oder in ähnlicher Weise die tatsächliche Gewalt über Kriegswaffen erlangt,

3. die tatsächliche Gewalt über Kriegswaffen verliert,

4. Kenntnis vom Verbleib einer Kriegswaffe erlangt, über die niemand die tatsächliche Gewalt ausübt,

hat dies der zuständigen Überwachungsbehörde oder einer für die Aufrechterhaltung der öffentlichen Sicherheit zuständigen Behörde oder Dienststelle unverzüglich anzuzeigen. Im Falle der Nummer 1 hat der Erwerber der tatsächlichen Gewalt über die Kriegswaffen innerhalb einer von der Überwachungsbehörde zu bestimmenden Frist die Kriegswaffen unbrauchbar zu machen oder einem zu ihrem Erwerb Berechtigten zu überlassen und dies der Überwachungsbehörde nachzuweisen. Die Überwachungsbehörde kann auf Antrag Ausnahmen von Satz 2 zulassen, wenn ein öffentliches Interesse besteht. Die Ausnahmen können befristet und mit Bedingungen und Auflagen verbunden werden. Nachträgliche Befristungen und Auflagen sind jederzeit zulässig.

(7) Die Bundesregierung wird ermächtigt, durch Rechtsverordnung mit Zustimmung des Bundesrates

1. die erforderlichen Vorschriften zur Durchführung der Absätze 1 bis 6 zu erlassen,

2. geringe Mengen an Kriegswaffen und geringfügige Bestandsveränderungen von der Buchführungs-, Melde- und Anzeigepflicht (Absatz 2, 5 und 6) auszunehmen, soweit hierdurch öffentliche Interessen nicht gefährdet werden,

3. eine Kennzeichnung für Kriegswaffen vorzuschreiben, die den Hersteller oder Einführer ersichtlich macht.

§ 12a
Besondere Meldepflichten

(1) Die Bundesregierung wird ermächtigt, durch Rechtsverordnung, mit Zustimmung des Bundesrates, anzuordnen, daß dem Bundesamt für Wirtschaft und Ausfuhrkontrolle (BAFA) die Einfuhr und Ausfuhr von Kriegswaffen des Teils B der Kriegswaffenliste zu melden ist, soweit die Bundesregierung diese Daten benötigt, um internationale Vereinbarungen über die Übermittlung von Angaben über die Einfuhr und Ausfuhr von Kriegswaffen zu erfüllen. Das Bundesamt für Wirtschaft und Ausfuhrkontrolle (BAFA) darf die auf Grund einer Rechtsverordnung nach Satz 1 erhobenen Daten zu den in Satz 1 genannten Zwecken mit anderen bei ihm gespeicherten Daten abgleichen.

(2) Die auf Grund einer Rechtsverordnung nach Absatz 1 erhobenen Daten können zusammengefaßt ohne Nennung von Empfängern und Lieferanten zu den in Absatz 1 genannten Zwecken an internationale Organisationen oder zur Unterrichtung des Deutschen Bundestages übermittelt oder veröffentlicht werden. Das gilt auch dann, wenn die Daten in Einzelfällen den betroffenen Unternehmen zugeordnet werden können, sofern das Interesse des betroffenen Unternehmens an der Geheimhaltung erheblich überwiegt.

(3) Art und Umfang der Meldepflicht sind auf das Maß zu begrenzen, das notwendig ist, um den in Absatz 1 angegebenen Zweck zu erreichen.

§ 13
Sicherstellung und Einziehung

(1) Die Überwachungsbehörden und die für die Aufrechterhaltung der öffentlichen Sicherheit zuständigen Behörden oder Dienststellen können Kriegswaffen sicherstellen,

1. wenn Tatsachen die Annahme rechtfertigen, daß der Inhaber der tatsächlichen Gewalt nicht die erforderliche Zuverlässigkeit besitzt, insbesondere die Kriegswaffen an einen Nichtberechtigten weitergeben oder sie unbefugt verwenden wird, oder

2. wenn dies erforderlich ist, um Staatsgeheimnisse zu schützen.

(2) Die Überwachungsbehörden können die sichergestellten Kriegswaffen einziehen, wenn dies zur Abwehr einer Gefahr für die öffentliche Sicherheit oder Ordnung erforderlich ist und weniger einschneidende Maßnahmen nicht ausreichen.

(3) Werden Kriegswaffen eingezogen, so geht mit der Unanfechtbarkeit der Einziehungsverfügung das Eigentum an ihnen auf den Staat über. Rechte Dritter an den Kriegswaffen erlöschen. Der Eigentümer oder ein dinglich Berechtigter wird vom Bund unter Berücksichtigung des Verkehrswerts angemessen in Geld entschädigt. Eine Entschädigung wird nicht gewährt, wenn der Eigentümer oder dinglich Berechtigte wenigstens leichtfertig dazu beigetragen hat, daß die Gefahr für die öffentliche Sicherheit oder Ordnung entstanden ist. In diesem Falle kann eine Entschädigung gewährt werden, soweit es eine unbillige Härte wäre, sie zu versagen.

(4) Bei Gefahr im Verzuge kann auch die Bundeswehr unter den in Absatz 1 genannten Voraussetzungen Kriegswaffen sicherstellen.

§ 13a
Umgang mit unbrauchbar gemachten Kriegswaffen

Der Umgang mit unbrauchbar gemachten Kriegswaffen kann durch Rechtsverordnung des Bundesministeriums für Wirtschaft und Energie, die der Zustimmung des Bundesrates nicht bedarf, beschränkt werden; insbesondere kann der Umgang verboten oder unter Genehmigungsvorbehalt gestellt werden. Unbrauchbar gemachte Kriegswaffen sind Kriegswaffen, die durch technische Veränderungen endgültig die Fähigkeit zum bestimmungsgemäßen Einsatz verloren haben und nicht mit allgemein gebräuchlichen Werkzeugen wieder funktionsfähig gemacht werden können. Durch Rechtsverordnung, die der Zustimmung des Bundesrates nicht bedarf, kann bestimmt werden, auf welche Weise Kriegswaffen unbrauchbar zu machen sind und in welcher Form ihre Unbrauchbarmachung nachzuweisen ist.

§ 14
Überwachungsbehörden

(1) Für die Überwachung der nach diesem Gesetz genehmigungsbedürftigen Handlungen und der Einhaltung der in § 12 genannten Pflichten ist

1. in den Fällen der §§ 2 und 3 Abs. 1 und 2 sowie des § 4 a das Bundesministerium für Wirtschaft und Energie und

2. in den Fällen des § 4 das Bundesministerium für Verkehr und digitale Infrastruktur

zuständig.

(2) Für die Überwachung der Einfuhr, Ausfuhr und Durchfuhr sowie des sonstigen Verbringens von Kriegswaffen in das Bundesgebiet oder aus dem Bundesgebiet (§ 3 Abs. 3 und 4) sind das Bundesministerium der Finanzen und die von ihm bestimmten Zolldienststellen zuständig.

(3) Die Überwachungsbehörden (Absatz 1 und 2) können zur Erfüllung ihrer Aufgaben, insbesondere zur Überwachung der Bestände an Kriegswaffen und deren Veränderungen,

1. die erforderlichen Auskünfte verlangen,

2. Betriebsaufzeichnungen und sonstige Unterlagen einsehen und prüfen,

3. Besichtigungen vornehmen.

(4) Die von den Überwachungsbehörden beauftragten Personen dürfen Räume und Grundstücke betreten, soweit es ihr Auftrag erfordert. Das Grundrecht des Artikels 13 auf Unverletzlichkeit der Wohnung wird insoweit eingeschränkt.

(5) Wer einer Genehmigung nach den §§ 2 bis 4 a bedarf, ist verpflichtet, die erforderlichen Auskünfte zu erteilen, die Betriebsaufzeichnungen und sonstige Unterlagen zur Einsicht und Prüfung vorzulegen und das Betreten von Räumen und Grundstücken zu dulden. Das gleiche gilt für Personen, denen die in § 12 genannten Pflichten obliegen.

(6) Der zur Erteilung einer Auskunft Verpflichtete kann die Auskunft auf solche Fragen verweigern, deren Beantwortung ihn selbst oder einen der in § 383 Abs. 1 Nr. 1 bis 3 der Zivilprozeßordnung bezeichneten Angehörigen der Gefahr strafgerichtlicher Verfolgung oder eines Verfahrens nach dem Gesetz über Ordnungswidrigkeiten aussetzen würde.

(7) Die Bundesregierung wird ermächtigt, durch Rechtsverordnung mit Zustimmung des Bundesrates die erforderlichen Vorschriften zur Durchführung der nach Absatz 3 zulässigen Überwachungsmaßnahmen zu erlassen und das Verfahren der Überwachungsbehörden zu regeln.

(8) Das Bundesministerium für Wirtschaft und Energie wird ermächtigt, durch Rechtsverordnung, die der Zustimmung des Bundesrates nicht bedarf, die ihm nach Absatz 1 zustehenden Überwachungsbefugnisse auf das Bundesamt für Wirtschaft und Ausfuhrkontrolle (BAFA) zu übertragen.

§ 15
Bundeswehr und andere Organe

(1) Die §§ 2 bis 4 a und 12 gelten nicht für die Bundeswehr, die Polizeien des Bundes und die Zollverwaltung.

(2) Die übrigen für die Aufrechterhaltung der öffentlichen Sicherheit zuständigen Behörden oder Dienststellen, das Beschaffungsamt des Bundesministeriums des Innern, die Beschussämter sowie die Behörden des Strafvollzugs bedürfen keiner Genehmigung

1. für den Erwerb der tatsächlichen Gewalt über Kriegswaffen,

2. für die Überlassung der tatsächlichen Gewalt über Kriegswaffen an einen anderen zur Instandsetzung, zur Erprobung, oder zur Beförderung und

3. für die Beförderung von Kriegswaffen in den Fällen des § 3 Abs. 2.

§ 12 findet insoweit keine Anwendung.

(3) § 4 a gilt nicht für Behörden oder Dienststellen im Rahmen ihrer amtlichen Tätigkeit.

Dritter Abschnitt
Besondere Vorschriften für Atomwaffen

§ 16
Nukleare Aufgaben im Nordatlantischen Bündnis

Die Vorschriften dieses Abschnitts und die Strafvorschriften der §§ 19 und 21 gelten, um Vorbereitung und Durchführung der nuklearen Mitwirkung im Rahmen des Nordatlantikvertrages vom 4. April 1949 oder für einen Mitgliedstaat zu gewährleisten, nur für Atomwaffen, die nicht der Verfügungsgewalt von Mitgliedstaaten dieses Vertrages unterstehen oder die nicht im Auftrag solcher Staaten entwickelt oder hergestellt werden.

§ 17
Verbot von Atomwaffen

(1) Unbeschadet des § 16 ist es verboten,

1. Atomwaffen zu entwickeln, herzustellen, mit ihnen Handel zu treiben, von einem anderen zu erwerben oder einem anderen zu überlassen, einzuführen, auszuführen, durch das Bundesgebiet durchzuführen oder sonst in das Bundesgebiet oder aus dem Bundesgebiet zu verbringen oder sonst die tatsächliche Gewalt über sie auszuüben,

    1a. einen anderen zu einer in Nummer 1 bezeichneten Handlung zu verleiten oder

2. eine in Nummer 1 bezeichnete Handlung zu fördern.

(2) Atomwaffen im Sinne des Absatzes 1 sind

1. Waffen aller Art, die Kernbrennstoffe oder radioaktive Isotope enthalten oder eigens dazu bestimmt sind, solche aufzunehmen oder zu verwenden, und Massenzerstörungen, Massenschäden oder Massenvergiftungen hervorrufen können,

2. Teile, Vorrichtungen, Baugruppen oder Substanzen, die eigens für eine in Nummer 1 genannte Waffe bestimmt sind.

Für die Begriffsbestimmung der Atomwaffen gelten außerdem Satz 2 der Einleitung und Abschnitt I Buchstabe c der Anlage II zum Protokoll Nr. III des revidierten Brüsseler Vertrages vom 23. Oktober 1954.

Vierter Abschnitt
Besondere Vorschriften für biologische und chemische Waffen sowie für Antipersonenminen und Streumunition

§ 18
Verbot von biologischen und chemischen Waffen

(1) Es ist verboten,

1. biologische oder chemische Waffen zu entwickeln, herzustellen, mit ihnen Handel zu treiben, von einem anderen zu erwerben oder einem anderen zu überlassen, einzuführen, auszuführen, durch das Bundesgebiet durchzuführen oder sonst in das Bundesgebiet oder aus dem Bundesgebiet zu verbringen oder sonst die tatsächliche Gewalt über sie auszuüben oder

    1a. einen anderen zu einer in Nummer 1 bezeichneten Handlung zu verleiten oder

2. eine in Nummer 1 bezeichnete Handlung zu fördern.

§ 18a
Verbot von Antipersonenminen und Streumunition

(1) Es ist verboten,

1. Antipersonenminen oder Streumunition einzusetzen, zu entwickeln, herzustellen, mit ihnen Handel zu treiben, von einem anderen zu erwerben oder einem anderen zu überlassen, einzuführen, auszuführen, durch das Bundesgebiet durchzuführen oder sonst in das Bundes-

gebiet oder aus dem Bundesgebiet zu verbringen oder sonst die tatsächliche Gewalt über sie auszuüben, insbesondere sie zu transportieren, zu lagern oder zurückzubehalten,

2. einen anderen zu einer in Nummer 1 bezeichneten Handlung zu verleiten oder

3. eine in Nummer 1 bezeichnete Handlung zu fördern.

(2) Für Antipersonenminen gilt die Begriffsbestimmung des Artikels 2 des Übereinkommens über das Verbot des Einsatzes, der Lagerung, der Herstellung und der Weitergabe von Antipersonenminen und über deren Vernichtung vom 3. Dezember 1997. Für Streumunition gilt die Begriffsbestimmung des Artikels 2 Absatz 2 des Übereinkommens über Streumunition vom 3. Dezember 2008.

(3) Absatz 1 gilt nicht für Handlungen, die nach den Bestimmungen der in Absatz 2 genannten Übereinkommenen zulässig sind.

Fünfter Abschnitt
Straf- und Bußgeldvorschriften

§ 19
Strafvorschriften gegen Atomwaffen

(1) Mit Freiheitsstrafe von einem Jahr bis zu fünf Jahren wird bestraft, wer

1. Atomwaffen im Sinne des § 17 Abs. 2 entwickelt, herstellt, mit ihnen Handel treibt, von einem anderen erwirbt oder einem anderen überläßt, einführt, ausführt, durch das Bundesgebiet durchführt oder sonst in das Bundesgebiet oder aus dem Bundesgebiet verbringt oder sonst die tatsächliche Gewalt über sie ausübt,

    1a. einen anderen zu einer in Nummer 1 bezeichneten Handlung verleitet oder

2. eine in Nummer 1 bezeichnete Handlung fördert.

(2) Mit Freiheitsstrafe nicht unter zwei Jahren wird bestraft, wer

1. eine in Absatz 1 bezeichnete Handlung gewerbsmäßig oder als Mitglied einer Bande, die sich zur fortgesetzten Begehung solcher Straftaten verbunden hat, unter Mitwirkung eines anderen Bandenmitglieds begeht oder

2. durch eine in Absatz 1 bezeichnete Handlung

    a) die Sicherheit der Bundesrepublik Deutschland,

    b) das friedliche Zusammenleben der Völker oder

    c) die auswärtigen Beziehungen der Bundesrepublik Deutschland erheblich

        gefährdet.

(3) In minder schweren Fällen

1. des Absatzes 1 ist die Strafe Freiheitsstrafe bis zu drei Jahren oder Geldstrafe und

2. des Absatzes 2 Freiheitsstrafe von drei Monaten bis zu fünf Jahren.

(4) Handelt der Täter in den Fällen des Absatzes 1 Nr. 1 fahrlässig oder in den Fällen des Absatzes 1 Nr. 1a oder 2 leichtfertig, so ist die Strafe Freiheitsstrafe bis zu zwei Jahren oder Geldstrafe.

(5) Wer in den Fällen

1. des Absatzes 2 Nr. 2 die Gefahr fahrlässig verursacht oder

2. des Absatzes 2 Nr. 2 in Verbindung mit Absatz 1 Nr. 1 fahrlässig oder in Verbindung mit Absatz 1 Nr. 1 a oder 2 leichtfertig handelt und die Gefahr fahrlässig verursacht,

wird mit Freiheitsstrafe bis zu drei Jahren oder mit Geldstrafe bestraft.

(6) Die Absätze 1 bis 5 gelten nicht für eine Handlung, die

1. zur Vernichtung von Atomwaffen durch die dafür zuständigen Stellen oder

2. zum Schutz gegen Wirkungen von Atomwaffen oder zur Abwehr dieser Wirkungen

geeignet und bestimmt ist.

§ 20
Strafvorschriften gegen biologische und chemische Waffen

(1) Mit Freiheitsstrafe nicht unter zwei Jahren wird bestraft, wer

1. biologische oder chemische Waffen entwickelt, herstellt, mit ihnen Handel treibt, von einem anderen erwirbt oder einem anderen überläßt, einführt, ausführt, durch das Bundesgebiet durchführt oder sonst in das Bundesgebiet oder aus dem Bundesgebiet verbringt oder sonst die tatsächliche Gewalt über sie ausübt,

   1a. einen anderen zu einer in Nummer 1 bezeichneten Handlung verleitet oder

2. eine in Nummer 1 bezeichnete Handlung fördert.

(2) In minder schweren Fällen ist die Strafe Freiheitsstrafe von drei Monaten bis zu fünf Jahren.

(3) Handelt der Täter in den Fällen des Absatzes 1 Nr. 1 fahrlässig oder in den Fällen des Absatzes 1 Nr. 1 a oder 2 leichtfertig, so ist die Strafe Freiheitsstrafe bis zu drei Jahren oder Geldstrafe.

(4) Die Absätze 1 bis 3 gelten nicht für eine Handlung, die

1. zur Vernichtung von chemischen Waffen durch die dafür zuständigen Stellen oder

2. zum Schutz gegen Wirkungen von biologischen oder chemischen Waffen oder zur Abwehr dieser Wirkungen

geeignet und bestimmt ist.

§ 20a
Strafvorschriften gegen Antipersonenminen und Streumunition

(1) Mit Freiheitsstrafe von einem Jahr bis zu fünf Jahren wird bestraft, wer

1. entgegen § 18 a Antipersonenminen oder Streumunition einsetzt, entwickelt, herstellt, mit ihnen Handel treibt, von einem anderen erwirbt oder einem anderen überläßt, einführt, ausführt, durch das Bundesgebiet durchführt oder sonst in das Bundesgebiet oder aus dem Bundesgebiet verbringt oder sonst die tatsächliche Gewalt über sie ausübt, insbesondere sie transportiert, lagert oder zurückbehält,

2. einen anderen zu einer in Nummer 1 bezeichneten Handlung verleitet oder

3. eine in Nummer 1 bezeichnete Handlung fördert.

(2) In besonders schweren Fällen ist die Strafe Freiheitsstrafe nicht unter einem Jahr. Ein besonders schwerer Fall liegt in der Regel vor, wenn

1. der Täter in den Fällen des Absatzes 1 gewerbsmäßig handelt oder

2. sich die Handlung nach Absatz 1 auf eine große Zahl von Antipersonenminen oder Streumunition bezieht.

(3) In minder schweren Fällen des Absatzes 1 ist die Strafe Freiheitsstrafe von drei Monaten bis zu drei Jahren.

(4) Handelt der Täter in den Fällen des Absatzes 1 Nr. 1 fahrlässig oder in den Fällen des Absatzes 1 Nr. 2 oder 3 leichtfertig, so ist die Strafe Freiheitsstrafe bis zu drei Jahren oder Geldstrafe.

§ 21
Taten außerhalb des Geltungsbereichs dieses Gesetzes

§ 19 Abs. 2 Nr. 2, Abs. 3 Nr. 2, Abs. 5 und 6, § 20 sowie § 20 a gelten, unabhängig vom Recht des Tatorts, auch für Taten, die außerhalb des Geltungsbereichs dieser Vorschriften begangen werden, wenn der Täter Deutscher ist.

§ 22
Ausnahmen

Die §§ 18, 20 und 21 gelten nicht für eine auf chemische Waffen bezogene dienstliche Handlung

1. des Mitglieds oder der zivilen Arbeitskraft einer Truppe oder eines zivilen Gefolges im Sinne des Abkommens zwischen den Parteien des Nordatlantikvertrages über die Rechtsstellung ihrer Truppen vom 19. Juni 1951 oder

2. eines Deutschen in Stäben oder Einrichtungen, die auf Grund des Nordatlantikvertrages vom 4. April 1949 gebildet worden sind.

§ 22a
Sonstige Strafvorschriften

(1) Mit Freiheitsstrafe von einem Jahr bis zu fünf Jahren wird bestraft, wer

1. Kriegswaffen ohne Genehmigung nach § 2 Abs. 1 herstellt,

2. die tatsächliche Gewalt über Kriegswaffen ohne Genehmigung nach § 2 Abs. 2 von einem anderen erwirbt oder einem anderen überläßt,

3. im Bundesgebiet außerhalb eines abgeschlossenen Geländes Kriegswaffen ohne Genehmigung nach § 3 Abs. 1 oder 2 befördern läßt oder selbst befördert; dies gilt nicht für Selbstbeförderungen in den Fällen des § 12 Absatz 6 Nummer 1 sowie für Inhaber einer Waffenbesitzkarte für Kriegswaffen gemäß § 59 Absatz 4 des Waffengesetzes von 1972 im Rahmen von Umzugshandlungen durch den Inhaber der Erlaubnis,

4. Kriegswaffen einführt, ausführt, durch das Bundesgebiet durchführt oder aus dem Bundesgebiet verbringt, ohne daß die hierzu erforderliche Beförderung genehmigt ist,

5. mit Seeschiffen, welche die Bundesflagge führen, oder mit Luftfahrzeugen, die in die Luftfahrzeugrolle der Bundesrepublik Deutschland eingetragen sind, absichtlich oder wissentlich Kriegswaffen ohne Genehmigung nach § 4 befördert, die außerhalb des Bundesgebietes ein- und ausgeladen und durch das Bundesgebiet nicht durchgeführt werden,

6. über Kriegswaffen sonst die tatsächliche Gewalt ausübt, ohne daß

a) der Erwerb der tatsächlichen Gewalt auf einer Genehmigung nach diesem Gesetz beruht oder

b) eine Anzeige nach § 12 Abs. 6 Nr. 1 oder § 26 a erstattet worden ist,

7. einen Vertrag über den Erwerb oder das Überlassen ohne Genehmigung nach § 4 a Abs. 1 vermittelt oder eine Gelegenheit hierzu nachweist oder einen Vertrag ohne Genehmigung nach § 4 a Abs. 2 abschließt.

(2) In besonders schweren Fällen ist die Strafe Freiheitsstrafe von einem Jahr bis zu zehn Jahren. Ein besonders schwerer Fall liegt in der Regel vor, wenn der Täter in den Fällen des Absatzes 1 Nr. 1 bis 4, 6 oder 7 gewerbsmäßig oder als Mitglied einer Bande, die sich zur fortgesetzten Begehung solcher Straftaten verbunden hat, unter Mitwirkung eines anderen Bandenmitglieds handelt.

(3) In minder schweren Fällen ist die Strafe Freiheitsstrafe bis zu drei Jahren oder Geldstrafe.

(4) Wer fahrlässig eine in Absatz 1 Nummer 1 bis 4, 6 oder Nummer 7 bezeichnete Handlung begeht, wird mit Freiheitsstrafe bis zu zwei Jahren oder mit Geldstrafe bestraft.

(5) Nach Absatz 1 Nr. 3 oder 4 wird nicht bestraft, wer Kriegswaffen, die er in das Bundesgebiet eingeführt oder sonst verbracht hat, freiwillig und unverzüglich einer Überwachungsbehörde, der Bundeswehr oder einer für die Aufrechterhaltung der öffentlichen Sicherheit zuständigen Behörde oder Dienststelle abliefert. Gelangen die Kriegswaffen ohne Zutun desjenigen, der sie in das Bundesgebiet eingeführt oder sonst verbracht hat, in die tatsächliche Gewalt einer der in Satz 1 genannten Behörden oder Dienststellen, so genügt sein freiwilliges und ernsthaftes Bemühen, die Kriegswaffen abzuliefern.

§ 22b
Verletzung von Ordnungsvorschriften

(1) Ordnungswidrig handelt, wer vorsätzlich oder fahrlässig

1. eine Auflage nach § 10 Abs. 1 nicht, nicht vollständig oder nicht rechtzeitig erfüllt,

2. das Kriegswaffenbuch nach § 12 Abs. 2 nicht, unrichtig oder nicht vollständig führt,

3. Meldungen nach § 12 Abs. 5 oder Anzeigen nach § 12 Abs. 6 nicht, unrichtig, nicht vollständig oder nicht rechtzeitig erstattet sowie in den Fällen des § 12 Absatz 6 Nummer 1 Kriegswaffen im Bundesgebiet ohne Genehmigung nach § 3 Absatz 2 selbst befördert oder eine Auflage nach § 12 Abs. 6 Satz 4 oder 5 nicht erfüllt,

3a. einer nach § 12 a Abs. 1 oder § 13 a erlassenen Rechtsverordnung zuwiderhandelt, soweit sie für einen bestimmten Tatbestand auf diese Bußgeldvorschrift verweist,

4. Auskünfte nach § 14 Abs. 5 nicht, unrichtig, nicht vollständig oder nicht rechtzeitig erteilt,

5. Betriebsaufzeichnungen und sonstige Unterlagen entgegen § 14 Abs. 5 nicht, nicht vollständig oder nicht rechtzeitig vorlegt,

6. der Pflicht nach § 14 Abs. 5 zur Duldung des Betretens von Räumen und Grundstücken zuwiderhandelt,

7. als Inhaber einer Erlaubnis gemäß § 59 Absatz 4 des Waffengesetzes von 1972 außerhalb eines befriedeten Besitztums Kriegswaffen ohne Genehmigung nach § 3 Absatz 2 selbst befördert.

(2) Die Ordnungswidrigkeit kann mit einer Geldbuße bis zu fünftausend Euro geahndet werden.

(3) Ordnungswidrig handelt ferner, wer vorsätzlich oder fahrlässig entgegen § 12 Abs. 3 bei der Übergabe zur Beförderung von Kriegswaffen eine Ausfertigung der Genehmigungsurkunde nicht übergibt oder entgegen § 12 Abs. 4 bei der Beförderung eine Ausfertigung der Genehmigungsurkunde nicht mitführt. Die Ordnungswidrigkeit kann mit einer Geldbuße geahndet werden.

§ 23
Verwaltungsbehörden

Das Bundesministerium für Wirtschaft und Energie, das Bundesministerium für Verkehr und digitale Infrastruktur und das Bundesministerium der Finanzen sind, soweit sie nach § 14 Abs. 1 und 2 für die Überwachung zuständig sind, zugleich Verwaltungsbehörde im Sinne des § 36 Abs. 1 Nr. 1 des Gesetzes über Ordnungswidrigkeiten. § 36 Abs. 3 des Gesetzes über Ordnungswidrigkeiten gilt entsprechend.

§ 24
Einziehung

(1) Kriegswaffen, auf die sich eine Straftat nach §§ 19, 20, 21 oder 22 a bezieht, können zugunsten des Bundes eingezogen werden; § 74 a des Strafgesetzbuches ist anzuwenden. Sie werden auch ohne die Voraussetzungen des § 74 Absatz 3 Satz 1 des Strafgesetzbuches eingezogen, wenn das Wohl der Bundesrepublik Deutschland es erfordert; dies gilt auch dann, wenn der Täter ohne Schuld gehandelt hat.

(2) Die Entschädigungspflicht nach § 74b Absatz 2 und 3 des Strafgesetzbuches trifft den Bund.

(3) (aufgehoben)

§ 25

(aufgehoben)

Sechster Abschnitt
Übergangs- und Schlußvorschriften

§ 26
Vor Inkrafttreten des Gesetzes erteilte Genehmigungen

Genehmigungen, die im vorläufigen Genehmigungsverfahren auf Grund des Artikels 26 Abs. 2 des Grundgesetzes erteilt worden sind, gelten als nach diesem Gesetz erteilt.

§ 26a
Anzeige der Ausübung der tatsächlichen Gewalt

Wer am Tage des Wirksamwerdens des Beitritts in dem in Artikel 3 des Einigungsvertrages genannten Gebiet die tatsächliche Gewalt über Kriegswaffen ausübt, die er zuvor erlangt hat, hat dies dem Bundesamt für Wirtschaft und Ausfuhrkontrolle (BAFA) unter Angabe von Waffenart, Stückzahl, Waffennummer oder sonstiger Kennzeichnung binnen zwei Monaten nach dem Wirksamwerden des Beitritts anzuzeigen, sofern er nicht von dem Genehmigungserfordernis für den Erwerb der tatsächlichen Gewalt freigestellt oder nach § 26 b angewiesen ist. Nach Ablauf dieser Frist darf die tatsächliche Gewalt über anmeldepflichtige, jedoch nicht angemeldete Kriegswaffen nicht mehr ausgeübt werden.

§ 26b
Übergangsregelungen für das in Artikel 3 des Einigungsvertrages genannte Gebiet

(1) Eine vor dem Tage des Wirksamwerdens des Beitritts in dem in Artikel 3 des Einigungsvertrages genannten Gebiet begonnene oder in Aussicht genommene und nicht aufschiebbare Handlung, die nach diesem Gesetz der Genehmigung bedarf, kann vorläufig genehmigt werden. In diesen Fällen ist die erforderliche Genehmigung binnen eines Monats nach Erteilung der vorläufigen Genehmigung zu beantragen. Wird die Genehmigung versagt, so kann dem Antragsteller in entsprechender Anwendung des § 9 eine angemessene Entschädigung gewährt werden, wenn es auch im Hinblick auf ein schutzwürdiges Vertrauen auf die bisherige Rechtslage eine unbillige Härte wäre, die Entschädigung zu versagen.

(2) Für völkerrechtliche Vereinbarungen der Deutschen Demokratischen Republik, soweit sie die Lieferung oder die Instandhaltung von Kriegswaffen zum Gegenstand haben, gilt abweichend von § 27 folgendes:

1. Soweit vor dem Tage des Wirksamwerdens des Beitritts staatliche Aufträge zur Herstellung oder zur Ausfuhr in oder zur Einfuhr aus Mitgliedstaaten des Warschauer Vertrages für das Jahr 1990 angewiesen sind, gelten die zur Durchführung dieser Anweisungen erforderlichen, nach § 2 oder § 3 genehmigungsbedürftigen Handlungen als genehmigt.

2. Bei Anweisungen im Sinne der Nummer 1 in bezug auf Staaten, die nicht Mitgliedstaaten des Warschauer Vertrages sind, können genehmigungsbedürftige, aber unaufschiebbare Handlungen vorläufig genehmigt werden; Absatz 1 Satz 2 und 3 gilt entsprechend.

(3) Für den Fall, daß die Deutsche Demokratische Republik ein Gesetz zur Inkraftsetzung dieses Gesetzes erläßt, wird das Bundesministerium für Wirtschaft und Energie ermächtigt, durch Rechtsverordnung ohne Zustimmung des Bundesrates die Maßgaben der Absätze 1 und 2 und des § 26 a so zu ändern, daß deren Ziele unter Berücksichtigung der neuen Rechtslage erreicht werden.

§ 27
Zwischenstaatliche Verträge

Verpflichtungen der Bundesrepublik auf Grund zwischenstaatlicher Verträge bleiben unberührt. Insoweit gelten die nach Artikel 26 Abs. 2 des Grundgesetzes und die nach diesem Gesetz erforderlichen Genehmigungen als erteilt.

§ 28
Berlin-Klausel

(gegenstandslos)

§ 29

(Inkrafttreten)

Anlage (Kriegswaffenliste) zum Gesetz über die Kontrolle von Kriegswaffen (KWKG) vom 22. November 1990

[BGBl. I S. 2506],
zuletzt geändert durch Artikel 10 V vom 25. 11. 2003
[BGBl. I S. 2304]

Teil A
Kriegswaffen, auf deren Herstellung die Bundesrepublik Deutschland verzichtet hat
(Atomwaffen, biologische und chemische Waffen)

Von der Begriffsbestimmung der Waffen ausgenommen sind alle Vorrichtungen, Teile, Geräte, Einrichtungen, Substanzen und Organismen, die zivilen Zwecken oder der wissenschaftlichen, medizinischen oder industriellen Forschung auf den Gebieten der reinen und angewandten Wissenschaft dienen. Ausgenommen sind auch die Substanzen und Organismen der Nummern 3 und 5, soweit sie zu Vorbeugungs-, Schutz- oder Nachweiszwecken dienen.[498]

I. Atomwaffen

1. Waffen aller Art, die Kernbrennstoffe oder radioaktive Isotope enthalten oder eigens dazu bestimmt sind, solche aufzunehmen oder zu verwenden, und Massenzerstörungen, Massenschäden oder Massenvergiftungen hervorrufen können

2. Teile, Vorrichtungen, Baugruppen oder Substanzen, die eigens für eine in Nummer 1 genannte Waffe bestimmt sind oder die für sie wesentlich sind, soweit keine atomrechtlichen Genehmigungen erteilt sind

Begriffsbestimmung:

Als Kernbrennstoff gilt Plutonium, Uran 233, Uran 235 (einschließlich Uran 235, welches in Uran enthalten ist, das mit mehr als 2,1 Gewichtsprozent Uran 235 angereichert wurde) sowie jede andere Substanz, welche geeignet ist, beträchtliche Mengen Atomenergie durch Kernspaltung oder -vereinigung oder eine andere Kernreaktion der Substanz freizumachen. Die vorstehenden Substanzen werden als Kernbrennstoff angesehen, einerlei in welchem chemischen oder physikalischen Zustand sie sich befinden.

---

498 Für die unter Nummer 3 Buchstabe b genannten biologischen Agenzien sind im Falle ihrer zivilen Verwendung die Ausfuhrbeschränkungen auf Grund

- der Verordnung (EG) Nr. 3381/94 des Rates vom 19. Dezember 1994 über eine Gemeinschaftsregelung der Ausfuhrkontrolle von Gütern mit doppeltem Verwendungszweck (ABl. EG Nr. L 367 S. 1) in Verbindung mit dem Beschluß des Rates vom 19. Dezember 1994 über die vom Rat gemäß Artikel J. 3 des Vertrages über die Europäische Union angenommene gemeinsame Aktion zur Ausfuhrkontrolle von Gütern mit doppeltem Verwendungszweck (ABl. EG Nr. L 367 S. 8) sowie

- der Regelungen der Außenwirtschaftsverordnung, insbesondere der §§ 5 und 7 Abs. 4, zu beachten.

Für Ricin und Saxitoxin (Nummer 3.1 Buchstabe d und Nummern 4 und 5) gelten zusätzlich die Beschränkungen, Meldepflichten und Inspektionsvorschriften des Ausführungsgesetzes zum Chemiewaffenübereinkommen vom 2. August 1994 (BGBl. I S. 1954) und der Ausführungsverordnung zum Chemiewaffenübereinkommen vom 20. November 1996 (BGBl. I S. 1794).

II. Biologische Waffen

3. Biologische Kampfmittel

   a) schädliche Insekten und deren toxische Produkte;

   b) biologische Agenzien (Mikroorganismen, Viren, Pilze sowie Toxine); insbesondere:

3.1 human- und tierpathogene Erreger sowie Toxine

   a) Viren wie folgt:

      1. Chikungunya-Virus,

      2. Haemorrhagisches Kongo-Krim-Fieber-Virus,

      3. Dengue-Fiebervirus,

      4. Eastern Equine Enzephalitis-Virus,

      5. Ebola-Virus,

      6. Hantaan-Virus,

      7. Junin-Virus,

      8. Lassa-Virus,

      9. Lymphozytäre Choriomeningitis-Virus,

      10. Machupo-Virus,

      11. Marburg-Virus,

      12. Affenpockenvirus,

      13. Rift-Valley-Fieber-Virus,

      14. Zeckenenzephalitis-Virus (Virus der russischen Frühjahr-/Sommerenzephalitis),

      15. Variola-Virus,

      16. Venezuelan Equine Enzephalitis-Virus,

      17. Western Equine Enzephalitis-Virus,

      18. Whitepox-Virus,

      19. Gelbfieber-Virus,

      20. Japan-B-Enzephalitis-Virus;

   b) Rickettsiae wie folgt:

      1. Coxiella burnetii,

      2. Bartonella quintana (Rochalimaea quintana, Rickettsia quintana),

      3. Rickettsia prowazekii,

      4. Rickettsia rickettsii;

   c) Bakterien wie folgt:

      1. Bacillus anthracis,

      2. Brucella abortus,

      3. Brucella melitensis,

4. Brucella suis,

5. Chlamydia psittaci,

6. Clostridium botulinum,

7. Francisella tularensis,

8. Burkholderia mallei (Pseudomonas mallei);

9. Burkholderia pseudomallei (Pseudomonas pseudomallei),

10. Salmonella typhi,

11. Shigella dysenteriae,

12. Vibrio cholerae,

13. Yersinia pestis;

d) Toxine wie folgt:

1. Clostridium-botulinum-Toxine,

2. Clostridium-perfringens-Toxine,

3. Conotoxin,

4. Ricin,

5. Saxitoxin,

6. Shiga-Toxin,

7. Staphylococcus-aureus-Toxine,

8. Tetrodotoxin,

9. Verotoxin,

10. Microcystin (Cyanoginosin);

3.2 tierpathogene Erreger

a) Viren wie folgt:

1. Afrikanisches Schweinepest-Virus,

2. Aviäre Influenza-Viren wie folgt:

a) uncharakterisiert oder

b) Viren mit hoher Pathogenität gemäß Richtlinie 92/40/EWG des Rates vom 19. Juni 1992 mit Gemeinschaftsmaßnahmen zur Bekämpfung der Geflügelpest (ABl. EG Nr. L 167 S. 1) wie folgt:

aa) Typ-A-Viren mit einem IVPI (intravenöser Pathogenitätsindex) in 6 Wochen alten Hühnern größer als 1,2 oder

bb) Typ-A-Viren vom Subtyp H5 oder H7, für welche die Nukleotid-Sequenzierung an der Spaltstelle für Hämagglutinin multiple basische Aminosäuren aufweist,

3. Bluetongue-Virus,

4. Maul- und Klauenseuche-Virus,

5. Ziegenpockenvirus,

6. Aujeszky-Virus,

      7.   Schweinepest-Virus (Hog cholera-Virus),

      8.   Lyssa-Virus,

      9.   Newcastle-Virus,

    10. Virus der Pest der kleinen Wiederkäuer,

    11. Schweine-Entero-Virus vom Typ 9 (Virus der vesikulären Schweinekrankheit),

    12. Rinderpest-Virus,

    13. Schafpocken-Virus,

    14. Teschen-Virus,

    15. Vesikuläre Stomatitis-Virus;

  c)   Bakterien wie folgt: Mycoplasma mycoides;

3.3 pflanzenpathogene Erreger

  a)   Bakterien wie folgt:

      1.   Xanthomonas albilineans,

      2.   Xanthomonas campestries pv. citri einschließlich darauf zurückzuführender Stämme wie Xanthomonas campestris pv. citri Typen A, B, C, D, E oder anders klassifizierte wie Xanthomonas citri, Xanthomonas campestris pv. aurantifolia oder Xanthomonas pv. campestris pv. citromelo;

  b)   Pilze wie folgt:

      1.   Colletotrichum coffeanum var. virulans (Colletotrichum kahawae),

      2.   Cochliobolus miyabeanus (Helminthosporium oryzae),

      3.   Micricyclus ulei (syn. Dothidella ulei),

      4.   Puccina graminis (syn. Puccina graminis f. sp. tritici),

      5.   Puccina striiformis (syn. Puccina glumarum),

      6.   Magnaporthe grisea (Pyricularia grisea/Pyricularia oryzae);

3.4 genetisch modifizierte Mikroorganismen wie folgt:

  a)   genetisch modifizierte Mikroorganismen oder genetische Elemente, die Nukleinsäure-sequenzen enthalten, welche mit der Pathogenität der in Unternummer 3.1 Buchstabe a, b oder c oder Unternummer 3.2 oder 3.3 genannten Organismen assoziiert sind,

  b)   genetisch modifizierte Mikroorganismen oder genetische Elemente, die eine Nuklein-säuresequenz-Kodierung für eines der in Unternummer 3.1 Buchstabe d genannten Toxine enthalten.

  4.   Einrichtungen oder Geräte, die eigens dazu bestimmt sind, die in Nummer 3 genannten biologischen Kampfmittel für militärische Zwecke zu verwenden, sowie Teile oder Baugruppen, die eigens zur Verwendung in einer solchen Waffe bestimmt sind.

III. Chemische Waffen

  5.   A. Toxische Chemikalien (Registriernummer nach Chemical Abstracts Service; CAS-Nummer)

  a)   O-Alkyl($\leq C_{10}$ einschließlich Cycloalkyl)-alkyl-(Me, Et, n-Pr oder i-Pr)-phosphonofluoride, zum Beispiel:

Sarin:
O-Isopropylmethylphosphonofluorid (107-44-8),

Soman:
O-Pinakolylmethylphosphonofluorid (96-64-0),

b) O-Alkyl($\leq C_{10}$ einschließlich Cycloalkyl)-N,N-dialkyl (Me, Et, n-Pr oder i-Pr)-phosphorami-docyanide, zum Beispiel:

Tabun:
O-Ethyl-N,N-dimethylphosphoramidocyanid (77-81-6),

c) O-Alkyl(H oder $\leq C_{10}$ einschließlich Cycloalkyl)-S-2-dialkyl(Me, Et, n-Pr oder i-Pr)-amino-ethylalkyl (Me, Et, n-Pr oder i-Pr)-phosphonothiolate sowie entsprechende alkylierte und protonierte Salze, zum Beispiel:

VX:
O-Ethyl-S-2-diisopropylaminoethylmethyl-phosphonothiolat
(50782-69-9),

d) Schwefelloste:
2-Chlorethylchlormethylsulfid (2625-76-5),
Senfgas:
Bis-(2-chlorethyl)-sulfid (505-60-2),
Bis-(2-chlorethylthio)-methan (63869-13-6),
Sesqui-Yperit (Q):
1,2-Bis-(2-chlorethylthio)-ethan (3563-36-8),
1,3-Bis-(2-chlorethylthio)-n-propan (63905-10-2),
1,4-Bis-(2-chlorethylthio)-n-butan (142868-93-7),
1,5-Bis-(2-chlorethylthio)-n-pentan (142868-94-8),
Bis-(2-chlorethylthiomethyl)-ether (63918-90-1),
O-Lost:
Bis-(2-chlorethylthioethyl)-ether (63918-89-8),

e) Lewisite:
Lewisit 1:
2-Chlorvinyldichlorarsin (541-25-3),
Lewisit 2:
Bis-(2-chlorvinyl)-chlorarsin (40334-69-8),
Lewisit 3:
Tris-(2-chlorvinyl)-arsin (40334-70-1),

f) Stickstoffloste:
HN1:
Bis-(2-chlorethyl)-ethylamin (538-07-8),
HN2:
Bis-(2-chlorethyl)-methylamin (51-75-2),
HN3:
Tris-(2-chlorethyl)-amin (555-77-1),

g) BZ:
3-Chinuclidinylbenzilat (6581-06-2).

B. Ausgangsstoffe

    a) Alkyl(Me, Et, n-Pr oder i-Pr)-phosphonsäuredifluoride, zum Beispiel:
DF:
Methylphosphonsäuredifluorid (676-99-3),

    b) O-Alkyl(H oder $\leq C_{10}$ einschließlich Cycloalkyl)-O-2-Dialkyl(Me, Et, n-Pr oder i-Pr)-aminoethylalkyl (Me, Et, n-Pr oder i-Pr)-phosphonite und entsprechende alkylierte und protonierte Salze, zum Beispiel:
QL:
O-Ethyl-O-2-diisopropylaminoethylmethyl-phosphonit
(57856-11-8),

    c) Chlor-Sarin:
O-Isopropylmethylphosphonochlorid (1445-76-7),

    d) Chlor-Soman:
O-Pinakolylmethylphosphonochlorid (7040-57-5).

6. Einrichtungen oder Geräte, die eigens dazu bestimmt sind, die in Nummer 5 genannten chemischen Kampfstoffe für militärische Zwecke zu verwenden, sowie Teile oder Baugruppen, die eigens zur Verwendung in einer solchen Waffe bestimmt sind.

Teil B
Sonstige Kriegswaffen

I. Flugkörper

7. Lenkflugkörper

8. ungelenkte Flugkörper (Raketen)

9. sonstige Flugkörper

10. Abfeuereinrichtungen (Startanlagen und Startgeräte) für die Waffen der Nummern 7 und 9 einschließlich der tragbaren Abfeuereinrichtungen für Lenkflugkörper zur Panzer- und Fliegerabwehr

11. Abfeuereinrichtungen für die Waffen der Nummer 8 einschließlich der tragbaren Abfeuereinrichtungen sowie der Raketenwerfer

12. Triebwerke für die Waffen der Nummern 7 bis 9

II. Kampfflugzeuge und -hubschrauber

13. Kampfflugzeuge, wenn sie mindestens eines der folgenden Merkmale besitzen:

    1. integriertes Waffensystem, das insbesondere über Zielauffassung, Feuerleitung und entsprechende Schnittstellen zur Avionik verfügt,

    2. integrierte elektronische Kampfmittel,

    3. integriertes elektronisches Kampfführungssystem

14. Kampfhubschrauber, wenn sie mindestens eines der folgenden Merkmale besitzen:

    1. integriertes Waffensystem, das insbesondere über Zielauffassung, Feuerleitung und entsprechende Schnittstellen zur Avionik verfügt,

2. integrierte elektronische Kampfmittel,

3. integriertes elektronisches Kampfführungssystem

15. Zellen für die Waffen der Nummern 13 und 14

16. Strahl-, Propellerturbinen- und Raketentriebwerke für die Waffen der Nummer 13

III. Kriegsschiffe und schwimmende Unterstützungsfahrzeuge

17. Kriegsschiffe einschließlich solcher, die für die Ausbildung verwendet werden

18. Unterseeboote

19. kleine Wasserfahrzeuge mit einer Geschwindigkeit von mehr als 30 Knoten, die mit Angriffswaffen ausgerüstet sind

20. Minenräumboote, Minenjagdboote, Minenleger, Sperrbrecher sowie sonstige Minenkampfboote

21. Landungsboote, Landungsschiffe

22. Tender, Munitionstransporter

23. Rümpfe für die Waffen der Nummern 17 bis 22

IV. Kampffahrzeuge

24. Kampfpanzer

25. sonstige gepanzerte Kampffahrzeuge einschließlich der gepanzerten kampfunterstützenden Fahrzeuge

26. Spezialfahrzeuge aller Art, die ausschließlich für den Einsatz der Waffen der Nummern 1 bis 6 entwickelt sind

27. Fahrgestelle für die Waffen der Nummern 24 und 25

28. Türme für Kampfpanzer

V. Rohrwaffen

29.

a) Maschinengewehre, ausgenommen solche mit Wasserkühlung,

b) Maschinenpistolen, ausgenommen solche, die als Modell vor dem 2. September 1945 bei einer militärischen Streitkraft eingeführt worden sind,

c) vollautomatische Gewehre, ausgenommen solche, die als Modell vor dem 2. September 1945 bei einer militärischen Streitkraft eingeführt worden sind,

d) halbautomatische Gewehre mit Ausnahme derjenigen, die als Modell vor dem 2. September 1945 bei einer militärischen Streitkraft eingeführt worden sind, und der Jagd- und Sportgewehre

30. Granatmaschinenwaffen, Granatgewehre, Granatpistolen

31. Kanonen, Haubitzen, Mörser jeder Art

32. Maschinenkanonen

33. gepanzerte Selbstfahrlafetten für die Waffen der Nummern 31 und 32

34. Rohre für die Waffen der Nummern 29, 31 und 32

35. Verschlüsse für die Waffen der Nummern 29, 31 und 32

36. Trommeln für Maschinenkanonen

VI. Leichte Panzerabwehrwaffen, Flammenwerfer, Minenleg- und Minenwurfsysteme

37. rückstoßarme, ungelenkte, tragbare Panzerabwehrwaffen

38. Flammenwerfer

39. Minenleg- und Minenwurfsysteme für Landminen

VII. Torpedos, Minen, Bomben, eigenständige Munition

40. Torpedos

41. Torpedos ohne Gefechtskopf (Sprengstoffteil)

42. Rumpftorpedos (Torpedos ohne Gefechtskopf – Sprengstoffteil – und ohne Zielsuchkopf)

43. Minen aller Art

44. Bomben aller Art einschließlich der Wasserbomben

45. Handflammpatronen

46. Handgranaten

47. Pioniersprengkörper, Hohl- und Haftladungen sowie sprengtechnische Minenräummittel

48. Sprengladungen für die Waffen der Nummer 43

VIII. Sonstige Munition

49. Munition für die Waffen der Nummern 31 und 32

50. Munition für die Waffen der Nummer 29, ausgenommen Patronenmunition mit Vollmantel-weichkerngeschoß, sofern

    1. das Geschoß keine Zusätze, insbesondere einen Lichtspur-, Brand- oder Sprengsatz, enthält und

    2. Patronenmunition gleichen Kalibers für Jagd- oder Sportzwecke verwendet wird

51. Munition für die Waffen der Nummer 30

52. Munition für die Waffen der Nummern 37 und 39

53. Gewehrgranaten

54. Geschosse für die Waffen der Nummern 49 und 52

55. Treibladungen für die Waffen der Nummern 49 und 52

IX. Sonstige wesentliche Bestandteile

56. Gefechtsköpfe für die Waffen der Nummern 7 bis 9 und 40

57. Zünder für die Waffen der Nummern 7 bis 9, 40, 43, 44, 46, 47, 49, 51 bis 53 und 59, ausgenommen Treibladungsanzünder

58. Zielsuchköpfe für die Waffen der Nummern 7, 9, 40, 44, 49, 59 und 60

59. Submunition für die Waffen der Nummern 7 bis 9, 44, 49 und 61

60. Submunition ohne Zünder für die Waffen der Nummern 7 bis 9, 44, 49 und 61

X. Dispenser

61. Dispenser zur systematischen Verteilung von Submunition

XI. Laserwaffen

62. Laserwaffen, besonders dafür konstruiert, dauerhafte Erblindung zu verursachen.

Erste Verordnung zur Durchführung des Gesetzes über die Kontrolle von Kriegswaffen vom 1. Juni 1961

[BGBl. I S. 649],
zuletzt geändert durch Artikel 31 des Gesetzes vom 31. August 2015,
[BGBl. I S. 1474].

Auf Grund des § 11 Abs. 2 und 3 des Gesetzes über die Kontrolle von Kriegswaffen vom 20. April 1961 (BGBl. I S. 444) wird von der Bundesregierung und auf Grund des § 14 Abs. 8 dieses Gesetzes wird vom Bundesminister für Wirtschaft verordnet:

§ 1

(1) Die Befugnis zur Erteilung und zum Widerruf der Genehmigung in den Fällen der §§ 2, 3 Abs. 1 und 2 und des § 4 a des Gesetzes wird

1. für den Bereich der Bundeswehr auf das Bundesministerium für Verteidigung,

2. für den Bereich des Zollgrenzdienstes auf das Bundesministerium der Finanzen,

3. für den Bereich der für die Aufrechterhaltung der öffentlichen Sicherheit zuständigen Behörden oder Dienststellen sowie der Behörden des Strafvollzugs auf das Bundesministerium des Innern,

4. für alle übrigen Bereiche auf das Bundesministerium für Wirtschaft und Energie übertragen.

(2) Die Befugnis zur Erteilung und zum Widerruf der Genehmigung in den Fällen des § 4 Abs. 1 des Gesetzes wird auf das Bundesministerium für Verkehr und digitale Infrastruktur übertragen. Es übt seine Befugnis im Einvernehmen mit dem Auswärtigen Amt aus.

§ 2

Die dem Bundesministerium für Wirtschaft und Energie nach § 14 Abs. 1 Nr. 1 des Gesetzes zustehenden Überwachungsbefugnisse werden auf das Bundesamt für Wirtschaft und Ausfuhrkontrolle (BAFA) übertragen.

§ 3

Diese Verordnung tritt am Tage nach ihrer Verkündung in Kraft.

Zweite Verordnung zur Durchführung des Gesetzes über die Kontrolle von Kriegswaffen vom 1. Juni 1961

[BGBl. I S. 649],
zuletzt geändert durch Artikel 31 des Gesetzes vom 21. Dezember 2000,
[BGBl. I S. 1956].

Auf Grund des § 11 Abs. 4, § 12 Abs. 7 und § 14 Abs. 7 des Gesetzes über die Kontrolle von Kriegswaffen vom 20. April 1961 (BGBl. I S. 444) verordnet die Bundesregierung mit Zustimmung des Bundesrates:

§ 1
Antrag auf Erteilung einer Herstellungsgenehmigung

(1) Der Antrag auf Erteilung einer Genehmigung zur Herstellung von Kriegswaffen muß folgende Angaben enthalten:

1. Name und Anschrift des Antragstellers

2. Name und Anschrift des Erwerbers

3. Name und Anschrift des Auftraggebers

4. Bezeichnung der Kriegswaffen

5. Nummer der Kriegswaffenliste

6. Stückzahl oder Gewicht

7. Zweck der Herstellung

8. Endverbleib der Kriegswaffen.

(2) Mit dem Antrag ist ferner anzugeben und auf Verlangen nachzuweisen,

1. ob die in § 6 Abs. 2 Nr. 2 des Gesetzes genannten Personen Deutsche im Sinne des Artikels 116 des Grundgesetzes sind und den Wohnsitz oder gewöhnlichen Aufenthalt im Bundesgebiet haben,

2. ob die im Zusammenhang mit der genehmigungsbedürftigen Handlung nach anderen Vorschriften erforderlichen Genehmigungen vorliegen,

3. welche Sicherheits und Geheimschutzmaßnahmen im Sinne des § 12 Abs. 1 des Gesetzes getroffen oder beabsichtigt sind.

§ 2
Antrag auf Erteilung einer Überlassungsgenehmigung

(1) Der Antrag auf Erteilung einer Genehmigung zur Überlassung der tatsächlichen Gewalt über Kriegswaffen an einen anderen muß folgende Angaben enthalten:

1. Name und Anschrift des Antragstellers

2. Name und Anschrift desjenigen, dem der Antragsteller die tatsächliche Gewalt überlassen will (Erwerber)

3. Name und Anschrift des Herstellers

4. Bezeichnung der Kriegswaffen

5. Nummer der Kriegswaffenliste

6. Stückzahl oder Gewicht

7. Zweck der Überlassung.

(2) § 1 Abs. 2 gilt entsprechend.

§ 3
Antrag auf Erteilung einer Erwerbsgenehmigung

(1) Der Antrag auf Erteilung einer Genehmigung zum Erwerb der tatsächlichen Gewalt über Kriegswaffen von einem anderen muß folgende Angaben enthalten:

1. Name und Anschrift des Antragstellers

2. Name und Anschrift desjenigen, von dem der Antragsteller die tatsächliche Gewalt erwerben will

3. Name und Anschrift des Auftraggebers

4. Name und Anschrift des Herstellers

5. Bezeichnung der Kriegswaffen

6. Nummer der Kriegswaffenliste

7. Stückzahl oder Gewicht

8. Zweck des Erwerbs

9. Endverbleib der Kriegswaffen.

(2) § 1 Abs. 2 gilt entsprechend.

§ 4
Antrag auf Erteilung einer Genehmigung zur Beförderung innerhalb des Bundesgebietes

(1) Der Antrag auf Erteilung einer Genehmigung zur Beförderung von Kriegswaffen innerhalb des Bundesgebietes (§ 3 Abs. 1 und 2 des Gesetzes) muß folgende Angaben enthalten:

1. Name und Anschrift des Antragstellers

2. Name und Anschrift des Absenders

3. Name und Anschrift des Empfängers

4. Bezeichnung der Kriegswaffen

5. Nummer der Kriegswaffenliste

6. Stückzahl oder Gewicht

7. Name und Anschrift des Beförderers

8. Zweck der Beförderung

9. Beförderungsmittel

10. Versand und Zielort

11. Zeitraum der Beförderung.

(2) In den Fällen der Beförderung von Kriegswaffen zum Zwecke der Ausfuhr oder der Durchfuhr (§ 3 Abs. 3 des Gesetzes) muß der Antrag außerdem Angaben über den Endverbleib der Kriegswaffen enthalten. Die Angaben sind glaubhaft zu machen.

(3) § 1 Abs. 2 gilt entsprechend.

§ 5
Antrag auf Erteilung einer Genehmigung zur Beförderung außerhalb des Bundesgebietes

(1) Der Antrag auf Erteilung einer Genehmigung zur Beförderung von Kriegswaffen außerhalb des Bundesgebietes muß folgende Angaben enthalten:

1. Name und Anschrift des Antragstellers

2. Bezeichnung der Kriegswaffen

3. Nummer der Kriegswaffenliste

4. Stückzahl oder Gewicht

5. Endverbleib der Kriegswaffen oder Name und Anschrift des Empfängers

6. Beförderungsmittel

7. Versand und Zielort

8. Fahrt oder Flugstrecke

9. Zeitraum der Beförderung.

(2) § 1 Abs. 2 gilt entsprechend.

§ 5a
Antrag auf Erteilung einer Genehmigung für Auslandsgeschäfte

(1) Der Antrag auf Erteilung einer Genehmigung für Auslandsgeschäfte muß folgende Angaben enthalten:

1. Name und Anschrift des Antragstellers

2. Name und Anschrift derjenigen, zwischen denen der Vertrag über den Erwerb oder das Überlassen von Kriegswaffen geschlossen werden soll

3. Bezeichnung der Kriegswaffen

4. Nummer der Kriegswaffenliste

5. Stückzahl oder Gewicht

6. Bezeichnung des Landes, in dem sich die Kriegswaffen befinden.

(2) Wird eine Genehmigung nach § 4 a Abs. 2 des Gesetzes beantragt, ist anstelle der in Absatz 1 Nr. 2 genannten Angaben Name und Anschrift desjenigen anzugeben, dem die Kriegswaffen überlassen werden sollen.

(3) Die Genehmigungsbehörde kann weitere Angaben verlangen, die für die Beurteilung des Antrags erforderlich sind. Dazu gehören insbesondere Angaben über

1. den voraussichtlichen Verwendungszweck,

2. das voraussichtliche Bestimmungsland,

3.   den voraussichtlichen Endverbleib.

Unterlagen, die sich auf diese Angaben beziehen, hat der Antragsteller auf Verlangen vorzulegen.

(4) § 1 Abs. 2 gilt entsprechend.

§ 6
Antragsform[499]

(1) Der Antrag auf Erteilung einer Genehmigung ist schriftlich zu stellen. Die Genehmigungsbehörde kann in Einzelfällen Ausnahmen zulassen.

(2) Ist mit der Durchführung eines Beschaffungs oder Instandsetzungsauftrages, den ein in § 11 Abs. 2 Nr. 1, 2 und 3 des Gesetzes genanntes Bundesministerium oder eine ihm nachgeordnete Behörde vergibt, eine genehmigungsbedürftige Handlung verbunden, so gilt das schriftliche Angebot des Auftragnehmers als Antrag auf Erteilung der erforderlichen Genehmigung. Liegt kein schriftliches Angebot vor, so findet Satz 1 entsprechende Anwendung, wenn der Auftragnehmer den Auftrag schriftlich annimmt.

§ 7
Gleichzeitige Antragstellung

(1) Liegen die Voraussetzungen für den Wegfall der Überlassungs und Erwerbsgenehmigung nicht vor, so sollen

  a)   in den Fällen der Beförderung von Kriegswaffen innerhalb des Bundesgebietes der Antrag des Absenders nach § 2 und der Antrag des Empfängers nach § 3,

  b)   in den Fällen der Beförderung von Kriegswaffen zum Zwecke der Einfuhr der Antrag des Empfängers nach § 3,

  c)   in den Fällen der Beförderung von Kriegswaffen zum Zwecke der Ausfuhr der Antrag des Absenders nach § 2

spätestens mit dem Antrag auf Genehmigung der Beförderung nach § 4 gestellt werden.

(2) In den Fällen der Überlassung und des Erwerbs der tatsächlichen Gewalt über Kriegswaffen sollen der Antrag desjenigen, der die tatsächliche Gewalt überlassen will, und der Antrag desjenigen, der die tatsächliche Gewalt erwerben will, gleichzeitig gestellt werden.

§ 8
Dauergenehmigung

(1) Die Genehmigung kann einem Antragsteller ohne Beschränkung auf die Vornahme einer einzelnen Handlung für eine bestimmte Zeitdauer erteilt werden (Dauergenehmigung), wenn es wegen der mehrfachen Wiederholung von Handlungen der gleichen Art zweckmäßig ist und öffentliche Interessen nicht gefährdet werden.

(2) Die Dauergenehmigung zur Herstellung der in Teil B der Kriegswaffenliste genannten Kriegswaffen kann ohne Beschränkung auf eine bestimmte Menge, die Dauergenehmigung zur Beförderung von

---

499 Anm. der Red.: § 6 geändert durch das Gesetz über die Zusammenlegung des Bundesamtes für Wirtschaft mit dem Bundesausfuhramt. Vom 21. Dezember 2000 [BGBl. I 2000, Nr. 59, S. 1956]. Gültig ab 1. Januar 2001.

Kriegswaffen kann ohne Beschränkung auf eine bestimmte Art und Menge erteilt werden. Andere Dauergenehmigungen können nur für eine bestimmte Art und Menge erteilt werden.

§ 9
Führung und Inhalt des Kriegswaffenbuches[500]

(1) Wer zur Führung eines Kriegswaffenbuches verpflichtet ist, hat den Anfangsbestand (§ 10 Abs. 1), jede Bestandsveränderung und den Bestand an den Meldestichtagen (§ 10 Abs. 2) in das Kriegswaffenbuch einzutragen. Die Eintragungen sind unverzüglich vorzunehmen. In dem Buch darf nicht radiert und keine Eintragung unleserlich gemacht werden. Änderungen, deren Beschaffenheit es ungewiß läßt, ob sie bei der ursprünglichen Eintragung oder später gemacht worden sind, dürfen nicht vorgenommen werden.

(2) Für jeden Waffentyp ist ein besonderes Blatt mit der Nummer der Kriegswaffenliste anzulegen.

(3) Bei der Eintragung des Anfangsbestandes sind folgende Angaben zu machen:

1. Stückzahl oder Gewicht

2. Waffennummer

3. Nummer der Genehmigungsurkunde

4. Name und Anschrift des Herstellers

(4) Bei der Eintragung der Bestandsveränderung sind folgende Angaben zu machen:

1. Laufende Nummer und Tag der Eintragung

2. Stückzahl oder Gewicht

3. Waffennummer

4. Nummer der Genehmigungsurkunde

5. Grund des Zugangs:

    a) Herstellung einschließlich Umbau und Wiedergewinnung

    b) Dauernder, vorübergehender oder genehmigungsfreier Erwerb

    c) Einfuhr

    d) Lagerungswechsel

    e) Sonstige Gründe

6. Grund des Abgangs:

    a) Zerlegung oder Umbau

    b) Dauernde, vorübergehende oder genehmigungsfreie Überlassung

    c) Ausfuhr

    d) Lagerungswechsel

    e) Verschuß

    f) Verlust

---

500 Anm. der Red.: § 9 geändert durch das Gesetz über die Zusammenlegung des Bundesamtes für Wirtschaft mit dem Bundesausfuhramt. Vom 21. Dezember 2000 [BGBl. I 2000, Nr. 59, S. 1956]. Gültig ab 1. Januar 2001.

g) Sonstige Gründe

7. Name und Anschrift des Herstellers

8. Name und Anschrift desjenigen, der die tatsächliche Gewalt überlassen oder erworben hat

9. Beförderungsmittel

10. Tag des Zugangs oder Abgangs oder Tag der Beförderung

11. Name und Anschrift des Beförderers.

(5) Bei der Eintragung des Bestandes an den Meldestichtagen sind folgende Angaben zu machen:

1. Laufende Nummer und Tag der Eintragung

2. Stückzahl oder Gewicht.

3. (gestrichen)

(6) An Stellen, die der Anlage des Buches nach zu beschreiben sind, dürfen keine leeren Zwischenräume gelassen werden. Sofern bei den Eintragungen einzelne Angaben nicht gemacht werden können, ist dies unter Angabe der Gründe zu vermerken.

(7) Wird das Kriegswaffenbuch mit Hilfe der automatischen Datenverarbeitung geführt, so sind die Datensätze mit den für das Kriegswaffenbuch erforderlichen Angaben unverzüglich zu speichern, fortlaufend zu numerieren und nach Ablauf eines jeden Monats in Klarschrift auszudrucken. Der Ausdruck ist in Karteiform vorzunehmen. Angaben ohne Zahlen dürfen verschlüsselt werden, wenn dem Ausdruck ein Verzeichnis zur Entschlüsselung beigegeben wird. Bestände sind auf den nächsten Monat vorzutragen. Das Bundesamt für Wirtschaft und Ausfuhrkontrolle (BAFA) ist berechtigt, abweichend von Satz 1 den Ausdruck der im laufenden Monat gespeicherten Angaben und die Vorlage der Klarschrift jederzeit zu verlangen.

(8) Werden zum Zwecke des Erwerbs der tatsächlichen Gewalt über Schußwaffen an Stelle von Genehmigungen nach § 2 Abs. 2 des Kriegswaffenkontrollgesetzes auf Grund zwischenstaatlicher Verträge Erlaubnisse oder Anmeldebescheinigungen der Behörden der Stationierungsstreitkräfte vorgelegt, so sind die Zweitschriften der Erlaubnisse oder der Anmeldebescheinigungen als Anlage zum Kriegswaffenbuch zu nehmen.

(9) Wer Kriegswaffen innerhalb des Bundesgebietes für einen anderen befördert oder Kriegswaffen außerhalb des Bundesgebietes mit deutschen Seeschiffen oder Luftfahrzeugen befördert oder im Geltungsbereich des Gesetzes keinen Wohnsitz und keine gewerbliche Niederlassung hat, ist nicht verpflichtet, ein Kriegswaffenbuch zu führen.

§ 10
Meldung der Kriegswaffenbestände[501]

(1) Der am 1. Juni 1961 vorhandene Kriegswaffenbestand (Anfangsbestand) ist dem Bundesamt für Wirtschaft und Ausfuhrkontrolle (BAFA) nach Waffentypen getrennt und mit folgenden Angaben bis zum 31. Juli 1961 zu melden:

1. Stückzahl oder Gewicht,

2. Nummer der Genehmigungsurkunde.

---

501 Anm. der Red.: § 10 geändert durch das Gesetz über die Zusammenlegung des Bundesamtes für Wirtschaft mit dem Bundesausfuhramt. Vom 21. Dezember 2000 [BGBl. I 2000, Nr. 59, S. 1956]. Gültig ab 1. Januar 2001.

(2) Jede Bestandsveränderung und die am 31. März und 30. September eines jeden Jahres (Meldestichtage) vorhandenen Kriegswaffenbestände sind dem Bundesamt für Wirtschaft und Ausfuhrkontrolle (BAFA) nach Waffentypen getrennt und mit den in § 9 Abs. 4 und 5 vorgeschriebenen Angaben binnen zwei Wochen nach den Meldestichtagen zu melden. Dieser Meldepflicht genügt, wer eine Durchschrift oder Ablichtung der einzelnen Blätter des Kriegswaffenbuches übersendet oder gegebenenfalls mitteilt, daß seit dem letzten Meldestichtag keine Bestandsveränderung eingetreten ist.

(3) § 9 Abs. 9 gilt entsprechend.

§ 11
Aufbewahrungsfristen

(1) Der zur Führung eines Kriegswaffenbuches Verpflichtete hat das Kriegswaffenbuch so lange aufzubewahren, wie er die tatsächliche Gewalt über Kriegswaffen innehat, mindestens jedoch zehn Jahre vom Tage der zuletzt vorgenommenen Eintragung an gerechnet.

(2) Der Inhaber einer Genehmigung hat die Genehmigungsurkunde so lange aufzubewahren, wie er die tatsächliche Gewalt über die in der Urkunde genannten Kriegswaffen innehat, mindestens jedoch zehn Jahre vom Tage der Ausstellung an gerechnet.

§ 12
Nicht ausgenutzte Genehmigung

(1) Wird die genehmigte Handlung nicht oder nur teilweise ausgeführt, so hat der Inhaber der Genehmigung dies dem Bundesamt für Wirtschaft und Ausfuhrkontrolle (BAFA) spätestens zwei Wochen nach Ablauf einer in der Genehmigungsurkunde für die Ausführung der Handlung festgesetzten Frist mitzuteilen.

(2) Absatz 1 gilt nicht in den Fällen der Beförderung von Kriegswaffen außerhalb des Bundesgebietes mit deutschen Seeschiffen oder Luftfahrzeugen.

§ 13
Kennzeichnungspflicht

(1) Kriegswaffen, die im Bundesgebiet hergestellt, in das Bundesgebiet eingeführt oder sonst in das Bundesgebiet verbracht werden, müssen ein Zeichen des Herstellers oder des Einführers tragen. Das Zeichen ist an sichtbarer Stelle anzubringen und muß dauerhaft sein.

(2) Kriegswaffen, die im Bundesgebiet hergestellt, in das Bundesgebiet eingeführt oder sonst in das Bundesgebiet verbracht werden, ausgenommen Waffen der Nummern 9, 14, 15, 31, 36, 40 bis 43 und 46 bis 50 der Kriegswaffenliste, sollen außerdem eine fortlaufende Herstellungsnummer tragen.

§ 14
Gestellungs-, Anmelde- und Vorführungspflicht[502]

(1) Kriegswaffen sind, soweit sie nicht schon nach den Zollvorschriften zu gestellen sind, bei der Einfuhr, Ausfuhr und Durchfuhr den vom Bundesministerium der Finanzen bestimmten Zollstellen zu gestellen.

(2) Beim sonstigen Verbringen von Kriegswaffen in das Bundesgebiet oder aus dem Bundesgebiet sind die Kriegswaffen den für die Überwachung dieses Verkehrs zuständigen Zolldienststellen vorzuführen.

§ 15
Inkrafttreten[503]

Diese Verordnung tritt am Tage nach ihrer Verkündung in Kraft.

---

502 Anm. der Red.: § 14 geändert durch das Gesetz über die Zusammenlegung des Bundesamtes für Wirtschaft mit dem Bundesausfuhramt. Vom 21. Dezember 2000 [BGBl. I 2000, Nr. 59, S. 1956]. Gültig ab 1. Januar 2001.
503 Anm. der Red.: Die Verordnung ist am 4. Juni 1961 in Kraft getreten.

Dritte Verordnung zur Durchführung des Gesetzes über die Kontrolle von Kriegswaffen vom 11. Juli 1969

[BGBl. I S. 841],
zuletzt geändert durch Artikel 32 des Gesetzes vom 31. August 2015,
[BGBl. I S. 1474].

Auf Grund des § 23 des Gesetzes über die Kontrolle von Kriegswaffen vom 20. April 1961 (BGBl. I S. 444), geändert durch das Einführungsgesetz zum Gesetz über Ordnungswidrigkeiten vom 24. Mai 1968 (BGBl. I S. 503), in Verbindung mit § 36 Abs. 3 des Gesetzes über Ordnungswidrigkeiten vom 24. Mai 1968 (BGBl. I S. 481) wird verordnet:

§ 1

(1) Die Zuständigkeit des Bundesministeriums für Wirtschaft und Energie zur Verfolgung und Ahndung von Ordnungswidrigkeiten nach dem Gesetz über die Kontrolle von Kriegswaffen wird dem Bundesamt für Wirtschaft und Ausfuhrkontrolle (BAFA) übertragen.

(2) Die Zuständigkeit des Bundesministeriums der Finanzen zur Verfolgung und Ahndung von Ordnungswidrigkeiten nach dem Gesetz über die Kontrolle von Kriegswaffen wird den örtlich zuständigen Hauptzollämtern übertragen.

§ 2

Diese Verordnung tritt am Tage nach ihrer Verkündung in Kraft.

Erste Verordnung über Allgemeine Genehmigungen nach dem Gesetz über die Kontrolle von Kriegswaffen vom 30. Juli 1961

[BAnz. Nr. 150 vom 8. August 1961]
Geändert durch die erste Verordnung zur Änderung der ersten Verordnung über Allgemeine Genehmigungen nach dem KWKG vom 8. Januar 1998
[BGBl. I S. 59]
zuletzt geändert durch das Gesetz vom 6. Juni 2013
[BGBl. I S. 1482]

Auf Grund des § 3 Abs. 4, § 4 Abs. 2 und § 8 Abs. 1 und 4 des Gesetzes über die Kontrolle von Kriegswaffen vom 20. April 1961 (BGBl. I S. 444) verordnet die Bundesregierung:

§ 1

Für die Beförderung von Kriegswaffen durch das Bundesgebiet wird eine Allgemeine Genehmigung erteilt, soweit die Kriegswaffen aus einem Mitgliedstaat der Europäischen Union auf Grund einer Verbringungsgenehmigung dieses Mitgliedstaates versandt werden und die Kriegswaffen zum endgültigen Verbleib in einem anderen Mitgliedstaat der Europäischen Union bestimmt sind.

§ 1a

Für die Beförderung von Kriegswaffen zum Zweck der Einfuhr in das Bundesgebiet wird eine Allgemeine Genehmigung erteilt, soweit die Kriegswaffen aus einem Mitgliedstaat der Europäischen Union versandt werden und Empfänger der Kriegswaffen die Bundeswehr ist.

§ 1b

Für die Beförderung von Kriegswaffen der Nummern 12, 16, 27, 28, 34, 35, 36, 54, 56, 57 und 58 der Kriegswaffenliste zum Zweck der Einfuhr in das Bundesgebiet wird eine Allgemeine Genehmigung erteilt, soweit die Kriegswaffen auf Grund einer Verbringungsgenehmigung aus einem Mitgliedstaat der Europäischen Union versandt werden und Empfänger dieser Kriegswaffen ein im Bundesgebiet ansässiges Unternehmen ist, das gemäß § 9 des Außenwirtschaftsgesetzes in Verbindung mit einer auf Grund dieser Vorschrift erlassenen Rechtsverordnung zertifiziert ist.

§ 1c

Für die Beförderung von Kriegswaffen innerhalb des Bundesgebietes wird eine Allgemeine Genehmigung erteilt, soweit der Versender und der Empfänger im Bundesgebiet ansässige Unternehmen sind, die gemäß § 9 des Außenwirtschaftsgesetzes in Verbindung mit einer auf Grund dieser Vorschrift erlassenen Rechtsverordnung zertifiziert sind.

§ 2

(1) Die Beförderung von Kriegswaffen mit Seeschiffen, die die Bundesflagge führen, wird allgemein genehmigt, soweit

a) die Kriegswaffen außerhalb des Bundesgebietes eingeladen, auf dem Seewege ein und ausgehend ohne Wechsel des Verfrachters durch das Bundesgebiet durchgeführt werden und

b) die Seeschiffe im Bundesgebiet außer zur Abwendung unmittelbarer Gefahr für Besatzung, Schiff oder Ladung nur an Zollandungsplätzen oder in Freihäfen mit anderen Fahrzeugen oder mit dem Land in Verbindung treten und

c) die Kriegswaffen in einem der in § 1 genannten Staaten oder den Vereinigten Staaten von Amerika ausgeladen werden.

(2) Die Beförderung von Kriegswaffen mit Seeschiffen fremder Flagge wird allgemein genehmigt, soweit die Voraussetzungen des Absatzes 1 Buchstabe a und b vorliegen und die Kriegswaffen außerhalb des Bundesgebietes ausgeladen werden.

§ 3

Die Beförderung von Kriegswaffen mit Seeschiffen, die die Bundesflagge führen, oder mit Luftfahrzeugen, die in die Luftfahrzeugrolle der Bundesrepublik eingetragen sind, wird allgemein genehmigt, soweit die Kriegswaffen außerhalb des Bundesgebietes eingeladen, durch das Bundesgebiet nicht durchgeführt und in einem der in §§ 1 oder 2 Abs. 1 Buchstabe c genannten Staaten ausgeladen werden.

§ 3a[504]

Die Allgemeinen Genehmigungen nach den §§ 1 bis 3 gelten nicht für die Beförderung von Antipersonenminen oder Streumunition.

§ 4

Diese Verordnung tritt am Tage nach ihrer Verkündung in Kraft.

---

504 Anm. der Red.: § 3a neu eingefügt durch die erste Verordnung zur Änderung der ersten Verordnung über Allgemeine Genehmigungen nach dem KWKG vom 8. Januar 1998 [BGBl. I S. 59]. Gültig ab 14. Januar 1998.

Zweite Verordnung über eine Allgemeine Genehmigung nach dem Gesetz über die Kontrolle von Kriegswaffen vom 29. Januar 1975

[BGBl. I S. 421]

Auf Grund des § 3 Abs. 4 und § 8 Abs. 1 und 4 des Gesetzes über die Kontrolle von Kriegswaffen vom 20. April 1961 (BGBl. I S. 444), zuletzt geändert durch Artikel 35 des Einführungsgesetzes zum Strafgesetzbuch vom 2. März 1974 (BGBl. I S. 469), verordnet die Bundesregierung:

§ 1

Die Beförderung von Kriegswaffen im Durchgangsverkehr auf den Durchgangsstrecken nach dem deutsch-schweizerischen Abkommen vom 5. Februar 1958 über den Grenz- und Durchgangsverkehr (BGBl. 1960 II S. 2161 und 1971 II S. 1117) wird allgemein genehmigt, soweit Schweizer Bürger die Kriegswaffen als Ordonnanzwaffen mitführen und das im II. Abschnitt des Abkommens vorgeschriebene Verfahren eingehalten wird.

§ 2

Diese Verordnung tritt am Tage nach ihrer Verkündung in Kraft.

Verordnung über Meldepflichten für bestimmte Kriegswaffen (Kriegswaffenmeldeverordnung – KWMV)

Vom 24. Januar 1995 [BGBl. I S. 92]
Geändert durch Artikel 33 V vom 21. Dezember 2000
[BGBl. I S. 1956]

Auf Grund des § 12a Abs. 1 Satz 1 des Gesetzes über die Kontrolle von Kriegswaffen in der Fassung der Bekanntmachung vom 22. November 1990 (BGBl. I S. 2506), der durch Artikel 2 des Gesetzes vom 9. August 1994 (BGBl. I S. 2068) eingefügt worden ist, verordnet die Bundesregierung, und auf Grund des § 36 Abs. 3 des Gesetzes über Ordnungswidrigkeiten in der Fassung der Bekanntmachung vom 19. Februar 1987 (BGBl. I S. 602) verordnet das Bundesministerium für Wirtschaft:

§ 1
Allgemeine Meldepflichten[505]

(1) Unternehmen, die nach § 2 dieser Rechtsverordnung meldepflichtige Kriegswaffen gemäß § 3 Abs. 3 in Verbindung mit Abs. 1 oder 2 des Gesetzes über die Kontrolle von Kriegswaffen in das Bundesgebiet einführen oder aus dem Bundesgebiet ausführen, haben dem Bundesamt für Wirtschaft und Ausfuhrkontrolle (BAFA) schriftlich Anzahl, Kriegswaffennummer, Typenbezeichnung, Datum der Ein oder Ausfuhr sowie bei der Einfuhr den Verwendungszweck und bei der Ausfuhr den Verwendungszweck und das Bestimmungsland zu melden.

(2) Die Meldungen sind spätestens bis zum Ablauf der sechsten Woche eines Kalenderjahres für das vorangegangene Kalenderjahr, erstmals für das Jahr 1994, zu erstatten.

§ 2
Meldepflichtige Kriegswaffen

(1) Kriegswaffen der folgenden Kategorien unterliegen der Meldepflicht:

1. Kampfpanzer der Nummer 24 der Kriegswaffenliste mit einem Leergewicht von mindestens 16,5 metrische t und einer Panzerkanone mit einem Kaliber von mindestens 75 mm,

2. gepanzerte Kampffahrzeuge der Nummer 25 der Kriegswaffenliste, die entweder für den Transport einer Infanteriegruppe von minde- stens 4 Soldaten oder mit einer Rohrwaffe von mindestens 12,5 mm Kaliber oder mit einer Abfeuereinrichtung für Flugkörper ausgerüstet sind,

3. Kanonen, Haubitzen, Mörser der Nummer 31 der Kriegswaffenliste sowie Mehrfachraketenwerfer der Nummern 10 und 11 der Kriegswaffenliste mit einem Kaliber von jeweils mindestens 100 mm,

4. Kampfflugzeuge der Nummer 13 der Kriegswaffenliste,

5. Kampfhubschrauber der Nummer 14 der Kriegswaffenliste,

6. Kriegsschiffe der Nummern 17 bis 22 der Kriegswaffenliste mit einer typenmäßigen Wasserverdrängung von mindestens 750 metrische t oder Ausrüstung mit Flugkörpern oder Torpedos von mindestens 25 km Reichweite,

---

505 Anm. der Red.: § 1 geändert durch die 1. VO zur Änderung der KWMV. Vom 9. Juni 1999 [BGBl. I S. 1266]. Gültig ab 10. Juni 1999.

7. Flugkörper der Nummern 7 bis 9 der Kriegswaffenliste mit einer Reichweite von mindestens 25 km, ausgenommen BodenLuftFlugkörper; Abfeuereinrichtungen der Nummern 10 und 11 der Kriegswaffenliste für solche Flugkörper.

(2) Der Meldepflicht unterliegen auch nicht zusammengebaute oder zerlegte Kriegswaffen nach Absatz 1. Werden Kriegswaffenteile nach und nach ein oder ausgeführt, unterliegt die Gesamtwaffe der Meldepflicht, wenn das letzte Teil ein oder ausgeführt wird.

§ 3
Meldepflichten nach § 7 des Ausführungsgesetzes zum Übereinkommen über das Verbot des Einsatzes, der Lagerung, der Herstellung und der Weitergabe von Antipersonenminen und über deren Vernichtung vom 3. Dezember 1997[506]

(1) Unternehmen oder Privatpersonen, die Antipersonenminen im Sinne von Absatz 2 in ihrem Eigentum oder Besitz haben oder in sonstiger Weise die tatsächliche Gewalt über sie ausüben, haben dem Bundesamt für Wirtschaft und Ausfuhrkontrolle (BAFA) Meldungen abzugeben über

1. die Gesamtzahl aller gelagerten Antipersonenminen, aufgeschlüsselt nach Art und Menge und wenn möglich unter Angabe der Losnummern jeder Art von gelagerten Antipersonenminen,

2. die Art, Menge und nach Möglichkeit über die Losnummern aller für die Entwicklung von Verfahren zur Minensuche, Minenräumung und Minenvernichtung und die Ausbildung in diesen Verfahren zurückbehaltenen oder weitergegebenen Antipersonenminen,

3. den Stand der Programme zur Vernichtung von Antipersonenminen, einschließlich ausführlicher Methoden, die bei der Vernichtung nach Artikel 4 des Übereinkommens über das Verbot des Einsatzes, der Lagerung, der Herstellung und der Weitergabe von Antipersonenminen und über deren Vernichtung vom 3. Dezember 1997 angewandt werden, die Lage aller Vernichtungsstätten und die zu beachtenden einschlägigen Sicherheits- und Umweltschutznormen,

4. die Art und Menge aller Antipersonenminen, die seit dem 1. März 1999 nach Artikel 4 des Übereinkommens über das Verbot des Einsatzes, der Lagerung, der Herstellung und der Weitergabe von Antipersonenminen und über deren Vernichtung vom 3. Dezember 1997 vernichtet worden sind, aufgeschlüsselt nach der Menge der einzelnen Arten und nach Möglichkeit unter Angabe der Losnummern der einzelnen Arten von Antipersonenminen,

5. die technischen Merkmale jeder hergestellten Art von Antipersonenminen, soweit sie bekannt sind, und die Weitergabe von Informationen, die geeignet sind, die Identifizierung und Räumung von Antipersonenminen zu erleichtern; dazu gehören zumindest die Abmessungen, die Zündvorrichtung, der Sprengstoff- und der Metallanteil, Farbfotos und sonstige Informationen, welche die Minenräumung erleichtern können.

(2) Für Antipersonenminen gilt die Begriffsbestimmung des Artikels 2 des Übereinkommens über das Verbot des Einsatzes, der Lagerung, der Herstellung und der Weitergabe von Antipersonenminen und über deren Vernichtung vom 3. Dezember 1997.

(3) Die Meldungen sind spätestens binnen 2 Wochen nach dem 31. März eines jeden Kalenderjahres für das vorangegangene Kalenderjahr, erstmals am 28. Juni 1999 abzugeben.

(4) § 2 Abs. 2 Satz 1 dieser Verordnung gilt entsprechend.

---

506 Anm. der Red.: § 3 neu eingefügt durch die 1. VO zur Änderung der KWMV. Vom 9. Juni 1999 [BGBl. I S. 1266]. Gültig ab 10. Juni 1999.

§ 4
Ordnungswidrigkeiten[507]

Ordnungswidrig im Sinne des § 22b Abs. 1 Nr. 3a des Gesetzes über die Kontrolle von Kriegswaffen handelt, wer vorsätzlich oder fahrlässig entgegen § 1 eine Meldung nicht, nicht richtig, nicht vollständig oder nicht rechtzeitig erstattet.

§ 5
Zuständigkeit des Bundesamtes für Wirtschaft und Ausfuhrkontrolle (BAFA)[508]

Die Zuständigkeit für die Verfolgung und Ahndung von Ordnungswidrigkeiten nach § 4 wird auf das Bundesamt für Wirtschaft und Ausfuhrkontrolle (BAFA) übertragen.

§ 6
Inkrafttreten[509]

Diese Verordnung tritt am Tage nach der Verkündung in Kraft.[510]

---

507 Anm. der Red.: Numerierung gändert durch die 1. VO zur Änderung der KWMV. Vom 9. Juni 1999 [BGBl. I S. 1266]. Gültig ab 10. Juni 1999.
508 Anm. der Red.: Numerierung gändert durch die 1. VO zur Änderung der KWMV. Vom 9. Juni 1999 [BGBl. I S. 1266]. Gültig ab 10. Juni 1999.
509 Anm. der Red.: Numerierung gändert durch die 1. VO zur Änderung der KWMV. Vom 9. Juni 1999 [BGBl. I S. 1266]. Gültig ab 10. Juni 1999.
510 Anm. der Red.: Die Verordnung ist am 27. Januar 1995 verkündet worden.

Verordnung über die Unbrauchbarmachung von Kriegswaffen und über den Umgang mit unbrauchbar gemachten Kriegswaffen (Kriegswaffenunbrauchbarmachungs- und -umgangsverordnung – KrWaffUnbrUmgV) vom 10. August 2018

[BGBl. I S. 1318]

Auf Grund der §§ 13a und 14 Absatz 8 des Gesetzes über die Kontrolle von Kriegswaffen in der Fassung der Bekanntmachung vom 22. November 1990 (BGBl. I S. 2506), die zuletzt durch Artikel 30 Nummer 2 und 3 der Verordnung vom 31. August 2015 (BGBl. I S. 1474) geändert worden sind, und auf Grund des § 36 Absatz 3 des Gesetzes über Ordnungswidrigkeiten in der Fassung der Bekanntmachung vom 19. Februar 1987 (BGBl. I S. 602), der zuletzt durch Artikel 1 Nummer 5 Buchstabe b des Gesetzes vom 26. Januar 1998 (BGBl. I S. 156) geändert worden ist, verordnet das Bundesministerium für Wirtschaft und Energie:

Teil 1
Allgemeines

§ 1
Gegenstand der Verordnung; Begriffsbestimmungen

(1) Diese Verordnung regelt die Unbrauchbarmachung von Kriegswaffen, die dadurch ihre Fähigkeit zum bestimmungsgemäßen Einsatz als Kriegswaffe im Sinne des § 1 Absatz 1 des Gesetzes über die Kontrolle von Kriegswaffen verlieren, und den Umgang mit Kriegswaffen, die unbrauchbar gemacht wurden.

(2) Im Sinne dieser Verordnung

1. ist eine unbrauchbar gemachte Kriegswaffe, eine Kriegswaffe im Sinne des Teils B der Anlage zum Gesetz über die Kontrolle von Kriegswaffen (Kriegswaffenliste), die durch technische Veränderungen endgültig die Fähigkeit zum bestimmungsgemäßen Einsatz verloren hat und nicht mit allgemein gebräuchlichen Werkzeugen wieder funktionsfähig gemacht werden kann;

2. ist eine unbrauchbar gemachte Kriegswaffe fahrfähig, wenn sie mit einem betriebsbereiten Eigenantrieb oder einem Eigenantrieb, der mit allgemein gebräuchlichen Werkzeugen wieder betriebsbereit gemacht werden kann, ausgestattet ist;

3. hat Umgang mit einer unbrauchbar gemachten Kriegswaffe, wer diese erwirbt, besitzt, überlässt, führt, verbringt, mitnimmt, herstellt, bearbeitet, instand setzt oder damit Handel treibt.

Im Übrigen gelten die Begriffsbestimmungen des Abschnitts 2 der Anlage 1 zum Waffengesetz in der jeweils geltenden Fassung entsprechend.

Teil 2
Art und Weise der Unbrauchbarmachung von Kriegswaffen

§ 2
Maßnahmen zur Unbrauchbarmachung; Verwaltungsvorschriften

(1) Die für die Unbrauchbarmachung erforderlichen technischen Veränderungen richten sich nach der Art der Kriegswaffe.

(2) Das Bundesministerium für Wirtschaft und Energie kann durch Allgemeinverfügung die im Einzelfall je nach Art der Kriegswaffe erforderlichen technischen Veränderungen anordnen.

§ 3
Bescheinigung über die Unbrauchbarmachung

(1) Das Bundesministerium für Wirtschaft und Energie kann auf Antrag feststellen, dass eine Kriegswaffe unbrauchbar im Sinne des § 1 Absatz 1 ist, und darüber eine Bescheinigung ausstellen.

(2) Abweichend von Absatz 1 trifft für Abgaben aus Bundeswehrbeständen das Bundesministerium der Verteidigung die Feststellung nach Absatz 1 und stellt eine entsprechende Bescheinigung aus.

(3) Die Unbrauchbarmachung der Kriegswaffe ist vom Antragsteller bei Antragstellung in geeigneter Form nachzuweisen.

Teil 3
Beschränkung des Umgangs mit unbrauchbar gemachten Kriegswaffen

§ 4
Verbote

(1) Kindern und Jugendlichen ist der Umgang mit unbrauchbar gemachten Kriegswaffen verboten.

(2) Der Umgang mit einer fahrfähigen unbrauchbar gemachten Kriegswaffe der Nummer 24 der Kriegswaffenliste oder mit einer fahrfähigen unbrauchbar gemachten Panzerhaubitze der Nummer 31 der Kriegswaffenliste ist verboten.

(3) Es ist verboten,

1. eine unbrauchbar gemachte Kriegswaffe der Nummern 29, 30, 37 oder 46 der Kriegswaffenliste für Dritte erkennbar zu führen oder

2. mit einer fahrfähigen unbrauchbar gemachten Kriegswaffe der Nummern 25 bis 28, 31 – ausgenommen fahrfähige unbrauchbar gemachte Panzerhaubitzen – und 33 der Kriegswaffenliste umzugehen.

Satz 1 Nummer 1 gilt nicht für die Verwendung bei Filmoder Fernsehaufnahmen oder Theateraufführungen.

(4) Die zuständige Behörde kann im Einzelfall eine Ausnahme von den Verboten der Absätze 1 bis 3 genehmigen, wenn besondere Gründe vorliegen und öffentliche Interessen nicht entgegenstehen.

§ 5
Erlaubnispflicht

(1) Wer abweichend von § 4 Absatz 3 Satz 1 Nummer 2 mit einer dort genannten fahrfähigen unbrauchbar gemachten Kriegswaffe innerhalb eigenen oder fremden befriedeten Besitztums umgehen will, bedarf der Erlaubnis. Diese Erlaubnis berechtigt den Inhaber auch zur Beförderung einer in Satz 1 genannten unbrauchbar gemachten Kriegswaffe von einem befriedeten Besitztum zu einem anderen.

(2) Eine Erlaubnis setzt voraus, dass der Antragsteller

1. im Zeitpunkt der Erlaubniserteilung das 18. Lebensjahr vollendet hat,

2. die erforderliche Zuverlässigkeit besitzt und

3. der zuständigen Behörde bei Antragstellung die erforderlichen Vorkehrungen nach § 9 Absatz 3 nachgewiesen hat.

(3) Die Erlaubnis wird nur erteilt, sofern Gründe der öffentlichen Sicherheit oder Ordnung nicht entgegenstehen.

§ 6
Zuverlässigkeit

(1) Die erforderliche Zuverlässigkeit besitzen Personen in der Regel nicht

1. bei denen Tatsachen die Annahme rechtfertigen, dass sie

    a) die fahrfähige unbrauchbar gemachte Kriegswaffe missbräuchlich oder leichtfertig verwenden werden,

    b) mit der fahrfähigen unbrauchbar gemachten Kriegswaffe nicht vorsichtig oder sachgemäß umgehen oder diese nicht sorgfältig verwahren werden oder

    c) die fahrfähige unbrauchbar gemachte Kriegswaffe Personen überlassen werden, die zum Umgang mit dieser nicht berechtigt sind;

2. die gegen § 4 oder die Umgangsregeln im Sinne des § 9 verstoßen haben.

(2) Zur Überprüfung der Zuverlässigkeit hat der Antragsteller bei Antragstellung ein Führungszeugnis im Sinne des § 30 Absatz 1 Satz 1 des Bundeszentralregistergesetzes nach Maßgabe des § 30 Absatz 5 des Bundeszentralregistergesetzes vorzulegen, das nicht älter als drei Monate sein darf.

§ 7
Ausnahmen von der Erlaubnispflicht

(1) Einer Erlaubnis nach § 5 für den Umgang mit einer dort genannten unbrauchbar gemachten Kriegswaffe bedarf nicht,

1. wer mit dieser mit Zustimmung eines Erlaubnisinhabers unter Aufsicht innerhalb eines befriedeten Besitztums umgeht,

2. wer diese für einen Erlaubnisinhaber von einem befriedetem Besitztum oder zu einem befriedetem Besitztum befördert oder

3. wer für diese vor deren Unbrauchbarmachung eine nach dem Gesetz über die Kontrolle von Kriegswaffen erteilte Genehmigung innehatte.

(2) Die zuständige Behörde kann im Einzelfall weitere Ausnahmen von der Erlaubnispflicht genehmigen, wenn besondere Gründe vorliegen und Belange der öffentlichen Sicherheit und Ordnung nicht entgegenstehen.

§ 8
Inhaltliche Beschränkungen; Nebenbestimmungen

(1) Eine Erlaubnis nach dieser Verordnung kann zur Abwehr von Gefahren für die öffentliche Sicherheit und Ordnung inhaltlich beschränkt werden.

(2) Zu dem in Absatz 1 genannten Zweck können Erlaubnisse befristet oder mit Auflagen verbunden werden. Auflagen können nachträglich aufgenommen oder geändert werden.

§ 9
Umgangsregeln für fahrfähige unbrauchbar gemachte Kriegswaffen

(1) Sofern bei einer fahrfähigen unbrauchbar gemachten Kriegswaffe der Nummern 25 bis 28, 31 – ausgenommen fahrfähige unbrauchbar gemachte Panzerhaubitzen – und 33 der Kriegswaffenliste Ausschnitte in der Panzerung mit handelsüblichem Blech verkleidet sind, muss der genaue Verlauf der Verkleidung, zumindest aus dem Innenraum des Fahrzeugs, deutlich erkennbar sein.

(2) Wer eine fahrfähige unbrauchbar gemachte Kriegswaffe besitzt, hat sicherzustellen, dass diese nicht abhandenkommen kann oder Dritte sie unbefugt an sich nehmen können.

(3) Wer eine fahrfähige unbrauchbar gemachte Kriegswaffe besitzt oder die Erteilung einer Erlaubnis nach § 5 beantragt hat, hat der zuständigen Behörde die zur Erfüllung der Pflicht nach Absatz 2 erforderlichen Vorkehrungen nachzuweisen.

§ 10
Anzeigepflichten

(1) Wer eine unbrauchbar gemachte Kriegswaffe, deren Umgang nach dieser Verordnung verboten ist oder einer Erlaubnis bedarf,

1. beim Tode eines Besitzers, als Finder oder in ähnlicher Weise,

2. als Insolvenzverwalter, Zwangsverwalter, Gerichtsvollzieher oder in ähnlicher Weise in Besitz nimmt, hat dies der zuständigen Behörde unverzüglich anzuzeigen. § 11 Absatz 2 gilt entsprechend.

(2) Wem

1. eine unbrauchbar gemachte Kriegswaffe, deren Umgang nach dieser Verordnung verboten ist oder einer Genehmigung oder Erlaubnis bedarf oder

2. eine Ausfertigung einer Genehmigungsurkunde oder einer Erlaubnisurkunde

abhandengekommen ist, hat dies der zuständigen Behörde unverzüglich anzuzeigen.

§ 11
Weitere Maßnahmen

(1) Wird eine Genehmigung nach § 4 Absatz 4 oder § 7 Absatz 2 oder eine Erlaubnis nach § 5 zurückgenommen oder widerrufen, so hat der Inhaber alle Ausfertigungen der Genehmigungsurkunde oder der Erlaubnisurkunde der zuständigen Behörde unverzüglich zurückzugeben.

(2) Hat jemand ohne Genehmigung oder Erlaubnis Umgang mit einer unbrauchbar gemachten Kriegswaffe, so kann die zuständige Behörde die unbrauchbar gemachte Kriegswaffe sicherstellen oder anordnen, dass sie binnen angemessener Frist vernichtet oder einem Berechtigten überlassen wird und dies der zuständigen Behörde nachgewiesen wird.

(3) Gegenüber Personen, die auf Grund von § 7 Absatz 1 Nummer 3 Umgang mit fahrfähigen unbrauchbar gemachten Kriegswaffen haben, können zur Abwehr von Gefahren für die öffentliche Sicherheit und Ordnung Anordnungen getroffen und insbesondere der Umgang mit diesen untersagt werden.

Teil 4
Ausnahmen vom Anwendungsbereich

§ 12
Durchfuhren

Teil 3 dieser Verordnung gilt nicht für Durchfuhren im Sinne des § 2 Absatz 9 des Außenwirtschaftsgesetzes.

§ 13
Behörden und Stellen in staatlicher Trägerschaft

Teil 3 dieser Verordnung gilt nicht für

1. die obersten Bundes- und Landesbehörden,

2. die Bundeswehr und die in der Bundesrepublik stationierten ausländischen Streitkräfte,

3. die Polizeien des Bundes und der Länder,

4. die Zollverwaltung,

5. Museen und Sammlungen in staatlicher Trägerschaft,

6. Gesellschaften, die ausgemusterte Kriegswaffen des Bundes oder der Länder verwerten und deren Gesellschafter ausschließlich der Bund oder Länder sind,

und deren Bedienstete, soweit sie dienstlich oder im Rahmen ihres Arbeitsverhältnisses tätig werden.

Teil 5
Schlussvorschriften

§ 14
Zuständigkeit

Zuständige Behörde ist das Bundesamt für Wirtschaft und Ausfuhrkontrolle.

§ 15
Formerfordernisse

(1) Soweit nichts anderes bestimmt ist, bedürfen die Verwaltungsakte nach dieser Verordnung der Schriftform. Die zuständige Behörde kann durch Allgemeinverfügung, die im Bundesanzeiger bekannt zu machen ist, vorschreiben, dass der Erlass eines Verwaltungsakts nach dieser Verordnung auf einem besonderen Vordruck beantragt werden muss. § 3a des Verwaltungsverfahrensgesetzes ist nicht anzuwenden.

(2) Die zuständige Behörde kann durch Allgemeinverfügung, die im Bundesanzeiger bekannt zu machen ist, festlegen, von welchem Zeitpunkt an und unter welchen Voraussetzungen Anträge auf Erlass eines Verwaltungsakts nach dieser Verordnung elektronisch gestellt und Verwaltungsakte elektronisch erlassen werden können.

§ 16
Ordnungswidrigkeiten

(1) Ordnungswidrig im Sinne des § 22b Absatz 1 Nummer 3a des Gesetzes über die Kontrolle von Kriegswaffen handelt, wer vorsätzlich oder fahrlässig

1.   entgegen § 4 Absatz 2 mit einer dort genannten unbrauchbar gemachten Kriegswaffe oder Panzerhaubitze umgeht,

2.   entgegen § 4 Absatz 3 Satz 1 Nummer 1 eine dort genannte unbrauchbar gemachte Kriegswaffe für Dritte führt,

3.   entgegen § 4 Absatz 3 Satz 1 Nummer 2 mit einer dort genannten unbrauchbar gemachten Kriegswaffe umgeht,

4.   entgegen § 9 Absatz 2 nicht sicherstellt, dass eine dort genannte unbrauchbar gemachte Kriegswaffe nicht abhandenkommt oder Dritte sie nicht an sich nehmen können,

5.   entgegen § 10 Absatz 1 Satz 1 oder § 10 Absatz 2 eine Anzeige nicht, nicht richtig, nicht vollständig oder nicht rechtzeitig erstattet oder

6.   entgegen § 11 Absatz 1 eine dort genannte Ausfertigung nicht, nicht richtig, nicht vollständig oder nicht rechtzeitig zurückgibt.

(2) Die Zuständigkeit für die Verfolgung und Ahndung von Ordnungswidrigkeiten nach Absatz 1 wird auf das Bundesamt für Wirtschaft und Ausfuhrkontrolle übertragen.

§ 17
Übergangsvorschriften

(1) Personen, die am 1. September 2018 Umgang mit fahrfähigen unbrauchbar gemachten Kriegswaffen der Nummer 24 oder fahrfähigen unbrauchbar gemachten Panzerhaubitzen der Nummer 31 der Kriegswaffen liste haben, haben spätestens bis zum Ablauf des 28. Februar 2019 eine Genehmigung nach § 4 Absatz 4 zu beantragen. Bis zur bestandskräftigen oder rechtskräftigen Entscheidung über den Antrag, gilt der Umgang als vorläufig genehmigt.

(2) Personen, die am 1. September 2018 Umgang mit fahrfähigen unbrauchbar gemachten Kriegswaffen der Nummern 25 bis 28, 31 – ausgenommen fahrfähige unbrauchbar gemachte Panzerhaubitzen – und 33 der Kriegswaffenliste haben, haben spätestens bis zum Ablauf des 28. Februar 2019 eine Erlaubnis nach § 5 Absatz 1 zu beantragen. Bis zur bestandskräftigen oder rechtskräftigen Entscheidung über den Antrag gilt der Umgang als vorläufig erlaubt.

§ 18
Inkrafttreten, Außerkrafttreten

Diese Verordnung tritt am 1. September 2018 in Kraft. Gleichzeitig tritt die Verordnung über den Umgang mit unbrauchbar gemachten Kriegswaffen vom 1. Juli 2004 (BGBl. I S. 1448) außer Kraft.

Anhang 5: Die ICT-Richtlinie

Richtlinie 2009/43/EG des Europäischen Parlaments und des Rates zur Vereinfachung der Bedingungen für die innergemeinschaftliche Verbringung von Verteidigungsgütern

vom 6. Mai 2009

[ABl. (EU) L 146/1 vom 10.06.2009]

zuletzt geändert durch die Richtlinie (EU) 2017/2054 der Kommission

vom 8. November 2017

[ABl. (EU) L 311/1 vom 25.11.2017]

DAS EUROPÄISCHE PARLAMENT UND DER RAT DER EUROPÄISCHEN UNION –

gestützt auf den Vertrag zur Gründung der Europäischen Gemeinschaft, insbesondere auf Artikel 95, auf Vorschlag der Kommission,

nach Stellungnahme des Europäischen Wirtschafts- und Sozialausschusses[511],

gemäß dem Verfahren des Artikels 251 des Vertrags[512],

in Erwägung nachstehender Gründe:

(1) Der Vertrag sieht die Errichtung eines Binnenmarktes vor, wozu die Beseitigung der Hindernisse für den freien Waren- und Dienstleistungsverkehr zwischen den Mitgliedstaaten und die Errichtung eines Systems gehören, das den Wettbewerb innerhalb des Binnenmarktes vor Verzerrungen schützt.

(2) Die Vertragsbestimmungen zur Errichtung des Binnenmarktes gelten für alle Waren und Dienstleistungen, die gegen Entgelt geliefert bzw. erbracht werden, einschließlich Verteidigungsgütern; jedoch schließen diese Vertragsbestimmungen nicht aus, dass die Mitgliedstaaten unter bestimmten Umständen in Einzelfällen andere Maßnahmen ergreifen, die ihres Erachtens für die Wahrung ihrer wesentlichen Sicherheitsinteressen erforderlich sind.

(3) Die Rechts- und Verwaltungsvorschriften der Mitgliedstaaten über die innergemeinschaftliche Verbringung von Verteidigungsgütern sind unterschiedlich, was den Verkehr mit diesen Gütern behindern und den Wettbewerb innerhalb des Binnenmarktes verzerren kann und dadurch die Innovation, die industrielle Zusammenarbeit und die Wettbewerbsfähigkeit der Verteidigungsindustrie in der Europäischen Union behindert.

(4) Das Ziel der Rechts- und Verwaltungsvorschriften der Mitgliedstaaten besteht in der Regel u. a. darin, die Menschen rechte zu schützen sowie Frieden, Sicherheit und Stabilität zu gewährleisten, indem Ausfuhr und Verbreitung von Verteidigungsgütern in Drittländer sowie andere Mitgliedstaaten streng kontrolliert und beschränkt werden.

(5) Derartige Beschränkungen für den innergemeinschaftlichen Verkehr mit Verteidigungsgütern lassen sich nicht vollständig abschaffen, indem die Grundsätze des freien Waren- und Dienstleistungsverkehrs gemäß dem Vertrag unmittelbar angewendet werden, da diese Beschränkungen im Einzelfall

---

511 Stellungnahme vom 23. Oktober 2008 (noch nicht im Amtsblatt veröffentlicht).

512 Stellungnahme des Europäischen Parlaments vom 16. Dezember 2008 (noch nicht im Amtsblatt veröffentlicht) und Beschluss des Rates vom 23. April 2009.

möglicherweise gemäß Artikel 30 oder 296 des Vertrags gerechtfertigt sind; diese Vorschriften bleiben für die Mitgliedstaaten weiterhin anwendbar, sofern ihre Voraussetzungen erfüllt sind.

(6) Deshalb ist es erforderlich, die einschlägigen Rechts- und Verwaltungsvorschriften der Mitgliedstaaten so anzugleichen, dass die innergemeinschaftliche Verbringung von Verteidigungsgütern vereinfacht und damit das reibungslose Funktionieren des Binnenmarktes sichergestellt wird. Diese Richtlinie betrifft lediglich die Vorschriften und Verfahren, soweit Verteidigungsgüter betroffen sind, und berührt folglich nicht die Politik der Mitgliedstaaten bezüglich der Verbringung von Verteidigungsgütern.

(7) Die Vereinheitlichung der einschlägigen Rechts- und Verwaltungsvorschriften der Mitgliedstaaten sollte weder deren internationale Verpflichtungen und Bindungen noch das Ermessen der Mitgliedstaaten im Hinblick auf die Politik der Ausfuhr von Verteidigungsgütern beeinträchtigen.

(8) Die Mitgliedstaaten sollten weiterhin die Möglichkeit haben, die zwischenstaatliche Zusammenarbeit unter Beachtung der Vorschriften dieser Richtlinie fortzusetzen und weiterzuentwickeln.

(9) Diese Richtlinie sollte nicht für Verteidigungsgüter gelten, die durch das Gebiet der Gemeinschaft lediglich durchgeführt werden, also Güter, die nicht einer anderen zollrechtlich zulässigen Behandlung oder Verwendung als dem externen Versandverfahren zugeführt werden oder die lediglich in eine Freizone oder ein Freilager verbracht werden, wo sie nicht in bewilligten Bestandsaufzeichnungen erfasst werden müssen.

(10) Diese Richtlinie sollte für alle Verteidigungsgüter, einschließlich ihrer Teilsysteme und Technologien, gemäß der Gemeinsamen Militärgüterliste der Europäischen Union[513] gelten.

(11) Diese Richtlinie beeinträchtigt weder die Durchführung der vom Rat auf der Grundlage von Artikel J.3 des Vertrags über die Europäische Union beschlossenen Gemeinsamen Aktion 97/817/ GASP vom 28. November 1997 über Antipersonenminen[514] noch die Ratifizierung und Umsetzung des am 3. Dezember 2008 in Oslo unterzeichneten Übereinkommens über Streumunition durch die Mitgliedstaaten.

(12) Die Ziele der Rechts- und Verwaltungsvorschriften der Mitgliedstaaten, die die Verbringung von Verteidigungsgütern beschränken, bestehen im Allgemeinen darin, die Menschenrechte zu schützen sowie Frieden, Sicherheit und Stabilität zu gewährleisten; diese Ziele erfordern es, dass die innergemeinschaftliche Verbringung dieser Güter der Genehmigungspflicht im Ursprungsmitgliedstaat und Garantien in den Bestimmungsmitgliedstaaten unterworfen bleibt.

(13) In Anbetracht der in dieser Richtlinie festgelegten Maßnahmen zur Erreichung dieser Ziele würde für die Mitgliedstaaten vorbehaltlich der Artikel 30 und 296 des Vertrags kein Bedarf bestehen, weitere Beschränkungen zur Erreichung dieser Ziele einzuführen oder aufrechtzuerhalten.

(14) Diese Richtlinie sollte nicht die Anwendung von Bestimmungen beschränken, die aus Gründen der öffentlichen Ordnung oder der öffentlichen Sicherheit erforderlich sind. Angesichts der Natur und der Merkmale von Verteidigungsgütern sind Gründe der öffentlichen Ordnung wie etwa die Verkehrssicherheit, die Sicherheit der Lagerung, das Risiko der Umleitung und die Vorbeugung von Straftaten von besonderer Bedeutung für die Zwecke dieser Richtlinie.

(15) Diese Richtlinie beeinträchtigt nicht die Anwendung der Richtlinie 91/477/EWG des Rates vom 18. Juni 1991 über die Kontrolle des Erwerbs und des Besitzes von Waffen[515], insbesondere die Anforderungen an den Verkehr mit Waffen innerhalb der Gemeinschaft. Diese Richtlinie beeinträchtigt auch

---

513 ABl. L 88 vom 29.3.2007, S. 58.
514 ABl. L 338 vom 9.12.1997, S. 1.
515 ABl. L 256 vom 13.9.1991, S. 51.

nicht die Anwendung der Richtlinie 93/15/EWG des Rates vom 5. April 1993 zur Harmonisierung der Bestimmungen über das Inverkehrbringen und die Kontrolle von Explosivstoffen für zivile Zwecke[516], insbesondere die Vorschriften über die Verbringung von Munition.

(16) Für jede innergemeinschaftliche Verbringung von Verteidigungsgütern sollte eine vorherige Erlaubnis in Form einer Allgemein-, Global- oder Einzelgenehmigung erforderlich sein, die der Mitgliedstaat, aus dessen Hoheitsgebiet der Lieferant Verteidigungsgüter verbringen will, erteilt oder veröffentlicht. Die Mitgliedstaaten sollten in der Lage sein, in spezifischen, in dieser Richtlinie aufgelisteten Fällen Verbringungen von Verteidigungsgütern von der Verpflichtung zur vorherigen Genehmigung auszunehmen.

(17) Den Mitgliedstaaten sollte es frei stehen, eine vorherige Genehmigung abzulehnen oder zu gewähren. Gemäß den Grundsätzen des Binnenmarktes sollte die jeweilige Genehmigung in der gesamten Gemeinschaft gültig sein, und für die Durchfuhr durch andere Mitgliedstaaten oder den Zugang zum Hoheitsgebiet anderer Mitgliedstaaten sollten keine weiteren Genehmigungen erforderlich sein.

(18) Die Mitgliedstaaten sollten die geeignete Art von Genehmigungen für Verteidigungsgüter oder Gruppen von Verteidigungsgütern für jeden einzelnen Typ von Verbringung festlegen und bestimmen, mit welchen Bedingungen die jeweilige Genehmigung entsprechend der Sensitivität der Verbringung zu versehen ist.

(19) Im Fall von Bestandteilen sollten die Mitgliedstaaten so weit wie möglich von der Anordnung von Ausfuhrbeschränkungen zugunsten der Anerkennung von Erklärungen der Empfänger über die Verwendung absehen, wobei sie berücksichtigen, in welchem Ausmaß diese Bestandteile in die vom Empfänger hergestellten Güter integriert werden.

(20) Die Mitgliedstaaten sollten die Empfänger von Genehmigungen für die Verbringung in nicht-diskriminierender Art und Weise festlegen, sofern nichts anderes zur Wahrung ihrer wesentlichen Sicherheitsinteressen erforderlich ist.

(21) Damit die Verbringung von Verteidigungsgütern vereinfacht wird, sollten die Mitgliedstaaten Allgemeingenehmigungen veröffentlichen, mit denen jedem Unternehmen, das die in der jeweiligen Allgemeingenehmigung festgelegten Voraussetzungen und Bedingungen erfüllt, erlaubt wird, Verteidigungsgüter zu verbringen.

(22) Für die Verbringung von Verteidigungsgütern an Streitkräfte sollte eine Allgemeingenehmigung veröffentlicht werden, damit die Versorgungssicherheit für alle Mitgliedstaaten, die diese Güter innerhalb der Gemeinschaft beschaffen, erheblich verbessert wird.

(23) Für die Verbringung von Bestandteilen an zertifizierte Unternehmen der europäischen Verteidigungsindustrie sollte eine Allgemeingenehmigung veröffentlicht werden, damit die Zusammenarbeit zwischen diesen Unternehmen und deren Integration gefördert wird, indem insbesondere die Lieferkette optimiert und Wettbewerbsvorteile ermöglicht werden.

(24) Mitgliedstaaten, die an einem Programm zur zwischenstaatlichen Zusammenarbeit teilnehmen, sollten Allgemeingenehmigungen für Verbringungen von Verteidigungsgütern an Empfänger in anderen teilnehmenden Mitgliedstaaten veröffentlichen können, wenn die Verbringungen zur Durchführung dieses Programms erforderlich sind. Dies würde für Unternehmen mit Sitz in den teilnehmenden Mitgliedstaaten die Bedingungen für die Teilnahme an Programmen zur zwischenstaatlichen Zusammenarbeit verbessern.

---

516 ABl. L 121 vom 15.5.1993, S. 20.

(25) Darüber hinaus sollten die Mitgliedstaaten in der Lage sein, Allgemeingenehmigungen zu veröffentlichen, um Fälle zu berücksichtigen, in denen die Risiken für den Schutz der Menschenrechte, des Friedens, der Sicherheit und der Stabilität in Anbetracht der Eigenschaften der Güter und der Empfänger sehr gering sind.

(26) Kann eine Allgemeingenehmigung nicht veröffentlicht werden, sollten die Mitgliedstaaten auf Antrag einzelnen Unternehmen, außer in den in dieser Richtlinie genannten Fällen, Globalgenehmigungen erteilen. Die Mitgliedstaaten sollten verlängerbare Globalgenehmigungen erteilen können.

(27) Die Unternehmen sollten die zuständigen Behörden über die Inanspruchnahme von Allgemeingenehmigungen informieren, um die Menschenrechte, den Frieden, die Sicherheit und die Stabilität zu gewährleisten und eine transparente Berichterstattung über die Verbringung von Verteidigungsgütern im Hinblick auf parlamentarische Kontrolle zu ermöglichen.

(28) Die Mitgliedstaaten sollten bei der Festlegung der Bedingungen für Allgemein-, Global- und Einzelgenehmigungen einen ausreichend großen Spielraum haben, um ihre Zusammenarbeit in dem bereits bestehenden Rahmen internationaler Ausfuhrkontrollregime fortsetzen zu können. Da es im Ermessen der einzelnen Mitgliedstaaten liegt und künftig auch liegen sollte, eine Ausfuhr zu genehmigen oder abzulehnen, sollte sich diese Zusammenarbeit nur auf eine freiwillige Koordinierung der Ausfuhrpolitik stützen.

(29) Damit die schrittweise Ersetzung der vorherigen Kontrolle einzelner Lieferungen durch die nachfolgende Allgemeinkontrolle im Ursprungsmitgliedstaat der Verteidigungsgüter ausgeglichen wird, sollten Voraussetzungen für gegenseitiges Vertrauen geschaffen werden, indem Garantien dafür vorgesehen werden, dass keine Verteidigungsgüter entgegen etwaigen Ausfuhrbeschränkungen in Drittländer ausgeführt werden. Dieser Grundsatz sollte ebenfalls in den Fällen beachtet werden, in denen Verteidigungsgüter Gegenstand mehrerer Verbringungen zwischen Mitgliedstaaten sind, ehe sie in ein Drittland ausgeführt werden.

(30) Die Mitgliedstaaten arbeiten im Rahmen des Gemeinsamen Standpunkts 2008/944/GASP des Rates vom 8. Dezember 2008 betreffend gemeinsame Regeln für die Kontrolle der Ausfuhr von Militärtechnologie und Militärgütern[517] zusammen, indem sie gemeinsame Kriterien anwenden und Mitteilungen über Ablehnungen und Konsultationen nutzen, um die Umsetzung ihrer Politiken betreffend die Ausfuhr von Verteidigungsgütern in Drittländer anzugleichen. Diese Richtlinie sollte nicht die Möglichkeit der Mitgliedstaaten beeinträchtigen, die Bedingungen für die Genehmigung zur Verbringung von Verteidigungsgütern festzulegen, einschließlich etwaiger Ausfuhrbeschränkungen, insbesondere wenn dies zum Zwecke der Zusammenarbeit im Rahmen jenes Gemeinsamen Standpunkts notwendig ist.

(31) Die Lieferanten sollten die Empfänger über etwaige mit einer Genehmigung zur Verbringung von Verteidigungsgütern verbundene Beschränkungen informieren, um auf beiden Seiten Vertrauen in die Fähigkeit der Empfänger zu schaffen, diese Beschränkungen nach der Verbringung einzuhalten, insbesondere bei einem Antrag auf Ausfuhr in ein Drittland.

(32) Es sollte die Sache der Unternehmen sein, zu beurteilen, ob die Vorteile, die sich aus dem Bezug von Verteidigungsgütern im Rahmen einer Allgemeingenehmigung ergeben, einen Antrag auf Zertifizierung rechtfertigen. Für die Verbringung innerhalb einer Unternehmensgruppe sollte eine Allgemeingenehmigung möglich sein, wenn die Teile dieser Unternehmensgruppe in den jeweiligen Mitgliedstaaten der Niederlassung zertifiziert sind.

---

517 ABl. L 335 vom 13.12.2008, S. 99.

(33) Für die Zertifizierung sind gemeinsame Kriterien erforderlich, damit sich auf beiden Seiten Vertrauen aufbauen kann, insbesondere in die Fähigkeit der Empfänger, die Ausfuhrbeschränkungen für Verteidigungsgüter einzuhalten, die im Rahmen einer Genehmigung aus einem anderen Mitgliedstaat empfangen werden.

(34) Um das gegenseitige Vertrauen zu stärken, sollten die Empfänger von Verteidigungsgütern davon absehen, diese auszuführen, sofern die Genehmigung Ausfuhrbeschränkungen vorsieht.

(35) Die Unternehmen sollten bei der Beantragung einer Ausfuhrgenehmigung für Drittländer den zuständigen Behörden mitteilen, ob sie etwaige Beschränkungen eingehalten haben, die für die Ausfuhr des Verteidigungsgutes gelten und vom Mitgliedstaat festgelegt wurden, der die Genehmigung zur Verbringung erteilt hat. In diesem Zusammenhang wird daran erinnert, dass der Mechanismus der Konsultation zwischen den Mitgliedstaaten, wie er im Gemeinsamen Standpunkt 2008/944/GASP vorgesehen ist, weiterhin von besonderer Bedeutung ist.

(36) Die Unternehmen sollten zum Zeitpunkt der Ausfuhr eines im Rahmen einer Genehmigung zur Verbringung empfangenen Verteidigungsgutes in ein Drittland gegenüber der zuständigen Zollbehörde an der gemeinsamen Außengrenze der Gemeinschaft einen Nachweis über die Ausfuhrgenehmigung erbringen.

(37) Die Liste der Verteidigungsgüter im Anhang sollte in voller Übereinstimmung mit der Gemeinsamen Militärgüterliste der Europäischen Union aktualisiert werden.

(38) Für den schrittweisen Aufbau gegenseitigen Vertrauens ist es erforderlich, dass die Mitgliedstaaten wirksame Maßnahmen – einschließlich von Sanktionen – festlegen, die die Durchsetzung der Bestimmungen dieser Richtlinie gewährleisten können, insbesondere der Bestimmungen darüber, dass die Unternehmen sich an die gemeinsamen Kriterien für die Zertifizierung und die Beschränkungen für die Weiterverwendung von Verteidigungsgütern nach der Verbringung halten müssen.

(39) In Fällen, in denen bei einem Ursprungsmitgliedstaat begründete Zweifel darüber bestehen, ob ein zertifizierter Empfänger eine Beschränkung einer Allgemeingenehmigung dieses Mitgliedstaats einhalten wird, oder in denen ein die Genehmigung ausstellender Mitgliedstaat der Auffassung ist, dass die öffentliche Ordnung, die öffentliche Sicherheit oder seine wesentlichen Sicherheitsinteressen beeinträchtigt werden könnten, sollte dieser nicht nur die anderen Mitgliedstaaten und die Kommission unterrichten, sondern auch – angesichts seiner Pflicht, die Menschenrechte zu schützen sowie Frieden, Sicherheit und Stabilität zu gewährleisten – in der Lage sein, die Gültigkeit der Genehmigung zur Verbringung in Bezug auf das betreffende Unternehmen vorläufig auszusetzen.

(40) Zur Stärkung des gegenseitigen Vertrauens sollte die Anwendung der Rechts- und Verwaltungsvorschriften, die die Mitgliedstaaten erlassen, um dieser Richtlinie nachzukommen, erst zu einem späteren Zeitpunkt erfolgen. Dies würde es erlauben, vor der Anwendung dieser Bestimmungen die Fortschritte auf der Grundlage eines Kommissionsberichts zu bewerten, der wiederum auf Informationen der Mitgliedstaaten über die ergriffenen Maßnahmen beruht.

(41) Die Kommission sollte regelmäßig einen Bericht über die Durchführung dieser Richtlinie veröffentlichen; der Bericht kann gegebenenfalls Legislativvorschläge enthalten.

(42) Diese Richtlinie berührt nicht die Existenz oder die Vollendung regionaler Zusammenschlüsse zwischen Belgien und Luxemburg sowie zwischen Belgien, Luxemburg und den Niederlanden gemäß Artikel 306 des Vertrags.

(43) Da das Ziel dieser Richtlinie, nämlich die Vorschriften und Verfahren für die innergemeinschaftliche Verbringung von Verteidigungsgütern zu vereinfachen, um das reibungslose Funktionieren des Binnenmarktes sicherzustellen, auf Ebene der Mitgliedstaaten in Anbetracht der unterschiedlichen

Genehmigungssysteme und des grenzüberschreitenden Charakters von Verbringungen nicht ausreichend verwirklicht werden kann und daher besser auf Gemeinschaftsebene zu verwirklichen ist, kann die Gemeinschaft im Einklang mit dem in Artikel 5 des Vertrags niedergelegten Subsidiaritätsprinzip tätig werden. Entsprechend dem in demselben Artikel genannten Grundsatz der Verhältnismäßigkeit geht diese Richtlinie nicht über das zur Erreichung dieses Ziels erforderliche Maß hinaus.

(44) Die zur Durchführung dieser Richtlinie erforderlichen Maßnahmen sollten gemäß dem Beschluss 1999/468/EG des Rates vom 28. Juni 1999 zur Festlegung der Modalitäten für die Ausübung der der Kommission übertragenen Durchführungsbefugnisse[518] erlassen werden.

(45) Insbesondere sollte die Kommission die Befugnis erhalten, den Anhang zu aktualisieren. Da es sich hierbei um Maßnahmen von allgemeiner Tragweite handelt, die eine Änderung nicht wesentlicher Bestimmungen dieser Richtlinie bewirken, sind diese Maßnahmen nach dem Regelungsverfahren mit Kontrolle des Artikels 5a des Beschlusses 1999/468/EG zu erlassen.

(46) Nach Nummer 34 der Interinstitutionellen Vereinbarung über bessere Rechtsetzung[519] sind die Mitgliedstaaten aufgefordert, für ihre eigenen Zwecke und im Interesse der Gemeinschaft eigene Tabellen aufzustellen, aus denen im Rahmen des Möglichen die Entsprechungen zwischen der vorliegenden Richtlinie und den Umsetzungsmaßnahmen zu entnehmen sind, und diese zu veröffentlichen –

HABEN FOLGENDE RICHTLINIE ERLASSEN:

Kapitel 1: GEGENSTAND, ANWENDUNGSBEREICH UND BEGRIFFSBESTIMMUNGEN

Artikel 1
Gegenstand

(1) Ziel dieser Richtlinie ist es, die Vorschriften und Verfahren für die innergemeinschaftliche Verbringung von Verteidigungsgütern zu vereinfachen, um das reibungslose Funktionieren des Binnenmarktes sicherzustellen.

(2) Diese Richtlinie beeinträchtigt nicht das Ermessen der Mitgliedstaaten in Bezug auf die Politik der Ausfuhr von Verteidigungsgütern.

(3) Die Anwendung dieser Richtlinie unterliegt den Artikeln 30 und 296 des Vertrags.

(4) Diese Richtlinie beeinträchtigt nicht die Möglichkeit der Mitgliedstaaten, ihre zwischenstaatliche Zusammenarbeit unter Beachtung der Vorschriften dieser Richtlinie fortzuführen und weiterzuentwickeln.

Artikel 2
Anwendungsbereich

Diese Richtlinie gilt für die im Anhang aufgeführten Verteidigungsgüter.

---

518 ABl. L 184 vom 17.7.1999, S. 23.
519 ABl. C 321 vom 31.12.2003, S. 1.

Artikel 3
Begriffsbestimmungen

Im Sinne dieser Richtlinie bezeichnet der Ausdruck

1. „Verteidigungsgut" jedes im Anhang aufgeführte Gut;

2. „Verbringung" die Lieferung oder Beförderung eines Verteidigungsgutes von einem Lieferanten an einen bzw. zu einem Empfänger in einem anderen Mitgliedstaat;

3. „Lieferant" die juristische oder natürliche Person mit Niederlassung in der Gemeinschaft, die aus rechtlicher Sicht für eine Verbringung verantwortlich ist;

4. „Empfänger" die juristische oder natürliche Person mit Sitz in der Gemeinschaft, die aus rechtlicher Sicht dafür verantwortlich ist, das Verteidigungsgut in Empfang zu nehmen;

5. „Genehmigung" die einem Lieferanten von einer nationalen Behörde eines Mitgliedstaats erteilte Erlaubnis zur Lieferung von Verteidigungsgütern an einen Empfänger in einem anderen Mitgliedstaat;

6. „Ausfuhrgenehmigung" eine Erlaubnis zur Lieferung von Verteidigungsgütern an eine juristische oder natürliche Person in einem Drittstaat;

7. „Durchfuhr" die Beförderung von Verteidigungsgütern durch einen oder mehrere Mitgliedstaaten, bei denen es sich nicht um den Ursprungs- und den Bestimmungsmitgliedstaat handelt.

Kapitel II: GENEHMIGUNGEN

Artikel 4
Allgemeine Bestimmungen

(1) Die Verbringung von Verteidigungsgütern zwischen Mitgliedstaaten unterliegt der vorherigen Genehmigung. Für die Durchfuhr von Verteidigungsgütern durch andere Mitgliedstaaten oder den Zugang zum Hoheitsgebiet des Mitgliedstaats, in dem der Empfänger ansässig ist, ist keine zusätzliche Genehmigung durch andere Mitgliedstaaten erforderlich; dies gilt unbeschadet der Anwendung von Bestimmungen, die aus Gründen der öffentlichen Sicherheit oder der öffentlichen Ordnung, wie unter anderem der Sicherheit des Transports, erforderlich sind.

(2) Unbeschadet von Absatz 1 können die Mitgliedstaaten Verbringungen von Verteidigungsgütern von der in Absatz 1 festgelegten Verpflichtung der vorherigen Genehmigung ausnehmen, wenn

  a) der Lieferant oder Empfänger eine Regierungsstelle oder ein Teil der Streitkräfte ist,

  b) die Lieferungen von der Europäischen Union, der NATO, der IAEA oder anderen zwischenstaatlichen Organisationen in Erfüllung ihrer Aufgaben getätigt werden,

  c) die Verbringung für die Umsetzung eines Rüstungskooperationsprogramms zwischen Mitgliedstaaten erforderlich ist,

  d) die Verbringung Teil humanitärer Hilfe in Katastrophenfällen ist oder als Schenkung in einer Notsituation erfolgt oder

  e) die Verbringung für bzw. im Anschluss an die Reparatur, Wartung, Ausstellung oder Vorführung notwendig ist.

(3) Auf Antrag eines Mitgliedstaats oder von sich aus kann die Kommission Absatz 2 ändern und Fälle einbeziehen, in denen

a) die Verbringung unter Bedingungen erfolgt, die die öffentliche Ordnung oder die öffentliche Sicherheit nicht beeinträchtigen,

b) die Verpflichtung zur vorherigen Genehmigung mit internationalen Zusagen der Mitgliedstaaten im Anschluss an die Annahme dieser Richtlinie unvereinbar geworden ist oder

c) dies für die zwischenstaatliche Zusammenarbeit gemäß Artikel 1 Absatz 4 notwendig ist.

Diese Maßnahmen zur Änderung nicht wesentlicher Bestimmungen dieser Richtlinie durch Ergänzung werden nach dem in Artikel 14 Absatz 2 genannten Regelungsverfahren mit Kontrolle erlassen.

(4) Die Mitgliedstaaten gewährleisten, dass Lieferanten, die Verteidigungsgüter von ihrem Hoheitsgebiet verbringen wollen, gemäß den Artikeln 5, 6 und 7 Allgemeingenehmigungen verwenden oder Global- oder Einzelgenehmigungen beantragen können.

(5) Die Mitgliedstaaten bestimmen die Art der Genehmigung für die jeweiligen Verteidigungsgüter oder Gruppen von Verteidigungsgütern gemäß diesem Artikel und den Artikeln 5, 6 und 7.

(6) Die Mitgliedstaaten legen sämtliche Bedingungen für Genehmigungen fest, einschließlich etwaiger Beschränkungen der Ausfuhr von Verteidigungsgütern zu juristischen oder natürlichen Personen in Drittstaaten unter anderem im Hinblick auf die durch die Verbringung entstehenden Risiken für den Schutz der Menschenrechte sowie von Frieden, Sicherheit und Stabilität. Die Mitgliedstaaten können unter Einhaltung des Gemeinschaftsrechts von der Möglichkeit Gebrauch machen, Endverwendungszusicherungen, einschließlich Endverwenderdokumente, zu verlangen.

(7) Die Mitgliedstaaten legen die Voraussetzungen und Bedingungen für Genehmigungen der Verbringung von Bestandteilen auf der Grundlage einer Beurteilung der Sensitivität der Verbringung fest, unter anderem nach Maßgabe folgender Kriterien:

a) Eigenschaften der Bestandteile im Verhältnis zu den Gütern, in die sie eingebaut werden sollen, sowie eine eventuell bedenkliche Endverwendung der fertigen Güter;

b) Bedeutung der Bestandteile im Verhältnis zu den Gütern, in die sie eingebaut werden sollen.

(8) Die Mitgliedstaaten sehen, sofern sie die Verbringung von Bestandteilen nicht als sensitiv bewerten, davon ab, für Bestand teile Ausfuhrbeschränkungen festzulegen, wenn der Empfänger eine Erklärung über die Verwendung vorlegt, mit der bescheinigt wird, dass die im Rahmen der Genehmigung verbrachten Bestand teile in seine eigenen Güter integriert sind bzw. integriert werden sollen und daher als solche zu einem späteren Zeitpunkt nicht wieder selbständig verbracht oder ausgeführt werden können, es sei denn zum Zwecke der Wartung oder Reparatur.

(9) Die Mitgliedstaaten können eine von ihnen erteilte Genehmigung jederzeit zum Schutz ihrer wesentlichen Sicherheitsinteressen, aus Gründen der öffentlichen Ordnung oder der öffentlichen Sicherheit oder wegen Nichteinhaltung der mit der Genehmigung verbundenen Voraussetzungen und Bedingungen zurücknehmen, widerrufen, aussetzen oder die Verwendung der Genehmigung einschränken.

Artikel 5
Allgemeingenehmigungen

(1) Die Mitgliedstaaten veröffentlichen Allgemeingenehmigungen, mit denen Lieferanten mit Sitz in ihrem Hoheitsgebiet, die die entsprechenden Bedingungen erfüllen, direkt die Erlaubnis erteilt wird, einer Kategorie oder mehreren Kategorien von Empfängern, die in einem anderen Mitgliedstaat ansässig sind, Verteidigungsgüter zu liefern, die in der Genehmigung festzulegen sind.

(2) Unbeschadet von Artikel 4 Absatz 2 werden Allgemeingenehmigungen zumindest dann veröffentlicht, wenn

    a) der Empfänger den Streitkräften eines Mitgliedstaats angehört oder als Auftraggeber im Bereich der Verteidigung handelt, der einen Erwerb für die ausschließliche Verwendung durch die Streitkräfte eines Mitgliedstaats tätigt,

    b) der Empfänger ein Unternehmen ist, das gemäß Artikel 9 zertifiziert wurde,

    c) die Güter zum Zwecke von Vorführungen, Gutachten und Ausstellungen verbracht werden,

    d) die Güter zwecks Wartung und Reparatur verbracht werden und es sich bei dem Empfänger um den ursprünglichen Lieferanten der Verteidigungsgüter handelt.

(3) Mitgliedstaaten, die an einem Programm zur zwischenstaatlichen Zusammenarbeit zwischen Mitgliedstaaten betreffend die Entwicklung, Herstellung und Verwendung eines Verteidigungsgutes oder mehrerer Verteidigungsgüter teilnehmen, können für Verbringungen zugunsten anderer teilnehmender Mitgliedstaaten Allgemeingenehmigungen veröffentlichen, wenn die Verbringungen zur Durchführung dieses Programms nötig sind.

(4) Die Mitgliedstaaten können vor der ersten Verwendung einer Allgemeingenehmigung die Bedingungen für die Registrierung unbeschadet sonstiger Vorschriften dieser Richtlinie festlegen.

Artikel 6
Globalgenehmigungen

(1) Die Mitgliedstaaten entscheiden, einzelnen Lieferanten auf Antrag Globalgenehmigungen zu erteilen, mit denen diese Empfängern in einem oder mehreren anderen Mitgliedstaaten Verteidigungsgüter liefern dürfen.

(2) Die Mitgliedstaaten legen in jeder Globalgenehmigung die Verteidigungsgüter oder Gruppen von Verteidigungsgütern, für die sie gilt, und die zulässigen Empfänger oder Gruppen von Empfängern fest.

Jede Globalgenehmigung wird für einen Zeitraum von drei Jahren erteilt, den die Mitgliedstaaten verlängern können.

Artikel 7
Einzelgenehmigungen

Die Mitgliedstaaten entscheiden, Lieferanten auf Antrag Einzelgenehmigungen zu erteilen, mit denen diese einem Empfänger eine festgelegte Menge bestimmter Verteidigungsgüter in einer oder mehreren Sendungen liefern dürfen, wenn

a) sich der Genehmigungsantrag auf eine einzige Verbringung bezieht,

b) dies zur Wahrung der wesentlichen Sicherheitsinteressen des Mitgliedstaats oder aus Gründen der öffentlichen Ordnung nötig ist,

c) dies erforderlich ist, damit die Mitgliedstaaten ihre internationalen Verpflichtungen und Bindungen einhalten, oder

d) ein Mitgliedstaat ernsthafte Gründe zu der Annahme hat, dass der Lieferant nicht in der Lage sein wird, alle für die Erteilung einer Globalgenehmigung erforderlichen Voraussetzungen und Bedingungen zu erfüllen.

Kapitel III
INFORMATION, ZERTIFIZIERUNG UND AUSFUHR NACH DER VERBRINGUNG

Artikel 8
Information durch die Lieferanten

(1) Die Mitgliedstaaten stellen sicher, dass die Lieferanten die Empfänger über die Bedingungen der Genehmigung einschließlich von Beschränkungen hinsichtlich der Endverwendung oder der Ausfuhr der Verteidigungsgüter informieren.

(2) Die Mitgliedstaaten stellen sicher, dass die Lieferanten innerhalb einer angemessenen Frist die zuständigen Behörden des Mitgliedstaats unterrichten, aus dessen Hoheitsgebiet sie Verteidigungsgüter verbringen wollen, wenn sie die Absicht haben, zum ersten Mal eine Allgemeingenehmigung in Anspruch zu nehmen. Die Mitgliedstaaten können die zusätzlichen Informationen festlegen, die unter Umständen im Hinblick auf Verteidigungsgüter erforderlich sind, die im Rahmen einer Allgemeingenehmigung verbracht werden.

(3) Die Mitgliedstaaten stellen sicher und überprüfen regelmäßig, dass die Lieferanten entsprechend den geltenden Rechtsvorschriften des betreffenden Mitgliedstaats ausführliche und vollständige Aufzeichnungen über ihre Verbringungen führen, und legen die Meldepflichten im Zusammenhang mit der Verwendung einer Allgemein-, Global- oder Einzelgenehmigung für die Verbringung fest. Die Aufzeichnungen müssen Geschäftspapiere mit den folgenden Informationen einschließen:

a) Beschreibung des Verteidigungsgutes und seiner Referenz gemäß dem Anhang;

b) Menge und Wert des Verteidigungsgutes;

c) die Daten der Verbringung;

d) Name und Anschrift des Lieferanten und des Empfängers;

e) soweit bekannt, Endverwendung und Endverwender des Verteidigungsgutes; und

f) einen Nachweis darüber, dass dem Empfänger dieser Verteidigungsgüter die Informationen über eine etwaige mit einer Genehmigung verbundene Ausfuhrbeschränkung übermittelt wurden.

(4) Die Mitgliedstaaten stellen sicher, dass die Lieferanten die in Absatz 3 aufgeführten Aufzeichnungen nach Ende des Kalenderjahres, in dem die Verbringung erfolgt ist, für einen Zeitraum aufbewahren, der mindestens dem Zeitraum entspricht, der in den einschlägigen nationalen Rechtsvorschriften vorgesehen ist, welche in dem betreffenden Mitgliedstaat in Bezug auf die von Wirtschaftsteilnehmern zu erfüllenden Auflagen hinsichtlich der Aufbewahrung von Unterlagen gelten, und auf keinen

Fall drei Jahre unterschreitet. Sie sind auf Verlangen den zuständigen Behörden des Mitgliedstaats vorzulegen, aus dessen Hoheitsgebiet der Lieferant die Verteidigungsgüter verbracht hat.

Artikel 9
Zertifizierung

(1) Die Mitgliedstaaten benennen die Behörden, die für die Zertifizierung von in ihrem Hoheitsgebiet ansässigen Empfängern von Verteidigungsgütern im Rahmen von Genehmigungen zuständig sind, die von anderen Mitgliedstaaten gemäß Artikel 5 Absatz 2 Buchstabe b veröffentlicht wurden.

(2) Durch die Zertifizierung wird insbesondere bescheinigt, dass das betreffende Empfängerunternehmen zuverlässig ist, insbesondere was seine Fähigkeit betrifft, die Ausfuhrbeschränkungen für Verteidigungsgüter einzuhalten, die es im Rahmen einer Genehmigung aus einem anderen Mitgliedstaat bezieht. Die Zuverlässigkeit eines Empfängerunternehmens wird anhand der folgenden Kriterien bewertet:

a) nachgewiesene Erfahrung im Bereich Verteidigung, insbesondere unter Berücksichtigung der Einhaltung von Ausfuhrbeschränkungen durch das Unternehmen, etwaiger einschlägiger Gerichtsurteile, der Erlaubnis zur Herstellung oder Vermarktung von Verteidigungsgütern und der Beschäftigung erfahrener Führungskräfte;

b) einschlägige industrielle Tätigkeit mit Bezug auf Verteidigungsgüter in der Gemeinschaft, insbesondere Fähigkeit zur System- bzw. Teilsystemintegration;

c) Ernennung eines leitenden Mitarbeiters zum persönlich Verantwortlichen für Verbringungen und Ausfuhren;

d) eine von dem unter Buchstabe c genannten leitenden Mitarbeiter unterzeichnete schriftliche Verpflichtungserklärung des Unternehmens, dass es alle notwendigen Vorkehrungen trifft, um sämtliche Bedingungen für die Endverwendung und Ausfuhr eines ihm gelieferten Verteidigungsgutes einzuhalten und durchzusetzen;

e) eine von dem unter Buchstabe c genannten leitenden Mitarbeiter unterzeichnete schriftliche Verpflichtungserklärung des Unternehmens, dass es gegenüber den zuständigen Behörden bei Anfragen und Untersuchungen mit der nötigen Sorgfalt genaue Angaben über die Endverwender oder die Endverwendung aller Verteidigungsgüter macht, die es im Rahmen einer Genehmigung eines anderen Mitgliedstaats ausführt, verbringt oder erhält; und

f) eine von dem unter Buchstabe c genannten leitenden Mitarbeiter gegengezeichnete Beschreibung des internen Programms zur Einhaltung der Ausfuhrkontrollverfahren oder des Verbringungs- und Ausfuhrverwaltungssystems des Unternehmens. Diese Beschreibung enthält Angaben über die organisatorischen, personellen und technischen Mittel für die Verwaltung von Verbringungen und Ausfuhren, über die Verteilung der Zuständigkeiten im Unternehmen, die internen Prüfverfahren, die Maßnahmen zur Sensibilisierung und Schulung des Personals, die Maßnahmen zur Gewährleistung der physischen und technischen Sicherheit, das Führen von Aufzeichnungen und die Rückverfolgbarkeit von Verbringungen und Ausfuhren.

(3) Das Zertifikat muss Folgendes enthalten:

a) die zuständige Behörde, die das Zertifikat ausgestellt hat;

b) Name und Anschrift des Empfängers;

c) die Erklärung, dass der Empfänger die im Absatz 2 genannten Kriterien erfüllt; und

d) das Ausstellungsdatum und die Gültigkeitsdauer des Zertifikats.

e) Die unter Buchstabe d angeführte Gültigkeitsdauer des Zertifikats darf höchstens fünf Jahre betragen.

(4) Das Zertifikat kann zusätzlich Angaben enthalten

a) zur Übermittlung von Informationen, die zur Überprüfung der Einhaltung der Kriterien gemäß Absatz 2 erforderlich sind;

b) zur Aussetzung oder zum Entzug des Zertifikats.

(5) Die zuständigen Behörden überprüfen mindestens alle drei Jahre, ob der Empfänger die Kriterien gemäß Absatz 2 und die für das Zertifikat geltenden Bedingungen gemäß Absatz 4 erfüllt.

(6) Die Mitgliedstaaten erkennen die von anderen Mitgliedstaaten gemäß dieser Richtlinie ausgestellten Zertifikate an.

(7) Stellt eine zuständige Behörde fest, dass ein im Hoheitsgebiet des betreffenden Mitgliedstaats ansässiger Inhaber eines Zertifikats die Kriterien gemäß Absatz 2 und die Bedingungen gemäß Absatz 4 nicht mehr erfüllt, trifft sie die erforderlichen Maßnahmen. Dies kann die Rücknahme oder den Widerruf des Zertifikats einschließen. Die zuständige Behörde unterrichtet die Kommission und die übrigen Mitgliedstaaten von ihrer Entscheidung.

(8) Die Mitgliedstaaten veröffentlichen und aktualisieren regelmäßig eine Liste der zertifizierten Empfänger und teilen dies der Kommission, dem Europäischen Parlament und den anderen Mitgliedstaaten mit.

Die Kommission macht auf ihrer Webseite ein Zentralregister der von den Mitgliedstaaten zertifizierten Empfänger öffentlich zugänglich.

Artikel 10
Ausfuhrbeschränkungen

Die Mitgliedstaaten stellen sicher, dass die Empfänger bei der Beantragung einer Ausfuhrgenehmigung gegenüber ihren zuständigen Behörden erklären, etwaige Ausfuhrbeschränkungen eingehalten zu haben, falls für die im Rahmen einer Genehmigung aus einem anderen Mitgliedstaat bezogenen Verteidigungsgüter derartige Beschränkungen gelten, gegebenenfalls einschließlich der Erklärung, dass sie die erforderliche Zustimmung des Ursprungsmitgliedstaats eingeholt haben.

Kapitel IV
ZOLLVERFAHREN UND VERWALTUNGSZUSAMMENARBEIT

Artikel 11
Zollverfahren

(1) Die Mitgliedstaaten stellen sicher, dass der Ausführer bei der Erledigung der Zollformalitäten für die Ausfuhr von Verteidigungsgütern bei der für die Bearbeitung der Ausfuhranmeldung zuständigen Zollstelle den Nachweis erbringt, dass erforderliche Ausfuhrgenehmigungen erteilt wurden.

(2) Unbeschadet der Verordnung (EWG) Nr. 2913/92 des Rates vom 12. Oktober 1992 zur Festlegung des Zollkodex der Gemeinschaften[520]kann ein Mitgliedstaat für einen Zeitraum von höchstens 30 Werktagen das Verfahren für die Ausfuhr der im Rahmen einer Genehmigung aus einem anderen Mitgliedstaat bezogenen Verteidigungsgüter, die Bestandteil anderer Verteidigungsgüter geworden sind, aus seinem Hoheitsgebiet aussetzen oder, falls erforderlich, auf andere Weise verhindern, dass sie die Gemeinschaft von seinem Hoheitsgebiet aus verlassen, wenn er der Auffassung ist, dass

a) bei der Erteilung der Ausfuhrgenehmigung sachdienliche Informationen nicht berücksichtigt wurden oder

b) sich die Lage seit Erteilung der Ausfuhrgenehmigung wesentlich geändert hat.

(3) Die Mitgliedstaaten können vorschreiben, dass die Zollformalitäten für die Ausfuhr von Verteidigungsgütern nur bei bestimmten Zollstellen erledigt werden dürfen.

(4) Macht ein Mitgliedstaat von der Möglichkeit gemäß Absatz 3 Gebrauch, so teilt er der Kommission mit, welche Zollstellen von ihm dazu ermächtigt wurden. Die Kommission veröffentlicht diese Angaben im Amtsblatt der Europäischen Union, Reihe C.

Artikel 12
Informationsaustausch

Die Mitgliedstaten treffen in Verbindung mit der Kommission alle zweckdienlichen Maßnahmen für eine direkte Zusammenarbeit und einen Informationsaustausch zwischen ihren zuständigen nationalen Behörden.

Kapitel V
AKTUALISIERUNG DER LISTE DER VERTEIDIGUNGSGÜTER

Artikel 13
Aktualisierung des Anhangs

(1) Die Kommission aktualisiert die Liste der Verteidigungsgüter im Anhang, so dass ihre volle Übereinstimmung mit der Gemeinsamen Militärgüterliste der Europäischen Union gegeben ist.

(2) Diese Maßnahmen zur Änderung nicht wesentlicher Bestimmungen dieser Richtlinie werden nach dem in Artikel 14 Absatz 2 genannten Regelungsverfahren mit Kontrolle erlassen.

Artikel 14
Ausschuss

(1) Die Kommission wird von einem Ausschuss unterstützt.

(2) Wird auf diesen Absatz Bezug genommen, so gelten Artikel 5a Absätze 1 bis 4 und Artikel 7 des Beschlusses 1999/468/EG unter Beachtung von dessen Artikel 8.

---

520 ABl. L 302 vom 19.10.1992, S. 1.

Kapitel VI
SCHLUSSBESTIMMUNGEN

Artikel 15
Schutzmaßnahmen

(1) Besteht nach Auffassung eines Mitgliedstaats, der eine Genehmigung erteilt hat, ein erhebliches Risiko, dass ein gemäß Artikel 9 zertifizierter Empfänger in einem anderen Mitgliedstaat eine Bedingung einer Allgemeingenehmigung nicht erfüllen wird, oder ist ein Mitgliedstaat, der eine Genehmigung erteilt hat, der Auffassung, dass die öffentliche Ordnung, die öffentliche Sicherheit oder seine wesentlichen Sicherheitsinteressen beeinträchtigt werden könnten, teilt er dies dem anderen Mitgliedstaat mit und ersucht ihn um eine Überprüfung der Lage.

(2) Bleiben die in Absatz 1 genannten Zweifel bestehen, kann der Mitgliedstaat die Gültigkeit der von ihm erteilten Allgemeingenehmigung in Bezug auf diesen Empfänger vorläufig aussetzen. Er unterrichtet die übrigen Mitgliedstaaten und die Kommission von den Gründen für diese Schutzmaßnahme. Der Mitgliedstaat, der die Schutzmaßnahme ergriffen hat, kann sie aufheben, wenn er der Auffassung ist, dass sie nicht mehr gerechtfertigt ist.

Artikel 16
Sanktionen

Die Mitgliedstaaten erlassen Vorschriften über Sanktionen für Verstöße gegen die zur Umsetzung dieser Richtlinie erlassenen Bestimmungen, insbesondere für den Fall, dass Informationen über die Einhaltung der mit einer Genehmigung zur Verbringung verknüpften Ausfuhrbeschränkungen, die nach Artikel 8 Absatz 1 oder Artikel 10 erforderlich sind, falsch oder unvollständig geliefert werden. Die Mitgliedstaaten ergreifen alle erforderlichen Maßnahmen, um zu gewährleisten, dass diese Vorschriften angewendet werden. Die Sanktionen müssen wirksam, verhältnismäßig und abschreckend sein.

Artikel 17
Überprüfung und Berichterstattung

(1) Die Kommission berichtet bis zum 30. Juni 2012 über die Maßnahmen der Mitgliedstaaten zur Umsetzung dieser Richtlinie, insbesondere der Artikel 9 bis 12 und des Artikels 15.

(2) Bis zum 30. Juni 2016 überprüft die Kommission die Anwendung dieser Richtlinie und legt dem Europäischen Parlament und dem Rat einen Bericht darüber vor. Sie bewertet insbesondere, ob und in welchem Umfang die Ziele dieser Richtlinie verwirklicht worden sind, unter anderem in Bezug auf die Funktionsfähigkeit des Binnenmarktes. In ihrem Bericht überprüft die Kommission die Anwendung der Artikel 9 bis 12 und des Artikels 15 dieser Richtlinie und bewertet ihre Auswirkungen auf die Entwicklung eines europäischen Marktes für Verteidigungsgüter und einer europäischen verteidigungstechnologischen und -industriellen Basis, unter anderem unter Berücksichtigung der Lage von kleinen und mittleren Unternehmen. Gegebenenfalls fügt sie dem Bericht einen Legislativvorschlag bei.

Artikel 18
Umsetzung

(1) Die Mitgliedstaaten erlassen und veröffentlichen bis zum 30. Juni 2011 die Rechts- und Verwaltungsvorschriften, die erforderlich sind, um dieser Richtlinie nachzukommen. Sie setzen die Kommission unverzüglich davon in Kenntnis. Sie wenden diese Rechtsvorschriften ab dem 30. Juni 2012 an. Wenn die Mitgliedstaaten diese Vorschriften erlassen, nehmen sie in den Vorschriften selbst oder durch einen Hinweis bei der amtlichen Veröffentlichung auf diese Richtlinie Bezug. Die Mitgliedstaaten regeln die Einzelheiten der Bezugnahme.

(2) Die Mitgliedstaaten teilen der Kommission den Wortlaut der wichtigsten innerstaatlichen Rechtsvorschriften mit, die sie auf dem unter diese Richtlinie fallenden Gebiet erlassen.

Artikel 19
Inkrafttreten

Diese Richtlinie tritt am zwanzigsten Tag nach ihrer Veröffentlichung im Amtsblatt der Europäischen Union in Kraft.

Artikel 20
Adressaten

Diese Richtlinie ist an die Mitgliedstaaten gerichtet.

Geschehen zu Straßburg am 6. Mai 2009.

Im Namen des Europäischen Parlaments

Der Präsident

H.-G. PÖTTERING

Im Namen des Rates

Der Präsident

J. KOHOUT

Anhang: Liste der Verteidigungsgüter

Anmerkung 1: Begriffe in „Anführungszeichen" sind definierte Begriffe. Vgl. die dieser Liste beigefügten Begriffsbestimmungen.

Anmerkung 2: Die Chemikalien sind in einigen Fällen mit ihrer Bezeichnung und CAS-Nummer aufgelistet. Bei Chemikalien mit der gleichen Strukturformel (einschließlich Hydrate) erfolgt die Erfassung ohne Rücksicht auf die Bezeichnung oder die CAS-Nummer. Die CAS-Nummern sind angegeben, damit unabhängig von der Nomenklatur festgestellt werden kann, ob eine bestimmte Chemikalie oder Mischung erfasst ist. Die CAS-Nummern können nicht allein zur Identifikation verwendet werden, weil einige Formen der erfassten Chemikalien unterschiedliche CAS-Nummern haben und auch Mischungen, die eine erfasste Chemikalie enthalten, unterschiedliche CAS-Nummern haben können.

ML1

Waffen mit glattem Lauf mit einem Kaliber kleiner als 20 mm, andere Handfeuerwaffen und Maschinenwaffen mit einem Kaliber von 12,7 mm (0,50 Inch) oder kleiner und Zubehör wie folgt sowie besonders konstruierte Bestandteile hierfür:

<u>Anmerkung</u>: *Nummer ML1 erfasst nicht:*

- a) *für Exerziermunition besonders konstruierte Waffen, die nicht in der Lage sind, ein Geschoss zu verschießen,*
- b) *Feuerwaffen, besonders konstruiert, um gefesselte Wurfgeschosse, die keine Sprengladung und keine Nachrichtenverbindung besitzen, über eine Entfernung von kleiner/gleich 500 m abzuschießen,*
- c) *nicht vollautomatische Waffen für Randfeuer-Hülsenpatronen,*
- d) *„deaktivierte Feuerwaffen".*

a) Gewehre und kombinierte Waffen, Handfeuerwaffen, Maschinengewehre, Maschinenpistolen und Salvengewehre;

<u>Anmerkung</u>: *Unternummer ML1a erfasst nicht folgende Waffen:*

- a) *Gewehre und kombinierte Waffen, die vor 1938 hergestellt wurden,*
- b) *Reproduktionen von Gewehren und kombinierten Waffen, deren Originale vor 1890 hergestellt wurden,*
- c) *Handfeuerwaffen, Salvengewehre und Maschinenwaffen, die vor 1890 hergestellt wurden, und ihre Reproduktionen,*
- d) *Lang- oder Kurzwaffen, besonders konstruiert, um ein inertes Geschoss mit Druckluft oder Kohlendioxid (CO_2) zu verschießen.*

b) Waffen mit glattem Lauf wie folgt:
  1. Waffen mit glattem Lauf, besonders konstruiert für militärische Zwecke,
  2. andere Waffen mit glattem Lauf wie folgt:
     a) Vollautomaten,
     b) Halbautomaten oder Repetierer (pump action type weapons);

  <u>Anmerkung</u>: *Unternummer ML1b2 erfasst nicht Waffen, die besonders konstruiert*

sind, um ein inertes Geschoss mit Druckluft oder Kohlendioxid (CO₂) zu verschießen.

Anmerkung: *Unternummer ML1b erfasst nicht folgende Waffen:*

    a)   *Waffen mit glattem Lauf, die vor 1938 hergestellt wurden,*

    b)   *Reproduktionen von Waffen mit glattem Lauf, deren Originale vor 1890 hergestellt wurden,*

    c)   *Jagd- und Sportwaffen mit glattem Lauf, die weder für militärische Zwecke besonders konstruiert noch vollautomatisch sind,*

    d)   *Waffen mit glattem Lauf, besonders konstruiert für einen der folgenden Zwecke:*

        1. Schlachtung von Haustieren,

        2. Betäubung von Tieren,

        3. seismische Tests,

        4. Verschießen von Geschossen für industrielle Zwecke oder

        5. Entschärfung von unkonventionellen Spreng- und Brandvorrichtungen (USBV).

        Ergänzende Anmerkung: *Zu Disruptern siehe Nummer ML4 sowie Nummer 1A006 der Dual-Use-Liste der EU.*

c)   Waffen, die hülsenlose Munition verwenden;

d)   abnehmbare Munitionsmagazine, Schallunterdrücker oder -dämpfer, spezielle Rohrwaffen-Lafetten, Zielfernrohre und Mündungsfeuerdämpfer für die von den Unternummern ML1a, ML1b oder ML1c erfassten Waffen.

Anmerkung: *Die Unternummer ML1d erfasst nicht Zielfernrohre ohne elektronische Bildverarbeitung mit bis zu neunfacher Vergrößerung, vorausgesetzt, sie sind nicht besonders konstruiert oder geändert für militärische Zwecke und sind nicht mit einem besonders für militärische Zwecke konstruierten Fadennetz ausgestattet.*

ML2

Waffen mit glattem Lauf mit einem Kaliber von 20 mm oder größer, andere Waffen oder Bewaffnung mit einem Kaliber größer als 12,7 mm (0,50 Inch), Werfer und Zubehör wie folgt sowie besonders konstruierte Bestandteile hierfür:

a)   Geschütze, Haubitzen, Kanonen, Mörser, Panzerabwehrwaffen, Einrichtungen zum Abfeuern von Geschossen und Raketen, militärische Flammenwerfer, Gewehre, rückstoßfreie Waffen, Waffen mit glattem Lauf und Tarnvorrichtungen (signature reduction devices) hierfür;

Anmerkung 1: *Unternummer ML2a schließt Injektoren, Messgeräte, Speichertanks und besonders konstruierte Bestandteile für den Einsatz von flüssigen Treibladungen für einen der von Unternummer ML2a erfassten Ausrüstungsgegenstände ein.*

Anmerkung 2: *Unternummer ML2a erfasst nicht folgende Waffen:*

    a)   *Gewehre, Waffen mit glattem Lauf und Kombinationsgewehre, die vor 1938 hergestellt wurden,*

    b)   *Reproduktionen von Gewehren, Waffen mit glattem Lauf und Kombinationsgewehren, deren Originale vor 1890 hergestellt wurden,*

c) *Geschütze, Haubitzen, Kanonen und Mörser, die vor 1890 hergestellt wurden,*

d) *Jagd- und Sportwaffen mit glattem Lauf, die weder für militärische Zwecke besonders konstruiert noch vollautomatisch sind,*

e) *Waffen mit glattem Lauf, besonders konstruiert für einen der folgenden Zwecke:*

   1. *Schlachtung von Haustieren,*

   2. *Betäubung von Tieren,*

   3. *seismische Tests,*

   4. *Verschießen von Geschossen für industrielle Zwecke* oder

   5. *Entschärfung von unkonventionellen Spreng- und Brandvorrichtungen (USBV);*

   Ergänzende Anmerkung: *Zu Disruptern siehe Nummer ML4 sowie Nummer 1A006 der Dual-Use-Liste der EU.*

f) *handgehaltene Abschussgeräte, besonders konstruiert, um gefesselte Wurfgeschosse, die keine Sprengladung und keine Nachrichtenverbindung besitzen, über eine Entfernung von kleiner/gleich 500 m abzuschießen.*

b) Nebel- und Gaswerfer, pyrotechnische Werfer oder Generatoren, besonders konstruiert oder geändert für militärische Zwecke;

Anmerkung: *Unternummer ML2b erfasst nicht Signalpistolen.*

c) Waffenzielgeräte und Halterungen für Waffenzielgeräte mit allen folgenden Eigenschaften:

   1. besonders konstruiert für militärische Zwecke und

   2. besonders konstruiert für die von Unternummer ML2a erfassten Waffen;

d) Lafetten und abnehmbare Munitionsmagazine, besonders konstruiert für die von Unternummer ML2a erfassten Waffen.

ML3

Munition und Zünderstellvorrichtungen wie folgt sowie besonders konstruierte Bestandteile hierfür:

a) Munition für die von Nummer ML1, ML2 oder ML12 erfassten Waffen;

b) Zünderstellvorrichtungen, besonders konstruiert für die von Unternummer ML3a erfasste Munition.

Anmerkung 1: *Besonders konstruierte Bestandteile in Nummer ML3 schließen ein:*

a) *Metall- oder Kunststoffbestandteile, z.B. Ambosse in Zündhütchen, Geschossmäntel, Patronengurtglieder, Führungsringe und andere Munitionsbestandteile aus Metall,*

b) *Sicherungseinrichtungen, Zünder, Sensoren und Anzündvorrichtungen,*

c) *Stromquellen für die einmalige Abgabe einer hohen Leistung,*

d) *abbrennbare Hülsen für Treibladungen,*

e) *Submunition einschließlich Bomblets, Minelets und endphasengelenkter Geschosse.*

Anmerkung 2: *Unternummer ML3a erfasst nicht:*

a) *Munition ohne Geschoss (Manövermunition),*

b) *Exerziermunition mit gelochter Pulverkammer,*

c) *andere Munition ohne Geschoss oder Munitionsattrappen, die keine für Gefechtsmunition konstruierten Bestandteile enthalten, oder*

d) *Bestandteile, besonders konstruiert für die unter Buchstaben a, b und c dieser Anmerkung angeführte Munition ohne Geschoss oder Munitionsattrappen.*

Anmerkung 3: *Unternummer ML3a erfasst nicht Patronen, besonders konstruiert für einen der folgenden Zwecke:*

a) *Signalmunition,*

b) *Vogelschreck-Munition oder*

c) *Munition zum Anzünden von Gasfackeln an Ölquellen.*

ML4
Bomben, Torpedos, Raketen, Flugkörper, andere Sprengkörper und -ladungen sowie zugehörige Ausrüstung und Zubehör wie folgt, und besonders konstruierte Bestandteile hierfür:

Ergänzende Anmerkung 1: *Lenk- und Navigationsausrüstung: Siehe Nummer ML11.*

Ergänzende Anmerkung 2: *Flugkörperabwehrsysteme für Luftfahrzeuge (Aircraft Missile Protection Systems AMPS): Siehe Unternummer ML4c.*

a) Bomben, Torpedos, Granaten, Rauch- und Nebelbüchsen, Raketen, Minen, Flugkörper, Wasserbomben, Sprengkörper-Ladungen, Sprengkörper-Vorrichtungen und Sprengkörper-Zubehör, „pyrotechnische" Munition, Patronen und Simulatoren (d. h. Ausrüstung, welche die Eigenschaften einer dieser Waren simuliert), besonders konstruiert für militärische Zwecke;

Anmerkung: *Unternummer ML4a schließt ein:*

a) *Rauch- und Nebelgranaten, Feuerbomben, Brandbomben und Sprengkörper,*

b) *Antriebsdüsen für Flugkörper und Bugspitzen für Wiedereintrittskörper.*

b) Ausrüstung mit allen folgenden Eigenschaften:

1. besonders konstruiert für militärische Zwecke und

2. besonders konstruiert für ‚Tätigkeiten' im Zusammenhang mit

a) von Unternummer ML4a erfassten Waren oder

b) unkonventionellen Spreng- und Brandvorrichtungen (USBV).

Technische Anmerkung: *Im Sinne von Unternummer ML4b2 bezeichnet der Begriff ‚Tätigkeiten' das Handhaben, Abfeuern, Legen, Überwachen, Ausstoßen, Zünden, Scharfmachen, Stromversorgen bei einmaliger Abgabe einer hohen Leistung, Täuschen, Stören, Räumen, Orten, Zerstören oder Beseitigen.*

Anmerkung 1: *Unternummer ML4b schließt ein:*

a) *fahrbare Gasverflüssigungsanlagen mit einer Produktionskapazität von mindestens 1 000 kg Flüssiggas pro Tag,*

b) *schwimmfähige elektrisch leitende Kabel zum Räumen magnetischer Minen.*

Anmerkung 2: *Unternummer ML4b erfasst nicht tragbare Geräte, die durch ihre Konstruktion ausschließlich auf die Ortung von metallischen Gegenständen begrenzt und zur Unterscheidung zwischen Minen und anderen metallischen Gegenständen ungeeignet sind.*

c) Flugkörperabwehrsysteme für Luftfahrzeuge (Aircraft Missile Protection Systems AMPS).

Anmerkung: *Unternummer ML4c erfasst nicht Flugkörperabwehrsysteme für Luftfahrzeuge mit allen folgenden Eigenschaften:*

a) *mit folgenden Flugkörperwarnsensoren:*

1. *passive Sensoren mit einer Spitzenempfindlichkeit zwischen 100-400 nm* oder

2. *aktive Flugkörperwarnsensoren mit gepulstem Doppler-Radar;*

b) *Auswurfsysteme für Täuschkörper;*

c) *Täuschkörper, die sowohl eine sichtbare Signatur als auch eine infrarote Signatur aussenden, um Boden-Luft-Flugkörper auf sich zu lenken,* und

d) *eingebaut in ein „ziviles Luftfahrzeug" und mit allen folgenden Eigenschaften:*

1. *das Flugkörperabwehrsysteme für Luftfahrzeuge ist ausschließlich in dem bestimmten „zivilen Luftfahrzeug" funktionsfähig, in das es selbst eingebaut ist und für das eines der folgenden Dokumente ausgestellt wurde:*

a) *eine von den Zivilluftfahrtbehörden eines oder mehrerer EU-Mitgliedstaaten oder Teilnehmerstaaten des Wassenaar-Arrangements ausgestellte zivile Musterzulassung* oder

b) *ein gleichwertiges, von der Internationalen Zivilluftfahrt-Organisation (ICAO) anerkanntes Dokument;*

2. *das Flugkörperabwehrsystem für Luftfahrzeuge beinhaltet einen Schutz, um unbefugten Zugang zur „Software" zu verhindern,* und

3. *das Flugkörperabwehrsystem für Luftfahrzeuge beinhaltet einen aktiven Mechanismus, der das System in einen funktionsunfähigen Zustand bringt, sobald es aus dem „zivilen Luftfahrzeug" entfernt wird, in das es eingebaut war.*

ML5 F
euerleiteinrichtungen, zugehörige Überwachungs- und Alarmierungsausrüstung sowie verwandte Systeme, Prüf- oder Justierausrüstung und Ausrüstung für Gegenmaßnahmen wie folgt, besonders konstruiert für militärische Zwecke, sowie besonders konstruierte Bestandteile und besonders konstruiertes Zubehör hierfür:

a) Waffenzielgeräte, Bombenzielrechner, Rohrwaffenrichtgeräte und Waffensteuersysteme;

b) Zielerfassungs-, Zielzuordnungs-, Zielentfernungsmess-, Zielüberwachungs- oder Zielverfolgungssysteme, Ortungs-, Datenverknüpfungs (data fusion)-, Erkennungs- oder Identifizierungs-Vorrichtungen und Ausrüstung zur Sensorintegration (sensor integration equipment);

c) Ausrüstung für Gegenmaßnahmen gegen die von Unternummer ML5a oder ML5b erfasste Ausrüstung;

Anmerkung: *Ausrüstung für Gegenmaßnahmen im Sinne der Unternummer ML5c schließt auch Nachweisausrüstung ein.*

d) Prüf- oder Justierausrüstung, besonders konstruiert für die von den Unternummern ML5a, ML5b oder ML5c erfasste Ausrüstung.

ML6
Landfahrzeuge und Bestandteile hierfür wie folgt:

Ergänzende Anmerkung: *Lenk- und Navigationsausrüstung: Siehe Nummer ML11.*

a) Landfahrzeuge und Bestandteile hierfür, besonders konstruiert oder geändert für militärische Zwecke;

Technische Anmerkung: *Landfahrzeuge im Sinne der Unternummer ML6a schließen auch Anhänger ein.*

b) andere Landfahrzeuge und Bestandteile hierfür wie folgt:

1. Fahrzeuge mit allen folgenden Eigenschaften:

    a) hergestellt oder ausgerüstet mit Werkstoffen oder Bestandteilen, die einen ballistischen Schutz der Stufe III (NIJ 0108.01, September 1985 oder eine vergleichbare nationale Norm) oder besser bewirken,

    b) Kraftübertragung zum gleichzeitigen Antrieb sowohl der Vorder- als auch der Hinterräder; erfasst werden auch Fahrzeuge, die zur Lastverteilung mit zusätzlichen – angetriebenen oder nicht angetriebenen – Rädern ausgestattet sind;

    c) zulässiges Gesamtgewicht von mehr als 4 500 kg und

    d) konstruiert oder geändert für die Nutzung im Gelände;

2. Bestandteile mit allen folgenden Eigenschaften:

    a) besonders konstruiert für von Unternummer ML6b1 erfasste Fahrzeuge und

    b) bieten einen ballistischen Schutz der Stufe III (NIJ 0108.01, September 1985 oder eine vergleichbare nationale Norm) oder besser.

Ergänzende Anmerkung: *Siehe auch Unternummer ML13a.*

Anmerkung 1: *Unternummer ML6a schließt ein:*

a) *Panzer und andere militärische bewaffnete Fahrzeuge und militärische Fahrzeuge, ausgestattet mit Lafetten oder Ausrüstung zum Minenlegen oder zum Starten der von Nummer ML4 erfassten Waffen,*

b) *gepanzerte Fahrzeuge,*

c) *amphibische und tiefwatfähige Fahrzeuge,*

d) *Bergungsfahrzeuge und Fahrzeuge zum Befördern und Schleppen von Munition oder Waffensystemen und zugehörige Ladesysteme.*

Anmerkung 2: *Die Änderung eines von Unternummer ML6a erfassten Landfahrzeugs für militärische Zwecke bedeutet eine bauliche, elektrische oder mechanische Änderung, die einen oder mehrere Bestandteile betrifft, der/die besonders konstruiert ist/sind für militärische Zwecke. Solche Bestandteile schließen ein:*

a) *Luftreifendecken in beschussfester Spezialbauart,*

b) *Panzerschutz von wichtigen Teilen (z.B. Kraftstofftanks oder Fahrzeugkabinen),*

c) *besondere Verstärkungen oder Lafetten für Waffen,*

d) *Tarnbeleuchtung.*

Anmerkung 3: Nummer ML6 erfasst keine für den Werttransport konstruierten oder geänderten zivilen Fahrzeuge.

Anmerkung 4: Nummer ML6 erfasst nicht Fahrzeuge mit allen folgenden Eigenschaften:

a) *vor 1946 hergestellt,*

b) *nicht ausgerüstet mit Gütern, die von der Gemeinsamen Militärgüterliste der EU erfasst sind und nach 1945 hergestellt wurden, mit Ausnahme von Reproduktionen von Original-bauteilen oder Originalzubehör des Fahrzeugs,* und

c) *nicht ausgerüstet mit unter den Nummern ML1, ML2 oder ML4 erfassten Waffen, es sei denn, die Waffen sind unbrauchbar und nicht in der Lage, ein Projektil abzufeuern.*

ML7
Chemische Agenzien, „biologische Agenzien", „Reizstoffe", radioaktive Stoffe, zugehörige Ausrüstung, Bestandteile und Materialien wie folgt:

a) „biologische Agenzien" oder radioaktive Stoffe ausgewählt oder geändert zur Steigerung der Wirksamkeit bei der Außergefechtsetzung von Menschen oder Tieren, der Funktions-beeinträchtigung von Ausrüstung, der Vernichtung von Ernten oder der Schädigung der Umwelt);

b) chemische Kampfstoffe einschließlich:

1. Nervenkampfstoffe:

   a) Alkyl(R_1)phosphonsäure-alkyl(R_2)ester-fluoride (R_1 = Methyl-, Ethyl-, n-Propyl- oder Isopropyl-) (R_2 = Alkyl- oder Cycloalkyl, c_n = c_1 bis c_{10}), wie:

      Sarin (GB): Methylphosphonsäure-isopropylesterfluorid (CAS-Nr. 107-44-8) und

      Soman (GD): Methylphosphonsäurepinakolylesterfluorid (CAS-Nr. 96-64-0),

   b) Phosphorsäure-dialkyl(R_1, R_2)amid-cyanid-alkyl (R_3)ester (R_1, R_2 = Methyl, Ethyl-, n-Propyl- oder Isopropyl-) (R_3 = Alkyl- oder Cycloalkyl-, c_n = c_1 bis c_{10}), wie:

      Tabun (GA): Phosphorsäuredimethylamid-cyanid-ethylester (CAS-Nr. 77-81-6),

   c) Alkyl(R_1)thiolphosphonsäure-S-(2-dialkyl(R_3, R_4) aminoethyl)-alkyl(R_2) ester (R_2 = H, Alkyl- oder Cycloalkyl-, c_n = c_1 bis c_{10}) (R_1, R_3, R_4 = Methyl, Ethyl-, n-Propyl- oder Isopropyl-) oder entsprechend alkylierte bzw. protonierte Salze, wie:

      VX: Methylthiolphosphonsäure-S-(2-diisopropylaminoethyl)-ethylester (CAS-Nr. 50782-69-9);

2. Hautkampfstoffe:

   a) Schwefelloste, wie:

      1. 2-Chlorethylchlormethylsulfid (CAS-Nr. 2625-76-5),

      2. Bis(2-chlorethyl)-sulfid (CAS-Nr. 505-60-2),

      3. Bis(2-chlorethylthio)-methan (CAS-Nr. 63869-13-6),

      4. 1,2-Bis(2-chlorethylthio)-ethan (CAS-Nr. 3563-36-8),

      5. 1,3-Bis(2-chlorethylthio)-n-propan (CAS-Nr. 63905-10-2),

      6. 1,4-Bis(2-chlorethylthio)-n-butan (CAS-Nr. 142868-93-7),

7. 1,5-Bis(2-chlorethylthio)-n-pentan (CAS-Nr. 142868-94-8),

8. Bis-(2-chlorethylthiomethyl)-ether (CAS-Nr. 63918-90-1),

9. Bis-(2-chlorethylthioethyl)-ether (CAS-Nr. 63918-89-8);

b) Lewisite, wie:

1. 2-Chlorvinyldichlorarsin (CAS-Nr. 541-25-3),

2. Tris(2-chlorvinyl)-arsin (CAS-Nr. 40334-70-1),

3. Bis(2-chlorvinyl)-chlorarsin (CAS-Nr. 40334-69-8);

c) Stickstoffloste, wie:

1. HN1: N-Ethyl-bis(2-chlorethyl)-amin (CAS-Nr. 538-07-8),

2. HN2: N-Methyl-bis(2-chlorethyl)-amin (CAS-Nr. 51-75-2),

3. HN3: Tris-(2-chlorethyl)-amin (CAS-Nr. 555-77-1);

3. Psychokampfstoffe, wie:

a) BZ: 3-Chinuclidinylbenzilat (CAS-Nr. 6581-06-2),

4. Entlaubungsmittel, wie:

a) Butyl-(2-Chlor-4-Fluor-phenoxy-)acetat (LNF),

b) 2,4,5-trichlorphenoxyessigsäure (CAS-Nr. 93-76-5) gemischt mit 2,4-dichlor-phenoxyessigsäure (CAS-Nr. 94-75-7) (Agent Orange (CAS-Nr. 39277-47-9));

c) Komponenten für Binärkampfstoffe und Schlüsselvorprodukte wie folgt:

1. Alkyl (Methyl-, Ethyl-, n-Propyl- oder Isopropyl-) phosphonsäuredifluoride wie: DF: Methyl-phosphonsäuredifluorid (CAS-Nr. 676-99-3),

2. Alkyl(R_1)phosphonigsäure-O-2-dialkyl(R_3,R_4) aminoethyl-alkyl(R_2)ester (R_1, R_3, R_4 = Methyl-, Ethyl-, n-Propyl-, Isopropyl-) (R_2 = H, Alkyl- oder Cycloalkyl-, C_n = C_1 bis C_{10}) und entsprechend alkylierte oder protonierte Salze wie: QL: Methylphosphonsäure-O-(2-diisopropylamino-ethyl)-ethylester (CAS-Nr. 57856-11-8),

3. Chlorsarin: Methylphosphonsäure-isopropylester-chlorid (CAS-Nr. 1445-76-7),

4. Chlorsoman: Methylphosphonsäure-pinakolylester-chlorid (CAS-Nr. 7040-57-5);

d) „Reizstoffe", chemisch wirksame Komponenten und Kombinationen davon einschließlich:

1. α-Bromphenylacetonitril, (Brombenzylcyanid) (CA) (CAS-Nr. 5798-79-8),

2. [(2-Chlorphenyl)methylen]propandinitril, (o-Chlorbenzyliden-malonsäuredinitril) (CS) (CAS-Nr. 2698-41-1),

3. 2-Chlor-1-phenylethanon, Phenylacylchlorid (ω-Chloracetophenon) (CN) (CAS-Nr. 532-27-4),

4. Dibenz-(b,f)-1,4-oxazepin (CR) (CAS-Nr. 257-07-8),

5. 10-Chlor-5,10-dihydrophenarsazin, (Phenarsazinchlorid) (Adamsit), (DM) (CAS-Nr. 578-94-9),

6. N-Nonanoylmorpholin (MPA) (CAS-Nr. 5299-64-9);

Anmerkung 1: *Unternummer ML7d erfasst nicht „Reizstoffe", einzeln abgepackt für persönliche Selbstverteidigungszwecke.*

Anmerkung 2: *Unternummer ML7d erfasst nicht chemisch wirksame Komponenten und Kombinationen davon, gekennzeichnet und abgepackt für die Herstellung von Nahrungsmitteln oder für medizinische Zwecke.*

e) Ausrüstung, besonders konstruiert oder geändert für militärische Zwecke, konstruiert oder geändert zum Ausbringen eines der folgenden Materialien oder Agenzien oder eines der folgenden Stoffe und besonders konstruierte Bestandteile hierfür:

    1. Materialien oder Agenzien, die von Unternummer ML7a, ML7b oder ML7d erfasst werden, <u>oder</u>

    2. chemische Kampfstoffe, gebildet aus von Unternummer ML7c erfassten Vorprodukten;

f) Schutz- und Dekontaminationsausrüstung, besonders konstruiert oder geändert für militärische Zwecke, Bestandteile hierfür und Mischungen von Chemikalien wie folgt:

    1. Ausrüstung, konstruiert oder geändert zur Abwehr der von Unternummer ML7a, ML7b oder ML7d erfassten Materialien, und besonders konstruierte Bestandteile hierfür,

    2. Ausrüstung, konstruiert oder geändert zur Dekontamination von Objekten, die mit von Unternummer ML7a oder ML7b erfassten Materialien kontaminiert sind, und besonders konstruierte Bestandteile hierfür,

    3. Mischungen von Chemikalien, besonders entwickelt oder formuliert zur Dekontamination von Objekten, die mit von Unternummer ML7a oder ML7b erfassten Materialien kontaminiert sind;

Anmerkung: *Unternummer ML7f1 schließt ein:*

    a) *Luftreinigungsanlagen, besonders konstruiert oder geändert zum Filtern von radioaktiven, biologischen oder chemischen Stoffen;*

    b) *Schutzkleidung.*

Ergänzende Anmerkung: *Zivilschutzmasken, Schutz- und Dekontaminationsausrüstung: Siehe auch Nummer 1A004 der Dual-Use-Liste der EU.*

g) Ausrüstung, besonders konstruiert oder geändert für militärische Zwecke, konstruiert oder geändert zur Feststellung oder Identifizierung der von Unternummer ML7a, ML7b oder ML7d erfassten Materialien, und besonders konstruierte Bestandteile hierfür;

Anmerkung: *Unternummer ML7g erfasst nicht Strahlendosimeter für den persönlichen Gebrauch.*

Ergänzende Anmerkung: *Siehe auch Nummer 1A004 der Dual-Use-Liste der EU.*

h) „Biopolymere", besonders entwickelt oder aufgebaut für die Feststellung oder Identifizierung der von Unternummer ML7b erfassten chemischen Kampfstoffe, und spezifische Zellkulturen zu ihrer Herstellung;

i) „Biokatalysatoren" für die Dekontamination und den Abbau chemischer Kampfstoffe und biologische Systeme hierfür wie folgt:

    1. „Biokatalysatoren", besonders entwickelt für die Dekontamination und den Abbau der von Unternummer ML7b erfassten chemischen Kampfstoffe und

erzeugt durch gezielte Laborauslese oder genetische Manipulation biologischer Systeme,

2. biologische Systeme, die eine spezifische genetische Information zur Herstellung der von Unternummer ML7i1 erfassten „Biokatalysatoren" enthalten, wie folgt:

    a) „Expressions-Vektoren";

    b) Viren;

    c) Zellkulturen.

Anmerkung 1: *Die Unternummern ML7b und ML7d erfassen nicht:*

    a) *Chlorcyan (CAS-Nr. 506-77-4) – siehe Unternummer 1C450a5 der Dual-Use-Liste der EU,*

    b) *Cyanwasserstoffsäure (CAS-Nr. 74-90-8),*

    c) *Chlor (CAS-Nr. 7782-50-5),*

    d) *Carbonylchlorid (Phosgen) (CAS-Nr. 75-44-5) – siehe Unternummer 1C450a4 der Dual-Use-Liste der EU,*

    e) *Perchlorameisensäuremethylester (Diphosgen) (CAS-Nr. 503-38-8),*

    f) *nicht belegt seit 2004,*

    g) *Xylylbromide, ortho: (CAS-Nr. 89-92-9), meta: (CAS-Nr. 620-13-3), para: (CAS-Nr. 104-81-4),*

    h) *Benzylbromid (CAS-Nr. 100-39-0),*

    i) *Benzyljodid (CAS-Nr. 620-05-3),*

    j) *Bromaceton (CAS-Nr. 598-31-2),*

    k) *Bromcyan (CAS-Nr. 506-68-3),*

    l) *Brommethylethylketon (CAS-Nr. 816-40-0),*

    m) *Chloraceton (CAS-Nr. 78-95-5),*

    n) *Jodessigsäureethylester (CAS-Nr. 623-48-3),*

    o) *Jodaceton (CAS-Nr. 3019-04-3),*

    p) *Chlorpikrin (CAS-Nr. 76-06-2) – siehe Unternummer 1C450a7 der Dual-Use-Liste der EU.*

Anmerkung 2: *Die Unternummern ML7h und ML7i2 erfassen nur spezifische Zellkulturen und spezifische biologische Systeme. Zellkulturen und biologische Systeme für zivile Zwecke, z.B. für Landwirtschaft, Pharmazie, Medizin, Tierheilkunde, Umwelt, Abfallwirtschaft und Nahrungsmittelindustrie, werden nicht erfasst.*

ML8
„Energetische Materialien" und zugehörige Stoffe wie folgt:

Ergänzende Anmerkung 1: *Siehe auch Nummer 1C011 der Dual-Use-Liste der EU.*

Ergänzende Anmerkung 2: *Zu ‚Ladungen und Vorrichtungen' siehe Nummer ML4 und Nummer 1A008 der Dual-Use-Liste der EU.*

Technische Anmerkungen:

1. *‚Mischung' im Sinne von Nummer ML8 – mit Ausnahme der Unternummern ML8c11 oder ML8c12 – bedeutet eine Zusammensetzung aus zwei oder mehreren Substanzen, von denen mindestens eine in den Unternummern der Nummer ML8 genannt sein muss.*

2. *Jede Substanz, die von einer Unternummer der Nummer ML8 erfasst wird, bleibt auch dann erfasst, wenn sie für einen anderen als den in der Überschrift zu dieser Unternummer genannten Zweck verwendet wird (z.B. wird TAGN überwiegend als Explosivstoff eingesetzt, kann aber auch als Brennstoff oder Oxidationsmittel verwendet werden).*

3. *‚Partikelgröße' im Sinne von Nummer ML8 bedeutet der mittlere Partikeldurchmesser bezogen auf Gewicht oder Volumen. Bei Probenahmen und Bestimmung der Partikelgröße werden internationale oder vergleichbare nationale Standards angewandt.*

   a) „Explosivstoffe" wie folgt und ‚Mischungen' daraus:

      1. ADNBF (7-Amino-4,6-dinitrobenzofurazan-1-oxid (CAS-Nr. 97096-78-1), Amino-dinitrobenzofuroxan),

      2. BNCP (Cis-bis (5-nitrotetrazolato) tetraminkobalt(III)perchlorat) (CAS-Nr. 117412-28-9),

      3. CL-14 (5,7-Diamino-4,6-dinitrobenzofurazan-1-oxid (CAS-Nr. 117907-74-1) oder Diaminodinitrobenzofuroxan),

      4. CL-20 (HNIW oder Hexanitrohexaazaisowurtzitan) (CAS-Nr. 135285-90-4), Chlathrate von CL-20 (siehe auch Unternummern ML8g3 und ML8g4 für dessen „Vorprodukte"),

      5. CP (2-(5-Cyanotetrazolato) pentaminkobalt(III)perchlorat) (CAS-Nr. 70247-32-4),

      6. DADE (1,1-Diamino-2,2-dinitroethylen, FOX 7) (CAS-Nr. 145250-81-3);

      7. DATB (Diaminotrinitrobenzol) (CAS-Nr. 1630-08-6),

      8. DDFP (1,4-Dinitrodifurazanopiperazin),

      9. DDPO (2,6-Diamino-3,5-dinitropyrazin-1-oxid, PZO) (CAS-Nr. 194486-77-6),

      10. DIPAM (Diaminohexanitrodiphenyl) (CAS-Nr. 17215-44-0),

      11. DNGU (DINGU oder Dinitroglycoluril) (CAS-Nr. 55510-04-8),

      12. Furazane wie folgt:

         a) DAAOF (DAAF, DAAFox oder Diaminoazoxyfurazan),

         b) DAAzF (Diaminoazofurazan) (CAS-Nr. 78644-90-3),

      13. HMX und HMX-Derivate (siehe auch Unternummer ML8g5 für deren „Vorprodukte") wie folgt:

         a) HMX (Cyclotetramethylentetranitramin oder Oktogen) (CAS-Nr. 2691-1-0),

         b) Difluoramin-Analoge des HMX,

         c) K-55 (2,4,6,8-Tetranitro-2,4,6,8-tetraaza-bicyclo-3,3,0-octanon-3 (CAS-Nr. 130256-72-3), Tetranitrosemiglycouril oder keto-bicyclisches HMX),

      14. HNAD (Hexanitroadamantan) (CAS-Nr. 143850-71-9),

      15. HNS (Hexanitrostilben) (CAS-Nr. 20062-22-0),

      16. Imidazole wie folgt:

         a) BNNII (Octahydro-2,5-bis(nitroimino)imidazo-4,5-d-imidazol),

         b) DNI (2,4-Dinitroimidazol) (CAS-Nr. 5213-49-0),

  c) FDIA (1-Fluoro-2,4-dinitroimidazol),

  d) NTDNIA (N-(2-nitrodiazolo)-2,4-dinitroimidazol),

  e) PTIA (1-Picryl-2,4,5-trinitroimidazol),

17. NTNMH (1-(2-Nitrotriazolo)-2-dinitromethylenhydrazin),

18. NTO (ONTA oder 3-Nitro-1,2,4-triazol-5-on) (CAS-Nr. 932-64-9),

19. Polynitrocubane mit mehr als vier Nitrogruppen,

20. PYX (Picrylaminodinitropyridin) (CAS-Nr. 38082-89-2),

21. RDX und RDX-Derivate wie folgt:

  a) RDX (Hexogen, Cyclotrimethylentrinitramin) (CAS-Nr. 121-82-4),

  b) Keto-RDX (2,4,6-Trinitro-2,4,6-triaza-cyclo-hexanon oder K-6)
    (CAS-Nr. 115029-35-1),

22. TAGN (Triaminoguanidinnitrat) (CAS-Nr. 4000-16-2),

23. TATB (Triaminotrinitrobenzol) (CAS-Nr. 3058-38-6) (siehe auch Unternummer ML8g7
  für dessen „Vorprodukte"),

24. TEDDZ (3,3,7,7-Tetra-bis(difluoramin)octahydro-1,5-dinitro-1,5-diazocin),

25. Tetrazole wie folgt:

  a) NTAT (Nitrotriazol-aminotetrazol),

  b) NTNT (1-N-(2-nitrotriazolo)-4-nitrotetrazol),

26. Tetryl (Trinitrophenylmethylnitramin) (CAS-Nr. 479-45-8),

27. TNAD (1,4,5,8-Tetranitro-1,4,5,8-tetraazadecalin) (CAS-Nr. 135877-16-6) (siehe auch
  Unternummer ML8g6 für dessen „Vorprodukte"),

28. TNAZ (1,1,3-Trinitroazetidin) (CAS-Nr. 97645-24-4) (siehe auch Unternummer ML8g2
  für dessen „Vorprodukte"),

29. TNGU (Tetranitroglycoluril oder SORGUYL) (CAS-Nr. 55510-03-7),

30. TNP (1,4,5,8-Tetranitro-pyridazino-4,5-d-pyridazin) (CAS-Nr. 229176-04-9),

31. Triazine wie folgt:

  a) DNAM (2-Oxy-4,6-dinitroamino-s-triazin) (CAS-Nr. 19899-80-0),

  b) NNHT (2-Nitroimino-5-nitro-hexahydro-1,3,5-triazin) (CAS-Nr. 130400-13-4),

32. Triazole wie folgt:

  a) 5-Azido-2-nitrotriazol,

  b) ADHTDN (4-Amino-3,5-dihydrazino-1,2,4-triazol-dinitramid) (CAS-Nr. 1614-08-0),

  c) ADNT (1-Amino-3,5-dinitro-1,2,4-triazol),

  d) BDNTA ((Bis-Dinitrotriazol)-amin),

  e) DBT (3,3'-Dinitro-5,5-bis-1,2,4-triazol) (CAS-Nr. 30003-46-4),

  f) DNBT (Dinitrobistriazol) (CAS-Nr. 70890-46-9),

  g) nicht belegt seit 2010,

  h) NTDNT (1-N-(2-nitrotriazolo)-3,5-dinitrotriazol),

    i)   PDNT (1-Picryl-3,5-dinitrotriazol),

    j)   TACOT (Tetranitrobenzotriazolobenzotriazol) (CAS-Nr. 25243-36-1),

33. nicht anderweitig in Unternummer ML8a genannte Explosivstoffe mit einer der folgenden Eigenschaften:

    a)   Detonationsgeschwindigkeit größer als 8 700 m/s bei maximaler Dichte <u>oder</u>

    b)   Detonationsdruck größer als 34 GPa (340 kbar),

34. nicht belegt seit 2013,

35. DNAN (2,4-Dinitroanisol) (CAS-Nr. 119-27-7),

36. TEX (4,10-Dinitro-2,6,8,12-Tetraoxa-4,10-Diazaisowurtzitan),

37. GUDN (Guanylharnstoff-Dinitramid) FOX-12 (CAS-Nr. 217464-38-5),

38. Tetrazine wie folgt:

    a)   BTAT (Bis(2,2,2-Trinitroethyl)-3,6-Diaminotetrazin),

    b)   LAX-112 (3,6-Diamino-1,2,4,5-Tetrazine-1,4-Dioxid);

39. ionische energetische Materialien mit einem Schmelzpunkt zwischen 343 K (70 °C) und 373 K (100 ° C) und einer Detonationsgeschwindigkeit größer als 6 800 m/s oder einem Detonationsdruck größer als 18 GPa (180 kbar);

40. BTNEN (Bis(2,2,2-Trinitroethyl)-Nitramin) (CAS-Nr. 19836-28-3);

41. FTDO (5,6-(3',4'-Furazano). 1,2,3,4-Tetrazin-1,3-Dioxid);

<u>Anmerkung:</u> *Unternummer ML8a schließt ‚Explosivstoff-Co-Kristalle (explosive co-crystals)' ein.*

<u>Technische Anmerkung:</u> *‚Explosivstoff-Co-Kristall (explosive co-crystal)' ist ein Feststoff, der aus einer geordneten dreidimensionalen Anordnung von zwei oder mehr Explosivstoffmolekülen besteht, von denen mindestens eines in Unternummer ML8a angegeben ist.*

b)   „Treibstoffe" wie folgt:

1.   alle Feststoff-„Treibstoffe" mit einem theoretisch erreichbaren spezifischen Impuls (bei Standardbedingungen) von mehr als

    a)   240 Sekunden bei nichtmetallischen, nichthalogenierten „Treibstoffen"

    b)   250 Sekunden bei nichtmetallischen, halogenierten „Treibstoffen" <u>oder</u>

    c)   260 Sekunden bei metallischen „Treibstoffen";

2.   nicht belegt seit 2013,

3.   „Treibstoffe" mit einer theoretischen Force größer als 1 200 kJ/kg,

4.   „Treibstoffe", die eine stabile, gleichförmige Abbrandgeschwindigkeit von mehr als 38 mm/s unter Standardbedingungen bei 6,89 MPa (68,9 bar) und 294 K (21 °C) (gemessen an einem inhibierten einzelnen Strang) aufweisen,

5.   elastomermodifizierte, gegossene, zweibasige „Treibstoffe" (EMCDB), die bei 233 K (– 40 °C) eine Dehnungsfähigkeit von mehr als 5 % bei größter Beanspruchung aufweisen,

6.   andere „Treibstoffe", die von Unternummer ML8a erfasste Substanzen enthalten,

7.   „Treibstoffe", nicht anderweitig von der Gemeinsamen Militärgüterliste der EU er-

fasst, besonders entwickelt für militärische Zwecke;

c) „Pyrotechnika", Brennstoffe und zugehörige Stoffe wie folgt und ‚Mischungen' daraus:

1. „Luftfahrzeug"-Brennstoffe, besonders formuliert für militärische Zwecke,

Anmerkung: „Luftfahrzeug"-Brennstoffe, die von Unternummer ML8c1 erfasst werden, sind Fertigprodukte, nicht jedoch deren Einzelkomponenten.

2. Alan (Aluminiumhydrid) (CAS-Nr. 7784-21-6),

3. Borane wie folgt und Derivate daraus:

   a) Carborane;

   b) Boranhomologe wie folgt:

      1. Decaboran (14) (CAS 17702-41-9),

      2. Pentaboran (9) (CAS 19624-22-7),

      3. Pentaboran (11) (CAS 18433-84-6),

4. Hydrazin und Hydrazin-Derivate wie folgt (siehe auch Unternummern ML8d8 und ML8d9 für oxidierend wirkende Hydrazinderivate):

   a) Hydrazin (CAS-Nr. 302-01-2) mit einer Mindestkonzentration von 70 %,

   b) Monomethylhydrazin (CAS-Nr. 60-34-4),

   c) symmetrisches Dimethylhydrazin (CAS-Nr. 540-73-8),

   d) unsymmetrisches Dimethylhydrazin (CAS-Nr. 57-14-7),

Anmerkung: Unternummer ML8c4a erfasst nicht ‚Mischungen' mit Hydrazin, die für den Korrosionsschutz besonders formuliert sind.

5. metallische Brennstoffe, Brennstoff‚mischungen' oder „pyrotechnische" ‚Mischungen' in Partikelform (kugelförmig, kugelähnlich, staubförmig, flockenförmig oder gemahlen), hergestellt aus Material, das zu mindestens 99 % aus einem der folgenden Materialien besteht:

   a) Metalle wie folgt und ‚Mischungen' daraus:

      1. Beryllium (CAS-Nr. 7440-41-7) mit einer Partikelgröße kleiner als 60 μm,

      2. Eisenpulver (CAS-Nr. 7439-89-6) mit einer Partikelgröße kleiner/gleich 3 μm, hergestellt durch Reduktion von Eisenoxid mit Wasserstoff,

   b) ‚Mischungen', die einen der folgenden Stoffe enthalten:

      1. Zirkonium (CAS-Nr. 7440-67-7), Magnesium (CAS-Nr. 7439-95-4) und Legierungen dieser Metalle mit Partikelgrößen kleiner als 60 μm oder

      2. Bor (CAS-Nr. 7440-42-8) oder Borcarbid (CAS-Nr. 12069-32-8) mit einer Reinheit größer/gleich 85 % und einer Partikelgröße kleiner als 60 μm,

Anmerkung 1: Unternummer ML8c5 erfasst „Explosivstoffe" und Brennstoffe auch dann, wenn die Metalle oder Legierungen in Aluminium, Magnesium, Zirkonium oder Beryllium eingekapselt sind.

Anmerkung 2: Unternummer ML8c5b erfasst metallische Brennstoffe in Partikelform nur, wenn sie mit anderen Stoffen gemischt werden, um eine für militärische Zwecke formulierte ‚Mischung' zu bilden, wie Flüssig„treibstoff"-Suspensionen (liquid propellant slurries), Fest„treibstoffe" oder „pyrotechnische" ‚Mischungen'.

<u>Anmerkung 3:</u> *Unternummer ML8c5b2 erfasst nicht Bor und Borcarbid, das mit Bor-10 angereichert ist (Bor-10-Gehalt größer als 20 Gew.-% des Gesamt-Borgehalts).*

6. militärische Materialien, die für die Verwendung in Flammenwerfern oder Brandbomben besonders formulierte Verdicker für Kohlenwasserstoff-Brennstoffe enthalten, wie Metallstearate (z.B. Oktal (CAS-Nr. 637-12-7)) oder -palmitate,

7. Perchlorate, Chlorate und Chromate, die mit Metallpulver oder anderen energiereichen Brennstoffen gemischt sind,

8. kugelförmiges oder kugelähnliches Aluminiumpulver (CAS-Nr. 7429-90-5) mit einer Partikelgröße kleiner/gleich 60 μm und hergestellt aus Material mit einem Aluminiumgehalt von mindestens 99 %,

9. Titansubhydrid mit der stöchiometrischen Zusammensetzung TiH 0,65-1,68;

10. flüssige Brennstoffe hoher Energiedichte, nicht von Unternummer ML8c1 erfasst, wie folgt:

   a) Brennstoffgemische mit sowohl festen wie flüssigen Bestandteilen (z.B. Borschlamm), mit einer massespezifischen Energiedichte größer/gleich 40 MJ/kg,

   b) andere Brennstoffe hoher Energiedichte und Brennstoffadditive (z.B. Cuban, ionische Lösungen, JP-7, JP-10), mit einer volumenspezifischen Energiedichte größer/gleich 37,5 GJ/m^3, gemessen bei 293 K (20 °C) und Atmosphärendruck (101,325 kPa);

   <u>Anmerkung:</u> *Unternummer ML8c10b erfasst nicht JP-4, JP-8, raffinierte fossile Brennstoffe, Biobrennstoffe oder Brennstoffe für Triebwerke, zugelassen für die zivile Luftfahrt.*

11. „Pyrotechnische" und selbstentzündliche Materialien wie folgt:

   a) „Pyrotechnische" oder selbstentzündliche Materialien besonders formuliert, um die Produktion von Strahlungsenergie in jedem Bereich des Infrarot(IR)-Spektrums zu erhöhen oder zu steuern,

   b) Mischungen von Magnesium, Polyetrafluorethylen (PTFE) und einem Vinylidendifluorid-Hexafluorpropylen-Copolymer (z.B. MTV);

12. Brennstoffgemische, „pyrotechnische" Mischungen oder „energetische Materialien", soweit nicht anderweitig von Nummer ML8 erfasst, mit allen folgenden Eigenschaften:

   a) enthalten mehr als 0,5 % Partikel aus folgenden Materialien:

      1. Aluminium,

      2. Beryllium,

      3. Bor,

      4. Zirkonium,

      5. Magnesium <u>oder</u>

      6. Titan,

   b) von Unternummer ML8c12a erfasste Partikel mit einer Größe kleiner als 200 nm in jeder Richtung <u>und</u>

c) von Unternummer ML8c12a erfasste Partikel mit einem metallischen Anteil größer/gleich 60 %;

d) Oxidationsmittel wie folgt und ‚Mischungen' daraus:

1. ADN (Ammoniumdinitramid oder SR12) (CAS-Nr. 140456-78-6),

2. AP (Ammoniumperchlorat) (CAS-Nr. 7790-98-9),

3. Verbindungen, die aus Fluor und einem oder mehreren der folgenden Elemente zusammengesetzt sind:

   a) sonstige Halogene,

   b) Sauerstoff <u>oder</u>

   c) Stickstoff,

   <u>Anmerkung 1:</u> *Unternummer ML8d3 erfasst nicht Chlortrifluorid (CAS-Nr. 7790-91-2).*

   <u>Anmerkung 2:</u> *Unternummer ML8d3 erfasst nicht Stickstofftrifluorid (CAS-Nr. 7783-54-2) in gasförmigem Zustand.*

4. DNAD (1,3-Dinitro-1,3-diazetidin) (CAS-Nr. 78246-06-7),

5. HAN (Hydroxylammoniumnitrat) (CAS-Nr. 13465-08-2),

6. HAP (Hydroxylammoniumperchlorat) (CAS-Nr. 15588-62-2),

7. HNF (Hydrazinnitroformiat) (CAS-Nr. 20773-28-8),

8. Hydrazinnitrat (CAS-Nr. 37836-27-4),

9. Hydrazinperchlorat (CAS-Nr. 27978-54-7),

10. flüssige Oxidationsmittel, die aus inhibierter rauchender Salpetersäure (IRFNA) (CAS-Nr. 8007-58-7) bestehen oder diesen Stoff enthalten;

   <u>Anmerkung:</u> *Unternummer ML8d10 erfasst nicht nicht-inhibierte rauchende Salpetersäure.*

e) Binder, Plastifiziermittel, Monomere und Polymere wie folgt:

1. AMMO (Azidomethylmethyloxetan) (CAS-Nr. 90683-29-7) und seine Polymere (siehe auch Unternummer ML8g1 für dessen „Vorprodukte"),

2. BAMO (3,3-Bis(azidomethyl)oxethan) (CAS-Nr. 17607-20-4) und seine Polymere (siehe auch Unternummer ML8g1 für dessen „Vorprodukte"),

3. BDNPA (Bis-(2,2-dinitropropyl)acetal) (CAS-Nr. 5108-69-0),

4. BDNPF (Bis-(2,2-dinitropropyl)formal) (CAS-Nr. 5917-61-3),

5. BTTN (Butantrioltrinitrat) (CAS-Nr. 6659-60-5) (siehe auch Unternummer ML8g8 für dessen „Vorprodukte"),

6. energetisch wirksame Monomere, energetisch wirksame Plastifiziermittel oder energetisch wirksame Polymere, besonders formuliert für militärische Zwecke, und eine der folgenden Stoffgruppen enthaltend:

   a) Nitrogruppen

   b) Azidogruppen

   c) Nitratgruppen

    d)   Nitrazagruppen <u>oder</u>

    e)   Difluoroaminogruppen,

7.   FAMAO (3-Difluoraminomethyl-3-azidomethyloxetan) und seine Polymere,

8.   FEFO (Bis(2-fluoro-2,2-dinitroethyl)formal) (CAS-Nr. 17003-79-1),

9.   FPF-1 (Poly-2,2,3,3,4,4-Hexafluoropentan-1,5-diol-formal) (CAS-Nr. 376-90-9),

10.   FPF-3 (Poly-2,4,4,5,5,6,6-heptafluoro-2-trifluoromethyl-3-oxaheptan-1,7-diol-formal),

11.   GAP (Glycidylazidpolymer) (CAS-Nr. 143178-24-9) und dessen Derivate,

12.   HTPB (hydroxylterminiertes Polybutadien) mit einer Hydroxylfunktionalität größer/gleich 2,2 und kleiner/gleich 2,4, einem Hydroxylwert kleiner als 0,77 meq/g und einer Viskosität bei 303 K (30 °C) kleiner als 47 Poise (CAS-Nr. 69102-90-5),

13.   Polyepichlorhydrin mit funktionellen Alkoholgruppen, mit einem Molekulargewicht kleiner als 10 000, wie folgt:

    a)   Polyepichlorhydrindiol,

    b)   Polyepichlorhydrintriol,

14.   NENAs (Nitratoethylnitramin-Verbindungen) (CAS-Nrn. 17096-47-8, 85068-73-1, 82486-83-7, 82486-82-6 und 85954-06-9),

15.   PGN (Poly-GLYN, Polyglycidylnitrat oder Poly(Nitratomethyloxiran)) (CAS-Nr. 27814-48-8),

16.   Poly-NIMMO (Polynitratomethylmethyloxethan), Poly-NMMO oder Poly-(3-Nitrato-methyl-3-methyloxethan)) (CAS-Nr. 84051-81-0),

17.   Polynitroorthocarbonate,

18.   TVOPA (1,2,3-Tris [(1,2-bis-difluoramino)ethoxy]propan) (CAS-Nr. 53159-39-0),

19.   4,5 Diazidomethyl-2-Methyl-1,2,3-Triazol (iso-DAMTR),

20.   PNO (Poly(3-nitrato oxetan));

f)   „Additive" wie folgt:

1.   basisches Kupfersalicylat (CAS-Nr. 62320-94-9),

2.   BHEGA (Bis-(2-hydroxyethyl)glycolamid) (CAS-Nr. 17409-41-5),

3.   BNO (Butadiennitriloxid),

4.   Ferrocen-Derivate wie folgt:

    a)   Butacen (CAS-Nr. 125856-62-4),

    b)   Catocen (2,2-Bis-ethylferrocenylpropan) (CAS-Nr. 37206-42-1),

    c)   Ferrocencarbonsäuren und Ferrocencarbonsäureester,

    d)   n-Butylferrocen (CAS-Nr. 31904-29-7),

    e)   andere verwandte polymere Ferrocenderivate, nicht anderweitig von Unternummer ML8f4 erfasst,

    f)   Ethylferrocen (CAS-Nr. 1273-89-8),

    g)   Propylferrocen,

h) Pentylferrocen (CAS-Nr. 1274-00-6),

i) Dicyclopentylferrocen,

j) Dicyclohexylferrocen,

k) Diethylferrocen (CAS-Nr. 1273-97-8),

l) Dipropylferrocen,

m) Dibutylferrocen (CAS-Nr. 1274-08-4),

n) Dihexylferrocen (CAS-Nr. 93894-59-8),

o) Acetylferrocen (CAS-Nr. 1271-55-2)/1,1'-Diacetylferrocen (CAS-Nr.1273-94-5);

5. Blei-ß-resorcylat (CAS-Nr. 20936-32-7),

6. Bleicitrat (CAS-Nr. 14450-60-3),

7. Blei-Kupfer-Chelate von Beta-Resorcylat und/oder Salicylate (CAS-Nr. 68411-07-4),

8. Bleimaleat (CAS-Nr. 19136-34-6),

9. Bleisalicylat (CAS-Nr. 15748-73-9),

10. Bleistannat (CAS-Nr. 12036-31-6),

11. MAPO (Tris-1-(2-methyl)aziridinylphosphinoxid) (CAS-Nr. 57-39-6), BOBBA 8 (Bis(2-methylaziridinyl)-2-(2-hydroxypropanoxy)-propylaminophosphinoxid) und andere MAPO-Derivate,

12. Methyl-BAPO (Bis(2-methylaziridinyl)-methylaminophosphinoxid) (CAS-Nr. 85068-72-0),

13. N-Methyl-p-Nitroanilin (CAS-Nr. 100-15-2),

14. 3-Nitraza-1,5-pentan-diisocyanat (CAS-Nr. 7406-61-9),

15. metallorganische Kupplungsreagentien wie folgt:

a) Titan-IV-2,2-[Bis-2-propenolat-methyl-butanolattris(dioctyl) phosphato] (LICA 12) (CAS-Nr. 103850-22-2),

b) Titan-IV-((2-Propenolat-1)methyl-N-propenolatomethyl) butanolat-1-tris(dioctyl)-pyrophosphat (KR3538),

c) Titan-IV-((2-Propenolat-1)methyl-N-propenolatomethyl) butanolat-1-tris(dioctyl) phosphat,

16. Polycyanodifluoraminoethylenoxid,

17. Bindemittel wie folgt:

a) 1,1R,1S-Trimesoyl-Tris(2-Ethylaziridin) (HX-868, BITA) (CAS 7722-73-8)

b) polyfunktionelle Aziridinamide mit Isophthal-, Trimesin-, Isocyanur- oder Trimethyladipin-Grundstrukturen, auch mit einer 2-Methyl- oder 2-Ethyl-Aziridingruppe,

Anmerkung: *Unternummer ML8f17b umfasst:*

a) 1,1H-Isophthaloyl bis(2-Methylaziridin) (HX-752) (CAS-Nr. 7652-64-4),

b) 2,4,6-Tris(2-Ethylaziridin-1-yl)-1,3,5-Triazin (HX-874) (CAS-Nr. 18924-91-9)

c) 1,1'-Trimethyladipoyl-bis(2-Ethylaziridin) (HX-877) (CAS-Nr. 71463-62-2);

18. Propylenimin, 2-Methylaziridin (CAS-Nr. 75-55-8),

19. superfeines Eisenoxid (Fe$_2$O$_3$) (CAS-Nr. 1317-60-8) mit einer spezifischen Oberfläche größer als 250 m^2/g und einer durchschnittlichen Partikelgröße kleiner/gleich 3,0 nm,

20. TEPAN (Tetraethylenpentaminacrylnitril) (CAS-Nr. 68412-45-3), cyanethylierte Polyamine und ihre Salze,

21. TEPANOL (Tetraethylenpentaminacrylnitrilglycidol) (CAS-Nr. 68412-46-4), cyanethylierte Polyamin-Addukte mit Glycidol und ihre Salze,

22. TPB (Triphenylwismut) (CAS-Nr. 603-33-8);

23. TEPB (Tris (Ethoxyphenyl)Wismut (CAS-Nr. 90591-48-3);

g) „Vorprodukte" wie folgt:

Ergänzende Anmerkung: *Die Verweise in Unternummer ML8g beziehen sich auf erfasste „energetische Materialien", die aus diesen Substanzen hergestellt werden.*

1. BCMO (3,3-bis(chlormethyl)oxethan) (CAS-Nr. 78-71-7) (siehe auch Unternummern ML8e1 und ML8e2),

2. Dinitroazetidin-t-butylsalz (CAS-Nr. 125735-38-8) (siehe auch Unternummer ML8a28),

3. Hexabenzylhexaazaisowurtzitan-Derivate, einschließlich HBIW (Hexabenzylhexaazaisowurtzitan) (CAS-Nr. 124782-15-6) (siehe auch Unternummer ML8a4) und TAIW (Tetraacetyldibenzylhexaazaisowurtzitan) (CAS-Nr. 182763-60-6) (siehe auch Unternummer ML8a4),

4. nicht belegt seit 2013,

5. TAT (1,3,5,7 Tetraacetyl-1,3,5,7-tetraazacyclooktan) (CAS-Nr. 41378-98-7) (siehe auch Unternummer ML8a13),

6. 1,4,5,8-Tetraazadekalin (CAS-Nr. 5409-42-7) (siehe auch Unternummer ML8a27),

7. 1,3,5-Trichlorbenzol (CAS-Nr. 108-70-3) (siehe auch Unternummer ML8a23),

8. 1,2,4-Butantriol (1,2,4-Trihydroxybutan) (CAS-Nr. 3068-00-6) (siehe auch Unternummer ML8e5)

9. DADN (1,5-Diacetyl-3,7-Dinitro-1,3,5,7-Tetraazacyclooctan) (siehe auch Unternummer ML8a13).

h) Pulver und Formteile aus ‚reaktiven Materialien' wie folgt:

1. Pulver aus einem der folgenden Materialien mit einer Partikelgröße kleiner als 250 μm in jeder Richtung und nicht anderweitig von Nummer ML8 erfasst:

   a) Aluminium,

   b) Niob,

   c) Bor,

   d) Zirkonium,

   e) Magnesium,

   f) Titan,

   g) Tantal,

h)   Tungsten,

i)   Molybdän <u>oder</u>

j)   Hafnium,

2.   Formteile, nicht erfasst von Nummern ML3, ML4, ML12 oder ML16, hergestellt aus von Unternummer ML8h1 erfassten Pulvern.

<u>Technische Anmerkung:</u>

1.   ,Reaktive Materialien' sind für die Erzeugung einer exothermen Reaktion nur bei hohen Schergeschwindigkeiten und für die Verwendung als Auskleidung oder Gehäuse in Gefechtsköpfen entwickelt.

2.   Pulver aus ,reaktiven Materialien' werden beispielsweise durch Mahlen in einer Hochenergie-Kugelmühle erzeugt.

3.   Formteile aus ,reaktiven Materialien' werden beispielsweise durch selektives „Laser"-sintern erzeugt.

<u>Anmerkung 1:</u> *Nummer ML8 erfasst die nachstehend aufgeführten Stoffe nur dann, wenn sie als Verbindungen oder Mischungen mit den in Unternummer ML8a genannten „energetischen Materialien" oder den in Unternummer ML8c genannten Metallpulvern vorliegen:*

a)   *Ammoniumpikrat (CAS-Nr. 131-74-8),*

b)   *Schwarzpulver,*

c)   *Hexanitrodiphenylamin (CAS-Nr. 131-73-7),*

d)   *Difluoramin (HNF_2) (CAS-Nr. 10405-27-3),*

e)   *Nitrostärke (CAS-Nr. 9056-38-6),*

f)   *Kaliumnitrat (CAS-Nr. 7757-79-1),*

g)   *Tetranitronaphthalin,*

h)   *Trinitroanisol,*

i)   *Trinitronaphthalin,*

j)   *Trinitroxylol,*

k)   *N-Pyrrolidinon, 1-Methyl-2-pyrrolidinon (CAS-Nr. 872-50-4),*

l)   *Dioctylmaleat (CAS-Nr. 142-16-5),*

m)   *Ethylhexylacrylat (CAS-Nr. 103-11-7),*

n)   *Triethylaluminium (TEA) (CAS-Nr. 97-93-8), Trimethylaluminium (TMA) (CAS-Nr. 75-24-1) und sonstige pyrophore Metallalkyle der Elemente Lithium, Natrium, Magnesium, Zink und Bor sowie Metallaryle derselben Elemente,*

o)   *Nitrozellulose (CAS-Nr. 9004-70-0),*

p)   *Nitroglycerin (oder Glycerinnitrat) (NG) (CAS-Nr. 55-63-0),*

q)   *2,4,6-Trinitrotoluol (TNT) (CAS-Nr. 118-96-7),*

r)   *Ethylendiamindinitrat (EDDN) (CAS-Nr. 20829-66-7),*

s)   *Pentaerythrittetranitrat (PETN) (CAS-Nr. 78-11-5),*

t) Bleiazid (CAS-Nr. 13424-46-9), normales Bleistyphnat (CAS-Nr. 15245-44-0) und basisches Bleistyphnat (CAS-Nr. 124403-82-6) und sonstige Anzünder oder Anzündermischungen, die Azide oder komplexe Azide enthalten,

u) Triethylenglykoldinitrat (TEGDN) (CAS-Nr. 111-22-8),

v) 2,4,6-Trinitroresorcin (Styphninsäure) (CAS-Nr. 82-71-3),

w) Diethyldiphenylharnstoff (CAS-Nr. 85-98-3), Dimethyldiphenylharnstoff (CAS-Nr. 611-92-7), Methylethyldiphenylharnstoff (Centralite),

x) N,N-Diphenylharnstoff (unsymmetrischer Diphenylharnstoff) (CAS-Nr. 603-54-3),

y) Methyl-N,N-Diphenylharnstoff (unsymmetrischer Methyldiphenylharnstoff) (CAS-Nr. 13114-72-2),

z) Ethyl-N,N-Diphenylharnstoff (unsymmetrischer Ethyldiphenylharnstoff) (CAS-Nr. 64544-71-4),

   aa) 2-Nitrodiphenylamin (2-NDPA) (CAS-Nr. 119-75-5),

   ab) 4-Nitrodiphenylamin (4-NDPA) (CAS-Nr. 836-30-6),

   ac) 2,2-Dinitropropanol (CAS-Nr. 918-52-5),

   ad) Nitroguanidin (CAS-Nr. 556-88-7) (siehe Unternummer 1C011d der Dual-Use-Liste der EU).

Anmerkung 2: Nummer ML8 gilt nicht für Ammoniumperchlorat (Unternummer ML8d2), NTO (Unternummer ML8a18) oder Catocen (Unternummer ML8f4b) mit allen folgenden Eigenschaften:

a) besonders geformt und formuliert für Gaserzeuger für zivile Verwendung,

b) liegt als Verbindung oder Mischung mit nichtaktiven warmaushärtenden Bindemitteln oder Weichmachern vor und weist eine Masse von weniger als 250 g auf,

c) die Masse des Wirkstoffes beträgt höchstens 80 % Ammoniumperchlorat (Unternummer ML8d2),

d) beinhaltet nicht mehr als 4 g NTO (Unternummer ML8a18) und

e) beinhaltet nicht mehr als 1 g Catocen (Unternummer ML8f4b).

ML9
Kriegsschiffe (über oder unter Wasser), Marine-Spezialausrüstung, Zubehör, Bestandteile hierfür und andere Überwasserschiffe, wie folgt:

Ergänzende Anmerkung: Lenk- und Navigationsausrüstung: Siehe Nummer ML11.

a) Schiffe und Bestandteile, wie folgt:

   1. Schiffe (über oder unter Wasser), besonders konstruiert oder geändert für militärische Zwecke, ungeachtet ihres derzeitigen Reparaturzustands oder ihrer Betriebsfähigkeit oder ob sie Waffeneinsatzsysteme oder Panzerungen enthalten, sowie Schiffskörper oder Teile von Schiffskörpern für solche Schiffe, und Bestandteile hierfür, besonders konstruiert für militärische Zwecke;

   2. Überwasserschiffe, soweit nicht von Unternummer ML9a1 erfasst, mit einer der folgenden fest am Schiff angebrachten oder in das Schiff eingebauten Ausstattungen:

      a) automatische Waffen, erfasst in Nummer ML1, oder Waffen, die in Nummer ML2, ML4, ML12 oder ML19 erfasst sind, oder ‚Montagen' oder Befestigungspunkte (hard points) für Waffen mit einem Kaliber von größer/gleich 12,7 mm;

Technische Anmerkung: *Der Begriff ‚Montagen' bezieht sich auf Lafetten und Verstärkungen der Schiffsstruktur für den Zweck der Installation von Waffen.*

b)   Feuerleitsysteme, die in Nummer ML5 erfasst sind;

c)   beide folgenden Ausstattungen:

    1. ,ABC-Schutz' <u>und</u>

    2. ,Pre-wet oder Wash-Down-System', konstruiert für Dekontaminationszwecke, <u>oder</u>

<u>Technische Anmerkungen:</u>

    1. *,ABC-Schutz' ist ein abgeschlossener Innenraum, der Merkmale aufweist wie eine Überdruckbelüftung, die Trennung der Lüftungssysteme, eine limitierte Anzahl von Lüftungsöffnungen mit ABC-Filtern und eine limitierte Anzahl von Eingängen mit Luftschleusen.*

    2. *,Pre-wet oder Wash-Down System' ist ein Seewassersprühsystem, das zum gleichzeitigen Besprühen der äußeren Aufbauten und Decks eines Schiffes fähig ist.*

d)   Aktive Waffenabwehrsysteme (active weapon countermesure systems), die in den Unternummern ML4b, ML5c oder ML11a erfasst sind und eines der folgenden Merkmale besitzen:

    1. ,ABC-Schutz';

    2. Rumpf und Aufbauten, besonders konstruiert um den Radarrückstreuquerschnitt zu reduzieren;

    3. Einrichtungen zur Reduzierung der thermischen Signatur (z.B. ein Abgaskühlsystem), ausgenommen solche, die für die Erhöhung des Gesamtwirkungsgrades oder die Verringerung der Umweltbelastung besonders konstruiert sind, <u>oder</u>

    4. eine magnetische Eigenschutzanlage, konstruiert um die magnetische Signatur des gesamten Schiffes zu reduzieren;

b)   Motoren und Antriebssysteme, besonders konstruiert für militärische Zwecke, und Bestandteile hierfür, besonders konstruiert für militärische Zwecke, wie folgt:

    1. Dieselmotoren, besonders konstruiert für U-Boote, mit allen folgenden Eigenschaften:

       a)   Leistung größer/gleich 1,12 MW (1 500 PS) <u>und</u>

       b)   Drehzahl größer/gleich 700 U/min,

    2. Elektromotoren, besonders konstruiert für U-Boote, mit allen folgenden Eigenschaften:

       a)   Leistung größer als 0,75 MW (1 000 PS),

       b)   schnell umsteuerbar,

       c)   flüssigkeitsgekühlt <u>und</u>

       d)   vollständig gekapselt,

    3. nichtmagnetische Dieselmotoren mit allen folgenden Eigenschaften:

       a)   Leistung größer/gleich 37,3 kW (50 PS) <u>und</u>

b) nichtmagnetischer Anteil von mehr als 75 % des Gesamtgewichts,

4. ‚außenluftunabhängige Antriebssysteme' (AIP), besonders konstruiert für U-Boote;

Technische Anmerkung: Ein ‚außenluftunabhängiger Antrieb' (AIP) gestattet es ge-
tauchten U-Booten, das Antriebssystem ohne Zugang zu atmosphärischem Sauerstoff
für einen längeren Zeitraum zu betreiben, als es sonst mit Batterien möglich wäre. Im
Sinne von Unternummer ML9b4 schließt ein ‚außenluftunabhängiger Antrieb' (AIP)
nukleare Antriebssysteme nicht ein.

c) Unterwasserortungsgeräte, besonders konstruiert für militärische Zwecke, Steuereinrichtungen hierfür und Bestandteile hierfür, besonders konstruiert für militärische Zwecke;

d) U-Boot- und Torpedonetze, besonders konstruiert für militärische Zwecke;

e) nicht belegt seit 2003;

f) Schiffskörper-Durchführungen und -Steckverbinder, besonders konstruiert für militärische Zwecke, die das Zusammenwirken mit Ausrüstung außerhalb eines Schiffes ermöglichen, sowie Bestandteile hierfür, besonders konstruiert für militärische Zwecke;

Anmerkung: Unternummer ML9f schließt Steckverbinder für Schiffe in Einzelleiter-,
Mehrfachleiter-, Koaxial- und Hohlleiterausführung sowie Schiffskörper-Durchführun-
gen ein, die jeweils unbeeinflusst bleiben von (eventuellem) Leckwasser von außen
und die geforderten Merkmale in Meerestiefen von mehr als 100 m beibehalten,
sowie faseroptische Steckverbinder und optische Schiffskörper-Durchführungen,
besonders konstruiert für den Durchgang von „Laser"strahlen, unabhängig von der
Wassertiefe. Unternummer ML9f umfasst nicht übliche Schiffskörper-Durchführungen
für Antriebswellen und Ruderschäfte.

g) geräuscharme Lager mit einer der nachstehenden Ausstattungen, Bestandteile hierfür und Ausrüstung, die solche Lager enthält, besonders konstruiert für militärische Zwecke:

1. aerodynamische/aerostatische Schmierung oder magnetische Aufhängung,

2. aktiv kontrollierte Signaturunterdrückung oder

3. Schwingungsunterdrückung.

ML10
„Luftfahrzeuge", „Luftfahrtgeräte nach dem Prinzip leichter als Luft", „unbemannte Luft-
fahrzeuge" („UAV"), Triebwerke, „Luftfahrzeug"-Ausrüstung, Zusatzausrüstung und Bestand-
teile wie folgt, besonders konstruiert oder geändert für militärische Zwecke:

Ergänzende Anmerkung: Lenk- und Navigationsausrüstung: Siehe Nummer ML11.

a) bemannte „Luftfahrzeuge" und „Luftfahrtgeräte nach dem Prinzip leichter als Luft" sowie besonders konstruierte Bestandteile hierfür;

b) nicht belegt seit 2011;

c) unbemannte „Luftfahrzeuge" und „Luftfahrtgeräte nach dem Prinzip leichter als Luft" sowie zugehörige Ausrüstung wie folgt und besonders konstruierte Bestandteile hierfür:

1. „UAV", ferngelenkte Flugkörper (remotely piloted air vehicles – RPVs), autonome

       programmierbare Fahrzeuge und unbemannte „Luftfahrtgeräte nach dem Prinzip leichter als Luft",

    2.   Startgeräte, Bergungsausrüstung und unterstützende Bodengeräte,

    3.   Ausrüstung für die Steuerung;

d)   Triebwerke und besonders konstruierte Bestandteile hierfür;

e)   Einrichtungen für Luftbetankung, besonders konstruiert oder geändert für eine der folgenden Kategorien, und besonders konstruierte Bestandteile hierfür:

    1.   von Unternummer ML10a erfasste „Luftfahrzeuge" <u>oder</u>

    2.   von Unternummer ML10c erfasste unbemannte „Luftfahrzeuge";

f)   ‚Bodengeräte', besonders konstruiert für die von Unternummer ML10a erfassten „Luftfahrzeuge" oder für die von Unternummer ML10d erfassten Triebwerke;

    <u>Technische Anmerkung:</u> *Zu ‚Bodengeräten' zählen Ausrüstungen zum Druckbetanken und Ausrüstungen zur Erleichterung von Operationen in begrenzten Abschnitten.*

g)   nicht von Unternummer ML10a erfasste Lebenserhaltungssysteme für Flugzeugbesatzungen, Sicherheitsausrüstungen für Flugzeugbesatzungen und sonstige Einrichtungen zum Notausstieg, konstruiert für die von Unternummer ML10a erfassten „Luftfahrzeuge";

    <u>Anmerkung:</u> *Unternummer ML10g erfasst nicht Helme für Flugzeugbesatzungen, die nicht mit von der Gemeinsamen Militärgüterliste der EU erfasster Ausrüstung ausgestattet sind und keine Montagen oder Halterungen hierfür aufweisen.*

    <u>Ergänzende Anmerkung:</u> *Zu Helmen siehe auch Unternummer ML13c.*

h)   Fallschirme, Paragleiter und zugehörige Ausrüstung wie folgt und besonders konstruierte Bestandteile hierfür:

    1.   Fallschirme, nicht anderweitig von der Gemeinsamen Militärgüterliste der EU erfasst,

    2.   Paragleiter,

    3.   Ausrüstung, besonders konstruiert für Fallschirmspringer, die aus großer Höhe abspringen (z .B. Anzüge, Spezialhelme, Atemgeräte, Navigationsausrüstung);

i)   Geräte für das gesteuerte Entfalten oder automatische Lenksysteme, konstruiert für Fallschirmlasten.

<u>Anmerkung 1:</u> *Unternummer ML10a erfasst nicht „Luftfahrzeuge" und „Luftfahrtgeräte nach dem Prinzip leichter als Luft" oder Varianten dieser „Luftfahrzeuge", besonders konstruiert für militärische Zwecke, mit allen folgenden Eigenschaften:*

a)   *kein Kampf-„Luftfahrzeug",*

b)   *nicht konfiguriert für militärische Verwendung und nicht mit technischen Ausrüstungen oder Zusatzeinrichtungen versehen, die für militärische Zwecke besonders konstruiert oder geändert sind,* <u>und</u>

c)   *von den Zivilluftfahrtbehörden eines oder mehrerer EU-Mitgliedstaaten oder Teilnehmerstaaten des Wassenaar-Arrangements für zivile Verwendung zugelassen.*

<u>Anmerkung 2:</u> *Unternummer ML10d erfasst nicht:*

a)   *Triebwerke, konstruiert oder geändert für militärische Zwecke, die von den Zivilluftfahrtbehörden eines oder mehrerer EU-Mitgliedstaaten oder Teilnehmerstaaten des Wasse-*

naar-Arrangements für die Verwendung in „zivilen Luftfahrzeugen" zugelassen sind, sowie deren besonders konstruierte Bestandteile,

b) *Hubkolbentriebwerke oder deren besonders konstruierte Bestandteile, mit Ausnahme solcher, die für „UAV" besonders konstruiert sind.*

Anmerkung 3: *Für die Zwecke der Unternummern ML10a und ML10d erstreckt sich die Erfassung von besonders konstruierten Bestandteilen und zugehöriger Ausrüstung für nichtmilitärische „Luftfahrzeuge" oder Triebwerke, die für militärische Zwecke geändert sind, nur auf solche militärischen Bestandteile und zugehörige militärische Ausrüstung, die für die Änderung für militärische Zwecke nötig sind.*

Anmerkung 4: *Für die Zwecke der Unternummer ML10a schließen militärische Zwecke Folgendes ein: Kampfhandlungen, militärische Aufklärung, militärischer Angriff, militärische Ausbildung, logistische Unterstützung sowie Beförderung und Luftlandung von Truppen oder militärischer Ausrüstung.*

Anmerkung 5: *Unternummer ML10a erfasst nicht „Luftfahrzeuge" mit allen folgenden Eigenschaften:*

a) *erstmalig vor 1946 hergestellt,*

b) *nicht ausgerüstet mit Gütern, die von der Gemeinsamen Militärgüterliste der EU erfasst sind, es sei denn, die Güter sind erforderlich, um die Sicherheits- oder Lufttüchtigkeitsstandards der Zivilluftfahrtbehörden eines oder mehrerer EU-Mitgliedstaaten oder Teilnehmerstaaten des Wassenaar-Arrangements zu erfüllen, und*

c) *nicht ausgerüstet mit Waffen, die von der Gemeinsamen Militärgüterliste der EU erfasst sind, es sei denn, die Waffen sind unbrauchbar und können nicht wieder in einen gebrauchsfähigen Zustand versetzt werden.*

ML11
Elektronische Ausrüstung, „Raumfahrzeuge" und Bestandteile, soweit nicht anderweitig von der Gemeinsamen Militärgüterliste der EU erfasst, wie folgt:

a) Elektronische Ausrüstung, besonders konstruiert für militärische Zwecke, und besonders konstruierte Bestandteile hierfür;

Anmerkung: *Unternummer ML11a schließt folgende Ausrüstung ein:*

a) *Ausrüstung für elektronische Gegenmaßnahmen (ECM) und elektronische Schutzmaßnahmen (ECCM), einschließlich elektronischer Ausrüstung zum Stören und Gegenstören, d. h. Geräte, konstruiert, um in Radar- oder Funkgeräten Störsignale oder verfälschende Signale zu erzeugen oder auf andere Weise den Empfang, den Betrieb oder die Wirksamkeit gegnerischer elektronischer Empfänger einschließlich der Geräte für Gegenmaßnahmen zu stören,*

b) *schnell abstimmbare Röhren (frequency agile tubes),*

c) *elektronische Systeme oder Ausrüstung, konstruiert entweder für die Überwachung und Beobachtung des elektromagnetischen Spektrums für Zwecke des militärischen Nachrichtenwesens bzw. der militärischen Sicherheit oder um derartigen Überwachungs- und Beobachtungsmaßnahmen entgegenzuwirken,*

d) *Ausrüstung für Unterwassergegenmaßnahmen einschließlich akustischer und magnetischer Störung und Täuschung, die in Sonarempfängern Störsignale oder verfälschende Signale erzeugen,*

e) *Geräte zum Schutz der Datenverarbeitung, Datensicherungsgeräte und Geräte zur Sicherung der Datenübertragung und Zeichengabe, die Verschlüsselungsverfahren verwenden,*

f) *Identifizierungs-, Authentisierungs- und Kennungsladegeräte (keyloader) sowie Schlüssel-Management-, -Generierungs- und -Verteilungsausrüstung,*

g) *Lenk- und Navigationsausrüstung,*

h) *digitale Troposcatter-Funkübertragungsausrüstung,*

i) *digitale Demodulatoren, besonders konstruiert für die Fernmelde- oder elektronische Aufklärung;*

j) *„automatisierte Führungs- und Leitsysteme".*

  <u>Ergänzende Anmerkung:</u> *„Software" in Verbindung mit militärischen „Software"-definierten Funkgeräten (SDR): siehe Nummer ML21.*

b) Ausrüstung zum Stören von weltweiten Satelliten-Navigationssystemen (GNSS) und besonders konstruierte Bestandteile hierfür;

c) „Raumfahrzeuge", besonders konstruiert oder geändert für militärische Zwecke, und „Raumfahrzeug"-Bestandteile, besonders konstruiert für militärische Zwecke.

<h2 style="text-align:center">ML12
Waffensysteme mit hoher kinetischer Energie (high velocity kinetic energy weapon systems) und zugehörige Ausrüstung wie folgt sowie besonders konstruierte Bestandteile hierfür:</h2>

a) Waffensysteme mit hoher kinetischer Energie (kinetic energy weapon systems), besonders konstruiert für die Vernichtung oder Abwehr (Unterbrechung des Einsatzes) eines gegnerischen Objekts;

b) besonders konstruierte Mess- und Auswertungsvorrichtungen sowie Versuchsmodelle einschließlich Diagnoseinstrumentierungen und Diagnoseobjekten für die dynamische Prüfung von Geschossen und Systemen mit hoher kinetischer Energie.

<u>Ergänzende Anmerkung:</u> *Waffensysteme, die Unterkalibermunition verwenden oder allein mit chemischem Antrieb arbeiten, und Munition hierfür: Siehe Nummern ML1 bis ML4.*

<u>Anmerkung 1:</u> *Nummer ML12 schließt folgende Ausrüstung ein, sofern sie besonders konstruiert ist für Waffensysteme mit hoher kinetischer Energie:*

a) *Startantriebssysteme, die Massen größer als 0,1 g auf Geschwindigkeiten über 1,6 km/s in den Betriebsarten Einzelfeuer oder Schnellfeuer beschleunigen können,*

b) *Ausrüstung für die Erzeugung von Primärenergie, Elektroschutz (electric armour), Energiespeicherung (z.B. Hochenergie-Speicherkondensatoren), Kontrolle des Wärmehaushalts und Klimatisierung, Schaltvorrichtungen und Ausrüstung für die Handhabung von Treibstoffen, elektrische Schnittstellen zwischen Stromversorgung, Geschütz und anderen elektrischen Richtfunktionen des Turms,*

  <u>Ergänzende Anmerkung:</u> *Siehe auch Dual-Use-Liste der EU Unternummer 3A001e2 (Hochenergie-Speicherkondensatoren)*

a) *Zielerfassungs-, Zielverfolgungs-, Feuerleitsysteme und Systeme zur Wirkungsermittlung,*

b) *Zielsuch-, Zielansteuerungssysteme und Systeme zur Umlenkung des Vortriebs (seitliche Beschleunigung) für Geschosse.*

<u>Anmerkung 2:</u> *Nummer ML12 erfasst Systeme, die eine der folgenden Antriebsarten verwenden:*

a) *elektromagnetisch,*

b) *elektrothermisch,*

c) *Plasmaantrieb,*

d) *Leichtgasantrieb* <u>oder</u>

e) *chemisch (sofern in Kombination mit den unter a bis d aufgeführten Antriebsarten verwendet).*

ML13

Spezialpanzer- oder Schutzausrüstung, Konstruktionen sowie Bestandteile wie folgt:

a) Metallische oder nichtmetallische Panzerplatten mit einer der folgenden Eigenschaften:

    1. hergestellt, um einen militärischen Standard oder eine militärische Spezifikation zu erfüllen, <u>oder</u>

    2. geeignet für militärische Zwecke;

<u>Ergänzende Anmerkung:</u> *Körperpanzer-Schutzplatten: siehe Unternummer ML13d2.*

b) Konstruktionen aus metallischen und nichtmetallischen Werkstoffen oder Kombinationen hieraus, besonders konstruiert, um militärische Systeme beschussfest zu machen, sowie besonders konstruierte Bestandteile hierfür;

c) Helme, hergestellt nach militärischen Standards, militärischen Spezifikationen oder vergleichbaren nationalen Normen, und besonders konstruierte Außenschalen, Innenschalen oder Polsterungen hierfür;

    <u>Ergänzende Anmerkung:</u> *Für andere Bestandteile von oder Ausrüstung für militärische(n) Helme(n) siehe entsprechenden Eintrag der Gemeinsamen Militärgüterliste der EU.*

d) Körperpanzer oder Schutzkleidung sowie Bestandteile hierfür wie folgt:

    1. weichballistische Körperpanzer oder Schutzkleidung, hergestellt nach militärischen Standards bzw. Spezifikationen oder hierzu gleichwertigen Anforderungen, und besonders konstruierte Bestandteile hierfür;

    <u>Anmerkung:</u> *Für die Zwecke der Unternummer ML13d1 schließen militärische Standards bzw. Spezifikationen mindestens Splitterschutz-Spezifikationen ein.*

    2. hartballistische Körperpanzer-Schutzplatten, die einen ballistischen Schutz größer/gleich Stufe III (NIJ 0101.06, Juli 2008) oder entsprechenden nationalen Anforderungen bewirken.

<u>Anmerkung 1:</u> *Unternummer ML13b schließt Werkstoffe ein, besonders konstruiert zur Bildung einer explosionsreaktiven Panzerung oder zum Bau militärischer Unterstände (shelters).*

<u>Anmerkung 2:</u> *Unternummer ML13c erfasst nicht herkömmliche Stahlhelme, die weder mit Zusatzgeräten ausgerüstet noch für die Ausrüstung mit Zusatzgeräten geändert oder konstruiert sind.*

<u>Anmerkung 3:</u> *Unternummern ML13c und ML13d erfassen nicht einzelne Helme, Körperpanzer oder Schutzbekleidung, wenn diese von ihren Benutzern zu deren eigenem persönlichem Schutz mitgeführt werden.*

<u>Anmerkung 4:</u> *Nummer ML13 erfasst nur solche, besonders für Bombenräumpersonal konstruierten Helme, die besonders für militärische Zwecke konstruiert sind.*

<u>Ergänzende Anmerkung 1:</u> *Siehe auch Nummer 1A005 der Dual-Use-Liste der EU.*

Ergänzende Anmerkung 2: *„Faser- oder fadenförmige Materialien", die bei der Herstellung von Körperpanzern und Helmen verwendet werden: Siehe Nummer 1C010 der Dual-Use-Liste der EU.*

ML14

‚Spezialisierte Ausrüstung für die militärische Ausbildung' oder für die Simulation militärischer Szenarien, Simulatoren, besonders konstruiert für die Ausbildung im Umgang mit den von Nummer ML1 oder ML2 erfassten Feuerwaffen oder Waffen, sowie besonders konstruierte Bestandteile und besonders konstruiertes Zubehör hierfür.

Technische Anmerkung: *Der Begriff ‚spezialisierte Ausrüstung für die militärische Ausbildung' schließt militärische Ausführungen von folgender Ausrüstung ein: Angriffssimulatoren, Einsatzflug-Übungsgeräte, Radar-Zielübungsgeräte, Radar-Zielgeneratoren, Feuerleit-Übungsgeräte, Übungsgeräte für die U-Boot-Bekämpfung, Flugsimulatoren (einschließlich der für das Training von Piloten oder Astronauten ausgelegten Zentrifugen), Radartrainer, Instrumentenflug-Übungsgeräte, Navigations-Übungsgeräte, Übungsgeräte für den Flugkörperstart, Zieldarstellungsgeräte, Drohnen, Waffen-Übungsgeräte, Geräte für Übungen mit unbemannten „Luftfahrtzeugen", bewegliche Übungsgeräte und Übungsausrüstung für militärische Bodenoperationen.*

Anmerkung 1: *Nummer ML14 schließt Systeme zur Bilderzeugung (image generating) oder zum Dialog mit der Umgebung für Simulatoren ein, sofern sie für militärische Zwecke besonders konstruiert oder besonders geändert sind.*

Anmerkung 2: *Nummer ML14 erfasst nicht besonders konstruierte Ausrüstung für das Training im Umgang mit Jagd- und Sportwaffen.*

ML15

Bildausrüstung oder Ausrüstung für Gegenmaßnahmen, besonders konstruiert für militärische Zwecke, wie folgt sowie besonders konstruierte Bestandteile und besonders konstruiertes Zubehör hierfür:

    a)   Aufzeichnungsgeräte und Bildverarbeitungsausrüstung;

    b)   Kameras, fotografische Ausrüstung und Filmverarbeitungsausrüstung;

    c)   Bildverstärkerausrüstung;

    d)   Infrarot- oder Wärmebild-Ausrüstung;

    e)   Kartenbildradar-Sensorausrüstung;

    f)   Ausrüstung für Gegenmaßnahmen (ECM) und zum Schutz vor Gegenmaßnahmen (ECCM) für die von den Unternummern ML15a bis ML15e erfasste Ausrüstung.

Anmerkung: *Unternummer ML15f schließt Ausrüstung ein, konstruiert zur Beeinträchtigung des Betriebs oder der Wirksamkeit militärischer Bildsysteme oder zur Reduzierung solcher Beeinträchtigungen auf ein Minimum.*

Anmerkung 1: *In Nummer ML15 schließt der Begriff ‚besonders konstruierte Bestandteile' folgende Einrichtungen ein, sofern sie für militärische Zwecke besonders konstruiert sind:*

    a)   *IR-Bildwandlerröhren,*

    b)   *Bildverstärkerröhren (andere als solche der ersten Generation),*

    c)   *Mikrokanalplatten,*

    d)   *Restlichtfernsehkameraröhren,*

e) *Detektorgruppen (einschließlich elektronischer Kopplungs- oder Ausgabesysteme),*

f) *pyroelektrische Fernsehkameraröhren,*

g) *Kühler für Bildsysteme,*

h) *fotochrome oder elektrooptische, elektrisch ausgelöste Verschlüsse mit einer Verschluss-geschwindigkeit kleiner als 100 µs, ausgenommen Verschlüsse, die ein wesentlicher Teil einer Hochgeschwindigkeitskamera sind,*

i) *faseroptische Bildinverter,*

j) *Verbindungshalbleiter-Fotokathoden.*

Anmerkung 2: *Nummer ML15 erfasst nicht „Bildverstärkerröhren der ersten Generation" oder Ausrüstung, besonders konstruiert für den Einsatz von „Bildverstärkerröhren der ersten Generation".*

Ergänzende Anmerkung: *Zur Erfassung von Waffenzielgeräten mit „Bildverstärkerröhren der ersten Generation": siehe Nummern ML1 und ML2 sowie die Unternummer ML5a.*

Ergänzende Anmerkung: *Siehe auch die Unternummern 6A002a2 und 6A002b der Dual-Use-Liste der EU.*

ML16
Schmiedestücke, Gussstücke und andere unfertige Erzeugnisse, besonders konstruiert für eine der von Nummer ML1, ML2, ML3, ML4, ML6, ML9, ML10, ML12 oder ML19 erfassten Waren.

Anmerkung: *Nummer ML16 erfasst unfertige Erzeugnisse, wenn sie anhand von Materialzusammensetzung, Geometrie oder Funktion bestimmt werden können.*

ML17
Verschiedene Ausrüstungsgegenstände, Materialien und „Bibliotheken" wie folgt sowie besonders konstruierte Bestandteile hierfür:

a) Tauch- und Unterwasserschwimmgeräte, besonders konstruiert oder geändert für militärische Zwecke, wie folgt:

    1. unabhängige Kreislauftauchgeräte mit geschlossener und halbgeschlossener Atemlufterneuerung,

    2. Unterwasserschwimmgeräte, besonders konstruiert für die Verwendung mit den von Unternummer ML17a1 erfassten Tauchgeräten;

Ergänzende Anmerkung: *Siehe auch Dual-Use-Liste der EU Unternummer 8A002q.*

b) Bauausrüstung, besonders konstruiert für militärische Zwecke;

c) Halterungen (fittings), Beschichtungen und Behandlungen für die Unterdrückung von Signaturen, besonders konstruiert oder entwickelt für militärische Zwecke;

d) Ausrüstung für technische Betreuung, besonders konstruiert für den Einsatz in einer Kampfzone;

e) „Roboter", „Roboter"-Steuerungen und „Roboter"-„Endeffektoren" mit einer der folgenden Eigenschaften:

    1. besonders konstruiert für militärische Zwecke,

    2. ausgestattet mit Mitteln zum Schutz der Hydraulikleitungen gegen Beschädigungen

von außen durch umherfliegende Munitionssplitter (z.B. selbstdichtende Leitungen) und konstruiert für die Verwendung von Hydraulikflüssigkeiten mit einem Flammpunkt über 839 K (566 °C) <u>oder</u>

3. besonders konstruiert oder ausgelegt für einen Einsatz in einer EMP-Umgebung (EMP = elektromagnetischer Puls)

<u>Technische Anmerkung:</u> *Der Begriff elektromagnetischer Puls bezieht sich nicht auf eine unbeabsichtigte Störbeeinflussung, die durch elektromagnetische Abstrahlung nahe gelegener Ausrüstung (z.B. Maschinenanlagen, Vorrichtungen oder Elektronik) oder Blitzschlag verursacht wird.*

f) „Bibliotheken", besonders entwickelt oder geändert für militärische Zwecke in Verbindung mit Systemen, Ausrüstung oder Bestandteilen, die von der Gemeinsamen Militärgüterliste der EU erfasst werden bzw. wird,

g) nukleare Energieerzeugungs- oder Antriebsausrüstung, einschließlich „Kernreaktoren", besonders konstruiert für militärische Zwecke, sowie besonders für militärische Zwecke konstruierte oder ‚geänderte' Bestandteile,

h) Ausrüstung und Material, beschichtet oder behandelt für die Unterdrückung von Signaturen, besonders konstruiert für militärische Zwecke, soweit nicht anderweitig von der Gemeinsamen Militärgüterliste der EU erfasst,

i) Simulatoren, besonders konstruiert für militärische „Kernreaktoren",

j) mobile Reparaturwerkstätten, besonders konstruiert oder ‚geändert' zur Instandhaltung militärischer Ausrüstung,

k) mobile Stromerzeugeraggregate, besonders konstruiert oder ‚geändert' für militärische Zwecke,

l) Container, besonders konstruiert oder ‚geändert' für militärische Zwecke,

m) Fähren, soweit nicht anderweitig von der Gemeinsamen Militärgüterliste der EU erfasst, Brücken und Pontons, besonders konstruiert für militärische Zwecke,

n) Testmodelle, besonders konstruiert für die „Entwicklung" der von Nummer ML4, ML6, ML9 oder ML10 erfassten Waren,

o) „Laser"schutzausrüstung (z.B. Schutzeinrichtungen für Augen und Schutzeinrichtungen für Sensoren), besonders konstruiert für militärische Zwecke,

p) „Brennstoffzellen" soweit nicht anderweitig von der Gemeinsamen Militärgüterliste der EU erfasst, besonders konstruiert oder ‚geändert' für militärische Zwecke.

<u>Technische Anmerkungen:</u>

1. *Nicht belegt seit 2014.*

2. *‚Geändert' im Sinne von Nummer ML17 bedeutet eine bauliche, elektrische, mechanische oder sonstige Änderung, die eine nichtmilitärische Ausrüstung mit militärischen Eigenschaften ausstattet, so dass die Ausrüstung gleichwertig zu einer für militärische Zwecke besonders konstruierten Ausrüstung ist.*

ML18
‚Herstellung'sausrüstung und Bestandteile wie folgt:

a) besonders konstruierte oder besonders geänderte Ausrüstung für die ‚Herstellung' der von der Gemeinsamen Militärgüterliste der EU erfassten Waren und besonders konstruierte Bestandteile hierfür;

b) besonders konstruierte Umweltprüfeinrichtungen für die Zulassungs- und Eignungsprüfung der von der Gemeinsamen Militärgüterliste der EU erfassten Waren und besonders konstruierte Ausrüstung hierfür.

Technische Anmerkung: ‚Herstellung' im Sinne der Nummer ML18 schließt die Konstruktion, den Test, die Fertigung, die Erprobung und die Prüfung ein.

Anmerkung: Unternummern ML18a und ML18b schließen folgende Ausrüstung ein:

a) _kontinuierlich arbeitende Nitrieranlagen,_

b) _Prüfzentrifugen mit einer der folgenden Eigenschaften:_

   1. _Antrieb durch einen oder mehrere Motoren mit einer Gesamtnennleistung größer als 298 kW (400 PS),_

   2. _Nutzlast größer/gleich 113 kg_ <u>oder</u>

   3. _Ausübung einer Zentrifugalbeschleunigung von mindestens 8 g auf eine Nutzlast größer/gleich 91 kg,_

c) _Trockenpressen,_

d) _Schneckenstrangpressen, besonders konstruiert oder geändert für militärische „Explosivstoffe",_

e) _Schneidmaschinen zum Ablängen stranggepresster „Treibstoffe",_

f) _Dragierkessel (Taumelmischer) mit Durchmessern größer/gleich 1,85 m und einem Produktionsvermögen größer als 227 kg,_

g) _Stetigmischer für Fest„treibstoffe",_

h) _Strahlmühlen (fluid energy mills) zum Zerkleinern oder Mahlen der Bestandteile von militärischen „Explosivstoffen",_

i) _Ausrüstung zur Erzeugung von Kugelform mit einheitlicher Partikelgröße bei den in Unternummer ML8c8 aufgeführten Metallpulvern,_

j) _Konvektionsströmungskonverter (convection current converters) für die Konversion der in Unternummer ML8c3 aufgeführten Stoffe._

ML19
Strahlenwaffen-Systeme, zugehörige Ausrüstung, Ausrüstung für Gegenmaßnahmen oder Versuchsmodelle wie folgt und besonders konstruierte Bestandteile hierfür:

a) „Laser"-Systeme, besonders konstruiert für die Vernichtung oder Abwehr (Unterbrechung des Einsatzes) eines gegnerischen Objekts;

b) Teilchenstrahl-Systeme, geeignet für die Vernichtung oder Abwehr (Unterbrechung des Einsatzes) eines gegnerischen Objekts;

c) energiereiche Hochfrequenzsysteme, geeignet für die Vernichtung oder Abwehr (Unterbrechung des Einsatzes) eines gegnerischen Objekts;

d) Ausrüstung, besonders konstruiert für die Entdeckung, Identifizierung oder Abwehr der von Unternummer ML19a bis ML19c erfassten Systeme;

e) physische Versuchsmodelle für die von Nummer ML19 erfassten Systeme, Ausrüstungen und Bestandteile;

f) „Laser"-Systeme, besonders konstruiert, um eine dauerhafte Erblindung bei einer Beobachtung ohne vergrößernde Optik zu verursachen, d. h. bei einer Beobachtung mit unbewaffnetem Auge oder mit korrigierender Sehhilfe.

Anmerkung 1: *Von Nummer ML19 erfasste Strahlenwaffen-Systeme schließen Systeme ein, deren Leistungsfähigkeit bestimmt wird durch den kontrollierten Einsatz von*

a) *„Lasern" mit einer Energie, die eine mit herkömmlicher Munition vergleichbare Vernichtungswirkung erreichen,*

b) *Teilchenbeschleunigern, die einen geladenen oder ungeladenen Strahl mit Vernichtungswirkung aussenden,*

c) *Hochfrequenzsendern mit hoher Impulsenergie oder hoher Durchschnittsenergie, die ein ausreichend starkes Feld erzeugen, um elektronische Schaltungen in einem entfernt liegenden Ziel außer Betrieb zu setzen.*

Anmerkung 2: *Nummer ML19 schließt folgende Ausrüstung ein, sofern sie besonders konstruiert ist für Strahlenwaffen-Systeme:*

a) *Geräte für die Erzeugung von Primärenergie, Energiespeicher, Schaltvorrichtungen, Geräte für die Energiekonditionierung und Geräte für die Handhabung von Treibstoffen,*

b) *Zielerfassungs- und Zielverfolgungssysteme,*

c) *Systeme für die Auswertung der Schadenswirkung, Zerstörung oder Einsatzunterbrechung*

d) *Geräte für die Strahllenkung, -ausbreitung und -ausrichtung,*

e) *Geräte für die rasche Strahlschwenkung zur schnellen Bekämpfung von Mehrfachzielen,*

f) *anpassungsfähige Optiken oder Phasenkonjugatoren (phase conjugators),*

g) *Strominjektoren für negative Wasserstoffionenstrahlen,*

h) *„weltraumgeeignete" Beschleuniger-Bestandteile (accelerator components),*

i) *Ausrüstung für die Zusammenführung von Strahlen negativ geladener Ionen (negative ion beam funnelling equipment),*

j) *Ausrüstung zur Steuerung und Schwenkung eines energiereichen Ionenstrahls,*

k) *„weltraumgeeignete" Folien zur Neutralisierung von negativen Wasserstoffisotopenstrahlen.*

ML20
Kryogenische (Tieftemperatur-) und „supraleitende" Ausrüstung wie folgt sowie besonders konstruierte Bestandteile und besonders konstruiertes Zubehör hierfür:

a) Ausrüstung, besonders konstruiert oder ausgelegt für den Einbau in ein militärisches Land-, See-, Luft- oder Raumfahrzeug und fähig, während der Fahrt eine Temperatur kleiner als 103 K (– 170 °C) zu erzeugen,

Anmerkung: *Unternummer ML20a schließt mobile Systeme ein, die Zubehör und Bestandteile enthalten oder verwenden, die aus nichtmetallischen oder nicht elektrisch leitenden Werkstoffen, z.B. aus Kunststoffen oder epoxidharzimprägnierten Werkstoffen, hergestellt sind.*

b) „supraleitende" elektrische Ausrüstung (rotierende Maschinen und Transformatoren), besonders konstruiert oder besonders ausgelegt für den Einbau in ein militärisches Land-, See-, Luft- oder Raumfahrzeug und betriebsfähig während der Fahrt.

Anmerkung: Unternummer ML20b erfasst nicht hybride, homopolare Gleichstromgeneratoren mit einem einpoligen, normal ausgelegten Metallanker, der in einem Magnetfeld rotiert, das mithilfe supraleitender Wicklungen erzeugt wird, vorausgesetzt, dass diese Wicklungen die einzigen supraleitenden Baugruppen im Generator sind.

ML21

„Software" wie folgt:

a) „Software", besonders entwickelt oder geändert für:

1. „Entwicklung", „Herstellung", Betrieb oder Instandhaltung von Ausrüstung, die von der Gemeinsamen Militärgüterliste der EU erfasst wird,

2. „Entwicklung" oder „Herstellung" von Werkstoffen und Materialien, die von der Gemeinsamen Militärgüterliste der EU erfasst werden, <u>oder</u>

3. „Entwicklung", „Herstellung", Betrieb oder Wartung von „Software", die von der Gemeinsamen Militärgüterliste der EU erfasst wird,

b) spezifische „Software", nicht erfasst von Unternummer ML21a, wie folgt:

1. „Software", besonders entwickelt für militärische Zwecke und besonders entwickelt für die Modellierung, Simulation oder Auswertung militärischer Waffensysteme,

2. „Software", besonders entwickelt für militärische Zwecke und besonders entwickelt für die Modellierung oder Simulation militärischer Operationsszenarien,

3. „Software" für die Ermittlung der Wirkung herkömmlicher, atomarer, chemischer oder biologischer Kampfmittel,

4. „Software", besonders entwickelt für militärische Zwecke und besonders entwickelt für Anwendungen im Rahmen von Führungs-, Informations-, Rechner- und Aufklärungssystemen (C^3I oder C^4I),

c) „Software", nicht erfasst von Unternummer ML21a oder ML21b, besonders entwickelt oder geändert, um nicht von der Gemeinsamen Militärgüterliste der EU erfasste Ausrüstung zu befähigen, die militärischen Funktionen der von der Gemeinsamen Militärgüterliste der EU erfassten Ausrüstung zu erfüllen.

ML22

„Technologie" wie folgt:

a) „Technologie", soweit nicht von Unternummer ML22b erfasst, die für „Entwicklung", „Herstellung", Betrieb, Aufbau, Instandhaltung (Test), Reparatur, Überholung oder Wiederaufarbeitung der von der Gemeinsamen Militärgüterliste der EU erfassten Güter „unverzichtbar" ist;

b) „Technologie" wie folgt:

1. „Technologie", „unverzichtbar" für Konstruktion, Bestandteilmontage, Betrieb,

Wartung und Reparatur vollständiger Herstellungsanlagen für in der Gemeinsamen Militärgüterliste der EU erfasste Waren, auch wenn die Bestandteile dieser Herstellungsanlagen nicht erfasst werden,

2. „Technologie", „unverzichtbar" für die „Entwicklung" und „Herstellung" von Handfeuerwaffen, auch wenn sie zur Herstellung von Reproduktionen antiker Handfeuerwaffen eingesetzt wird,

3. nicht belegt seit 2013,

   Ergänzende Anmerkung: *„Technologie" siehe Unternummer ML22a (zuvor Unternummer ML22b3).*

4. nicht belegt seit 2013,

   Ergänzende Anmerkung: *„Technologie" siehe Unternummer ML22a (zuvor Unternummer ML22b4).*

5. „Technologie", „unverzichtbar" ausschließlich für die Beimischung von „Biokatalysatoren", die von der Unternummer ML7i1 erfasst werden, zu militärischen Trägersubstanzen oder militärischem Material.

Anmerkung 1: *„Technologie", „unverzichtbar" für „Entwicklung", „Herstellung", Betrieb, Aufbau, Wartung (Test), Reparatur, Überholung oder Wiederaufarbeitung von in der Gemeinsamen Militärgüterliste der EU erfassten Gütern, bleibt auch dann erfasst, wenn sie für Güter einsetzbar ist, die nicht von der Gemeinsamen Militärgüterliste der EU erfasst werden.*

Anmerkung 2: *Nummer ML22 erfasst nicht:*

a) *„Technologie", die das unbedingt notwendige Minimum für Aufbau, Betrieb, Wartung (Test) und Reparatur derjenigen Güter darstellt, die nicht erfasst werden oder für die eine Ausfuhrgenehmigung erteilt wurde;*

b) *„Technologie", bei der es sich um „allgemein zugängliche" Informationen, „wissenschaftliche Grundlagenforschung" oder für Patentanmeldungen erforderliche Informationen handelt;*

c) *„Technologie" für die magnetische Induktion zum Dauerantrieb ziviler Transporteinrichtungen.*

Begriffsbestimmungen

Definition der in der Gemeinsamen Militärgüterliste verwendeten Begriffe in alphabetischer Reihenfolge.

Anmerkung 1: *Die Begriffsbestimmungen gelten für die gesamte Liste. Die Verweise auf Abschnittsnummern dienen nur als Hinweis und haben keinerlei Auswirkung auf die generelle Geltung der definierten Begriffe für die gesamte Liste.*

Anmerkung 2: *Die in diesen Begriffsbestimmungen aufgeführten Ausdrücke und Begriffe haben nur dann die definierte Bedeutung, wenn sie in „doppelte Anführungszeichen" gesetzt sind. Begriffe in ‚einfachen Anführungszeichen' werden in einer technischen Anmerkung zu dem entsprechenden Eintrag erläutert. In anderen Fällen haben Ausdrücke und Begriffe die gemeinhin akzeptierte (Wörterbuch-)Bedeutung.*

ML8
„Additive" (additives)

Stoffe, die bei der Zubereitung von Sprengstoffen verwendet werden, um deren Eigenschaften zu verbessern.

ML22
„Allgemein zugänglich" (in the public domain)

Bezieht sich auf „Technologie" oder „Software", die ohne Beschränkung ihrer weiteren Verbreitung erhältlich ist.

Anmerkung: *Copyright-Beschränkungen heben die allgemeine Zugänglichkeit nicht auf.*

ML11
„Automatisierte Führungs- und Leitsysteme" (automated Command and Control Systems)

Elektronische Systeme zur Eingabe, Verarbeitung und Ausgabe von Information, die wesentlich ist für die effektive Operation der unterstellten Gruppe, des Großverbands, des taktischen Verbands, der Einheit, des Schiffes, der Untereinheit oder des Waffensystems. Dies wird erreicht durch die Nutzung von Computern und anderer spezialisierter Hardware, konstruiert zur Unterstützung der Funktionen einer militärischen Führungs- und Leitorganisation. Die Hauptfunktionen eines automatisierten Führungs- und Leitsystems sind: die effiziente automatische Erfassung, Sammlung, Speicherung und Verarbeitung von Information; die Darstellung der Lage und der Verhältnisse, die die Vorbereitung und Durchführung von Kampfoperationen beeinflussen; operationelle und taktische Berechnungen für die Zuweisung von Ressourcen zwischen den Kampfgruppen oder Elementen für die operative Kräftegliederung oder den Aufmarsch entsprechend der Mission oder dem Stadium der Operation; die Aufbereitung von Daten für die Einschätzung der Situation und für die Entscheidungsfindung zu jedem Zeitpunkt während der Operation oder Schlacht; Computer-Simulation von Operationen.

ML17
„Bibliothek" (parametrische technische Datenbanken) (Library (parametric technical database))

Sammlung technischer Informationen, deren Nutzung die Leistungsfähigkeit der betreffenden Systeme, Ausrüstung oder Bestandteile erhöhen kann.

ML15
„Bildverstärkerröhren der ersten Generation" (First generation image intensifier tubes)

Elektrostatisch fokussierende Röhren, die faseroptische oder gläserne Ein- und Ausgangsfenster oder Multi-Alkali-Fotokathoden (S-20 oder S-25) verwenden, jedoch keine Mikrokanalplatten-Verstärker.

ML7, 22
„Biokatalysatoren" (biocatalysts)

‚Enzyme' für spezifische chemische oder biochemische Reaktionen oder andere biologische Verbindungen, die chemische Kampfstoffe binden und deren Abbau beschleunigen.

Technische Anmerkung: ‚Enzyme' (enzymes) sind „Biokatalysatoren" für spezifische chemische oder biochemische Reaktionen.

ML7
„Biologische Agenzien" (biological agents)

Pathogene oder Toxine, ausgewählt oder geändert (z.B. Änderung der Reinheit, Lagerbeständigkeit, Virulenz, Verbreitungsmerkmale oder Widerstandsfähigkeit gegen UV-Strahlung) für die Außergefechtsetzung von Menschen oder Tieren, die Funktionsbeeinträchtigung von Ausrüstung, die Vernichtung von Ernten oder die Schädigung der Umwelt.

ML7, 22
„Biopolymere" (biopolymers)

Biologische Makromoleküle wie folgt:

a)   Enzyme für spezifische chemische oder biochemische Reaktionen,

b)   ‚antiidiotypische Antikörper', ‚monoklonale Antikörper' oder ‚polyklonale Antikörper',

c)   besonders entwickelte oder besonders verarbeitete ‚Rezeptoren'.

Technische Anmerkungen:

1.   ‚Antiidiotypische Antikörper' (anti-idiotypic antibodies) sind Antikörper, die sich an die spezifische Antigen-Bindungsstelle anderer Antikörper binden.

2.   ‚Monoklonale Antikörper' (monoclonal antibodies) sind Proteine, die sich an eine Antigen-Bindungsstelle binden und durch einen einzigen Klon von Zellen erzeugt werden.

3.   ‚Polyklonale Antikörper' (polyclonal antibodies) sind eine Mischung von Proteinen, die sich an ein bestimmtes Antigen binden und durch mehr als einen Klon von Zellen erzeugt werden.

4.   ‚Rezeptoren' (receptors) sind biologische makromolekulare Strukturen, die Liganden binden können, deren Bindung physiologische Funktionen beeinflussen.

ML17
„Brennstoffzelle" (fuel cell)

Eine elektrochemische Einrichtung, die durch den Verbrauch von Brennstoff aus einer externen Quelle chemische Energie direkt in elektrischen Gleichstrom umwandelt.

ML1
„Deaktivierte Feuerwaffe" (deactivated firearm)

Eine Feuerwaffe, die durch von der nationalen Behörde des EU-Mitgliedstaats oder des Teilnehmerstaats des Wassenaar-Arrangements festgelegte Verfahren außerstande gesetzt wird, ein Geschoss zu verschießen. Durch diese Verfahren werden die wesentlichen Teile der Feuerwaffe auf Dauer geändert. Entsprechend den nationalen Rechts- und Verwaltungsvorschriften kann die Deaktivierung der Feuerwaffe durch eine von einer zuständigen Behörde ausgestellte Bescheinigung bestätigt und auf der Feuerwaffe durch die Anbringung eines Stempels auf einem wesentlichen Teil der Waffe gekennzeichnet werden.

ML17
„Endeffektoren" (end-effectors)

Umfassen Greifer, aktive Werkzeugeinheiten und alle anderen Werkzeuge, die am Anschlussflansch am Ende des „Roboter"-Greifarms bzw. der -Greifarme angebaut sind.

Technische Anmerkung: ‚Aktive Werkzeugeinheit' (active tooling unit): eine Einrichtung, die einem Werkstück Bewegungskraft, Prozessenergie oder Sensorsignale zuführt.

ML8
„Energetische Materialien" (energetic materials)

Substanzen oder Mischungen, die durch eine chemische Reaktion Energie freisetzen, welche für die beabsichtigte Verwendung benötigt wird. „Explosivstoffe", „Pyrotechnika" und „Treibstoffe" sind Untergruppen von energetischen Materialien.

ML17, 21, 22
„Entwicklung" (development)

Schließt alle Stufen vor der Serienfertigung ein, z.B. Konstruktion, Forschung, Analyse, Konzepte, Zusammenbau und Test von Prototypen, Pilotserienpläne, Konstruktionsdaten, Verfahren zur Umsetzung der Konstruktionsdaten ins Produkt, Konfigurationsplanung, Integrationsplanung, Layout.

ML8, 18
„Explosivstoffe" (explosives)

Feste, flüssige oder gasförmige Stoffe oder Stoffgemische, die erforderlich sind, um bei ihrer Verwendung als Primärladungen, Verstärker- oder Hauptladungen in Gefechtsköpfen, Geschossen und anderen Einsatzarten Detonationen herbeizuführen.

ML7
„Expressions-Vektoren" (expression vectors)

Träger (z.B. Plasmide oder Viren), die zum Einbringen genetischen Materials in Gastzellen eingesetzt werden.

ML13
„Faser- oder fadenförmige Materialien" (fibrous or filamentary materials)

Umfassen:

   a)   endlose Einzelfäden (monofilaments),

   b)   endlose Garne und Faserbündel (rovings),

c) Bänder, Webwaren, regellos geschichtete Matten und Flechtwaren,

d) geschnittene Fasern, Stapelfasern und zusammenhängende Oberflächenvliese,

e) frei gewachsene Mikrokristalle (Whiskers), monokristallin oder polykristallin, in jeder Länge,

f) Pulpe aus aromatischen Polyamiden.

ML18, 21, 22

„Herstellung" (production)

Schließt alle Fabrikationsstufen ein, z.B. Fertigungsvorbereitung, Fertigung, Integration, Zusammenbau, Kontrolle, Prüfung (Test), Qualitätssicherung.

ML17

„Kernreaktor" (nuclear reactor)

Umfasst alle Bauteile im Inneren des Reaktorbehälters oder die mit dem Reaktorbehälter direkt verbundenen Bauteile, die Einrichtungen für die Steuerung des Leistungspegels des Reaktorkerns und die Bestandteile, die üblicherweise das Primärkühlmittel des Reaktorkerns enthalten oder damit in unmittelbaren Kontakt kommen oder es steuern.

ML9, 19

„Laser" (laser)

Ein Gerät zum Erzeugen von räumlich und zeitlich kohärentem Licht durch Verstärkung mittels stimulierter Emission von Strahlung.

ML10

„Luftfahrtgerät nach dem Prinzip leichter als Luft" (lighter-than-air-vehicles)

Ballone und „Luftschiffe", deren Auftrieb auf der Verwendung von Heißluft oder Gasen mit einer geringeren Dichte als die der Umgebungsluft, wie zum Beispiel Helium oder Wasserstoff, beruht.

ML8, 10, 14

„Luftfahrzeug" (aircraft)

Ein Fluggerät mit feststehenden, schwenkbaren oder rotierenden (Hubschrauber) Tragflächen, mit Kipprotoren oder Kippflügeln.

ML 10

„Luftschiff" (airship)

Ein triebwerkgetriebenes Luftfahrzeug, dessen Auftrieb durch ein Traggas aufrechterhalten wird, das leichter als Luft ist (in der Regel Helium, früher Wasserstoff).

ML 21

„Mikroprogramm" (microprogramme)

Eine in einem speziellen Speicherbereich dauerhaft gespeicherte Folge von elementaren Befehlen, deren Ausführung durch das Einbringen des Referenzbefehls in ein Befehlsregister eingeleitet wird.

ML 21

„Programm" (program)

Eine Folge von Befehlen zur Ausführung eines Prozesses in einer Form oder umsetzbar in eine Form, die von einem elektronischen Rechner ausführbar ist.

ML4, 8

„Pyrotechnika" (pyrotechnics)

Mischungen aus festen oder flüssigen Treibstoffen mit Sauerstoffträgern, die nach dem Anzünden eine energetische chemische Reaktion mit kontrollierter Geschwindigkeit durchlaufen, um spezifische Zeitverzögerungen oder Wärmemengen, Lärm, Rauch, Nebel, Licht oder Infrarotstrahlung zu erzeugen. Pyrophore sind eine Untergruppe der Pyrotechnika, die keine Sauerstoffträger enthalten, sich an der Luft aber spontan entzünden.

ML11

„Raumfahrzeuge" (spacecraft)

Aktive und passive Satelliten und Raumsonden.

ML7

"Reizstoffe" (riot control agents)

Stoffe, die, unter den zu erwartenden Bedingungen bei einem Einsatz zur Bekämpfung von Unruhen, beim Menschen spontan Reizungen der Sinnesorgane oder Handlungsunfähigkeit verursachende Wirkung hervorrufen, welche innerhalb kurzer Zeit nach Beendigung der Exposition verschwinden. (Tränengase sind eine Untermenge von „Reizstoffen".)

ML17

„Roboter" (robot)

Ein Handhabungssystem, das bahn- oder punktgesteuert sein kann, Sensoren benutzen kann und alle folgenden Eigenschaften aufweist:

a) multifunktional,

b) fähig, Material, Teile, Werkzeuge oder Spezialvorrichtungen durch veränderliche Bewegungen im dreidimensionalen Raum zu positionieren oder auszurichten,

c) mit drei oder mehr Regel- oder Stellantrieben, die Schrittmotoren einschließen können, und

d) mit „anwenderzugänglicher Programmierbarkeit" durch Eingabe-/ Wiedergabe-Verfahren (teach/playback) oder durch einen Elektronenrechner, der auch eine speicherprogrammierbare Steuerung sein kann, d. h. ohne mechanischen Eingriff.

Anmerkung: ‚Anwenderzugängliche Programmierbarkeit' bedeutet die Möglichkeit für den Anwender, „Programme" einzufügen, zu ändern oder auszutauschen durch andere Maßnahmen als durch

a) eine physikalische Veränderung der Verdrahtung oder von Verbindungen oder

b) das Setzen von Funktionsbedienelementen einschließlich Parametereingaben.

Anmerkung: Diese Definition umfasst nicht folgende Geräte:

1. ausschließlich hand- oder fernsteuerbare Handhabungssysteme,

2. *Handhabungssysteme mit festem Ablauf (Bewegungsautomaten), die mechanisch fest-gelegte Bewegungen ausführen. Das Programm wird durch feste Anschläge wie Stifte oder Nocken mechanisch begrenzt. Der Bewegungsablauf und die Wahl der Bahnen oder Winkel können mechanisch, elektronisch oder elektrisch nicht geändert werden,*

3. *mechanisch gesteuerte Handhabungssysteme mit veränderlichem Ablauf (Bewegungs-automaten), die mechanisch festgelegte Bewegungen ausführen. Das Programm wird durch feste, aber verstellbare Anschläge wie Stifte und Nocken mechanisch begrenzt. Der Bewegungsablauf und die Wahl der Bahnen oder Winkel sind innerhalb des festgelegten Programmablaufs veränderbar. Veränderungen oder Modifikationen des Programmablaufs (z.B. durch Wechsel von Stiften oder Austausch von Nocken) in einer oder mehreren Bewegungsachsen werden nur durch mechanische Vorgänge ausge-führt,*

4. *nicht antriebsgeregelte Handhabungssysteme mit veränderlichem Ablauf (Bewegungsau-tomaten), die mechanisch festgelegte Bewegungen ausführen. Das Programm ist verän-derbar, der Ablauf erfolgt aber nur nach dem Binärsignal von mechanisch festgelegten elektrischen Binärgeräten oder verstellbaren Anschlägen,*

5. *Regalförderzeuge, die als Handhabungssysteme mit kartesischen Koordinaten bezeichnet werden und als wesentlicher Bestandteil vertikaler Lagereinrichtungen gefertigt und so konstruiert sind, dass sie Lager gut in die Lagereinrichtungen einbringen und aus diesen entnehmen.*

ML21
„Software" (software)

Eine Sammlung eines oder mehrerer „Programme" oder „Mikroprogramme", die auf einem beliebi-gen greifbaren (Ausdrucks-)Medium fixiert sind.

ML20
„Supraleitend" (superconductive)

Bezeichnet Materialien (d. h. Metalle, Legierungen oder Verbindungen), die ihren elektrischen Wider-stand vollständig verlieren können, d. h., sie können unbegrenzte elektrische Leitfähigkeit erreichen und sehr große elektrische Ströme ohne Joule'sche Erwärmung übertragen.

„Kritische Temperatur (auch als Sprungtemperatur bezeichnet)" (critical temperature (or transition temperature)) eines speziellen „supraleitenden" Materials ist die Temperatur, bei der das Material den Widerstand gegen den Gleichstromfluss vollständig verliert.

Technische Anmerkung: *Der „supraleitende" Zustand eines Materials ist jeweils gekennzeichnet durch eine „kritische Temperatur", ein kritisches Magnetfeld, das eine Funktion der Temperatur ist, und eine kritische Stromdichte, die eine Funktion des Magnetfelds und der Temperatur ist.*

ML22
„Technologie" (technology)

Spezifisches technisches Wissen, das für „Entwicklung", „Herstellung", Betrieb, Aufbau, Wartung (Test), Reparatur, Überholung oder Wiederaufarbeitung eines Produkts nötig ist. Das technische Wis-sen wird in der Form von ‚technischen Unterlagen' oder ‚technischer Unterstützung' verkörpert. „Technologie", die entsprechend der Gemeinsamen Militärgüterliste der EU einer Erfassung unter-liegt, wird von Nummer ML22 erfasst.

Technische Anmerkungen:

1. ‚Technische Unterlagen' (technical data):können verschiedenartig sein, z.B. Blaupausen, Pläne, Diagramme, Modelle, Formeln, Tabellen, Konstruktionspläne und -spezifikationen, Beschreibungen und Anweisungen in Schriftform oder auf anderen Medien aufgezeichnet, wie Magnetplatten, Bänder oder Lesespeicher.

2. ‚Technische Unterstützung' (technical assistance):kann verschiedenartig sein, z.B. Unterweisung, Vermittlung von Fertigkeiten, Schulung, Arbeitshilfe, Beratungsdienste, und kann auch die Weitergabe von technischen Unterlageneinbeziehen.

ML8
„Treibstoffe" (propellants)

Substanzen oder Mischungen, die durch eine chemische Reaktion mit kontrollierter Abbrandrate große Volumina heißer Gase produzieren, um damit mechanische Arbeit zu verrichten.

ML10
„Unbemanntes Luftfahrzeug" („UAV") (unmanned aerial vehicle (UAV))

„Luftfahrzeug", das in der Lage ist, ohne Anwesenheit einer Person an Bord einen Flug zu beginnen und einen kontrollierten Flug beizubehalten und die Navigation durchzuführen.

ML22
„Unverzichtbar" (required)

Bezieht sich – auf „Technologie" angewendet – ausschließlich auf den Teil der „Technologie", der besonders dafür verantwortlich ist, dass die erfassten Leistungsmerkmale, Charakteristiken oder Funktionen erreicht oder überschritten werden. Diese „unverzichtbare Technologie" kann auch für verschiedenartige Produkte einsetzbar sein.

ML8
„Vorprodukte" (precursors)

Spezielle Chemikalien, die für die Herstellung von Sprengstoffen verwendet werden.

ML19
„Weltraumgeeignet" (space qualified)

Konstruiert oder gefertigt oder nach erfolgreicher Erprobung als geeignet befunden für den Einsatz in Höhen von mehr als 100 km über der Erdoberfläche.

Anmerkung: Wird für einen konkreten Gegenstand durch Erprobung festgestellt, dass er „weltraumgeeignet" ist, so bedeutet dies nicht, dass andere Gegenstände desselben Fertigungsloses oder derselben Modellreihe „weltraumgeeignet" sind, es sei denn, sie wurden einzeln erprobt.

ML22
„Wissenschaftliche Grundlagenforschung" (basic scientific research)

Experimentelle oder theoretische Arbeiten hauptsächlich zur Erlangung von neuen Erkenntnissen über grundlegende Prinzipien von Phänomenen oder Tatsachen, die nicht in erster Linie auf ein spezifisches praktisches Ziel oder einen spezifischen praktischen Zweck gerichtet sind.

ML4, 10

„Zivile Luftfahrzeuge" (civil aircraft)

Sind solche „Luftfahrzeuge", die mit genauer Bezeichnung in veröffentlichten Zulassungsverzeichnissen der zivilen Luftfahrtbehörden eines oder mehrerer EU-Mitgliedstaaten oder Teilnehmerstaaten des Wassenaar-Arrangements für den zivilen Verkehr auf Inlands- und Auslandsrouten oder für rechtmäßige zivile Privat- oder Geschäftsflüge registriert sind.

Anhang 6: Die Grundsätze der Bundesregierung

Politische Grundsätze der Bundesregierung für den Export von Kriegswaffen und sonstigen Rüstungsgütern

Vom 19. Januar 2000

[BAnz. Nr. 19 vom 28. 01. 2000, S. 989]

In dem Bestreben,

- ihre Rüstungsexportpolitik restriktiv zu gestalten,
- im Rahmen der internationalen und gesetzlichen Verpflichtungen der Bundesrepublik Deutschland den Export von Rüstungsgütern am Sicherheitsbedürfnis und außenpolitischen Interesse der Bundesrepublik Deutschland zu orientieren,
- durch seine Begrenzung und Kontrolle einen Beitrag zur Sicherung des Friedens, der Gewaltprävention, der Menschenrechte und einer nachhaltigen Entwicklung in der Welt zu leisten,
- dementsprechend auch die Beschlüsse internationaler Institutionen zu berücksichtigen, die eine Beschränkung des internationalen Waffenhandels unter Abrüstungsgesichtspunkten anstreben,
- darauf hinzuwirken, solchen Beschlüssen Rechtsverbindlichkeit auf internationaler Ebene, einschließlich auf europäischer Ebene, zu verleihen,

hat die Bundesregierung ihre Grundsätze für den Export von Kriegswaffen und sonstigen Rüstungsgütern wie folgt neu beschlossen:

I. Allgemeine Prinzipien

1. Die Bundesregierung trifft ihre Entscheidungen nach dem Gesetz über die Kontrolle von Kriegswaffen (KWKG) und dem Außenwirtschaftsgesetz (AWG) über Exporte von Kriegswaffen[521] und sonstigen Rüstungsgütern[522] in Übereinstimmung mit dem von dem Rat der Europäischen Union (EU) angenommenen „Verhaltenskodex der Europäischen Union für Waffenausfuhren" vom 8. Juni 1998 bzw. etwaigen Folgeregelungen[523] sowie den von der Organisation für Sicherheit und Zusammenarbeit in Europa (OSZE) am 25. November 1993 verabschiedeten „Prinzipien zur Regelung des Transfers konventioneller Waffen". Die Kriterien des EU-Verhaltenskodex sind integraler Bestandteil dieser Politischen Grundsätze. Soweit die nachfolgenden Grundsätze im Verhältnis zum EU-Verhaltenskodex restriktivere Maßstäbe vorsehen, haben sie Vorrang.

2. Der Beachtung der Menschenrechte im Bestimmungs- und Endverbleibsland wird bei den Entscheidungen über Exporte von Kriegswaffen und sonstigen Rüstungsgütern besonderes Gewicht beigemessen.

3. Genehmigungen für Exporte von Kriegswaffen und sonstigen Rüstungsgütern werden grundsätzlich nicht erteilt, wenn hinreichender Verdacht besteht, dass diese zur internen Repression im Sinne des EU-Verhaltenskodex für Waffenausfuhren oder zu sonstigen fortdauernden und

---

521 In der Kriegswaffenliste (Anlage zum KWKG) aufgeführte Waffen (komplette Waffen sowie als Waffen gesondert erfasste Teile).

522 Waren des Abschnitts A in Teil I der Ausfuhrliste – Anlage zur AWV – mit Ausnahme der Kriegswaffen.

523 Der Gemeinsame Standpunkt 2008/944/GASP des Rates vom 8. Dezember 2008 über gemeinsame Regeln für die Kontrolle der Ausfuhr von Militärgütertechnologie und Militärgütern ist als Anlage beigefügt.

systematischen Menschenrechtsverletzungen missbraucht werden. Für diese Frage spielt die Menschenrechtssituation im Empfängerland eine wichtige Rolle.

4. In eine solche Prüfung der Menschenrechtsfrage werden Feststellungen der EU, des Europarates, der Vereinten Nationen (VN), der OSZE und anderer internationaler Gremien einbezogen. Berichte von internationalen Menschenrechtsorganisationen werden ebenfalls berücksichtigt.

5. Der Endverbleib der Kriegswaffen und sonstigen Rüstungsgüter ist in wirksamer Weise sicherzustellen.

II. NATO-Länder[524], EU-Mitgliedstaaten, NATO-gleichgestellte Länder[525]

1. Der Export von Kriegswaffen und sonstigen Rüstungsgütern in diese Länder hat sich an den Sicherheitsinteressen der Bundesrepublik Deutschland im Rahmen des Bündnisses und der EU zu orientieren.

Er ist grundsätzlich nicht zu beschränken, es sei denn, dass aus besonderen politischen Gründen in Einzelfällen eine Beschränkung geboten ist.

2. Kooperationen sollen im bündnis- und/oder europapolitischen Interesse liegen.

Bei Koproduktionen mit in Ziffer II. genannten Ländern, die Gegenstand von Regierungsvereinbarungen sind, werden diese rüstungsexportpolitischen Grundsätze soweit wie möglich verwirklicht. Dabei wird die Bundesregierung unter Beachtung ihres besonderen Interesses an Kooperationsfähigkeit auf Einwirkungsmöglichkeiten bei Exportvorhaben von Kooperationspartnern nicht verzichten (Ziffer II. 3).

3. Die exportpolitischen Konsequenzen einer Kooperation sind rechtzeitig vor Vereinbarung gemeinsam zu prüfen.

In jedem Fall behält sich die Bundesregierung zur Durchsetzung ihrer rüstungsexportpolitischen Grundsätze vor, bestimmten Exportvorhaben des Kooperationspartners im Konsultationswege entgegenzutreten. Deshalb ist bei allen neu abzuschließenden Kooperationsvereinbarungen für den Fall des Exports durch das Partnerland grundsätzlich ein solches Konsultationsverfahren anzustreben, das der Bundesregierung die Möglichkeit gibt, Einwendungen wirksam geltend zu machen. Die Bundesregierung wird hierbei sorgfältig zwischen dem Kooperationsinteresse und dem Grundsatz einer restriktiven Rüstungsexportpolitik unter Berücksichtigung des Menschenrechtskriteriums abwägen.

4. Vor Exporten von Kriegswaffen und sonstigen Rüstungsgütern, bei denen deutsche Zulieferungen Verwendung finden, prüfen AA, BMWi und BMVg unter Beteiligung des Bundeskanzleramtes, ob im konkreten Einzelfall die Voraussetzungen für die Einleitung von Konsultationen vorliegen.

Einwendungen der Bundesregierung gegen die Verwendung deutscher Zulieferungen werden – in der Regel nach Bundessicherheitsrats-Befassung – z.B. in folgenden Fällen geltend gemacht:

- Exporte in Länder, die in bewaffnete Auseinandersetzungen verwickelt sind, sofern nicht ein Fall des Artikels 51 der VN-Charta vorliegt,

- Exporte in Länder, in denen ein Ausbruch bewaffneter Auseinandersetzungen droht oder bestehende Spannungen und Konflikte durch den Export ausgelöst, aufrechterhalten oder verschärft würden,

- Exporte, bei denen hinreichender Verdacht besteht, dass sie zur internen Repression im

---

524 Geltungsbereich des NATO-Vertrages, Artikel 6.
525 Australien, Japan, Neuseeland, Schweiz.

Sinne des EU-Verhaltenskodex für Waffenausfuhren oder zu sonstigen fortdauernden und systematischen Menschenrechtsverletzungen missbraucht werden,

- Exporte, durch die wesentliche Sicherheitsinteressen der Bundesrepublik Deutschland gefährdet werden,

- Exporte, welche die auswärtigen Beziehungen zu Drittländern so erheblich belasten würden, dass selbst das eigene Interesse an der Kooperation und an der Aufrechterhaltung guter Beziehungen zum Kooperationspartner zurückstehen muß.

Einwendungen werden nicht erhoben, wenn direkte Exporte im Hinblick auf die unter Ziffer III. 4 – 7 angestellten Erwägungen voraussichtlich genehmigt würden.

5. Für die Zusammenarbeit zwischen deutschen und Unternehmen der in Ziffer II. genannten Länder, die nicht Gegenstand von Regierungsvereinbarungen ist, sind Zulieferungen, entsprechend der Direktlieferung in diese Länder, unter Beachtung der allgemeinen Prinzipien grundsätzlich nicht zu beschränken. Die Bundesregierung wird jedoch in gleicher Weise wie bei Kooperationen, die Gegenstand von Regierungsvereinbarungen sind, auf Exporte aus industriellen Kooperationen Einfluss nehmen.

Zu diesem Zweck wird sie verlangen, dass sich der deutsche Kooperationspartner bei Zulieferung von Teilen, die nach Umfang oder Bedeutung für eine Kriegswaffe wesentlich sind, vertraglich in die Lage versetzt, der Bundesregierung rechtzeitig die nötigen Informationen über Exportabsichten seiner Partner geben zu können und vertragliche Endverbleibsklauseln vorzusehen.

6. Für deutsche Zulieferungen von Teilen (Einzelteilen oder Baugruppen), die Kriegswaffen oder sonstige Rüstungsgüter sind, ist das Kooperationspartnerland ausfuhrrechtlich Käufer- und Verbrauchsland. Wenn diese Teile durch festen Einbau in das Waffensystem integriert werden, begründet die Verarbeitung im Partnerland ausfuhrrechtlich einen neuen Warenursprung.

III. Sonstige Länder

1. Der Export von Kriegswaffen und sonstigen Rüstungsgütern in andere als in Ziffer II. genannte Länder wird restriktiv gehandhabt. Er darf insbesondere nicht zum Aufbau zusätzlicher, exportspezifischer Kapazitäten führen. Die Bundesregierung wird von sich aus keine privilegierenden Differenzierungen nach einzelnen Ländern oder Regionen vornehmen.

2. Der Export von Kriegswaffen (nach KWKG und AWG genehmigungspflichtig) wird nicht genehmigt, es sei denn, dass im Einzelfall besondere außen- oder sicherheitspolitische Interessen der Bundesrepublik Deutschland unter Berücksichtigung der Bündnisinteressen für eine ausnahmsweise zu erteilende Genehmigung sprechen. Beschäftigungspolitische Gründe dürfen keine ausschlaggebende Rolle spielen.

3. Für den Export sonstiger Rüstungsgüter (nach AWG genehmigungspflichtig) werden Genehmigungen nur erteilt, soweit die im Rahmen der Vorschriften des Außenwirtschaftsrechts zu schützenden Belange der Sicherheit, des friedlichen Zusammenlebens der Völker oder der auswärtigen Beziehungen nicht gefährdet sind.

In diesen Fällen überwiegen diese Schutzzwecke das volkswirtschaftliche Interesse im Sinne von § 3 Abs. 1 AWG.

4. Genehmigungen für Exporte nach KWKG und/oder AWG kommen nicht in Betracht, wenn die innere Lage des betreffenden Landes dem entgegensteht, z.B. bei bewaffneten internen Auseinandersetzungen und bei hinreichendem Verdacht des Missbrauchs zu innerer Repressi-

on oder zu fortdauernden und systematischen Menschenrechtsverletzungen. Für diese Frage spielt die Menschenrechtssituation im Empfängerland eine wichtige Rolle.

5. Die Lieferung von Kriegswaffen und kriegswaffennahen[526] sonstigen Rüstungsgütern wird nicht genehmigt in Länder,

    – die in bewaffnete Auseinandersetzungen verwickelt sind oder wo eine solche droht,

    – in denen ein Ausbruch bewaffneter Auseinandersetzungen droht oder bestehende Spannungen und Konflikte durch den Export ausgelöst, aufrechterhalten oder verschärft würden.

Lieferungen an Länder, die sich in bewaffneten äußeren Konflikten befinden oder bei denen eine Gefahr für den Ausbruch solcher Konflikte besteht, scheiden deshalb grundsätzlich aus, sofern nicht ein Fall des Artikels 51 der VN-Charta vorliegt.

6. Bei der Entscheidung über die Genehmigung des Exports von Kriegswaffen und sonstigen Rüstungsgütern wird berücksichtigt, ob die nachhaltige Entwicklung des Empfängerlandes durch unverhältnismäßige Rüstungsausgaben ernsthaft beeinträchtigt wird.

7. Ferner wird das bisherige Verhalten des Empfängerlandes im Hinblick auf

    – die Unterstützung oder Förderung des Terrorismus und der internationalen organisierten Kriminalität,

    – die Einhaltung internationaler Verpflichtungen, insbesondere des Gewaltverzichts, einschließlich der Verpflichtungen aufgrund des für internationale und nicht-internationale Konflikte geltenden humanitären Völkerrechts,

    – die Übernahme von Verpflichtungen im Bereich der Nichtverbreitung sowie in anderen Bereichen der Rüstungskontrolle und der Abrüstung, insbesondere die Unterzeichnung, Ratifizierung und Durchführung der im EU-Verhaltenskodex für Waffenausfuhren aufgeführten Rüstungskontroll- und Abrüstungsvereinbarungen,

    – seine Unterstützung des VN-Waffenregisters

berücksichtigt.

IV. Sicherung des Endverbleibs

1. Genehmigungen für den Export von Kriegswaffen und sonstigen Rüstungsgütern werden nur erteilt, wenn zuvor der Endverbleib dieser Güter im Endempfängerland sichergestellt ist. Dies setzt in der Regel eine entsprechende schriftliche Zusicherung des Endempfängers sowie weitere geeignete Dokumente voraus.

2. Lieferungen von Kriegswaffen sowie sonstigen Rüstungsgütern, die nach Umfang oder Bedeutung für eine Kriegswaffe wesentlich sind, dürfen nur bei Vorliegen von amtlichen Endverbleibserklärungen, die ein Reexportverbot mit Erlaubnisvorbehalt enthalten, genehmigt werden. Dies gilt entsprechend für Exporte von kriegwaffennahen sonstigen Rüstungsgütern, die im Zusammenhang mit einer Lizenzvergabe stehen. Für die damit hergestellten Kriegswaffen sind wirksame Endverbleibsregelungen zur Voraussetzung zu machen.

An die Fähigkeit des Empfängerlandes, wirksame Ausfuhrkontrollen durchzuführen, ist ein strenger Maßstab anzulegen.

---

526 Anlagen und Unterlagen zur Herstellung von Kriegswaffen.

3. Kriegswaffen und kriegswaffennahe sonstige Rüstungsgüter dürfen nur mit dem schriftlichen Einverständnis der Bundesregierung in dritte Länder reexportiert bzw. im Sinne des EU-Binnenmarktes verbracht werden.

4. Ein Empfängerland, das entgegen einer abgegebenen Endverbleibserklärung den Weiterexport von Kriegswaffen oder kriegswaffennahen sonstigen Rüstungsgütern genehmigt oder einen ungenehmigten derartigen Export wissentlich nicht verhindert hat oder nicht sanktioniert, wird bis zur Beseitigung dieser Umstände grundsätzlich von einer Belieferung mit weiteren Kriegswaffen und kriegswaffennahen sonstigen Rüstungsgütern ausgeschlossen.

V. Rüstungsexportbericht

Die Bundesregierung legt dem Deutschen Bundestag jährlich einen Rüstungsexportbericht vor, in dem die Umsetzung der Grundsätze der deutschen Rüstungsexportpolitik im abgelaufenen Kalenderjahr aufgezeigt sowie die von der Bundesregierung erteilten Exportgenehmigungen für Kriegswaffen und sonstige Rüstungsgüter im Rahmen der gesetzlichen Bestimmungen aufgeschlüsselt werden.

Anlage zu den
"Politischen Grundsätzen der Bundesregierung für den Export von Kriegswaffen und sonstigen Rüstungsgüter" vom 19. Januar 2000

GEMEINSAMER STANDPUNKT 2008/944/GASP DES RATES vom 8. Dezember 2008 betreffend gemeinsame Regeln für die Kontrolle der Ausfuhr von Militärtechnologie und Militärgütern

(in Anwendung von Titel V des EU-Vertrags erlassene Rechtsakte)

(Amtsblatt der Europäischen Union L 335/99)

DER RAT DER EUROPÄISCHEN UNION –

gestützt auf den Vertrag über die Europäische Union, insbesondere auf Artikel 15,

in Erwägung nachstehender Gründe:

(1) Die Mitgliedstaaten beabsichtigen, die vom Europäischen Rat auf seinen Tagungen in Luxemburg und Lissabon in den Jahren 1991 und 1992 vereinbarten gemeinsamen Kriterien und den vom Rat 1998 angenommenen EU-Verhaltenskodex für Waffenexporte als Grundlage zu nutzen.

(2) Die Mitgliedstaaten erkennen die besondere Verantwortung der Militärtechnologie und Militärgüter exportierenden Staaten an.

(3) Die Mitgliedstaaten wollen mit Entschlossenheit hohe gemeinsame Maßstäbe setzen, die als Mindeststandards für die beim Transfer von Militärtechnologie und Militärgütern von allen Mitgliedstaaten zu befolgende zurückhaltende Praxis angesehen werden sollten, und den Austausch relevanter Informationen verstärken, um größere Transparenz zu erreichen.

(4) Die Mitgliedstaaten wollen mit Entschlossenheit verhindern, dass Militärtechnologie und Militärgüter ausgeführt werden, die zu interner Repression oder internationaler Aggression eingesetzt werden könnten oder zu regionaler Instabilität beitragen könnten.

(5) Die Mitgliedstaaten wollen die Zusammenarbeit verstärken und die Konvergenz auf dem Gebiet der Ausfuhr von Militärtechnologie und Militärgütern im Rahmen der Gemeinsamen Außen- und Sicherheitspolitik (GASP) fördern.

(6) Ergänzend sind mit dem EU-Programm zur Verhütung und Bekämpfung des illegalen Handels mit konventionellen Waffen Maßnahmen gegen unerlaubte Transfers eingeleitet worden.

(7) Der Rat hat am 12. Juli 2002 die Gemeinsame Aktion 2002/589/GASP1 betreffend den Beitrag der Europäischen Union zur Bekämpfung der destabilisierenden Anhäufung und Verbreitung von Handfeuerwaffen und leichten Waffen angenommen.

(8) Der Rat hat am 23. Juni 2003 den Gemeinsamen Standpunkt 2003/468/GASP2 betreffend die Überwachung von Waffenvermittlungstätigkeiten angenommen.

(9) Der Europäische Rat hat im Dezember 2003 eine Strategie gegen die Verbreitung von Massenvernichtungswaffen und im Dezember 2005 eine Strategie zur Bekämpfung der Anhäufung von Kleinwaffen und leichten Waffen und dazugehöriger Munition sowie des unerlaubten Handels damit angenommen, die ein erhöhtes Interesse der Mitgliedstaaten der Europäischen Union an einer koordinierten Herangehensweise an die Kontrolle der Ausfuhr von Militärtechnologie und Militärgütern bedingen.

(10) Im Jahr 2001 wurde das Aktionsprogramm der Vereinten Nationen zur Verhütung, Bekämpfung und Beseitigung des unerlaubten Handels mit Kleinwaffen und leichten Waffen unter allen Aspekten angenommen,

(11) 1992 wurde das Register der Vereinten Nationen für konventionelle Waffen eingerichtet.

(12) Die Staaten haben im Einklang mit dem durch die VN-Charta anerkannten Recht auf Selbstverteidigung das Recht, Mittel zur Selbstverteidigung zu transferieren.

(13) Der Wunsch der Mitgliedstaaten, eine Rüstungsindustrie als Teil ihrer industriellen Basis wie auch ihrer Verteidigungsanstrengungen aufrechtzuerhalten, wird anerkannt.

(14) Die Stärkung einer europäischen industriellen und technologischen Verteidigungsbasis, die zur Umsetzung der Gemeinsamen Außen- und Sicherheitspolitik und insbesondere der Europäischen Sicherheits- und Verteidigungspolitik beiträgt, sollte mit Zusammenarbeit und Konvergenz im Bereich der Militärtechnologie und der Militärgüter einhergehen.

(15) Die Mitgliedstaaten wollen die Politik der Europäischen Union zur Kontrolle der Ausfuhr von Militärtechnologie und Militärgütern durch die Annahme dieses Gemeinsamen Standpunkts, der den vom Rat am 8. Juni 1998 angenommenen Verhaltenskodex der Europäischen Union für Waffenausfuhren aktualisiert und ersetzt, verstärken.

(16) Der Rat hat am 13. Juni 2000 die Gemeinsame Militärgüterliste der Europäischen Union angenommen, die regelmäßig überarbeitet wird, wobei gegebenenfalls entsprechende nationale und internationale Listen berücksichtigt werden.

(17) Die Union muss gemäß Artikel 3 Absatz 2 des Vertrag auf die Kohärenz aller von ihr ergriffenen außenpolitischen Maßnahmen im Rahmen ihrer Außenpolitik achten; diesbezüglich nimmt der Rat Kenntnis von dem Vorschlag der Kommission zur Änderung der Verordnung (EG) Nr. 1334/2000 des Rates vom 22. Juni 2000 über eine Gemeinschaftsregelung für die Kontrolle der Ausfuhr von Gütern und Technologien mit doppeltem Verwendungszweck.

HAT FOLGENDEN GEMEINSAMEN STANDPUNKT ANGENOMMEN:

Artikel 1

(1) Jeder Mitgliedstaat prüft die ihm vorgelegten Anträge auf Ausfuhrgenehmigung für Gegenstände der in Artikel 12 genannten Gemeinsamen Militärgüterliste der EU in jedem Einzelfall anhand der Kriterien nach Artikel 2.

(2) Die in Absatz 1 genannten Anträge auf Ausfuhrgenehmigung umfassen Folgendes:

- Genehmigungsanträge für tatsächliche Ausfuhren, auch wenn diese zum Zwecke der Lizenzproduktion von Militärgütern in Drittländern erfolgen;
- Anträge auf Lizenzen für Waffenvermittlertätigkeiten;
- Anträge auf Lizenzen für „Durchfuhr" oder „Umladung";
- Lizenzanträge für immaterielle Software- und Technologietransfers, z.B. mittels elektronischer Medien, Fax oder Telefon.

In den Rechtsvorschriften der Mitgliedstaaten wird festgelegt, in welchen Fällen eine Ausfuhrgenehmigung für diese Anträge erforderlich ist.

Artikel 2
Kriterien

(1) Kriterium 1: Einhaltung der internationalen Verpflichtungen der Mitgliedstaaten, insbesondere der vom VN-Sicherheitsrat oder der Europäischen Union verhängten Sanktionen, der Übereinkünfte zur Nichtverbreitung und anderen Themen sowie sonstiger internationaler Verpflichtungen

Eine Ausfuhrgenehmigung wird verweigert, wenn ihre Erteilung im Widerspruch stünde unter anderem zu

a) den internationalen Verpflichtungen der Mitgliedstaaten sowie ihren Verpflichtungen zur Durchsetzung von Waffenembargos der Vereinten Nationen, der Europäischen Union oder der Organisation für Sicherheit und Zusammenarbeit in Europa;

b) den internationalen Verpflichtungen der Mitgliedstaaten aus dem Vertrag über die Nichtverbreitung von Kernwaffen, dem Übereinkommen über biologische und Toxinwaffen und dem Chemiewaffenübereinkommen;

c) der Verpflichtung der Mitgliedstaaten, keinerlei Antipersonenminen auszuführen;

d) den Verpflichtungen der Mitgliedstaaten im Rahmen der Australischen Gruppe, des Trägertechnologie-Kontrollregimes, des Zangger-Ausschusses, der Gruppe der Kernmaterial-Lieferländer (NSG), des Wassenaar-Arrangements und des Haager Verhaltenskodex gegen die Proliferation ballistischer Raketen.

(2) Kriterium 2: Achtung der Menschenrechte und des humanitären Völkerrechts durch das Endbestimmungsland

• Die Mitgliedstaaten bewerten die Haltung des Empfängerlandes zu den einschlägigen Grundsätzen der internationalen Menschenrechtsübereinkünfte und

a) verweigern eine Ausfuhrgenehmigung, wenn eindeutig das Risiko besteht, dass die Militärtechnologie oder die Militärgüter, die zur Ausfuhr bestimmt sind, zur internen Repression benutzt werden könnten;

b) lassen besondere Vorsicht und Wachsamkeit bei der Erteilung von Ausfuhrgenehmigungen an Länder walten, in denen von den zuständigen Gremien der Vereinten Nationen, der Europäischen Union oder des Europarates schwerwiegende Menschenrechtsverletzungen festgestellt wurden, und nehmen dabei eine Einzelfallprüfung unter Berücksichtigung der Art der Militärtechnologie oder der Militärgüter vor.

Hierfür gelten als Militärtechnologie oder Militärgüter, die zu interner Repression benutzt werden könnten, unter anderem Militärtechnologie oder Militärgüter, die vom angegebenen Endverwender in dieser oder einer ähnlichen Form nachweislich zu interner Repression benutzt worden sind oder bei denen Grund zu der Annahme besteht, dass sie an der angegebenen Endverwendung bzw. am angegebenen Endverwender vorbeigeleitet werden und zu interner Repression genutzt werden. Gemäß Artikel 1 ist die Art der Militärtechnologie oder der Militärgüter sorgfältig zu prüfen, insbesondere wenn sie für Zwecke der inneren Sicherheit bestimmt sind. Interne Repression umfasst unter anderem Folter sowie andere grausame, unmenschliche und erniedrigende Behandlung oder Bestrafung, willkürliche oder Schnell-Hinrichtungen, das Verschwindenlassen von Personen, willkürliche Verhaftungen und andere schwere Verletzungen der Menschenrechte und Grundfreiheiten, wie sie in den einschlägigen Menschenrechtsübereinkünften, einschließlich der Allgemeinen Erklärung der Menschenrechte und des Internationalen Pakts über bürgerliche und politische Rechte, niedergelegt sind.

- Die Mitgliedstaaten bewerten die Haltung des Empfängerlandes zu den einschlägigen Grundsätzen der Übereinkünfte des humanitären Völkerrechts und

    c) verweigern eine Ausfuhrgenehmigung, wenn eindeutig das Risiko besteht, dass die Militärtechnologie oder die Militärgüter, die zur Ausfuhr bestimmt sind verwendet werden, um schwere Verstöße gegen das humanitäre Völkerrecht zu begehen.

(3) Kriterium 3: Innere Lage im Endbestimmungsland als Ergebnis von Spannungen oder bewaffneten Konflikten

Die Mitgliedstaaten verweigern eine Ausfuhrgenehmigung für Militärtechnologie oder Militärgüter, die im Endbestimmungsland bewaffnete Konflikte auslösen bzw. verlängern würden oder bestehende Spannungen oder Konflikte verschärfen würden.

(4) Kriterium 4: Aufrechterhaltung von Frieden, Sicherheit und Stabilität in einer Region

Die Mitgliedstaaten verweigern eine Ausfuhrgenehmigung, wenn eindeutig das Risiko besteht, dass der angegebene Empfänger die Militärtechnologie oder die Militärgüter, die zur Ausfuhr bestimmt sind, zum Zwecke der Aggression gegen ein anderes Land oder zur gewaltsamen Durchsetzung eines Gebietsanspruchs benutzt. Bei der Abwägung dieser Risiken berücksichtigen die Mitgliedstaaten unter anderem

    a) das Bestehen oder die Wahrscheinlichkeit eines bewaffneten Konflikts zwischen dem Empfängerland und einem anderen Land;

    b) Ansprüche auf das Hoheitsgebiet eines Nachbarlandes, deren gewaltsame Durchsetzung das Empfängerland in der Vergangenheit versucht bzw. angedroht hat;

    c) die Wahrscheinlichkeit, dass die Militärtechnologie oder die Militärgüter zu anderen Zwecken als für die legitime nationale Sicherheit und Verteidigung des Empfängerlandes verwendet wird;

    d) das Erfordernis, die regionale Stabilität nicht wesentlich zu beeinträchtigen.

(5) Kriterium 5: Nationale Sicherheit der Mitgliedstaaten und der Gebiete, deren Außenbeziehungen in die Zuständigkeit eines Mitgliedstaats fallen, sowie nationale Sicherheit befreundeter und verbündeter Länder

Die Mitgliedstaaten berücksichtigen

    a) die möglichen Auswirkungen der Militärtechnologie oder der Militärgüter, die zur Ausfuhr bestimmt sind, auf ihre Verteidigungs- und Sicherheitsinteressen sowie auf die anderer Mitgliedstaaten und befreundeter oder verbündeter Länder, wobei sie anerkennen, dass hierdurch die Berücksichtigung der Kriterien betreffend die Achtung der Menschenrechte und die Aufrechterhaltung von Frieden, Sicherheit und Stabilität in einer Region nicht beeinträchtigt werden darf;

    b) das Risiko, dass diese Militärtechnologie oder diese Militärgüter gegen ihre eigenen Streitkräfte oder die anderer Mitgliedstaaten oder befreundeter oder verbündeter Länder eingesetzt werden.

(6) Kriterium 6: Verhalten des Käuferlandes gegenüber der internationalen Gemeinschaft, unter besonderer Berücksichtigung seiner Haltung zum Terrorismus, der Art der von ihm eingegangenen Bündnisse und der Einhaltung des Völkerrechts

Die Mitgliedstaaten berücksichtigen unter anderem das bisherige Verhalten des Käuferlandes in Bezug auf

a) eine Unterstützung oder Förderung des Terrorismus und der internationalen organisierten Kriminalität;

b) die Einhaltung seiner internationalen Verpflichtungen, insbesondere im Hinblick auf die Nichtanwendung von Gewalt, und der Bestimmungen des humanitären Völkerrechts;

c) sein Engagement im Bereich der Nichtverbreitung und anderen Bereichen der Rüstungs-kontrolle und Abrüstung, insbesondere die Unterzeichnung, Ratifizierung und Durchfüh-rung der bei Kriterium 1 unter Buchstabe b aufgeführten einschlägigen Rüstungskontroll- und Abrüstungsübereinkommen.

(7) Kriterium 7: Risiko der Abzweigung von Militärtechnologie oder Militärgütern im Käuferland oder der Wiederausfuhr von Militärgütern unter unerwünschten Bedingungen

Bei der Beurteilung der Auswirkungen der Militärtechnologie oder der Militärgüter, die zur Aus-fuhr bestimmt sind, auf das Empfängerland und des Risikos, dass diese Technologie oder Güter auf Umwegen zu einem unerwünschten Endverwender oder zu einer unerwünschten Endverwendung gelangen könnten, wird Folgendes berücksichtigt:

a) die legitimen Interessen der Verteidigung und der inneren Sicherheit des Empfängerlan-des, einschließlich einer etwaigen Beteiligung an friedenserhaltenden Maßnahmen der Vereinten Nationen oder anderer Art;

b) die technische Fähigkeit des Empfängerlandes, diese Technologie oder diese Güter zu benutzen;

c) die Fähigkeit des Empfängerlandes, wirksame Ausfuhrkontrollen durchzuführen;

d) das Risiko, dass solche Technologie oder solche Güter mit unerwünschtem Ziel wieder ausgeführt werden, und die bisherige Befolgung etwaiger Wiederausfuhrbestimmungen bzw. vorheriger Genehmigungspflichten, die vom Ausfuhrmitgliedstaat gegebenenfalls festgelegt wurden, durch das Empfängerland;

e) das Risiko, dass solche Technologie oder solche Güter zu terroristischen Vereinigungen oder einzelnen Terroristen umgeleitet werden;

f) die Gefahr eines Reverse Engineering oder eines unbeabsichtigten Technologietransfers.

(8) Kriterium 8: Vereinbarkeit der Ausfuhr von Militärtechnologie oder Militärgütern mit der techni-schen und wirtschaftlichen Leistungsfähigkeit des Empfängerlandes, wobei zu berücksichtigen ist, dass die Staaten bei der Erfüllung ihrer legitimen Sicherheits- und Verteidigungsbedürfnisse möglichst wenige Arbeitskräfte und wirtschaftliche Ressourcen für die Rüstung einsetzen sollten

Die Mitgliedstaaten beurteilen anhand von Informationen aus einschlägigen Quellen, wie z.B. Ent-wicklungsprogramm der Vereinten Nationen, Weltbank, Internationaler Währungsfonds und Orga-nisation für wirtschaftliche Zusammenarbeit und Entwicklung, ob die geplante Ausfuhr die nach-haltige Entwicklung des Empfängerlandes ernsthaft beeinträchtigen würde. Sie prüfen in diesem Zusammenhang den jeweiligen Anteil der Rüstungs- und der Sozialausgaben des Empfängerlandes und berücksichtigen dabei auch jedwede EU- oder bilaterale Hilfe.

Artikel 3

Dieser Gemeinsame Standpunkt lässt das Recht der Mitgliedstaaten unberührt, auf nationaler Ebene eine restriktivere Politik zu verfolgen.

Artikel 4

(1) Die Mitgliedstaaten informieren einander detailliert über Anträge auf Ausfuhrgenehmigungen, die entsprechend den Kriterien dieses Gemeinsamen Standpunkts verweigert wurden, und geben die Gründe für die Verweigerung an. Bevor ein Mitgliedstaat eine Genehmigung erteilt, die von einem oder mehreren anderen Mitgliedstaaten innerhalb der letzten drei Jahre für eine im Wesentlichen gleichartige Transaktion verweigert worden ist, konsultiert er zunächst den bzw. die Mitgliedstaaten, die die Genehmigung verweigert haben. Beschließt der betreffende Mitgliedstaat nach den Konsultationen dennoch, die Genehmigung zu erteilen, so teilt er dies dem bzw. den Mitgliedstaaten, die die Genehmigung verweigert haben, mit und erläutert ausführlich seine Gründe.

(2) Ob der Transfer von Militärtechnologie oder Militärgütern genehmigt oder verweigert wird, bleibt dem nationalen Ermessen eines jeden Mitgliedstaats überlassen. Eine Genehmigung gilt als verweigert, wenn der Mitgliedstaat die Genehmigung des tatsächlichen Verkaufs oder der Ausfuhr der Militärtechnologie oder der Militärgüter verweigert hat und es andernfalls zu einem Verkauf oder zum Abschluss des entsprechenden Vertrags gekommen wäre. Für diese Zwecke kann eine notifizierbare Verweigerung gemäß den nationalen Verfahren auch die Verweigerung der Zustimmung zur Aufnahme von Verhandlungen oder einen abschlägigen Bescheid auf eine förmliche Voranfrage zu einem bestimmten Auftrag umfassen.

(3) Die Mitgliedstaaten behandeln derartige Verweigerungen und die entsprechenden Konsultationen vertraulich und ziehen daraus keine wirtschaftlichen Vorteile.

Artikel 5

Ausfuhrgenehmigungen werden nur auf der Grundlage einer zuverlässigen vorherigen Kenntnis der Endverwendung im Endbestimmungsland erteilt. Hierfür sind in der Regel eine gründlich überprüfte Endverbleibserklärung oder entsprechende Unterlagen und/oder eine vom Endbestimmungsland erteilte offizielle Genehmigung erforderlich. Bei der Bewertung der Anträge auf Ausfuhrgenehmigungen für Militärtechnologie oder Militärgüter zum Zwecke der Produktion in Drittländern berücksichtigen die Mitgliedstaaten insbesondere die mögliche Verwendung des Endprodukts im Erzeugerland sowie das Risiko, dass das Endprodukt zu einem unerwünschten Endverwender umgeleitet oder ausgeführt werden könnte.

Artikel 6

Unbeschadet der Verordnung (EG) Nr. 1334/2000 gelten die in Artikel 2 dieses Gemeinsamen Standpunktes aufgeführten Kriterien und das Konsultationsverfahren nach Artikel 4 für die Mitgliedstaaten auch in Bezug auf Güter und Technologie mit doppeltem Verwendungszweck gemäß Anhang I der Verordnung (EG) Nr. 1334/2000, wenn schwerwiegende Gründe für die Annahme bestehen, dass die Endverwender solcher Güter und solcher Technologie die Streitkräfte, die internen Sicherheitskräfte oder ähnliche Einheiten des Empfängerlandes sein werden. Wird in diesem Gemeinsamen Standpunkt auf Militärtechnologie oder Militärgüter Bezug genommen, so sind darunter auch solche Güter und solche Technologie zu verstehen.

Artikel 7

Damit dieser Gemeinsame Standpunkt die größtmögliche Wirkungskraft hat, streben die Mitgliedstaaten im Rahmen der GASP nach einer Verstärkung ihrer Zusammenarbeit und einer Förderung ihrer Konvergenz im Bereich der Ausfuhr von Militärtechnologie und Militärgütern.

Artikel 8

(1) Jeder Mitgliedstaat übermittelt den anderen Mitgliedstaaten jährlich einen vertraulichen Bericht über seine Ausfuhren von Militärtechnologie und Militärgütern und seine Umsetzung des Gemeinsamen Standpunkts.

(2) Ein Jahresbericht der EU, der auf den Beiträgen aller Mitgliedstaaten beruht, wird dem Rat vorgelegt und in der Reihe C des *Amtsblatts der Europäischen Union* veröffentlicht.

(3) Außerdem veröffentlicht jeder Mitgliedstaat, der Technologie oder Güter der Gemeinsamen Militärgüterliste der EU ausführt, gegebenenfalls im Einklang mit nationalen Rechtsvorschriften, einen Bericht über seine Ausfuhren von Militärtechnologie und Militärgütern und stellt nach Maßgabe des Benutzerleitfadens Informationen für den Jahresbericht der EU über die Umsetzung des Gemeinsamen Standpunkts bereit.

Artikel 9

Die Mitgliedstaaten beurteilen gegebenenfalls gemeinsam im Rahmen der GASP anhand der Grundsätze und Kriterien dieses Gemeinsamen Standpunkts die Lage potenzieller oder tatsächlicher Empfänger der von den Mitgliedstaaten ausgeführten Militärtechnologie und Militärgüter.

Artikel 10

Die Mitgliedstaaten können zwar gegebenenfalls die Auswirkungen geplanter Ausfuhren auf ihre wirtschaftlichen, sozialen, kommerziellen und industriellen Interessen berücksichtigen, doch dürfen diese Faktoren die Anwendung der oben angeführten Kriterien nicht beeinträchtigen.

Artikel 11

Die Mitgliedstaaten setzen sich nach Kräften dafür ein, andere Militärtechnologie und Militärgüter exportierende Staaten zu ermutigen, die Grundsätze dieses Gemeinsamen Standpunkts anzuwenden. Sie betreiben mit den Drittstaaten, die die Kriterien anwenden, einen regelmäßigen Erfahrungsaustausch über ihre Politik zur Kontrolle der Ausfuhr von Militärtechnologie und Militärgütern und über die Anwendung der Kriterien.

Artikel 12

Die Mitgliedstaaten stellen sicher, dass ihre nationalen Rechtsvorschriften es ihnen erlauben, die Ausfuhr der Technologie und der Güter kontrollieren zu können, die auf der Gemeinsamen Militärgüterliste der EU verzeichnet sind. Die Gemeinsame Militärgüterliste der EU dient als Bezugspunkt für die nationalen Listen der Mitgliedstaaten für Militärtechnologie und Militärgüter, ersetzt diese aber nicht unmittelbar.

Artikel 13

Der Benutzerleitfaden zum Verhaltenskodex der Europäischen Union für die Ausfuhr von Militärgütern, der regelmäßig aktualisiert wird, dient als Orientierungshilfe bei der Anwendung dieses Gemeinsamen Standpunkts.

Artikel 14

Dieser Gemeinsame Standpunkt wird am Tag seiner Annahme wirksam.

Artikel 15

Dieser Gemeinsame Standpunkt wird drei Jahre nach seiner Annahme überprüft.

Artikel 16

Dieser Gemeinsame Standpunkt wird im *Amtsblatt der Europäischen Union* veröffentlicht.

Geschehen zu Brüssel am 8. Dezember 2008.

Im Namen des Rates

Der Präsident

B. KOUCHNER

Bekanntmachung der Grundsätze der Bundesregierung zur Prüfung der Zuverlässigkeit von Exporteuren von Kriegswaffen und rüstungsrelevanten Gütern vom 25. Juli 2001

[BAnz. Nr. 148 vom 10. 08. 2001, S. 17 177]

In dem Bestreben,

- unzuverlässige Personen und Unternehmen vom Umgang mit Kriegswaffen und der Ausfuhr rüstungsrelevanter Güter (Waren im Sinne des § 4 Abs. 2 Nr. 2 des Außenwirtschaftsgesetzes einschließlich Datenverarbeitungsprogramme (Software und Technologie) fern zu halten,

- zu vermeiden, dass durch illegale Ausfuhren in diesem Bereich

- die Sicherheit der Bundesrepublik Deutschland beeinträchtigt,

- das friedliche Zusammenleben der Völker gestört oder

- die auswärtigen Beziehungen der Bundesrepublik Deutschland belastet werden,

- die sich in den „Politischen Grundsätzen der Bundesregierung für den Export von Kriegswaffen und sonstigen Rüstungsgütern" vom 19. Januar 2000 (BAnz. S. 1299) widerspiegelnde restriktive Rüstungsexportpolitik der Bundesregierung und die entsprechende Genehmigungspraxis in diesem sensitiven Bereich zu verdeutlichen,

- eine wirksame Kontrolle der Ausfuhr von Gütern mit doppeltem Verwendungszweck aus der Gemeinschaft sicherzustellen,

hat die Bundesregierung folgende Grundsätze für die Prüfung der Zuverlässigkeit im Rahmen des § 6 Abs. 3 Nr. 3 des Gesetzes über die Kontrolle von Kriegswaffen (KWKG), des § 3 Abs. 2 des Außenwirtschaftsgesetzes (AWG) sowie § 7 Abs. 1 AWG und des Artikels 8 der Verordnung (EG) Nr. 1334/2000 des Rates vom 22. Juni 2000 über eine Gemeinschaftsregelung für die Kontrolle der Ausfuhr von Gütern und Technologien mit doppeltem Verwendungszweck (ABl. EG Nr. L 159, S. 1) in der jeweils geltenden Fassung beschlossen:

1. Die Grundsätze gelten für Anträge auf Erteilung von Genehmigungen

    a) zum Zwecke der Ausfuhr nach dem KWKG oder für Ausfuhren nach dem AWG und der Außenwirtschaftsverordnung (AWV) für Güter des Teils I Abschnitt A und B der Ausfuhrliste;

    b) für Ausfuhren nach der Verordnung (EG) Nr. 1334/2000 in der jeweils geltenden Fassung für Güter des Anhangs I der Verordnung mit Ausnahme von Ausfuhren in die in Anhang II Teil 3 der Verordnung genannten Bestimmungsländer;

    c) für Ausfuhren nach dem AWG und der AWV für Güter des Teils I C der Ausfuhrliste mit Ausnahme von Ausfuhren in die in Anhang II Teil 3 der Verordnung (EG) Nr. 1334/2000 in der jeweils geltenden Fassung genannten Bestimmungsländer sowie

    d) zum Zwecke der Verbringung nach dem KWKG oder für Verbringungen nach dem AWG und der AWV für Güter des Teils I Abschnitt A der Ausfuhrliste.

2. In derartigen Anträgen muss je nach der Rechtsform des Antragstellers ein für die Durchführung der Ausfuhr verantwortliches Mitglied des Vorstands, ein Geschäftsführer oder ein vertretungsberechtigter Gesellschafter als „Ausfuhrverantwortlicher" benannt werden. Dem Ausfuhrverantwortlichen obliegt die Organisationspflicht, die Personalauswahl und -weiterbildungspflicht sowie die Überwachungspflicht.

Genehmigungsanträge nach dem KWKG sind vom Ausfuhrverantwortlichen selbst zu zeichnen; zeichnet der Ausfuhrverantwortliche ausnahmsweise den Antrag nicht selbst, muss eine schriftliche Bestätigung, mit der der Ausfuhrverantwortliche die Verantwortung für den Antrag übernimmt, beigefügt werden.

Bei Anträgen nach dem AWG, der AWV sowie der Verordnung (EG) Nr. 1334/2000 kann eine jährlich einmal gegenüber dem Bundesamt für Wirtschaft und Ausfuhrkontrolle schriftlich abgegebene Bestätigung als ausreichend angesehen werden, sofern im Antrag hierauf Bezug genommen wird.

3. Bestehen tatsächliche Anhaltspunkte dafür, dass der Ausfuhrverantwortliche oder – bei Kriegswaffen – eine der in § 6 Abs. 2 Nr. 2a KWKG genannten Personen

   – im Falle eines Antrags nach dem KWKG gegen Vorschriften des KWKG, des AWG, der AWV oder sonstige einschlägige Vorschriften, z.B. des Gewerbe-, Waffen- oder Strafrechts und

   – im Falle eines Antrags nach dem AWG, der AWV oder der Verordnung (EG) Nr. 1334/2000 gegen die Genehmigungsvorschriften der in Nummer 1 erfassten Ausfuhren

verstoßen haben könnte, so ist grundsätzlich von der Entscheidung über den Antrag abzusehen, bis der Sachverhalt aufgeklärt ist. Dies gilt jedoch nur dann, wenn es sich nicht lediglich um einen Bagatellverstoß handelt und die vermutete Rechtsverletzung im Falle ihrer Bestätigung die Annahme begründen würde, der Antragsteller sei nicht willens oder in der Lage, den ihm obliegenden kriegswaffen- oder außenwirtschaftsrechtlichen Verpflichtungen nachzukommen. Von der Entscheidung ist unabhängig davon abzusehen, ob ein staatsanwaltschaftliches Ermittlungsverfahren eingeleitet ist oder nicht.

4. Ergibt bei einem Antrag nach dem KWKG die Ermittlung des Sachverhaltes, dass die gegen den Ausfuhrverantwortlichen oder eine andere der in § 6 Abs. 2 Nr. 2a KWKG genannten Personen erhobenen Vorwürfe tatsächlich Grund zur Annahme der Unzuverlässigkeit bieten, so ist der Antrag wegen mangelnder Zuverlässigkeit des Antragstellers abzulehnen.

Bei einem Antrag nach dem AWG, der AWV oder der Verordnung (EG) Nr. 1334/2000 soll die Genehmigung oder die Bescheinigung des Bundesamts für Wirtschaft und Ausfuhrkontrolle, wonach eine Ausfuhr keiner Genehmigung bedarf, in diesem Fall grundsätzlich versagt werden; bei der Entscheidung sind die Schwere des Verstoßes und die daraus zu ziehenden Rückschlüsse auf die Zuverlässigkeit bei künftigen Ausfuhren sowie Art und Menge der auszuführenden Güter und die Verhältnisse des Ausführers im Einzelfall zu berücksichtigen.

5. Von Maßnahmen nach den Nummern 3 und 4 kann abgesehen werden, wenn das betroffene Unternehmen Schritte ergreift, durch die die zukünftige Einhaltung der ausfuhrrechtlichen Bestimmungen sichergestellt erscheint.

Der Austausch des Ausfuhrverantwortlichen – und bei Kriegswaffen der weiteren in § 6 KWKG genannten Personen – reicht nur aus, wenn

   – gegen die neuverantwortlichen Personen keine Zuverlässigkeitsbedenken bestehen und

   – durch organisatorische Maßnahmen sichergestellt ist, dass der ausgetauschte Personenkreis keinerlei Verbindungen zu genehmigungspflichtigen Ausfuhren im Sinne der Nummer 1 hat.

Eine Umverteilung der Zuständigkeiten des Ausfuhrverantwortlichen im Vorstand oder in der Geschäftsführung reicht in Anbetracht der Gesamtverantwortlichkeit der geschäftsführenden Organe für grundsätzliche Fragen der Unternehmenspolitik in der Regel nicht aus, Zweifel an der Zuverlässigkeit auszuräumen.

6. Sind in den Fällen der Nummer 4 Genehmigungen bereits erteilt, so sind sie gemäß § 7 Abs. 2 KWKG zu widerrufen. Bei einer Genehmigung nach dem AWG, der AWV oder der Verordnung (EG) Nr. 1334/2000 kommt der Widerruf gemäß § 49 Abs. 2 Nr. 3 des Verwaltungsverfahrensgesetzes (VwVfG) oder die Rücknahme gemäß § 48 Abs. 1 VwVfG in Betracht; das Gleiche gilt für die Bescheinigung, dass die Ausfuhr der Güter keiner Genehmigung bedarf.

7. Hat ein Antragsteller in anderen als den in Nummer 1 genannten Fällen im Rahmen eines Antrags auf Erteilung einer Genehmigung oder einer Bescheinigung, wonach die Ausfuhr bzw. die Verbringung keiner Genehmigung bedarf, gegen Vorschriften des AWG, der AWV oder der Verordnung (EG) Nr. 1334/2000 oder sonstige einschlägige Vorschriften, z.B. das Gewerbe-, Waffen- oder Strafrecht verstoßen und besteht die Gefahr weiterer Verstöße, so sollen in der Regel die Genehmigungen mit besonderen Nebenbestimmungen nach § 30 AWG oder Artikel 6 der Verordnung (EG) Nr. 1334/2000 versehen werden, die den Nachweis des Endverbleibs und der Endnutzung in geeigneter Form sicherstellen. Im Übrigen kann auch hier die Erteilung der Genehmigung oder der Bescheinigung des Bundesamtes für Wirtschaft und Ausfuhrkontrolle, wonach die Ausfuhr bzw. die Verbringung keiner Genehmigung bedarf, von sachlichen und persönlichen Voraussetzungen abhängig gemacht werden.

Die Grundsätze treten am 1. Oktober 2001 in Kraft. Zum gleichen Zeitpunkt werden die Grundsätze der Bundesregierung zur Prüfung der Zuverlässigkeit von Exporteuren von Kriegswaffen und sonstigen rüstungsrelevanten Gütern vom 29. November 1990 (BAnz. S. 6406) aufgehoben.

Bekanntmachung zu der Neufassung der „Grundsätze der Bundesregierung zur Prüfung der Zuverlässigkeit von Exporteuren von Kriegswaffen und rüstungsrelevanten Gütern" vom 1. August 2001

[BAnz. Nr. 149 vom 11. 08. 2001, S. 17 281]

Zur Erläuterung der Neufassung der „Grundsätze der Bundesregierung zur Prüfung der Zuverlässigkeit von Exporteuren von Kriegswaffen und rüstungsrelevanten Gütern" vom 25. Juli 2001 (BAnz. S. 17 177) wird hiermit bekannt gemacht:

Die Bundesregierung hat am 25. Juli 2001 eine Neufassung der „Grundsätze der Bundesregierung zur Prüfung der Zuverlässigkeit von Exporteuren von Kriegswaffen und sonstigen rüstungsrelevanten Gütern" beschlossen. Die Neufassung tritt mit Wirkung vom 1. Oktober 2001 in Kraft; sie wurde im Bundesanzeiger am 10. August 2001, S. 17 177, veröffentlicht.

Die Neufassung dieser seit 1. März 1991 geltenden Grundsätze trägt zwischenzeitlich erfolgten Veränderungen in der Exportkontrolle auf internationaler und nationaler Ebene Rechnung. Die Grundsätze wurden angepasst an die am 28. September 2000 in Kraft getretene Verordnung (EG) Nr. 1334/2000 über eine Gemeinschaftsregelung für die Kontrolle der Ausfuhr von Gütern und Technologien mit doppeltem Verwendungszweck, an die damit verbundenen Änderungen der Außenwirtschaftsverordnung sowie an zahlreiche Änderungen der Ausfuhrliste für Militär- und Dual-use-Güter. Auf die „Politischen Grundsätze der Bundesregierung für den Export von Kriegswaffen und sonstigen Rüstungsgütern" vom 19. Januar 2000 wird Bezug genommen.

Die neuen Grundsätze über die Zuverlässigkeit von Exporteuren konkretisieren die Anforderungen an die Zuverlässigkeit von Antragstellern. Von der Zuverlässigkeit wird die Erteilung oder Versagung von Genehmigungen nach § 3 Abs. 2 des Außenwirtschaftsgesetzes (AWG), § 6 des Kriegswaffenkontrollgesetzes (KWKG) oder nach Artikel 8 der EG-Dual-use-Verordnung 1334/2000 abhängig gemacht. Die Grundsätze legen – als interne Richtlinie für die Verwaltung – die Anforderungen fest, die an die Zuverlässigkeit von Exporteuren zu stellen sind, und die Rechtsfolge, die eine Unzuverlässigkeit nach sich ziehen kann.

Die wesentlichen Änderungen sind:

Gemäß Nummer 1 gelten die Grundsätze nun für die Ausfuhr und Verbringung von Kriegswaffen und sonstigen Rüstungsgütern und für die Ausfuhr aller in Anhang I der EG-VO bzw. der AL erfassten rüstungsrelevanten Dual use-Güter. Die bisherige Begrenzung des Anwendungsbereichs bei Anträgen für Ausfuhrgenehmigungen von Dual-use-Gütern auf 33 Länder (Länder der Länderliste H, die seit 1995 nicht mehr gilt) wird aufgegeben. Der Anwendungsbereich erstreckt sich nunmehr auf alle Länder. Ausgenommen von diesem erweiterten Länderkreis sind jedoch die Ausfuhren in die 10 in Anhang II Teil 3 der EG-VO genannten Länder mit vergleichbarem Exportkontrollrecht sowie die Verbringungen von Dual-use-Gütern innerhalb der EU.

In Nummer 2 Abs. 1 werden die Pflichten des Ausfuhrverantwortlichen bestätigt und konkretisiert. Er ist danach verantwortlich für die Organisation bzw. die Überwachung der innerbetrieblichen Ausfuhrkontrolle, die Personalauswahl sowie die Weiterbildung des Personals.

Nummer 4 Abs. 2 sieht nunmehr vor, dass neben der Genehmigung auch die Bescheinigung des Bundesamts für Wirtschaft und Ausfuhrkontrolle, wonach die Ausfuhr keiner Genehmigung bedarf, versagt werden kann. Nummer 4 passt die Grundsätze damit an die 1996 erfolgte Änderung des § 3 Abs. 2 Satz 2 AWG an. Hiernach kann auch die Erteilung einer Bescheinigung, dass die Ausfuhr keiner Genehmigung bedarf, u. a. von der Zuverlässigkeit des Antragstellers abhängig gemacht werden.

Mit der Neufassung wird der Anwendungsbereich der Zuverlässigkeitsgrundsätze zwar weiter gefasst, sie bringt aber auch mehr Transparenz für die Unternehmen, für welche Ausfuhren sie einen Ausfuhrverantwortlichen benennen müssen. Eine wesentliche Mehrbelastung für die betroffenen Unternehmen ergibt sich aus den Änderungen der Grundsätze nicht, da die Pflicht zur ordnungsgemäßen Organisation der Exportkontrolle grundsätzlich umfassend ist und jedes am Export teilnehmende Unternehmen gleichermaßen trifft.

Berlin, den 1. August 2001

V B 4 – 500 917 –

Bundesministerium

für Wirtschaft und Technologie

Im Auftrag

Hahn

Bekanntmachung zu den Grundsätzen der Bundesregierung zur Prüfung der Zuverlässigkeit von Exporteuren von Kriegswaffen und rüstungsrelevanten Gütern vom 27. Juli 2015

Die „Grundsätze der Bundesregierung zur Prüfung der Zuverlässigkeit von Exporteuren von Kriegswaffen und rüstungsrelevanten Gütern" sind vom Bundesminister für Wirtschaft und Technologie am 10. August 2001 veröffentlicht worden (Bekanntmachung vom 25. Juli 2001, BAnz. S. 17 177; siehe auch Bekanntmachung vom 1. August 2001, BAnz. S. 17 281).

Diese Grundsätze konkretisieren die Anforderungen, die im Genehmigungsverfahren an die Zuverlässigkeit von Exporteuren zu stellen sind. Sie regeln auch die Rechtsfolgen, mit denen Exporteure im Falle der Unzuverlässigkeit rechnen müssen.

Nach Änderungen des deutschen und europäischen Außenwirtschaftsrechts werden hiermit die bisher gültige Bekanntmachung des Bundesamts für Wirtschaft und Ausfuhrkontrolle vom 6. August 2001 überarbeitet und die Formulare AV 1 und AV 2 angepasst. Die Änderungen betreffen Verweise auf die aktualisierten Normen sowie Klarstellungen in den Formularen.

1. Benennung einer/eines Ausfuhrverantwortlichen (AV) als Antragsvoraussetzung

Die Grundsätze der Bundesregierung sehen vor, dass im Rahmen ihres Anwendungsbereiches die Antragstellung beim Bundesamt für Wirtschaft und Ausfuhrkontrolle durch eine/einen „Ausfuhrverantwortlichen" (AV) erfolgt. Die/Der AV muss je nach der Rechtsform des Antragstellers ein für die Durchführung der Ausfuhr verantwortliches Mitglied des Vorstands, der Geschäftsführung oder vertretungsberechtigte/r- Gesellschafter/-in sein.

Der Anwendungsbereich für derlei Anträge umfasst die Ausfuhr und Verbringung aller erfasster Güter gemäß

- Anhang I der Verordnung (EG) Nr. 428/2009 (EG-Dual-Use-VO),
- Anlage 1 (Ausfuhrliste AL) der Außenwirtschaftsverordnung (AWV) und
- Anlage Kriegswaffenliste des Gesetzes über die Kontrolle von Kriegswaffen (KrWaffKontrG).

Für Verbringungen von Dual-use-Gütern innerhalb der Europäischen Union gelten die Grundsätze nicht.

2. Aufgaben der/des Ausfuhrverantwortlichen

Die/Der AV ist verantwortlich für die Organisation und die Überwachung des innerbetrieblichen Exportkontrollsystems sowie für die Auswahl des Personals und dessen Weiterbildung. Die Benennung der/des AV muss unter Verwendung des Formulars AV 1 erfolgen, welches im Original an Referat 223 zu adressieren ist. Die Benennung kann unabhängig von der Beantragung eines Ausfuhr-/Verbringungsantrags vorgenommen werden. Die Benennungserklärung ist von den vertretungsberechtigten Organen und von der/dem AV zu unterzeichnen. Sie bleibt bis zu ihrem schriftlichen Widerruf gegenüber dem BAFA gültig.

Unterzeichnet die/der AV Anträge gemäß dieser Bekanntmachung nicht selbst, hat sie/er gegenüber dem BAFA einmal jährlich seine Verantwortungsübernahme für die Richtigkeit aller von Dritten in seinem Namen für das Unternehmen unterzeichneten Anträge auf Erteilung einer Ausfuhr-/Verbringungsgenehmigung zu erklären. Die Erklärung zur Verantwortungsübernahme muss unter Verwendung des Formulars AV 2 erfolgen, welches im Original an Referat 223 zu adressieren ist. Die Erklärung kann unabhängig von der Beantragung einer Ausfuhr-/Verbringungsgenehmigung abgegeben werden. Sie muss jedoch spätestens zusammen mit dem ersten Genehmigungsantrag erfolgen, der von der/dem AV nicht eigenhändig unterschrieben wird. Die jährliche Erneuerung der Erklärung zur Verantwortungsübernahme ist dem BAFA unaufgefordert zuzusenden. Maßgeblicher Zeitpunkt für die Einhaltung der Vorlagefrist ist der Eingang beim BAFA.

3. Rechtsfolgen bei Verstößen oder Unzuverlässigkeit des Antragstellers

Sofern ein/-e Antragsteller/-in gegen außenwirtschaftsrechtliche oder sonstige einschlägige Vorschriften verstoßen hat, können erteilte Genehmigungen und Nullbescheide zurückgenommen werden oder künftige Genehmigungen mit Nebenbestimmungen versehen werden. Die Erteilung von Genehmigungen oder Nullbescheiden kann von sachlichen und persönlichen Voraussetzungen abhängig gemacht werden.

Liegen tatsächliche Anhaltspunkte für einen Rechtsverstoß vor, kann das BAFA die Antragsbescheidung aussetzen. Dies gilt nicht, wenn es sich lediglich um einen Bagatellverstoß handelt. Ergeben Ermittlungen, dass Grund zur Annahme der Unzuverlässigkeit besteht, kann das BAFA nicht nur künftige Genehmigungen sondern auch die Bescheinigung versagen, wonach die Ausfuhr keiner Genehmigung bedarf (Nullbescheid).

4. Bisherige Regelungen

Die Bekanntmachung des Bundesamtes für Wirtschaft und Ausfuhrkontrolle zu den Grundsätzen der Bundesregierung zur Prüfung der Zuverlässigkeit von Exporteuren von Kriegswaffen und rüstungsrelevanten Gütern vom 6. August 2001 ist hiermit gegenstandslos geworden.

Eschborn, den 27. Juli 2015

2, 22, 211

Bundesamt für Wirtschaft und Ausfuhrkontrolle

Im Auftrag

Pietsch

Stichwortverzeichnis